Sicherheits- und Gesundheitsschutz durch die Gestaltung von Nacht- und Schichtarbeit und die Rolle des Betriebsrates

Europäische Hochschulschriften
Publications Universitaires Européennes
European University Studies

Reihe II
Rechtswissenschaft

Série II Series II
Droit
Law

Bd./Vol. 4386

PETER LANG
Frankfurt am Main · Berlin · Bern · Bruxelles · New York · Oxford · Wien

Anke Habich

Sicherheits- und Gesundheitsschutz durch die Gestaltung von Nacht- und Schichtarbeit und die Rolle des Betriebsrates

PETER LANG
Europäischer Verlag der Wissenschaften

Bibliografische Information Der Deutschen Bibliothek
Die Deutsche Bibliothek verzeichnet diese Publikation in der Deutschen Nationalbibliografie; detaillierte bibliografische Daten sind im Internet über <http://dnb.ddb.de> abrufbar.

Zugl.: Halle-Wittenberg, Univ., Diss., 2004

3
ISSN 0531-7312
ISBN 3-631-53937-1

www.peterlang.de

Vorwort

Die vorliegende Arbeit wurde im Sommersemester 2004 von der Juristischen Fakultät der Martin-Luther-Universität Halle-Wittenberg als Dissertation angenommen. In der Veröffentlichung konnte Literatur und Rechtsprechung bis zum Herbst 2005, z.T. auch darüber hinausgehend berücksicht werden.

Damit eine solche Arbeit nicht nur begonnen, sondern auch beendet wird, bedarf es der Unterstützung in vielfältiger Weise. Daher gebührt mein besonderer Dank meinem „Doktorvater", Herrn Prof. Dr. Wolfhard Kohte, der durch seine zahlreichen Anregungen wesentlich zum Gelingen der Arbeit beigetragen hat. Die intensiven Diskussion sowohl mit ihm als auch mit den Mitgliedern des Doktoranden-Kolloqiums von Prof. Dr. W. Kohte, waren ein sehr großer Gewinn, um die vorliegende Arbeit voranzubringen und schließlich zu vollenden.
Besonderer Dank gebührt zudem Herrn Prof. Dr. Armin Höland, der sehr zügig das Zweitgutachten erstellt hat. Daneben möchte ich auch Herrn Prof. Dr. Raimund Schmidt-De Caluwe als Prüfungsvorsitzenden danken.
Zum wesentlichen Gelingen der Arbeit haben auch meine Arbeitskollegen vom Lehrstuhl von Prof. Kohte beigetragen, die einen insbesondere in schwierigen Phasen immer wieder aufgemuntert haben. Die kollegiale und auch freundschaftliche Arbeitsatmosphäre habe ich während meiner Zeit am Lehrstuhl sehr geschätzt. Einen großen Anteil daran hatte sicherlich auch die Sekretärin des Lehrstuhls, Frau B. Meyer.

Schließlich möchte ich noch meiner Familie, also meinem Lebensgefährten, Herrn Andreas Arndt, meinen Eltern und auch meinen Schwiegereltern, danken, die mich während der gesamte Zeit tatkräftig und auf jede erdenkliche Weise unterstützt sowie in schwierigen Phasen mit viel Geduld ertragen haben. An dieser Stelle möchte ich auch noch meinem kleinen Sohn Vincent einen Kuss geben, der auf seine Art und Weise seinen Beitrag zur Beendigung geleistet hat.

Schkopau, Januar 2006

Anke Habich

Inhaltsübersicht

Abkürzungsverzeichnis

a.A.	andere Auffassung
abl.	Ablehnend
abgedr.	abgedruckt
a.F.	alte(r) Fassung
ABl. EG	Amtsblatt der Europäischen Gemeinschaft
Abs.	Absatz
AGB-DDR	Arbeitsgesetzbuch der DDR
AiB	Arbeitsrecht im Betrieb (Zeitschrift)
Allg.	allgemein
Anm.	Anmerkung
AP	Arbeitsrechtliche Praxis - Nachschlagewerk des Bundesarbeitsgerichts
Arbeit	Zeitschrift für Arbeitsforschung, Arbeitsgestaltung und Arbeitspolitik
ArbG	Arbeitsgericht
AR-Blattei SD	Arbeitsrecht-Blattei (Systematische Darstellung)
ArbRGegw	Das Arbeitsrecht der Gegenwart, Jahrbuch für das gesamte Arbeitsrecht und die Arbeitsgerichtsbarkeit
ArbSchG	Arbeitsschutzgesetz
ArbSchR	Arbeitsschutzrecht
ArbStättV	Arbeitsstättenverordnung
ArbuR	Arbeit und Recht (Zeitschrift)
ArbZ	Arbeitszeit
ArbZG	Arbeitszeitgesetz
Art.	Artikel
Artt.	Artikel (Plural)
ASiG	Arbeitssicherheitsgesetz
AtG	Atomgesetz
ausf.	ausführlich
AuA	Arbeit und Arbeitsrecht (Zeitschrift)
Aufl.	Auflage
AZO	Arbeitszeitordnung
BAG	Bundesarbeitsgericht
BAGE	Sammlung der Entscheidung des BAG
BArbBl.	Bundesarbeitsblatt (Zeitschrift)

BAuA	Bundesanstalt für Arbeitsschutz und Arbeitsmedizin
BB	Betriebsberater (Zeitschrift)
Bd.	Band
Bearb.	Bearbeiter
Beil.	Beilage
Beschl.	Beschluss
Betriebsrat	Der Betriebsrat (Zeitschrift)
BetrSichV	Betriebssicherheitsverordnung
BetrVG	Betriebsverfassungsgesetz
BGB	Bürgerliches Gesetzbuch
BGBl.	Bundesgesetzblatt
BildscharbV	Bildschirmarbeitsverordnung
BImSchG	Bundesimmissionsschutzgesetz
BioStoffV	Biostoffverordnung
BKVO	Berufskrankheitenverordnung
BMA	Bundesministerium für Arbeit und Sozialordnung
BMWA	Bundesministerium für Wirtschaft und Arbeit
BR	Betriebsrat
BR-Drucks.	Bundesratsdrucksache
bspw.	beispielsweise
BT-Drucks.	Bundestagsdrucksache
BUrlG	Bundesurlaubsgesetz
BVerfG	Bundesverfassungsgericht
BVerfGE	Entscheidungssammlung des Bundesverfassungsgerichts
BVerwG	Bundesverwaltungsgericht
BVerwGE	Entscheidungssammlung des Bundesverwaltungsgerichts
bzw.	beziehungsweise
ca.	circa
ChemG	Chemikaliengesetz
CR	Computer und Recht (Zeitschrift)
DB	Der Betrieb (Zeitschrift)
ders.	derselbe
dies.	dieselbe/n
d.h.	das heißt
D/K/K	Däubler/Kittner/Klebe
DIN	Deutsches Institut für Normung

DÖV	Die öffentliche Verwaltung (Zeitschrift)
DRdA	Das Recht der Arbeit (österreichische Zeitschrift)
DruckluftV	Druckluftverordnung
DVBl.	Deutsche Verwaltungsblätter (Zeitschrift)
DVLuftBO	Durchführungsverordnung zur Betriebsordnung für Luftfahrgeräte
EAS	Europäisches Arbeits- und Sozialrecht, hrsg. von Oetker/Preis
EG	Europäische Gemeinschaft oder EG-Vertrag
EGV	EG-Vertrag
Einf.	Einführung
Einl.	Einleitung
EP	Europäisches Parlament
ErfK	Erfurter Kommentar
ES.	Eingangssatz
EU	Europäische Union
EuGH	Europäischer Gerichtshof
Europ.	Eurpäische/r/s
EuZW	Europäische Zeitschrift für Wirtschaftsrecht
EWG	Europäische Wirtschaftsgemeinschaft
EzA	Entscheidungssammlung zum Arbeitsrecht
f.	folgende
F/K/H/E/S	Fitting/Kaiser/Heither/Engels/Schmidt
ff.	fortfolgende
Fn.	Fußnote
FS	Festschrift
GA	Generalanwalt
GefStoffV	Gefahrstoffverordnung
gem.	gemäß
GewArch	Gewerbearchiv (Zeitschrift)
GewO	Gewerbeordnung
GG	Grundgesetz
ggf.	gegebenenfalls
GK	Gemeinschaftskommentar
GPSG	Geräte- und Produktsicherheitsgesetz
GSG	Gerätesicherheitsgesetz

h.M.	herrschende Meinung
H/S/W/G	Hess/Schlochauer/Worzalla/Glock
HausarbTagesG	Hausarbeitstaggesetz
Hrsg.	Herausgeber
hrsg. von	herausgegeben von
HS.	Halbsatz
HVBG	Hauptverband der gewerblichen Berufsgenossenschaft
i.e.S.	im engeren Sinn
i.S.	im Sinne
i.S.d.	im Sinne des/der
i.S.v.	im Sinne von
i.V.m.	in Verbindung mit
ILO	International Labour Organisation
insbes.	insbesondere
JArbSchG	Jugendarbeitsschutzgesetz
JZ	Juristenzeitung (Zeitschrift)
KH	Kasseler Handbuch zum Arbeitsrecht
Komm.	Kommission
krit-	kritisch
LAG	Landesarbeitsgericht
LAGE	Sammlung der Entscheidungen der Landesarbeitsgerichte
LasthandhabV	Lastenhandhabungsverordnung
MAK	Maximale Arbeitsplatzkonzentration
MB	Mitbestimmung
m.E.	meines Erachtens
Mio.	Million/en
MitGespr.	Mitbestimmungsgespräch (Zeitschrift)
MünchArbR	Münchener Handbuch zum Arbeitsrecht
MünchKomm.	Münchener Kommentar
MuSchG	Mutterschutzgesetz
m.w.N.	mit weiteren Nachweisen
NJW	Neue Juristische Wochenzeitschrift
Nr.	Nummer

NVwZ	Neue Zeitschrift für Verwaltungsrecht
NZA	Neue Zeitschrift für Arbeitsrecht
NZA-RR	Neue Zeitschrift für Arbeitsrecht – Rechtsprechungsreport
NZS	Neue Zeitschrift für Sozialrecht
o.g.	oben genannte
OLG	Oberlandesgericht
OVG	Oberverwaltungsgericht
Parl.	Parlament
PersR	Der Personalrat (Zeitschrift)
PersV	Die Personalvertretung (Zeitschrift)
PflR	Pflegerecht
Prax.-Komm.	Praxis-Kommentar zum ArbSchG
RAG	Reichsarbeitsgericht
RdA	Recht der Arbeit (Zeitschrift)
RL	Richtlinie
Rn.	Randnummer
Rs.	Rechtssache
Rspr.	Rechtsprechung
RVO	Reichsversicherungsordnung
S.	Satz oder Seite
SAE	Sammlung arbeitsrechtlicher Entscheidungen (Zeitschrift)
SGB	Sozialgesetzbuch
Slg.	Sammlung
sog.	sogenannte
SozSich	Soziale Sicherheit
StörfallV	Störfallverordnung
StrahlenschutzV	Strahlenschutzverordnung
TAS	Kommentar zum technischen Arbeitsschutz
TRGS	Technische Regeln für Gefahrstoffe
u.a.	und andere / unter anderem
usw.	und so weiter

Urt.	Urteil
UVV	Unfallverhütungsvorschriften
v.H.	von Hundert
VGH	Verwaltungsgerichtshof
Vgl.	vergleiche
VO	Verordnung(en)
Vorbem.	Vorbemerkung
VwVfG	Verwaltungsverfahrensgesetz
WHO	World Health Organisation
WRV	Weimarer Reichsverfassung
WSA	Wirtschafts- und Sozialausschuss
WSI-Mitt.	WSI-Mitteilungen (Zeitschrift der Hans-Böckler-Stiftung)
z.B.	zum Beispiel
z.T.	zum Teil
ZArbWiss.	Zeitschrift für Arbeitswissenschaften
ZEuP	Zeitschrift für Europäisches Privatrecht
ZfA	Zeitschrift für Arbeitsrecht
Ziff.	Ziffer
zit.	zitiert
ZTR	Zeitschrift für Tarifrecht

Einleitung

Das BVerfG[1] hat in seinem Urteil vom 28.01.1992 betont, dass "Nachtarbeit [ist] grundsätzlich für jeden Menschen schädlich (ist)". In dieser Entscheidung, die das zum damaligen Zeitpunkt geltende Nachtarbeitsverbot für Arbeiterinnen als diskriminierend verworfen hat, bekräftigte das BVerfG die Verpflichtung des Gesetzgebers, insbesondere auf Grund des Grundrechts aus Art. 2 Abs. 2 S. 1 GG, Neuregelungen zum Schutz der Arbeitnehmer vor den gesundheitsschädlichen Folgen der Nachtarbeit zu erlassen.

Arbeitsschutzrechtliche Regelungen, die den Schutz der Arbeitnehmer vor gesundheitsschädlichen Auswirkungen von Nachtarbeit, aber auch von Schichtarbeit bezwecken, werden in einem gesellschaftspolitischen Spannungsfeld diskutiert. Einerseits erwartet die Gesellschaft, dass z.B. bestimmte Dienstleistungen nicht nur zur Normalarbeitszeit erbracht werden, wie im Gesundheitswesen, im Verkehrswesen, im Bereich der öffentlichen Sicherheit sowie im Freizeit- und Unterhaltungssektor, andererseits wird gefordert, die Arbeit zur Nachtzeit und in Schichten auf das unerlässliche Minimum zu beschränken, da jene Arbeitszeitmodelle zu Gesundheitsproblemen und gleichzeitig zur sozialen Isolation der Betroffenen führen.[2] Eine Ausweitung von Nacht- bzw. Wochenendarbeit wird von den Befürwortern auch im Hinblick auf die Wettbewerbsfähigkeit der deutschen Wirtschaft verlangt, da durch diese Arbeitszeitformen bspw. eine bessere Ausnutzung von Maschinenlaufzeiten in kapitalintensiven Produktionsbereichen erreicht werden kann und nicht zuletzt werden Nacht- und Wochenendarbeit mit dem Beschäftigungsniveau in einen Zusammenhang gebracht.[3] Damit verbunden werden Appelle zur Abschaffung von Schutzmaßnahmen und –gesetzen.[4]
Bei all diesen Diskussionen ist jedoch der durch das Grundgesetz gewährleistete Schutz der Arbeitnehmer, wie ihn das BVerfG in seinem Urteil vom 28.01.1992 forderte, zu beachten.

---

1 *BVerfG 28.1.1992,* NZA 1992, 270 ff.; anders dagegen noch das Reichsarbeitsgericht und ie ihm folgende Lehre: Danach handelte es sich bei dem ständigen Wechsel der Lage der Arbeitszeit und ihrer dauernden Verlegung auf die Nachtzeit um belanglose Erschwerungen für den Arbeitnehmer in der Erbringung der geschuldeten Arbeitsleistung; *Güntner,* ArbuR 1958, 129, 132.

2 *Jansen,* Arbeitsbelastungen, S. 6 f. in: Badura, Psychische Belastungen am Arbeitsplatz.

3 *Seifert/Stolz-Willig,* WSI-Mitt. 1992, 158.

4 *Jansen,* Arbeitsbelastungen, S. 7 in: Badura, Psychische Belastungen am Arbeitsplatz.

I. Anzahl der abhängig Beschäftigten in Nacht- und Schichtarbeit

In den Jahren 1975 und 1989 erhob das Statistische Bundesamt im Rahmen der EG-Arbeitskräftestichprobe und des Mikrozensus Daten über Ausmaß und Entwicklung der Nachtarbeit. Im betrachteten Zeitraum zeigte sich eine Zunahme von Nachtarbeit, wobei die Zahl der Beschäftigten, die auch nachts tätig waren, von 2,769 Mio. auf 3,506 Mio. gestiegen war; somit hatte sich der Anteil der Nachtarbeiter, gemessen an allen Beschäftigten von 12,4 v.H. auf 14,2 v.H. erhöht.[5] Dennoch war die Entwicklung der Nachtarbeit sektoral unterschiedlich und z.T. sogar gegenläufig.[6] Insgesamt war in dem untersuchten Zeitraum eine Ausdehnung des Gesamtvolumens an Nachtarbeit zu verzeichnen, wobei sich diese Zunahme nicht im gleichen Umfang auf die Anzahl der Nachtarbeitnehmer ausgewirkt hatte.[7]
Gesunken war dagegen zwischen 1975 und 1989 der Anteil der Arbeitnehmer, die regelmäßig und gelegentlich in einem Schichtsystem arbeiteten, von 18,1 v.H. (4,033 Mio.) auf 14,1 v.H. (3,488 Mio.).[8]
In der vom Statistischen Bundesamt im Jahre 1991 erneut durchgeführten Erhebung zeigte sich, dass der Anteil der Beschäftigten, die entweder Schicht-, Nacht- oder Wochenendarbeit leisteten, zwischen 1989 und 1991 von 41,7 v.H. auf 39,4 v.H. gesunken war.[9] Dabei war für Westdeutschland eine Senkung des Anteils der Arbeitnehmer von 14,2 v.H. auf 13,1 v.H. zu verzeichnen, die in Nachtarbeit tätig waren.[10]
Das Statistische Bundesamt stellte im Rahmen des Mikrozensus 2002[11] fest, dass Arbeitszeiten, die an üblicherweise freien Tagen, außerhalb der gängigen Büroarbeitszeiten oder in zeitlich wechselnden Schichten anfallen, an Bedeutung gewinnen und die Betriebe zunehmend auf Wochenend-, Nacht- und Schichtarbeit zurückgreifen, um die Betriebs- und Öffnungszeiten von den indi-

---

5 *Seifert/Stolz-Willig,* WSI-Mitt. 1992, 158; *Peren,* Arbeitgeber 1992, 990.

6 *Seifert/Stolz-Willig,* WSI-Mitt. 1992, 158.

7 *Seifert/Stolz-Willig,* WSI-Mitt. 1992, 158.

8 *Seifert,* WSI-Mitt. 1991, 613, 614.

9 *Seifert,* WSI-Mitt. 1993, 52 f., der davon ausgeht, dass die Vergleichbarkeit der einzelnen Arbeitszeitformen durch die Erhebung von Daten für Ostdeutschland etwas getrübt sein könnte, da zur Zeit der Erhebung etwa 2 Mio. der etwa 7,4 Mio. Beschäftigten in Ostdeutschland Kurzarbeit leisteten.

10 *Seifert,* WSI-Mitt. 1993, 52, 53; *Peren,* Arbeitgeber 1992, 990, 992.

11 Die Ergebnisse des Mikrozensus 2002 sind im Internet unter www.destatis.de/presse/deutsch/pk/2003/Mikrozensus2002_neu_Tabellenanhang.pdf (Stand: 30.06.2005) veröffentlicht.

viduellen Arbeitszeiten zu entkoppeln. Danach arbeiteten in der Zeit von Februar bis April 2002 in Deutschland 17,1 Mio. Erwerbstätige ständig, regelmäßig oder gelegentlich am Wochenende, in der Nacht und/oder in Wechselschichten.[12] Auf Grund dieser Erhebungen kam das Statistische Bundesamt zu dem Ergebnis, dass der Anteil der Erwerbstätigkeiten, die zu den genannten ungünstigen Arbeitszeiten tätig sind, seit 1991 um 5 % auf 47 % gestiegen ist. Zudem wurde festgestellt, dass Wochenend-, Nachtarbeit und Arbeit in Wechselschichten im Handel und Gastgewerbe am weitesten verbreitet sind, gefolgt von den Bereichen Verkehr und Nachrichtenübermittlung sowie öffentliche und private Dienstleistungen (ohne öffentliche Verwaltung). Den geringsten Verbreitungsgrad wiesen dagegen die öffentliche Verwaltung sowie das Kredit- und Versicherungsgewerbe auf.

II. Nacht- und Schichtarbeit aus arbeitswissenschaftlicher Sicht

Im Rahmen dieser juristischen Dissertation ist es für das Verständnis der nachfolgenden rechtlichen Fragestellungen unerlässlich, sich mit den gesundheitlichen Folgen von Nacht- und Schichtarbeit auseinanderzusetzen und somit den Blick auf die Forschungen der Arbeitswissenschaftler zu richten.
Auf dem Gebiet von Schichtarbeit und Gesundheit gibt es zahlreiche Forschungsarbeiten, die dadurch geprägt sind, dass in diesem Zusammenhang z.T. noch keine all umfassende Gesichertheit in Bezug auf einige arbeitswissenschaftliche Erkenntnisse besteht. Aus diesem Grund vermag ich nur einen Überblick über die auftretenden (möglichen) gesundheitlichen Probleme bei Nacht- und Schichtarbeit zu geben, der insoweit auch keinen Anspruch auf Vollständigkeit erhebt.

1. Die Begriffe und Grundformen der Schichtarbeit

Unter Schichtarbeit verstehen die Arbeitswissenschaftler all jene Formen der Arbeitszeitorganisation, bei denen Arbeit entweder zu wechselnder Zeit (Wechselschicht) oder zu konstanter, aber ungewöhnlicher Zeit (z.B. Dauernacht-

---

[12] Es erfolgte keine Aufteilung von Wochenend-, Nacht- und Schichtarbeit innerhalb der Ergebnisse des Mikrozensus 2002.

schicht) ausgeführt wird.[13] Charakteristisch für Schichtarbeit ist die Ausführung der gleichen Tätigkeit zu verschiedenen Abschnitten des Tages und der Nacht von verschiedenen Arbeitnehmern am gleichen Arbeitsplatz.[14] Zudem ist für den Arbeitnehmer im Vergleich zur "normalen" Arbeitszeit die ungewöhnliche Arbeitszeit prägend, wobei sich diese Abgrenzung durch die fortdauernde Flexibilisierung der Arbeitszeit als zunehmend schwierig gestaltet.[15] Abgrenzungskriterium ist die Regelarbeitszeit, die auch Normalschicht oder Tagschicht genannt wird und bei der Durchschnittsbevölkerung im Allgemeinen in der Zeit zwischen 6.00 und 17.00 Uhr auf der Grundlage der Fünftagewoche und der Fünfunddreißig- bis Vierzigstundenwoche liegt.[16]

Schichtarbeit kann in verschiedensten Formen ausgestaltet sein, wobei sich diese Ausgestaltung immer an den betrieblichen Anforderungen orientiert.

Grundsätzlich ist die Unterscheidung von "permanenten" Schichtsystemen und "wechselnden" Schichtsystemen möglich. "Permanente" Schichtsysteme zeichnen sich dadurch aus, dass der Beschäftigte nur eine Schicht (z.B. dauerhaft nur Früh-, Spät- oder Nachtschicht) übernimmt. Im Rahmen der sog. rotierenden Systeme arbeitet der Beschäftigte dagegen in wechselnden Schichten. Rotierende Systeme lassen sich wiederum differenzieren, je nachdem, ob das betreffende Schichtsystem Nachtarbeit bzw. Wochenendarbeit einschließt. Zugleich kann die Anzahl der Schichtbelegschaften als weiteres Unterscheidungsmerkmal herangezogen werden. Daher existieren Zwei-, Drei-, Vier- oder Fünfschichtsysteme, meistens unter Einschluss von Nachtarbeit. Wird im Betrieb auch am Wochenende gearbeitet, spricht man vom kontinuierlichen Schichtsystem. Dagegen erfasst die diskontinuierliche Arbeit alle Arbeitszeitformen, bei denen in drei Schichten rund um die Uhr, aber nicht am Wochenende gearbeitet wird.

2. Auswirkungen von Nacht- und Schichtarbeit auf den Menschen

Die menschliche Arbeitsleistung ist von verschiedenen Faktoren abhängig; neben der Konstitution und Kondition des Arbeitnehmers zählt auch der Zustand der momentanen Leistungsbereitschaft dazu.[17] Die physiologische Leistungsbereitschaft eines jeden Menschen unterliegt im Laufe des Tages gesetzmäßigen

---

13 *Knauth/Hornberger*, Schicht- und Nachtarbeit, S. 9; *Beermann*, AuA 1997, 37.

14 *Knauth/Hornberger*, Schicht- und Nachtarbeit, S. 9.

15 *Knauth/Hornberger*, Schicht- und Nachtarbeit, S. 9.

16 *Knauth/Hornberger*, Schicht- und Nachtarbeit, S. 9; *Beermann*, AuA 1997, 37, sieht als Normalarbeitszeit die tägliche Arbeitszeit zwischen 6.00 und 18.00 Uhr an.

17 *Martin*, Menschengerechte Arbeitsgestaltung, S. 191; Prax.-Komm.-*Schmidt*, B 5, Rn. 52.

und gegliederten Schwankungen, die ungefähr in einem 24-Stunden-Rhythmus auftreten.[18] Dieses Phänomen wird auch als sog. Tagesperiodik bzw. "Circadian-Rhythmus" bezeichnet und hat Auswirkungen auf die Funktionen des menschlichen Organismus.[19] Bei rund 200 physiologischen Größen, wie z.B. Körper- und Hauttemperatur, Herzfrequenz, Blutdruck, Atemfrequenz und Atemvolumen, Hormonkonzentrationen im Blut, elektrischer Hautwiderstand oder Reaktionszeiten, lassen sich auf Grund der "Tagesperiodik" Schwankungen feststellen.[20] Nach medizinischen Erkenntnissen ist der Grundrhythmus weitgehend genetisch festgelegt und orientiert sich am Tag-Nacht-Rhythmus des jeweiligen Aufenthaltsortes der Erde.[21] Zugleich gibt es neben dem Hell-Dunkel-Wechsel weitere verschiedene Zeitgeber, die auf den endogenen circadianen Rhythmus einwirken, wie die sozialen Kontakte der Menschen, die Arbeit und das Wissen um die Uhrzeit.[22]

Die circadiane Rhythmik und die verschiedenen äußeren Faktoren führen dazu, dass der Mensch, gekennzeichnet durch die erhöhte Leistungsfähigkeit infolge gesteigerter Organfähigkeit, tagsüber aktiv ist, während seine Körperfunktionen in der Nacht auf Ruhe geschaltet sind und folglich ein Erholungsbedürfnis zum Ausdruck bringen.[23] Bei der Verrichtung von Nacht- und Schichtarbeit, d.h. bei der Arbeit zu ungewöhnlichen Zeiten, muss der Arbeitnehmer entgegen seinem Biorhythmus und der damit verbundenen Leistungsfähigkeit Tätigkeiten verrichten. Es liegen in dieser Hinsicht gesicherte arbeitswissenschaftliche Erkenntnisse vor, dass es durch die Arbeit während der Nacht zu einer physiologischen Desynchronisation der Körperfunktionen kommt.[24] Folglich wird es zu "Auseinandersetzungen" und zu "Anpassungsversuchen" im Körper des Menschen kommen.[25] Eine echte Anpassung des Biorhythmus an den Schichtrhythmus findet allerdings nicht statt, so dass Nachtschichtarbeiter gegen ihre "innere Uhr" le-

---

[18] Prax.-Komm.-*Schmidt*, B 5, Rn. 58; *Hahn*, Nacht- und Schichtarbeit I, S. 10; *Sczesny*, Arbeitszeit im Krankenhaus, S. 16 f.

[19] *Beermann*, Bilanzierung arbeitswissenschaftlicher Erkenntnisse S. 17; *Knauth/Hornberger*, Schicht- und Nachtarbeit, S. 23; *Oppolzer*, Ökologie der Arbeit, S. 146; *Grandjean*, Physiologische Arbeitsgestaltung, S. 212; *Hahn*, Nacht- und Schichtarbeit I, S. 10 ff.

[20] *Martin;* Menschengerechte Arbeitsgestaltung, S. 192; *Oppolzer*, Ökologie der Arbeit, S. 148; *Grandjean*, Physiologische Arbeitsgestaltung, S. 212; *Sczesny*, Arbeitszeit im Krankenhaus, S. 15 f.

[21] *Martin*, Menschengerechte Arbeitsgestaltung, S. 192.

[22] *Grandjean*, Physiologische Arbeitsgestaltung, S. 212; *Elsner*, AiB 1992, 194, 217.

[23] *Beermann*, Bilanzierung arbeitswissenschaftlicher Erkenntnisse, S. 17; *Oppolzer*, Ökologie der Arbeit, S. 148; *Grandjean*, Physiologische Arbeitsgestaltung, S. 213.

[24] *Beermann*, Bilanzierung arbeitswissenschaftlicher Erkenntnisse, S. 17; *Sczesny*, Arbeitszeit im Krankenhaus, S. 16.

[25] *Knauth/Hornberger*, Schicht- und Nachtarbeit, S. 23.

ben.[26] Der Verlauf der physiologischen Leistungsbereitschaft ist also für den Einzelnen relativ konstant und auch durch Gewöhnung nicht wesentlich veränderbar.[27]

1.1. Belastungen der Nacht- und Schichtarbeiter

Fraglich ist, welche Belastungen sich für Nacht- und Schichtarbeiter ergeben. In der Arbeitswissenschaft wird zur Erklärung der Wirkungszusammenhänge von Belastung und Beanspruchung auch in der Schichtarbeitsforschung das von *Rohmert* und *Rutenfranz* entwickelte Belastungs-Beanspruchungs-Konzept herangezogen.[28] Als Belastungen sind objektive, von außen her auf den Menschen einwirkende Größen und Faktoren zu verstehen.[29]

In Bezug auf Nacht- und Schichtarbeit besteht für alle Arbeitspersonen die gleiche objektive Belastung darin, dass zeitverschoben zur Tagesperiodik wesentlicher Körperfunktionen gearbeitet werden muss, mit der Folge, dass die Tagesperiodik dieser Körperfunktionen gestört wird und Beschäftigte zugleich auch zeitverschoben zur sozialen Umwelt arbeiten und schlafen müssen.[30] Hervorzuheben ist nochmals, dass Wechselschichtsysteme den gesamten Biorhythmus der Menschen in erheblicher Weise stören, da es ständig zu einer Versetzung von Schlaf- und Wachphasen kommt.[31]

Die Arbeitswelt der Beschäftigten ist jedoch nicht nur durch eine Arbeitsbelastung gekennzeichnet, sondern es treten -je nach Tätigkeit und Arbeitsumgebung-verschiedene weitere Belastungen hinzu. So können neben der Belastung durch die Lage der Arbeitszeit bei Nacht- und Schichtarbeitern zusätzliche Belastungen wie körperliche Belastungen, Belastungen durch Umgebungseinflüsse (z.B. Lärm, Schadstoffe, Klima) und psychische Belastungen (z.B. Monotonie, hohe

---

26 *Martin,* Menschengerechte Arbeitsgestaltung, S. 193; *Müller-Seitz,* Erfolgsfaktor Arbeitszeit, S. 68 f.; *Slaby/Struck,* AiB 1989, 309 f.; *Wedderburn,* Schichtarbeit und Gesundheit, S. 17; *Elsner,* AiB 1988, 300, 301, *dies.,* AiB 1992, 194; *dies.,* AiB 1995, 84 f.; *Oppolzer,* Handbuch Arbeitsgestaltung, S. 78; *Skiba,* Taschenbuch Arbeitssicherheit, S. 479; *Hahn,* Nacht- und Schichtarbeit I, S. 17 f.

27 Prax.-Komm.-*Schmidt,* B 5, Rn. 59.

28 Vgl. *Beermann,* Frauen und Männer im Wechselschichtdienst, S. 9; *Knauth/Hornberger,* Schicht- und Nachtarbeit, S. 24.

29 *Frieling/Sonntag,* Arbeitspsychologie, S. 193; *Luczak,* Arbeitswissenschaft, S. 31.

30 *Beermann,* Frauen und Männer im Wechselschichtdienst, S. 9; *Knauth* in Hettinger/Wobbe, Kompendium Arbeitswissenschaft, S. 485; *Sczesny,* Arbeitszeitgestaltung, S. 58 f.

31 *Kreikebaum/Herbert,* Humanisierung der Arbeit, S. 108.

Arbeitsintensität, Überstunden) hinzutreten.[32] Kombinierte Mehrfachbelastungen stellen demnach den Normalfall in der Arbeitswelt dar. Vor längerer Zeit wurde bereits festgestellt, dass Nacht- und Schichtarbeitsplätze in überdurchschnittlichem Maße von Mehrfachbelastungen betroffen sind, d.h. es traten in der Regel drei bis vier, in Extremfällen bis zu dreizehn zusätzliche Belastungen und Anforderungen auf.[33] In diesem Zusammenhang besteht aber eine besondere Gefährdung für die Beschäftigten in Nacht- und Schichtarbeit, da sich gezeigt hat, dass eine bestimmte Arbeit in der Spät- und ganz besonders in der Nachtschicht bis zu 1,5 mal so sehr belastet wie die gleiche Arbeit während einer normalen Tagesarbeitszeit.[34]
Allerdings scheint eine Verringerung der Belastungen - ohne gesetzliche Regelungen - in unserer heutigen Arbeitswelt eher unwahrscheinlich.

1.2. Beanspruchungen für Nacht- und Schichtarbeiter

Aus verschiedenen Belastungen der Schichtarbeit resultieren verschiedene Beanspruchungen für die Schichtarbeiter. Als Beanspruchungen sind die subjektiven Folgen (Reaktionen) derartiger Belastungen im Menschen und auf den Menschen zu verstehen.[35] Dabei hängt das Ausmaß der Beanspruchung bei dem einzelnen Schichtarbeiter von einer Anzahl dazwischengeschalteter Einflussgrößen (sog. intervenierende Faktoren) ab, welche einzeln oder in Kombination wirksam werden können.[36]
Einen wesentlichen Einfluss auf die Beanspruchung für den Schichtarbeiter haben arbeitsbezogene Faktoren, die z.B. die Größe der körperlichen oder geistigen Belastung durch die Arbeit umfassen, die Länge der Arbeitszeit, der Typ des Schichtsystems und die Umgebungsbedingungen des Arbeitsplatzes wie Klima, Lärm und besondere Arbeitsstoffe.[37] Andere intervenierende Faktoren sind bspw. besondere individuelle Eigenschaften des Schichtarbeiters, z.B. Alter,

---

32 *Oppolzer*, Ökologie der Arbeit, S. 149; Prax.-Komm.-*Schmidt*, B 5, Rn. 150; *Elsner*, AiB 1990, 53, 55.

33 *Streich/Bielenski*, WSI-Mitt. 1981, 100, 102; insoweit auch *Hahn*, Nacht- und Schichtarbeit I, S. 75 ff.

34 So z.B. *Reuhl*, Arbeit & Ökologie Briefe 2002, 40; *Hahn*, Nacht- und Schichtarbeit I, S. 79 spricht von einer Verstärkerfunktion der Nachtarbeit.

35 *Frieling/Sonntag*, Arbeitspsychologie, S. 193; *Hahn*, Nacht- und Schichtarbeit I, S. 15; *Luczak*, Arbeitswissenschaft, S.31.

36 *Knauth/Hornberger*, Schicht- und Nachtarbeit, S. 25; *Luczak*, Arbeitswissenschaft, S. 31.

37 *Knauth/Hornberger*, Schicht- und Nachtarbeit, S. 25; *Hahn*, Nacht- und Schichtarbeit I, S. 78ff.; *Sczesny*, Arbeitszeitgestaltung, S 59.

Persönlichkeit, "Rhythmustyp" (Abend- oder Morgenmensch)[38] und seine physiologische Anpassungsfähigkeit.[39] Darüber hinaus spielen auch soziale und häusliche Umstände, die das Leben des Schichtarbeiters prägen, eine große Rolle, wie Familienstand, Anzahl der Kinder, Wohnbedingungen und die Akzeptanz der Schichtarbeit durch den Schichtarbeiter selbst sowie durch dessen Familie.[40]
Auf Grund der verschiedenen intervenierenden Faktoren reagieren die Nacht- und Schichtarbeiter auch unterschiedlich auf die Nacht- und Schichtarbeit, so dass unterschiedliche Beanspruchungsfolgen auftreten können.[41]
Bisher erweisen sich die bei Nachtarbeitern auftretenden Erkrankungen eher als unspezifisch, so dass sie nicht als Berufskrankheiten im eigentlichen Sinn anerkannt werden. Dennoch geht man von der Existenz schichtarbeitstypischer Beschwerden aus.[42] *Elsner* vertritt in diesem Zusammenhang die Auffassung, dass es keine typische "Nachtschichtkrankheit" gibt, sondern eine Reihe von Krankheiten zu verzeichnen ist, die bei Nachtschichtarbeitern häufiger als bei anderen Berufstätigen auftreten[43], während *Grandjean* dagegen von einer Berufskrankheit des Nachtschichtarbeiters[44] spricht. Die auftretenden schichtarbeitstypischen Beschwerden betreffen häufig diejenigen Körperfunktionen, die im Zusammenhang mit der Circadianperiodik stehen.[45]
Dennoch ist es möglich, dass Beschäftigte Nacht- und Schichtarbeit subjektiv als vorteilhaft und u.U. nicht als gesundheitsschädigend empfinden[46]. Allerdings

---

38 *Wüthrich,* Studie über die Auswirkungen der Nacht- und Schichtarbeit, S. 3 und 8 kommt zu dem Ergebnis, dass eine solche Unterscheidung bisher wissenschaftlich nicht erhärtet werden konnte.

39 *Knauth/Hornberger,* Schicht- und Nachtarbeit, S. 25, 48 ff.; zum Einfluss von Morgen- oder Abendmensch vgl. *Luczak,* Arbeitswissenschaft, S. 566 ff.

40 *Knauth/Hornberger,* Schicht- und Nachtarbeit, S. 25; *Sczesny,* Arbeitszeitgestaltung, S. 59.

41 *Knauth/Hornberger,* Schicht- und Nachtarbeit, S. 25; *Beermann,* Bilanzierung arbeitswissenschaftlicher Erkenntnisse, S. 14 ff.

42 *Beermann,* AuA 1997, 37, 38.

43 *Elsner,* AiB 1988, 300, 302.

44 *Grandjean,* Physiologische Arbeitsgestaltung, S. 221.

45 *Knauth/Hornberger,* Schicht- und Nachtarbeit, S. 29; *Beermann,* AuA 1997, 37, 38.

46 Vgl. hierzu ausführlich die Dissertation von *Sczesny,* Arbeitszeitgestaltung zwischen arbeitswissenschaftlichen Erkenntnissen und individuellen Arbeitszeitpräferenzen. Sie stellte insbesondere fest: *„Für das Gros der befragten Nachtwachen stellt sich die Nachtarbeit unter Berücksichtigung ihrer zentralen Gestaltungskriterien damit nicht als Belastung dar.* (S. 199)... *Unter Hinzuziehung der außerberuflichen Belastungen zeigt sich ein differenziertes Bild der subjektiv wahrgenommenen Belastungssituation:* (S. 199)" So nehmen die Teilzeitkräfte, die Dauernachtarbeit leisten, *„die Belastung der Nachtarbeit in Kauf, um weiterhin erwerbstätig sein zu können"* (S. 200). Auch Nachtwachen mit noch relativ kleinen Kindern, deren Betreuung sie nahezu vollständig übernahmen, haben

lassen sich die physiologischen Indikatoren für die gesundheitsschädigende Wirkung der Nachtarbeit dadurch nicht ausschalten, da der Organismus gezwungen ist, während der Nachtsenke der physiologischen Leistungsbereitschaft dieselbe Leistung wie am Tage zu erbringen, so dass eine erhöhte Beanspruchung die Folge ist.[47]

Es wurden bereits zahlreiche Studien durchgeführt, um die Beanspruchungen der Schichtarbeiter durch die Schichtarbeit zu ergründen. Insgesamt ist die Erhebung dieser Daten schwierig. Das größte Problem stellt hierbei der "healthy-worker-effect" dar, d.h. es lassen sich viele Anhaltspunkte finden, dass Schichtarbeiter gesünder sind als Tagarbeiter.[48] Dagegen dürften ehemalige Schichtarbeiter weniger gesund sein als beide Gruppen, da sie den Schichtdienst aus krankheitsbedingten Gründen aufgegeben haben, was oft der Fall ist.[49] Folglich werden Arbeitnehmer, die länger als zwanzig Jahre in der Nachtschicht verbleiben, als die von Natur aus Robusten eingeschätzt.[50] Im Rahmen von Nacht- und Schichtarbeit ist daher bei den Beschäftigten ein beständiger Selektionsprozess zu verzeichnen, der letztlich dazu führt, dass Arbeitnehmer mit gesundheitlichen Problemen diese Arbeitszeitsysteme verlassen.[51]
Somit besteht bei einer Querschnittsstudie[52] die Gefahr der Unterschätzung der Probleme der Schichtarbeiter, und die einseitige Betrachtung ehemaliger Schichtarbeiter hat möglicherweise die Überschätzung ihrer gesundheitlichen Probleme zur Folge.[53] Eine weitere Schwierigkeit bei der Erforschung der Folgen der Schichtarbeit besteht in den Einflüssen des Alterungsprozesses der einzelnen Arbeitnehmer.[54] In diesem Zusammenhang ist z.B. zu verzeichnen, dass ältere Beschäftigte Schichtarbeit als besonders belastend empfinden und am

---

die Belastung durch den Nachtdienst verneint, um die Doppelbelastung zu meistern und ihre eigene Leistungsfähigkeit unter Beweis zu stellen („*Belastungsriesinnen*") (S. 200). Sie spricht im Hinblick auf das positive Urteil über die Arbeitszeit auch von resignativer Zufriedenheit, da der Nachtdienst für die Betroffenen die einzige Möglichkeit darstellt, Beruf und Mutterpflicht zu vereinbaren (S. 163).

47 Prax.-Komm.-*Schmidt*, B 5, Rn. 151.

48 *Wedderburn*, Schichtarbeit und Gesundheit, S. 2; *Knauth/Hornberger*, Schicht- u. Nachtarbeit, S. 34; *Beermann*, Bilanzierung arbeitswissenschaftlicher Erkenntnisse, S. 10; *Elsner*, AiB 1992, 194, 217, bezeichnet diesen Sachverhalt auch als Aanonsen-Effekt.

49 *Wedderburn*, Schichtarbeit und Gesundheit, S. 2.

50 *Elsner*, AiB 1992, 194, 217; *dies.*, AiB 1990, 53, 55.

51 *Streich/Bielenski*, WSI-Mitt. 1981, 100, 103; *Elsner*, AiB 1988, 300, 302; *Elsner/Bammann/Helmert*, AiB 1995, 642.

52 =Momentanvergleich zu einem einzigen Zeitpunkt.

53 *Wedderburn*, Schichtarbeit und Gesundheit, S. 2.

54 *Wedderburn*, Schichtarbeit und Gesundheit, S. 2.

ehesten zu Gesundheitsproblemen neigen.[55] Die angesprochenen Probleme stellen methodische Anforderungen auf, denen eine Längsschnittstudie gerecht wird.[56] Ungeachtet der bestehenden methodischen Schwierigkeiten sind gleichwohl relativ viele Erkenntnisse zu dieser Problematik zusammengetragen worden.[57]
Vorab ist festzuhalten, dass Nachtarbeit nicht zwangsläufig und bei jedem Betroffenen langfristig zu Gesundheitsbeeinträchtigungen führt, sondern als Risikofaktor einzustufen ist, mit der Folge, dass sich die Wahrscheinlichkeit für subjektive Beschwerden und langfristig für Erkrankungen erhöht, wenn zu den unvermeidbaren Anpassungsproblemen der biologischen Rhythmik an die Verschiebung der Lebensweise noch weitere ungünstige persönliche und situative Faktoren hinzutreten.[58] Auch Schichtarbeit stellt für sich genommen bereits eine erhebliche Belastung der Beschäftigten dar.[59] Als typische gesundheitliche Beeinträchtigungen von Nacht- und Schichtarbeit erweisen sich in vielen Studien Schlafstörungen, chronische Müdigkeit - verursacht durch ein Schlafdefizit -, Appetitstörungen, Magen-Darm-Beschwerden und -Erkrankungen, Herz-Kreislauferkrankungen sowie psychovegetative Erkrankungen.[60]

1.3. Beanspruchungen im Einzelnen

Folgend sollen einzelne negative Auswirkungen von Nacht- und Schichtarbeit auf die Beschäftigten im Überblick dargestellt werden.

a) Schlafstörungen

Müller-Seitz[61] kommt zu der Auffassung, dass Nachtschichtarbeit eindeutig die gefährlichsten Gesundheitsschäden verursacht und zentraler Verursachungsfaktor für die gravierendsten Schichtleiden das qualitativ-quantitative Schlafdefizit

---

55 *Corlett/Queinnec/Paoli,* Gestaltung der Schichtarbeit, S. 29.

56 *Wedderburn,* Schichtarbeit und Gesundheit, S. 2.

57 *Wedderburn,* Schichtarbeit und Gesundheit, S. 2; diese Veröffentlichung gibt einen reichhaltigen Überblick über die verschiedenen, in der Europäischen Gemeinschaft durchgeführten Studien und deren Ergebnisse

58 *Knauth* in Hettinger/Wobbe, Kompendium Arbeitswissenschaft, S. 486.

59 *Müller-Seitz,* WSI-Mitt. 1979, 45, 47.

60 *Knauth/Hornberger,* Schicht- und Nachtarbeit, S. 29 - 38; *Beermann,* AuA 1997, 37, 38; *Wedderburn,* Schichtarbeit und Gesundheit, S. 3 ff.; *Müller-Seitz,* Erfolgsfaktor Arbeitszeit, S. 71 f.; *Martin,* Menschengerechte Arbeitsgestaltung, S. 197 f.; *Oppolzer,* Ökologie der Arbeit, S. 150.

61 *Müller-Seitz,* Erfolgsfaktor Arbeitszeit, S. 73.

der Schichtarbeiter darstellt. Untersuchungen haben ergeben, dass die Schlafdauer von Nachtschichtarbeitern durchschnittlich nur 4 bis 6, die von Normalschichtarbeitern hingegen 6 bis 8 Stunden beträgt und der Erholungswert von Tagschlaf wesentlich geringer ist.[62] Schlafstörungen beruhen dabei hauptsächlich auf dem circadianen (24-Stunden-Rhythmus) und den damit verbundenen Störungen auf Grund der Schlafverschiebung, die eine reduzierte Schlafdauer und eine schlechtere Qualität des Schlafes zur Folge haben.[63] Das Ausmaß der Schlafstörungen ist von weiteren Faktoren abhängig, wie z.B. der Art der Arbeit, dem Schichtsystem und umweltbezogenen Faktoren, wie etwa Lärm am Arbeitsplatz oder Lärm während der Schlafzeiten.[64] Die Auswirkungen von Schichtarbeit auf den Schlaf zeigen sich auch daran, dass die Reaktionsgeschwindigkeit der Beschäftigten abnimmt und mit zunehmender Anzahl der Arbeitsnächte die Fehlerquote zunimmt.[65]

Auf Grund der Schlafstörungen können mit der Zeit chronische Ermüdungszustände auftreten, die zu einer erhöhten Anfälligkeit für psychosomatische Störungen führen.[66] Dies stellt einen wichtigen Grund für die möglichst weitgehende Vermeidung von Dauernachtschichten dar.

Zusammenfassend lässt sich in dieser Hinsicht feststellen, dass aus vielen Untersuchungen die Erkenntnis gewonnen wurde, dass Dauerfrühschicht, Wechselschichten mit Nachtschicht oder Dauernachtschicht häufig Schlafstörungen zur Folge haben und unregelmäßige Schichtsysteme ebenfalls Schlafstörungen hervorrufen.[67] Man kann daher festhalten, dass Schichtsysteme mit Nachtarbeit ein besonderes Risiko für die Beschäftigten darstellen.[68] Zudem geht man davon aus, dass sich der Mensch in der Regel nicht an die Nachtarbeit anpasst, sondern progressiv anfälliger für die arbeitsbedingte Erkrankung des Nachtarbeiters bzw. die schichtarbeitstypischen Beschwerden wird.[69]

---

62 *Müller-Seitz,* Erfolgsfaktor Arbeitszeit, S. 73; ebenso *Hahn,* Nacht- und Schichtarbeit I, S. 22; *Kohte,* Arbeitnehmerhaftung, S. 179 m.w.N.

63 *Wedderburn,* Schichtarbeit und Gesundheit, S. 16 f.; *Knauth/Hornberger,* Schicht- und Nachtarbeit, S. 29 - 33; *Oppolzer,* Ökologie der Arbeit, S. 150.

64 *Corlett/Queinnec/Paoli,* Gestaltung Schichtarbeit, S. 29; *Wedderburn,* Schichtarbeit und Gesundheit, S. 17 f.

65 *Corlett/Queinnec/Paoli,* Gestaltung Schichtarbeit, S. 29.

66 *Grandjean,* Physiologische Arbeitsgestaltung, S. 221; *Oppolzer,* Psychische Belastungen, S. 25 f.

67 *Grandjean,* Physiologische Arbeitsgestaltung, S. 215; *Luczak,* Arbeitswissenschaft, S. 566 ff.; *Seifert,* Kriterien für eine sozialverträgliche Arbeitszeitgestaltung, S. 15, 25.

68 *Knauth/Hornberger,* Schicht- u. Nachtarbeit, S. 37; *Oppolzer,* Ökologie d. Arbeit, S. 145.

69 *Grandjean,* Physiologische Arbeitsgestaltung, S. 222. *Sczesny,* Arbeitszeitgestaltung, S. 62: „Auch bei Dauernachtarbeit findet keine vollständige Anpassung an den verschobe-

Nicht ganz einhellig stellt sich das Meinungsbild hinsichtlich Wechselschichten dar. Während einerseits davon ausgegangen wird, dass auch Wechselschichten negative Effekte auf Schlafqualität und -dauer haben[70], wird diese Auffassung nicht von allen Wissenschaftlern vertreten[71].

b) Magen- oder Darmerkrankungen

Ein weiteres großes Problem im Rahmen der Schichtarbeit - vor allem der Nachtarbeit - stellen Magen-Darm-Störungen dar, d.h. es existieren zahlreiche Untersuchungen, die für die Betroffenen ein erhöhtes Risiko nachweisen, durch die Nachtschichtarbeit an einer Magen- oder Darmerkrankung zu leiden, da auch die hormonelle und sekretielle Steuerung des Magen-Darmbereichs wesentlich durch die Tagesrhythmik beeinflusst wird.[72] Dies ist nicht nur auf die Verschiebung der Zeiten des Schlafs zurückzuführen, sondern auch auf die der Nahrungsaufnahme. So klagen laut einer Untersuchung von *Rutenfranz* 20 bis 75 % der Schichtarbeiter mit Nachtschicht über Appetitstörungen, Verdauungsstörungen, Sodbrennen, Bauchschmerzen, Magenknurren und Blähungen im Vergleich zu 10 bis 25 % der Tagarbeiter und Schichtarbeiter ohne Nachtschicht.[73] Zudem sind bei vielen Schichtarbeitern langfristige Erkrankungen wie chronische Gastritis, Magen-/Zwölffingerdarmentzündungen, Magengeschwüre und Dickdarmentzündungen zu verzeichnen.[74] Dabei hat die überwiegende Mehrheit der Studien gezeigt, dass Magen-Darm-Erkrankungen unter Schichtarbeitern weit mehr verbreitet sind als unter normalen Tagarbeitern.[75]

Neben der Beeinträchtigung der Essenszeiten an sich stellt die ungesunde Ernährungsweise der Nacht- und Schichtarbeiter einen zusätzlichen Faktor dar, da z.B. während der Nachtschichten keine Kantinen zur Verfügung stehen, die den Nachtarbeitern angemessene Mahlzeiten anbieten.[76] Nachtarbeitnehmer neigen

---

nen Tag-Nacht-Rhythmus statt (...), wenngleich die Beschäftigten in solchen Schichtsystemen den Eindruck haben, dass sie sich an die Nachtarbeit anpassen können (...).".

70 HVGB, Lage und Dauer der Arbeitszeit, S. 37 f.

71 so *Grandjean,* Physiologische Arbeitsgestaltung, S. 215.

72 *Elsner,* AiB 1992, 194, 217; *Elsner,* Wenn andere schlafen, S. 19; *Hahn,* Nacht- und Schichtarbeit I, S. 26; *Beermann,* Bilanzierung arbeitswissenschaftlicher Erkenntnisse, S. 21.

73 vgl. *Wedderburn,* Schichtarbeit und Gesundheit, S. 21; *Grandjean,* Physiologische Arbeitsgestaltung, S. 220; *Knauth/Hornberger,* Schicht- und Nachtarbeit, S. 34.

74 *Wedderburn,* Schichtarbeit und Gesundheit, S. 21; *Grandjean,* Physiologische Arbeitsgestaltung, S. 220.

75 *Wedderburn,* Schichtarbeit und Gesundheit, S. 21.

76 *Müller-Seitz,* Erfolgsfaktor Arbeitszeit, S. 124; *Sczesny,* Arbeitszeitgestaltung, S. 69.; vgl. auch *Cox/Rundnagel,* AiB 2003, 279 ff.

zudem dazu, verstärkt anregende Getränke (Kaffee, Tee usw.), Alkoholika und Medikamente zu sich zu nehmen und auch mehr zu rauchen.[77]

c) *Herz-Kreislauferkrankungen*

Außerdem sind Studien durchgeführt wurden, die im Ergebnis auf einen Zusammenhang zwischen Schichtarbeit und Herz-Kreislauferkrankungen hinweisen.[78] Auch wenn sich das Meinungsbild in dieser Hinsicht nicht ganz einhellig darstellt, so scheint es doch wahrscheinlich, dass die Arbeit zu Nachtzeiten, die Herausbildung durchblutungsbedingter Herz- Kreislauferkrankungen fördert.[79]

d) *Psychische Erkrankungen*

Die ständig erforderlichen Anpassungsleistungen des Körpers an die Nachtarbeit können auch zu psychischen Erkrankungen führen.[80] In einer Reihe von Studien, in denen Schichtarbeiter befragt wurden, zeigte sich, dass sie im Vergleich zu Tagarbeitern häufiger über Nervosität/Reizbarkeit, häufige Stimmungsschwankungen, innere Unruhe, vorzeitige Ermüdung, Angstzustände, Kopfschmerzen und Depressionen klagen.[81] Eine psychische Ermüdung, also die chronische Ermüdung, kann (in extremen Fällen) sich in psychischen Zuständen mit Krankheitswert (Bewusstseinstörungen, Neurosen) niederschlagen.[82]

e) *Erkrankungen bei Frauen*

Des Weiteren untersuchten Forscher das Auftreten besonderer gesundheitlicher Probleme bei Frauen, vor allem nachdem nun schon seit geraumer Zeit das

---

77 *Wedderburn*, Schichtarbeit und Gesundheit, S. 23; *Beermann*, AuA 1997, 37, 39, *Müller-Seitz*, Erfolgsfaktor Arbeitszeit, S. 72; *Oppolzer*, Ökologie der Arbeit, S. 150 f.; *Slaby/Struck*, AiB 1989, 309 f.

78 vgl. *Knauth/Hornberger*, Schicht- und Nachtarbeit, S. 35 f.; *Wedderburn*, Schichtarbeit und Gesundheit, S.27 f.

79 *Elsner*, AiB 1988, 300, 302 und 1992, 194, 217; *Elsner/Bammann/Helmert*, AiB 1995, 642, 644; vgl. auch *Wüthrich*, Studie über die Auswirkungen von Nacht- und Schichtarbeit, S. 14.

80 Prax.-Komm.-*Schmidt*, B 5, Rn. 59; *Wüthrich*, Studie über die Auswirkungen von Nacht- und Schichtarbeit, S. 14 weist daraufhin, dass eine Beziehung zwischen Nachtschichtarbeit und psychischer Krankheit festgestellt wurde.

81 *Knauth/Hornberger*, Schicht- und Nachtarbeit, S. 36 f.; *Sczesny*, Arbeitszeit im Krankenhaus, S. 27; *Frese*, WSI-Mitt. 1985, 226, 228 unterstreicht den negativen Einfluss von Nacht- und Schichtarbeit auf die psychische Gesundheit.

82 *Oppolzer*, Psychische Belastungen, S. 24.

Nachtarbeitsverbot von Arbeiterinnen aufgehoben ist. Wie sich einigen umfangreichen epidemiologischen Studien der letzten fünfzehn Jahre entnehmen lässt, beklagen sich Schichtarbeiterinnen, insbesondere wenn sie Nachtarbeit leisten, häufiger über unregelmäßige Menstruationszyklen und Menstruationsschmerzen und zugleich wird von einem erhöhten Fehlgeburtsrisiko und einer geringeren Schwangerschafts- und Geburtenrate berichtet.[83] Insgesamt kann davon ausgegangen werden, dass Schichtarbeit ein potentielles Risiko für die Fortpflanzung darstellt.[84]
Außerdem wurde festgestellt, dass Nachtarbeiterinnen sehr viel häufiger an Erkrankungen des Stütz- und Bewegungsapparats leiden als Männer und Gesundheitsstörungen von Frauen davon abhängen sollen, ob Kinder im Haus zu versorgen sind.[85]
Zudem weisen neuere Studien auf Zusammenhänge zwischen der Erkrankung an Brustkrebs und Nachtschichtarbeit hin.[86] Dies ist wahrscheinlich darauf zurückzuführen, dass die Produktion von Melatonin auf Grund der Lichtexposition in der Nacht unterdrückt ist und das Hormon seine Krebs hemmende Wirkung nur ungenügend entfalten kann.[87]

f) Altersassoziierte Risiken

Da sich der circadiane Rhythmus mit zunehmendem Alter verändert und ältere Menschen eine flachere Amplitude in verschiedenen physiologischen Parametern aufweisen, ist der Tagesgipfel im Vergleich zu jüngeren Menschen um ca. zwei Stunden vorverschoben.[88] Daraus resultieren für ältere Menschen wiederum Probleme, die allerdings mit Frühschichten ausgeglichen werden können.[89] Zudem hat sich gezeigt, dass sich die Schlafqualität ab dem 40. bis 45. Lebensjahr deutlich verschlechtert, so dass den veränderten biorhythmischen Gegeben-

---

83 vgl. *Wedderburn*, Schichtarbeit und Gesundheit, S. 29; *Luczak*, Arbeitswissenschaft, S. 566; *Schiek*, Nachtarbeitsverbot für Arbeiterinnen, S. 34.

84 *Wedderburn*, Schichtarbeit und Gesundheit, S. 30.

85 *Elsner*, AiB 1992, 194, 218; anders *Sczesny*, Arbeitszeitgestaltung, S. 72.

86 *Wüthrich*, Studie über die Auswirkungen von Nacht- und Schichtarbeit, S. 15 f.

87 *Wüthrich*, Studie über die Auswirkungen von Nacht- und Schichtarbeit, S. 16. In einer weiteren Studie haben Forscher festgestellt, dass durch Nachtarbeit ein erhöhtes Risiko besteht, an Dickdarmkrebs zu erkranken und dies auf die unterdrückte Melatoninproduktion durch die Lichtexposition bei Nacht zurückzuführen sei (vgl. hierzu den Hinweis bei www.gastroenterologe.de. am 22.01.04).

88 *Wüthrich*, Studie über die Auswirkungen von Nacht- und Schichtarbeit, S. 14; HVBG, Lage und Dauer der Arbeitszeit, S. 41.

89 *Wüthrich*, Studie über die Auswirkungen von Nacht- und Schichtarbeit, S. 14; HVBG, Lage und Dauer der Arbeitszeit, S. 41.

heiten dadurch Rechnung getragen werden kann, indem diese Personengruppe nur noch auf freiwilliger Basis kontiniuerliche Nachtarbeit verrichtet.[90]

g) *Mehrfachbelastungen*

Schichtarbeit tritt in der Arbeitswelt der Beschäftigten in den seltensten Fällen als alleiniger Belastungsfaktor auf. Vielmehr zeigt sich eine Kombination verschiedener weiterer Arbeitsbelastungen mit Schicht- und insbesondere Nachtarbeit. Pflegepersonen, die z.B. in der stationären Kranken- und Altenpflege in Schicht- und Nachtarbeit tätig sind, leisten in erheblichem Umfang Mehrarbeit und sind weiteren Belastungsfaktoren ausgesetzt, wie bspw. Störungen und Unterbrechungen im Arbeitsablauf, ständig wechselnde Arbeitsanforderungen, Zwang zum schnellen Reagieren auf unvorhergesehene Situationen, starke Konzentrationsanforderungen und Belastungen durch schweres Heben und Tragen sowie gesundheitsgefährdenden Umgebungseinflüssen, zu denen auch die schädliche Einwirkung von gesundheitsgefährdenden Stoffen (z.B. Narkosegase, Desinfektions- und Reinigungsmittel usw.) zählt.[91]
Bereits 1979 wies *Müller-Seitz* darauf hin, dass bei einem Zusammenspiel von Nacht- und Schichtarbeit mit weiteren Arbeitsbelastungen wie Hitze, Kälte, Lärm, gefährliche Stoffe, Tragen von bestimmten Körperschutzmitteln sowie Akkord- und Überarbeit sich besonders gravierende Auswirkungen der Schichtarbeit auf die Gesundheit und das Leistungsverhalten der Arbeitnehmer ergeben können und dies zum damaligen Zeitpunkt ein noch weitaus weniger beachtetes Problem darstellte als die isolierte Betrachtung von Schichtarbeit.[92] Dabei ließen sich über das Zusammenwirken von Schichtarbeit und Mehrfachbelastungen begründbare Vermutungen anstellen, allerdings noch keine gesicherten arbeitswissenschaftlichen Erkenntnisse.[93] Insgesamt hat sich die Wissenschaft diesem Problempunkt bis heute nur sehr zurückhaltend gewidmet.
Dies ist vor dem Hintergrund zu sehen, dass davon ausgegangen wird, dass sich der sog. multifaktorelle Ansatz in den Arbeitswissenschaften trotz einer hoher Plausibilität, mit der auf vielfältige und mehrfache Gefahrenquellen hingewiesen wird, nur schwer durchsetzen kann.[94]

---

[90] *Wüthrich*, Studie über die Auswirkungen von Nacht- und Schichtarbeit, S. 14; HVBG, Lage und Dauer der Arbeitszeit, S. 42.

[91] *Priester*, in: Arbeits- und Gesundheitsschutz im Krankenhaus, S. 54 ff.; *Bosch* u.a., WSI-Mitt. 1994, 51, 52 f.

[92] *Müller-Seitz*, WSI-Mitt. 1979, 45 ff.; *Hahn*, Nacht- und Schichtarbeit I, S. 79 spricht Nacht- und Schichtarbeit eine Verstärkerfunktion zu.

[93] *Müller-Seitz*, WSI-Mitt. 1979, 45 ff.; *Streich/Bielenski*, WSI-Mitt. 1981, 100, 102.

[94] *Heilmann*, Gefahrstoffe am Arbeitsplatz, Einführung, Rn. 9.

Zusammenfassend ist festzustellen, dass die Widerstandskraft des menschlichen Organismus auf Grund nächtlicher Minderleistungsfähigkeit und Überanstrengung herabgesetzt ist, so dass Nachtarbeiter und solche, die in Spätschicht arbeiten, auf weitere Arbeitsbelastungen wie schädliche Umwelteinflüsse, hohe Arbeitsintensität, körperliche Arbeit und psychische Belastungen empfindlicher reagieren, insbesondere auf Belastungsfaktoren, die neben Nacht- und Schichtarbeit zusätzlich ermüdend wirken (z.B. Schwerarbeit und Überstunden) und für die Ermüdete besonders anfällig sind (z.B. Monotonie und Klimaeinflüsse).[95]

h) Soziales Wohlbefinden

Neben den gesundheitlichen Beeinträchtigungen erfahren Nacht- und Schichtarbeiter zugleich soziale Beeinträchtigungen, da sie durch wechselnde oder dauerhaft ungünstige Zeiten erhebliche Einschränkungen bei der Teilnahme am Familienleben erfahren. Gegenüber Tagarbeitern sind sie auch in ihrer Freizeitgestaltung und der Teilnahme am gesellschaftlichen Leben eingeschränkt, da unsere Gesellschaft bisher dem Typus einer "Abend- und Wochenendgesellschaft" entspricht.[96]

i) Zusammenfassung

Zusammenfassend lässt sich daher feststellen, dass Nachtarbeit sowie Schichtarbeit unter Einschluss von Nachtarbeit ein erhöhtes Beeinträchtigungsrisiko für die Beschäftigten darstellt[97] und zugleich zahlreiche schädliche Auswirkungen auf Gesundheit und soziales Wohlbefinden der Arbeitnehmer entfaltet[98].
Ebenso können - entgegen früherer Auffassungen - Zwei-Schicht-Systeme ohne Nachtschicht erhebliche Beeinträchtigungen der Beschäftigten hervorrufen.[99] Es

---

95 *Oppolzer,* Ökologie der Arbeit, S. 149; *Müller-Seitz,* WSI-Mitt. 1979, 45 ff.; *Priester,* in: Arbeits- und Gesundheitsschutz im Krankenhaus, S. 57.

96 *Beermann,* Bilanzierung arbeitswissenschaftlicher Erkenntnisse, S. 24 ff.; *Rutenfranz/Beermann/Löwenthal,* Nachtarbeit für Frauen, S. 51 ff.; *Grandjean,* Physiologische Arbeitsgestaltung, S. 222 f.; *Martin,* Menschengerechte Arbeitsgestaltung, S. 198; *Sczesny,* Arbeitszeitgestaltung, S. 72 f., 75 ff.

97 *Beermann,* Bilanzierung arbeitswissenschaftlicher Erkenntnisse, S. 5.

98 *Oppolzer,* Handbuch Arbeitsgestaltung, S. 67 geht in diesem Zusammenhang vom Vorliegen einer gesicherten arbeitswissenschaftlichen Erkenntnis aus.

99 *Seifert,* Kriterien für eine sozialverträgliche Arbeitszeitgestaltung, S. 15, 25; *Beermann,* Bilanzierung arbeitswissenschaftlicher Erkenntnisse, S. 5; *Luczak,* Arbeitswissenschaft, S. 566; *Oppolzer,* Handbuch Arbeitsgestaltung, S. 67; *Ulich,* Arbeitspsychologie, S. 546; *Schulz,* gegengift 1991, 11, 12; anders noch *Elsner,* Wenn andere Schlafen, S. 24: danach sind die körperlichen Befindlichkeiten oder die Gesundheitssymptome von Zwei-Schicht-

bedarf daher einer Gestaltung der Arbeitszeit, die den auftretenden Beanspruchungen auf Seiten der Arbeitnehmer Rechnung trägt.

1.4. *Auswirkungen der Schichtarbeit auf die Berufstätigkeit*

a) Die Leistung der Beschäftigten

Der "Circadian-Rhythmus" und die verschiedenen dargestellten äußeren Faktoren führen zu Schwankungen der Leistungsbereitschaft von Menschen im Laufe eines Tages, d.h. der Mensch ist am Tag grundsätzlich aktiv und in der Nacht sind die Körperfunktionen auf Ruhe geschaltet. Diese Schwankungen haben insoweit auch Auswirkungen auf die Leistung der Personen und damit letztlich auch auf mögliche Fehler. Wenn man von der Annahme ausgeht, dass in allen Schichten die Arbeitsanforderungen sich gleichbleibend darstellen, so muss sich der Beschäftigte in der Nachtschicht besonders und auch in der Spätschicht mehr als in der Frühschicht anstrengen, um den gleichbleibenden Anforderungen, wie z.B. gleichbleibenden Vorgabezeiten, gleichbleibender Fließbandgeschwindigkeit oder gleichbleibenden Taktvorgaben durch Maschinen zu genügen.[100]

So wurde in einer Vielzahl von Studien festgestellt, dass die höchste Fehlerquote zwischen 3 und 4 Uhr liegt, wobei dieses Ergebnis mit den Erkenntnissen zur physiologischen Leistungsbereitschaft in Beziehung steht, wonach die Maxima der physiologischen Leistungsbereitschaft um 9 und gegen 19 Uhr liegen und im Gegensatz dazu ein erster Leistungsabfall gegen 14 bzw. 15 Uhr zu verzeichnen ist und das Minimum gegen 3 Uhr nachts auftritt.[101] Weiterhin scheint es, dass Fehler bei einer überwiegend geistigen Tätigkeit, die mit einem geringeren physischen Aufwand verbunden ist, leichter hervorgerufen werden[102], wobei aber eher eine Unterforderung leistungshemmend wirken soll[103]. Aber auch die physische Leistungsfähigkeit scheint nachts verringert zu sein[104], so dass physische Arbeitsbelastungen nachts zu schlechteren Leistungen führen[105].

Arbeitern zwar etwas schlechter als von Arbeitnehmern, die ständig in Frühschichten arbeiten, wobei diese Unterschiede allerdings nicht so gravierend seien.

100 *Knauth/Hornberger*, Schicht- und Nachtarbeit, S. 42 f.

101 *Corlett/Queinnec/Paoli*, Gestaltung Schichtarbeit, S. 40; *Oppolzer*, Handbuch Arbeitsgestaltung, S. 77; Prax.-Komm.-*Schmidt*, B 5, Rn. 58; vgl. bereits *Güntner*, ArbuR 1958, 129; 133.

102 *Corlett/Queinnec/Paoli*, Gestaltung Schichtarbeit, S. 40.

103 *Wüthrich*, Studie über die Auswirkungen von Nacht- und Schichtarbeit, S. 9.

104 *Sendfeld*, Arbeitszeitrecht, Arbeitszeitschutz, S. 177, 198; *Corlett/Queinnec/Paoli*, Gestaltung Schichtarbeit, S. 40.

105 *Wüthrich*, Studie über die Auswirkungen von Nacht- und Schichtarbeit, S. 9.

Zusammenfassend wird aus einem Großteil der in den verschiedensten Ländern durchgeführten Studien die Erkenntnis gewonnen, dass Schichtarbeit die Leistung beeinträchtigt und Nachtarbeit zudem eine begünstigende Wirkung auf die Fehlerquote entfaltet.[106] In dieser Hinsicht wird es aber für möglich gehalten, durch Einführung neuer Technologien diesen Leistungsabfall einzudämmen.[107]

b) Unfälle

Zu untersuchen wäre, ob der Leistungsabfall der Beschäftigten in der Nacht zu gesteigerter Unfallhäufigkeit führt. Den Blick auf mögliche Zusammenhänge haben eine Reihe von Katastrophen wie der Chemieunfall in Bhopal, Atomkraftwerksunfälle von Three Mile Island und Tschernobyl, Chemieunfälle am Rhein und der Tankerunfall der Exxon Valdez, die alle während der Nachtschicht geschahen, gelenkt.[108]

Allerdings scheint es, dass Erkenntnisse hinsichtlich der Unfalltendenzen noch wenige gesichert sind, bzw. es liegen unterschiedliche Untersuchungsergebnisse im Hinblick auf die Verteilung der Unfallhäufigkeit auf die Tageszeit vor.[109] Unfälle resultieren aus einem Zusammenspiel von Leistung der Beschäftigten und den aus den Bedingungen des Arbeitsumfeldes erwachsenen Risiken. Um aussagekräftige Erkenntnisse zum Unfallgeschehen während des Tages und der Nacht zu gewinnen, müssten die Arbeitsbedingungen tagsüber und nachts übereinstimmen, wovon man aber in der Regel nicht ausgehen kann, so dass ein durchgeführter direkter Vergleich mit Vorsicht zu interpretieren ist.[110]

Die Europäische Stiftung zur Verbesserung der Lebens- und Arbeitsbedingungen entnahm 1989 im Rahmen der Auswertung von Forschungsergebnissen mehrerer Studien den Trend, dass sich nachts weniger Unfälle ereignen; man dafür aber berechtigterweise davon ausgehen kann, dass es sich i.a. um schwerwiegendere Unfälle handelt.[111]

Einige Autoren gehen von der Annahme aus, dass die Unfallgefahr in der Nacht größer ist als am Tag, wenn tagsüber und nachts die gleichen Arbeiten mit gleicher Intensität und gleichen Anforderungen ausgeführt werden[112] oder wenn es

---

106 *Corlett/Queinnec/Paoli*, Gestaltung Schichtarbeit, S. 41.
107 *Corlett/Queinnec/Paoli*, Gestaltung Schichtarbeit, S. 41.
108 *Knauth/Hornberger*, Schicht- und Nachtarbeit, S. 42.
109 Prax.-Komm.-*Schmidt*, B 5, Rn. 153.
110 *Corlett/Queinnec/Paoli*, Gestaltung Schichtarbeit, S. 42; vgl. *Knauth/Hornberger*, Schicht- und Nachtarbeit, S. 44.
111 vgl. *Corlett/Queinnec/Paoli*, Gestaltung Schichtarbeit, S. 42.
112 *Oppolzer*, Handbuch Arbeitsgestaltung, S. 82.

sich um gefährliche Tätigkeiten handelt[113]. Folkard & Hill (2000) haben Studien, bei denen das a priori Risiko konstant zu sein schien, verglichen und anhand einer Literaturübersicht aufgezeigt, dass ein deutlich höheres Unfallrisiko während der Nachtschicht besteht und auch bereits während der Spätschicht ein erhöhtes Risiko zu verzeichnen ist.[114]
Nachreiner[115] verweist auf weitere Studien von Akerstedt (1995) und Smith et al (1994), die unter gleichen Arbeitsbedingungen einen Anstieg des Unfallrisikos von den Nachmittags- zu den späteren Abend- und Nachtstunden und dann eine Abnahme dieses Risikos in den frühen Morgen hinein feststellten[116]. In Fällen ungleicher Arbeitsbedingungen und Anforderungen kann man auch eine Senkung des Unfallrisikos während der Nacht im Vergleich zum Tage verzeichnen. Zugleich zeigen die Ergebnisse einen Einfluss der Arbeitsorganisation auf die Unfallhäufigkeit auf; d.h. i.a. die Unfallhäufigkeit ist in einem (kontinuierlichen) System mit drei Schichten am höchsten und in einem System mit zwei Schichten (nichtkontinuierlich) am geringsten.[117] Eine Erhöhung der Unfallhäufigkeit auf Grund erhöhter Müdigkeit zeigt sich auch bei Personen, die im Rahmen eines Wechselschichtsystems an fünf aufeinander folgenden Nächten arbeiten und außerdem ist eine Steigerung des Unfallrisikos anzunehmen, je früher die Frühschicht beginnt.[118] Auch Folkard & Hill kamen zu dem Ergebnis, dass mit zunehmender Anzahl von Nachtschichten in Folge das Unfallrisiko ansteigt und sie schätzen, dass sich dieses Risiko in der 6. bis 7. Nacht in Folge verdoppelt, bezogen auf das Unfallrisiko während der 1. Nacht.[119]
Zudem wurden in Untersuchungen ein Zusammenhang zwischen einer großen Überstundenzahl bzw. bei der Kombination "körperlich schwere Arbeit und Überstunden" eine Erhöhung der Unfallhäufigkeit festgestellt.[120] Ein weiteres Kriterium, das zur Erhöhung des Unfallrisikos beiträgt, stellt die Schichtdauer dar.[121]

---

113 *Hahn,* Nacht- und Schichtarbeit I, S. 29.
114 zit. nach *Nachreiner,* Arbeitszeit und Unfallrisiko, S. 14.
115 *Nachreiner,* Arbeitszeit und Unfallrisiko, S. 14.
116 *Nachreiner,* Arbeitszeit und Unfallrisiko, S. 14.
117 *Corlett/Queinnec/Paoli,* Gestaltung Schichtarbeit, S. 42.
118 *Corlett/Queinnec/Paoli,* Gestaltung Schichtarbeit, S. 42 f.
119 zit. nach *Nachreiner,* Arbeitszeit und Unfallrisiko, S. 14.
120 *Knauth/Hornberger,* Schicht- und Nachtarbeit, S. 45; *Nachreiner,* Arbeitszeit und Unfallrisiko, S. 13.
121 *Knauth/Hornberger,* Schicht- und Nachtarbeit, S. 45 f.; Prax.-Komm.-*Schmidt,* B 5, Rn. 143 ff.

3. Zusammenfassung

Die im Rahmen von Nacht- und Schichtarbeit gewonnenen Erkenntnisse über Belastung, Beanspruchung, Auswirkungen auf die Leistungen der Beschäftigten und letztlich auch die aufgezeigten Zusammenhänge zum Unfallgeschehen zeigen die Notwendigkeit, die betriebliche Arbeit, insbesondere die Arbeitszeit so zu gestalten, dass die arbeitswissenschaftlich gewonnenen Erkenntnisse berücksichtigt werden, um auf diese Weise Gefahren für die Gesundheit der Beschäftigten zu vermeiden und somit einen Beitrag zum effektiven Arbeits- und Gesundheitsschutz der Beschäftigten zu leisten.

III. Gang der Untersuchung

Der europäische Gesetzgeber hat die Gefahren, die für die Beschäftigten entstehen, wenn sie Nacht- und Schichtarbeit verrichten, erkannt und diese u.a. zum Anlass genommen, die Richtlinie über bestimmte Aspekte der Arbeitszeitgestaltung 93/104/EG am 23. November 1993 zu verabschieden. Auf diese Weise wollte der europäische Gesetzgeber erreichen, dass einheitliche Mindeststandards, die die Arbeitszeit betreffen, in den Mitgliedstaaten geschaffen werden, die einen Mindestschutz für die Gesundheit und Sicherheit der Beschäftigten gewährleisten. Zuvor ist auf europäischer Ebene bereits die Rahmenrichtlinie für den Arbeitsschutz 89/391/EWG erlassen worden, die allgemeine Regelungen für den Sicherheits- und Gesundheitsschutz der Beschäftigten beinhaltet und daher vom EuGH auch als Grundrichtlinie bezeichnet wird. Die allgemeinen Regelungen der Richtlinie 89/391/EWG gelten auch für die Beschäftigten, die Nacht- und Schichtarbeit verrichten. Beide Richtlinien waren in nationales Recht umzusetzen. Aus diesem Grund werden im ersten Kapitel die einzelnen Regelungen der Arbeitszeitrichtlinie 93/104/EG einer näheren Betrachtung unterzogen und ihre Bedeutung für den Sicherheits- und Gesundheitsschutz herausgearbeitet. Dabei ergibt sich die Notwendigkeit, die Leitbilder der Richtlinie 93/104/EG nicht isoliert von der Rahmenrichtlinie 89/391/EWG zu betrachten, so dass beide Richtlinien auf ihr Zusammenwirken zu untersuchen sind.
Aber nicht nur das europäische Recht hält Vorschriften für die Gestaltung der Arbeitszeit bereit. Vor Inkrafttreten der Arbeitszeitrichtlinie 93/104/EG wurden 1990 auf internationaler Ebene das ILO-Übereinkommen Nr. 171 (Übereinkommen über Nachtarbeit) und die ILO-Empfehlung 178 betreffend Nachtarbeit beschlossen. Da die darin enthaltenen Regelungen einen Einfluss auf die Richt-

linie 93/104/EG ausgeübt haben, werden die Grundsätze dieser Handlungsinstrumente auch im ersten Kapitel dargestellt.
Nachdem die Leitbilder der Arbeitszeitrichtlinie 93/104/EG herausgearbeitet worden sind, erfolgt im zweiten Kapitel eine Konzentration auf die Regelungen dieser Richtlinie zum Schutz der in Nacht- und Schichtarbeit Beschäftigten. Während in einem ersten Schritt diesbezüglich ein Überblick erarbeitet wird, sollen in einem zweiten Schritt die inhaltlichen Anforderungen der Artt. 12 und 13 RL 93/104/EG, die einen besonderen Schutz der Nacht- und Schichtarbeitnehmer durch Gestaltungsmaßnahmen erfordern, erläutert werden. Da die beiden Normen jedoch offen formuliert sind, bedürfen sie der Auslegung. Im Hinblick auf die im Zusammenhang mit Nacht- und Schichtarbeit auftretenden Mehrfachbelastungen stellt sich insbesondere die Frage, ob und ggf. welche Schutzmaßnahmen die Arbeitszeitrichtlinie verlangt. Die Darstellung von Artt. 12, 13 RL 93/104/EG bildet dabei den Schwerpunkt des zweiten Kapitels. Dabei sollen auch gesetzliche Regelungen anderer Mitgliedstaaten in die Analyse einbezogen werden.
Die nähere Untersuchung von Artt. 12, 13 RL 93/104/EG bildet den Grundstein für das sich anschließende dritte Kapitel. Gegenstand des dritten Kapitels wird die Umsetzung dieser Normen der Arbeitszeitrichtlinie in deutsche Regelungen sein. Hierbei wird vor allem auf die Vorschriften des Arbeitszeitgesetzes eingegangen. Schwerpunkt der Untersuchung soll § 6 Abs. 1 ArbZG bilden, der verlangt, dass die Arbeitszeit der Nacht- und Schichtarbeitnehmer nach den gesicherten arbeitswissenschaftlichen Erkenntnissen über die menschengerechte Gestaltung der Arbeit festzulegen ist. Die mit § 6 Abs. 1 ArbZG relevanten rechtlichen Fragestellungen sollen erläutert werden, wobei insbesondere eine Auseinandersetzung mit dem Begriff der „gesicherten arbeitswissenschaftlichen Erkenntnisse" erfolgt. Im Rahmen des dritten Kapitels soll ebenfalls die Frage beantwortet werden, ob der deutsche Gesetzgeber durch § 6 Abs. 1 ArbZG und weitere nationale Regelungen seiner Pflicht zur ordnungsgemäßen Umsetzung der Richtlinie 93/104/EG nachgekommen ist. Falls in dieser Hinsicht ein Defizit besteht, muss geprüft werden, ob und inwieweit u.a. eine gemeinschaftsrechtskonforme Auslegung in Betracht kommt, um den Sinn und Zweck der Arbeitszeitrichtlinie hinreichend Rechnung zu tragen.
Nachdem die rechtlichen Grundlagen der Gestaltung der Arbeitszeit der Nacht- und Schichtarbeit im ersten Teil der Arbeit herausgearbeitet worden sind, ist in einem zweiten Teil die Durchsetzung der zuvor untersuchten Normen zu betrachten. Allein das Bestehen arbeitsschutzrechtlicher Regelungen reicht in der betrieblichen Praxis nicht aus, um den Schutz der Gesundheit und Sicherheit der Beschäftigten zu verbessern. Vielmehr ist davon auszugehen, dass in vielen Bereichen ein erhebliches Umsetzungsdefizit von Arbeitsschutznormen besteht. So

führte bspw. die Arbeitsschutzverwaltung des Landes Nordrhein-Westfalen von Juli 1996 bis Februar 1997 in insgesamt 818 Einrichtungen aus dem Gesundheitswesen eine Überprüfung durch, ob die Bestimmungen des Arbeitszeitgesetzes bei den Beschäftigten im ärztlichen Dienst und im Pflegebereich eingehalten werden.[122] Hierbei zeigte sich, dass je nach Art der Einrichtung in bis zu 4/5 der untersuchten Häuser Mängel bei der Umsetzung der Bestimmungen des Arbeitszeitgesetzes vorhanden waren. Als ein Mängelschwerpunkt stellte sich dabei heraus, dass „Dauernachtwachen" eingerichtet waren und somit eine den arbeitsmedizinischen Erkenntnissen widersprechende Nachtdienstfolge.
Aus diesem Grund sind im vierten Kapitel die Möglichkeiten der Arbeitsschutzbehörden zu betrachten, um den zum Schutz der Beschäftigten erlassenen Vorschriften des Arbeitszeitgesetzes und weiterer Vorschriften des Arbeitsschutzes zur Durchsetzung zu verhelfen.
Im Anschluss werden im fünften Kapitel die einzelnen individualrechtlichen Befugnisse der Beschäftigten untersucht.
Da jedoch die Gestaltung der Arbeitsbedingungen und somit auch der Arbeitszeit grundsätzlich eine Aufgabe der Arbeitgebers ist, die für den jeweiligen Betrieb vorzunehmen ist und damit auf Grund verschiedener Belastungsfaktoren durch die Arbeit nicht einheitlich für alle Betriebe erfolgen kann, scheint der Rückgriff auf Beteiligungs- und Mitbestimmungsrechte des Betriebsrats am effektivsten, um die bestehenden Arbeitszeit- und Arbeitsschutznormen betriebsnah durchzusetzen. Daher wird das sechste Kapitel, in dem die Beteiligungs- und Mitbestimmungsrechte des Betriebsrats untersucht werden, den Kern der Durchsetzungsmöglichkeiten bilden. Bedeutung erlangen vor allem die Mitbestimmungsrechte des Betriebsrats nach §§ 87 Abs. 1 Nr. 2 und Nr. 7 BetrVG, die ihm die Gewähr bieten, bei der Umsetzung der Gestaltung der Arbeitszeit und weiterer Arbeitsbedingungen mitzuwirken. Dabei wird sich zeigen, dass gerade die Vorschriften des Arbeitsschutzes, die auf Richtlinien der Europäischen Union zurückzuführen sind, zur Umsetzung auf die Mitwirkung der Interessenvertretung der Arbeitnehmer angewiesen sind. In diesem Zusammenhang sind überdies die Durchsetzungsmöglichkeiten des Betriebsrats zur Sicherung seiner Mitbestimmungsmöglichkeiten darzustellen. Neben den Mitbestimmungsrechten nach §§ 87 Abs. 1 Nr. 2 und 7 BetrVG sind auch die dem Betriebsrat zustehenden Informations-, Beratungs- und Überwachungsrechte zu erläutern, die der Umsetzung und Durchsetzung von gesetzlichen Regelungen dienen und somit die Rechtsdurchsetzungsinstrumente des Betriebsrats abrunden.

[122] *Ködel*, Arbeitszeiten im Gesundheitswesen (1998).

In jüngster Zeit hat sich das BAG in zwei Entscheidungen[123] mit dem Thema „Nachtarbeit“ auseinandergesetzt. In der ersten Entscheidung klagte die Klägerin auf Beschäftigung im Sieben-Tage-Rhythmus im Nachtdienst und stützte ihr Begehren auf familiäre Belange. Der Einsatz in Dauernachtschicht statt in Wechselschicht durch den Arbeitgeber stellte das Ziel des Klägers im zweiten Verfahren dar. Da in den jeweiligen Urteilsgründen – trotz Erforderlichkeit - nicht auf § 6 Abs. 1 ArbZG eingegangen wurde, hat sich die Aktualität der rechtlichen Fragestellungen bestätigt.

[123] *BAG 23.09.2004*, NZA 2005, 359; *29.09.2004*, AP Nr. 111 zu § 87 BetrVG 1972 Arbeitszeit = ZTR 2005, 274 f.

1. Kapitel: Die Rechtslage im Internationalen Recht

Im Folgenden sollen die internationalen und europarechtlichen Rechtsquellen, die Nacht- und Schichtarbeit zum Gegenstand haben, untersucht und in ihrem Zusammenhang dargestellt werden, um im Anschluss der Frage einer ordnungsgemäße Umsetzung im nationalen Recht nachzugehen.
Schwerpunkt der nachstehenden Untersuchung bildet dabei die vom Rat der Europäischen Union am 23. November 1993 verabschiedete Richtlinie 93/104/EG[1] über bestimmte Aspekte der Arbeitszeitgestaltung (sog. Arbeitszeitrichtlinie). Da diese Richtlinie jedoch in ihrer Begründungserwägung auf die Grundsätze der Internationalen Arbeitsorganisation[2] verweist, ist es erforderlich, die Rechtsetzungsaktivitäten der Internationalen Arbeitsorganisation zu betrachten.

I. Rechtsetzungsaktivitäten der ILO

Vor Inkrafttreten der Arbeitszeitrichtlinie 93/104/EG hatte bereits die Internationale Arbeitsorganisation mehrere Arbeitsübereinkommen und -empfehlungen zu Fragen der Nachtarbeit besonders schutzbedürftiger Personengruppen wie Jugendlicher und insbesondere Frauen[3] beschlossen. Bereits das Übereinkommen über das Verbot der Nachtarbeit der gewerblichen Arbeiterinnen vom 26.09.1906, in Kraft durch Bekanntmachung vom 31.12.1910[4], statuierte ein spezifisches Nachtarbeitsverbot, das lange Zeit auch für die Bundesrepublik Deutschland galt. Neben solchen personalen Nachtarbeitsverboten existieren sektorale Nachtarbeitsverbote, wie z.B. in Bäckereien[5].

Das ILO-Übereinkommen 171, Übereinkommen über Nachtarbeit, das von der Allgemeinen Konferenz der Internationalen Arbeitsorganisation am 26. Juni 1990 angenommen wurde, bezieht sich dagegen allgemein auf alle Nachtarbeit-

---

1 ABl. EG Nr. L 307 vom 13. Dezember 1993. Diese Richtlinie ist durch die am 2. August 2004 in Kraft getretene Richtlinie 2003/88/EG ersetzt worden. Vgl. hierzu S. 50.

2 = International Labour Organisation (ILO)

3 vgl. z.B. ILO-Übereinkommen und Empfehlung über Nachtarbeit Jugendlicher (nichtgewerbliche Arbeiten) von 1946, Übereinkommen über Nachtarbeit der Jugendlichen im Gewerbe von 1948 (Neufassung), Übereinkommen und Empfehlung über die Nachtarbeit der Frauen von 1948 (Neufassung).

4 RGBl. 1911, 16.

5 Übereinkommen über die Nachtarbeit in Bäckereien (Inkrafttreten am 26.05.1928).

nehmer. Gleichzeitig ist die Empfehlung 178 als Empfehlung betreffend Nachtarbeit beschlossen worden. Damit lagen dieses ILO-Übereinkommen sowie die entsprechende Empfehlung zeitlich noch vor dem Vorschlag der EG-Kommission für eine Richtlinie des Rates über bestimmte Aspekte der Arbeitszeitgestaltung[6], der am 3. August 1990 vorgelegt wurde.
Neben dem ILO-Übereinkommen 171 über Nachtarbeit, das spezielle Regelungen für den Bereich der Nachtarbeit enthält, entfaltet für Nachtarbeitnehmer daneben das Übereinkommen 155 über Arbeitsschutz und Arbeitsumwelt von 1981 seine Wirkung. Auch für Schichtarbeitnehmer beansprucht jenes Übereinkommen Geltung.

1. Rechtliche Bedeutung der ILO-Übereinkommen

Sowohl das ILO-Übereinkommen 155 als auch das Übereinkommen 171 stellen völkerrechtliche Vereinbarungen dar. Da beide Übereinkommen von Deutschland bisher nicht ratifiziert worden sind, stellen sich die Fragen nach ihrer innerstaatlichen Wirkung jedoch nicht.[7] Der Deutsche Bundestag hatte lediglich in der 12. Legislaturperiode in einer Entschließung zur Nachtarbeit vom 16.02.1993[8] der Bundesregierung empfohlen, in das Arbeitszeitgesetz entsprechende Schutzvorschriften zu Gunsten der Beschäftigten zu integrieren, die die Voraussetzungen für eine spätere Ratifikation des Übereinkommens über Nachtarbeit schaffen.

Dagegen verweist die RL 93/104/EG in ihren Begründungserwägungen ausdrücklich auf die Grundsätze der Internationalen Arbeitsorganisation hinsichtlich der Arbeitszeitgestaltung.[9] Hier zeigt sich also, dass ILO-Übereinkommen für die Entstehung von EG-Richtlinien eine Rolle spielen können. Bereits bei

---

6 ABl. EG C 254 vom 9.10.1990, S. 4 ff.

7 Vgl. hierzu ausführlich *Leinemann/Schütz*, BB 1993, 2519; *Lörcher*, ArbuR 1991, 97; Hanau/Steinmeyer/*Wank*, Europ. Arbeitsrecht, § 34, Rn. 93 ff., insbes. 98, wonach ratifizierte Übereinkommen, die nicht unmittelbar anwendbar sind, sowohl vom Gesetzgeber als auch von der Rechtsprechung (Prinzip der völkerrechtfreundlichen Auslegung) und von der Verwaltung (Interpretationshilfe) beachtet werden müssen.

8 BT-Drucks. 12/4380, S. 3.

9 Vgl. die Schlussanträge des Generalanwalts *Colomer*, Rs. C-14/04 (Dellas), Rn. 4 (www. curia.eu.int), in denen er für den Bereich der Arbeitszeitverkürzung explizit auf das günstige internationale Umfeld verweist und dabei die besondere Bedeutung der Tätigkeit der Internationalen Arbeitsorganisation hervorhebt.

der Entstehung der europäischen Rahmenrichtlinie RL 89/391/EWG haben Übereinkommen der ILO, vor allem das Übereinkommen Nr. 155, als Vorbilder gedient.[10] Dieses Zusammenspiel setzt sich weiter fort, indem solche Beschlüsse der Internationalen Arbeitsorganisation auch für die Auslegung gemeinschaftsrechtlicher Begriffe heranzuziehen sind, wenn sie inhaltlich einschlägig sind.[11] Aus diesem Grund ergibt sich die Notwendigkeit, die Übereinkommen Nr. 155 und 171 nachfolgend inhaltlich zu skizzieren, bevor die Arbeitszeitrichtlinie einer umfassenden Betrachtung unterzogen wird.

2. ILO-Übereinkommen 155 (über Arbeitsschutz und Arbeitsumwelt)

Das Übereinkommen über den Arbeitsschutz trat bereits am 11. August 1983 in Kraft.

Für den Arbeitsschutz erlangte die Definition von „Gesundheit“ im Zusammenhang mit der Arbeit nach Art. 3 e) Bedeutung, wonach dieser Ausdruck nicht nur das Freisein von Krankheit oder Gebrechen umfasst, sondern auch die physischen und geistig-seelischen Faktoren, die sich auf die Gesundheit auswirken und die in unmittelbarem Zusammenhang mit der Sicherheit und Gesundheit bei der Arbeit stehen. Folglich geht dieses Verständnis über den engen klassischen Gesundheitsbegriff hinaus und erfasst damit auch Belastungen, die z.B. durch Monotonie, unzureichende Beleuchtung und Belüftung entstehen können oder Belastungen, die durch eine unzureichende Arbeitsorganisation, bspw. der Pausengestaltung oder von Nacht- und Schichtarbeit, hervorgerufen werden.[12] In Art. 4 ist sodann eine geschlossene innerstaatliche Politik auf dem Gebiet des Arbeitsschutzes und der Arbeitsumwelt festgeschrieben, deren Ziel die Verhütung von Unfällen und Gesundheitsschäden ist, die infolge, im Zusammenhang mit oder bei der Arbeit entstehen, indem die mit der Arbeitsumwelt verbundenen Gefahrenursachen auf ein Mindestmaß begrenzt werden, soweit dies praktisch durchführbar ist. Damit dieser Politik auch Rechnung getragen wird, sind in Art. 5 verschiedene Hauptaktionsbereiche bestimmt. Zu diesen Hauptaktionsbereichen zählen auch die Zusammenhänge zwischen den materiellen Komponenten der Arbeit und den Personen, die die Arbeit ausführen oder überwachen, und Anpassungen u.a. der Arbeitszeit, der Arbeitsorganisation und der Arbeitsver-

---

10 *Vogel*, Gefahrenverhütung am Arbeitsplatz, Bd. 1, S. 57 f.; *Bücker/Feldhoff/Kohte*, Arbeitsumwelt, Rn. 52.

11 *Bücker/Feldhoff/Kohte*, Arbeitsumwelt, Rn. 235.

12 *Bücker/Feldhoff/Kohte*, Arbeitsumwelt, Rn. 235.

fahren an die körperlichen und geistigen Fähigkeiten der Arbeitnehmer. Weiterhin bestimmt Art. 21, dass die Arbeitsschutzmaßnahmen für den Arbeitnehmer mit keinerlei Ausgaben verbunden sein dürfen.
Insgesamt ist zu betonen, dass bereits dieses ILO-Übereinkommen von einem präventiven und anpassungsfähigen Arbeitsschutz ausgeht.[13]

3. Das ILO-Übereinkommen 171 (über Nachtarbeit)

3.1. Inhaltliche Regelungen

Zu Beginn wird des ILO-Übereinkommens wird in Art. 1 a) klargestellt, dass „Nachtarbeit“ dann vorliegt, wenn die Arbeit während eines Zeitraums von mindestens sieben aufeinanderfolgenden Stunden verrichtet wird, der die Zeit zwischen Mitternacht und fünf Uhr morgens einschließt und von der zuständigen Stelle nach Anhörung der Arbeitnehmer- und Arbeitgeberverbände oder durch Gesamtarbeitsverträge festzulegen ist. Anschließend statuiert Art. 1 b), dass als Nachtarbeitnehmer derjenige anzusehen ist, dessen Arbeit die Leistung einer erheblichen Anzahl von Nachtarbeitsstunden erfordert, wobei diese eine bestimmte Grenze überschreitet. Die Ermittlung dieser Grenze erfolgt auch unter o.g. Beteiligung.
Sodann ist in Art. 2 Abs. 1 ein umfassender Geltungsbereich des Übereinkommens für alle Arbeitnehmer – abgesehen von wenigen Ausnahmen[14] – vorgesehen. Damit in Einklang stehen die in Art. 4 bis 10 genannten vielfältigen Maßnahmen, die verschiedene Schutzrichtungen verfolgen. Diese Maßnahmen sollen gem. Art. 3 die Gesundheit der Arbeitnehmer schützen. Darüber hinaus soll den Nachtarbeitnehmern die Erfüllung ihrer Familien- und Sozialpflichten erleichtert und Möglichkeiten für den beruflichen Aufstieg geboten werden. Weiterhin ist eine angemessene Entschädigung der Arbeitnehmer vorgesehen.
Zu den einzelnen Maßnahmen des Übereinkommens zählt z.B. das in Art. 4 gewährte Recht auf eine unentgeltliche Untersuchung des Gesundheitszustandes und eine entsprechende Beratung, um die mit der Nachtarbeit verbundenen Gesundheitsprobleme zu verringern oder zu vermeiden. Art. 5 verlangt geeignete Erste-Hilfe-Einrichtungen oder ähnliche Vorkehrungen. Bei gesundheitlicher Untauglichkeit sind die Nachtarbeiter nach Art. 6 auf einen tauglichen Tagesarbeitsplatz zu versetzen, anderenfalls sollen ihnen die gleichen Leistungen zu-

---

13 *Kohte,* ZIAS 1999, 85, 92.

14 Hierbei handelt es sich um die Bereiche Landwirtschaft, Viehzucht, Fischerei, Seetransport und Binnenschifffahrt.

kommen wie Arbeitnehmern, die nicht in der Lage sind, zu arbeiten oder eine Beschäftigung zu erlangen. Zudem soll Nachtarbeitern bei vorübergehender gesundheitlicher Untauglichkeit zur Nachtarbeit der gleiche Entlassungs- oder Kündigungsschutz gewährt werden, wie anderen Arbeitnehmern, die aus gesundheitlichen Gründen arbeitsunfähig sind. Weiterhin ist in Art. 8 die Gewährung eines Ausgleiches für Nachtarbeiter in Form von Arbeitszeit, Entgelt oder ähnlichen Vergünstigungen vorgesehen, der gleichzeitig der Natur der Nachtarbeit Rechnung zu tragen hat. Außerdem sind Nachtarbeitern und erforderlichenfalls Arbeitnehmern, die Nachtarbeit verrichten, gem. Art. 9 geeignete Sozialdienste bereitzustellen. In Art. 10 werden Arbeitnehmervertretern bei der Einführung von Arbeitsplänen, die Nachtarbeit umfassen, zu den Formen der Organisation der Nachtarbeit und zu den erforderlichen Gesundheitsschutzmaßnahmen und Sozialdiensten Mitwirkungsrechte in Form einer Anhörungsmöglichkeit zuerkannt.

3.2. Perspektivenwechsel

Die bisher aufgezeigten Maßnahmen sind geschlechtsneutral formuliert und bedeuten daher einen umfangreichen Schutz der Nachtarbeitnehmer und Nachtarbeitnehmerinnen gleichermaßen. Lediglich Art. 7 des Übereinkommens enthält spezielle Schutzvorschriften hinsichtlich schwangerer Arbeitnehmerinnen und für die Zeiten nach der Geburt. Damit verbunden ist die Abkehr von generellen personalen Frauennachtarbeitsverboten.[15] Es ist somit ein Paradigmenwechsel vom geschlechtsbezogenen Nachtarbeitsschutz zum allgemeinen Gesundheitsschutz der Nachtarbeitnehmer vollzogen worden.

3.3. ILO-Empfehlung Nr. 178

Das ILO-Übereinkommen über Nachtarbeit wird durch die Empfehlung betreffend Nachtarbeit, 1990 – Empfehlung Nr. 178 - ergänzt. In dieser Empfehlung sind zahlreiche Maßnahmen aufgeführt, die im Zusammenhang mit Nachtarbeit ergriffen werden sollten. So ist bspw. in Abschnitt II Nr. 5 (1) geregelt, dass die Arbeit so geplant werden sollte, dass Überstunden von Nachtarbeitern vor und nach einem täglichen Arbeitszeitraum, der Nachtarbeit einschließt, soweit wie möglich vermieden werden. Als weitere Maßnahme ist z.B. in Abschnitt III Nr.

---

15 Vgl. allgemein zum Frauenarbeitsschutz im Arbeitszeitgesetz im Jahre 1985 *Anzinger*, DB 1985, 2352 ff.

8 (1) ein angemessener finanzieller Ausgleich für die Nachtarbeit vorgesehen. Über Bestimmungen, die die Arbeitszeit und Ruhezeit sowie einen finanziellen Ausgleich betreffen, sind weitere Maßnahmen enthalten, die sich auf Sicherheit und Gesundheit der Nachtarbeitnehmer beziehen oder solche Maßnahmen, die dem Bereich der Sozialdienste zuzuordnen sind. Die ILO-Empfehlung beinhaltet außerdem die besondere Berücksichtigung von Nachtarbeitern bei der Besetzung freier Tagesarbeitsplätze.
Auf einzelne weitere Empfehlungen wird im Rahmen dieser Arbeit an entsprechender Stelle eingegangen werden, soweit dies erforderlich erscheint.

3.4. Fazit

Die Normen und Empfehlungen der ILO zeigen deutlich, dass die (gesundheits-) schädlichen Wirkungen von Nachtarbeit auf internationaler Ebene anerkannt sind, die im Ergebnis auf entsprechenden arbeitswissenschaftlichen Erkenntnissen basieren. Die ILO ist daher gleichsam als arbeitswissenschaftlicher Akteur tätig geworden, indem vor allem Gestaltungsaussagen zu Nachtarbeit getroffen worden sind.

II. Nachtarbeit und die ESC

Spezifische Regelungen zur Nacht- und Schichtarbeit beinhaltet auch die Europäische Sozialcharta (ESC). Bei dieser Charta, die von den Mitgliedern des Europarates am 18. Oktober 1961[16] unterzeichnet wurde, handelt es sich um eine völkerrechtliche Vereinbarung, die die Mitgliedstaaten verpflichtet, wobei der einzelne Arbeitnehmer grundsätzlich keine subjektiven Rechte ableiten kann[17]. Der EuGH zieht die ESC jedoch regelmäßig als Auslegungshilfe heran.[18]
Die ESC enthält insoweit eine Vielzahl von sozialen Grundrechten.[19] Der EG-Vertrag nimmt nunmehr in Art. 136 unmittelbar Bezug auf die ESC, indem die Gemeinschaft und die Mitgliedstaaten eine Sozialpolitik eingedenk der sozialen Grundrechte der ESC verfolgen. Die in der ESC verankerten Ziele sollen daher durch Instrumente des Gemeinschaftsrechts umgesetzt werden, so dass die ESC

---

[16] Europäische Sozialcharta vom 18. Oktober 1961 = EAS A 1400.
[17] *Hergenröder*, EAS B 8400, S. 1, 19 f, Rn. 18 ff.; Hanau/Steinmeyer/*Wank*, Europ. Arbeitsrecht, § 36, Rn. 24.
[18] Callies/Ruffert-*Krebber*, § 136 EG, Rn. 35; *Zachert*, NZA 2000, 621, 623.
[19] Hanau/Steinmeyer/*Wank*, Europ. Arbeitsrecht, § 36, Rn. 15.

erhebliche Bedeutung für die weitere Entwicklung der Sozialpolitik der Gemeinschaft entfaltet. Dies ist insbesondere vor dem Hintergrund zu sehen, dass die reivierte Fassung der ESC von 1996 als ein weitestgehendes und umfassendes Instrument zur Sicherung von sozialen Rechten auf europäischer Ebene anzusehen ist.[20] Offen ist insoweit noch, ob die Verweisung zu dem Ergebnis führt, dass die Bestimmungen der ESC auch materiell soziale Grundrechte des EG-Vertrages darstellen.[21]

Im Hinblick auf den Schutz der Nacht- und Schichtarbeitnehmer statuierte die ESC von 1961 in Art. 8 Nr. 4 a) das spezifische Gebot, die Nachtarbeit von Arbeitnehmerinnen in gewerblichen Betrieben zu regeln. Das Zustimmungsgesetz des deutschen Gesetzgebers zur ESC[22] nahm jedoch diese Regelung von der Zustimmung aus.

Dagegen verpflichtet die ESC in der revidierten Fassung von 1996[23] die Vertragsparteien in Art. 8 Nr. 4, die Nachtarbeit von Schwangeren, von Frauen kurz nach der Entbindung und von Frauen, die Kinder stillen, zu regeln. Besonders schutzbedürftig sind ebenso Kinder und Jugendliche, so dass bei Personen unter 18 Jahren – mit Ausnahme – Nachtarbeit nach Art. 7 Nr. 4 verboten ist. Nachtarbeit aller weiteren Personen – ohne Differenzierung zwischen Angestellen und ArbeiterInnen bzw. Frauen und Männern - ist grundsätzlich Art. 2 zuzuordnen. Nach Nr. 1 verpflichten sich die Vertragsparteien für angemessene tägliche und wöchentliche Arbeitszeiten zu sorgen. Als einschlägig erweist sich auch die Regelung des Nr. 4, wonach Gefahren zu beseitigen sind, die gefährlichen oder gesundheitsschädlichen Arbeiten innewohnen oder falls keine Beseitigung oder hinreichende Verminderung der Gefahren möglich ist, den Arbeitnehmern, die mit solchen Arbeiten beschäftigt sind, verkürzte Arbeitszeiten oder zusätzliche bezahlte Urlaubstage zu gewähren. Alle Arbeitnehmer, die Nacht- als auch Schichtarbeit verrichten, fallen daher unter diese Regelung.[24]

Somit zeigt sich, dass auch auf der völkerrechtlichen Ebene der ESC ein Paradigmenwechsel hin zu einem umfassenden Schutz der Nacht- und Schichtarbeitnehmer.

---

[20] *Lörcher*, ArbuR 1999, 11, 15.

[21] Callies/Ruffert-*Krebber*, Art. 136 EG, Rn. 34 und *Preis/Gotthardt*, EAS B 1100, S. 1, 10 f., 24, Rn. 4, 35 lehnen die unmittelbar Geltung der sozialen Grundrechte ab. *Zachert*, NZA 2000, 621, 622 f. verneint zwar auch die unmittelbare Geltung der in Bezug genommenen ESC, verdeutlicht jedoch, dass durch die Verweisung Art. 136 EG selbst einen umfassenden Katalog von Arbeitnehmergrundrechten enthält.

[22] Gesetz zur Europäischen Sozialcharta vom 19. September 1964, abgedr. in EAS A 1410.

[23] Die Neufassung der ESC wurde bisher vom deutschen Gesetzgeber nicht ratifiziert. Vgl. zur Kritik *Lörcher*, ArbuR 1999, 11, 15.

[24] So auch *Buschmann/Ulber*, § 6 ArbZG, Rn. 5.

III. Die Richtlinie 93/104/EG im Kontext arbeitsschutzrechtlicher Gemeinschaftsmaßnahmen

1. Entwicklung arbeitszeitbezogener Maßnahmen auf der Ebene der Europäischen Gemeinschaft

Der Verabschiedung der Arbeitszeit-Richtlinie 93/104/EG am 23. November 1993 durch den Rat der Europäischen Union ist auf Grund von Meinungsverschiedenheiten zwischen den einzelnen Mitgliedstaaten eine langjährige Kompromisssuche vorangegangen. Dies resultierte nicht zuletzt daraus, dass Regelungen der Arbeitszeit jeweils unterschiedliche Auswirkungen auf Wettbewerbs- und Beschäftigungspolitik und auf die Sozialpolitik einschließlich des Sicherheits- und Gesundheitsschutzes entfalten können und insoweit maßgebend ist, welcher Regelungsbereich betroffen ist. Regelungen zur Arbeitszeit sind zudem in nicht unerheblichem Umfang mit verkehrspolitischen Aspekten behaftet.
In den Anfängen nach der Gründung der Europäischen Wirtschaftsgemeinschaft standen Regelungen im Vordergrund, die der Wettbewerbs- und Wirtschaftspolitik zuzuordnen waren. In diesem Rahmen waren auch erste Ansätze zu Gesundheitsschutzmaßnahmen der Kommission festzustellen, bei denen der Wirtschaftsbezug weiter als Anknüpfungspunkt diente, so z.B. bei Empfehlungen der Kommission der EWG zur Annahme einer Europäischen Liste der Berufskrankheiten, betreffend der betriebsärztlichen Dienste in den Arbeitsstätten und über die gesundheitliche Überwachung der Arbeitnehmer, die besonderen Berufsgefahren ausgesetzt sind.[25] Sozialpolitische Maßnahmen sollten insoweit hauptsächlich Sozialdumping innerhalb der Europäischen Wirtschaftsgemeinschaft vermeiden. Zudem fehlte eine spezielle Ermächtigungsgrundlage auf dem Gebiet der Sozialpolitik, wie die Art. 117 bis Art. 122 EWGV verdeutlichten.
Eine Richtungsänderung trat erst durch die Beschlüsse des Pariser Gipfels vom Oktober 1972 und führte wieder zur Berücksichtigung von Arbeitszeit- und Urlaubsfragen auf europäischer Ebene.[26] So forderte die Kommission in ihrem Sozialpolitischen Aktionsprogramm vom 25. Oktober 1973[27] die Einführung der 40-Stunden-Woche bis 1975 und eines bezahlten Jahresurlaubs von vier Wochen bis 1976. Am 22. Juli 1975 wurden diese Grundsätze dann vom Rat in ei-

---

25 *Berg*, Gesundheitsschutz als Aufgabe der EU, S. 86 f. mw.N.

26 *Oppermann*, Europarecht, § 25, Rn. 1632; *Coen* in Bleckmann, Europarecht, § 31, Rn. 2482; *Berg*, Gesundheitsschutz als Aufgabe der EU, S. 87 ff.

27 Abgedruckt in EG-Bulletin, Beil. 2/1974; Vorlage vom 25.10.73, EG-Bulletin 2/74.

ner Empfehlung[28] - die jedoch nicht verwirklicht wurde - verabschiedet und sollten bis spätestens 1978 in allen Bereichen der Gemeinschaft angewandt werden. Anhaltende wirtschaftliche Probleme veranlassten den Rat am 18. Dezember 1979[29] eine Entschließung zu Fragen der Arbeitszeit zu erlassen, die u.a. die systematische Einschränkung von Überstunden, flexible Altersgrenzen, Verringerung des Arbeitsvolumens des einzelnen Arbeitnehmers zur Sicherung von Gesundheit und Beschäftigung, die Förderung von Teilzeitarbeit und auch den gesundheitlichen Schutz der Schichtarbeiter zum Inhalt hatte. Diese Maßnahmen sollten zum einen zur Verbesserung der Beschäftigungslage beitragen und zum anderen eine Verbesserung des Arbeitsschutzes bewirken.
Eine Stärkung der Gemeinschaftskompetenzen und damit auch der sozialen Integration sowie des Arbeits- und Gesundheitsschutzes im Besonderen trat erst mit der Einheitlichen Europäischen Akte von 1986 ein, in deren Rahmen Art. 100a EWGV und Art. 118a EWGV (Art. 137 EG n.F.) in den EWG-Vertrag eingefügt worden sind. Art. 118a EWGV stellte seit seiner Einführung eine ausdrückliche und klare Ermächtigungsgrundlage für Rechtsakte zur Verbesserung der Arbeitsumwelt dar. Danach oblag den Mitgliedstaaten die Aufgabe, durch Mindestvorschriften die Verbesserung insbesondere der Arbeitsumwelt zu fördern, um die Sicherheit und die Gesundheit der Arbeitnehmer zu schützen. Zugleich wurde die Harmonisierung der in diesem Bereich bestehenden Bedingungen bei gleichzeitigem Fortschritt zum verbindlichen Ziel erklärt. Inhaltlich betraf Art. 118a EWGV den gesamten öffentlich-rechtlichen Arbeitsschutz, einschließlich des sozialen Arbeitsschutzes mit Ausnahme von Regelungen nach Art. 100a EWGV, die sicherheitstechnische Beschaffenheitsanforderungen an Geräte, Maschinen, Anlagen und Gefahrstoffe beinhalteten.[30]
Gestützt auf Art. 118a EWGV wurde die Richtlinie 89/391/EWG[31] vom 12. Juni 1989 über die Durchführung von Maßnahmen zur Verbesserung der Sicherheit und des Gesundheitsschutzes der Arbeitnehmer bei der Arbeit erlassen, die die nunmehr tragende Rolle des Arbeits- und Gesundheitsschutzes in der Europäischen Gemeinschaft verdeutlicht.[32] In dieser Grundrichtlinie sind die allgemei-

---

28 Empfehlung des Rates 75/457/EWG vom 22.07.1975 über den Grundsatz der 40-Stunden-Woche und den Grundsatz des vierwöchigen bezahlten Jahresurlaubs, ABl. EG Nr. L 199 vom 30.07.1975, S. 32 f. = EAS A 5000.

29 Entschließung des Rates vom 18.12.1979 über die Anpassung der Arbeitszeit, ABl. EG Nr. C 2 vom 4. Januar 1980, S.1 ff. = EAS A 5010.

30 *Wlotzke*, RdA 1992, 85, 88; *ders.*, NZA 1990, 417, 419.

31 ABl. EG Nr. L 183 vom 29.06.1989, S. 1 ff.

32 Vgl. hierzu ausführlich S. 55 ff.

nen Grundsätze des europäischen Arbeitsschutzrechts verankert, die später in mehreren Einzelrichtlinien näher ausgeführt worden.[33]
Neben der Rahmenrichtlinie 89/391/EWG zur Verbesserung der Sicherheit und des Gesundheitsschutzes der Arbeitnehmer am Arbeitsplatz, die auch als „Grundgesetz des betrieblichen Arbeitsschutzes"[34] bezeichnet wird, spielte auch die „Gemeinschaftscharta der sozialen Grundrechte der Arbeitnehmer"[35], welche am 09.12.1989 von den Staats- und Regierungschefs von 11 Mitgliedstaaten mit Ausnahme Großbritanniens (das sich erst 1997 der Gemeinschaftscharta angeschlossen hat) in Form einer feierlichen Erklärung verabschiedet worden ist, eine nicht unerhebliche Rolle für die Entwicklung des Arbeitsschutzrechts.[36] Inhaltlich ergänzt die Gemeinschaftscharta die bereits 1961 abgeschlossene Europäische Sozialcharta. Sie stellt eine politische Absichtserklärung dar, der sich keine subjektiven durchsetzbaren Rechte entnehmen lassen.[37] Die Gemeinschaftscharta entfaltet dennoch Wirkung, als sich der EuGH bei der Auslegung anderer Ermächtigungsgrundlagen und Richtlinien dieser Charta bedient.[38]
Sie regelt in ihren 12 Abschnitten arbeits- und sozialrechtliche Fragen, u.a. heben die Mitgliedstaaten in Punkt 7 hervor, dass die Verwirklichung des Binnenmarktes zu einer Verbesserung der Lebens- und Arbeitsbedingungen der Arbeitnehmer in der Europäischen Gemeinschaft führen müsse. Dies soll durch eine Angleichung dieser Bedingungen erfolgen, wobei aber gleichzeitig eine Verbesserung derjenigen Bedingungen, die die Arbeitsdauer und Arbeitszeitgestaltung betreffen, anzustreben ist. Zudem ist im Punkt 8 der Gemeinschaftscharta zum Ausdruck gebracht, dass jeder Arbeitnehmer der Europäischen Gemeinschaft einen Anspruch auf eine wöchentliche Ruhezeit sowie einen bezahlten Jahresurlaub haben soll. Weiterhin sind in Art. 19 der Gesundheitsschutz und die soziale Sicherheit der Arbeitnehmer verankert. Diese Regelungsgegenstände wurden bereits in vorangegangenen Empfehlungen und Entschließungen des Rates ange-

---

33 *EuGH 3.10.2000,* Rs. C-303/98 (SIMAP), Slg. 2000, I-7997, 8000, Rn. 3.

34 *Wlotzke,* RdA 1992, 85, 91; Kollmer-*Balze,* ArbSchG, Einf., Rn. 78.

35 Gemeinschaftscharta der Sozialen Grundrechte der Arbeitnehmer vom 9. Dezember 1989, KOM (89) 248 endg.= EAS A 1500.

36 Vgl auch *Zeppenfeld,* Europ. Arbeitszeitrecht, S. 34; *EuGH 09.09.2003,* Rs. C-151/02 (Jaeger), NZA 2003, 1019, 1021, Rn. 47.

37 Hanau/Steinmeyer/Wank-*Steinmeyer,* Europäisches Arbeits- und Sozialrecht, S. 282; *Sehmsdorf* , Europäischer Arbeitsschutz und seine Umsetzung, S. 55; *Müller-Petzer,* Fürsorgepflichten des AG, S. 62; *Heinze,* FS Wlotzke (1996), S. 669.

38 *Krimphove,* Europ. Arbeitsrecht, Rn. 47; *Bücker/Feldhoff/Kohte,* Arbeitsumwelt, Rn. 121; vgl. auch *Heinze,* FS Wlotzke (1996), S. 669, 670. Außerdem nimmt nunmehr auch Art. 136 EG auf die Gemeinschaftscharta unmittelbar Bezug.

sprochen, so dass die Gemeinschaftscharta der sozialen Grundrechte inhaltlich keinen Fortschritt für arbeitszeitrelevante Fragestellungen brachte.[39]
Nunmehr werden im Entwurf eines Vertrages über eine Verfassung für Europa des Europäischen Konvents soziale Grundrechte ausdrücklich anerkannt.[40] Der Entwurf enthält die Charta der Grundrechte der Union[41]. Diese Charta wurde am 7. Dezember 2000 vom Europäischen Parlament, vom Rat und der Kommission feierlich proklamiert, nachdem die Staats- und Regierungschefs sie verabschiedet hatten. Bisher wurde der Charta der Grundrechte der Europäischen Union keine verbindliche Wirkung zuerkannt.[42] Die Präambel hebt jedoch ausdrücklich die Stärkung der Grundrechte hervor, die durch die Einbeziehung in der Charta erreicht werden soll. Zudem weist die Präambel darauf hin, dass die Charta der Grundrechte künftig als wesentlicher Maßstab für alle in der Gemeinschaft Handelnden dienen soll, so dass die Bestimmungen zum jetzigen Zeitpunkt nicht ignoriert werden können.[43] Auf der materiellen Ebene ist in Art. II - 31 ausdrücklich das Recht jeder Arbeitnehmerin und jedes Arbeitnehmers auf gesunde, sichere und würdige Arbeitsbedingungen (Abs. 1) anerkannt. Abs. 2 statuiert ferner ein Recht auf eine Begrenzung der Höchstarbeitszeit, auf tägliche und wöchentliche Ruhezeiten sowie auf bezahlten Jahresurlaub. Diese Regelung bekräftigt vor allem die bisherige Entwicklung in Fragen von Sicherheit und Gesundheitsschutz der Arbeitnehmer. Außerdem wird Arbeitszeitregelungen ein hoher Stellenwert zugeschrieben. Da die Charta der sozialen Grundrechte in der Verfassung für Europa verankert sind, ist der verfassungsrechtlichen Status der Grundrechte ersichtlich, aus denen der einzelne Unionsbürger zukünftig Rechte ableiten kann. Sekundärmaßnahmen der Gemeinschaft sowie Umsetzungsmaßnahmen der Mitgliedstaaten müssen sich dann an diesen Bestimmungen messen lassen.

---

39 *Grundmann*, Europ. Schuldvertragsrecht, S. 465, Rn. 4.

40 *Heinze*, FS Wlotzke (1996), S. 669, 677 erteilte der Idee, grundlegende soziale Rechte der Bürger als verfassungsrechtliches Element der Europäischen Union im Europäischen Vertrag zu verankern, eine scharfe Absage.

41 Charta der Grundrechte der Europäischen Union vom 7. Dezember 2000, ABl. EG Nr. C 364 vom 18. Dezember 2000, S. 1 ff. = EAS A 1510 (Auszug).

42 *GA Tizzano*, Rs. C- 173/99 (BECTU), Slg. 2001, I-4883, 4890 f., Rn. 27.

43 Vgl. auch *GA Tizzano*, Rs. C- 173/99 (BECTU), Slg. 2001, I-4883, 4891, Rn. 28.

2. Rechtsetzungsverfahren der RL 93/104/EG

In dem zur Umsetzung der „Gemeinschaftscharta der Sozialen Grundrechte der Arbeitnehmer" ergangenen Aktionsprogramm[44] der Kommission wurde u.a. auch eine Richtlinie zur Anpassung der Arbeitszeit angeregt. Diese Richtlinie sollte neben dem Gesundheitsschutz der Arbeitnehmer auch beschäftigungspolitische Aspekte zum Inhalt haben. Nach Auffassung der Kommission können arbeitszeitrechtliche Regelungen, die die Flexibilisierung der Arbeitszeit zum Gegenstand haben, ein Instrument zur Schaffung neuer Arbeitsplätze in der Europäischen Gemeinschaft darstellen. Derartige beschäftigungspolitische Maßnahmen dürften aber nicht zu entgegengesetzten Anstrengungen im Hinblick auf Wohlbefinden und Gesundheit der Arbeitnehmer führen.[45] Allerdings wichen die einzelnen Bestimmungen in dieser Hinsicht in den Rechtsordnungen der Mitgliedstaaten teilweise erheblich voneinander ab, so dass die Richtlinie zur Anpassung der Arbeitszeit nur Mindestvorschriften über die Höchstarbeitszeiten, die Ruhezeit, den Urlaub, die Nachtarbeit, die Wochenendarbeit und die systematische Mehrarbeit beinhalten konnte, um durch die angestrebte Flexibilisierung das Wohlergehen und die Gesundheit der Arbeitnehmer nicht zu beeinträchtigen.
Am 3. August 1990 legte die Kommission, gestützt auf Art. 118a des EWG-Vertrages, einen Vorschlag für eine Richtlinie über bestimmte Aspekte der Arbeitszeitgestaltung[46] vor. Dieser Richtlinienvorschlag, der von einem Explanatory Memorandum begleitet wurde, beschränkt sich auf vier Regelungsbereiche: (a) tägliche und wöchentliche Mindestruhezeiten, (b) jährliche bezahlter Mindesturlaub, (c) Mindestbestimmungen hinsichtlich Nacht- und Schichtarbeit und (d) Schutz der Gesundheit und Sicherheit der Arbeitnehmer im Falle der Änderungen der Arbeitsmodelle bei Anpassungen der Arbeitszeit.[47]
Folglich enthielt dieser Vorschlag Mindestnormen, die auf einen Schutz der Gesundheit und Sicherheit der Arbeitnehmer abzielen.[48] Beschäftigungsfördernde Auswirkungen einer bestimmten Arbeitszeitgestaltung werden dagegen nicht ausdrücklich als Ziel des Richtlinienvorschlags genannt. Anhand dieser Mindestvorschriften ist der Bedeutungswandel von Arbeitszeit offenkundig zu erkennen. Prägnant sei das Fehlen der Forderung nach einer durchschnittlichen Wochenarbeitszeit von 48 Stunden mit der Folge, dass dieser Vorschlag teilwei-

---

44 Aktionsprogramm zur Anwendung der Gemeinschaftscharta vom 29.11.1989 KOM (89) 568 endg., BR-Drucks. 717/89.
45 *McMullen/Brewer*, Working Time, S. 3 f.
46 ABl. EG Nr. C 254 vom 9.10.1990, S. 4.
47 Vgl. Art. 1 Abs. 1 des Vorschlages; *McMullen/Brewer*, Working Time, S. 4, 5.
48 Vgl. die Begründungserwägungen des Richtlinienvorschlages.

se als liberal eingeschätzt wurde.[49] Das Explanatory Memorandum hob insbesondere deutlich den beabsichtigten ergänzenden Charakter des Richtlinienvorschlages zu bereits existierenden Richtlinien hinsichtlich Sicherheit und Gesundheit der Arbeitnehmer, vor allem der Rahmenrichtlinie 89/391/EWG hervor und bemängelte die immer noch zu hohe Rate an Arbeitsunfällen und Berufskrankheiten, so dass präventive Maßnahmen in den Blickpunkt des Gesundheitsschutzes zu rücken seien.[50] Gleichzeitig erkannte die Kommission die Zunahme von Abweichungen der Individualarbeitszeit der Arbeitnehmer und der jeweiligen Betriebszeiten und die damit verbundenen Auswirkungen auf die Arbeitszeitmodelle. Sodann sah man einen erwiesenen Zusammenhang zwischen der Dauer, aber auch der Lage der Arbeitszeit und einhergehender Ermüdungen bzw. Arbeitsminderungen der Arbeitnehmer sowie eines steigenden Gesundheits- und auch Unfallrisikos, insbesondere bei Nacht- und Schichtarbeit.[51]
Nach Einreichung des Richtlinienvorschlages der Kommission beanstandete der Wirtschafts- und Sozialausschuss u.a., dass von der Kommission angekündigte Initiativen nicht in hinreichendem Maße berücksichtigt worden seien, insbesondere sollte den Mitgliedstaaten weiterhin die Möglichkeit der bestehenden Einschränkungen der Nachtarbeit für Frauen erhalten bleiben, da insoweit die einschlägigen ILO-Normen keinen Eingang in den Vorschlag gefunden haben.[52] Zudem forderte der Wirtschafts- und Sozialausschuss Mindestbestimmungen hinsichtlich der Pausengestaltung für Mehrarbeit, eine Begrenzung der Wochenarbeitszeit, die Erhöhung der wöchentlichen Ruhezeit von länger als 24 Stunden, besondere Regelungen bei Vorliegen von Rufbereitschaft und einen vierwöchigen bezahlten Jahresurlaub.[53] Zugleich monierte der Wirtschafts- und Sozialausschuss in starkem Maße, dass die Sozialcharta des Europarates und die Normen der ILO in dem Richtlinienvorschlag der Kommission nicht hinreichend Berücksichtigung gefunden hätten.[54]
Auf die Anhörung des Europäischen Parlaments am 20. Februar 1991[55] folgte ein Änderungsvorschlag der Kommission[56], in dem einige Modifizierungen und Konkretisierungen der arbeitsschutzrelevanten Aspekte der Arbeitszeit eingear-

---

49 *McMullen/Brewer*, Working Time, S. 5; *Weyand/Kröll*, AiB 1991, 357 ff. bezeichnen den EG- Richtlinienvorschlag zur Arbeitszeitgestaltung als halbherzig; ebenso kritisch *Lörcher*, ArbuR 1994, 49 ff.

50 *McMullen/Brewer*, Working Time, S. 5; *Bercusson*, European Labour Law, S. 307.

51 *McMullen/Brewer*, Working Time, S. 5 f.

52 Vgl. Punkte 1.4.und 2.13. der Stellungnahme des WSA.

53 Vgl. Punkte 1.8., 1.9., 1.12., 2.11. der Stellungnahme des WSA.

54 Vgl. Punkte 1.11. und 1.14. der Stellungnahme des WSA.

55 ABl. EG Nr. C 72 vom 18.3.1991, S. 86 ff

56 Änderungsvorschlag d. Komm. v. 23.4.1991, ABl. EG Nr. C 124 vom 14.5.1991, S. 8 ff.

beitet worden[57], u.a. die Festlegung eines vierwöchigen bezahlten Jahresurlaubs und die Erhöhung der täglichen Ruhezeit von elf auf zwölf Stunden.
Das Europäische Parlament hatte zuvor weitreichende Änderungen vorgeschlagen, die jedoch unberücksichtigt blieben. So sprach sich das Parlament u.a. für ein prinzipielles Nachtarbeitsverbot, eine Arbeitszeitflexibilisierung zur besseren Vereinbarkeit von Familie und Beruf, für eine Verkürzung der Arbeitszeit mit Lohnausgleich sowie für eine Bevorzugung der Nacht- und Wechselschichtarbeiter in der Rentenversicherung aus.[58]
Auf Grund bestehender Meinungsverschiedenheiten über Notwendigkeit und Inhalt einer gemeinschaftsweiten Regelung des Arbeitszeitrechts sowohl zwischen den Mitgliedstaaten als auch verschiedenen Interessengruppen dauerte es ca. zwei Jahre bis der Rat die Richtlinie über bestimmte Aspekte der Arbeitszeitgestaltung am 23. November 1993 verabschiedete.
Auch in ihrer endgültigen Fassung bezweckt die Arbeitszeitrichtlinie 93/104/EG nach Art. 1 Abs. 1 die Verbesserung von Sicherheit und Gesundheit der Beschäftigten bei der Arbeitszeitgestaltung, indem Mindestvorschriften aufgestellt werden, die in dieser Hinsicht ein einheitliches Mindestschutzniveau innerhalb der einzelnen Mitgliedstaaten gewährleisten sollen. Da auf diese Weise gleichzeitig jegliche Formen von Sozialdumping vermieden werden sollen, entfaltet die Arbeitszeitrichtlinie insoweit auch wettbewerbsregulierende Funktion und es können auch Auswirkungen auf die Beschäftigung nicht ausgeschlossen werden.[59] Daher ist zu betonen, dass das Hauptziel der Arbeitszeitrichtlinie der Gesundheitsschutz und die Sicherheit der Beschäftigten ist.[60] Die Richtlinie 93/104/EG soll zugleich einen Beitrag zur Angleichung der Lebens- und Arbeitsbedingungen leisten.

3. Ermächtigungsgrundlage

Da die Arbeitszeitrichtlinie auf die Verbesserung von Sicherheit und Gesundheitsschutz der Arbeitnehmer abzielt, stützte der Rat diese Richtlinie auf Art. 118a EGV a.F. Großbritannien stimmte bis zuletzt dieser Arbeitszeitrichtlinie nicht zu, da auf diesem Gebiet eine nationale gesetzliche Regelung nicht vor-

---

57 *Balze*, EAS B 3100 (1995), 1,13.
58 Entschließung des EP vom 20.2.91, ABl. EG Nr. 72 vom 18.3.1991, S. 86 ff.
59 Vgl. auch *EuGH 12.11.1996*, Rs. C-84/94 (Vereinigtes Königreich/Rat), NZA 1997, 23, 25, Rn. 22, 30; *GA Tizzano*, Rs. C-173/99 (BECTU), Slg. 2001, I-4883, 4895 f., Rn. 45; *Kreft*, Arbeitszeitdauerregulierungen, S. 36; *Klein*, DRdA 1994, 190.
60 *EuGH 12.11.1996*, Rs. C-84/94 (Vereinigtes Königreich/Rat), NZA 1997, 23, 25, Rn. 22.

lag.[61] Außerdem zweifelte Großbritannien die Inanspruchnahme von Art. 118a EGV a.F. als Ermächtigungsgrundlage an.
Da Großbritannien u.a. geltend machte, dass das Ziel der Arbeitszeitrichtlinie nicht in einem echten objektiven Zusammenhang mit der "Sicherheit und der Gesundheit der Arbeitnehmer" stehe[62], setzte sich der EuGH mit der Auslegung der Begriffe "Arbeitsumwelt", "Sicherheit" und "Gesundheit" i.S.d. Art. 118a EGV a.F. auseinander.
Bereits die Entschließung des Europäischen Parlaments vom 15. Dezember 1988[63] verdeutlichte, dass die Auslegung des Begriffes der "Arbeitsumwelt" und damit des Anwendungsbereiches von Art. 118a EGV a.F. streitig ist. Insoweit wird entweder eine extensive oder enge Auslegung zu Grunde gelegt, die letztlich auch die Reichweite des Anwendungsbereiches bestimmen.[64]
Im Ergebnis legte der EuGH entgegen dem Antrag Großbritanniens im Anschluss an die Schlussanträge des Generalanwalts *Léger* den Anwendungsbereich von Art. 118a EGV a.F. weit aus.[65] Der Generalanwalt[66] verdeutlichte in seinen Schlussanträgen, dass sich die Interpretation von Art. 118 a EGV a.F. vom dänischen Konzept der Arbeitsumwelt leiten lassen muss, welches: " ... [ist] nicht auf klassische Maßnahmen für die Gesundheit und Sicherheit der Arbeit stricto sensu beschränkt ist, sondern [umfasst] zugleich bestimmte Maßnahmen bezüglich der Arbeitszeit, psychologischer Faktoren, des Arbeitsablaufs, der Ausbildung zu Arbeitshygiene und Sicherheit, des Schutzes junger Arbeitnehmer und des der Arbeitnehmervertreter bezüglich der Absicherung gegen Entlassungen oder jede andere Beeinträchtigung ihrer Arbeitsbedingungen umfasst. Die Arbeitsumwelt wird nicht als unbewegliche Einheit verstanden, sondern spiegelt die soziale und technische Entwicklung der Gesellschaft wider."[67]

---

61 *Schiek*, Europ. Arbeitsrecht, S. 222 f.; *Balze*, EuZW 1994, 205.

62 *EuGH 12.11.1996*, Rs. C-84/94 (Vereinigtes Königreich/Rat), NZA 1997, 23, 24, Rn. 13.

63 Entschließung des EP zu dem Begriff der Arbeitsumwelt und den Anwendungsbereich des Art. 118a des EWG-Vertrages, ABl. EG Nr. C 12 vom 16.1.1989, S. 181 ff.

64 Vgl. die Darstellung bei *Geyer*, MB beim Arbeits- und Gesundheitsschutz, S. 72 ff. Nach Einführung des Begriffes im EGV reichten die Interpretationsansätze von einer weiten Auslegung, derer sich auch das Europäische Parlament annahm, bis hin zu Stimmen, die diesen Rechtsbegriff für „überflüssig und sinnlos" hielten, so ausdrücklich *Wank/Börgmann*, Deutsches und Europ. Arbeitsschutzrecht, *S. 85;* vgl. zum vorliegenden Streit z.B. weiterhin *Kreft*, Arbeitszeitdauerregulierung, S. 30 - 32; v.d. Groeben/Thiesing/Ehlermann-*Willms*, Art. 118 a EGV, Rn. 32 ff.

65 *Callies*, EuZW 1996, 757.

66 *GA Leger*, Rs. C-84/94 (Vereinigtes Königreich/Rat), Slg. 1996, I-5758, 5767, Rn. 42 ff.

67 *McMullen/Brewer*, Working Time, S. 10; vgl. Staudinger-*Oetker*, § 618 BGB, Rn. 50; zum dänischen Arbeitsumweltrecht: *Birk*, FS Wlotzke (1996), 645, 651 f; *Kohte*, ZIAS 1999, 85, 93; *Bücker/Feldhoff/Kohte*, Arbeitsumwelt, Rn. 225 ff.

Unter Berücksichtigung des dänischen Konzepts schlussfolgerte der Generalanwalt, dass der Begriff der "Arbeitsumwelt" im Rahmen des Art. 118a EGV a.F. weit auszulegen sei und jeden Faktor, der die Arbeitnehmer in ihrer Arbeit berührt, einschließt, insbesondere jede fürsorgliche Maßnahme für die Gesundheit und Sicherheit der Arbeitnehmer. Bereits das Europäische Parlament[68] hatte betont, "dass Art. 118a EGV nicht ausschließlich auf Arbeitshygiene und -sicherheit im engeren Sinne beschränkt werden darf, sondern auch Vorschriften über Ergonomie und Arbeitsumfeld sowie alle direkten und indirekten materiellen oder psychischen Belange der Arbeitnehmer/innen umfassen muss, ...".
Weiterhin hielt Generalanwalt *Léger* unter Berücksichtigung des Konzeptes der Arbeitsumwelt eine weite Interpretation der Begriffe "Gesundheit und Sicherheit" für angebracht und übernahm aus diesem Grund das Konzept von Sicherheit und Gesundheit der WHO, welches bereits die Kommission im Explanatory Memorandum zum Entwurf des Jahres 1990 anführte.[69]
Aus diesem Grund schlussfolgerte der Generalanwalt[70], dass die einbezogenen Maßnahmen der Arbeitszeitrichtlinie unbestreitbar effektiv zum Schutz von "Gesundheit" und "Sicherheit" im weiten Sinne des Art. 118a EGV a.F. beitragen.
Bereits das Europäische Parlament[71] war der Ansicht, dass zum Begriff "Arbeitsumfeld" auch Dauer, Organisation und Inhalt der Tätigkeiten gehören, da sich diese Faktoren auf Arbeitssicherheit und -hygiene auswirken, wie beispielsweise die Nachtarbeit oder bestimmte Formen von Tätigkeiten, die ArbeitnehmerInnen besonders belasten (Schichtarbeit) und gefährden. Darüber hinaus sollten nach Auffassung des Europäischen Parlaments für weitere Formen der Arbeitsorganisation wie Zeitarbeit und Teilzeitarbeit Regelungen, die sich auf Art. 118a EGV a.F. stützen ließen, erforderlich sein.

Der EuGH[72] ließ sich von den Schlussanträgen des Generalanwaltes leiten und sprach sich auch für eine weite Auslegung der Begriffe "Arbeitsumwelt", "Sicherheit" und "Gesundheit" aus und plädierte für eine Auslegung von Art. 118a EGV a.F. in dem Sinn, dass sämtliche körperlichen und sonstigen Faktoren erfasst seien, die die Gesundheit und Sicherheit der Arbeitnehmer in ihrem Ar-

---

68 ABl. EG Nr. C 12 vom 16.1.1989, S. 18, 182.

69 *McMullen/Brewer*, Working Time, S. 10.

70 *GA Leger*, Rs. C-84/94 (Vereinigtes Königreich/Rat), Slg. 1996, I-5758, 5779, Rn. 103 - 105; anders dagegen mangels ausreichenden Zusammenhangs v.d. Groeben/Thiesing/Ehlermann - *Willms*, Art. 118a EGV, Rn. 43.

71 Entschliessung zu dem Begriff der Arbeitsumwelt und den Anwendungsbereich von Art. 118a des EWG-Vertrags, ABl. EG Nr. C 12 vom 16.1.1989, S. 181, 182.

72 *EuGH 12.11.1996*, Rs. C-84/94 (Vereinigtes Königreich/Rat), NZA 1997, 23, 24, Rn. 15.

beitsumfeld unmittelbar oder mittelbar berühren, insbesondere auch bestimmte Aspekte der Arbeitszeitgestaltung. Die weite Auslegung der Begriffe "Sicherheit" und "Gesundheit" kann sich nach Auffassung des EuGH auch auf die Präambel der Satzung der WHO stützen, die Gesundheit als einen Zustand des vollständigen körperlichen, geistigen und sozialen Wohlbefindens und nicht nur als das Freisein von Krankheiten und Gebrechen definiert[73], wobei der EuGH zusätzlich darauf hinwies, dass der WHO sämtliche Mitgliedstaaten angehören. Diese Rechtsprechung hat der EuGH in seiner Entscheidung *Landeshauptstadt Kie /Jaeger*[74] ausdrücklich bestätigt.
Gleichzeitig verdeutlichte die Entscheidung des EuGH auch eine Beschränkung des Anwendungsbereiches des Art. 118a EGV a.F., indem die Handlungsermächtigung durch die zweckbezogene Eingrenzung auf Sicherheit und Gesundheitsschutz der Arbeitnehmer begrenzt werde, wie sich insbesondere aus der Nichtigerklärung des Art. 5 Abs. 2 RL 93/104/EG ergibt.[75] In diesem Kontext verlangte der EuGH nämlich einen engeren Zusammenhang zwischen dem Sonntag als wöchentlichen Ruhetag mit der Gesundheit und Sicherheit der Arbeitnehmer. Damit widersprach der EuGH zugleich der Auffassung des Europäischen Parlaments, wonach generell die Regelungen der Arbeitsbedingungen (Art. 118 EGV a.F.) in den Anwendungsbereich des Art. 118a EGV a.F. fallen sollten.[76]
Da der EuGH zu Recht einen engeren Zusammenhang zwischen den jeweiligen sekundären Gemeinschaftsmaßnahmen und dem Schutz der Sicherheit und Gesundheit der Arbeitnehmer forderte, ist der Begriff der Arbeitsumwelt für die Reichweite der Handlungsermächtigung nicht unmittelbar bestimmend.[77] Vielmehr sind die Begriffe "Sicherheit" und "Gesundheit" in erster Linie für den Umfang der Handlungsermächtigung des Art. 118a EGV a.F. maßgeblich.[78]
Aus diesem geforderten engeren Zusammenhang und der Nichtigerklärung von Art. 5 Abs. 2 der Arbeitszeitrichtlinie lassen sich zugleich Rückschlüsse auf den Begriff der "Gesundheit" ziehen. Der EuGH verweist in beiden Entscheidungen[79] auf die Definition von "Gesundheit" der WHO, ohne sich diese Auslegung

---

73 Im englischen Ursprungstext lautet die Definition: "Health is a state of complete physical, mental and social wellbeing and not merely the absence of disease or infirmity", *Berg*, Gesundheitsschutz als Aufgabe der EU, S. 59.
74 *EuGH 09.09.2003*, Rs. C-151/02 (Jaeger), NZA 2003, 1019, 1024, Rn. 93.
75 *Brandes*, System des europäischen Arbeitsschutzrechts, S. 40.
76 *Brandes*, System des europäischen Arbeitsschutzrechts, S. 39 f.
77 v.d. Groeben/Thiesing/Ehlermann-*Willms* Art. 118 a EGV, Rn. 38.
78 v.d. Groeben/Thiesing/Ehlermann-*Willms* Art. 118 a EGV, Rn. 38 ff.
79 *EuGH 12.11.1996*, Rs. C 84/94 (Vereinigtes Königreich/Rat), NZA 1997, 23, 24, Rn. 15; *EuGH 09.09.2003*, Rs. C-151/02 (Jaeger), NZA 2003, 1019, 1024, Rn. 93.

ausdrücklich zu Eigen zu machen. In der deutschen Literatur ist bereits die Übersetzung von "wellbeing" mit Wohlbefinden nicht unproblematisch, da auf diese Weise die subjektive Komponente überbetont werde und der Begriff zugleich als sehr weit und unscharf beschrieben wird.[80] Diese Probleme werden dagegen vermieden, wenn der Begriff "wellbeing" stattdessen mit Wohlergehen übersetzt wird.[81] Daneben führe die Einbeziehung des sozialen Wohlbefindens zu einer Uferlosigkeit, die die Verwendung dieser Definition als Abgrenzungskriterium unbrauchbar erscheinen lasse und an ein Gesundheitsniveau anknüpft, das nur schwerlich zu erreichen ist, wenn auch Fragen einer gerechten Entlohnung, einer angemessenen Wohnung, Ausbildung und Meinungsfreiheit integriert seien.[82] Andere Autoren wiederum verweisen zur Umschreibung von Gesundheit im Arbeitsschutz auf die Definition der WHO-Definition.[83] Die Kritik an einem umfassenden Verständnis von Gesundheit i.S.d. WHO-Definition ist berechtigt, da es sich bei dieser Definition um eine politische Absichtserklärung handelt[84], die nicht speziell für den Bereich von Sicherheit und Gesundheitsschutz der Arbeitnehmer am Arbeitsplatz konzipiert worden ist.

Fraglich ist daher, welcher Gesundheitsbegriff Art. 118a EGV a.F. zugrunde lag und sich damit auch in den Neufassungen niedergeschlagen hat. Der Begriff der Arbeitsumwelt wirkt sich hier insoweit aus, als auf diese Weise verdeutlicht wird, dass der Regelungsansatz der mit dem dänischen Vorschlag komplementären skandinavischen Arbeitsumweltgesetze und der ILO übernommen worden ist[85]. Der im ILO-Übereinkommen Nr. 155 verwendete Gesundheitsbegriff ist enger als der Begriff der WHO.[86] Dem Arbeitsschutz und der Arbeitsumwelt ist nach Art. 5 des ILO-Übereinkommens Nr. 155 nicht nur der klassische technische Arbeitsschutz zuzuordnen, sondern es ist z.B. auch eine Anpassung der Maschinen, der Ausrüstungen, der Arbeitszeit, der Arbeitsorganisation und der

---

80 *Berg*, Gesundheitsschutz als Aufgabe der EU, S. 59 f., zur Kritik an der WHO-Def. *Kittner/Pieper*, ArbSchG, Einl., Rn 20; *Ehmann*, Arbeitsschutz und Mitbestimmung, S. 71; *Merten*, MB bei der Bildschirmarbeit, S. 12 ff.; *Geyer*, MB beim Arbeits- und Gesundheitsschutz, S. 77 f.; auch nach Prax-Komm-*Kohte*, § 2 ArbSchG, Rn. 31 ist der WHO-Begriff umstritten.

81 *Berg*, Gesundheitsschutz als Aufgabe der EU, S. 60.

82 *Berg*, Gesundheitsschutz als Aufgabe der EU, S. 59 ff.

83 *Schramhauser/Heider*, ArbeitnehmerInnenschutzgesetz, S. 12; *McMullen/Brewer*, Working Time, S. 10 f., 104; *v. Dürckheim*, Gesundheitsschutz im europäischen Gemeinschaftsrecht, S. 28 ff.

84 *Berg*, Gesundheitsschutz als Aufgabe der EU, S. 60.

85 *Bücker/Feldhoff/Kohte*, Arbeitsumwelt, S. 82; *Kohte*, ZIAS 1999, 85, 93; *Coen* in Bleckmann, Europarecht, § 31, Rn. 2499 ff.; vgl. *Birk*, FS Wlotzke (1996), S. 645, 656.

86 *Faber*, Arbeit 1998, 203, 209.

Arbeitsverfahren an die körperlichen und geistigen Fähigkeiten der Arbeitnehmer vorzunehmen. Auch den skandinavischen Arbeitsumweltgesetzen liegt ein weites Verständnis von „Gesundheit“ zugrunde, das über den klassischen Gesundheitsbegriff hinausgeht und auch Fragen der psychischen Belastung und z.T. des sozialen Wohlbefindens einbezieht.[87] Über den klassischen Bereich des Gesundheitsbegriffs ging auch das niederländische Gesetz zum Schutz der Arbeitsumwelt von 1980 hinaus, indem es statuierte, dass die Arbeit so zu organisieren sei, dass sie die physische und mentale Gesundheit der Arbeitnehmer nicht gefährde und die Arbeitsinhalte so zu gestalten seien, dass die Arbeit u.a. die persönliche Entwicklung der Arbeitnehmer fördere.[88]
Daher umfasst Gesundheitsschutz i.S.d. Art. 118a EGV a.F. neben der Verhütung von Arbeitsunfällen und Berufskrankheiten jedenfalls auch die Vermeidung von (arbeitsbedingten) physischen und psychischen Belastungen und Beschwerden.[89] Insofern stellt *Grundmann*[90] fest, dass Art. 118a EGV a.F. als Recht der Arbeitsumwelt beschrieben wird, in dem auch das Wohlbefinden von Arbeitnehmern bedeutsam ist und hierbei die verschiedensten Faktoren im Arbeitsprozess, die auf Physis und Psyche der Beschäftigten wirken, Regelungsgegenstand geworden sind.
Eine hiervon zu trennende Frage ist die nach den Ursachen, die das physische und psychische Wohlergehen der Arbeitnehmer beeinträchtigen können, so dass es sich um eine andere, dem Gesundheitsbegriff vorgelagerte Problematik handelt.[91] Bereits der EuGH verdeutlichte in seiner Entscheidung zur Rechtmäßigkeit der Arbeitszeitrichtlinie, dass soziales Wohlergehen nicht in den Gesundheitsbegriff des Art. 118a EGV a.F. einbezogen war; anderenfalls ist die Nichtigerklärung von Art. 5 Abs. 2 RL 93/104/EG nicht zu erklären. Dennoch sind soziale Aspekte aus dem Gesundheitsbegriff nicht ausgeschlossen, wie insbesondere die skandinavischen Gesetze belegen.

---

87 *Birk*, FS Wlotzke (1996), S. 645, 651 ff., der u.a. ausführt, dass der Arbeitsschutz in Dänemark trotz seiner verbalen Äußerungen weitgehend konventionell ver-haftet geblieben sei. Vgl. insbesondere *Bücker/Feldhoff/Kohte*, Arbeitsumwelt, Rn. 230 ff.

88 *Bücker/Feldhoff/Kohte*, Arbeitsumwelt, Rn. 232. Zu den Änderungen des niederländischen Gesetzes *Veigel*, Das niederländische Arbeitsschutzrecht, S. 62. Danach beschränkt sich das arbowet 1998 nunmehr auf die gesungheitsspezifischen Aspekte des Wohlbefindens.

89 *Brandes*, System des europäischen Arbeitsschutzrechts, S. 40; *Berg*, Gesundheitsschutz als Aufgabe der EU, S. 62; *Geyer*, MB beim Arbeits- und Gesundheitsschutz, S. 86.

90 *Grundmann*, Europ. Schuldvertragsrecht, S. 349 f., Rn. 48.

91 *Berg*, Gesundheitsschutz als Aufgabe der EU, S. 62.

Zusammenfassend kann festgehalten werden, dass der EuGH anhand der Arbeitszeitrichtlinie aufzeigt, dass deren Maßnahmen im Hinblick auf Mindestruhezeiten, Arbeitsdauer, Nacht- und Schichtarbeit und Arbeitsrhythmus - außer Art. 5 Abs. 2 - die "Arbeitsumwelt" betreffen und dem Schutz der "Gesundheit und Sicherheit der Arbeitnehmer" dienen. Art. 118a EGV a.F. erfordert neben den Voraussetzungen "Arbeitsumwelt" und Schutz der "Gesundheit und Sicherheit der Arbeitnehmer" noch einen Zusammenhang zwischen den Regelungen und der Sicherheit und Gesundheit der Arbeitnehmer, der nicht erst dann zu bejahen ist, wenn er wissenschaftlich gerechtfertigt ist.[92] Damit leistete der EuGH einen effektiven Beitrag zur Verbesserung der Gesundheit und Sicherheit der Arbeitnehmer, indem gem. Art. 118a EGV a.F. auch Richtlinien erlassen werden können, deren Regelungen negative Auswirkungen auf die Gesundheit der Arbeitnehmer kompensieren sollen, auch wenn bei der Verursachung mehrere Faktoren zusammenwirken.[93]
Diese Entscheidung des EuGH wurde im Anschluss durch weitere Urteile[94] bestätigt. Die eigentliche Bedeutung des Urteils des EuGH vom 12.11.1996 liegt in der Einflussnahme auf die Auslegung arbeitsschutzrechtlicher Regelungen des Gemeinschaftsrechts auf Sekundärebene entfaltet.[95]

4. Wesentliche Regelungsinhalte im Überblick

Die Arbeitszeitrichtlinie 93/104/EG entspricht in ihrer endgültigen Fassung weitestgehend dem modifizierten Vorschlag der Kommission. Neu hinzugefügt worden sind aber die Ausnahmebestimmungen in den Artikeln 17 und 18 sowie die vorgesehene Mindestruhepause in Art. 4 und eine Begrenzung der wöchentlichen Höchstarbeitszeit, deren Umsetzung in Art. 6 erfolgte.
Die Arbeitszeitrichtlinie 93/104/EG gliedert sich insgesamt in vier Abschnitte und soll anhand derer nachfolgend kurz skizziert werden.

---

92 *EuGH 12.11.1996,* Rs. C-84/94 (Vereinigtes Königreich/Rat), NZA 1997, 23, 24, Rn. 37 ff.; anders *Geyer,* MB beim Arbeits- und Gesundheitsschutz S. 74, der einen direkten nachweisbaren Bezug der Regelungen zum Sicherheits- und Gesundheitsschutz verlangt.
93 *Balze,* EAS 3100 (1995), Rn. 16.
94 *EuGH 26.06.2001,* Rs. C-173/99 (BECTU), Slg. 2001, I-4900, 4903 f., Rn. 3 ff., 37; *EuGH 09.09.2003,* Rs. C-151/02 (Jäger), NZA 2003, 1019, 1021, 1024, Rn. 45, 93.
95 *Schiek,* Europ. Arbeitsrecht, S. 227 f.; *Kohte,* ZIAS 1999, 85, 93 f.

4.1. Abschnitt I (Art. 1 und 2 RL 93/104/EG)

Zu Beginn legt die RL 93/104/EG in Art. 1 Abs. 1 ihre Zielsetzungen fest. Danach enthält die Arbeitszeitrichtlinie Mindestvorschriften, die die Sicherheit und den Gesundheitsschutz bei der Arbeitszeitgestaltung betreffen. Diese Mindestvorschriften beziehen sich nach Abs. 2 auf die tägliche Ruhezeit (Art. 3 RL 93/104/EG und Art. 8 RL 93/104/EG für Nachtarbeiter), die wöchentliche Ruhezeit (Art. 5 RL 93/104/EG), den Jahresurlaub (Art. 7 RL 93/104/EG), Ruhepausen (Art. 5 RL 93/104/EG), die wöchentliche Höchstarbeitszeit (Art. 6 RL 93/104/EG) und bestimmte Aspekte der Nacht- und Schichtarbeit sowie des Arbeitsrhythmus (Art. 8 ff. RL 93/104/EG).

Da die Verbesserung von Sicherheit und Gesundheit der Beschäftigten vorrangiges Ziel der Richtlinie ist, handelt es sich ausschließlich um eine Richtlinie zum Gesundheitsschutz. Um ein einheitliches Konzept von Sicherheit und Gesundheit der Beschäftigten zu gewährleisten, verweist die Arbeitszeitrichtlinie in Art. 1 Abs. 3 grundsätzlich auf den Geltungsbereich des Art. 2 der Rahmenrichtlinie 89/391/EWG, so dass im konkreten Fall zu prüfen ist, ob die jeweilige Tätigkeit in den Anwendungsbereich der Grundrichtlinie fällt.[96] Den besonderen Charakter der Arbeitszeitrichtlinie als eine Richtlinie des Sicherheit- und Gesundheitsschutzes bringt auch Art. 1 Abs. 4 RL 93/104/EG zum Ausdruck. Insoweit wird bestimmt, dass die Rahmenrichtlinie 89/391/EWG unbeschadet strengerer und/oder spezifischer Vorschriften in der vorliegenden Richtlinie in vollem Umfang Anwendung findet. Dies kommt auch in der Präambel der RL 93/104/EG zum Ausdruck. Auch wenn es sich bei der Arbeitszeitrichtlinie zutreffender Weise nicht eine um auf Art. 16 RL 89/391/EWG beruhende Einzelrichtlinie handelt[97], ist deren Qualifizierung als Arbeitsschutzrichtlinie deutlich zu erkennen. Die Arbeitszeitrichtlinie dient insoweit der näheren Ausgestaltung der in der Grundrichtlinie 89/391/EWG enthaltenen allgemeinen Grundsätze.[98]

Der erste Abschnitt enthält in Art. 2 RL 93/104/EG einige für die Richtlinie wichtige Begriffsbestimmungen; Arbeitszeit wird bspw. in Nr. 1 als jede Zeitspanne definiert, während der ein Arbeitnehmer gemäß den einzelstaatlichen Rechtsvorschriften und/oder Gepflogenheiten arbeitet, dem Arbeitgeber zur Verfügung steht und seine Tätigkeit ausübt oder Aufgaben wahrnimmt.

---

96 *EuGH 3.10.2000*, Rs. C-303/98 (SIMAP), Slg. 2000, I-7997, 8021, Rn. 30 f; *GA Saggio*, Rs. C-303/98 (SIMAP), Slg. 2000, I-7968, 7977, Rn. 25.

97 *Schiek*, Europ. Arbeitsrecht, S. 223; *Pieper*, ArbSchR, S. 314.

98 *EuGH 3.10.2000*, Rs. C-303/98 (SIMAP), Slg. 2000, I-7997, 8000, Rn. 3; *26.6.2001*, Rs.-173/99 (BECTU), Slg. 2001, I-4900, 4904, Rn. 5; *GA Saggio*, Rs. C-303/98 (SIMAP), Slg. 2000, I-7968 f., Rn. 3; *GA Tizzano*, Rs. C-133/00 (Bowden), Slg. 2001, I-7031, 7033 f., Rn. 2.

4.2. Abschnitt II (Art. 3 bis Art. 7 RL 93/104/EG)

Im zweiten Abschnitt der Richtlinie werden einzelne Mindestruhezeiten sowie sonstige Aspekte der Arbeitszeitgestaltung festgelegt. Nach Art. 3 RL 93/104/EG hat jeder Arbeitnehmer einen Anspruch auf eine tägliche Mindestruhezeit, also eine Zeitspanne außerhalb der Arbeitszeit (Art. 2 Nr. 2 RL 93/104/EG) von elf zusammenhängenden Stunden pro 24-Stunden-Zeitraum. Aus der Festsetzung dieser Mindestruhezeit ergibt sich mittelbar eine Konkretisierung der Tageshöchstarbeitszeit einschließlich der Pausen auf 13 Stunden. Bei einer täglichen Arbeitszeit von mehr als sechs Stunden ist dem Arbeitnehmer nach Art. 4 RL 93/104/EG eine Ruhepause zu gewähren, deren Ausgestaltung den Tarif- oder Sozialpartnern und erst subsidiär dem staatlichen Gesetzgeber überlassen bleibt. Zudem gibt Art. 5 RL 93/104/EG grundsätzlich eine wöchentliche Mindestruhezeit von 24 Stunden zuzüglich der täglichen Ruhezeit von 11 Stunden pro Siebentageszeitraum vor, wobei der Sonntag grundsätzlich eingeschlossen[99] sein sollte. Eine Verkürzung der Mindestruhezeit auf 24 Stunden ist bei Vorliegen objektiver, technischer oder arbeitsorganisatorischer Umstände möglich.
Art. 6, dessen Aufnahme bei den Verhandlungen der Mitgliedstaaten zur Arbeitszeitrichtlinien sehr umstritten war[100], begrenzt grundsätzlich die wöchentliche Höchstarbeitszeit auf 48 Stunden. Die Arbeitszeit muss zudem gesetzlich oder tariflich festgelegt werden. In Art. 18 Abs. 1 b) i) RL 93/104/EG wird den Mitgliedstaaten die Möglichkeit eingeräumt, unter bestimmten Voraussetzungen Art. 6 nicht anzuwenden.
Außerdem wird in Art. 7 RL 93/104/EG jedem Arbeitnehmer ein Anspruch auf einen bezahlten Mindesturlaub von vier Wochen eingeräumt, der nur bei Beendigung des Arbeitsverhältnisses durch einen finanziellen Ausgleich ersetzt werden kann. Diese Klarstellung ist auf den Vorschlag Deutschlands zurückzuführen.[101]

4.3. Abschnitt III (Art. 8 bis Art. 13 RL 93/104/EG)

In Art. 8 bis Art. 13 RL 93/104/EG finden sich spezifische Regelungen zur Nacht- und Schichtarbeit sowie zum Arbeitsrhythmus. Auf diese Regelungen soll an späterer Stelle ausführlicher eingegangen werden.[102]

---

99 Art. 5 Abs. 2 RL 93/104/EG wurde jedoch durch Urteil des EuGH vom 12.11.1996 für nichtig erklärt. Vgl. hierzu bereits S. 41.

100 *Günther*, BArbBl. 10/1993, 17, 19.

101 *Günther*, BArbBl. 10/1993, 17, 19.

102 Vgl. S. 73 ff.

4.4. Abschnitt IV (Art. 14 bis Art. 19 RL 93/104/EG)

Dieser Abschnitt ist dadurch gekennzeichnet, dass von den übersichtlichen und z.T. auch klaren Vorschriften der vorangegangenen Abschnitte zahlreiche Abweichungsmöglichkeiten getroffen werden können.
Zum einen stellt Art. 14 RL 93/104/EG klar, dass spezifischere Gemeinschaftsvorschriften für bestimmte Beschäftigungsgruppen oder berufliche Tätigkeiten gegenüber der Richtlinie vorrangig gelten. Zum anderen ermöglicht die Richtlinie auch keine Absenkung des bisher in den Mitgliedstaaten vorhandenen Sicherheits- und Gesundheitsschutzniveaus, da günstigere Regelungen innerhalb der Mitgliedstaaten von der RL 93/104/EG unberührt bleiben (Art. 15 RL 93/104/EG).
Weiterhin haben die Mitgliedstaaten nach Art. 16 RL 93/104/EG die Möglichkeit, die in den vorhergehenden Vorschriften getroffenen Festlegungen der Bezugszeiträume für die wöchentliche Ruhezeit, wöchentliche Höchstarbeitszeit und Dauer der Nachtarbeitszeit zu ändern. Einen weiteren umfangreichen Ausnahmekatalog beinhaltet Art. 17 RL 93/104/EG. Unter Beachtung der allgemeinen Grundsätze des Schutzes der Sicherheit und der Gesundheit der Arbeitnehmer lässt Abs. 1 Abweichungen der Mitgliedstaaten von den Artikeln 3, 4, 5, 6, 8 und 16 zu, wenn die Arbeitszeit wegen der besonderen Merkmale der Tätigkeit nicht gemessen und/oder nicht im Voraus festgelegt wird oder von den Arbeitnehmer selbst festgelegt werden kann. Derartige Modifikationen betreffen insbesondere nur bestimmte Personengruppen; insofern leitende Angestellte u.ä.; Arbeitskräfte, die Familienangehörige sind und kirchliche Arbeitnehmer. Diese Aufzählung ist aber nicht abschließend zu verstehen, wie sich aus der Verwendung des Wortes „insbesondere" entnehmen lässt.[103]
Weiterhin enthält Art. 17 Abs. 2 RL 93/104/EG Ausnahmebestimmungen für bestimmte Berufsgruppen, die durch die Mitgliedstaaten oder die Sozialpartner zu treffen sind, wenn gleichwertige Ausgleichsruhezeiten gewährt werden oder in Ausnahmefällen andersartiger angemessener Schutz eingeräumt wird.
Abweichungsmöglichkeit sieht auch Art. 17 Abs. 3 RL 93/104/EG für die nationalen Tarifvertragsparteien oder die Sozialpartner auf betrieblicher Ebene vor.
Die vielfältigen Abweichungsmöglichkeiten zeigen deutlich die Anpassungsfähigkeit der Arbeitszeitregelungen an die jeweiligen Erfordernisse auf, so dass es im Ergebnis auf Gemeinschaftsebene nur zum Teil einheitliche Mindestbestimmungen geben kann und wird.[104]

---

103 *Günther*, BArbBl. 10/1993, 17, 19.
104 *Balze*, EAS B 3100 (1995), Rn. 12.

IV. Die RL 2000/34/EG und Spezialregelungen

1. RL 2000/34/EG

Die Arbeitszeitrichtlinie 93/104/EG wurde durch die Richtlinie 2000/34/EG[105] des Europäischen Parlaments und des Rates vom 22. Juni 2000 hinsichtlich der Sektoren und Tätigkeitsbereiche geändert, die noch von der RL 93/104/EG ausgeschlossen waren. Grund für die vorgenommenen Änderungen ist die Überzeugung des Gemeinschaftsgesetzgebers, dass die Gesundheit und Sicherheit der Arbeitnehmer am Arbeitsplatz nicht auf Grund der Arbeit in einem bestimmten Sektor oder Tätigkeitsbereich geschützt werden soll, sondern auf Grund ihrer Stellung als Arbeitnehmer.[106] Vom bisherigen Anwendungsbereich der RL 93/104/EG waren nach Art. 1 Abs. 3 der Straßen-, See- und Schienenverkehr, die Binnenschifffahrt, die Seeschifffahrt, andere Tätigkeiten auf See sowie Tätigkeiten der Ärzte in der Ausbildung ausgeschlossen. Nunmehr wird der Anwendungsbereich der Arbeitszeitrichtlinie erweitert und umfasst nach Art. 1 Abs. 3 RL 2000/34/EG alle Tätigkeiten im Sinne von Art. 2 der RL 89/391/ EWG. Explizit ausgenommen sind dabei allerdings die Seeleute. Die RL 2000/34/EG nimmt weitere Änderungen in Art. 17 der RL 93/104/EG vor, die wiederum zur Stärkung der Tarifautonomie und erhöhten Flexibilisierung der Arbeitszeit bei den jetzt einbezogenen Tätigkeitsbereichen beitragen.

Die durch die RL 2000/34/EG statuierte Erweiterung des persönlichen Anwendungsbereiches der RL 93/104/EG verstärkt die Bedeutung der in der Arbeitszeitrichtlinie getroffenen Aussagen und auch die Bedeutung des Arbeitszeitrechts für die Verwirklichung des europäischen Arbeitsumweltrechts. Dies resultiert nicht zuletzt aus der Feststellung der Kommission in ihrem Bericht zur Umsetzung der Arbeitszeitrichtlinie[107], die im allgemeinen ein relativ gutes Niveau im Hinblick auf die Einhaltung der Regelungen dieser Richtlinie durch Maßnahmen registrierte, die auf nationaler Ebene getroffen worden seien.

Die Änderungsrichtlinie enthält aber nicht nur Regelungen, die den Anwendungsbereich betreffen und diesbezüglich weitere Abweichungsmöglichkeiten von den Vorschriften der RL 93/104/EG zulassen. In der RL 2000/34/EG wird auch das Urteil des EuGH in der Rs. C-84/94 umgesetzt und daher die Regelung gestrichen, wonach die Mindestruhezeit gem. Art. 5 RL 93/104/EG grundsätzlich den Sonntag einschließt.

---

105 ABl. EG Nr. L 195 vom 01.08.2000, S. 41 – 45 = EAS A 3441.

106 So ausdrücklich Erwägungsgrund Nr. 5 der RL 2000/34/EG.

107 KOM (2000), 787 endg., S. 3.

Außerdem wird Art. 2 der RL 93/104/EG eine Nr. 9 angefügt, die Aussagen zur Zweckbestimmung von Ruhezeiten enthält. Danach sollen Arbeitnehmer über regelmäßige und ausreichend lange und kontinuierliche Ruhezeiten verfügen, deren Dauer in Zeiteinheiten angegeben wird, damit sichergestellt ist, dass sie nicht wegen Übermüdung oder wegen eines unregelmäßigen Arbeitsrhythmus sich selbst, ihre Kollegen oder sonstige Personen verletzen und weder kurzfristig noch langfristig ihre Gesundheit schädigen. An dieser Stelle wird die RL 93/104/EG nachgebessert. Art. 2 Nr. 9 der RL 93/104/EG trägt dazu bei, die Zielsetzungen der Arbeitszeitrichtlinie deutlicher zu präzisieren. Durch Art. 2 Nr. 9 der Arbeitszeitrichtlinie wird nunmehr auch der Gesundheitsschutz Dritter explizit betont. Drittschutz im Zusammenhang mit Arbeitszeitregelungen spielte bisher vor allem bei Sozialvorschriften im Straßenverkehr eine wesentliche Rolle. Der vorrangige Regelungszweck der VO 543/69/EWG[108] war der Schutz der anderen Verkehrsteilnehmer, da übermüdete Fahrer typischerweise eine besonders große Unfallgefahr darstellen[109]. Dieses Ziel wird in der RL 2002/15/EG[110] ausdrücklich fortgesetzt, da nach Art. 1 Mindestvorschriften für die Gestaltung der Arbeitszeit festzulegen sind, um die Sicherheit und Gesundheit der Personen, die Fahrtätigkeiten im Bereich des Straßentransports ausüben, verstärkt zu schützen, die Sicherheit im Straßenverkehr zu erhöhen und die Wettbewerbsbedingungen einander stärker anzugleichen.[111]
Weitere materielle Regelungen wurden in der Richtlinie 2000/34/EG nicht vorgenommen. Daher lässt sich die Vermutung aufstellen, dass sich die in der Arbeitszeitrichtlinie verankerten Maßnahmen als Beitrag zur Verwirklichung der Verbesserung von Sicherheit und Gesundheit der Arbeitnehmer praktisch bewährt haben.

---

108 Verordnung 543/69/EWG des Rates vom 25. März 1969 über die Harmonisierung bestimmter Sozialvor-schriften im Straßenverkehr (nicht mehr rechtskräftig), ABl. Nr. L 77 vom 29.03.1969, S. 49 ff.

109 *Kohte,* Arbeitnehmerhaftung, S. 184 f.

110 RL 2002/15/EG des EP und des Rates vom 11. März 2002 zur Regelung der Arbeitszeit von Personen, die Fahrtätigkeiten im Bereich des Straßentransports ausüben, ABl. EG Nr. L 80 vom 23.3.2002, S. 80 ff.

111 Vgl. hierzu die Rechtsprechung des *EuGH vom 09.09.2004,* Rs. C-184/02 und 223/02 (Spanien und Finnland/Europäisches Parlament und Rat), ArbuR 2004, 464 ff. zur wirksamen Geltung der Richtlinie in Bezug selbständige Kraftfahrer. Zustimmend insoweit *Lörcher*, ArbuR 2004, 466.

2. RL 2003/88/EG

Die Richtlinie 2003/88/EG[112] des Europäischen Parlaments und des Rates über bestimmte Aspekte der Arbeitszeitgestaltung beinhaltet die Regelungen der RL 93/104/EG einschließlich der vorgenommenen Änderungen durch die RL 2000/34/EG, um auf diese Weise klare und übersichtliche Strukturen zu schaffen. Weitergehende materielle Änderungen wurden jedoch nicht vorgenommen. Die bisher vorliegenden Vorschäge zur Änderung der Richtlinie 2003/88/EG seitens der Kommission umfassen weder eine Änderung des Wortlauts von Art. 6 der RL 2003/88/EG noch der Regelungen zur Nacht- und Schichtarbeit.[113]

3. Spezialregelungen

Spezielle arbeitszeitrechtliche Regelungen sind in weiteren Richtlinien enthalten. Die Richtlinie 1999/63/EG[114] vom 21. Juni 1999 widmet sich der Arbeitszeit von Seeleuten. Spezifische Arbeitszeitregelungen enthält auch die Richtlinie 2000/79/EG[115] vom 27. November 2000 über die Arbeitszeitorganisation für das fliegende Personal in der Zivilluftfahrt. Auch in den Richtlinien zum Mutterschutz[116] und zum Jugendarbeitsschutz[117] finden sich arbeitszeitrechtliche Spezialregelungen für diese besonders schutzbedürftigen Personengruppen.

---

112 RL 2003/88/EG des EP und des Rates vom 4. November 2003 über bestimmte Aspekte der Arbeitszeitgestaltung, ABl. EG Nr. L 299 vom 18.11.2003, S. 9 ff.

113 Vorschlag der Komm. zur Änderung der RL 2003/88/EG vom 22.07.2004, KOM (2004), 607 endg. = EAS A 6450 und geänderter Vorschlag der Komm. vom 31.05.2005, KOM (2005), 246 endg. = EAS A 6451.

114 RL 1999/63/EG zu der vom Verband der Reeder in der Europäischen Gemeinschaft und dem Verband der Verkehrsgewerkschaften in der Europäischen Union getroffenen Vereinbarung über die Regelung der Arbeitszeit von Seeleuten vom 21. Juni 1999, ABl. EG Nr. L 167 vom 2. Juli 1999, S. 33.

115 RL 2000/79/EG über die Durchführung der von der Vereinigung Europäischer Fluggesellschaften, der Europäischen Transportarbeiter-Föderation, der European Cockpit Association, der European Regions Airline Association und der International Air Carrier Association geschlossenen Vereinbarung über die Arbeitszeitorganisation für das fliegende Personal der Zivilluftfahrt vom 27. November 2000, ABl. EG Nr. L 302 vom 1. Dezember 2000, S. 57.

116 RL 92/85/EG über die Durchführung von Maßnahmen zur Verbesserung der Sicherheit und des Gesundheitsschutzes von schwangeren Arbeitnehmerinnen, Wöchnerinnen und stillenden Arbeitnehmerinnen am Arbeitsplatz, ABl. EG Nr. L 348 vom 28. November 1992, S. 1ff. = EAS A 3380.

V. Die Arbeitszeitrichtlinie 93/104/EG als Baustein im europäischen Sicherheits- und Gesundheitsschutz

Nachdem ein grober Überblick über die Entstehungsgeschichte und Inhalte der Arbeitszeitrichtlinie 93/104/EG gegeben wurde, sollen nunmehr die Leitbilder jener Richtlinie erarbeitet werden. Diese Leitbilder bilden eine Grundlage für die sich anschließende Auslegung der Regelungen der Arbeitszeitrichtlinie zur Nacht- und Schichtarbeit. Zugleich sind jene Leitbilder heranzuziehen, wenn im weiteren Verlauf der Arbeit die Umsetzung der europäischen Vorschriften zur Nacht- und Schichtarbeit ins deutsche Arbeitszeitrecht einer näheren Betrachtung unterzogen werden.

1. Grundlagen der Auslegung einer Richtlinie

Um die Kernaussagen einer Richtlinie und damit auch der Arbeitszeitrichtlinie zu ermitteln, ist es notwendig, deren materiellen Gehalt zu bestimmen. Folglich sind die einzelnen Regelungen einer Richtlinie auszulegen.
Zur Auslegung der Richtlinie wird auf die anerkannten Auslegungsmethoden zurückgegriffen. Den Beginn bildet dabei die grammatikalische Auslegung, bei der der Sinngehalt einer Rechtsnorm anhand deren Wortlautes und dem üblichen Sinn eines Wortes, Satzes oder Satzteils ermittelt wird.[118] Die Eigenständigkeit und Unabhängigkeit des EG-Rechts und das Erfordernis einer einheitlichen Auslegung führen zu einer autonomen gemeinschaftsrechtlichen Begriffsbildung.[119] Normen des Gemeinschaftsrechts sind in allen Amtssprachen gleichermaßen verbindlich[120], so dass ein Sprachenvergleich durchzuführen ist, um letztlich feststellen zu können, welche Formulierung tatsächlich gemeint ist[121], soweit

---

117 RL 94/33/EG über den Jugendarbeitsschutz vom 22. Juni 1994, ABl. EG Nr. L 216 vom 20. August 1994, S. 12 ff. = EAS A 3450.

118 *Buck*, Über die Auslegungsmethoden des EuGH, S. 152; *Oppermann*, Europarecht, § 7, Rn. 682, *GA Tizzano*, Rs. C-133/00 (Bowden), Slg. 2001, I-7031, 7041, Rn. 29.

119 *EuGH 14.07.1977*, Rs. 9 und 10/77 (Bavaria Fluggesellschaft Schwabe & Co KG und Germanair Bedarfsluftfahrt GmbH & Co KG gegen Eurocontrol), Slg. 1977, 1517; *Bleckmann*, NJW 1982, 1177, 1180; *Heß*, Umsetzung von EG-RL im Privatrecht, S. 79, *Martiny*, ZEuP 1998, 227, 239.

120 *EuGH 06.10.1982*, Rs. 283/81 (C.I.L.F.I.T. / MINISTERO DELLA SANITÀ), Slg. 1982, 3415, 3430, Rn. 18; *Martiny*, ZEuP 1998, 227, 241; *Buck*, Über die Auslegungsmethoden des EuGH, S. 152; *Anweiler*, Auslegungsmethoden des EuGH, S. 147.

121 *EuGH 06.10.1982*, Rs. 283/81 (C.I.L.F.I.T. / MINISTERO DELLA SANITÀ), Slg. 1982, 3415, 3430, Rn. 18; *EuGH 17.12.1998*, Rs. C-236/97 (Codan), EuZW 1999, 154, 155,

sich noch kein spezieller EG-rechtlicher Wortsinn herausgebildet hat[122]. In dieser Hinsicht ist außerdem zu beachten, dass den verwendeten Rechtsbegriffen innerhalb der einzelnen nationalen Rechtsordnungen unterschiedliche Bedeutung zukommen kann[123], so dass nach *Luttermann*[124] mit dem Sprachenvergleich eine Rechtsvergleichung eng verknüpft ist. Im Rahmen der historischen Auslegung greift der EuGH auf die Entstehungsgeschichte zurück, um vorrangig Funktion und Zielsetzung (i.S.d. Willen des Gesetzgebers) der jeweiligen Maßnahme zu erforschen.[125] Zur Auslegung dürfen dabei nur solche Dokumente, bspw. Vorentwürfe, Protokolle usw., herangezogen werden, wenn diese jedermann und hierbei besonders den nationalen Gerichten und den Parteien des Verfahrens zugänglich waren.[126] Bei der systematischen Auslegung werden die Normen des geschriebenen Gemeinschaftsrechts in ihrem Zusammenhang miteinander betrachtet[127], wobei sich der Sinngehalt einer Norm aus ihrer systematischen Stellung im Rahmen der Richtlinie selber, benachbarter Richtlinien auf dem gleichen Feld des Gemeinschaftsrechts, der der Richtlinie zugrundeliegenden Ermächtigungsgrundlage sowie den allgemeinen Grundsätzen des Gemeinschaftsrechts ergibt[128]. Die teleologische Auslegung, d.h. die Auslegung einzelner Richtlinienbestimmungen nach ihrem Zweck im Lichte der Ziele und des Entwicklungsstandards des gesamten Gemeinschaftsrechts, stellt die wichtigste Auslegungsmethode dar.[129] Wichtiges Instrument sind hierbei die in der Präambel der Richtlinie nach Art. 253 EG vorangestellten Begründungserwägungen.[130]

Rn. 25; *dazu Luttermann,* EuZW 1999, 401, 404; *Lutter,* JZ 1992, 593, 599; *Martiny,* ZEuP 1998, 227, 241.

122 *Heß,* Umsetzung EG-RL im Privatrecht, *S. 79; Schmidt,* RabelsZ 59 (1995), 569, 576.

123 *EuGH 06.10.1982,* Rs. 283/81 (C.I.L.F.I.T. / MINISTERO DELLA SANITÀ), Slg. 1982, 3415, 3430, Rn. 19.

124 *Luttermann,* EuZW 1999, 401, 404.

125 Lutter, JZ 1992, 593, 599; Anweiler, Auslegungsmethoden des EuGH, S. 253.

126 *Bleckmann,* NJW 1982, 1177, 1179, *Lutter,* JZ 1992, 593, 600 f.; vgl. *EuGH 04.10.2001,* Rs. C-133/00 (Bowden), Slg. 2001, I-7031, 7067, Rn. 42; *.GA Tizzano,* Rs. C-133/00 (Bowden), Slg. 2001, I-7031, 7045 f., Rn. 43 ff. zum Rückgriff auf die Materialien zur Richtlinie 93/104/EG.

127 *Anweiler,* Auslegungsmethoden des EuGH, S. 172; *Oppermann,* Europarecht, § 7, Rn. 684.

128 *Schmidt,* RabelsZ 59 (1995), 569, 577, *Grundmann,* Europ. Schuldvertragsrecht, S.105.

129 *EuGH 06.10.1982,* Rs. 283/81 (C.I.L.F.I.T. / MINISTERO DELLA SANITÀ), Slg. 1982, 3415, 3430, Rn. 20; *Schmidt,* RabelsZ 59 (1995), 569, 579, *Lutter,* JZ 1992, 593, 603; *GA Tizzano*, Rs. C-133/00 (Bowden), Slg. 2001, I-7031, 7041, Rn. 30.; a. A.:*Anweiler,* Auslegungsmethoden des EuGH, S. 238, der "im Lichte des Entwicklungsstandards" als dynamische oder evolutive Auslegungsmethode bezeichnet.

130 *Schmidt,* RabelsZ 59 (1995), 569, 579, *Grundmann,* Europ. Schuldvertragsrecht, S. 106; a. A. insoweit *Anweiler,* Auslegungsmethoden des EuGH, S. 205/206 und 253, der das

Nationale Vorbilder einer Richtlinie können für deren Auslegung behilflich sein.[131] Dennoch ist darauf zu achten, dass die Eigenständigkeit der Rechtsordnung der Gemeinschaft gewahrt bleiben muss.
Eine für das europäische Recht unerlässliche Auslegungsmethode stellt die Rechtsvergleichung dar, deren Ergebnis entweder das gefundene Auslegungsergebnis bekräftigt oder Zweifel entstehen lässt.[132] Die Auslegung harmonisierten oder vereinheitlichten Rechts verlangt förmlich eine rechtsvergleichende Auslegung[133], da bei Normen, die die Rechtseinheit gewährleisten sollen, auch das Auslegungsergebnis gemeinschaftsrechtlich vertretbar sein muss[134].

2. Verknüpfung von Arbeitszeitrichtlinie und Arbeitsschutz-Rahmenrichtlinie durch Art. 1 Abs. 4 RL 93/104/EG

Die Arbeitszeitrichtlinie verweist in ihrem Art. 1 Abs. 4 auf die Bestimmungen der Rahmenrichtlinie 89/391/EWG. Diese Grundrichtlinie, die sich nach Art. 1 Abs. 1 die Verbesserung von Sicherheit und Gesundheitsschutz der Arbeitnehmer zum Ziel setzt, enthält allgemeine Grundsätze, die zur Erreichung dieses Ziels notwendig sind. Damit ist verbunden, dass sich die Richtlinie 89/391/EWG nicht auf die Regelung konkreter Gefahrenbereiche beschränkt, sondern sie vielmehr einen allgemeinen Rahmen für weitere konkretisierende Richtlinien schafft.[135] Durch diese Systematik wurde erstmals eine geschlossene neue Konzeption für den betrieblichen Gesundheitsschutz geschaffen.[136] Die Rahmenrichtlinie und die sie ausfüllenden Einzelrichtlinien tragen durch Transparenz und Klarheit zu einer Gliederung des europäischen Arbeitsumweltrechts bei, das

---

Abstellen auf die Begründungserwägungen der historischen Methode zuordnet und dabei davon ausgeht, dass diese nur eine untergeordnete Rolle spielen.

131 Hierzu ausführlich *Lutter*, JZ 1992, 593, 601 f.

132 *Lutter*, JZ 1992, 593, 603; vgl. auch *Oppermann*, Europarecht, § 7, Rn. 684.

133 *Magnus, JZ 1990, 1100, 1102; Mansel*, JZ 1991, 529, 531; *Anweiler*, Auslegungsmethoden des EuGH, S. 280.

134 *EuGH 16.12.1969*, Rs. 6/60 (Humblet), Slg. 1960, 1163, 1194 ff.; *EuGH 18.05.1982*, Rs. 155/79 (AM&S), Slg. 1982, 1575, 1610.

135 *EuGH 3.10.2000*, Rs. C-303/98 (SIMAP), Slg. 2000, I-7997, 8000, Rn. 3; *26.6.2001*, Rs. C- 173/99 (BECTU), Slg. 2001, I-4900, 4904, Rn.5; *GA Tizzano*, Rs. C-133/00 (Bowden), Slg. 2001, I-7031, 7033 f., Rn. 2; *Kohte*, EAS B 6100, Rn. 18; *Birk*, FS Wlotzke (1996), S. 657 f.

136 *Bücker/Feldhoff/Kohte*, Arbeitsumwelt, Rn. 278.

sich durchh einen Allgemeinen Teil (Rahmenrichtlinie) und Besonderen Teil (Einzelrichtlinien) kennzeichnen lässt.[137]

Die Verweisung in Art. 1 Abs. 4 RL 93/104/EG auf die Grundrichtlinie 89/391/ EWG hat zur Folge, dass sich auf dem Gebiet der Arbeitszeitgestaltung die bisherige Systematik von Allgemeinen und Besonderen Teil des europäischen Arbeitsumweltrechts fortsetzt. Generalanwalt *Saggio*[138] betont in seinen Schlussanträgen in der Rechtssache SIMAP, dass der Gemeinschaftsgesetzgeber mit der Verweisung in Art. 1 Abs. 4 RL 93/104 auf die RL 89/391/EWG klarstellen wollte, dass die Bestimmungen der Grundrichtlinie neben denen der Arbeitszeitrichtlinie anwendbar sind. Außerdem führte er aus, dass die Regelungen der Arbeitszeitrichtlinie vorrangig sind, soweit sie strenger und/oder spezifischer sind. Da es sich bei der Arbeitszeitrichtlinie nicht um eine Einzelrichtlinie nach Art. 16 RL 89/391/EWG handelt, bedurfte es einer Verweisung in der Arbeitszeitrichtlinie, um die bisherige Konzeption von Allgemeinen und Besonderen Teil fortzusetzen. Innerhalb des Besonderen Teils des europäischen Arbeitsumweltrechts handelt es sich demnach bei der Arbeitszeitrichtlinie um eine Ergänzungsrichtlinie zur Arbeitsschutz-Grundrichtlinie 89/391/EWG.[139] Durch Art. 1 Abs. 4 RL 93/104/EG wurde somit das Bestreben der Gemeinschaft fortgesetzt, ein in sich geschlossenes und aufeinander abgestimmtes Arbeitsschutzrecht auf der Grundlage von Art. 118 a EGV a.F. zu schaffen.[140]

Art. 1 Abs. 4 RL 93/104/EG folgend sind der betrieblichen Arbeitszeitgestaltung einerseits die allgemeinen Bestimmungen der Arbeitsschutz-Rahmenrichtlinie und andererseits die besonderen Regelungen der Arbeitszeitrichtlinie zugrunde zu legen. Diese Betrachtungsweise führt zu dem Grundsatz, dass jede Auslegung der Arbeitszeitrichtlinie 93/104/EG im Lichte der Grundprinzipien der Arbeitsschutz-Rahmenrichtlinie 89/391/EWG vorzunehmen ist.[141] Aus diesem Grund ist es notwendig, die in der Literatur herausgearbeiteten Leitbilder bzw. Grundprinzipien der Rahmenrichtlinie, die die Verbesserung von Sicherheit und Gesundheitsschutz der Beschäftigten am Arbeitsplatz zum Ziel haben, darzustellen, bevor die Arbeitszeitrichtlinie auf ihre Leitbilder untersucht wird.

---

137 *Bücker/Feldhoff/Kohte*, Arbeitsumwelt, Rn. 279; *Kohte*, Jahrbuch des Arbeitsrechts 2000, S. 21, 26 f.

138 *GA Saggio*, Rs. C-303/98 (SIMAP), Slg. 2000, I-7968, 7979 f., Rn. 30.

139 *Brandes*, System des Europ. Arbeitsschutzes , S. 97 f.; *Pieper*, ArbSchR, S. 324.

140 *Balze*, EAS B 3100 (1995), Rn. 17.

141 So zutreffend *Grundmann*, Europ. Schuldvertragsrecht, S. 467, Rn. 7; *Kreft*, Arbeitszeitdauerregulierungen, S. 41; ähnlich *GA Tizzano*, Rs. C-173/99 (BECTU), Slg. 2001, I-4883, 4884, Rn. 3.

3. Die Leitbilder der Rahmenrichtlinie 89/391/EWG

Das Ziel der Grundrichtlinie 89/391/EWG besteht vorrangig in der Verbesserung von Sicherheit, Arbeitshygiene und Gesundheitsschutz der Arbeitnehmer am Arbeitsplatz.[142] Dies soll durch eine Angleichung der Lebens- und Arbeitsbedingungen der Arbeitnehmer, insbesondere durch eine gemeinschaftsweite Harmonisierung der Arbeitsschutzvorschriften, erreicht werden. Auf diese Weise soll zugleich ein Sozialdumping innerhalb der Mitgliedstaaten vermieden werden.[143]

3.1. Erweiterter Arbeitsschutzansatz und die Organisationspflicht des Arbeitgebers

Der Rahmenrichtlinie liegt gem. Art. 5 Abs. 1 RL 89/391/EWG die Grundverpflichtung des Arbeitgebers zugrunde, für Sicherheit und den Gesundheitsschutz der Arbeitnehmer in Bezug auf alle Aspekte, die die Arbeit betreffen, zu sorgen. Gleichzeitig hat der Arbeitgeber nach Art. 6 Abs. 1 S. 1 RL 89/391/EWG hierfür die erforderlichen Maßnahmen zur Verhütung berufsbedingter Gefahren, zur Information und zur Unterweisung zu treffen sowie für die Bereitstellung einer geeigneten Organisation und der erforderlichen Mittel zu sorgen. Die offene Formulierung zeigt, dass die Pflicht des Arbeitgebers zur Sicherstellung des Gesundheitsschutzes bewusst umfassend ausgestaltet ist und sich mithin auf "alle" Gesichtspunkte der Arbeit beziehen soll.[144] Im Ergebnis soll hiermit die klassisch-technische Sichtweise des Arbeitsschutzes überwunden werden.[145] Ferner wird herausgestellt, dass dem Arbeitgeber insbesondere im Hinblick auf die Planung und Durchführung der erforderlichen Arbeitsschutzmaßnahmen eine umfassende Organisationsppflicht obliegt. Insbesondere die verschiedenen Aspekte, die die Grundpflicht des Arbeitgebers ausgestalten, verdeutlichen den Charakter als Organisationspflicht, insbesondere auch die Integration des Gesundheitsschutzes auf alle betrieblichen Führungsebenen.[146]
Im Zusammenhang mit der umfassenden und auf alle Aspekte bezogenen Organisationspflicht stellt sich die Frage, welcher Gesundheitsbegriff der Rahmenrichtlinie 89/391/EWG zugrunde liegt. Weder in den Erwägungsgründen, die der Richtlinie vorangestellt sind, noch in den Regelungen selbst ist eine Definition

---

142 Art. 1 Abs. 1 RL 89/391/EWG und bspw. Erwägungsgrund Nr. 13 dieser Grundrichtlinie.
143 Vgl. *GA Tizzano*, Rs. C-173/99 (BECTU), Slg. 2001, I-4883, 4895 f., Rn. 45.
144 *Kohte*, EAS B 6100, Rn. 35.
145 *Kohte*, EAS B 6100, Rn. 35.
146 *Kohte*, EAS B 6100, Rn. 36.

des Gesundheitsbegriffs zu finden. Die bisherigen wissenschaftlichen Auseinandersetzungen greifen daher auf die Normen und deren Definitionen zurück, die die Richtlinie in ihrer Entstehung beeinflusst haben. Es wird davon ausgegangen, dass sich der weite Gesundheitsbegriff der WHO nicht in der Rahmenrichtlinie niedergeschlagen hat.[147] Vielmehr haben bei der Entstehung des europäischen Arbeitsumweltrechts die Regelungen in den skandinavischen Staaten sowie Übereinkommen der ILO als Vorbilder gedient. [148]

Zieht man zur Auslegung des Gesundheitsbegriffs die Ermächtigungsgrundlage Art. 118a EGV a.F., die skandinavischen Vorbilder und das ILO-Übereinkommen Nr. 155 heran, so zeigt sich, dass Gesundheit i.S.d. RL 89/391/ EWG als Schutz vor physischen und psychischen Erkrankungen der Arbeitnehmer zu verstehen ist und zugleich als Schutz vor physischen und psychischen Belastungen, die nicht unmittelbar krankmachend wirken, sondern möglicherweise erst nach längerer Zeit zu Gesundheitsschäden führen.[149]

Dieses Ergebnis wird durch die systematische Auslegung der RL 89/391/EWG bekräftigt. Art. 6 Abs. 2 d) RL 89/391/EWG statuiert als Grundpflicht die Einbeziehung des Faktors "Mensch" bei der Gestaltung der Arbeitsplätze, um z.B. Belastungen durch monotone Arbeiten und bei maschinenbestimmten Arbeitsrhythmus zu verringern. Damit wird u.a. der Schutz der Arbeitnehmer vor psychischen Belastungen und Beanspruchungen, die insbesondere durch die genannten Tätigkeiten verursacht werden, beabsichtigt.[150] Nunmehr trifft den Arbeitgeber daher eine generelle Rechtspflicht, eine Anpassung der Arbeitsgestaltung an den Menschen zu organisieren.[151] Eine engere Auslegung des Gesundheitsbegriffs wäre auch schon im Hinblick auf die umfassende und auf alle Aspekte bezogene Organisationspflicht verfehlt.[152]

In diesem Zusammenhang ist zu beachten, dass auch soziale Faktoren insbesondere zu psychischen Beeinträchtigungen bei Arbeitnehmern führen können, so

---

147 *Hinrichs*, Mitbestimmung des Betriebsrates nach § 87 Abs. 1 Nr. 7 BetrVG, S. 47; *Bücker/Feldhoff/Kohte*, Arbeitsumwelt, Rn. 235 ff.; *Brandes*, System des Europ. Arbeitsschutzes , S. 175; *Merten*, MB bei der Bildschirmarbeit, S. 9 ff.; *Kreft*, Arbeitszeitdauerregulierung, S. 40; *Birk*, FS Wlotzke (1996), S. 659.

148 *Bücker/Feldhoff/Kohte*, Arbeitsumwelt, Rn. 224; *Vogel*, Gefahrenverhütung am Arbeitsplatz, Bd. 1, S. 57 f., der eine enge Komplementaritätsbeziehung zwischen den ILO-Abkommen Nr. 155 und Nr. 161 sowie der Rahmenrichtlinie annimmt. *Birk*, FS Wlotzke (1996), S. 645, 656, der allerdings davon ausgeht, dass der Einfluss der Arbeiten der ILO auf Grund eines gespannten Verhältnisses zwischen der ILO und der EU nicht direkt nachweisbar sei.

149 *Merten*, MB bei der Bildschirmarbeit, S. 17.

150 *Faber*, Arbeit 1998, 203, 209.

151 *Kohte*, EAS B 6100, Rn. 57.

152 *Kohte*, EAS B 6100, Rn. 37.

dass ein Sicherheits- oder Gesundheitsbezug gegeben ist.[153] Diese (psycho-)sozialen Faktoren spielen im Rahmen eines weiten Gesundheitsbegriffs daher eine Rolle und werden in das Ziel des Gesundheitsschutzes einbezogen.[154] Die Rahmenrichtlinie bringt dies in Art. 6 Abs. 2 g) zum Ausdruck, indem die Gefahrenverhütung so zu planen ist, dass eine kohärente Verknüpfung von Technik, Arbeitsorganisation, Arbeitsbedingungen, sozialen Beziehungen und Einfluss der Umwelt auf den Arbeitsplatz erfolgt. Art. 6 Abs. 2 g) der RL 89/391/EWG verdeutlicht zudem, dass der weite Gesundheitsbegriff der Grundrichtlinie auch berufsbedingte Erkrankungen erfasst, bei denen keine eindeutigen Ursache-Wirkungszusammenhänge zwischen Arbeit und Gesundheit festzustellen sind, sondern multifaktorielle Verursachungszusammenhänge zur Wirkung kommen.[155]

3.2. *Betriebsorientiertheit*

Ein weiteres wichtiges Leitbild der Grundrichtlinie stellt die vorrangige Verantwortlichkeit des Arbeitgebers für den Arbeits- und Gesundheitsschutz dar. Die sich aus der Richtlinie ergebenden Pflichten richten sich in erster Linie an den Arbeitgeber und nicht an die Aufsicht oder die Berufsgenossenschaften.[156] Dieses für den deutschen Arbeitsschutz neue Verständnis wird auch als "Betriebsorientierung des Gesundheitsschutzes"[157] bezeichnet. Dem liegt der Grundgedanke zugrunde, dass die Kenntnis des Arbeitgebers von den in seinem Betrieb möglichen Gefahren und Gefährdungen umfassender ist, als die der Aufsicht oder der Berufsgenossenschaften. Diese zentrale Stellung des Arbeitgebers als

---

153 *Faber,* Arbeit 1998, 203, 210.

154 *Birk,* FS Wlotzke (1996), S. 645, 659; *Geyer,* MB beim Arbeits- und Gesundheitsschutz, S. 84; *Vogel,* Gefahrenverhütung am Arbeitsplatz, Bd. 2, S. 28: "Bei den psychosozialen Faktoren weicht die durch das nordische Recht formulierte Forderung nicht grundlegend von dem ab, was in der Richtlinie vorzufinden ist."; für den erweiterten Gesundheitsbegriff im Konzept der betrieblichen Gesundheitsförderung, der auch Vermeidung bzw. Verringerung von psychosozialem Stress umfasste und daher auf eine menschengerechte Arbeit abzielte, *Kohte,* Arbeitsschutz und betriebliche Gesundheitsförderung, S. 53, 55; vgl. auch *Faber,* Arbeit 1998, 203, 210; zu Begriff, Folgen und Bekämpfung von "mobbing" ausführlich *Hage/Heilmann,* BB 1998, 742 ff.

155 *Faber,* Arbeit 1998, 203, 210 f.

156 *Dötsch,* AuA 1996, 329, 330 ; *Hinrichs,* Mitbestimmung des Betriebsrates nach § 87 Abs. 1 Nr. 7 BetrVG, S. 49; *Faber,* Arbeit 1998, 203, 212; *Wank/Börgmann,* Deutsches und Europ. Arbeitsschutzrecht, S. 89.

157 *Bücker/Feldhoff/Kohte,* Arbeitsumwelt, Rn. 250; Kollmer-*Balze,* ArbSchG, Einl., Rn. 98.

Pflichtsubjekt wird speziell in Art. 5 Abs. 1 RL 89/391/EWG normiert und in Art. 6 bis 12 RL 89/391/EWG im Einzelnen konkretisiert.[158]

3.3. Präventives Sicherheitsmanagement

Art. 6 Abs. 3 RL 89/391/EWG statuiert eine Pflicht des Arbeitgebers zur Beurteilung von Gefährdungen[159] für die Sicherheit und die Gesundheit der Arbeitnehmer am Arbeitsplatz. Der Arbeitgeber hat also die in seinem Betrieb auftretenden Risiken zu ermitteln und dann im Einzelnen sowie in ihrem Zusammenwirken zu bewerten.[160] Anhand dieser Gefährdungsbeurteilung ist der Arbeitgeber nach Art. 6 Abs. 1 der Grundrichtlinie verpflichtet, entsprechende Arbeitsschutzmaßnahmen zu ergreifen, die zur Verbesserung von Sicherheit und Gesundheitsschutz beitragen. Hierzu enthält die Rahmenrichtlinie in Art. 6 Abs. 2 RL 89/391/EWG einen Katalog allgemeiner Grundsätze der Gefahrenverhütung, die in der Gesamtbetrachtung das Bild einer präventiven Sicherheitspolitik (i.S. einer "Risikovermeidung") bzw. der Eindämmung von Gesundheitsrisiken prägen.[161] Als Beispiel kann Art. 6 Abs. 2 a) RL 89/391/EWG angeführt werden, wonach die Vermeidung von Risiken oberste Priorität hat. In diesem Zusammenhang ist insbesondere die Berücksichtigung des Faktors "Mensch" bei der Arbeit hervorzuheben [Art. 6 Abs. 2 d) RL 89/391/EWG], so dass eine Anpassung der Arbeitsgestaltung an den Menschen in den Blickpunkt des Sicherheits- und Gesundheitsschutzes gerückt und auf diese Weise zugleich die Entwicklung vom technischen Arbeitsschutz zum ganzheitlichen Gesundheitsschutz gekennzeichnet wurde.[162] Damit verbunden ist die Verpflichtung des Arbeitgebers, sich über den neuesten Stand der Technik und der wissenschaftlichen Erkenntnisse auf dem Gebiet der Arbeitsplatzgestaltung zu informieren.[163] Eine erfolgreiche präventive Sicherheitspolitik, die Effektivierung und Erleichterung der Tätigkeiten der Aufsicht, die Förderung der "Transparenz der betrieblichen Arbeits-

---

158 *Birk*, FS Wlotzke (1996), S. 645, 665; *Dötsch*, AuA 1996, 329, 330.

159 *Kohte*, EAS B 6100, Rn. 46f. stellt anschaulich dar, dass der in der deutschsprachigen Fassung der Rahmenrichtlinie verwendete Begriff der Gefahr nicht mit der Systematik der Richtlinie sowie der weiteren Einzelrichtlinien übereinstimmt, sondern von den Termini "Gefährdungen" bzw. "Risiken" auszugehen ist; ebenso spricht *Wlotzke*, RdA 1992, 85, 94 von Gefährdungen.

160 *Hinrichs*, Mitbestimmung des Betriebsrates nach § 87 Abs. 1 Nr. 7 BetrVG, S. 50.

161 *Bücker/Feldhoff/Kohte*, Arbeitsumwelt, Rn. 251; *Pieper*, ArbuR 1993, 355, 357; *Wank/ Börgmann*, Deutsches und Europ. Arbeitsschutzrecht, S. 90.

162 *Bücker/Feldhoff/Kohte*, Arbeitsumwelt, Rn. 252.

163 Erwägungsgrund 14 der RL 89/391/EWG.

schutzsituation" und die Verbesserung der innerbetrieblichen Sicherheitskommunikation haben eine Evaluierung über die am Arbeitsplatz auftretenden Gefährdungen für Sicherheit und Gesundheitsschutz zur Voraussetzung, zu deren Durchführung der Arbeitgeber nach Art. 9 Abs. 1 RL 89/391/EWG verpflichtet ist; sodann hat er die durchzuführenden Schutzmaßnahmen festzulegen und auch eine Liste über Arbeitsunfälle anzufertigen.[164] Art. 9 Abs. 2 RL 89/391/EWG bestimmt darüber hinaus, dass die genannten Maßnahmen in Dokumenten festzuhalten sind.

3.4. Dynamische Anpassung des Arbeitsschutzes und Erhöhung des Schutzniveaus

Der Arbeitgeber als Normadressat der Rahmenrichtlinie ist verpflichtet, die Wirksamkeit seiner bisher getroffenen Arbeitsschutzmaßnahmen zu überprüfen.[165] Da Produktions- und Arbeitsverfahren und damit auch Arbeitsbedingungen einer ständigen Fortentwicklung unterliegen, hat der Arbeitgeber nach Art. 6 Abs. 1 S. 2 RL 89/391/EWG darauf zu achten, dass sich Gesundheitsschutzmaßnahmen an auftretende Änderungen - betrieblicher Art oder neue Erkenntnisse - anpassen.[166] Darüber hinaus muß der Arbeitgeber eine Verbesserung der bestehenden Arbeitsbedingungen anstreben. Art. 6 Abs. 2 e) RL 89/391/EWG, der eine Berücksichtigung des Standes der Technik i.S. eines neuesten Standes der Technik und der wissenschaftlichen Erkenntnisse auf dem Gebiet der Gestaltung der Arbeitsplätze verlangt[167], strebt ein hohes Schutzniveau an und damit insgesamt eine ständige Optimierung des betrieblichen Gesundheitsschutzes[168].

3.5. Vorrang des kollektiven Gefährdungsschutzes

In das Gesamtkonzept eines ganzheitlichen Gesundheitsschutzes, das den Faktor „Mensch" in den Mittelpunkt seiner Betrachtung stellt, fügt sich nahtlos das Vorrangprinzip des kollektiven Gefährdungsschutzes vor individuellem Gefährdungsschutz ein. Danach dürfen individuelle Schutzmaßnahmen erst getroffen

---

164 *Kohte*, EAS B 6100, Rn. 62; *Pieper*, ArbSchR, S. 296 f.
165 *Hinrichs*, Mitbestimmung des Betriebsrates nach § 87 Abs. 1 Nr. 7 BetrVG, S. 50.
166 *Pieper*, ArbuR 1993, 355, 357; *Grundmann*, Europ. Schuldvertragsrecht, S. 495, Rn. 15.
167 Erwägungsgrund Nr. 14 RL 89/391/EWG.
168 *Brandes*, System des Europ. Arbeitsschutzes , S. 178.

werden, wenn kollektive Maßnahmen nicht möglich bzw. ausreichend sind.[169] Somit wird der Gefährdungsbekämpfung an der Quelle, die insbesondere damit verbunden ist, dass der Arbeitgeber die Grundsätze der Gefahrenverhütung bereits in der Planungsphase von Investitions- und Produktionsvorhaben sowie bei der Beschaffung von Arbeitsmitteln und -stoffen beachtet[170], und einer effektiven Sicherheitsorganisation der Vorrang eingeräumt[171].

3.6. Kein Vorrang wirtschaftlicher Überlegungen

Die Richtlinie 89/391/EWG betont im Erwägungsgrund Nr. 13, dass die Verbesserungen von Sicherheit, Arbeitshygiene und Gesundheitsschutz der Arbeitnehmer am Arbeitsplatz Zielsetzungen darstellen, die keinen rein wirtschaftlichen Angelegenheiten untergeordnet werden dürfen.

3.7. Betriebliche Sicherheitsorganisation

Voraussetzung für eine effektive Sicherheitspolitik, die durch den Arbeitgeber und sein umfangreiches Pflichtenprogramm gesichert werden soll, ist eine sachverständige Beratung und Unterstützung seiner Person[172], mit der Folge, dass in Art. 7 RL 89/391/EWG die Bildung einer betrieblichen Sicherheitsorganisation normiert ist.

3.8. Rechte und Pflichten der einzelnen Beschäftigten

Im Rahmen der Verwirklichung des betrieblichen Gesundheitsschutzes kommt neben dem Arbeitgeber auch den Beschäftigten eine aktive und handlungsfähige Funktion zu.[173] Diese aktive Rolle wird anhand der sich aus der Rahmenrichtlinie ergebenden Rechte und Pflichten deutlich, so dass der Arbeitnehmer durch die Richtlinie eine mittragende Rolle im Arbeitsschutz übernimmt, ohne dadurch

---

169 *Hinrichs*, Mitbestimmung des Betriebsrates nach § 87 Abs. 1 Nr. 7 BetrVG, S. 51; *Pieper*, ArbSchR, S. 293.

170 *Pieper*, ArbuR 1993, 355, 357; *Brüggemann*, in Bieback/Oppolzer, Strukturwandel des Arbeitsschutzes, S. 43, 54; *Grundmann*, Europ. Schuldvertragsrecht, S. 495.

171 *Bücker/Feldhoff/Kohte*, Arbeitsumwelt, Rn. 253.

172 *Bücker/Feldhoff/Kohte*, Arbeitsumwelt, Rn. 259.

173 *Brandes*, System des Europ. Arbeitsschutzes , S. 181.

die Zentralstellung des Arbeitgebers abzuschwächen.[174] Die Pflichten der Beschäftigten nach Art. 13 RL 89/391/EWG gehen hierbei über den klassischen Pflichtenbereich, z.B. der ordnungsgemäßen Benutzung der Maschinen sowie der persönlichen Schutzausrüstungen, hinaus und verlangen, dass die Beschäftigten dem Arbeitgeber und den Sicherheitsexperten ernste und unmittelbare Gefahren für die Sicherheit und den Gesundheitsschutz sowie an den Schutzsystemen festgestellte Defekte unverzüglich melden (Art. 13 Abs. 2 d) RL 89/391/ EWG) und so lange wie nötig darauf hinwirken, dass die Ausführung aller Aufgaben und die Einhaltung aller Auflagen ermöglicht wird, die die zuständige Behörde vorschreibt.[175]
Um diese Pflichten ordnungsgemäß erfüllen zu können, müssen die Beschäftigten über entsprechende Informationen und Kenntnisse verfügen. Die damit notwendige Transparenz ist ein weiteres wichtiges Merkmal der Rahmenrichtlinie. Einen Anspruch auf rechtzeitige Information der Beschäftigten normiert Art. 10 RL 89/391/EWG, der letztlich eine umfassende Unterrichtung über die innerbetrieblichen Gesundheitsgefahren und "Gegenmaßnahmen" beinhaltet.[176]
Weiterhin hat nach Art. 12 RL 89/391/EWG eine konkrete arbeitsplatzbezogene Unterweisung ("training") zu erfolgen, die nicht nur einmalig auf die Einstellung beschränkt ist, sondern bei jeder Änderung der Arbeitsbedingungen und sich ändernden Gefährdungslagen stattfindet, wobei eine vorherige Gefährdungsbeurteilung notwendige Voraussetzung ist.[177]
Die aktive Rolle des Beschäftigten als handelndes Subjekt kommt zudem in von Art. 8 Abs. 4 RL 89/391/EWG statuierten Entfernungsrecht der Beschäftigten zum Ausdruck. Außerdem gewährt Art. 11 Abs. 6 RL 89/391/EWG den Beschäftigten ein Anzeigerecht gegenüber den zuständigen Behörden.[178]

3.9. Arbeitnehmerbeteiligung

Ein weiteres wesentliches Strukturelement der Rahmenrichtlinie stellt die Mitwirkung der Arbeitnehmer bzw. deren Vertreter im Rahmen der Sicherheit und

---

[174] *Birk*, FS Wlotzke (1996), S. 645, 665; *Kohte*, EAS B 6100, Rn. 85; *Wank/Börgmann*, Deutsches und Europ. Arbeitsschutzrecht, S. 89.
[175] *Dötsch*, AuA 1996, 329, 331; *Brandes*, System des Europ. Arbeitsschutzes, S. 181.
[176] *Bücker/Feldhoff/Kohte*, Arbeitsumwelt, Rn. 262.
[177] *Grundmann*, Europ. Schuldvertragsrecht, S. 498; *Bücker/Feldhoff/Kohte*, Arbeitsumwelt, Rn. 263.
[178] *Kohte*, EAS B 6100, Rn. 85; *Pieper*, ArbuR 1993, 355, 359.

des Gesundheitsschutzes dar.[179] Dies betont insbesondere Erwägungsgrund Nr. 11 RL 89/391/EWG, indem eine angemessene Mitwirkung für unerlässlich gehalten wird, um zu überprüfen und zu gewährleisten, dass die erforderlichen Schutzmaßnahmen auch tatsächlich getroffen werden. Anhand der Konzeption der Mitwirkung wird die bereits dargestellte Unterstützungsfunktion der einzelnen Beschäftigten noch verstärkt.[180] Eine effektive angemessene Mitwirkung der Beschäftigten bzw. deren Vertreter basiert nach Art. 11 Abs. 1 RL 89/391/EWG auf einer Anhörung, Konsultation und "der ausgewogenen Beteiligung nach den nationalen Rechtsvorschriften bzw. Praktiken".[181]
Da die in Art. 11 Abs. 1 RL 89/391/EWG ausgesprochene Verpflichtung in den zur Rahmenrichtlinie ergangenen Einzelrichtlinien ausdrücklich herausgestellt wird, bezieht sich eine kollektive Mitwirkung auf alle Umstände organisatorischer, technischer, räumlicher und zeitlicher Art, unter denen die Arbeitnehmer ihre Tätigkeit verrichten.[182] Damit fügt sich die Beteiligung der Beschäftigten in das Gesamtbild der Rahmenrichtlinie ein und geht folglich über die Gefahrenabwehr hinaus, indem den Arbeitnehmern bzw. deren Vertretern eine aktiv gestaltende und umfassende Aufgabe zuteil wird, die auf Prävention gerichtet ist.[183] Daher ist der Auffassung zuzustimmen, dass das europäische Arbeitsschutzkonzept in besonderem Maße als beteiligungs- und kooperationsorientiert bezeichnet wird.

3.10. Einheitliche Rechtsetzung

Damit das Ziel der Grundrichtlinie, also die Verbesserung von Sicherheit und Gesundheitsschutz auch tatsächlich verwirklicht wird, ist in Art. 2 Abs. 1 RL 89/391/EWG ein sehr weiter Anwendungs- und damit Schutzbereich vorgesehen ist, von dem lediglich spezifische Tätigkeiten ausgenommen sind, deren Besonderheiten einer Anwendung zwingend entgegenstehen.[184] Auf Grund der Ziel-

---

[179] *Merten,* MB bei der Bildschirmarbeit, S. 20; *Brüggemann* in Bieback/Oppolzer, Strukturwandel des Arbeitsschutzes, S. 43, 54 ist dagegen der Auffassung, dass die kollektiven Rechte der Beschäftigtenvertretungen vage und sehr allgemein bleiben.

[180] *Brandes*, System des Europ. Arbeitsschutzes , S. 181.

[181] *Kohte*, EAS B 6100, Rn 105 f; näher zur "ausgewogenen Beteiligung" i.S.d. Art. 11 Abs. 1 RL 89/391/EWG: *Merten,* MB bei der Bildschirmarbeit, S. 22 ff.

[182] *Brandes*, System des Europ. Arbeitsschutzes, S. 182.

[183] *Brandes*, System des Europ. Arbeitsschutzes , S. 182 f.; *Kohte*, FS Gnade, S. 675, 687.

[184] *EuGH 3.10.2000,* Rs. C-303/98 (SIMAP), Slg. 2000, I-7997, 8022, Rn. 34 f.; *GA Saggio,* Rs. C-303/98 (SIMAP), Slg. 2000, I-7968, 7977, Rn. 26; *GA Colomer,* Rs. C- 397/01 bis C- 403/01 (Pfeiffer u.a.), Rn. 22 (www.curia.eu.int); *Brandes*, System des Europ. Arbeitsschutzes, S. 171; *Grundmann,* Schuldvertragsrecht, S. 492, Rn. 10.

setzungen der Richtlinie sind die in Art. 2 Abs. 2 RL 89/391/EWG vorgesehenen Ausnahmen eng auszulegen.[185]
Wiederholt ist darauf hinzuweisen, dass die Bestimmungen der Rahmenrichtlinie für alle Gefahren gelten, die im Zusammenhang mit der Arbeit und dem Arbeitsplatz stehen.[186] Im Ergebnis kommt der Richtlinie damit ein weiter sachlicher und persönlicher Geltungsbereich zu.

3.11. Zusammenfassung

Die Grundrichtlinie 89/391/EWG zeichnet sich durch einen weiten persönlichen und auch sachlichen Anwendungsbereich aus. Es werden allgemeine Rechte und Pflichten des Arbeitgebers sowie der Arbeitnehmer statuiert, die unabhängig von der Art der jeweiligen Gefahr oder Gefährdung Geltung beanspruchen. Insoweit wurde ein allgemeiner Rahmen geschaffen, der einer Konkretisierung durch Einzelrichtlinien bedarf. Die aufgezeigten Leitbilder, insbesondere die Rechte und Pflichten des Arbeitgebers und der Arbeitnehmer, beziehen sich daher grundsätzlich auch auf die betriebliche Arbeitszeitgestaltung. Daher ist zu untersuchen, ob sich die Leitbilder der allgemeinen Grundrichtlinie 89/391/EWG auf der Ebene der näheren Ausgestaltung, also im vorliegenden Fall bei der Arbeitszeitgestaltung fortsetzen, indem sie z.B. übernommen oder konkretisiert werden.

4. Die Leitbilder der Arbeitszeitrichtlinie 93/104/EG

Die Mindestvorschriften der Arbeitszeitrichtlinie sollen ebenso wie die der Rahmenrichtlinie dazu beitragen, Sicherheit, Arbeitshygiene und Gesundheitsschutz der Arbeitnehmer bei der Arbeit zu verbessern und auf diese Weise zur Verbesserung der Lebens- und Arbeitsbedingungen der Arbeitnehmer im Wege der Angleichung und des Fortschritts beizutragen.

---

185 *EuGH 3.10.2000,* Rs. C-303/98 (SIMAP), Slg. 2000, I-7997, 8022, Rn. 35; *GA Saggio,* Rs. C-303/98 (SIMAP), Slg. 2000, I-7968, 7977 f., Rn. 27; *GA Colomer,* Rs. C- 397/01 bis C- 403/01 (Pfeiffer u.a.), Rn. 22 (www.curia.eu.int).

186 Erwägungsgrund Nr. 15 und Art. 6 Abs. 3 a) der RL 89/391/EWG; *EuGH 15.11.2001,* Rs. C-49/00 (Kommission/Italien), Slg. 2001, I-8575, 8605, Rn. 12.

4.1. Erweiterter Arbeitsschutzansatz

Zu untersuchen ist, ob die Arbeitszeitrichtlinie von einem engen oder weiten Gesundheitsbegriff, wie ihn Art. 118a EGV a.F. und die Grundrichtlinie zugrunde legen, geprägt ist.
Die Kommission ging bei ihrem Vorschlag zur Arbeitszeitrichtlinie vom Gesundheitsbegriff der WHO aus.[187] Daher ist zu untersuchen, ob sich der Begriff in der Richtlinie durch die Aufstellung entsprechender Regelungen niedergeschlagen hat. Die in der Arbeitszeitrichtlinie geregelten Gegenstände, also die täglichen und wöchentlichen Mindestruhezeiten, die Ruhepausen, die wöchentliche Höchstarbeitszeit, der Mindestjahresurlaubs, bestimmte Aspekte von Nacht- und Schichtarbeit sowie des Arbeitsrhythmus, zielen in erster Linie auf eine Verringerung der Arbeitsbelastung ab, um auf diese Weise schädliche Auswirkungen auf die Gesundheit zu verhindern.[188]
Diese Mindestschutzvorschriften sollen einen Beitrag zur Verringerung oder Reduzierung der Unfälle am Arbeitsplatz bzw. daraus resultierender Berufskrankheiten und arbeitsbedingter Erkrankungen leisten und einem Gesundheitsverschleiß entgegenwirken, die insbesondere aus überlangen Arbeitszeiten ohne Ruhezeiten resultieren.[189]
Arbeitszeitschutz soll allgemein die Arbeitnehmer vor einer Überforderung und Abnutzung ihrer körperlichen und geistigen Kräfte durch überlange Arbeitszeiten bewahren und die Arbeitsbelastung durch entsprechende Erholungsmöglichkeiten ausgleichen.[190] Dieser Schutzzweck liegt der Arbeitszeitrichtlinie jedenfalls unproblematisch zugrunde.
Darüber hinaus knüpft die Arbeitszeitrichtlinie in Art. 13 an bestimmte belastende Formen der Arbeitsorganisation an und verlangt daher eine Anpassung der Arbeitsgestaltung an den Menschen. Damit wird explizit die Einbeziehung von psychischen Belastungen in den Gesundheitsbegriff verdeutlicht, indem durch gestaltende Maßnahmen eintönige Arbeit verringert werden soll. Monotone Arbeit, die durch Eintönigkeit, Abwechslungslosigkeit und Reizarmut gekennzeichnet ist, führt bei den Betroffenen zu erheblichen psychischen Belastun-

---

187 Stellungnahme des Wirtschaft- und Sozialausschusses für eine Richtlinie des Rates über bestimmte Aspekte der Arbeitszeitgestaltung vom 18.12.1990, ABl. EG Nr. C 60 vom 08.08.1991, S. 26 f.

188 So ausdrücklich z.B. in Erwägungsgrund Nr. 16 des Vorschlags der Komm. für eine Arbeitszeitrichtlinie vom 03.08.1990, ABl. EG Nr. C 254 vom 09.10.1990, S. 4 f.

189 Dies kann als Indiz aus der Stellungnahme des WSA abgeleitet werden, ABl. EG Nr. C 60 vom 08.08.1991, S. 26.

190 *Schramhauser/Heider,* ArbeitnehmerInnenschutzgesetz, S. 25 f.; *Anzinger/Koberski,* ArbZG, Einf. Rn. 1.

gen.[191] Insofern ist an diesem Beispiel die Fortführung des Leitbildes der Einbeziehung von psychischen Belastungen der Rahmenrichtlinie, d.h. von Art. 6 Abs. 2 d) RL 89/391/EWG zu erkennen. Daher ist auch im Rahmen der Arbeitszeitrichtlinie von einem weiten Verständnis von Gesundheit i.S. der Gewährleistung eines Schutzes vor physischen und psychischen Beeinträchtigungen und Beanspruchungen der Arbeitnehmer auszugehen.

Zu klären bleibt, ob sich in der Richtlinie 93/104/EG Anhaltspunkte für eine Einbeziehung des sozialen Wohlbefindens, wie von der Kommission befürwortet, finden. Die Vorschriften zur wöchentlichen und täglichen Höchstarbeitszeit tragen gleichzeitig zur besseren Vereinbarkeit von Arbeit und Freizeit bei, steigern letztlich das soziale Wohlbefinden. Diese Effekte sind aber lediglich als Nebeneffekte zu bezeichnen, deren bewusste Ausweitung sich nicht in der Richtlinie niedergeschlagen hat. Anders wäre die Einbeziehung von sozialem Wohlbefinden zu bewerten gewesen, wenn die nachfolgenden Vorschläge des Europäischen Parlaments Eingang in die Arbeitszeitrichtlinie gefunden hätten.

Die Erwägungsgründe der Arbeitszeitrichtlinie sollten um einen Anspruch auf einen garantierten Mindestlohn (Titel 1 Nr. 8 der Gemeinschaftscharta), die Beachtung des Zusammenhanges zwischen geleisteten Arbeitsstunden und dem Lohn- und Gehaltsniveau sowie die Forderung nach einem höheren Maß an Flexibilität bei der Arbeitszeit, um Arbeits- und Familienleben in Einklang zu bringen sowie um eine Arbeitszeitverkürzung zur Verbesserung der Lebens- und Arbeitsbedingungen ergänzt werden.[192] Dementsprechend waren in diesem Vorschlag Regelungen enthalten, wonach die Mitgliedstaaten sich verpflichten, die Arbeitszeit stufenweise zu verringern und diese Verringerung der normalen Dauer der Arbeitszeit im Normalfall keinerlei Senkung der Entlohnung nach sich zieht.[193] Da diese Vorschläge, die insbesondere der Steigerung des sozialen Wohlbefindens gedient hätten, in der Arbeitszeitrichtlinie 93/104/EG keine Berücksichtigung gefunden haben, ist davon auszugehen, dass Gesundheit i.S.d. Richtlinie nicht die Verbesserung des sozialen Wohlbefindens zum Inhalt hat. Dafür spricht auch die Auffassung des EuGH, als er einen Zusammenhang zwischen Gesundheit und der Einbeziehung des Sonntags in die Ruhezeit verneint hat und daher Art. 5 Abs. 2 RL 93/104/EG nicht von der Ermächtigungsgrundlage des Art. 118a EGV a.F. erfasst sah.[194]

---

[191] *Oppolzer*, Ökologie der Arbeit, S. 114 ff.

[192] Änderungen des Europäischen Parlamentes zum Vorschlag für eine Arbeitszeitrichtlinie, ABl. EG Nr. C 72 vom 18.3.1991, S. 86 f.

[193] Art. 2 a des Vorschlages des Europäischen Parlamentes, ABl. EG Nr. C 72 vom 18.3.1991, S. 86, 88.

[194] *EuGH 12.11.1996*, Rs. C-84/94 (Vereinigtes Königreich/Rat), NZA 1997, 23, 26; *Merten*, MB bei der Bildschirmarbeit, S. 18.

Gesundheit i.S.d. Arbeitszeitrichtlinie gebietet daher den Schutz des physischen und psychischen Wohlergehens der Arbeitnehmer. Die in der Arbeitszeitrichtlinie getroffenen Regelungen weisen inhaltlich einen Zusammenhang zum Gesundheitsbegriff der ILO auf. Dies wird deutlich, als die Arbeitszeitrichtlinie in ihrem Erwägungsgrund Nr. 9 hinsichtlich der Arbeitszeitgestaltung auf die Grundsätze der ILO verweist.
Die Regelungen der Arbeitszeitrichtlinie bringen zum Ausdruck, dass es sich ausnahmslos um eine Richtlinie zum Sicherheits- und Gesundheitsschutz handelt, die an den weiten Gesundheitsbegriff des Art. 118a EGV a.F. und der Grundrichtlinie 89/391/EWG anknüpft.

4.2. Einheitliche Rechtsetzung

Um einen effektiven Beitrag zur Verwirklichung des Sicherheits- und Gesundheitsschutzes zu leisten, geht die Arbeitszeitrichtlinie 93/104/EG neben einem weiten Verständnis von "Sicherheit" und "Gesundheit" von einem weiten Anwendungsbereich aus, der gem. Art. 1 Abs. 3 für alle privaten und öffentlichen Tätigkeitsbereiche im Sinne des Art. 2 der RL 89/391/EWG gilt und durch die Richtlinie 2000/34/EG ausdrücklich nur noch Seeleute, die der RL 1999/63/EG unterfallen, von der Geltung der Arbeitszeitrichtlinie ausgenommen sind.

4.3. Kein Vorrang wirtschaftlicher Überlegungen

Die Arbeitszeitrichtlinie hebt in ihrem Erwägungsgrund Nr. 5 hervor, dass Verbesserungen von Sicherheit, Arbeitshygiene und Gesundheitsschutz der Arbeitnehmer Zielsetzungen darstellen, die keinen rein wirtschaftlichen Überlegungen untergeordnet werden dürfen, so dass somit der besondere Stellenwert des Arbeits- und Gesundheitsschutzes betont wird. Zugleich wird die gleichlautende Konzeption der Rahmenrichtlinie 89/391/EWG konsequent fortgesetzt.

4.4. Pflichtenkatalog durch die Mitgliedstaaten - Organisationspflicht des Arbeitgebers

Die Arbeitszeitrichtlinie beinhaltet im materiellen Teil ein knappes und klares Regelungswerk hinsichtlich Mindestregelungen über Ruhepausen, die tägliche und wöchentliche Ruhezeit, wöchentliche Höchstarbeitszeit, den Mindestjahres-

urlaub, über die tägliche Höchstarbeitszeit für Nachtarbeiter und weiterer einzelner Bestimmungen in Bezug auf Nacht- und Schichtarbeiter. Die überwiegende Anzahl der Regelungen sieht vor, dass die Mitgliedstaaten die erforderlichen Maßnahmen treffen, damit Arbeitnehmern die durch die RL 93/104/EG verankerten Ansprüche auch tatsächlich gewährt werden.
Die Verwirklichung der den Arbeitnehmern eingeräumten Rechte setzt eine Mitwirkungshandlung des Arbeitgebers voraus. Der Arbeitgeber ist als Verantwortlicher für den Sicherheits- und Gesundheitsschutz verpflichtet, die betriebliche Arbeit so zu organisieren, dass die jeweiligen Arbeitsschutzvorschriften in Bezug auf Ruhepausen und -zeiten, Höchstarbeitszeiten, Jahresurlaub usw. eingehalten werden.[195] Den Arbeitgeber trifft insoweit eine Organisationspflicht[196]. Die in Art. 11 und 13 RL 93/104/EG aufgestellten Pflichten richten sich sogar ausdrücklich an den Arbeitgeber. Zusammenfassend ist festzuhalten, dass die in der Arbeitszeitrichtlinie verankerten Arbeitsschutzmaßnahmen eine Organisationspflicht des Arbeitgebers voraussetzen. Daher dienen die Regelungen der RL 93/104/EG der Konkretisierung der allgemeinen Organisationspflicht nach Art. 5 Abs. 1 der Grundrichtlinie. Somit kommt auch die betriebliche Orientierung des Sicherheits- und Gesundheitsschutzes im Rahmen der Arbeitszeitgestaltung zur Geltung.

4.5. Mindeststandards - zugleich Ausdruck eines präventiven Arbeitsumweltrechts

Erwägungsgrund Nr. 7 der RL 93/104/EG stellt klar, dass die Arbeitszeitrichtlinie nur dem Erlass von Mindestvorschriften für die Arbeitszeitgestaltung dient. Durch die Festsetzung täglicher und wöchentlicher Mindestruhezeiten, eines Mindestjahresurlaubs, von Ruhepausen und -zeiten sowie wöchentlicher Höchstarbeitszeiten werden die Rahmenbedingungen und zugleich Höchstgrenzen für eine betriebliche Arbeitszeitgestaltung von vornherein festgelegt, unabhängig von einem bereits eingetretenen Gesundheitsschaden der Arbeitnehmer. Vielmehr sollen diese Regelungen den Eintritt von gesundheitlichen Beschwerden vermeiden und sind folglich Teil eines präventiven sowie kollektiven Sicherheits- und Gesundheitsschutzes.
Da es sich bei den Regelungen in der Arbeitszeitrichtlinie um Mindestbestimmungen zur Arbeitszeitgestaltung handelt, ist zu Recht in Art. 15 RL 93/104/EG festgehalten, dass die Mitgliedstaaten günstigere Vorschriften erlassen können.

---

[195] So bereits *Kohte*, FS Schwerdtner (2003), S. 99, 115.
[196] *Kohte*, FS Wißmann (2005), S. 331, 333.

Ziel der Arbeitszeitrichtlinie ist folglich, einen Mindestschutz in allen Mitgliedstaaten zu gewährleisten, der nicht unterschritten werden darf. Mindeststandards werden dabei generell als geeignetes Instrument angesehen, um stufenweise, unter Berücksichtigung der wirtschaftlichen Leistungskraft der Mitgliedstaaten, wirtschaftliche und soziale Konvergenz statt Vereinheitlichung zu verwirklichen.[197] Gleichzeitig zeichnen sich Mindestvorschriften dadurch aus, dass sie den europäischen Mitgliedstaaten einen weiten Rahmen zur Festlegung ihrer eigenen, nationalen Vorschriften lassen.[198] Auf diese Weise ist der Weg zu einem weiteren Fortschritt auf dem Gebiet der Arbeitszeitgestaltung eröffnet. Bei der Umsetzung der Arbeitszeitrichtlinie ist gleichwohl zu beachten, dass diese nach Art. 18 Abs. 3 keine wirksame Rechtfertigung für eine Zurücknahme des allgemeinen Arbeitnehmerschutzes darstellt.
Z.T. wird davon ausgegangen, dass das Mindestschutzniveau einiger Regelungen der Arbeitszeitrichtlinie einen sehr geringen Standard aufweist und die Mitgliedstaaten in Bereichen der gesetzlichen Arbeitszeitvorschriften und Pausenregelungen rigidere Vorschriften erlassen haben.[199]

4.6. Stärkung der Tarifautonomie und Flexibilisierung der Arbeitszeit

Das klare Regelwerk der Art. 3 bis Art. 8 kann mit Ausnahme von Art. 7 gem. Art. 16 bis 18 durch die Mitgliedstaaten unter Einbeziehung der Sozialpartner, d.h. der Tarif- und Betriebspartner[200] erheblich modifiziert und die Arbeitszeit somit den jeweiligen betrieblichen Erfordernissen angepasst werden, so dass die Arbeitszeitrichtlinie zum einen zur Stärkung der Tarifautonomie und zum anderen zur Erhöhung der Flexibilisierung der Arbeitszeit auf nationaler, tariflicher und betrieblicher Ebene beiträgt.[201] Die in Art. 17 RL 93/104/EG eingeräumte Flexibilisierungsmöglichkeit ist vor allem vor dem Hintergrund der Entkopplung der individuellen Arbeitszeit von den Betriebs- und Öffnungszeiten der Arbeit-

---

197 *Heinze,* FS Wlotzke (1996), S. 669, 673 und 675 mit Verweis auf die Entschließung des Rates vom 6. Dezember 1994, ABl. Nr. C 368 vom 6.12.1994, S. 6 ff.

198 *Krimphove,* Europ. Arbeitsrecht, Rn. 449.

199 *Krimphove,* Europ. Arbeitsrecht, Rn. 449, der einen vergleichenden Überblick über die Arbeitszeiten und die Urlaubsregelungen in den europäischen Mitgliedstaaten gibt. Er zeigt dabei am Beispiel der wöchentlichen Höchstarbeitszeit auf, dass der Rahmen der Mindestvorschriften teilweise sehr weit gesteckt ist und die Mitgliedstaaten strengere Vorschriften erlassen haben.

200 Zum Begriff der Sozialpartner *Anzinger,* RdA 1994, 11, 19, Fn. 92; *Balze,* EAS B 3100 (2002), Rn. 5.

201 *Balze,* EAS B 3100 (1995), Rn. 12; *ders.* EuZW 1994, 205, 206 unter Hinweis auf Art. 4 RL 93/104/EG.

geber zu sehen.[202] Gleichzeitig besteht bei flexibler Arbeitszeitgestaltung die Möglichkeit, eine bessere Vereinbarkeit von Beruf und Familie zu erreichen. Gesetzgeber und Sozialpartner[203] können die in Art. 17 RL 93/104/EG zugelassenen Abweichungsmöglichkeiten auch unter arbeitsmarktpolitischen Gesichtspunkten für sich nutzbar machen.[204]
Die Anwendung einzelner Abweichungsmöglichkeiten steht in Art. 17 RL 93/104/EG dabei unter dem Vorbehalt, dass die allgemeinen Grundsätze des Schutzes der Sicherheit und Gesundheit der Arbeitnehmer beachtet werden[205] oder gleichwertige Ausgleichsruhezeiten[206] bzw. anderer angemessener Schutz gewährt wird[207]. Der hinreichende Schutz von Sicherheit und Gesundheit der Arbeitnehmer stellt daher gegenüber einer Flexibilisierung der Arbeitszeit das übergeordnete, prägende Leitmotiv dar.[208] Dies verdeutlicht auch Art. 18 Abs. 1 b) RL 93/104/EG.

4.7. Partizipation

Im Rahmen der Grundrichtlinie 89/391/EWG ist die angemessene Mitwirkung der Arbeitnehmer bzw. deren Vertreter bei allen Fragen betreffend der Sicherheit und Gesundheit am Arbeitsplatz gem. Art. 11 Abs. 1 RL 89/391/EWG von besonderer Bedeutung. In der Arbeitszeitrichtlinie ist eine solche äquivalente Vorschrift nicht zu finden. Dagegen enthielten Art. 9 S. 1 des Änderungsvorschlags der Kommission zur Arbeitszeitrichtlinie[209] und Art. 11 S. 1 der Ände-

---

202 *Zeppenfeld,* Europ. Arbeitszeitrecht, S. 43, 101.

203 Zum Verhältnis von Art. 17 Abs. 2 und 3 der RL 93/104/EG *Balze,* EAS B 3100 (2002), Rn. 18 ff.; Ausführlich widmet sich *Zeppenfeld* diesem Thema in seiner Dissertation "Europ. Arbeitszeitrecht und seine Umsetzung in das deutsche Recht". Eine vertiefende Darstellung ist im Rahmen dieser Arbeit nicht möglich.

204 Insbesondere die Norm des Art. 17 Abs. 2 Nr. 2.1. c) i) RL 93/104/EG hat seit der Rspr. des EuGH zum Bereitschaftsdienst an erheblicher praktischer Bedeutung auch in Deutschland gewonnen.

205 Vgl. bspw. Erwägungsgrund Nr. 17 der RL 93/104/EG oder Art. 17 Abs. 1 RL 93/104/EG.

206 Der *EuGH* hat sich in der Rs. C-151/02 (Jaeger), NZA 2003, 1019, 1024, Rn. 94 ff. näher mit den Anforderungen an gleichwertige Ausgleichsruhezeiten auseinandergesetzt.

207 Z.B. Art. 17 Abs. 2 RL 93/104/EG.

208 *Zeppenfeld,* Europ. Arbeitszeitrecht, S. 111.

209 ABl. EG Nr. C 124 vom 14.5.1991, S. 8, 10. Art. 9 S. 1 hatte dabei folgenden Wortlaut: "Die Arbeitnehmer und/oder ihre Vertreter werden bei den Fragen, die in den Anwendungsbereich der Richtlinie 89/391/EWG fallen, gem. Art. 11 dieser Richtlinie angehört und beteiligt."

rungen durch das Parlament[210] eine entsprechende Regelung. Ihnen ist auf den ersten Blick zu entnehmen, dass eine generelle Mitwirkung der Arbeitnehmer und/oder ihrer Vertreter nach der Arbeitszeitrichtlinie bei der Gestaltung der Arbeitszeit nicht vorgeschrieben ist. Diese Sichtweise greift aber zu kurz. Vielmehr beinhaltet die Verweisung des Art. 1 Abs. 4 RL 93/104/EG auf die Regelungen der Grundrichtlinie auch Art. 11 Abs. 1 RL 89/391/EWG, also auf die angemessene Mitwirkung der Arbeitnehmer bzw. ihrer Vertreter. Aus diesem Grund bedurfte es auch keiner ausdrücklichen Regelung der Beteiligung der Arbeitnehmer bzw. ihrer Vertreter in der Arbeitszeitrichtlinie. Soweit der Regelungsbereich der Grundrichtlinie betroffen ist, bezieht sich das Anhörungsrecht und Mitwirkungsrecht der Arbeitnehmer und/oder ihrer Vertreter gem. Art. 11 Abs. 1 RL 89/391/EWG auch auf alle Fragen, die im Zusammenhang mit der betrieblichen Arbeitszeitgestaltung stehen.[211] Durch die Arbeitszeitrichtlinie erfahren die in Betracht kommenden Regelungsgegenstände im Hinblick auf die Arbeitszeit eine Konkretisierung. Die umfassende Beteiligung von Arbeitnehmern und/oder deren Vertretern setzt sich daher im Bereich der betrieblichen Arbeitszeitgestaltung durch Art. 1 Abs. 4 RL 93/104/EG fort.
Darüber hinaus erfolgt eine Stärkung der Rechte der Betriebspartner, indem ihnen in Art. 17 Abs. 2 i.V.m. Abs. 3 RL 93/104/EG abgeleitete Rechte zur Regelung betrieblicher Arbeitszeitfragen zuerkannt werden.[212]

4.8. Zusammenfassung

Zusammenfassend lässt sich somit feststellen, dass hinsichtlich der betrieblichen Arbeitszeitgestaltung neben der Arbeitszeitrichtlinie 93/104/EG auch die allgemeinen Vorschriften der Arbeitsschutz-Rahmenrichtlinie zu beachten sind und sich diese Zusammengehörigkeit in das bisherige System des europäischen Arbeitsschutzes in Allgemeinen Teil und Besonderen Teil einfügt. Diesem System entsprechend werden die Leitbilder der Grundrichtlinie durch die Regelungen der Arbeitszeitrichtlinie für den Bereich der betrieblichen Arbeitszeitgestaltung konkretisiert.

---

210 ABl. EG Nr. C 315 vom 27. Oktober 1993, S. 125, 127. Art 11 S. 1 lautete: "Anhörung von und Beratung mit den Arbeitnehmern und/oder ihren Vertretern erfolgt in Übereinstimmung mit Art. 11 der Richtlinie 89/391/EWG, sofern es sich um Themen handelt, auf die diese Richtlinie Anwendung findet."

211 Die Komm. hebt die Bedeutung von Art. 11 RL 89/391/EWG in ihrem Bericht zur Umsetzung der Arbeitszeitrichtlinie 93/104/EG hervor, KOM (2000), 787 endg., S. 3.

212 Zur Abweichungsbefugnis der Sozialpartner *Balze,* EAS B 3100 (2002), Rn. 20 f.

Die Arbeitszeitrichtlinie soll im Gegensatz zu anderen EG-Richtlinien, die zum Schutz der Arbeitsumwelt erlassen worden sind, durch ein Übergewicht an quantitativen Regelungen, die die Arbeitszeit regulieren bzw. begrenzen, gekennzeichnet sein.[213] Im Verhältnis zur Grundrichtlinie erklärt sich dieses Phänomen aus der Unterscheidung von Allgemeinen und Besonderen Teil und den damit verbundenen Anforderungen an eine Regelung. Zudem ist eine Begrenzung des Gestaltungsspielraums im Verhältnis zu anderen EG-Richtlinien des Besonderen Teils gerechtfertigt, da es sich bei der Arbeitsbedingung "Arbeitszeit" um eine elementare Arbeitsbedingung handelt, die in jedem Arbeitsverhältnis von Bedeutung ist und es daher einheitlicher Mindestbestimmungen bedarf. Flexibilisierungsmöglichkeiten sind nicht allein dem Arbeitgeber vorbehalten, sondern bedürfen - auf Grund der strukturellen Ungleichgewichtslage zwischen Arbeitnehmer und Arbeitgeber - einer Regelung durch die Mitgliedstaaten oder durch die Sozialpartner. Zudem können die in Art. 17 RL 93/104/EG eingeräumten Flexibilisierungsmöglichkeiten genutzt werden, um weitere sozialpolitische Ziele zu verwirklichen. Gestaltungselemente kommen gleichwohl insbesondere in Art. 12 Nr. 1 und 13 RL 93/104/EG zum Ausdruck.

5. Zusammenwirken der RL 89/391/EWG und der RL 93/104/EG

Durch die Verweisung der Arbeitszeitrichtlinie auf die Arbeitsschutz-Rahmenrichtlinie in Art. 1 Abs. 4 RL 93/104/EG ist besonders für die betriebliche Arbeitszeitgestaltung bedeutsam, dass damit u.a. auch die allgemeinen Grundsätze der Gefahrenverhütung nach Art. 6 Abs. 2 Rahmenrichtlinie auf den Regelungsbereich der Arbeitszeitrichtlinie Anwendung finden oder die besonderen Gefahren für Sicherheit und Gesundheit durch Nacht- und Schichtarbeit bei der Organisation des Arbeitsschutzes zu berücksichtigen sind.[214]
Im Rahmen einer Gefährdungsbeurteilung nach Art. 6 Abs. 3 RL 89/391/EWG hat der Arbeitgeber demnach - wie bereits beschrieben - die in seinem Betrieb auftretenden Risiken zu ermitteln und dann im Einzelnen sowie in ihrem Zusammenwirken zu bewerten.[215] Da auch Arbeitszeit, insbesondere Nacht- und Schichtarbeit einen Belastungsfaktor für die Arbeitnehmer darstellt, müssen diese belastenden Arbeitszeitformen in die Gefährdungsbeurteilung des Arbeitge-

---

[213] So *Pieper*, ArbSchR, S. 324.
[214] *Pieper*, ArbSchR, S. 325.
[215] Vgl. S. 58.

bers einbezogen werden und bedürfen im Hinblick auf Sicherheit und Gesundheit der Arbeitnehmer einer Gestaltung durch den Arbeitgeber.
In der betrieblichen Wirklichkeit kommt am Arbeitsplatz nur selten ein Belastungsfaktor allein vor, sondern in der Regel sind mehrere Risiken vorhanden. In diesem Zusammenhang spielt Arbeitszeit als ein Belastungsfaktor beim Zusammenwirken mit anderen Belastungsfaktoren, z.B. Gefahrstoffen oder körperlich schwerer Arbeit, eine große Rolle, und diese Faktoren sind im Rahmen der Gefährdungsbeurteilung in ihrem Zusammenwirken zu bewerten, um anschließend geeignete Maßnahmen zur Verbesserung der Sicherheit und des Gesundheitsschutzes des Arbeitnehmers am Arbeitsplatz zu ergreifen, soweit diese erforderlich sind.
Zudem ist nochmals zu betonen, dass die Regelungen der Arbeitszeitrichtlinie die Organisationspflicht des Arbeitgebers gem. Artt. 5 Abs. 1, 6 Abs. 1 RL 89/391/EWG konkretisieren und beide Richtlinien insoweit zusammenwirken.

2. Kapitel: Artt. 12 Nr. 1 und 13 der RL 93/104/EG

Art. 12 Nr. 1 der RL 93/104/EG beinhaltet bereits nach seinem Wortlaut den Schutz von Sicherheit und Gesundheit der Nacht- und Schichtarbeitnehmer. Als weitere Schutzvorschrift für jene Arbeitnehmer kommt Art. 13 RL 93/104/EG in Betracht. Daher sollen im Folgenden die inhaltlichen Anforderungen von Art. 12 Nr. 1 und Art. 13 RL 93/104/EG dargestellt werden. Diese Untersuchung bildet die Grundlage für die sich anschließende Prüfung einer ordnungsgemäßen Umsetzung von Art. 12 Nr. 1 und 13 RL 93/104/EG ins deutsche Recht.

I. Überblick über die Regelungen der RL 93/104/EG zum Schutz von Sicherheit und Gesundheit der Nacht- und Schichtarbeitnehmer

Der systematische Zusammenhang zwischen den einzelnen Regelungen der Arbeitszeitrichtlinie erfordert es, die besonderen, sonstigen in der Richtlinie getroffenen Regelungen zum Sicherheits- und Gesundheitsschutz der Nacht- und Schichtarbeitnehmern im Überblick darzustellen, bevor Artt. 12 Nr. 1 und 13 der RL 93/104/EG ausführlicher dargestellt werden.
Besondere Regelungen zur Nacht- und Schichtarbeit sowie zum Arbeitsrhythmus finden sich im 3. Abschnitt der Arbeitszeitrichtlinie. Artt. 8 bis 11 enthalten besondere Schutzvorschriften für Nachtarbeiter. In Art. 8 Nr. 1 RL 93/104/EG ist z.B. die Dauer der täglichen Arbeitszeit für Nachtarbeiter auf durchschnittlich acht Stunden begrenzt. Soweit die Arbeit mit besonderen Gefahren oder einer erheblichen körperlichen oder geistigen Anspannung verbunden ist, beträgt die Höchstdauer der täglichen Arbeitszeit während der Nachtarbeit gem. Art. 8 Nr. 2 RL 93/104/EG acht Stunden.[1]
Daneben wird in Art. 9 Abs. 1a) RL 93/104/EG normiert, dass Nachtarbeitnehmer vor Aufnahme der Arbeit und anschließend regelmäßig unentgeltlich arbeitsmedizinisch untersucht werden sollen. In diesem Kontext sieht Art. 9 Abs. 1b) RL 93/104/EG einer Versetzungsmöglichkeit der Nacharbeiter auf Tagar-

---

[1] Die Mitgliedstaaten legen im Rahmen von einzelstaatlichen Rechtsvorschriften und/oder Gepflogenheiten fest oder in Tarifvereinbarungen oder Vereinbarungen zwischen den Sozialpartnern fest, welche "Arbeiten" hiervon erfasst sind.

beitsstellen vor, wenn gesundheitliche Schwierigkeiten auftreten, die nachweislich mit der Nachtarbeit verbunden sind.[2]
Außerdem ist in Art. 10 RL 93/104/EG geregelt, dass die Mitgliedstaaten die Arbeit bestimmter Gruppen von Nachtarbeitern, die im Zusammenhang mit der Arbeit während der Nachtzeit einem Sicherheits- oder Gesundheitsrisiko ausgesetzt sind, von bestimmten Garantien abhängig machen können.[3]
Dagegen dient Art. 11 RL 93/104/EG nicht dem unmittelbaren Schutz zugunsten der Nachtarbeiter. Danach ist der Arbeitgeber verpflichtet, die Behörden auf deren Ersuchen bei regelmäßiger Inanspruchnahme von Nachtarbeitern zu unterrichten. Die genannten Schutzmaßnahmen sollen die Mitgliedstaaten gewährleisten. Inhaltlich beziehen sich diese Regelungen - mit Ausnahmen von Art. 11 RL 93/104/EG - auf das Verhältnis von Arbeitgeber und Nachtarbeiter. Auffallend ist, dass lediglich Nachtarbeitnehmer in diese Schutzvorschriften einbezogen sind, während Schichtarbeiter nicht in deren Regelungsbereich fallen.
Schichtarbeitnehmer werden dagegen neben Nachtarbeitnehmern in den Schutzbereich von Art. 12 RL 93/104/EG einbezogen. Danach ist in Nr. 1 geregelt, dass beiden Arbeitnehmergruppen hinsichtlich Sicherheit und Gesundheit ein solcher Schutz zuteil werden soll, der der Art ihrer Arbeit Rechnung trägt. Art. 12 Nr. 2 RL 93/104/EG schreibt ein Benachteiligungsverbot in Bezug auf gebotene Schutz- und Vorsorgeleistungen oder -mittel gegenüber den übrigen Arbeitnehmern vor.
Diese Regelungen, die insbesondere zum Schutz der Nachtarbeiter, aber auch zum Schutz der Schichtarbeiter in die Richtlinie aufgenommen worden, resultieren aus der Überzeugung der Kommission und des Rates, dass Nacht- und Schichtarbeit für die Beschäftigten eine Gefährdung für Sicherheit und Gesundheit darstellen kann. Hierzu führte die Kommission bereits in ihrem Richtlinienvorschlag vom 3. August 1990[4] aus, dass wissenschaftliche Untersuchungen gezeigt haben, dass lange Nachtarbeitszeitperioden und auch wechselnde Schichtpläne die Gesundheit der Arbeitnehmer beeinträchtigen und die Sicherheit am Arbeitsplatz gefährden können. Zudem reagiere der menschliche Organismus gerade bei Nachtarbeit besonders empfindlich auf Störungen der Arbeitsumgebung und auf bestimmte besonders belastende Formen der Arbeitsorganisation wie Akkordarbeit, Fließbandarbeit und sonstige taktgebundene Arbeit. Auch der

---

2 Nach *Grundmann*, Europ. Schuldvertragsrecht, S. 473, Rn. 20, handelt es sich hierbei zutreffend nicht um eine Präventionsregel.

3 Diese Regelung soll in Zusammenhang mit der Gleichbehandlungsrichtlinie 76/207/EWG zu sehen sein, so dass es den Mitgliedstaaten gestattet ist, die Nachtarbeit von Frauen von gewissen Sicherheitsgarantien abhängig zu machen. So *Balze*, EAS B 3100 (2002), Rn. 78; *Klein*, DRdA 1994, 293, 294.

4 ABl. EG Nr. C 254 vom 09.10.1990, S. 4.

Wirtschafts- und Sozialausschuss hob in seiner Stellungnahme[5] nochmals hervor, dass überlange Arbeitszeiten ohne Ruhezeiten und Schichtarbeit ohne Pausen für arbeitsbedingte Erkrankungen und Gesundheitsverschleiß verantwortlich sein können und lange Nachtarbeitsperioden für die Arbeitnehmer eine potentielle Gefährdung darstellen.
Ferner empfahl das Europäische Parlament[6] die Verankerung der Beachtung der Grundsätze der ILO-Konvention Nr. 171 und der Empfehlung Nr. 178 über Nachtarbeit, auf die nun im Erwägungsgrund Nr. 9 der Arbeitszeitrichtlinie verwiesen wird. Im Rahmen des ILO-Übereinkommens Nr. 171 über Nachtarbeit, ist in Art. 3 normiert, dass die durch Nachtarbeit gebotenen Maßnahmen für die Nachtarbeiter zu treffen sind, um ihre Gesundheit zu schützen.
Somit wird auf supra- und internationaler Ebene von einer potentiellen Gesundheitsbeeinträchtigung der Nachtarbeiter durch die Verrichtung von Nachtarbeit ausgegangen. Auf supranationaler Ebene wird außerdem eine Sicherheits- und Gesundheitsgefährdung durch Wechselschichtarbeit angenommen. Somit haben die in der Arbeitswissenschaft gewonnenen Erkenntnisse[7] Eingang in die internationale wie auch EG-rechtliche Gesetzgebung gefunden.

II. Die Anforderungen des Art. 12 Nr. 1 RL 93/104/EG

Für den weiteren Verlauf meiner Untersuchung spielt die Auslegung von Art. 12 Nr. 1 RL 93/104/EG eine zentrale Rolle, so dass nunmehr eine umfangreiche inhaltliche Darstellung erfolgen soll.

1. Vergleich mit anderen Sprachfassungen

Da die Arbeitszeitrichtlinie in mehreren, gleichermaßen verbindlichen, sprachlichen Fassungen abgefasst ist, ist es notwendig, diese zu vergleichen, um den Wortlaut des Art. 12 Nr. 1 RL 93/104/EG zu ermitteln.[8] Mit der deutschen Fassung sollen die englische, spanische und französische Fassung verglichen werden.

---

5 ABl. EG Nr. C 60 vom 08.03.1991, S. 26.
6 ABl. EG Nr. C. 315 vom 22.11.1993, S. 125.
7 Vgl. S. 4 ff.
8 Vgl. S. 51 f.

Article 12, Safety and health protection
Member states shall take the measures necessary to ensure that:
1. night workers and shift workers have safety and health protection appropriate to the nature of their work;
2. ... .

Artículo 12, Protección en materia de seguridad y de salud
Los estados miembros adoptarán las medidas necesarias para que:
1. los trabajadores nocturnos y los trabajadores por turnos disfruten de un nivel de protección en materia de seguridad y de salud adaptado a la naturaleza de su trabajo;
2. ... .

Article 12, Protecion en matiére de sécurité et de santé
Les États membres prennent les mesures nécessaires pour que:
1. les travailleurs de nuit et les travailleurs potés bénéficient d'un niveau de protection en matiére de sécurité et de santé, adapté à la nature de leur travail;
2. ....

2. Persönlicher Anwendungsbereich

Bereits der Wortlaut von Art. 12 Nr. 1 RL 93/104/EG bringt zum Ausdruck, dass sowohl Nacht- als auch Schichtarbeitnehmer in den Schutzbereich dieser Norm fallen.

3. Umfassender Schutzansatz von Art. 12 Nr. 1 RL 93/104/EG

3.1. Sicherheit

Wie die sonstigen Regelungen der Arbeitszeitrichtlinie bezweckt auch Art. 12 Nr. 1 RL 93/104/EG die Verbesserung der Sicherheit am Arbeitsplatz. Entsprechend der Zielsetzung der Arbeitszeitrichtlinie und im Hinblick auf die Ermächtigungsgrundlage des Art. 118a EGV a.F. ist der Begriff "Sicherheit" weit auszulegen. Die Verbesserung der Arbeitssicherheit der Arbeitnehmer hat dabei - unter Heranziehung von Art. 1 Abs. 2 RL 89/391/EWG und des 10. Erwägungs-

grundes der Grundrichtlinie - die Vermeidung oder Reduzierung von Arbeitsunfällen[9] bzw. daraus resultierender Berufskrankheiten[10] zum Ziel. Der Begriff der "Sicherheit" schließt gerade nicht nur den Arbeitnehmer selbst ein, der in Nachtarbeit und Schichtarbeit tätig ist oder der seine Arbeitszeit erheblich überschritten hat, sondern auf diese Weise werden Arbeitskollegen vor Verletzungen (u.U. mit tödlichem Ausgang) geschützt werden.[11] Die in der Einleitung ausgewertete Literatur hat gezeigt, dass Nacht- und Schichtarbeit und deren Gestaltung an sich sowie in Kombination mit weiteren Arbeitsbelastungen einen Einfluss auf die Unfallhäufigkeit erkennen lässt, so dass der Schutz vor Arbeitsunfällen im Rahmen des Art. 12 Nr. 1 RL 93/104/EG große Bedeutung erlangt.
Ein verbesserter Schutz der Sicherheit der Arbeitnehmer führt gleichzeitig dazu, dass die Sicherheit von dritten Personen, z.B. Patienten in medizinischen und pflegerischen Einrichtungen, verbessert wird.[12]
Darüber hinaus könnte der Sicherheitsbegriff auch den Schutz von Sachgütern des Arbeitnehmers vor berufsbedingten Risiken und Gefahren erfassen.[13]

3.2. *Gesundheit*

Die Regelungen der Arbeitszeitrichtlinie und damit auch Art. 12 Nr. 1 RL 93/104/EG sollen gleichfalls einen Beitrag zur Vermeidung arbeitsbedingter Erkrankungen leisten.[14] Zudem sollen übermäßige Arbeitsbelastungen vermieden werden, die einen Gesundheitsverschleiß auf Seiten der Arbeitnehmer zur Folge haben können; so dass eine Erhaltung der Arbeitskraft bezweckt wird.[15]

---

9 Ebenso *Merten,* MB bei der Bildschirmarbeit, S. 10, der den "Arbeitsunfall" in Anlehnung an das deutsche Recht definiert. Vgl. auch die Stellungnahme des WSA, ABl. EG Nr. C 60 vom 8.3.1991, S. 26.

10 Vgl. auch die Stellungnahme des WSA, ABl. EG Nr. C 60 vom 8.3.1991, S. 26.

11 Vgl. den Vorschlag des EP, ABl. EG Nr. C 72 vom 20.2.1991, S. 86, 87. Diese Zielsetzung ist nunmehr in Art. 2 Nr. 9 RL 2003/88/EG ausdrücklich verankert.

12 Art. 2 Nr. 9 RL 93/104/EG spricht von "sonstigen Personen"; Der Wirtschafts- und Sozialausschuss weist in seiner Stellungnahme zur späteren RL 2000/34/EG (ABl. EG Nr. C 138 vom 18.5.1999, S. 33, 40) darauf hin, dass übermäßig lange Arbeitszeiten bzw. unzureichende Ruhezeiten der Ärzte in Ausbildung auch die Qualität der Behandlungen, für die sie gegenüber der gesamten Gesellschaft verantwortlich sind, in Frage stellen.

13 So jedenfalls *Berg,* Gesundheitsschutz als Aufgabe der EU, S. 72 für Art. 118a EGV a.F.

14 Art. 1 Abs. 1 und Begründungserwägung Nr. 10 RL 89/391/EWG; vgl. auch Stellungnahme des WSA, ABl. EG Nr. C 60 vom 8.3.1991, S. 26.

15 *Kreft,* Arbeitszeitdauerregulierungen, S. 40 für RL 89/391/EWG; vgl. wiederum die Stellungnahme des WSA, ABl. EG Nr. C 60 vom 8.3.1991, S. 26.

4. Schutzverpflichtung – Anpassung an die Natur der Arbeit

Im Rahmen des Art. 12 Nr. 1 RL 93/104/EG stellt sich die Frage nach einer Schutzverpflichtung der Mitgliedstaaten. Bereits der Wortlaut der Norm belegt, dass die Mitgliedstaaten in Anbetracht der besonderen Lage von Nacht- und Schichtarbeitnehmern die Verpflichtung haben, notwendige Maßnahmen zu treffen, um ihnen ein Schutzniveau hinsichtlich Sicherheit und Gesundheit zu gewährleisten, das der Natur ihrer Arbeit angepasst ist.
Während die deutsche Übersetzung Schutzmaßnahmen verlangt, die der Art der Arbeit "Rechnung tragen", kommt in der englischen, spanischen und französischen Wortwahl eine stärkere rechtliche Verbindlichkeit in Bezug auf die Verknüpfung von Schutzmaßnahmen und der Natur der Arbeit zum Ausdruck. Danach ist ein Schutzniveau erforderlich, das an die Natur der Arbeit angepasst ist. Die Mitgliedstaaten werden somit verpflichtet, geeignete Schutzmaßnahmen zu ergreifen, die sich auf die Natur der Arbeit der Nacht- und Schichtarbeitnehmer beziehen. *Grundmann*[16] spricht daher von einer Adaptionspflicht, nach der bei Schutzvorkehrungen die spezifischen Probleme von Nacht- und Schichtarbeit gebührend bedacht werden müssen. Die in Art. 12 Nr. 1 RL 93/104/EG zum Ausdruck kommende Adaptionspflicht ist jedoch strenger in dem Sinn, dass die zu treffenden Schutzmaßnahmen an Nacht- und Schichtarbeit angepasst sein müssen.

5. Schutzmaßnahmen und "Natur ihrer Arbeit"

Nunmehr ist zu untersuchen, welche Maßnahmen die Mitgliedstaaten gem. Art. 12 Nr. 1 RL 93/104/EG treffen müssen, die sich aus der Natur der Nacht- und Schichtarbeit ergeben. Dies erscheint auf den ersten Blick problematisch, so dass Art. 12 Nr. 1 RL 93/104/EG bereits als wenig konkret beschrieben wurde.[17] Anknüpfungspunkt der in Betracht kommenden Maßnahmen sind letztlich auf Grund der Zielsetzung der Arbeitszeitrichtlinie die mit Nacht- und Schichtarbeit verbundenen Gefährdungen für Sicherheit und Gesundheit der Beschäftigten. Daher muss der Frage nachgegangen werden, wie der Begriff "Art ihrer Arbeit"

---

[16] *Grundmann*, Europ. Schuldvertragsrecht, S. 473, Rn. 22.

[17] *Balze*, EAS B 3100 (2002), Rn. 79; *Lörcher*, ArbuR 1994, 49, 50 misst dagegen der Konkretisierung der in Art. 12 Nr. 1 RL 93/104/EG enthaltenen Grundsätze besondere Bedeutung bei.

bzw. "nature of their work" auszulegen ist, um die erforderlichen Maßnahmen treffen zu können.

5.1. Wortlaut von Art. 12 Nr. 1 RL 93/104/EG

Die von den Mitgliedstaaten nach Art. 12 Nr. 1 RL 93/104/EG zu treffenden Maßnahmen sollen bereits nach dem Wortlaut der Norm einen Schutz der Nacht- und Schichtarbeiter zur Folge haben, der sich auf diejenigen Arbeitsbedingungen bezieht, unter denen die Beschäftigten ihre Tätigkeit verrichten.[18] Damit knüpft der Begriff „Art ihrer Arbeit“ an diejenigen Gefährdungen an, die der verrichteten Tätigkeit innewohnen.

a) Gefährdungen aus Lage und Dauer der Arbeitszeit

"Art ihrer Arbeit" bezieht sich bei Nacht- und Schichtarbeitnehmern zum einen auf diejenigen Gefährdungen, die aus der Verrichtung von Nacht- und Schichtarbeit resultieren und eng mit dem gestörten Biorhythmus verbunden sind. Gefährdungen ergeben sich mithin aus der Lage und Dauer, Verteilung und Rhythmik der Arbeitszeit. Infolgedessen sind Schutzmaßnahmen zu treffen, die eng an die genannten Komponenten der Arbeitszeit gekoppelt sind, d.h. die sich auf Regelungen zur Arbeitszeit beziehen und somit der spezifischen Situation und gesundheitlichen Belastung der Nacht- und Schichtarbeiter geschuldet sind.

b) Gefährdungen bei Mehrfachbelastungen

Zum anderen ergibt sich aus "Art ihrer Arbeit" auch, dass sich die erforderlichen Schutzmaßnahmen nicht nur auf Regelungen zur Arbeitszeit beschränken dürfen, sondern Schutzvorkehrungen auch auf andere, zusätzlich belastende und gesundheitsgefährdende Arbeitsbedingungen gerichtet sein sollen, soweit dies durch die Tätigkeit zur Nacht- und Schichtarbeit und daraus resultierender Mehrfachbelastungen geboten ist. Art. 12 Nr. 1 RL 93/104/EG trägt somit auch dem Umstand Rechnung, dass Nacht- und Schichtarbeit hinsichtlich einiger Arbeitsbelastungen als "Verstärkungsfaktor" fungiert.[19]
Die Mitgliedstaaten müssen daher bei der Aufstellung von Regelungen zum Sicherheits- und Gesundheitsschutz, die nicht die Lage und Dauer der Arbeitszeit an sich betreffen, prüfen, inwiefern spezifische Probleme von Nacht- und

---

18 *Klein*, DRdA 1994, 293, 294.
19 Vgl. hierzu S. 15 f.

Schichtarbeitern eine Rolle spielen, mit der Folge, dass z.B. Schutzmaßnahmen, die grundsätzlich den gleichen Regelungsgegenstand betreffen, im Verhältnis von Arbeitnehmern, die lediglich am Tage arbeiten, zu Nacht- und Schichtarbeitern unterschiedlich ausgestaltet sein müssen. So könnten z.B. unterschiedliche Grenzwerte beim Umgang mit Gefahrstoffen für Tagarbeiter auf der einen Seite sowie für Nacht- und Schichtarbeiter auf der anderen Seite die Folge sein, wenn man die unterschiedliche Aufnahme- und Abbaufähigkeit von Gefahrstoffen des Körpers im Vergleich bei der Arbeit am Tage und in der Nacht berücksichtigt.[20]

5.2. Entstehungsgeschichte

Möglicherweise lässt sich diese Unterscheidung auch aus den Materialien, die zur Entstehung der Arbeitszeitrichtlinie geführt haben und damit als Auslegungshilfen fungieren, gewinnen. Der heutige Art. 12 RL 93/104/EG war bereits im Vorschlag der Kommission zur Richtlinie über bestimmte Aspekte der Arbeitszeitgestaltung in Art. 10 in vergleichbarer Form enthalten.[21] Art. 10 S. 1 Entwurf-Arbeitszeitrichtlinie, der im Laufe des Gesetzgebungsverfahrens keine relevanten Änderungen erfahren hat, lautete damals: "Die Mitgliedstaaten treffen die erforderlichen Maßnahmen, um sicherzustellen, dass Nacht- und Wechselschichtarbeitern hinsichtlich Gesundheit und Sicherheit in einem Maße Schutz zuteil wird, das der Art ihrer Arbeit Rechnung trägt". Dieser Formulierung können im Vergleich zum heutigen Art. 12 Nr. 1 RL 93/104/EG keine weitergehenden Anhaltspunkte entnommen werden. Hilfreich sind dagegen die weiteren, im Gesetzgebungsverfahren vorgeschlagenen Regelungen zum Schutz von Nacht- und Schichtarbeitnehmern, die keinen ausdrücklichen Eingang in die Arbeitszeitrichtlinie gefunden haben.

a) Gefährdungen aus Lage und Dauer der Arbeitszeit

So wurden bspw. Vorschriften dahingehend vorgeschlagen, dass bei der Verteilung und Festlegung der Gesamtdauer der Pausen für Wechselschicht- und Nachtarbeiter den sich aus dieser Arbeitszeitform ergebenden höheren Anforderungen Rechnung zu tragen ist[22], diese Pausen als effektive Arbeitszeit zu betrachten sind[23], der bezahlte Jahresurlaub über die normale Dauer hinaus verlän-

---

20 Vgl. hierzu S. 15 f.

21 ABl. EG Nr. 254 vom 09.10.1990, S. 4 ff.

22 Vorschlag der Komm. in Art. 7 Abs. 4, ABl. EG. Nr. C 254 vom 09.10.1990, S. 4, 6.

23 Vorschlag des EP in Art. 7 Abs. 4, ABl. EG Nr. C 72 vom18.3.1991, S. 86, 91.

gert wird[24], eine vorzeitige Altersrente für Nacht- und Wechselschichtarbeiter vorzusehen ist[25].

b) Gefährdungen bei Mehrfachbelastungen

Zudem sollten auch Arbeitsabläufe, Arbeitsorganisation und der Inhalt der Aufgaben der Art der Tätigkeit und den spezifischen Erfordernissen der Nachtarbeit Rechnung tragen, insbesondere was die Begrenzung von Lärm und Vibrationen sowie die Qualität der Beleuchtungssysteme betrifft.[26]

c) Fazit

Die aufgezeigten Vorschläge hätten bei ihrer Verabschiedung letztlich besondere Ausprägungen der in Art. 10 S. 1 Vorschlag-Arbeitszeitrichtlinie verankerten allgemeinen Schutzpflicht dargestellt. Aus diesem Grund können sie als Auslegungshilfe zur Konkretisierung der allgemeinen Schutzpflicht in Art. 12 Nr. 1 RL 93/104/EG herangezogen werden.

5.3. Systematik

a) Arbeitszeitgestaltung im engeren Sinn?

Gegen eine solche umfassende Auslegung von Art. 12 Nr. 1 RL 93/104/EG könnte die Überschrift der Arbeitszeitrichtlinie sprechen, die sich nach ihrem Wortlaut nur auf bestimmte Aspekte der Arbeitszeitgestaltung bezieht und sodann Regelungen hinsichtlich Mindestruhezeiten, Mindestjahresurlaub, Ruhepausen und Höchstarbeitszeiten getroffen werden, die einen engen Zusammenhang mit der Arbeitszeit des Arbeitnehmers aufweisen. Diese Verknüpfung wird jedoch im Rahmen der Arbeitszeitrichtlinie nicht strikt durchgehalten, sondern erfährt weitere Durchbrechungen in Art. 9 Abs. 1 RL 93/104/EG, der eine arbeitsmedizinische Untersuchung von Nachtarbeitern und deren Versetzung auf eine Arbeitsstelle mit Tagarbeit bei gesundheitlichen Problemen normiert, außerdem durch die in Art. 11 RL 93/104/EG statuierte Unterrichtungspflicht und durch Art. 13 RL 93/104/EG, wonach z.B. bei maschinenbestimmten Rhythmus durch den Arbeitgeber Maßnahmen zu ergreifen sind, die sich nicht in der Pausengestaltung erschöpfen[27]. Abschnitt III betrifft - mit Ausnahme von Art. 8 RL

---

24 Vorschlag des EP in Art. 7 Abs. 4a, S. 1, ABl. EG Nr. C 72 vom 18.3.1991, S. 86, 91.
25 Vorschlag des EP in Art. 7 Abs. 4a, S. 2, ABl. EG Nr. C 72 vom 18.3.1991, S. 86, 91.
26 Vorschlag des EP in Art. 11, ABl. EG Nr. C 72 vom18.3.1991, S. 86, 93.
27 Vgl. hierzu an späterer Stelle in diesem Kapitel: III., 5.

93/104/EG - damit entweder die Qualität der Arbeit (Arbeitsrhythmus), dagegen nicht die Quantität der Arbeitszeit, oder regelt Pflichten, die nicht die spezifische Arbeitszeit zum Gegenstand haben, sondern als Ausgangspunkt an diese anknüpfen.[28] Die Arbeitszeitrichtlinie ist daher inhaltlich nicht nur auf Maßnahmen der Arbeitszeitgestaltung im engen Sinn begrenzt.

b) Benachteiligungsverbot nach Art. 12 Nr. 2 RL 93/104/EG

Weiterhin könnte gegen eine solche weite Auslegung, die letztlich zu einem unterschiedlichen Umfang bei Schutzmaßnahmen im Verhältnis Tag- und Nacht- sowie Schichtarbeiter führt, auch Art. 12 Nr. 2 RL 93/104/EG angeführt werden. Art. 12 Nr. 2 RL 93/104/EG verpflichtet die Mitgliedstaaten, dass die zur Sicherheit und zum Schutz der Gesundheit von Nacht- und Schichtarbeitern gebotenen Schutz- und Vorsorgeleistungen oder -mittel denen der übrigen Arbeitnehmer entsprechen und jederzeit vorhanden sind. Insoweit stellt Art. 12 Nr. 2 RL 93/104/EG ein Benachteiligungsverbot dergestalt auf, Nacht- und Schichtarbeiter gegenüber anderen Arbeitnehmern bei der stetigen Verfügbarkeit nicht zu diskriminieren.[29] Insoweit sind Bestimmungen denkbar, die für die Nacht denselben Sicherheits- und Gesundheitsschutz verpflichtend vorsehen, wie er in Betrieben während des Tages gegeben ist.[30] Art. 12 Nr. 2 RL 93/104/EG soll sicherstellen, dass während der Nacht zumindest das gleiche Schutzniveau vor arbeitsbedingten Gefahren wie tagsüber aufrechterhalten bleibt.[31] Abweichungen zugunsten der Nacht- und Schichtarbeiter sollen durch diese Regelung allerdings nicht verhindert werden. Dies würde dem Schutzbedürfnis dieser Arbeitnehmer zuwiderlaufen und auch dem Schutzzweck der Arbeitszeitrichtlinie, die einen besonderen Schutz von Nacht- und Schichtarbeitern vorsieht und dies im Rahmen ihrer Regelungen zum Ausdruck bringt, indem z.B. die Regelungen über Dauer der wöchentlichen bzw. täglichen Arbeitszeit in Art. 6 für Tagarbeiter und in Art. 8 RL 93/104/EG für Nachtarbeiter unterschiedlich, d.h. bezogen auf eine Fünf-Tage-Woche zugunsten der Nachtarbeiter, ausgestaltet sind. Treten die in Art. 8 Nr. 2 RL 93/104/EG statuierten zusätzlichen Belastungen auf, ist die Dauer der täglichen Arbeitszeit der Nachtarbeiter während der Nacht auf 8 Stunden begrenzt. Insoweit trifft die Arbeitszeitrichtlinie bereits spezielle Regelungen, die beispielhaft für Art. 12 Nr. 1 RL 93/104/EG sind, d.h. die Begrenzung der täglichen Arbeitszeit der Nachtarbeiter bei besonderen zusätzlichen Belastungen auf 8 Stunden während der Nacht ist eine von der Richtlinie vorge-

---

28 *Grundmann,* Europ. Schuldvertragsrecht, S. 470, Rn. 16.
29 *Grundmann,* Europ. Schuldvertragsrecht, S. 473, Rn. 22.
30 *Klein,* DRdA 1994, 293, 294.
31 Vgl. den Vorschlag des EP, ABL. EG Nr. 72 vom 18.03.1991, S. 86, 93.

schriebene mögliche Maßnahme, um ansonsten Art. 12 Nr. 1 RL 93/104/EG gerecht zu werden.

c) *Verweis auf die Grundsätze der ILO*

Die Arbeitszeitrichtlinie verweist in der Begründungserwägung Nr. 9 auf die Grundsätze der ILO, insbesondere auf die der Nachtarbeit, denen im Hinblick auf die Arbeitszeitgestaltung Rechnung zu tragen ist. Aus diesem Grund können das ILO-Übereinkommen Nr. 171 und die in diesem Kontext ergangene Empfehlung Nr. 178 als Auslegungshilfe bei der Konkretisierung von Art. 12 Nr. 1 RL 93/104/EG herangezogen werden.

aa) *Gefährdungen aus Lage und Dauer der Arbeitszeit*

Im ILO-Übereinkommen Nr. 171 über Nachtarbeit sind Maßnahmen verankert, die sich auf die aus der Arbeitszeitlage und -dauer resultierenden Belastungen beziehen. So ist in Art. 8 vorgesehen, dass der Ausgleich für Nachtarbeiter in Form von Arbeitszeit, Entgelt oder ähnlichen Vergünstigungen der Natur der Nachtarbeit Rechnung zu tragen hat.
Außerdem statuiert Art. 6 Nr. 3 des ILO-Übereinkommens als eine weitere Maßnahme den gleichen Kündigungsschutz für Nachtarbeiter, die vorübergehend untauglich zur Nachtarbeit sind, wie für Arbeitnehmer, die aus anderen Gründen arbeitsunfähig sind.

bb) *Gefährdungen bei Mehrfachbelastungen*

Zudem werden Schutzmaßnahmen vorgeschlagen, die das Zusammenwirken von Nachtarbeit mit weiteren Belastungen betreffen. Nr. 11 der Empfehlung betreffend Nachtarbeit (Empfehlung Nr. 178) der Internationalen Arbeitsorganisation enthält die Regelung, dass bei der Festlegung des Inhalts der den Nachtarbeitern zugewiesenen Aufgaben der Natur der Nachtarbeit und den Auswirkungen von Umweltfaktoren und Formen der Arbeitsorganisation Rechnung getragen werden sollte. Dabei sollte besondere Aufmerksamkeit Faktoren wie toxischen Stoffen, Lärm, Vibrationen und Beleuchtungsstärke sowie Formen der Arbeitsorganisation, die mit schwerer körperlicher oder geistiger Belastung verbunden sind, geschenkt werden. Kumulative Auswirkungen solcher Faktoren und Formen der Arbeitsorganisation sollten vermieden oder verringert werden.

cc) *Fazit*

Auf internationale Ebene knüpfen die Regelungen der ILO zur Nachtarbeit sowohl an Gefährdungen, die aus Lage und Dauer der Nachtarbeit resultieren an, als auch an auftretende Mehrfachbelastungen. Die bisher vertretene Auslegung wird somit bestätigt.

5.4. Sinn und Zweck

Für eine umfassende Sichtweise des Sicherheits- und Gesundheitsschutzes bei Nacht- und Schichtarbeitern in dem Sinne, dass umfangreiche Schutzmaßnahmen durch die Mitgliedstaaten zu treffen sind, die sich zum einen auf diejenigen Belastungen von Arbeitsbedingungen beziehen, die nicht an die Lage der Arbeitszeit gekoppelt sind, durch diese aber verstärkt werden können und zum anderen an die sich aus der Lage der Arbeitszeit und wechselnden Schichtplänen resultierenden besonderen Belastungen anknüpfen, sprechen vor allem die Zielsetzung der Arbeitszeitrichtlinie und damit zusammenhängend Sinn und Zweck von Art. 12 Nr. 1 RL 93/104/EG. Das Ziel der Richtlinie ist aus den Erwägungsgründen, die der Arbeitszeitrichtlinie vorangestellt sind, ersichtlich und lässt sich zugleich auch aus der Ermächtigungsgrundlage des Art. 118a EGV a.F. ableiten. Danach soll diese Richtlinie zur Verbesserung von Sicherheit, Arbeitshygiene und Gesundheitsschutz der Arbeitnehmer beitragen.[32] Anlass für die konkreten Regelungen zur Nacht- und Schichtarbeit war die auf zahlreiche Erhebungen gestützte Überzeugung des Explanatory Memorandum, dass bei Nacht- und Schichtarbeitern ein höheres Auftreten von Gesundheitsproblemen zu verzeichnen ist, wie z.B. Herz-Kreislaufbeschwerden, Magen-Darm Erkrankungen, Appetitstörungen, Schlafprobleme, größerer Konsum von Arzneimitteln, Alkohol und Tabak und zugleich, insbesondere in Nachtschichten, auch ein gesteigertes Risiko eines schweren Arbeitsunfalls, besonders zwischen 3 und 4 Uhr morgens, wenn ein Leistungstief auftrete, vorhanden ist.[33]

In diesem Zusammenhang ist insbesondere auf Erwägungsgrund 11 der Richtlinie 93/104/EG hinzuweisen, wonach Untersuchungen zeigen, dass der menschliche Organismus während der Nacht besonders empfindlich auf Umweltstörungen und auf bestimmte belastende Formen der Arbeitsorganisation reagiert und dass lange Nachtarbeitszeiträume für die Gesundheit der Arbeitnehmer nachteilig sind und ihre Sicherheit bei der Arbeit beeinträchtigen können. Zudem erfordert es die besondere Lage der Nacht- und Schichtarbeiter, dass Schutzmaßnah-

---

[32] Erwägungsgrund Nr. 14 der Arbeitszeitrichtlinie.

[33] *McMullen/Brewer*, Working Time, S. 6.

men, die der Art ihrer Arbeit entsprechen, ergriffen werden. Dies ist auch vor dem Hintergrund zu sehen, dass sich bereits die Arbeitsschutz-Grundrichtlinie für einen verbesserten Schutz der Sicherheit und Gesundheit der Arbeitnehmer einsetzt. Zusammen mit den Vorschriften der dieser Richtlinie, explizit betont durch Art. 1 Abs. 4 RL 93/104/EG, erfordert die Regelung des Art. 12 RL 93/104/EG einen umfassenden Schutz der Nacht- und Schichtarbeiter. Im Rahmen dieses Schutzes sind Maßnahmen zu ergreifen, die im Zusammenhang mit Lage und Dauer der Arbeitszeit sowie mit weiteren Belastungsfaktoren am Arbeitsplatz stehen. Zweck des Art. 12 Nr. 1 RL 93/104/EG ist zum einen, dass Nacht- und Schichtarbeit überhaupt als Belastungsfaktor anerkannt ist. Zum anderen sollen Maßnahmen getroffen werden, die an die besondere Gefährdung der Nacht- und Schichtarbeitnehmer anknüpfen, um auf diese Weise eine Verbesserung von Sicherheit und Gesundheit jener Arbeitnehmer zu erreichen.

5.5. *Maßnahmen nach Art. 12 Nr. 1 RL 93/104/EG*

a) Maßnahmen in Bezug auf die Gefährdung aus Dauer und Lage der Arbeitszeit

Als spezielle Maßnahmen, die lediglich an die Tätigkeit zur Nachtzeit oder in wechselnden Schichten anknüpfen, kommen z.B. die Gestaltung der Nacht- und Schichtarbeit im Hinblick auf deren Lage und Dauer, die Festsetzung von Höchstgrenzen, die ein Arbeitnehmer Nacht- und Schichtarbeit verrichten darf, zusätzliche Urlaubstage oder anderweitige Ausgleichsmaßnahmen in Betracht. Letztlich muss auch ein entsprechender Kündigungsschutz sichergestellt werden.

b) Maßnahmen in Bezug auf Gefährdungen bei Mehrfachbelastungen

Der Tätigkeit zur Nachtzeit oder in Schichtarbeit muss zudem im Rahmen weiterer bestehender (Mehrfach-)Belastungsfaktoren hinreichend Rechnung getragen werden, wenn Schutzvorkehrungen zugunsten dieser anderen Belastungsfaktoren zu treffen sind. Hier wäre z.B. im Verhältnis zu Tagarbeitern an die weitere Verringerung zusätzlicher Belastungsfaktoren, wie Hitze- und Kältearbeiten, Lärm, körperlicher Schwerarbeit und gefährlicher Arbeitsstoffe, zu denken.

5.6. Zusammenfassung

Mit *Klein*[34] ist daher zu Recht davon auszugehen, dass Art. 12 Nr. 1 RL 93/104/EG einen umfassenden Schutzanspruch i.S. eines spezifischen Arbeitnehmerschutzrechts zugunsten von Nacht- und Schichtarbeitern normiert, das den Gegebenheiten der Nacht- und Schichtarbeit gerecht wird. Die Mitgliedstaaten sind daher verpflichtet, entsprechende Schutzvorschriften, die über die Umsetzung der Art. 8 bis 11 RL 93/104/EG hinausgehen, zugunsten von Nacht- und Schichtarbeitern zu erlassen, die sich auf die Gefährdung aus Dauer und Lage der Arbeitszeit beziehen und auf solche Gefährdungen, bei denen Nacht- und Schichtarbeit als "Verstärkungsfaktor" wirkt. Im Rahmen einer Umsetzung sind insbesondere die Grundsätze für Regelungen zur Nachtarbeit der ILO heranzuziehen, da sich aus ihnen konkrete Vorgaben gewinnen lassen, die Art. 12 Nr. 1 RL 93/104/EG ausfüllen.

6. Umsetzung des Art. 12 Nr. 1 RL 93/104/EG an ausgewählten Beispielen

Eine solche Auslegung des Art. 12 Nr. 1 RL 93/104/EG ist zuletzt noch anhand der Umsetzung in nationale Regelungen im Wege einer Rechtsvergleichung zu überprüfen, denn aus den verschiedenen Umsetzungen der Mitgliedstaaten können sich Anhaltspunkte im Hinblick auf ein Richtlinienverständnis ergeben.[35] Das gefundene Auslegungsergebnis darf dabei nicht außerhalb jeglicher Rechtsordnung der Mitgliedstaaten stehen.[36]
Hilfreich ist insofern der von der Kommission im Dezember 2000 vorgelegte Bericht zur Umsetzung der Arbeitszeitrichtlinie[37] in den verschiedenen Mitgliedstaaten. Danach berufen sich im Hinblick auf die Umsetzung des Art. 12 RL 93/104/EG einige der Mitgliedstaaten, u.a. Österreich, Schweden, die Niederlande und das Vereinigte Königreich auf die allgemeinen innerstaatlichen Rechtsvorschriften für die Gesundheit und Sicherheit der Arbeitnehmer.

---

[34] *Klein*, DRdA 1994, 293, 294 f.; *Klein/Schwarz*, Neuerungen im Arbeitszeitrecht, S. 108; auch *Zeppenfeld*, Europ. Arbeitszeitrecht, S. 99 spricht von einem spezifischen Arbeitsschutz für Nacht- und Schichtarbeiter.

[35] Vgl. S. 51 ff.

[36] Vgl. S. 51 ff.

[37] KOM (2000), 787 endg., im Hinblick auf Art. 12 Nr. 1 RL 93/104/EG, S. 29.

6.1. Österreich

In Österreich existiert z.B. seit 1981 ein Nachtschwerarbeitsgesetz, das besondere Schutzmaßnahmen für Arbeitnehmer, die Nachtschwerarbeit leisten, statuiert, die auf die Verhinderung, Beseitigung oder Milderung der mit diesen Arbeiten verbundenen Erschwernisse gerichtet sind oder zum Ausgleich von Belastungen vorgesehen sind. Schutzmaßnahmen in diesem Sinne sind z.B. die Gewährung von Zusatzurlaub (Art. II, Art XII a NSchwG), die Anordnung von Kurzpausen, die als Arbeitszeit gelten (Art. III NSchwG) oder von Zeitguthaben für Krankenpflegepersonal (Art. V NSchwG), besondere Maßnahmen der Gesundheitsvorsorge durch die Pensionsversicherungsträger (Art. IX NSchwG) und der Anspruch auf ein Sonderruhegeld nach Vollendung des 57. Lebensjahres (Art. X NSchwG). Zum 1. Januar 1993 wurde dieses Gesetz novelliert. Zusätzliche Vorschriften im Hinblick auf die Umsetzung des Art. 12 Nr. 1 der Arbeitszeitrichtlinie in Bezug auf Nacht- und Schichtarbeit wurden seitens des Gesetzgebers nicht erlassen.

6.2. Großbritannien

In Großbritannien finden sich in "The Working Time Regulations 1998 No. 1833"[38], durch die die Richtlinie 93/104/EG umgesetzt wird[39], keine Vorschriften, die Art. 12 Nr. 1 RL 93/104/EG umsetzen. Der britische Gesetzgeber vertritt den Standpunkt, dass den Erfordernissen von Art. 12 RL 93/104/EG durch existierende Vorschriften zum Sicherheits- und Gesundheitsschutz Rechnung getragen wird und sieht daher keinen Bedarf an spezifischen Regelungen für Nachtarbeiter.[40]

---

38 Im Internet veröffentlicht unter http://www.opsi.gov.uk/si/si1998/19981833.htm (Stand: 08.11.2005). Ergänzende Regelungen finden sich nunmehr auch in „The Working Time (Amendment) Regulations 2003 No. 1684“ (http://www.opsi.gov.uk/si/si2003/20031684.htm; Stand 08.11.2005), jedoch ohne Bezug zur Nacht- und Schichtarbeit.

39 *EuGH 04.10.2001*, Rs. C-133/00 (Bowden), Slg. 2001, I-7031, 7057, Rn. 14; so bereits *GA Tizzano*, Rs. C-133/00 (Bowden), Slg. 2001, I-7031, 7036, Rn. 14.

40 *McMullen/Brewer*, Working Time, S. 157.

6.3. Irland

Dagegen statuiert die irische "Safety, health and welfare at work (night work and shift work) regulations, 2000"[41] in Nr. 5 explizit eine allgemeine Pflicht des Arbeitgebers, dass er solche Schritte im Hinblick auf die Natur der Arbeit betreffend ergreifen soll, die für den Schutz der Sicherheit und Gesundheit der Nacht- und Schichtarbeiter geeignet sind[42]. Daneben sind spezifische Vorschriften zur Durchführung einer Gefährdungsbeurteilung, der Gesundheitsuntersuchung und der Versetzung auf Arbeitsstellen mit Tagarbeit enthalten. Diese Regelungen dienen ausdrücklich der Umsetzung der Arbeitszeitrichtlinie 93/104/EG.

6.4. Spanien

Auch in Art. 36 Abs. 4 des Estatuto de los Trabajadores[43] ist verankert, dass Nacht- und Schichtarbeitnehmer ein Schutzniveau in Bezug auf Sicherheit und Gesundheit "genießen" müssen, das der Natur ihrer Arbeit angepasst ist, einschließlich einiger geeigneter Schutz- und Präventionsdienstleistungen, die gleichwertig im Verhältnis zu den übrigen Arbeitnehmern im Betrieb sind.

6.5.. Zusammenfassung

Damit sind Regelungen in einigen Mitgliedstaaten vorhanden, die den Arbeitgeber verpflichten, für Nacht- und Schichtarbeitnehmer ein derartiges Schutzniveau zu schaffen, bei dem eine Anpassung an die Natur der Arbeit stattfindet. Bereits diese ausdrücklichen Regelungen zeigen, dass spezifische Vorschriften zum Schutz der Nacht- und Schichtarbeitnehmer erforderlich sind.
Durch eine Auslegung des Art. 12 Nr. 1 RL 93/104/EG gelang es unter Zuhilfenahme der Entstehungsmaterialien, der Erwägungsgründe und den Grundsätzen der ILO eine Konkretisierung herzustellen, die die Mitgliedstaaten zur Schaffung von speziellen Vorschriften zum Schutz der Nacht- und Schichtarbeiter

---

41 Veröffentlicht unter http://www.niso.ie/documents/Si011_00.pdf (Stand: 08.11.2005).

42 Vgl. hierzu auch den allgemeinen Entwurf der „Safety, Health and Welfare at Work (General Application) Regulations 2005 (http://consultation.hsa.ie/general-applications/display.asp?SectionID=1 ; Stand: 08.11.2005), der in Part XII, Regulation 59 eine entsprechende Pflicht des Arbeitgebers verankert.

43 Veröffentlicht unter http://www.inem.es/legis/empleo/rdley1_95.htm (Stand: 8.11.2005).

auffordert, die an die Natur ihrer Arbeit i.S. einer doppelten Schutzrichtung anknüpfen.

8. Zusammenwirken der Grundrichtlinie 89/391/EWG und Art. 12 Nr. 1 RL 93/104/EG – Organisationspflicht des Arbeitgebers

Art. 12 Nr. 1 RL 93/104/EG statuiert zwar eine Pflicht der Mitgliedstaaten, gleichwohl hat diese Norm auf Grund von Art. 1 Abs. 4 RL 93/104/EG auch Auswirkungen auf die Pflichtenstellung des Arbeitgebers. In der Literatur wird vertreten, dass Art. 12 Nr. 1 RL 93/104/EG wenig konkret und zudem inhaltlich bereits in der Grundrichtlinie enthalten sei, da in den Artt. 5 Abs. 1, 6 Abs. 1, 9 Abs. 1a) RL 89/391/EWG der Grundsatz des bestmöglichen Sicherheits- und Gesundheitsschutzes vorgeschrieben sei.[44]
Diese Aussage wird der Bedeutung von Art. 12 Nr. 1 RL 93/104/EG für den Sicherheits- und Gesundheitsschutz der Nacht- und Schichtarbeitnehmer nicht gerecht. Art. 12 Nr. 1 RL 93/104/EG trägt entsprechend seiner Zuordnung zum Besonderen Teil des Sicherheits- und Gesundheitsschutzes zur Ausfüllung der allgemeinen Grundsätze in den Artt. 5 Abs. 1, 6 Abs. 1, 9 Abs. 1a) RL 89/391/EWG bei. Aus Art. 12 Nr. 1 RL 93/104/EG i.V.m. Artt. 5 Abs. 1, 6 Abs. 1 RL 89/391/EWG ergibt sich somit die Verpflichtung des Arbeitgebers, die Arbeit der Nacht- und Schichtarbeitnehmer so zu organisieren, dass gem. Art. 6 Abs. 2 RL 89/391/EWG die Gefährdungen, die aus Lage und Dauer, Verteilung und Rhythmik der Arbeitszeit resultieren, vermieden oder reduziert werden.
Soweit der Arbeitgeber daher Nacht- und Schichtarbeit nicht vermeiden kann, ist er neben weiteren Arbeitsschutzmaßnahmen zu einer Schichtplangestaltung verpflichtet, die die betroffenen Arbeitnehmer in ihrer Gesundheit am wenigsten beeinträchtigt. Entsprechend Art. 6 Abs. 2 RL 89/391/EG sind vorrangig Maßnahmen zu treffen, die auf die Vermeidung und Verringerung der Gefährdung an sich gerichtet sind, bevor Ausgleichsmaßnahmen in Betracht kommen.
Dieses Stufenverhältnis gilt ebenso für die Pflicht des Arbeitgebers nach Art. 12 Nr. 1 RL 93/104/EG i.V.m. Artt. 5 Abs. 1, 6 Abs. 1 RL 89/391/EWG bei Gefährdungen, bei denen die Tätigkeit zur Nachtzeit oder in Schichtarbeit als zusätzliche Belastung wirkt und ihr dabei im Hinblick auf weitere Arbeitsbelastungen verstärkende Funktion zukommt. Der Arbeitgeber hat somit kumulative Auswirkungen von Nacht- und Schichtarbeit mit zusätzlichen Arbeitsbelastungen, die zu einer Sicherheits- und Gesundheitsgefährdung führen können, zu

---

[44] *Balze*, EAS B 3100 (2002), Rn. 79.

vermeiden oder zu verringern. Auf diese Weise ist er z.B. verpflichtet, toxische Stoffe in der Nachtzeit nicht einzusetzen oder soweit dies nicht möglich ist, die Menge der eingesetzten Stoffe zu reduzieren. Eine Belastungsminimierung wird zudem durch eine entsprechende Gestaltung der Arbeitstätigkeit erreicht, indem der Arbeitnehmer wechselnde Arbeitstätigkeiten verrichtet, die sich dadurch auszeichnen, dass sich Tätigkeiten mit einer Gefahrstoffexposition mit Tätigkeiten ohne eine solche Exposition abwechseln, so dass im Ergebnis die Expositionszeit verringert wird. Außerdem sind bei kumulativen Auswirkungen Grenzwerte entsprechend niedriger im Verhältnis zur Tagarbeit anzusetzen, bei denen Arbeitsschutzmaßnahmen vom Arbeitgeber getroffen werden müssen.
Bevor der Arbeitgeber erforderliche Arbeitsschutzmaßnahmen trifft, hat er eine Gefährdungsbeurteilung gem. Art. 9 Abs. 1a) RL 93/104/EG durchzuführen. Bereits aus Art. 12 Nr. 1 RL 93/104/EG ergibt sich die Pflicht, die aus Nacht- und Schichtarbeit resultierenden Gefährdungen umfassend in die Gefährdungsbeurteilung einzubeziehen.
Zusammenfassend ist hervorzuheben, dass Art. 12 Nr. 1 RL 93/104/EG als Norm des Besonderen Teils des Arbeitsumweltrechts die allgemeinen Pflichten der Rahmenrichtlinie konkretisiert, insbesondere Artt. 5 Abs. 1, 6 Abs. 1, 9 Abs. 1a) RL 89/391/EWG. Diese Pflichten des Arbeitgebers stehen dabei selbständig neben der aus Art. 12 Nr. 1 RL 93/104/EG fließenden Schutzpflicht der Mitgliedstaaten. Auf der Ebene der Umsetzung kann es dabei zu Verknüpfungen kommen, wenn die Mitgliedstaaten von ihrer Schutzpflicht dergestalt Gebrauch machen, dass sie die Pflichten des Arbeitgebers konkretisieren.

9. Konkretisierung durch die Sozialpartner

Art. 12 Nr. 1 RL 93/104/EG statuiert eine Pflicht der Mitgliedstaaten, ohne jedoch explizite Festlegungen zu treffen, ob die Mitgliedstaaten innerstaatliche Rechts- oder Verwaltungsvorschriften erlassen müssen oder die Umsetzung auch im Wege von Tarifverträgen oder Vereinbarungen zwischen den Sozialpartnern erfolgen kann. Eine andere Regelung enthält Art. 4 der RL 93/104/EG, nach dem Dauer und Voraussetzung für die Gewährung von Ruhepausen in Tarifverträgen oder Vereinbarungen zwischen den Sozialpartnern und in Ermangelung solcher Übereinkünfte in innerstaatlichen Rechtsvorschriften normiert werden. In anderen Vorschriften der Arbeitszeitrichtlinie wie Artt. 2 Abs. 4b), 6 Nr. 1 oder 8 S. 2 RL 93/104/EG stehen die genannten Umsetzungsmöglichkeiten dem Wortlaut nach gleichrangig nebeneinander. Die in Art. 17 RL 93/104/EG vorgesehenen Flexibilisierungsmöglichkeiten sind durch Rechts- und Verwal-

tungsvorschriften sowie durch Tarifverträge und Vereinbarungen zwischen den Sozialpartnern auf Grund abgeleiteter Abweichungsbefugnis[45] möglich.
Auch wenn Art. 17 RL 93/104/EG hinsichtlich Art. 12 Nr. 1 RL 93/104/EG keine Abweichungen zulässt, so ist in Bezug auf die Schutzmaßnahmen, die aus Art. 12 Nr. 1 RL 93/104/EG abgeleitet werden, eine gewisse Flexibilität in dem Sinne notwendig, dass allgemeine bzw. branchenübergreifende Schutzmaßnahmen als generalisierende Ebene in Bezug auf Nacht- und Schichtarbeitnehmer einer Umsetzung durch den deutschen Gesetzgeber bedürfen, anderenfalls wäre der alle Nacht- und Schichtarbeitnehmer umfassende Schutz des Art. 12 Nr. 1 RL 93/104/EG in Deutschland nicht gewährleistet, da nicht alle Arbeitnehmer tarifgebunden[46] sind bzw. nicht in jedem Betrieb ein Betriebsrat existiert, und den Sozialpartnern hingegen Konkretisierungen überlassen werden, um auf diese Art und Weise betriebliche Spielräume hinsichtlich verschiedener in Betracht kommender Maßnahmen zu eröffnen.

10. Zusammenfassung

Art. 12 Nr. 1 RL 93/104/EG normiert eine Schutzpflicht der Mitgliedstaaten im Hinblick auf Sicherheit und Gesundheit der Nacht- und Schichtarbeitnehmer in der Weise, dass sich diese Maßnahmen auf die Gefährdungen beziehen, die zum einen auf Grund von Dauer und Lage der Arbeitszeit entstehen können und zum anderen aus dem Zusammenwirken von Nacht- und Schichtarbeit mit weiteren Belastungsfaktoren resultieren können. Unter dem Gesichtspunkt der betrieblichen Orientierung des Arbeitsschutzes ist es notwendig, allgemeine bzw. branchenübergreifende Regelungen auf nationaler Ebene im Rahmen von Rechtsvorschriften zu erlassen und Sozialpartnern z.T. Konkretisierungsbefugnisse zu gewähren.
Daneben dient Art. 12 Nr. 1 RL 93/104/EG der Ausfüllung der dem Arbeitgeber nach der Grundrichtlinie 89/391/EWG obliegenden allgemeinen Pflichten zum Schutz von Sicherheit und Gesundheit der Arbeitnehmer.

---

[45] *Balze*, EAS B 3100 (2002), Rn. 20.
[46] Vgl. *Balze*, EAS B 3100 (1995), Rn. 47.

III. Die Anforderungen des Art. 13 RL 93/104/EG

Nach Art. 13 der RL 93/104/EG treffen die Mitgliedstaaten die erforderlichen Maßnahmen, damit ein Arbeitgeber, der beabsichtigt, die Arbeit nach einem bestimmten Rhythmus zu gestalten, dem allgemeinen Grundsatz Rechnung trägt, dass die Arbeitsgestaltung dem Menschen angepasst sein muss, insbesondere im Hinblick auf die Verringerung der eintönigen Arbeit und des maschinenbestimmten Arbeitsrhythmus, nach Maßgabe der Art der Tätigkeit und der Erfordernisse der Sicherheit und des Gesundheitsschutzes, insbesondere was die Pausen während der Arbeitszeit betrifft. Bereits nach dem Wortlaut der Norm stellt sich die Frage, ob Nacht- und Schichtarbeitnehmer in den Schutzbereich dieser Regelung fallen.

1. Vergleich mit anderen Sprachfassungen

Zur Auslegung von Art. 13 RL 93/104/EG ist wiederum notwendig, die deutsche Fassung mit der englischen, der spanischen und der französischen Fassung zu vergleichen.

Article 13, Pattern of work
Member States shall take measures necessary to ensure that an employer who intends to organize work according to a certain pattern takes account of the general principle of adapting work to the worker, with a view, in particular, to alleviating monotonous work and work at a predetermined work-rate, depending on the type of activity, and of safety and health requirements, especially as regards breaks during working time.

Artículo 13, Ritmo de trabajo
Los Estados miembros adoptarán las medidas necesarias para que los empresarios que prevean organizar el trabajo con arreglo a cierto ritmo tengan en cuenta el principio general de adecuación del trabajo a la persona, con objeto, en particular, de atenuar el trabajo monótono y el trabajo acompasado, en función del tipo de actividad y de los requisitos en materia de seguridad y salud, especialmente en lo que se refiere a las pausas durante el tiempo de trabajo.

Article 13, Rythme de travail
Les États membres prennent les mesures nécessaires pour que l'employeur qui envisage d'organiser le travail selon un certain rythme tienne compte du principe

général de l'adaptation du travail à l'homme, notamment en vue d'atténuer le travail monotone et le travail cadencé en fonction du type d'activité et des exigences en matiére de sécurité et de santé, particulièrement en ce qui concerne les pauses pendant le temps de travail.

2. Gestaltungspflicht des Arbeitgebers

Die Besonderheit von Art. 13 gegenüber anderen Regelungen der Arbeitszeitrichtlinie liegt in der ausdrücklichen Aufstellung einer Rechtspflicht des Arbeitgebers, wie sie für die Grundrichtlinie 89/391/EWG prägend ist. Der Arbeitgeber ist Adressat der in Art. 13 RL 93/104/EG statuierten Pflicht zur Anpassung der Arbeitsgestaltung an den Arbeitnehmer. Hierbei handelt es sich nicht lediglich um eine Tendenzangabe.[47] Der bei der Auslegung zu beachtende "effet utile" - Grundsatz verlangt, dass eine Regelung des Sekundärrechts so auszulegen ist, dass der Zweck der Vorschrift nach Möglichkeit erreicht wird und ihr praktischer Nutzen daher am größten ist.[48] Das Ziel der Arbeitszeitrichtlinie, d.h. eine Verbesserung von Sicherheit und Gesundheit der Arbeitnehmer, wird vor allem bei Regelungen, die dem Arbeitgeber bei grundlegenden Arbeitsschutzmaßnahmen einen Gestaltungsspielraum einräumen, dann erreicht, wenn ihm entsprechende Pflichten auferlegt werden. Auch den Begründungserwägungen ist in Nr. 15 zu entnehmen, dass es sich nicht um eine Maßnahme handelt, die im Belieben des Arbeitgebers steht. Vielmehr ist verankert, dass die Gestaltung der Arbeit nach einem bestimmten Rhythmus dem allgemeinen Grundsatz Rechnung tragen "muss", dass die Arbeitsgestaltung dem Menschen angepasst sein "muss". Somit handelt es sich um eine Rechtspflicht seitens des Arbeitgebers.

3. Arbeitsrhythmus

In der Literatur wird der Regelungsgehalt von Art. 13 RL 93/104/EG z.T. als undeutlich eingeschätzt.[49] Somit stellt sich die Frage nach dem Anwendungsbereich dieser Vorschrift.

---

47 So aber *Grundmann*, Europ. Schuldvertragsrecht, S. 474, Rn. 23.

48 *Anweiler*, Auslegungsmethoden des EuGH, S. 219 f.; *Buck*, Über die Auslegungsmethoden des EuGH, S. 208 ff.

49 so *Zeppenfeld*, Europ. Arbeitszeitrecht, S. 150.

Nach dem Wortlaut ist der Anwendungsbereich des Art. 13 RL 93/104/EG dann eröffnet, wenn es sich um "Arbeit nach einem bestimmten Rhythmus" handelt. Aus dem Wortlaut ergibt sich weiterhin, dass der Arbeitgeber eintönige Arbeit und maschinenbestimmten Arbeitsrhythmus zu verringern hat. Zudem ist Art. 13 RL 93/104/EG mit dem Begriff des "Arbeitsrhythmus" überschrieben, so dass der Frage nachzugehen ist, welche Arbeitsbedingungen diesem Begriff zuzuordnen sind.

Eine dahingehende Definition des Oberbegriffes "Arbeitsrhythmus" ist in der Arbeitszeitrichtlinie nicht enthalten. Nach dem Wortlaut der Norm sind eintönige Arbeit und maschinenbestimmter Arbeitsrhythmus Bestandteile des Oberbegriffs.

Den Erwägungsgründen ist in Nr. 15 zu entnehmen, dass die Arbeitsbedingungen die Sicherheit und Gesundheit der Arbeitnehmer gefährden. Bereits aus diesem Grund scheint der Begriff einer weiten Auslegung fähig. Die Erwägungsgründe schränken den Begriff der Arbeitsbedingungen dann dahingehend ein, dass es sich dabei um eine Gestaltung der Arbeit nach einem bestimmten Rhythmus handeln muss. Die ursprüngliche Fassung von Art. 13 RL 93/104/EG[50] basierte auf der Überzeugung der Kommission, dass Änderungen im Arbeitszeitablauf und insbesondere Änderungen des Arbeitsrhythmus die Arbeitsbelastung der betroffenen Arbeitnehmer beeinflussen können und somit schädliche Auswirkungen auf ihre Gesundheit und Sicherheit haben, so dass es sich empfiehlt, diese Faktoren bei Änderungen des Arbeitsablaufs zu berücksichtigen.[51]

Für die Bestimmung des Anwendungsbereiches von Art. 13 RL 93/104/EG erweist sich dagegen die systematische Auslegung als besonders hilfreich. Die Stellung von Art. 13 RL 93/104/EG im Abschnitt III der Arbeitszeitrichtlinie, der ansonsten lediglich Regelungen zur Nacht- und Schichtarbeit beinhaltet, bringt zum Ausdruck, dass der Begriff "Arbeitsrhythmus" an eine zeitliche Komponente anknüpft. Die englische Fassung bekräftigt eine solche Auslegung, da das Wort "pattern" auch im Rahmen der Definition von Schichtarbeit nach Art. 2 Abs. 5 RL 93/104/EG verwendet wird. Daher finden in den Anwendungsbereich des Art. 13 RL 93/104/EG über den Begriff "Arbeitsrhythmus" alle Arbeitszeitsysteme Eingang, die durch eine rhythmische Gestaltung gekennzeichnet sind und zugleich die Gesundheit und Sicherheit der Arbeitnehmer beeinträchtigen können. Durch eine solche rhythmische Gestaltung ist Schichtarbeit gekennzeichnet, so dass Schichtarbeit in den Anwendungsbereich von Art. 13

---

[50] Dabei handelte es sich um Art. 11 im Entwurf der Komm. für eine Richtlinie zur Arbeitszeitgestaltung, ABl. EG Nr. C 254 vom 9.10.1990, S. 4, 6.

[51] Erwägungsgrund Nr. 16 des Vorschlages der Komm. für eine Richtlinie zur Arbeitszeitgestaltung, ABl. EG Nr. C 254 vom 9.10.1990, S. 4, 5.

RL 93/104/EG fällt.[52] Ebenso umfasst diese Norm solche Arbeitszeitsysteme, die von der klassischen Arbeitszeitverteilung der Fünf- bzw. Sechs-Tage-Woche abweichen. Weitere flexible Arbeitszeitmodelle, bspw. unterschiedliche Ausgestaltungen von Arbeitszeitkonten, bei denen das Zeitguthaben z.B. bei wirtschaftlicher schlechter (Auftrags-)Lage abgebaut wird, sind Art. 13 RL 93/104/EG zuzuordnen, da es auf diese Weise neben langandauernden Phasen mit zahlreichen Überstunden auch zu einer "Entroutinisierung des Alltags" kommen kann, wenn Tages- und Wochenablauf kaum noch vorhersehbar sind oder der Wechsel sehr häufig erfolgt, so dass dadurch Stress hervorgerufen werden und mit psychischen Folgen verbunden sein kann.[53]

Darüber hinaus verkörpert die Überschrift des Abschnitts III aber auch, dass der Begriff des Arbeitsrhythmus nicht nur die Fälle von Nacht- und Schichtarbeit erfasst. Diese Auffassung wird bereits durch den Wortlaut der Norm, d.h. durch die beispielhafte Aufzählung von eintöniger Arbeit und maschinenbestimmten Arbeitsrhythmus in Art. 13 RL 93/104/EG bestätigt. Demnach sind unter "Arbeitsrhythmus" auch all jene belastenden Formen der Arbeitsorganisation zu verstehen, die durch eine rhythmische Gestaltung der Arbeitstätigkeiten[54] gekennzeichnet sind. Dazu zählen u.a. Akkordarbeit, Fließbandarbeit und Maschinenbedienung, repetitive und routinehafte Arbeitstätigkeiten und sonstige taktgebundene Arbeiten. Diese Tätigkeiten sind in der Regel dadurch gekennzeichnet, dass sie auf seiten der Beschäftigten einen Monotoniezustand hervorrufen.[55]

Dem Bereich der rhythmischen Gestaltung der Arbeitsinhalte sind aber auch solche Tätigkeiten zuzuordnen, die sich durch Termin-/Zeitdruck und hohes Arbeitstempo auszeichnen.

Für diese umfassende Auslegung des Begriffs "Arbeitsrhythmus" spricht zudem die Zielsetzung der Arbeitszeitrichtlinie. Sie soll die Arbeitnehmer nicht nur vor Beeinträchtigungen ihrer Sicherheit und Gesundheit infolge übermäßig langer Arbeitszeiten und unzureichender Ruhezeiten schützen, sondern auch vor Beeinträchtigungen, die auf Grund einer unausgewogenen Arbeitsorganisation her-

---

52 So auch *Bercusson*, European Labour Law, S. 324.

53 *Klenner/Ochs/Seifert*, Arbeitszeit und Strukturwandel, S. 160 zu den gesundheitlichen Aspekten bei Arbeitszeitkontenmodellen.

54 Vgl.auch *Klein*, DRdA 1994, 293, 295; *Klein/Schwarz*, Neuerungen im Arbeitszeitrecht, S. 108.

55 Der Monotoniezustand wird z.B. definiert als ein bei längerdauernden eintönigen Wiederholungstätigkeiten langsam entstehender Zustand herabgesetzter Aktivierung, der hauptsächlich mit Schläfrigkeit, Müdigkeitsempfinden, Leistungsabnahme und -schwankungen, Verminderung der Umstellungs- und Reaktionsfähigkeit sowie der Zunahme der Herzschlagarrhythmie verbunden ist. So jedenfalls *Oppolzer*, Handbuch Arbeitsgestaltung, S. 136 unter Verweis auf den (damals noch) DIN-Entwurf 33 405 über "Psychische Belastung und Beanspruchung".

vorgerufen werden.[56] Rhythmische Gestaltungen der Arbeitszeit und der Arbeitsinhalte[57] können die Sicherheit und Gesundheit der Arbeitnehmer beeinträchtigen und sind daher auf Grund des umfassenden Schutzgedankens der Arbeitszeitrichtlinie in den Anwendungsbereich von Art. 13 einbezogen.
Somit ist *Zeppenfeld* zuzustimmen, wonach Art. 13 RL 93/104/EG jedwede rhythmische Gestaltung der Arbeit erfasst.[58] Mithin bezieht sich Art. 13 RL 93/104/EG auf alle belastenden Formen einer rhythmischen Gestaltung der Arbeit und knüpft dabei einerseits an die Arbeitszeitgestaltung sowie andererseits an die Arbeitsgestaltung bei Tätigkeiten, die auf einem bestimmten Rhythmus basieren, an.

4. Anpassung der Arbeitsgestaltung an den Menschen

Die Anpassung der Arbeitsgestaltung an den Menschen hat der Arbeitgeber nach Art. 13 RL 93/104/EG vorzunehmen, sobald er beabsichtigt, die Arbeit nach einem bestimmten Rhythmus zu organisieren.
Fraglich ist, in welchem Verhältnis die beiden Faktoren „Anpassung der Arbeitsgestaltung an den Menschen" und die „Erfordernisse der Sicherheit und des Gesundheitsschutzes" stehen.
Zeppenfeld ist der Auffassung, dass sich eine Anpassung der Arbeitsgestaltung an den Menschen nicht allein an den Bedürfnissen des arbeitenden Menschen unter dem Aspekt des Sicherheits- und Gesundheitsschutzes zu orientieren hat, sondern außerdem noch psychologische und soziale Faktoren zu berücksichtigen und Eintönigkeit der Arbeit sowie eine zwanghafte Unterordnung des Menschen im Verhältnis zu den Erfordernissen einer reibungslosen Ausnutzung des maschinellen Arbeitsrhythmus soweit wie möglich zu verringern sind.[59] Diese Ausführungen lassen zwei unterschiedliche Faktoren vermuten.
Der Wortlaut von Art. 13 RL 93/104/EG scheint in dieser Hinsicht nicht eindeutig. Während der Wortlaut der englischen Fassung durchaus auf zwei selbständige Faktoren schließen lässt, sprechen sowohl der Wortlaut der französischen, der deutschen als auch der spanischen Sprachfassungen für die Annahme eines

---

56 *Balze*, EAS B 3100 (2002), Rn. 3.
57 Vgl. z.B. *Schramhauser/Heider*, § 60 ArbeitnehmerInnenschutzgesetz, Rn. 2.
58 *Zeppenfeld*, Europ. Arbeitszeitrecht, S. 154, der den englischen Begriff "pattern of work" eher mit dem Begriff des Arbeitsmusters übersetzt. Dem sind die spanische und französische Fassung entgegenzuhalten, die bei wörtlicher Übersetzung ebenfalls mit dem Begriff "Arbeitsrhythmus" überschrieben sind.
59 *Zeppenfeld*, Europ. Arbeitszeitrecht, S. 151.

bestimmenden Faktors. Hierbei handelt es sich unzweifelhaft um den allgemeinen Grundsatz der Anpassung der Arbeitsgestaltung an den Menschen.
Weiterhin ergibt sich aus diesen Sprachfassungen, dass der Arbeitgeber diese Gestaltung an der Art der Tätigkeit und den Erfordernissen von Gesundheit und Sicherheit zu orientieren hat. Eine inhaltliche Beschränkung des Grundsatzes der Anpassung der Arbeit an den Menschen auf die Erfordernisse von Sicherheit und Gesundheit ist damit jedoch nicht verbunden. Dies zeigt sich insbesondere beim Vergleich mit dem ursprünglichen Vorschlag der Kommission für eine Arbeitszeitrichtlinie in Art. 11.[60] Nach diesem Entwurf hatten die Mitgliedstaaten dafür zu sorgen, dass die Arbeitgeber die erforderlichen Maßnahmen ergreifen, um zu gewährleisten, dass Änderungen des Arbeitsablaufes je nach der Art der Tätigkeit die Erfordernisse des Gesundheitsschutzes und der Sicherheit berücksichtigen, insbesondere was die Pausen während der Arbeitszeit betrifft. Demnach knüpfte der Vorschlag der Kommission lediglich an die Erfordernisse von Gesundheitsschutz und Sicherheit an. Relativ spät wurde der Text in die heutige Fassung geändert.[61] Die spätere Hinzufügung des Merkmals der Anpassung der Arbeitsgestaltung an den Menschen lässt vermuten, dass dem Merkmal der Anpassung der Arbeitsgestaltung an den Menschen besondere Bedeutung zukommt.
Bercusson[62] führt insoweit den Vergleich zwischen Art. 6 RL 93/104/EG und Art. 13 RL 93/104/EG an, wobei Art. 6 RL 93/104/EG lediglich an die Erfordernisse der Sicherheit und des Gesundheitsschutzes der Arbeitnehmer anknüpft. Dieser Vergleich begründet eine Vermutung dahingehend, dass die Begriffe von Anpassung der Arbeitsgestaltung an den Menschen und den Erfordernissen von Sicherheit und Gesundheit vom Richtliniengeber nicht synonym verwendet werden. Vielmehr soll ein differenziertes Schutzniveau samt ensprechender Arbeitsschutzmaßnahmen zum Ausdruck gebracht werden.
Für die These, dass es sich um zwei selbständige Faktoren handelt, spreche nach *Bercusson* auch, dass der Grundsatz der Anpassung der Arbeitsgestaltung an den Menschen die Verringerung von monotoner Arbeit und maschinenbestimmten Arbeitsrhythmus verlange und es sich bei diesen Beispielen - bei enger Betrachtung - nicht um Erfordernisse von Sicherheit und Gesundheit handele. Vielmehr bringe die Anpassung der Arbeitsgestaltung an den Menschen im Rahmen des Art. 13 RL 93/104/EG zum Ausdruck, dass insbesondere die von der WHO-Definition und den Nordischen Staaten betonten psychischen und sozialen Aspekte der Arbeitszeit wie Monotonie, mangelnde Sozialkontakte bei der Arbeit

---

60 ABl. EG Nr. C 254 vom 9.10.1990, S. 4, 6.
61 *McMullen/Brewer*, Working Time, S. 103.
62 *Bercusson*, European Labour Law, S. 311.

oder schnelles Arbeitstempo ausdrücklich Anerkennung erfahren. Pausen während der Arbeit seien nicht mehr nur unter dem Blickwinkel der Vermeidung von Gefahren im Hinblick auf Sicherheit und Gesundheitsschutz - begrenzt auf das körperliche Wohlbefinden - der Beschäftigten zu betrachten, sondern seien auch unter dem Aspekt der Verringerung von eintöniger Arbeit und maschinenbestimmten Arbeitsrhythmus von Bedeutung.[63] Das europäische Recht unterscheide sich in dieser Hinsicht wesentlich vom nationalen Recht und verdeutliche durch die Einbeziehung einer menschengerechten Arbeitsgestaltung die europäische Vorstellung von einem Sicherheits- und Gesundheitsschutz auf der Basis eines erweiterten Gesundheitsverständnisses auch im Rahmen der betrieblichen Arbeitszeitorganisation.[64] Erwägungsgrund Nr. 15 der RL 93/104/EG veranschaulicht diese These.
Die Forderung nach einer Anpassung der Arbeitsgestaltung an den Menschen in Art. 13 RL 93/104/EG hat m.E. eine doppelte Funktion. Zum einen zielt Art. 13 RL 93/104/EG auf eine weite Auslegung des Gesundheitsbegriffs im europäischen Arbeitsumweltrecht, der nunmehr auch physische, psychische und psychosoziale Faktoren einbezieht. Aus diesem Grund ist der durch *Zeppenfeld* vorgenommenen inhaltlichen Auslegung des Art. 13 RL 93/104/EG insoweit zu widersprechen, da psychologische und soziale Faktoren bereits in den Gesundheitsbegriff einbezogen sind.[65] Verbunden mit der weiten Auslegung des Gesundheitsbegriffs verlangt Art. 13 RL 93/104/EG eine präventive Arbeitsgestaltung, was durch die gegenüber Art. 11 des Vorschlags der Arbeitszeitrichtlinie erweiterte Fassung zum Ausdruck gebracht wird.
Daher ist *McMullen/Brewer* zuzustimmen, wonach Art. 13 RL 93/104/EG eine Gestaltung des Arbeitsrhythmus bezweckt, die in Bezug auf die Sicherheit und Gesundheit eines Arbeitnehmers so vorteilhaft wie nur möglich ist, unabhängig davon, ob eine Gefahr für Sicherheit und Gesundheit des Arbeitnehmers besteht.[66] Damit wird das Prinzip des Gefährdungsschutzes, das der Konzeption des europäischen Sicherheit- und Gesundheitsschutzes am Arbeitsplatz zugrunde liegt, besonders hervorgehoben. Gem. Art. 13 RL 93/104/EG sollen die gesundheitsschädigenden Auswirkungen, insbesondere von monotoner und taktgebundener Arbeit, bereits im Vorfeld vermieden oder abgeschwächt werden.[67]

---

63 *Bercusson*, European Labour Law, S. 313.

64 *Bercusson*, European Labour Law, S. 332 f.; ebenso *McMullen/Brewer*, Working Time, S. 104.

65 Zeppenfeld setzt sich im Rahmen seiner Dissertation "Europ. Arbeitszeitrecht in das deutsche Recht", soweit ersichtlich, nicht mit dem Begriff der "Gesundheit" auseinander.

66 *McMullen/Brewer*, Working Time, S. 105.

67 In § 60 Abs. 2 ANSchG kommt z.B. die Gesundheitsschädlichkeit dieser Arbeitsformen zum Ausdruck, vgl. *Schramhauser/Heider*, ArbeitnehmerInnenschutzgesetz, § 60 Abs. 2.

Neben einer weiten Auslegung des Gesundheitsbegriffs und der Statuierung eines Gefährdungsschutzes übernimmt Art. 13 RL 93/104/EG außerdem die Funktion zu verdeutlichen, dass es für die Verbesserung von Sicherheit und Gesundheit der Arbeitnehmer nicht ausreicht, allein die in der Arbeitszeitrichtlinie verankerten Arbeitsschutzmaßnahmen umzusetzen. Art. 13 RL 93/104/EG normiert daher zugleich eine Generalklausel für jedwede rhythmische Arbeitsgestaltung, die dem Arbeitgeber die Pflicht auferlegt, bei der Arbeitsgestaltung die individuelle Belastungsfähigkeit des Beschäftigten und dessen individuelle Beanspruchung auf Grund besonderer Umstände zu berücksichtigen. Z.B. können das Alter des Beschäftigten oder auch körperliche Beeinträchtigungen eine Arbeitsgestaltung erfordern, die von den bisher normierten Schutzvorschriften abweicht. Vom Arbeitgeber wird damit weitestgehend eine Einzelfallbetrachtung verlangt. Diese Pflicht des Arbeitgebers, Arbeitsschutzmaßnahmen in Bezug auf die individuelle Belastung und Beanspruchung des Arbeitnehmers vorzunehmen, ergibt sich bereits aus Art. 6 Abs. 2 d) RL 89/391/EWG als Teil der allgemeinen Grundsätze der Gefährdungsverhütung. Dies wird besonders in der englischsprachigen Fassung von Art. 6 Abs. 2d) RL 89/391/EWG hervorgehoben, die "adapting the work to the individual".
Eine Anpassung der Arbeitsgestaltung an den Arbeitnehmer verlangt daher mehr als eine Orientierung am "Durchschnittsbeschäftigten". Für diese Auslegung spricht insbesondere die Forderung nach einer entsprechenden Pausengestaltung in Art. 13 RL 93/104/EG. Sobald also Gesundheitsgefährdungen seitens der Beschäftigten auftreten, ist der Arbeitgeber verpflichtet, dem Arbeitnehmer angemessene Ruhepausen zu gewähren, unabhängig davon, ob der Arbeitnehmer seine tägliche Arbeitszeit von 6 Stunden gem. Art. 4 RL 93/104/EG bereits überschritten hat.[68]
Aus diesem Vergleich wird deutlich, dass sich die Erfordernisse von Sicherheit und Gesundheitsschutz, insbesondere auch in Art. 6 RL 93/104/EG, grundsätzlich am "Durchschnittsbeschäftigten" orientieren und allgemeine Mindeststandards setzen wollen. Diese Erfordernisse können sich insbesondere aus Regelungen, die in Richtlinien, Gesetzen, Tarifverträgen und Vereinbarungen der Sozialpartner verankert sind, aber auch aus wissenschaftlichen Untersuchungen ergeben. Solche wissenschaftlichen Erkenntnisse sind bspw. im Rahmen des Art. 6 RL 93/104/EG bei der Festlegung der wöchentlichen Höchstarbeitszeit durch die Mitgliedstaaten oder Tarifpartner zu berücksichtigen.
Allerdings strebt die Arbeitszeitrichtlinie eine umfassende Verbesserung von Sicherheit und Gesundheitsschutz der Beschäftigten an. Eine solche Verbesse-

---

[68] *McMullen/Brewer*, Working Time, S. 105; vgl. auch *Bercusson*, European Labour Law, S. 313.

rung wird aber nur dann erreicht, wenn der Arbeitgeber neben der Einhaltung von fixierten Rahmen- oder Mindestregelungen auf der zweiten Stufe verpflichtet ist, abweichende oder zusätzliche Gestaltungsmaßnahmen hinsichtlich der Arbeit zu treffen, die aus der Art der Tätigkeit resultieren. Insofern ist eine tätigkeitsspezifische Betrachtungsweise erforderlich, da aus unterschiedlichen Tätigkeiten auch unterschiedliche Belastungen auf den Beschäftigten einwirken. Diese tätigkeitsspezifische Betrachtungsweise trägt letztlich dem Umstand Rechnung, dass am Arbeitsplatz in der Regel Mehrfachbelastungen auftreten.
Auf der dritten Stufe sind Gestaltungsmaßnahmen zu treffen, die auf den einzelnen Beschäftigten bezogen sind. Im Mittelpunkt steht daher der einzelne Arbeitnehmer.

In diesem Zusammenhang ist zudem Art. 5 b) des ILO-Übereinkommens Nr. 155 zu erwähnen. Danach hat die Politik der Mitglieder den Zusammenhängen zwischen den materiellen Komponenten der Arbeit und den Personen, die die Arbeit ausführen oder überwachen, Rechnung zu tragen und ebenso einer Anpassung der Maschinen, der Ausrüstungen, der Arbeitszeit, der Arbeitsorganisation und der Arbeitsverfahren an die körperlichen und geistigen Fähigkeiten der Arbeitnehmer. Art. 5 b) des ILO-Übereinkommens verdeutlicht den Grundsatz der Anpassung der Arbeitsgestaltung an den Menschen.

5. Instrumente

Als ein Instrument, das eine Anpassung der Arbeitsgestaltung an den Menschen ermöglicht, führt Art. 13 RL 93/104/EG die Pausengestaltung während der Arbeitszeit an. Abweichend von Art. 4 RL 93/104/EG sind daher abweichende und/oder zusätzliche Arbeitsunterbrechungen bei besonderen Belastungen durch den Arbeitgeber zu veranlassen. Kurzpausen sind nach arbeitswissenschaftlichen Erkenntnissen geeignet, die Einwirkung schädlicher Belastungen zu unterbrechen, zur Regeneration beizutragen, indem der Ermüdung entgegengewirkt wird, und sie leisten zugleich einen Beitrag zur Abwechslung bei eintönigen Aufgaben und einseitigen Bewegungen.[69] Die Zahl und Dauer der Pausen hat daher aus den jeweiligen Belastungen der Arbeit zu resultieren.[70]

---

69 *Oppolzer,* ArbuR 1994, 41, 44 f.; *ders.* ausf., Handbuch Arbeitsgestaltung, S. 237 ff.; *Schramhauser/Heider,* ArbeitnehmerInnenschutzgesetz, Einl., S. 15.

70 Vgl. *Anzinger/Koberski,* § 4 ArbZG, Rn. 18 in Bezug auf eine solche Verpflichtung des Arbeitgebers, die sich aus der ihm obliegenden Fürsorgepflicht ergeben soll.

Allerdings ergibt sich aus dem Wortlaut ("insbesondere") auch die Verpflichtung des Arbeitgebers andere Maßnahmen in Betracht zu ziehen, die eine Anpassung der Arbeitsgestaltung an die Beschäftigten und den Schutz der Sicherheit und Gesundheit dieser Personen ermöglichen.[71] Im Zusammenhang mit einer Gestaltung der Arbeitszeit können weitere Anpassungsmaßnahmen in der zusätzlichen Begrenzung der Dauer des Arbeitstages, in der Erhöhung der wöchentlichen Ruhezeit gesehen werden oder in der Begrenzung der Nachtarbeit, deren Zulassung davon abhängig gemacht wird, ob der Arbeitgeber ein solches Bedürfnis hinreichend rechtfertigt.[72]
Eine Anpassung der Arbeitsgestaltung an den Menschen wird bei monotonen Tätigkeiten auch durch eine Änderung der Arbeitsinhalte, z.B. Abwechslungsreichtum und größerer Beanspruchungsvielfalt erreicht.[73] Zudem wird zu Recht vertreten, dass die Beteiligung der Arbeitnehmer für den Arbeitgeber der am besten geeignete Weg ist, um eine Anpassung der Arbeitsgestaltung an die Menschen zu erreichen[74]. Insofern gewinnt die Anhörung und Mitwirkung der Arbeitnehmervertretung bei der Gestaltung der Arbeitsbedingungen gem. Art. 11 RL 89/391/EWG eine besondere Bedeutung. Weitere Instrumente, die zur Anpassung der Gestaltung der Arbeitszeit geeignet sind, ergeben sich aus allen Faktoren, die zur Sicherheit und Gesundheit im weiten Sinne der Arbeitnehmer beitragen. Dabei ist zu betonen, dass Art. 13 der RL 93/104/EG eine individuelle Gestaltung der Arbeitszeit sicherstellen möchte, die in physischer, psychischer und psychosozialer Hinsicht an den Arbeitnehmer angepasst ist.[75]

6. Zeitpunkt der Anpassung

Im Rahmen des Art. 13 RL 93/104/EG spielt zudem der Zeitpunkt eine Rolle, indem eine Anpassung der Arbeitsgestaltung zu erfolgen hat. Nach dem Wortlaut von Art. 13 RL 93/104/EG hat derjenige Arbeitgeber die Anpassung vorzunehmen, der beabsichtigt, die Arbeit nach einem bestimmten Rhythmus zu gestalten. Somit ergibt sich, dass bereits im Planungsstadium Aspekte der menschengerechten Arbeitsgestaltung durch den Arbeitgeber zu beachten sind. Der Grundsatz der Anpassung der Arbeitsgestaltung an den Arbeitnehmer ent-

---

71 *McMullen/Brewer*, Working Time, S. 105.

72 *Bercusson*, European Labour Law, S. 333; *McMullen/Brewer*, Working Time, S. 105.

73 Ausführlich *Oppolzer*, Handbuch Arbeitsgestaltung, S. 237 ff.

74 *Bercusson*, European Labour Law, S. 332; *McMullen/Brewer*, Working Time, S. 105; vgl. auch BT-Drucks. 12/5888, S. 52.

75 Vgl. auch *Zeppenfeld*, Europ. Arbeitszeitrecht, S. 124.

faltet somit bereits in einem, dem arbeitsorganisatorischen Beschluss des Arbeitgebers vorangehenden, Entscheidungsfindungsprozess Wirkung[76]. Somit ist die Gestaltungspflicht des Arbeitgebers auch als Planungspflicht zu verstehen.
Damit verdeutlicht dieses Konzept den Zusammenhang von Arbeitszeitrichtlinie und Arbeitsschutz-Rahmenrichtlinie. Die Verknüpfung hat zur Folge, dass der Arbeitgeber verpflichtet ist, eine Gefährdungsbeurteilung nach Art. 6 Abs. 3a RL 89/391/EWG durchzuführen, bevor er den Arbeitsrhythmus festlegt.[77] Darüber hinaus ist der Arbeitgeber nach Art. 6 Abs. 1 RL 89/391/EWG verpflichtet, einmal getroffene Maßnahmen regelmäßig zu beobachten und an veränderte Umstände anzupassen[78]. Diese sich ändernden Gegebenheiten nach Art. 6 Abs. 1 RL 89/391/EWG können zum einen betrieblicher Art sein, zum anderen auch aus neuen Erkenntnissen über Gesundheitsgefahren resultieren.[79] In dieser Hinsicht haben die für die Sicherheit und den Gesundheitsschutz erforderlichen Maßnahmen gem. Art. 6 Abs. 2e) RL 89/391/EWG den Stand der Technik zu berücksichtigen. Hierzu ist u.a. im Erwägungsgrund Nr. 14 der Arbeitsschutz-Rahmenrichtlinie näher ausgeführt, dass die Arbeitgeber verpflichtet sind, sich unter Berücksichtigung der in ihrem Unternehmen bestehenden Risiken über den neuesten Stand der Technik und der wissenschaftlichen Erkenntnisse auf dem Gebiet der Gestaltung von Arbeitsplätzen zu informieren.
Neueste wissenschaftliche Erkenntnisse über Gesundheitsgefahren, die bei der Gestaltung der Arbeit nach einem bestimmten Rhythmus - sei es Nacht- und Schichtarbeit, sei es Akkordarbeit und anderer taktgebundener Arbeit - auftreten, sind durch den Arbeitgeber zu berücksichtigen, indem er eine entsprechende Anpassung der Arbeitsgestaltung an den Menschen vornimmt, da nur dann eine Verbesserung von Sicherheit und Gesundheit erreicht wird. Damit wird zugleich ein Schutzniveau festgelegt, das nach bisheriger Auslegung über dem der in Deutschland üblichen "gesicherten arbeitswissenschaftlichen Erkenntnisse" liegt.[80]
So verpflichtet z.B. § 3 Abs. 2 des österreichischen ArbeitnehmerInnenschutzgesetzes den Arbeitgeber, sich unter Berücksichtigung der bestehenden Gefahren über den neuesten Stand der Technik und der Erkenntnisse auf dem Gebiet der Arbeitsgestaltung entsprechend zu informieren.

---

76 *Zeppenfeld*, Europ. Arbeitszeitrecht, S. 152 f.
77 *McMullen/Brewer*, Working Time, S. 104.
78 *Kohte*, EAS B 6100, Rn. 39; *Grundmann*, Europ. Schuldvertragsrecht, S. 495.
79 *Kohte*, EAS B 6100, Rn. 39.
80 Däubler/Kittner/*Lörcher*, Internationale Arbeitsordnung, S. 1193; *Grundmann*, Europ. Schuldvertragsrecht, S. 494; kritisch *Wank/Börgmann*, Deutsches und Europ. Arbeitsschutzrecht, S. 87.

Eine Anpassung ist zudem erforderlich, wenn sich die Leistungsfähigkeit des Arbeitnehmers ändert, weil er z.B. älter geworden ist.
Der Arbeitgeber ist daher auch bei Maßnahmen nach Art. 13 RL 93/104/EG verpflichtet, diese als dynamische Aufgabe i.S.d. Art. 6 Abs. 1 RL 89/391/EWG zu betrachten. Daher ist eine Anpassung der Arbeitsgestaltung an den Menschen nach Art. 13 RL 93/104/EG nicht nur dann erforderlich, wenn der Arbeitgeber beabsichtigt, die Arbeit nach einem bestimmten Rhythmus zu gestalten, sondern auch zu jedem späteren Zeitpunkt, wenn sich entsprechende Umstände ändern.

7. Verhältnis von Art. 13 RL 93/104/EG und Art. 6 Abs. 2d) RL 89/391/EWG

Art. 13 RL 93/104/EG betont im Rahmen der Arbeitszeitgestaltung den Grundsatz der Anpassung der Arbeitsgestaltung an den Menschen, indem der Arbeitgeber zu einer entsprechenden Gestaltung bei Schichtarbeit sowie anderen belastenden Formen der Arbeitsorganisation verpflichtet wird. Es soll ein Arbeitnehmerschutzrecht statuiert werden, das auf die spezifischen Gegebenheiten bestimmter Tätigkeitsarten abstellt.[81] Bereits in Art. 6 Abs. 2d) RL 89/391/EWG ist als allgemeiner Grundsatz der Gefährdungsverhütung eine Pflicht des Arbeitgebers zur Anpassung der Arbeitsgestaltung an den Einzelnen normiert.
Die Bedeutung von Art. 13 RL 93/104/EG wird nunmehr darin gesehen, den Grundsatz der Anpassung der Arbeit an den Arbeitnehmer im Verhältnis zu Art. 6 Abs. 2d) RL 89/391/EWG zu wiederholen und zu bestärken.[82] Zudem wird die generelle Rechtspflicht des Arbeitgebers in Art. 6 Abs. 2d) RL 89/391/EWG entsprechend der Systematik von Allgemeinem und Besonderem Teil durch Art. 13 RL 93/104/EG konkretisiert, indem als Instrument die Pausengestaltung explizit betont wird. Gleichzeitig erlangt die Pflicht des Arbeitgebers zur Anpassung der Arbeitsgestaltung an den einzelnen Arbeitnehmer bei rhythmischen Gestaltungen der Arbeit gegenüber Art. 6 Abs. 2d) RL 89/391/EWG einen höheren Stellenwert. Während es sich bei Abs. 2 des Art. 6 RL 89/391/EWG um einen Grundsatz der Gefahrenverhütung innerhalb eines Gesamtkatalogs handelt, wird durch die Verpflichtung des Arbeitgebers in Art. 13 RL 93/104/EG der Grundsatz der Anpassung in den Mittelpunkt gestellt, von dem nicht abgewichen werden kann. Die Grenzen des Gestaltungsspielraums des Arbeitgebers bei

---

81 *Klein*, DRdA 1994, 293, 295.

82 Vgl. *McMullen/Brewer*, Working Time, S. 104, der den Standpunkt der britischen Labour Regierung aufzeigt.

den zu treffenden erforderlichen Arbeitsschutzmaßnahmen sind daher bei Art. 13 RL 93/104/EG enger. Damit ist bei belastenden Formen der Arbeitsorganisation der Grundsatz der Anpassung der Arbeitsgestaltung an den Menschen in den Vordergrund gerückt, ohne dass zugleich weitere konkretisierte Maßnahmen vorgeschrieben sind, die der Arbeitgeber zu erfüllen hat.

8. Umsetzung des Art. 13 RL 93/104/EG an ausgewählten Beispielen

Fraglich ist, ob die hier vertretene Auslegung des Art. 13 RL 93/104/EG sich in einigen Umsetzungsgesetzen widerspiegelt.

8.1. Großbritannien

§ 8 des britischen Arbeitszeitgesetzes enthält bspw. folgende Regelung: "[W]here the pattern according to which an employer organizes work is such as put the health ans safety of a worker employed by him at risk, in particular because the work is monotonous or the work-rate is predetermined, the employer shall ensure that the worker is given adequate rest breaks."

Da § 8 des britischen Arbeitszeitgesetzes an eine Gefahr für Sicherheit und Gesundheit der Arbeitnehmer anknüpft, entspricht dies jedenfalls vom Wortlaut her nicht Art. 13 RL 93/104/EG. Zudem schreibt Art. 13 RL 93/104/EG als Abhilfemaßnahmen nicht lediglich angemessene Ruhepausen vor, sondern diese werden beispielhaft angeführt. Daher wird die Umsetzung des Art. 13 RL 93/104/EG im Vereinigten Königreich im Rahmen des Arbeitszeitgesetzes zutreffend als unzureichend bezeichnet.[83]
Zudem enthält der "Approved Code of Practice" zur "Management of Health and Safety at Work Regulations 1992" eine Vorschrift, wonach Arbeitgeber bei der Entscheidung über Maßnahmen im Rahmen des Arbeitsschutzes u.a. den Grundsatz anwenden sollen: ...(c) *wherever possible, adapt work to the individual* especially as regards the design of workplaces, the choice of equipment and the choice of working and producing methods, with a view in particular to alleviating monotonous work and work at a predetermined work rate. This helps reduce possible adverse effects on health and safety; ... . Eine

---

[83] So *McMullen/Brewer*, Working Time, S. 105.

solche Umsetzung, die an die Möglichkeit anknüpft, steht nicht in Einklang mit Art. 13 RL 93/104/EG.

8.2. Österreich

Dagegen enthalten das österreichische ArbeitnehmerInnenschutzgesetz und Arbeitszeitgesetz nach Umsetzung der Arbeitsschutz-Rahmenrichtlinie und Arbeitszeitrichtlinie weitergehende Regelungen.
§ 60 des österreichischen ArbeitnehmerInnenschutzgesetzes[84] bestimmt, dass

(1) Arbeitgeber haben dafür Sorge zu tragen, dass Arbeitsvorgänge so vorbereitet, gestaltet und durchgeführt werden, dass ein wirksamer Schutz des Lebens und der Gesundheit der Arbeitnehmer erreicht wird.

(2) Arbeitsvorgänge sind so zu gestalten, dass Belastungen durch Monotonie, einseitige Belastung sowie Belastungen durch taktgebundene Arbeiten und Zeitdruck möglichst gering gehalten und ihre gesundheitsschädigenden Auswirkungen abgeschwächt werden.

(3) ...

In § 7 des ArbeitnehmerInnenschutzgesetzes ist im Rahmen der allgemeine Gefahrenverhütungsgrundsätze festgelegt, dass der Arbeitgeber auch den Faktor Mensch bei der Arbeit zu berücksichtigen hat, insbesondere bei der Gestaltung von Arbeitsplätzen, ...und Arbeits- und Fertigungsverfahren, vor allem im Hinblick auf eine Erleichterung bei eintöniger Arbeit und bei maschinenbestimmten Arbeitsrhythmus sowie auf eine Abschwächung ihrer gesundheitsschädigenden Auswirkungen. Mit dieser Regelung wird vor allem Art. 6 Abs. 2d) RL 89/391/EWG umgesetzt.
Im österreichischen Arbeitszeitgesetz sind weitere Vorschriften verankert. Nach § 11 Abs. 1 des österreichischen Arbeitszeitgesetzes haben Arbeitnehmer einen Anspruch auf eine Ruhepause von mindestens einer halben Stunde, wenn die Gesamtdauer der Tagesarbeitszeit mehr als sechs Stunden beträgt. Bei vollkontinuierlicher Schichtarbeit wird der Anspruch nach Abs. 1 durch einen Anspruch der Beschäftigten auf Kurzpausen von angemessener Dauer ersetzt (§ 11 Abs. 3 ArbZG-Österreich). In Abs. 4 ist geregelt, dass Arbeitnehmern, die Nachtschwerarbeit leisten, in jeder Nacht, in der Schwerarbeit geleistet wird, "jedenfalls eine Kurzpause von mindestens 10 Minuten" zusteht. Diese Kurzpausen gelten gem. § 11 Abs. 7 ArbZG-Österreich ausdrücklich als Arbeitszeit. Dennoch werden die Kurzpausen-Regelungen in der Literatur in verschiedener Hin-

---

[84] *Schramhauser/Heider*, § 60 ArbeitnehmerInnenschutzgesetz.

sicht als unklar bezeichnet. So stellt sich bspw. die Frage, wann die Länge der Kurzpausen als angemessen zu betrachten ist. Hier wird davon ausgegangen, dass die Gesamtdauer der Kurzpausen bei der (zumindest bei Einschluss von Nachtschichten) medizinisch längst als überdurchschnittlich belastend anerkannten Wechselschichtarbeit die Länge nach Abs. 1, also 30 Minuten, zu erreichen hat.[85] Eine weitere Modifizierung des § 11 Abs. 1 ArbZG-Österreich enthält Abs. 6. Danach ist das Arbeitsinspektorat berechtigt, für Betriebe, Betriebsabteilungen oder für bestimmte Arbeiten (z.B. Fließbandarbeiten) über die Bestimmungen des Abs. 1 hinausgehende Ruhepausen anzuordnen, wenn die Schwere der Arbeit oder der sonstige Einfluss der Arbeit auf die Gesundheit der Arbeitnehmer dies erfordert. Dabei werden unter dem "sonstigen Einfluss der Arbeit" Rahmenbedingungen der eigentlichen Tätigkeit verstanden, z.B. Kälte, Hitze, Einwirkung mechanischer Partikel oder von Chemikalien, Lärm, Zugluft usw., die aus arbeitsmedizinischen Gründen eine zusätzliche Pausenzeit erforderlich machen.[86]

8.3 Spanien

Auch im spanischen Estatuto de los Trabajadores sind in Art. 36 Abs. 5 Regelungen zum Arbeitsrhythmus enthalten. "El empresario que organice el trabajo en la empresa según un cierto ritmo deberá tener en cuenta el principio general de adaptación del trabajo a la persona, especialmente de cara a atenuar el trabajo monótono y repetitivo en función del tipo de actividad y de las exigencias en materia de seguridad y salud de los trabajadores. Dichas exigencias deberán ser tenidas particularmente en cuenta a la hora de determinar los períodos de descanso durante la jornada de trabajo." Es zeigt sich also, dass die Arbeitgeber, die die Arbeit nach einem bestimmten Rhythmus gestalten, hierbei das allgemeine Prinzip der Anpassung der Arbeit an den Menschen berücksichtigen müssen, insbesondere im Hinblick auf die Verringerung monotoner oder repetitiver Arbeit in Abhängigkeit der Art der Tätigkeit und der Erfordernisse von Sicherheit und Gesundheit der Arbeitnehmer. Hierbei ist insbesondere die Pausengestaltung während des Arbeitstages zu berücksichtigen. Damit entspricht diese Regelung Art. 13 RL 93/104/EG.

---

[85] *Cerny/Klein/Schwarz*, Erl. 4 zu § 11 ArbZG, S. 185 f.; *Grillberger*, § 11 ArbZG, S. 102.

[86] *Cerny/Klein/Schwarz*, Erl. 3 zu § 11 ArbZG, S. 184 f.

8.4. Irland

Die Kommission ist der Auffassung, dass die innerstaatlichen Rechtsvorschriften in Irland Bestimmungen enthalten, die dem Art. 13 RL 93/104/EG entsprechen.[87] Daher sind diese Regelungen ebenfalls einer näheren Betrachtung zu unterziehen.
In der irischen Safety, Health and Welfare at Work (General Application) Regulation 1993 (S.I. No. 44 of 1993) ist verankert, dass jeder Arbeitgeber gem. § 5 (a) die Pflicht hat, sicherzustellen, dass Maßnahmen ergriffen werden, die zum Schutz der Sicherheit und Gesundheit der Arbeitnehmer erforderlich sind. Diese Maßnahmen berücksichtigen sich ändernde Verhältnisse und allgemeine Grundsätze, die im Ersten Anhang aufgeführt sind. Zu diesen Grundsätzen zählt auch die Anpassung der Arbeit an den Einzelnen, besonders hinsichtlich der Gestaltung der Arbeitsplätze, der Wahl der Arbeitsmittel und der Wahl der Arbeitsverfahren, insbesondere im Hinblick auf eine Verringerung monotoner und taktgebundener Arbeiten und ihrer gesundheitsschädlichen Auswirkungen. In diesem Zusammenhang ist der Wille des irischen Gesetzgebers zu betonen, mit dieser Verordnung auch bereits die Richtlinie 89/391/EWG umzusetzen.
Die Umsetzung der Arbeitszeitrichtlinie ist durch das Gesetz zur Arbeitszeitorganisation aus dem Jahre 1997 erfolgt. Regelungen, die sich speziell auf den Arbeitsrhythmus beziehen, sind nicht vorhanden. Allgemeine Vorschriften zu Ruhepausen und Unterbrechungen der Arbeitszeit sind in § 12 Abs. 1 bis 4 enthalten. Danach soll der Arbeitgeber bei einem Zeitraum von mehr als 4h 30min dem Arbeitnehmer eine Pause von 15 min und bei mehr als 6 h Arbeit eine Pause von 30 min gewähren. Zudem kann der Minister für bestimmte Gruppen von Arbeitnehmern Verordnungen erlassen, in denen die Mindestdauer der Pause mehr als 30 min und höchstens 1 h beträgt. Allerdings können nach § 4 zahlreiche Tätigkeiten, z.B. solche des Art. 17, Abs. 2, Nr. 2.1. RL 93/104/EG vom Anwendungsbereich des § 12 ausgenommen werden. Für solche Tätigkeiten schreibt § 6 vor, dass dann alle etwaigen Verordnungen, Tarifverträge usw. Regelungen beinhalten sollen, wonach der Arbeitgeber gegenüber den Arbeitnehmern sichern soll, dass sie gleichwertige Ruhezeiten oder -pausen (wie in § 12) erhalten. Ist dies aus objektiven Gründen nicht möglich, sollen solche Maßnahmen ergriffen werden, die die Arbeitsbedingungen berücksichtigen.
Gem. § 35 Abs. 3 des Arbeitszeitorganisationsgesetzes soll die Labour Relation Commission einen "Code of practice", also eine praktische Anleitung, im Rahmen des § 6 Abs. 2 des o.g. Gesetzes nach Konsultation mit der Arbeitsschutz-

---

[87] Bericht der Komm. zum Stand der Umsetzung der Arbeitszeitrichtlinie 93/104/EG, KOM (2000) 787 endg., S. 29.

behörde vorbereiten. Hierbei sollen gem. Abs. 4 verschiedene Gruppen, z.B. Vertreter der Arbeitgeber und Arbeitnehmer, beteiligt werden. Der Minister kann diesen Code letztlich zum "Code of Practice" erklären. Im Rahmen des § 6 Abs. 2 des Gesetzes die Arbeitszeitorganisation betreffend, gibt es eine Anweisung, "S.I. No. 44 /1998: Organisation of working time (code of practice on compensatory rest and related matters) (Declaration) Order 1998", die der Minister für Arbeits-, Handels- und Verbraucherangelegenheiten ausgefertigt hat. In der "order" wird ausdrücklich darauf hingewiesen, dass dieser "Code of Practice" keine gesetzliche Interpretation des o.g. Gesetzes ist.
Im "Code of Practice" finden sich zur Ausfüllung des § 6 Abs. 2 des Arbeitszeitorganisationsgesetzes allgemeine Grundsätze und Vorkehrungen für gleichwertige Ausgleichsruhezeiten und angemessene Schutzmaßnahmen. Kann der Arbeitgeber aus objektiven Gründen gem. § 6 Abs. 2 des o.g. Gesetzes keine gleichwertigen Ruhepausen gewähren, sollen andere geeignete Schutzmaßnahmen getroffen werden, die die Arbeitstätigkeit und die Sicherheit, Gesundheit und das Wohlbefinden der Arbeitnehmer berücksichtigen. Es wird daher ein Konzept vorgeschlagen, das zusätzlich zu den normalen Erfordernissen von Gesundheit und Sicherheit folgende, beispielhafte Maßnahmen enthält: geeignete Einrichtungen/Gebrauchsvorteile wie Fernsehen, Radio und Musik, Verringerung monotoner Arbeiten oder Verringerung von Isolation und auch der Transport zu und von der Arbeit, soweit dies geeignet ist. Sinn und Zweck des "Code of Practice" ist die Konkretisierung von Ausgleichsmaßnahmen, so dass im Ergebnis Art. 17 RL 93/104/EG Rechnung getragen wird. Insoweit werden Maßnahmen zur Anpassung der Arbeitsgestaltung an den Menschen nicht gefordert.
Regelungen im irischen Arbeitszeitorganisationsgesetz zur Umsetzung des Art. 13 RL 93/104/EG sind m.E. konkret nicht ersichtlich. Es kann daher lediglich auf die Regelung in der o.g. Arbeitsschutzverordnung zurückgegriffen werden, die eine Anpassung der Arbeitsgestaltung an den Menschen als Grundsatz der Gefahrenverhütung versteht.

Die aufgezeigten Beispiele verdeutlichen, dass eine Umsetzung von Art. 13 RL 93/104/EG in den jeweiligen Mitgliedstaaten z.T. sehr unterschiedlich erfolgte. Die Regelungen entsprechen teilweise nicht den Anforderungen, die Art. 13 RL 93/104/EG aufstellt. Dennoch kommt deutlich zum Ausdruck, dass nunmehr eine Arbeitsgestaltung durch den Arbeitgeber vorzunehmen ist, die an den Menschen angepasst ist und zugleich wird ein weites Verständnis von Gesundheit verdeutlicht, deren Regelungsgegenstand die Physis und Psyche der einzelnen Arbeitnehmer ist.

9. Zusammenfassung

Art. 13 RL 93/104/EG statuiert eine zentrale Gestaltungspflicht des Arbeitgebers, die ihn bei rhythmischen Gestaltungen der Arbeitszeit, z.B. bei Schichtarbeit oder bei flexiblen Arbeitszeitmodellen, und bei rhythmischen Gestaltungen der Arbeitstätigkeit wie Fließbandarbeit oder Akkordarbeit, verpflichtet, die Arbeitsgestaltung an den Arbeitnehmer anzupassen, um auf diese Weise eine Verbesserung von Sicherheit und Gesundheit der Beschäftigten zu erreichen. In diesem Zusammenhang hat er auch die Erfordernisse von Sicherheit und Gesundheit zu beachten und zudem tätigkeitsspezifische Arbeitsschutzmaßnahmen zu treffen.

3. Kapitel: Nationale Regelungen zum Schutz der Nacht- und Schichtarbeitnehmer - zugleich eine Untersuchung zur Umsetzung der Artt. 12 Nr. 1 und 13 RL 93/104/EG

Das deutsche Arbeitszeitgesetz, das im Rahmen des Arbeitszeitrechtsgesetzes am 6. Juni 1994 verkündet wurde und am 1. Juli 1994 in Kraft getreten ist, dient zum einen der Umsetzung der Arbeitszeitrichtlinie 93/104/EG.[1] Zum anderen wollte der Gesetzgeber durch das Arbeitszeitgesetz einen Beitrag zur Umsetzung der Grundrichtlinie 89/391/EWG leisten.[2]
Im Folgenden sollen in Anlehnung an die vorangegangene Untersuchung die spezifischen Regelungen des Arbeitszeitgesetzes zum Schutz der Nacht- und Schichtarbeitnehmer, insbesondere § 6 Abs. 1 ArbZG, dargestellt und auf ihre Übereinstimmung mit den EG-rechtlichen Vorgaben untersucht werden. Soweit jedoch keine ordnungsgemäße Umsetzung der Artt. 12 Nr. 1 und 13 der RL 93/104/EG durch die Regelungen des Arbeitszeitgesetzes erfolgte, ist der Frage

---

1 Im Gesetzentwurf der Bundesregierung zur Vereinheitlichung und Flexibilisierung des Arbeitszeitrechts vom 13. Oktober 1993 (BT-Drucks. 12/5888, S. 1 ff.) wird explizit betont, dass der Gesetzentwurf seine Entsprechung auf europäischer Ebene in dem von der Kommission der EG vorgelegten Entwurf einer Richtlinie des Rates über bestimmte Aspekte der Arbeitszeitgestaltung findet und die Konzeption des Richtlinienentwurfes der Konzeption des vorliegenden Gesetzentwurfes folgt.(S. 19 f.) Auch der zeitlich vorausgehende Entwurf eines Arbeitszeitgesetzes seitens der SPD-Fraktion (BT-Drucks. 12/5282, S. 1 ff) berücksichtigte bereits die einschlägige EG-Richtlinie. Mehrausgaben für zusätzliche arbeitsmedizinische Untersuchungen vor allem für NachtarbeitnehmerInnen wurden mit der Umsetzung der Arbeitszeitrichtlinie gerechtfertigt. (S. 1 f.) Zudem wurde seitens der Bundesregierung ausdrücklich hervorgehoben, dass die Umsetzung der Arbeitszeitrichtlinie Fortschritte für deutsche Arbeitnehmer brachte, insbesondere im Hinblick auf die besonderen Schutzvorschriften für Nacht- und Schichtarbeitnehmer. (BT-Drucks. 13/2581, S. 6). Vgl. auch *BAG 18.02.2003,* AP Nr. 12 zu § 611 BGB Arbeitsbereitschaft; *Wahlers,* PersV 2001, 251, 255; *Trägner,* NZA 2002, 126, 127; *Lohbeck,* ZTR 2001, 342, 343.

2 Im Entwurf der SPD zum Arbeitszeitgesetz in § 8 Abs. 2 eine Bestimmung enthalten war, wonach die Lage und Dauer der Schichtzeiten von Arbeitnehmern und Arbeitnehmerinnen nach gesicherten arbeitswissenschaftlichen Erkenntnissen über die menschengerechte Gestaltung der Arbeit festzulegen ist. Zur Begründung heißt es: „Diese Bestimmung dient der Minderung der Zusatzbelastungen bei wechselnden Arbeitszeiten. Damit wird der EG-Rahmenrichtlinie zum Arbeitsschutz Rechnung getragen." (BT-Drucks. 12/5282, S. 12) Da diese Regelung inhaltlich nunmehr in § 6 Abs. 1 ArbZG verankert ist, ist davon auszugehen, dass der Gesetzgeber spezifische Bestimmungen der Grundrichtlinie 89/391/EWG im Arbeitszeitgesetz umsetzen wollte. Ebenso, jedoch ohne nähere Begründung *Heinze,* ZTR 2002, 102.

nachzugehen, welche anderen gesetzliche Regelungen in Betracht kommen, um einen effektiven Sicherheits- und Gesundheitsschutz der Nacht- und Schichtarbeitnehmer zu gewährleisten.
Bevor die einzelnen Normen u.a. des Arbeitszeitgesetzes einer näheren Betrachtung unterzogen werden, sollen die Anforderungen einer ordnungsgemäßen Umsetzung von EG-Richtlinien und die Rechtsfolgen ihrer Nichtbeachtung in einem Überblick dargestellt werden.

I. Ordnungsgemäße Umsetzung von EG-Richtlinien

1. Grundsätze für eine ordnungsgemäße Umsetzung

Die Mitgliedstaaten als Adressaten von EG-Richtlinien sind verpflichtet, diese ordnungsgemäß durch nationale Vorschriften umzusetzen. Art. 249 Abs. 3 EG legt insoweit fest, dass hinsichtlich des zu erreichenden Ziels für den Mitgliedstaat verbindlich ist, ihm dabei aber die Wahl in Bezug auf die Form und die Mittel lässt. Der mit einer Richtlinie verbundene Zweck ist eine gemeinschaftsweite Harmonisierung von Regelungen und Regelungsbereichen in bestimmten Umfang und nicht der Erlass neuer Rechtsnormen, so dass die Umsetzung einer Richtlinie nur dann erforderlich ist, wenn die bestehende nationale Rechtslage nicht mit den Vorgaben der Richtlinie übereinstimmt.[3]
Arbeitsschutzrichtlinien, die auf die Kompetenznorm des Art. 137 EG zurückzuführen sind, enthalten nur Mindestvorschriften, so dass die Mitgliedstaaten nach Art. 137 Abs. 3 EGV bei der Umsetzung berechtigt sind, erhöhte Anforderungen zum Schutz der Arbeitnehmer auf nationaler Ebene beizubehalten oder entsprechende Vorschriften zu erlassen; eine Unterschreitung des in den Richtlinien statuierten Mindeststandards ist dagegen nicht möglich.[4]
Nach der Rspr. des EuGH „erfordert die Umsetzung einer Richtlinie in innerstaatliches Recht nicht notwendigerweise eine förmliche oder wörtliche Übernahme ihrer Bestimmungen in eine ausdrückliche Rechts- oder Verwaltungsvorschrift, sondern kann sich auf einen allgemeinen rechtlichen Kontext beschränken, wenn dieser die vollständige Anwendung der Richtlinie tatsächlich hinreichend klar und bestimmt gewährleistet“[5] Zudem ist es nach der Rspr. des EuGH für die Rechtssicherheit erforderlich, dass die Rechtslage für den Einzelnen klar und bestimmt ist und ihn in die Lage versetzt, von allen seinen Rechten und

---

3 *Heß*, Umsetzung von EG-RL im Privatrecht, S. 101; *Lutter*, JZ 1992, 593, 595.
4 *Merten*, MB bei der Bildschirmarbeit, S. 31 f.; *Lutter*, JZ 1992, 593, 606.
5 *EuGH 15.11.2001*, Rs. C-49/00 (Kommission/Italien), Slg. 2001, I-8596, 8607, Rn. 21.

Pflichten Kenntnis zu erlangen, um sie gegebenenfalls vor den nationalen Gerichten geltend zu machen.[6] Unklare Rechtsvorschriften, durch die die betroffenen Normadressaten über ihre Möglichkeiten, sich auf das Gemeinschaftsrecht zu berufen, im ungewissen gelassen werden, stellen demnach keine konkrete Durchführung dar.[7] In der Rs. C-455/00 (Kommission/Italien) hat der EuGH[8] ausdrücklich entschieden, dass der aus Art. 9 Abs. 3 der Bildschirmrichtlinie (90/270/EG) folgende Anspruch auf Versorgung mit speziellen Sehhilfen für die betreffende Arbeit in den nationalen Rechtsvorschriften klar definiert sein muss, da es um die Sicherheit und den Gesundheitsschutz der Arbeitnehmer gehe.

2. Rechtsfolgen mangelhafter Umsetzung

Fraglich ist, welche Rechtsfolgen an eine fehlerhafte Umsetzung von Richtlinien ins nationale Recht geknüpft sind. Diese Frage soll nunmehr überblicksmäßig beantwortet werden.

2.1. Unmittelbare Wirkung von Richtlinien

In ständiger Rechtsprechung betont der EuGH, dass nicht ordnungsgemäß umgesetzte Richtlinien unter bestimmten Voraussetzungen im innerstaatlichen Bereich unmittelbare Wirkung entfalten.[9] Der Rechtsschutzgedanke, der Grundsatz von Treu und Glauben sowie vor allem der Grundsatz der praktischen Wirksamkeit (effet utile) erfordern die unmittelbare Anwendung von Richtlinien.[10] Diese ist dann gegeben, wenn die Umsetzungsfrist abgelaufen ist oder die Richtlinie nur unzulänglich ins nationale Recht umgesetzt wurde und außerdem die Richtlinienregelung "inhaltlich als unbedingt und hinreichend genau" erscheint.[11] Der Richtlinie muss sich der anspruchsberechtigte Personenkreis entnehmen lassen,

---

6 *EuGH 21.06.1988,* Rs. 257/86 (Kommission/Italien), Slg. 1988, 3249; *15.11.2001,* Rs. C-49/00 (Kommission/Italien), Slg. 2001, I-8596, 8607, Rn. 21; *24.10.2002,* Rs. C-455/00 (Kommission/Italien), Slg. 2002, I-9231, 9254, Rn. 23.

7 *EuGH 03.03.1988,* Rs. 116/86 (Kommission/Italien), Slg. 1988, 1323 (Leitsatz).

8 *EuGH 24.10.2002,* Rs. C-455/00 (Kommission/Italien), Slg. 2002, I-9231, 9252, Rn. 14.

9 *EuGH 05.10.2004,* Rs. C-397/01 bis C 403/01 (Pfeiffer), NZA 2004, 1145, 1151; *Lutter,* JZ 1992, 593, 597.

10 *Merten,* MB bei der Bildschirmarbeit, S. 35 m.w.N.; *Linnenkohl,* ArbuR 2002, 211.

11 *EuGH 05.10.2004,* Rs. C-397/01 bis C 403/01 (Pfeiffer), NZA 2004, 1145, 1151; *Litschen,* ZTR 2004, 619; *Grundmann,* Europ. Schuldvertragsrecht, S. 108.

zudem Inhalt und Umfang der Rechte und zuletzt auch die Person des Anspruchsverpflichteten; außerdem darf sie den nationalen Rechtsordnungen kein Abweichen gestatten.[12] Eine unmittelbare Anwendbarkeit von Richtlinien wird im Verhältnis Privatrechtssubjekt und Staat bejaht und auch nur dann, wenn sich der einzelne Bürger gegenüber einer staatlichen Stelle auf eine ihm günstigere Richtlinienregelung beruft (sog. vertikale Wirkung).[13] Dagegen wird eine unmittelbare Anwendung zu Lasten Dritter im Verhältnis Staat - Bürger[14] und im Verhältnis zu Privatrechtssubjekten untereinander (sog. horizontale Wirkung) von der h.M.[15] abgelehnt.
Die unmittelbare Wirkung von einzelnen Richtlinienbestimmungen ist nach dem *EuGH* subsidiär, für den Fall, dass eine richtlinienkonforme Auslegung des nationalen Rechts nicht möglich ist.

2.2. Richtlinienkonforme Rechtsfindung

In ständiger Rechtsprechung verlangt der EuGH eine richtlinien- (oder gemeinschaftsrechts-)konforme Auslegung nationalen Rechts und stützt diese Verpflichtung auf Art. 249 Abs. 3 und Art. 10 EG.[16] Danach haben die Mitgliedstaaten die Pflicht, alle erforderlichen Maßnahmen zu ergreifen, um die vollständige Wirksamkeit der Richtlinie und seiner vorgegebenen Ziele zu erreichen.[17] Diese Pflicht obliegt allen Trägern öffentlicher Gewalt in den Mitgliedstaaten und damit insbesondere auch den Gerichten im Rahmen ihrer Zuständigkeit, um die

---

12 *Schlachter,* RdA 2005, 115, 117; *Lutter,* JZ 1992, 593, 596; *Kreft,* Arbeitszeitdauerregulierungen, S. 46.

13 *Litschen,* ZTR 2004, 619, 621; *Grundmann,* Europ. Schuldvertragsrecht, S. 108; *Oppermann,* Europarecht, § 6, Rn. 556.

14 *Grundmann,* Europ. Schuldvertragsrecht, S. 108 f.; *Oppermann,* Europarecht, § 6, Rn. 556; *Merten,* MB bei der Bildschirmarbeit, S. 37.

15 Ausdrücklich auch *EuGH 05.10.2004,* Rs. C-397/01 bis C 403/01 (Pfeiffer), NZA 2004, 1145, 1151; *EuGH 14.07.1994,* Rs. C-91/92 (Faccini Dori), JZ 1995, 149, 150; *Schlachter,* RdA 2005, 115, 117; *Litschen,* ZTR 2004, 619, 620; *Riesenhuber/Domröse,* RIW 2005, 47, 49; *Oppermann,* Europarecht, § 6, Rn. 556; *Linnenkohl,* ArbuR 2002, 211; *LAG Hamburg 13.2.2002,* NZA 2002, 507, 510.

16 *EuGH 05.10.2004,* Rs. C-397/01 bis C 403/01 (Pfeiffer), NZA 2004, 1145, 1151; *EuGH 10.04.1984,* Rs. 14/83 (von Colson und Kamann), Slg. 1984, 1891, 1909; *BAG 18.02.2003,* AP Nr. 12 zu § 611 BGB Arbeitsbereitschaft; *Riesenhuber/Domröse,* RIW 2005, 47, 48.

17 *Boerner/Boerner,* NZA 2003, 883, 887.

volle Wirksamkeit einer Richtlinie zu gewährleisten.[18] Daher muss das nationale Gericht bei der Anwendung innerstaatlichen Rechts dieses so weit wie möglich anhand des Wortlauts und des Zwecks dieser Richtlinie auslegen, um das gemeinschaftsrechtlich verfolgte Ziel zu erreichen.[19] Dabei bezieht sich die Pflicht zur richtlinienkonformen Auslegung nicht nur auf die zur Umsetzung der fraglichen Richtlinie erlassenen nationalen Bestimmung, sondern der EuGH verlangt, dass das nationale Gericht das gesamte innerstaatliche Recht berücksicht, um zu beurteilen, inwieweit es so angewendet werden kann, dass es sich nicht zu einem der Richtlinie widersprechenden Ergebnis führt.[20]
In diesem Zusammenhang ist zu betonen, dass der EuGH im Rahmen der richtlinien-(oder gemeinschaftsrechts-)konformen[21] „Auslegung" nicht zwischen der Auslegung im Sinne des deutschen Methodenverständnisses und einer Rechtsfortbildung differenziert, wobei der mögliche Wortsinn einer Norm die Grenze bildet.[22]
Umstritten sind jedoch die Grenzen einer richtlinienkonformen Auslegung und/oder Rechtsfortbildung. Eine ausführliche Darstellung wäre im Rahmen dieser Arbeit an dieser Stelle jedoch verfehlt.[23] Insoweit ist darauf zu verweisen, dass sich die Grenzen einer richtlinienkonformen Auslegung aus dem nationalen Recht ergeben sollen.[24] Daher hat sich eine richtlinienkonforme Auslegung an den Prinzipien einer verfassungskonformen Auslegung zu orientieren und ist durch den Wortlaut und dem klar erkennbaren Willen des Gesetzgebers be-

---

18 *EuGH 05.10.2004,* Rs. C-397/01 bis C 403/01 (Pfeiffer), NZA 2004, 1145, 1151; *Litschen,* ZTR 2004, 619, 622.

19 *EuGH 13.11.1990,* Rs. C-106/89 (Marleasing), Slg. 1990, I-4135, 4159, Rn. 8; *EuGH 14.07.1994,* Rs. C-91/92 (Faccini Dori), JZ 1995, 149; *EuGH 07.01.2004,* Rs. C-60/02 (Montres Rolex SA u.a.), Slg. I-2004, 651, 685 f., Rn. 59 ff.; *Grundmann,* ZEuP 1996, 399, 414; *König,* Produktsicherheitsgesetz und Produkthaftung, S. 6; *Boerner/Boerner,* NZA 2003, 883, 887.

20 *EuGH 05.10.2004,* Rs. C-397/01 bis C 403/01 (Pfeiffer), NZA 2004, 1145, 1151, *EuGH 13.11.1990,* Rs. C-106/89 (Marleasing), Slg. I-1990, 4135, 4159, Rn. 8; *Jarass,* EuR 1991, 211, 220; *Grundmann,* ZEuP 1996, 399, 400; *Schlachter,* RdA 2005, 115, 119.

21 Zur Differenzierung zwischen gemeinschaftsrechts- und richtlinienkonformer Auslegung *Riesenhuber/Domröse,* RIW 2005, 47, 49.

22 *Schlachter,* RdA 2005, 115, 119; *Riesenhuber/Domröse,* RIW 2005, 47, 50.

23 Eine ausführliche Bearbeitung soll bei Bedarf anhand der in Betracht kommenden gesetzlichen Regelung erfolgen.

24 *Schlachter,* RdA 2005, 115, 118; *Matthiessen/Shea,* DB 2005, 106, 109; *Thüsing,* ZIP 2004, 2301, 2303 f.; *Jarass,* EuR 1991, 211, 217 f.; *Hergenröder,* RdA 2001, 346, 348; *Boerner/Boerner,* NZA 2003, 883, 887; *BAG 18.02.2003,* AP Nr. 12 zu § 611 BGB Arbeitsbereitschaft; *GA van Gerven,* Rs. C-106/89 (Marleasing), Slg. I-1990, 4135, 4146 f.

grenzt.[25] Da eine Auslegung entgegen des Wortlauts des Gesetzes scheitert, bliebe im deutschen Recht die Möglichkeit einer Analogie, also einer Rechtsfortbildung.[26]

Andererseits hat der EuGH entschieden, dass sich die Grenze nicht aus der nationalen Methodenlehre ergebe, sondern durch die allgemeinen Rechtsgrundsätze des Gemeinschaftsrechts, vor allem das Gebot der Rechtssicherheit und das Rückwirkungsverbot bestimmt werde.[27] Eine Begründung oder Verschärfung der strafrechtlichen Verantwortlichkeit durch eine richtlinienkonforme Auslegung ist damit nicht möglich.[28]

In der Pfeiffer-Entscheidung[29] hat der EuGH das Erfordernis aufgestellt, „dass das vorlegende Gericht ... alles tun muss, was in seiner Zuständigkeit liegt, um die volle Wirksamkeit der Richtlinie 93/104 zu gewährleisten, ..." Hierbei bezieht sich der EuGH nicht nur auf die Auslegung des nationalen Rechts, sondern auch auf die Rechtsfortbildung.[30] Auch insoweit richtet sich die Rechtsfortbildung nach den Kriterien des nationalen Rechts.[31] Damit ist eine richtlinienkonforme Rechtsfortbildung/Auslegung jedenfalls dann ausgeschlossen, wenn der nationale Gesetzgeber eine bewusst richtlinienwidrige Umsetzung vorgenommen hat.[32]

---

25 *Matthiesen/Shea,* DB 2005, 106, 109; *Rixen,* EuZW 2001, 421, 423; *Boerner/Boerner,* NZA 2003, 883, 887; *Piekenbrock/Schulze,* WM 2002, 521, 524; *Merten,* MB bei der Bildschirmarbeit, S. 44; *BAG 18.02.2003,* AP Nr. 12 zu § 611 BGB Arbeitsbereitschaft; *BVerfG 24.05.1995,* BVerfGE 93, 37, 81.

26 *Piekenbrock/Schulze,* WM 2002, 521, 524.

27 *EuGH 08.10.1987,* Rs. 80/86 (Kolpinghuis Nijmegen), Slg. 1987, 3969, 3986 f., Rn. 13; *EuGH 26.09.1996,* Rs. C-168/95 (Arcaro), Slg. 1996, I-4705, 4729; *EuGH 07.01.2004,* Rs. C-60/02 (Montres Rolex SA u.a.), Slg. I-2004, 651, 686, Rn. 61; *Schlachter,* RdA 2005, 115, 119.

28 *EuGH 07.01.2004,* Rs. C-60/02 (Montres Rolex SA u.a.), Slg. I-2004, 651, 686, Rn. 61.

29 *EuGH 05.10.2004,* Rs. C-397/01 bis C 403/01 (Pfeiffer), NZA 2004, 1145, 1152.

30 *Thüsing,* ZIP 2004, 2301, 2305.

31 *Thüsing,* ZIP 2004, 2301, 2305.

32 *Riesenhuber/Domröse,* RIW 2005, 47, 51; *König,* Produktssicherheitsgesetz und Produkthaftung, S. 9; *Müller-Graff,* NJW 1993, 13, 21 f.; *Grundmann,* Europ. Schuldvertragsrecht, S. 118. Weitergehende Ausführungen zu Fragen des Contra-legem-Judizierens werden im Rahmen dieser Arbeit an dieser Stelle bewusst außer Betracht bleiben und nur angesprochen werden, soweit es erforderlich ist.

II. Entstehungsgeschichte und wesentliche Regelungsinhalte des Arbeitszeitgesetzes

Die Neuordnung des Arbeitszeitrechts wurde auch durch Art. 30 Abs. 1 Nr. 1 des Einigungsvertrages notwendig. Danach oblag dem gesamtdeutschen Gesetzgeber die Aufgabe, das Arbeitsvertragsrecht und das öffentlich-rechtliche Arbeitszeitrecht einschließlich der Sonn- und Feiertagsarbeit sowie den besonderen Frauenarbeitsschutz möglichst bald einheitlich zu regeln. Daher sollen die jeweiligen Regelungen zur Nacht- und Schichtarbeit der BRD und der ehemaligen DDR kurz skizziert werden.

1. Entstehungsgeschichte und Anforderungen durch das Bundesverfassungsgericht

Vorläufer des Arbeitszeitgesetzes von 1994 war vor allem die aus dem Jahre 1938 stammende Arbeitszeitordnung (AZO), die wiederum deutliche Übereinstimmungen mit den Arbeitszeitverordnungen der Jahre 1923 und 1927 aufwies.[33]

1.1. Die Regelungen zur Nacht- und Schichtarbeit in der AZO

§ 19 Abs. 1 AZO statuierte ein Nachtarbeitsverbot für gewerbliche Arbeiterinnen in der Nachtzeit zwischen 20 und 6 Uhr; vor Sonn- und Feiertagen durften sie nur bis 17 Uhr beschäftigt werden. Abweichungen in Bezug auf Beginn und Ende der Beschäftigung sah § 19 Abs. 2 AZO vor. Danach durften Arbeiterinnen im mehrschichtigen Betrieb von 6.00 bis 23.00 Uhr, nach Anzeige an das Gewerbeaufsichtsamt auch von 5.00 bis 22.00 Uhr oder 7.00 bis 24.00 Uhr beschäftigt werden. Für bestimmte Bereiche, z.B. Gaststätten- und Beherbergungsgewerbe, Krankenpflege, Apotheken, Gärtnereien, bestanden nach § 19 Abs. 3 i.V.m. § 17 Abs. 3 AZO generelle Ausnahmen vom Nachtarbeitsverbot.[34] Außerdem konnten von der zuständigen Landesbehörde auf unbestimmte Zeit

---

[33] Eine ausführliche Darstellung der Geschichte des allgemeinen Arbeitszeitrechts ist bei *Tietje*, Grundfragen des Arbeitszeitrechts, S. 27 ff. zu finden.

[34] In der Literatur findet sich hierzu der Hinweis, dass das Nachtarbeitsverbot nur in typischen Männerarbeitsbereichen durchgehalten wurde, *Schiek*, Nachtarbeitsverbot für Arbeiterinnen, S. 45.

Ausnahmegenehmigungen für einzelne Gewerbezweige, Tätigkeiten oder Betriebe bei Vorliegen betriebstechnischer oder allgemein wirtschaftlicher Gründe erteilt werden. Mit dem Nachtarbeitsverbot für Arbeiterinnen bezweckte der Gesetzgeber neben der Erholungsmöglichkeit auch, dass sich Frauen der Familie widmen und den Haushalt versorgen konnten.[35]
Allgemeine gesetzliche Regelungen zur Gestaltung der Nachtarbeit ergaben sich nur aus der Mindestruhezeit gem. § 12 AZO von elf Stunden (im Verkehrswesen zehn Stunden) zwischen zwei Schichten und der täglichen Höchstarbeitszeit von zehn Stunden (für Männer nach § 3 AZO und für Frauen nach § 17 AZO), wobei eine Verlängerung der Höchstarbeitszeit für Männer durch Tarifvertrag nach § 7 AZO und zur Durchführung von Abschlussarbeiten möglich war. § 7 AZO erlaubte für Männer die Durchführung einer sechzehnstündigen Doppelschicht einmal in drei Wochen.
In § 8 MuSchG fand sich ein mutterschutzrechtliches Nachtarbeitsverbot; außerdem konnten Mütter von Kinder bis zu vierzehn Jahren nach § 3 FreizeitAO Nachtarbeit ablehnen.

1.2. Die Regelungen im AGB-DDR

Im Bereich der Nachtarbeit war eine einheitliche Neuregelung notwendig, da das Recht der ehemaligen DDR kein Nachtarbeitsverbot für Frauen statuierte und das in § 19 AZO enthaltene Nachtarbeitsverbot nicht übertragen wurde, um so den betroffenen Frauen eine Weiterbeschäftigung in ihren erlernten Berufen zu ermöglichen.[36] Zudem kannte das AGB-DDR weitere Regelungen hinsichtlich der Nachtarbeit, die allerdings nur begrenzt Fortgeltung beanspruchen sollten. Das AGB-DDR gestattete nur Frauen mit Kindern im Vorschulalter Nachtarbeit abzulehnen (§ 243 Abs. 2 AGB-DDR) und ebenso Personen, die nach ärztlichem Zeugnis pflegebedürftige Haushaltsangehörige zu betreuen hatten und deren Betreuung anderweitig nicht sichergestellt werden konnte (§ 170 Abs. 3 S. 2 AGB-DDR). § 233 AGB-DDR verpflichtete die Betriebe, für die Versorgung der Kinder in Kindereinrichtungen zu sorgen. Zudem war die Zuschlagspflichtigkeit von Nacht- und Schichtarbeit (§ 170 f und § 171 AGB-DDR) normiert. Außerdem erhielten SchichtarbeiterInnen zusätzliche Urlaubstage und Mütter von Kindern nochmals. Weiterhin regelte § 228 AGB-DDR, dass die Betriebe bei Nacht- und Schichtarbeit eine warme Mahlzeit und in der Nacht Zwi-

---

35 *Denecke/Neumann/Biebl*, § 19 AZO, Rn. 3.
36 *Wlotzke/Lorenz*, BB 1990, Beil. 35, S. 1, 9.

schenmahlzeiten anzubieten hatten, die den besonderen Anforderungen dieser Arbeitszeitformen gerecht wurden.

1.3. Die Anforderungen an den Gesetzgeber durch das BVerfG

Bei der Entstehung des Arbeitszeitgesetzes war der Gesetzgeber in seinem Entscheidungsspielraum insofern nicht frei, als das geplante Gesetz die Urteile des Europäischen Gerichtshofes zum Diskriminierungsverbot[37] und des BVerfG zum Nachtarbeitsverbot für Arbeiterinnen vom 28.01.1992[38] zu beachten hatte. In der letztgenannten Entscheidung kam das BVerfG zu dem Ergebnis, dass § 19 AZO mit Art. 3 Abs. 1 und Abs. 3 GG unvereinbar ist. Zuvor hatte bereits der EuGH eine ähnliche Regelung des französischen Code du travail als nicht vereinbar mit dem Gleichbehandlungsgrundsatz des Art. 5 der Richtlinie 76/207/EWG erklärt.[39]
Das BVerfG entschied dagegen in seinen Urteilen aus den Jahren 1953[40], 1956[41] und 1979[42] zunächst, dass das Nachtarbeitsverbot des § 19 AZO 1938 vom Differenzierungsgebot des Art. 3 Abs. 2 und 3 GG nicht erfasst werde, da § 19 AZO der biologischen Besonderheit der Frau im Rahmen ihres Arbeitsverhältnisses schützend Rechnung trage.

---

37 Hierbei handelt es sich um folgende Urteile: *EuGH 25.7.1991*, Rs. C-345/89 (Tribunal de police Illkirch [Frankreich]/Alfred Stoeckel), EuZW 1991, 666; *EuGH 3.2.1994*, Rs. C-13/93 (Office National de l'0Emploi [ONEM]/Madeleine Minne), EuZW 1994, 253; *EuGH 13.3.1997*, Rs. C-197/96 (Kommission./Frankreich), NZA 1997, 481.

38 BVerfG 28.01.1992, NZA 1992, 270.

39 *EuGH 25.7.1991*, Rs. C-345/89 (Tribunal de police Illkirch [Frankreich]/Alfred Stoeckel), EuZW 1991, 666. Im vorliegenden Fall kam der EuGH zu dem Ergebnis, dass sich aus Art. 5 RL 76/207/EWG im Hinblick auf den Zugang zur Beschäftigung und in Bezug auf die Arbeitsbedingungen die hinreichend bestimmte Verpflichtung der Mitgliedstaaten ergebe, kein Verbot der Nachtarbeit von Frauen - auch wenn davon Ausnahmen bestehen - als gesetzlichen Grundsatz aufzustellen, wenn es kein Verbot der Nachtarbeit von Männern gibt. Außerdem betonte der EuGH, dass die allgemeinen Gefahren, denen Frauen durch Nachtarbeit ausgesetzt sind, sich nicht ersichtlich ihrem Wesen nach von denen unterscheiden, denen auch Männer ausgesetzt sind, außer im Fall von Schwangerschaft und Mutterschaft. Auch könne der Gefahr von Überfällen durch andere geeignete Maßnahmen begegnet werden, und Aufgabe der Gleichbehandlungsrichtlinie sei zudem nicht die Regelung interner Familienverhältnisse.

40 *BVerfG 18.12.1953*, BB 1954, 38.

41 *BVerfG 25.05.1956*, AP Nr. 1 zu Art. 103 GG.

42 *BVerfG 13.11.1979*, AP Nr. 28 zu § 1 HATG-NRW.

Indessen hob das BVerfG in seinem Urteil vom 28.02.1992 hervor, dass Nachtarbeit grundsätzlich für jeden Menschen schädlich ist.[43] Dabei betonte das BVerfG, dass die arbeitsmedizinische Forschung zudem über keine gesicherten Anhaltspunkte verfüge, wonach Arbeiterinnen wegen ihrer Konstitution stärker unter Nachtarbeit leiden als männliche Arbeitnehmer und somit diese dem Nachtarbeitsverbot ursprünglich zugrundeliegende Annahme nicht mehr aufrechterhalten werden kann. Des Weiteren sei die zusätzliche Belastung mit Hausarbeit und Kinderbetreuung kein hinreichend geschlechtsspezifisches Merkmal.
Gleichsam setzte das BVerfG in seinem Urteil wichtige verfassungsrechtliche Markierungspunkte für eine notwendig gewordene gesetzliche Neuregelung.[44] Das Gericht hat als Folge der Unvereinbarkeit von § 19 AZO und § 25 AZO mit Art. 3 Abs. 3 und 1 GG nicht die Nichtigkeit festgestellt, sondern, da mehrere Möglichkeiten der Beseitigung der Verfassungswidrigkeit bestehen, z.B. die geschlechtsneutrale Beschränkung der Zulässigkeit der Nachtarbeit, die Begründung besonderer Schutz- und Fürsorgepflichten und Fürsorgemaßnahmen zur Erleichterung der Doppelbelastung in Familie und Beruf, dem Gesetzgeber aufgetragen, den Schutz der Arbeitnehmer vor den schädlichen Folgen der Nachtarbeit neu zu regeln.
Eine gesetzliche Neuregelung sei nach Meinung des Gerichts notwendig, um den objektiven Gehalt der Grundrechte, insbesondere des Rechts auf körperliche Unversehrtheit (Art. 2 Abs. 2 S. 1 GG), Genüge zu tun, da sich eine Schutzpflicht des Staates im Hinblick dieses Grundrecht ergebe. Eine unbeschränkte Freigabe ohne flankierende Maßnahmen würde insoweit gegen den objektiven Gehalt des Grundrechts des Art. 2 Abs. 2 S. 1 GG verstoßen. Zudem ergebe sich die Notwendigkeit einer gesetzlichen Regelung auch aus dem Sozialstaatsprinzip des Grundgesetzes, da der freiwillige Vertragsschluss auf Grund des im Arbeitsrecht bestehenden unausgeglichenen Kräfteverhältnisses der Beteiligten die arbeitsvertragliche Verpflichtung zur Nachtarbeit nicht zu rechtfertigen vermag. Das BVerfG forderte ein Tätigwerden des Gesetzgebers, wobei das Gericht dem Gesetzgeber bei der Neuregelung einen weiten Einschätzungs-, Wertungs- und Gestaltungsspielraum zuerkannte und gleichzeitig die Forderung aufstellte, dass die vom Gesetzgeber getroffenen Maßnahmen zur Wahrung des Grundrechtsschutzes nicht gänzlich ungeeignet sein dürfen; vielmehr müsse sich daran auch die Neuregelung des Arbeitnehmerschutzes vor den gesundheitsschädlichen Folgen der Nachtarbeit messen lassen.[45]

---

43 *BVerfG 28.1.1992,* NZA 1992, 270, 271.
44 *Blanke/Diederich,* ArbuR 1992, 165, 169.
45 *BVerfG 28.1.1992,* NZA 1992, 270, 273.

Im Anschluss an die Entscheidung des BVerfG ist in der Literatur die Frage diskutiert worden, wie eine gesetzliche Neuregelung im Hinblick auf die Nachtarbeit gestaltet werden könnte. Die Meinungen hierzu gingen weit auseinander und reichten von der Aussage, dass ein gesetzgeberisches Handeln von Verfassungswegen nicht zwingend geboten sei[46] bis zur Erstreckung des Nachtarbeitsverbots von Arbeiterinnen auf Angestellte[47] über die allgemeine Forderung nach Gestaltung der Nachtarbeit durch bestimmte Schutzvorschriften, da solche Regelungen im Rahmen des Verhältnismäßigkeitsgrundsatzes das mildere Mittel gegenüber einem geschlechtsneutralen strikten Verbot der Nachtarbeit darstellen sollten[48]. Darüber hinaus wurden auch konkrete Regelungsvorschläge für ein Nachtarbeits(schutz)gesetz[49] unterbreitet.
Mit dem am 1.7.1994 in Kraft getretenen Arbeitszeitgesetz sollte dem Gesetzgebungsauftrag zur Neuregelung hinsichtlich der Nachtarbeit entsprochen werden und zugleich das Urteil des BVerfG vom 13. November 1979[50] zum Hausarbeitstag sowie die Forderung des Gesetzgebers nach einer verfassungskonformen Regelung umgesetzt werden.[51]

1.4. ILO-Übereinkommen Nr. 171 über Nachtarbeit

Der Gesetzgeber hat bei der Neuregelung des Arbeitszeitrechts auch die Regelungen des ILO-Übereinkommens Nr. 171 über Nachtarbeit berücksichtigt. Die Begriffsbestimmungen von Nachtzeit, Nachtarbeit und Nachtarbeitnehmer in § 2

---

46 So schon vor dem Urteil des BVerfG: *Loritz,* ZfA 1991, 607, 643, der das Bedürfnis nach einer generellen Verbotsregelung von Nachtarbeit verneinte und im Hinblick auf Gesundheitsgefährdungen der Auffassung war, dass bereits zum damaligen Zeitpunkt ausreichend Vorsorge getroffen war (S. 636). Zudem verneinte er eine konkrete Gefährdung der Gesundheit durch die Aufnahme von Nachtarbeit; eine Schädigung der Gesundheit bei den für die Nachtarbeit ungeeigneten Personen trete erst bei der Weiterarbeit über längere Zeit ein, und die Schutzpflicht (Schutz vor Weiterarbeit zur Nachtzeit) reduziere sich auf diesen Personenkreis. Es bestehe auch keine Gefahr einer Grundrechtsverletzung auf Grund der bestehenden arbeitsrechtlichen Mittel (§ 618 BGB i.V.m. § 273 BGB) (S. 642 f.). Im Falle der Bejahung einer Schutzpflicht sei der Gesetzgeber dieser in ausreichendem Maße nachgekommen (S. 644).

47 *Mayer-Maly,* EzA Nr. 5 zu § 19 AZO, S. 19, 21.

48 *Löwisch/Schwerdle,* JZ 1992, 916, 918.

49 *Schiek,* Nachtarbeitsverbot für Arbeiterinnen, S. 391 ff; *Pfarr,* PersR 1992, 177, 179f.; *Kehrmann,* Soziale Sicherheit 1992, 98, 99 f.

50 *BVerfG 13.11.1979,* AP Nr. 28 zu § 1 HausarbTagesG Nordrhein-Westfalen.

51 BT-Drucks. 12/5888, S. 19; zum Entwurf des Arbeitszeitrechtsgesetzes schon *Maneke,* ZTR 1993, 499;vgl. auch *Anzinger,* BB 1994, 1492.

Abs. 3 bis 5 sollen inhaltlich den Definitionen im Übereinkommen Nr. 171 der ILO entsprechen.[52] Damit sind diese Bestimmungen bei einer möglichen Auslegung heranzuziehen. Vor Inkrafttreten des Arbeitszeitgesetzes hatte der Bundestag in einer Entschließung der Bundesregierung empfohlen, im künftigen Arbeitszeitgesetz Regelungen in Bezug auf Nachtarbeit zu verankern, die eine Ratifizierung des ILO-Übereinkommens 171 ermöglichen.[53]
Zudem entfalten das ILO-Übereinkommen Nr. 171 und die dazugehörige Empfehlung Nr. 178 mittelbare Wirkung, indem sie bei der Auslegung der Arbeitszeitrichtlinie zu beachten sind.[54]

2. Wesentliche Regelungsinhalte im Überblick

Das Arbeitszeitgesetz beinhaltet besondere Regelungen zur Arbeitszeitgestaltung. Beispielsweise wird in § 3 S. 1 ArbZG die werktägliche Arbeitszeit auf acht Stunden festgesetzt. Eine Verlängerung auf täglich zehn Stunden innerhalb eines bestimmten Ausgleichszeitraumes ist nach § 3 S. 2 ArbZG möglich. Weitere Abweichungsmöglichkeiten sind durch Tarifvertrag oder Betriebsvereinbarung möglich (u.a. § 7 Abs. 1 Nr. 1 ArbZG). Verlängerungen der werktäglichen Arbeitszeit sind nunmehr ohne Ausgleich bei Arbeitsbereitschaft und Bereitschaftsdienst möglich (§ 7 Abs. 2a ArbZG). Hierfür ist jedoch u.a. eine schriftliche Einwilligung des Arbeitnehmers erforderlich.
Grundsätzlich ist die Arbeit durch im voraus feststehende Ruhepausen von mindenstens 30 Minuten bei einer sechs- bis neunstündigen Arbeitszeiten und von 45 Minuten bei einer über neun Stunden hinausgehenden Arbeitszeit zu unterbrechen (§ 4 ArbZG). Im Anschluss an die tägliche Arbeitszeit ist den Arbeitnehmern nach § 5 Abs. 1 ArbZG grundsätzlich eine ununterbrochene Ruhezeit von elf Stunden zu gewähren. Zudem ist die Beschäftigung von Arbeitnehmern

---

52 So die Bundesregierung in ihrer Gesetzesbegründung, BT-Drucks. 12/5888, S. 24.

53 BT-Drucks. 12/4380, S. 3; vgl auch *Anzinger/Koberski*, ArbZG, Einf., Rn. 69. Dieser Beschluss des Bundestages erging im Anschluss an eine Entschließung des Europäischen Parlaments (BT-Drucks. 12/2538, S. 1 ff.), das darin u.a. die Auffassung vertrat, dass "die spezifischen Probleme in Verbindung mit Nacht- und Schichtarbeit usw. umfassend im Rahmen von Rechtsvorschriften über die Gestaltung der Arbeitszeit angegangen werden müssen, die unter anderem den in der ILO-Empfehlung Nr. 178 aufgezeigten Leitlinien Rechnung tragen" und die Mitgliedstaaten aufforderte, dass sie "das Übereinkommen Nr. 171 der ILO trotz dessen unvollkommenen Charakters möglichst rasch ratifizieren."

54 Vgl. S. 26 f.; 83.

am Sonn- und Feiertag verboten (§ 9 Abs. 1 ArbZG). Für beide Regelungen hält das Arbeitszeitgesetz jedoch zahlreiche Ausnahmetatbestände bereit.
Darüber hinaus sieht das Arbeitszeitgesetz in § 6 besondere Schutzvorschriften zugunsten von Nacht- und Schichtarbeitnehmern vor.

III. Das Arbeitszeitgesetz als Baustein im deutschen Sicherheits- und Gesundheitsschutz

Der Gesetzgeber verfolgt mit dem Arbeitzeitgesetz die Gewährleistung der Sicherheit und des Gesundheitsschutzes der Arbeitnehmer, die Verbesserung der Rahmenbedingungen für flexible Arbeitszeiten (§ 1 Nr. 1 ArbZG) und den Schutz der Sonn- und Feiertage (§ 1 Nr. 2 ArbZG). Diese Zielsetzungen sind den weiteren Vorschriften des Arbeitszeitgesetzes vorangestellt, so dass Arbeitnehmer, Arbeitgeber und Aufsichtsbehörden keine eigenständigen Rechte und Pflichten ableiten können.[55] Die vom Gesetzgeber genannten Zielvorstellungen finden jedoch bei der Auslegung einzelner Vorschriften des Arbeitszeitgesetzes Beachtung, soweit diese einen Auslegungsspielraum vorsehen.[56] Sie haben Bedeutung für die Anwendung des Gesetzes durch die Gerichte und für die Ermessensausübung der Aufsichtsbehörden.[57]

1. Sicherheits- und Gesundheitsschutz – Verknüpfung von ArbZG und ArbSchG

Während das Arbeitszeitgesetz speziell auf die Gewährleistung von Sicherheit und Gesundheit der Arbeitnehmer bei der Arbeitszeitgestaltung abzielt, sollen diese Rechtsgüter geichzeitig und in allgemeiner Art durch Maßnahmen des Arbeitsschutzes nach dem Arbeitsschutzgesetz[58], das am 21.08.1996 in Kraft trat

---

55 MünchArbR-*Anzinger*, § 217 Rn. 12; *Baeck/Deutsch*, § 1 ArbZG, Rn. 6; *Schliemann/* Meyer, Arbeitszeitrecht, Rn. 32; Kittner/Zwanziger-*Schoof*, § 36, Rn. 15.

56 *Buschmann/Ulber*, § 1 ArbZG, Rn. 1; *Anzinger/Koberski*, § 1 ArbZG, Rn. 17.

57 *Schliemann*/Meyer, Arbeitszeitrecht, Rn. 32; *Neumann/Biebl*, § 1 ArbZG, Rn. 9.; MünchArbR-*Anzinger*, § 217, Rn. 12.

58 Gleichzeitig soll die EG-Richtlinie zum betrieblichen Arbeitsschutz für Arbeitnehmer mit befristetem Arbeitsverhältnis oder Leiharbeitsverhältnis umgesetzt sowie dem aus Art. 30 Abs. 1 des Einigungsvertrages folgenden Gesetzgebungsauftrages entsprochen werden.

und u.a. der Umsetzung der Arbeitsschutz-Rahmenrichtlinie 89/391/EWG dient, geschützt werden. Auf Grund der gemeinsamen Zielsetzung ist das Zusammenspiel von Arbeitsschutz- und Arbeitszeitgesetz zu klären.

1.1. ArbSchG als Allgemeiner Teil des betrieblichen Arbeitsschutzes

Das Arbeitsschutzgesetz gilt nach § 1 ArbSchG i.V.m. § 2 Abs. 2 ArbSchG grundsätzlich in allen Tätigkeitsbereichen für alle Beschäftigten mit Ausnahmen, die in § 1 Abs. 2 ArbSchG normiert sind.[59] In Anlehnung an die Grundrichtlinie 89/391/EWG formuliert das Arbeitsschutzgesetz weitgehend Schutzziele und allgemein gehaltene Anforderungen, d.h. grundsatzartige Pflichten, und enthält wenige detaillierte Vorgaben.[60] Gleichzeitig verankert es zahlreiche Pflichten des Arbeitgebers, so dass das europäische Leitbild einer betrieblichen Orientierung des Arbeitsschutzes durch die zentrale Pflichtenstellung des Arbeitgebers auf nationaler Ebene fortgesetzt wird. Ausgangspunkt ist die in § 3 Abs. 1 ArbSchG verankerte grundlegende Organisationspflicht, die den Arbeitgeber verpflichtet, die erforderlichen Maßnahmen des Arbeitsschutzes zu treffen und hierbei alle Umstände, die die Arbeit betreffen, zu berücksichtigen.[61]
Damit der Arbeitgeber in die Lage versetzt wird, die erforderlichen Arbeitsschutzmaßnahmen zu treffen, ist er nach § 5 Abs. 1 ArbSchG verpflichtet, eine Gefährdungsbeurteilung durchzuführen und deren Ergebnis gem. § 6 ArbSchG zu dokumentieren. Die Pflicht zur Gefährdungsbeurteilung wird als zentrale Arbeitgeberpflicht angesehen und stellte zugleich eine der wichtigsten Neuerungen des Arbeitsschutzes dar.[62]
In § 5 Abs. 3 Nr. 4 ArbSchG wird Arbeitszeit ausdrücklich als eine Gefährdungsquelle genannt, so dass an dieser Stelle bereits eine Verknüpfung von Arbeitsschutzgesetz und Arbeitszeitgesetz sichtbar wird.
Daneben werden im Arbeitsschutzgesetz weitere Pflichten des Arbeitgebers statuiert, z.B. die Zusammenarbeit mehrerer Arbeitgeber nach § 8 ArbSchG, die Bereitstellung von Maßnahmen der Ersten Hilfe gem. § 10 ArbSchG und die Verpflichtung des Arbeitgebers zur Unterweisung der Beschäftigten nach § 12 ArbSchG.

Vgl. *Wlotzke*, NZA 1996, 1017, 1019; *Koll*, PersV 1998, 230, 231, *Berger-Delhey*, ZTR 1994, 105, 106.

59 Ausführlicher hierzu *Wlotzke*, FS Däubler (1999), S. 654, 655 ff.; *Fischer/Schierbaum*, PersR 1996, 423, 424 f.

60 *Wlotzke*, FS Kehrmann (1997), S. 141, 159 f.

61 Hierzu ausführlich *Faber*, Die Grundpflichten des § 3 ArbSchG.

62 *Koll*, PersV 1998, 230, 233; MünchArbR-*Wlotzke*, § 211, Rn. 40.

Die wenigen aufgeführten Pflichten des Arbeitgebers, die einen Teil der Pflichten des Arbeitsschutzgesetzes darstellen, zeigen anhand der offenen Formulierungen, dass es sich um Grundpflichten des Arbeitgebers handelt, die im Rahmen des gesamten betrieblichen Arbeitsschutzes zur Anwendung kommen. Dies wird auch durch die im Arbeitsschutzgesetz statuierten Rechte und Pflichten der Beschäftigten verdeutlicht. Vergleichbar der Arbeitsschutz-Rahmenrichtlinie handelt es sich beim Arbeitsschutzgesetz demnach um den Allgemeinen Teil des öffentlich-rechtlich verfassten betrieblichen Arbeitsschutzes.[63]

1.2. ArbZG als Besonderer Teil des betrieblichen Arbeitsschutzes

Auf europäischer Ebene sind die Regelungen der RL 93/104/EG im Lichte der Arbeitsschutz-Rahmenrichtlinie auszulegen, da die Grundrichtlinie 89/391/EWG insoweit den Allgemeinen Teil des betrieblichen Gesundheitsschutzes bildet und die Arbeitszeitrichtlinie dagegen dem Besonderen Teil zuzurechnen ist, was insbesondere in Art. 1 Abs. 4 RL 93/104/EG zum Ausdruck kommt.[64] Auch wenn das Arbeitszeitgesetz vor dem Arbeitsschutzgesetz in Kraft getreten ist, setzt sich das Verhältnis der europäischen Ebene auf nationaler Ebene fort, da beide nationalen Gesetze der Umsetzung der entsprechenden Richtlinien dienen sollen. Die Einteilung in Allgemeinen Teil und Besonderen Teil des betrieblichen Arbeitsschutzes zeigt sich auch in § 1 Abs. 3 ArbSchG, wonach Pflichten, die der Arbeitgeber zur Gewährleistung von Sicherheits- und Gesundheitsschutz der Beschäftigten bei der Arbeit nach sonstigen Rechtsvorschriften hat und solche, die Rechte und Pflichten der Beschäftigten statuieren, unberücksichtigt bleiben. Solche sonstigen Rechtsvorschriften enthält auch das Arbeitszeitgesetz. Aus diesem Grund finden für den Bereich der Arbeitszeitgestaltung die allgemeinen Rahmenregelungen des Arbeitsschutzgesetzes und die besonderen Vorschriften des Arbeitszeitgesetzes Anwendung.[65] Das Arbeitszeitgesetz kann mithin nicht losgelöst vom Arbeitsschutzgesetz betrachtet werden, mit der Folge, dass die Begriffe beider arbeitsschutzrechtlicher Gesetze einheitlich auszulegen sind.

---

[63] *Kohte*, Jahrbuch des Arbeitsrechts 2000, S. 21, 30.

[64] Vgl. S. 53 f.

[65] *Buschmann/Ulber*, § 1 ArbZG, Rn. 11 bezeichnen das Arbeitszeitgesetz daher zu Recht als Spezialgesetz zum Arbeitsschutzgesetz.

2. Sicherheit und Gesundheitsschutz durch Maßnahmen des Arbeitsschutzes

Weder das Arbeitsschutz- noch das Arbeitszeitgesetz enthalten eine gesetzliche Definition von „Sicherheit und Gesundheitsschutz". Aus § 1 Abs. 1 ArbSchG ergibt sich, dass ein solches Ziel durch Maßnahmen des Arbeitsschutzes zu erreichen ist, so dass Rückschlüsse auf „Sicherheit und Gesundheitsschutz" möglich sind.[66] Nach § 2 Abs. 1 ArbSchG sind Maßnahmen des Arbeitsschutzes solche, die zur Verhütung von Unfällen bei der Arbeit und arbeitsbedingten Gesundheitsgefahren beitragen, einschließlich Maßnahmen der menschengerechten Gestaltung der Arbeit. Normzweck von § 2 Abs. 1 ArbSchG ist explizit die Einheitlichkeit der Rechtsauslegung des Arbeitsschutzgesetzes und zugleich die Ausrichtung der Maßnahmen auf bestimmte Fachgebiete des Arbeitsschutzes.[67]

2.1. Begriff der Sicherheit

Nach § 2 Abs. 1 ArbSchG sollen Maßnahmen des Arbeitsschutzes auch zur Verhütung von Unfällen bei der Arbeit dienen. Der Gesetzgeber hat bewusst nicht den unfallversicherungsrechtlichen Begriff des „Arbeitsunfalls" des § 8 Abs. 1 S. 2 SGB VII verwendet, um Wegeunfälle aus dem Schutzbereich des Arbeitsschutzgesetzes auszuklammern, da die Gestaltung der von den Beschäftigten zurückzulegenden Wege in der Regel keinem Einfluss des Arbeitgebers unterliegt.[68]
Allerdings ist weiter festzuhalten, dass der arbeitsschutzrechtliche Unfallbegriff bereits dann erfüllt ist, wenn durch die Arbeit eine, wenn auch nicht die ausschlaggebende Bedingung für den Unfall gesetzt wird; somit wird auf eine enge Kausalbeziehung verzichtet.[69] Dies ergibt sich aus dem Erfordernis des § 4 Nr. 1

---

66 *Faber,* Grundpflichten des § 3 ArbSchG, S. 81 f.; *Merten,* MB bei der Bildschirmarbeit, S. 53 ff.

67 *Faber,* Grundpflichten des § 3 ArbSchG, S. 72.

68 *Merten,* MB bei der Bildschirmarbeit, S. 54 f.; *Anzinger/Bieneck,* § 1 ASiG, Rn. 15; *Faber,* Grundpflichten des § 3 ArbSchG, S. 73, der sich unter Hinweis auf Prax- Komm.-*Kohte,* § 2 ArbSchG, Rn. 13 zu Recht für eine Einzelfallprüfung dahingehend ausspricht, ob der jeweilige Unfall dem Einfluss- und Organisationsbereich des Arbeitgebers zuzuordnen ist. Dabei ist auf Art. 3 c) des ILO-Überein-kommens Nr. 155 zu verweisen, wonach der Ausdruck "Arbeitsplatz" alle Orte umfasst, wo sich Arbeitnehmer auf Grund ihrer Arbeit aufhalten oder hinbegeben müssen und die dem unmittelbaren oder mittelbaren Verfügungsrecht des Arbeitgebers unterliegen.

69 *Faber,* Grundpflichten des § 3 ArbSchG, S. 75 f.; Prax-Komm.-*Kohte,* § 2 ArbSchG, Rn. 14.

ArbSchG, wonach vorrangig Gefährdungen zu vermeiden bzw. zu minimieren sind. Es ist nochmals festzuhalten, dass auch das Arbeitszeitgesetz ausdrücklich zur Unfallverhütung („Sicherheit") beitragen soll.

2.2. *Verhütung arbeitsbedingter Gesundheitsgefahren*

Auch Maßnahmen zur Verhütung arbeitsbedingter Gesundheitsgefahren stellen nach § 2 Abs. 1 ArbSchG Maßnahmen des Arbeitsschutzes dar. Damit soll sichergestellt werden, dass mit der Arbeit verbundene schädigende Einwirkungen verhütet werden, auf die der Arbeitgeber Einfluss hat.[70] Neben dem engen Bereich der Berufskrankheiten nach § 9 SGB VII werden darüber hinaus, nach wohl einhelliger Auffassung, alle arbeitsbedingten Erkrankungen erfasst.[71] Hierbei handelt es sich um solche Erkrankungen, die durch Arbeitseinflüsse verursacht oder mitverursacht, bzw. die als außerberuflich erworbene Erkrankungen durch Arbeitsverhältnisse in ihrem Verlauf ungünstig beeinflusst werden.[72] Der Begriff der „arbeitsbedingten Erkrankung" umfasst mithin alle Gefahren, unabhängig von der Art des Verursachungsbeitrages, so dass nunmehr auch multifaktoriell verursachte Erkrankungen[73] in § 2 Abs. 1 ArbSchG einbezogen werden. Damit werden die Pflichten des Arbeitgebers im Rahmen des Arbeitsschutzes ausgeweitet. Diese Ausweitung ist vor dem Hintergrund eines präventiven Ansatzes des Arbeitsschutzes konsequent.

Die Ausweitung hat insbesondere auch für Nacht- und Schichtarbeit Bedeutung, da die aus dieser Arbeitszeitform resultierenden Erkrankungen nicht als Berufskrankheit i.S.d. § 9 SGB VII anerkannt sind und die hohen Anforderungen, die an einen Nachweis zwischen der erlittenen Erkrankung und der Ursächlichkeit der Arbeit gestellt werden, sich als schwierige Hürde erweisen würden.[74]

Dagegen wird man einen kausalen Beitrag von Nacht- und Schichtarbeit an der Entstehung von Erkrankungen, z.B. Magen-Darmerkrankungen annehmen können, mit der Folge, dass präventive Maßnahmen ergriffen werden müssen. Auch für den Bereich der auftretenden Mehrfachbelastungen am Arbeitsplatz ist diese

---

70 *Faber*, Grundpflichten des § 3 ArbSchG, S. 74.

71 *Kittner/Pieper*, § 2 ArbSchG, Rn. 5 (2003); *Anzinger/Bieneck*, § 1 ASiG, Rn. 16.

72 *Wank*, TAS, § 2 ArbSchG, Rn. 1; *Kittner/Pieper*, § 2 ArbSchG, Rn. 6 (2003); *Anzinger/Bieneck*, § 1 ASiG, Rn. 18, Prax-Kommentar-*Kohte*, § 2 ArbSchG, Rn. 20. Folgerichtig findet die Theorie der wesentlichen Bedingung innerhalb des Arbeitsschutzgesetzes keine Anwendung

73 Zum Begriff der arbeitsbedingten Erkrankung *Pieper/Vorath*, Handbuch Arbeitsschutz, S. 47 f.; *Bücker/Feldhoff/Kohte*, Arbeitsumwelt, Rn. 48.

74 Vgl. auch *Hamm*, Flexible Arbeitszeiten, S. 47 f.

Ausweitung der Pflichten des Arbeitgebers bedeutsam. Die Einbeziehung multifaktoriell verursachter Erkrankungen wird gleichzeitig der Verteilung der Risikosphären von Arbeitnehmer und Arbeitgeber gerecht.

2.3. Maßnahmen der menschengerechten Gestaltung der Arbeit

Maßnahmen des Arbeitsschutzes umfassen nach § 2 Abs. 1 ArbSchG auch Maßnahmen einer menschengerechten Gestaltung der Arbeit. Eine menschengerechte Gestaltung der Arbeit zielt allgemein auf eine Verbesserung der Arbeitsbedingungen, unter denen die Arbeit zu erbringen ist.[75]
Der Begriff der menschengerechten Gestaltung der Arbeit kann grundsätzlich sehr weit ausgelegt werden und umfasst dabei: 1. Maßnahmen des individuellen Gesundheitsschutzes, d.h. den Schutz vor arbeitsbedingten Gesundheitsgefahren, den Abbau von Überforderungen, den Ausgleich von Unterforderungen und auch die Schaffung von Wohlbefinden bei der Arbeit; 2. die Förderung der Persönlichkeit indem z.B. Möglichkeiten geschaffen werden, sich bei der Arbeitsausführung zu bewähren und selbst zu verwirklichen, oder die Qualifikation erhalten oder ausgebaut wird; 3. sozialverträglich gestaltete bzw. gesellschaftlich vertretbare Arbeitsbedingungen, die durch die Gewährleistung sozialer Normen, der Förderung zwischenmenschlicher Beziehungen, der Partizipation und der Sicherheit des Arbeitsplatzes erreicht werden sollen[76]; 4. technisch-effiziente Arbeitsbedingungen und 5. wirtschaftlich zumutbare Arbeitsbedingungen[77]. Es handelt sich hierbei vor allem um die auf das Individuum bezogenen, „dem Menschen angemessene Arbeitsbedingungen" und die den Menschen als Mitglied der Gesellschaft betreffenden „gesellschaftlich vertretbaren Arbeitsbedingungen".[78] Um die Arbeit insgesamt als menschengerecht zu beurteilen, werden vier Bewertungsebenen herangezogen; die Arbeit muss für den Menschen ausführbar, erträglich, zumutbar und subjektiv zufriedenstellend sein.[79]
Zusammenfassend lässt sich feststellen, dass eine menschengerechte Gestaltung der Arbeit vor allem gesundheits- und persönlichkeitsrelevante Zielsetzungen

---

75 MünchArbR-*Wlotzke*, § 206 Rn. 14; *Schaefer*, MitGespr. 1974, 89.

76 *Schweres*, AiB 1995, 635, 637 fasst Teilziele 2 und 3 als ein gemeinsames Ziel auf.

77 *Schweres*, AiB 1995, 634, 636 ff.; *Martin*, Grundlagen der menschengerechten Arbeitsgestaltung, S. 22 f.; *Zöllner*, RdA 1973, 212, 213.

78 *Schaefer*, MitGespr. 1974, 89.

79 *Schaefer*, MitGespr. 1974, 89, 90. Er weist zugleich darauf hin, dass dann jener Zustand vollkommenen körperlichen, seelischen und sozialen Wohlbefindens erreicht ist, von dem die WHO in ihrem Gesundheitsbegriff ausgeht.

verfolgt[80] und grundsätzlich die Berücksichtigung aller physischen, psychischen und sozialen Faktoren umfasst, sofern sie mit den Arbeitsbedingungen zusammenhängen.[81]

a) *Gesundheitsrelevanter Aspekt der menschengerechten Gestaltung der Arbeit*

Die gesundheitsrelevanten Aspekte der menschengerechten Gestaltung der Arbeit beziehen sich auf solche Maßnahmen, die weit über den Gesundheitsschutz des klassischen Arbeitsschutzes hinausgehen und besonders ergonomische, arbeitspsychologische und arbeitsmedizinische Erkenntnisse berücksichtigen, um die Arbeit so dem Menschen anzupassen, dass sie seinen physischen und psychischen Eigenschaften und Fähigkeiten, also seiner normalen Funktionsfähigkeit, entspricht.[82] Danach ist der Mensch Maßstab für eine menschengerechte Arbeitsgestaltung, d.h. eine Arbeit wird dann als menschengerecht angesehen, wenn die Leistungsfähigkeit des Menschen mit der Leistungsanforderung des Berufes in Einklang steht, also die Anforderungen durch die Arbeit sich dem Menschen anpasst.[83] Damit sollen auch Belastungen[84] vermieden oder verringert werden, die zwar nicht sogleich zu gesundheitlichen Beeinträchtigungen der Beschäftigten führen, denen aber das Potential zukommt, wenn der Beschäftigte ihnen über längere Zeit ausgesetzt ist.[85]
Ziel einer menschengerechten Gestaltung der Arbeit ist zugleich, dass bereits bei der Auswahl von Arbeitsmitteln, Arbeits- und Fertigungsverfahren sowie bei der Gestaltung der Arbeitsplätze auf eine Verminderung möglicher gesundheitsschädlicher Auswirkungen hingewirkt wird und somit die präventive Gestaltung der Arbeitsbedingungen im Vordergrund steht.[86] Dazu zählt z.B. auch die Ver-

---

80 Z.B. MünchArbR-*Wlotzke*, § 206, Rn. 14. Vgl. auch DKK-*Klebe*, § 90 BetrVG, Rn. 32.

81 *Anzinger/Bieneck*, § 6 ASiG, Rn. 6.

82 *Lorenz*, § 28 JArbSchG, Rn. 2; MünchArbR-*Wlotzke*, § 206 Rn. 14; Die Verwendung eines engen Arbeitsschutzbegriffs, so z.B. *Zöllner/Loritz*, Arbeitsrecht, S. 345, ist im Hinblick auf die Arbeitsschutzrahmenrichtlinie 89/391/EWG und durch eine richtlinienkonforme Auslegung nicht haltbar. Eine solche Anpassung der Arbeit ist vor allem darauf hin zu untersuchen, ob sie ausführbar und erträglich ist.

83 *Schaefer*, MitGespr. 1974, 89; *Oberhoff*, BB 1973, 1641.

84 Z.B. Überforderung und Unterforderung bei eintöniger Arbeit, maschinenbestimmtem Arbeitsrhythmus oder durch langandauernde Nacht- und Schichtarbeit.

85 MünchArbR-*Wlotzke*, § 206 Rn. 14; *Anzinger/Koberski*, § 6 ArbZG, Rn. 25.

86 *Kittner/Pieper*, § 2 ArbSchG, Rn. 8; MünchArbR-*Wlotzke*, § 206 Rn. 14; *Anzinger/Bieneck*, § 1 ASiG, Rn. 20; Kollmer-*Kohte*, § 2 ArbSchG, Rn. 24.

meidung taktgebundener Arbeit bzw. Schaffung von Freiräumen bei taktgebundener Arbeit.[87]
Eine menschengerechte Gestaltung der Arbeit erfordert zudem die Berücksichtigung der individuellen Belastungsfähigkeit des Beschäftigten und individuellen Beeinträchtigung auf Grund körperlicher Behinderung oder besonderer Lebenssituationen.[88]

b) Persönlichkeitsrelevanter Aspekt der menschengerechten Gestaltung der Arbeit

Andererseits beinhaltet menschengerechte Gestaltung der Arbeit aber auch, dass die Persönlichkeit des Beschäftigten im Arbeitsverhältnis iS von mehr Freiheit, persönlicher Unversehrtheit und Lebensqualität gefördert wird, so dass die Arbeit für den Beschäftigten möglichst positiv gestaltet wird.[89] Insoweit entfalten vor allem die Grundrechte Art. 1 und 2 GG ihre Wirkung auf das Arbeitsverhältnis.
Elemente dieser persönlichkeitsfördernden Struktur sind bspw. weitgehende selbstverantwortliche Arbeit der Beschäftigten, Entfaltung ihrer schöpferischen Kräfte, Kommunikation mit anderen Beschäftigten oder eine Qualifikation im Rahmen des Arbeitsverhältnisses.[90] Als menschengerechte Arbeitsgestaltung ist z.B. auch anzusehen, wenn der Beschäftigte seine Arbeitsleistung den Schwankungen der Leistungskraft anpassen kann.[91] Insgesamt dienen diese Maßnahmen der Sicherung des Wohlbefindens bei der Arbeit[92], indem sie auf die subjektive Zufriedenheit der Arbeitnehmer gerichtet sind[93].

c) Erweiterter Arbeitsschutzansatz – „Gesundheit" i.S.d. ArbSchG

Der Begriff der menschengerechten Gestaltung ist im Arbeitsschutzgesetz nicht in diesem umfassenden Sinn zu verstehen. Durch die Verwendung des Wortes „einschließlich" erfolgt eine sachliche Verknüpfung aller Maßnahmen des Ar-

---

87 *Faber*, Grundpflichten des § 3 ArbSchG, S. 78. Die Beispiele der Arbeitsverdichtung (Taktband) werden z.B. angeführt, um die Zumutbarkeit der Arbeit zu verdeutlichen; vgl. insoweit *Schaefer*, MitGespr. 1974, 89, 90.

88 *Kollmer/Vogl*, Das neue ArbSchG, Rn. 68; *Kittner/Pieper*, § 2 ArbSchG, Rn. 9; *Anzinger/Bieneck*, § 1 ASiG, Rn. 20.

89 *Lorenz*, § 28 JArbSchG, Rn. 2; *Kittner/Pieper*, § 2 ArbSchG, Rn. 9.

90 MünchArbR-*Wlotzke*, § 206 Rn. 15; *Zöllner*, RdA 1973, 212, 213.

91 *Kittner/Pieper*, § 2 ArbSchG, Rn. 9; MünchArbR-*Wlotzke*, § 206 Rn. 15.

92 *Anzinger/Bieneck*, § 1 ASiG, Rn. 21.

93 *Merten*, MB bei der Bildschirmarbeit, S. 56, S. 152; vgl. zur Differenzierung zu § 90 BetrVG: HaKo-BetrVG/*Kohte*, § 90, Rn. 21 ff. m.w.N.

beitsschutzes.[94] Maßnahmen zur Verhütung von Unfällen bei der Arbeit und arbeitsbedingten Gesundheitsgefahren bezwecken die Wahrung der physischen und psychischen Integrität der Beschäftigten, d.h. die physische und psychische Unversehrtheit der Arbeitnehmer und ihre Erhaltung im Hinblick auf Verletzungen und medizinisch diagnostizierbare Beeinträchtigungen.[95] Dagegen ist die allgemeine Förderung der Persönlichkeit des Arbeitnehmers nicht erfasst. Daher sind „nur“ die gesundheitsnahen Bereiche der menschengerechten Gestaltung der Arbeit in § 2 Abs. 1 ArbSchG einbezogen, da sie einen sachlichen Zusammenhang zu arbeitsbedingten Gesundheitsgefahren aufweisen.[96]
Mithin ist entscheidend, ob physische, psychische oder auch psycho-soziale Faktoren gesundheitsschädliche Auswirkungen haben können.[97] Daher ist in jedem Einzelfall zu klären, ob eine Maßnahme dem „gesundheitsnahen Bereich“ der menschengerechten Gestaltung der Arbeit zuzurechnen ist.[98] Somit zeigt sich, dass der Begriff der menschengerechten Gestaltung der Arbeit im Arbeitsschutzrecht eine andere Bedeutung als z.B. im Betriebsverfassungsrecht hat.
Dadurch wird auch das Zusammenspiel von Gesundheit und menschengerechter Gestaltung der Arbeit deutlich, da die Maßnahmen einer menschengerechten Gestaltung der Arbeit zur Verbesserung von Sicherheit und Gesundheit nach § 1 Abs. 1 ArbSchG beitragen sollen. Die Erweiterung der Maßnahmen des Arbeitsschutzes um die menschengerechte Gestaltung der Arbeit bewirkt, dass das Ziel des Arbeitsschutzes bereits die Vermeidung bzw. Verringerung von physischen und psychischen Belastungen durch die Arbeit ist, so dass es generell um eine Optimierung der gesundheitsrelevanten Arbeitsbedingungen durch die Vermeidung bzw. Verringerung belastender Faktoren geht.[99] Voraussetzung ist, dass die Belastungen zwar nicht sofort, aber auf längere Sicht zu arbeitsbedingten Erkrankungen führen können.[100]

---

94 MünchArbR-*Wlotzke*, § 206, Rn. 16.

95 *Wlotzke*, FS Däubler (1999), S. 654, 658.

96 *Faber*, Grundpflichten des § 3 ArbSchG, S. 80; *Wlotzke*, NZA 2000, 19, 20; *ders.*, FS Hanau (1999), S. 317, 319; *Kohte*, Jahrbuch des Arbeitsrechts 2000, S. 21, 37. *Kittner/Pieper*, § 2 ArbSchG, Rn. 9 nehmen dagegen diese Trennung nicht vor.

97 Eine ausführlichere Darstellung der wesentlichen Faktoren bei der Arbeit, die unfall- bzw. verletzungsbewirkend und krankheits- sowie gesundheitsbewirkend sein können, findet sich bei *Pieper/Vorath*, Handbuch Arbeitsschutz, S. 51. Bei psycho-sozialen Belastungen handelt es sich um eine Unterform psychischer Belastungen; vgl. *Wolmerath*, AuR 2001, 416.

98 *Faber*, Grundpflichten des § 3 ArbSchG, S. 80.

99 *Faber*, Grundpflichten des § 3 ArbSchG, S. 82.

100 MünchArbR-*Wlotzke*, § 206, Rn. 35.

Als zu eng ist die Auffassung von *Geyer*[101] abzulehnen, der eine Auswirkung von Belastungen auf die körperliche Integrität verlangt. Bereits der Begriff der arbeitsbedingten Gesundheitsgefahren bezieht sich - wie dargestellt - auf die physische und psychische Integrität der Beschäftigten. Für eine solche Auffassung spricht auch das Verständnis vom „Mensch" als Einheit von Leib, Seele sowie Geist und die damit einhergehende Wechselwirkung von physischen und psychischen Gesundheitsstörungen.[102] Zudem gehen das BVerfG und die Literatur im Rahmen des Art. 2 Abs. 2 S. 1 GG von einem weiten Gesundheitsbegriff aus, der alle Beeinträchtigungen umfasst, die ein Ausmaß erreichen, das körperlichen Schmerzen gleichkommt bzw. solche Einwirkungen erfasst, die körperlichen Einwirkungen gleichkommen, so dass auch der psychisch-seelische Bereich einbezogen ist.[103] Eine Beschränkung auf die physische Integrität ist daher mit der Schutzpflicht aus Art. 2 Abs. 2 S. 1 GG nicht vereinbar.
Eine solche Auslegung steht auch im Einklang mit dem Gesundheitsbegriff der Arbeitsschutz-Rahmenrichtlinie und dem ILO-Übereinkommen Nr. 155.
Hervorzuheben ist, dass nunmehr verstärkt psycho-soziale Faktoren in den Gesundheitsschutz einbezogen werden.[104]
Dagegen verdeutlichen auch die einzelnen Regelungen des Arbeitsschutzgesetzes, dass der weite Gesundheitsbegriff der WHO keinen Eingang in die Systematik des betrieblichen Arbeitsschutzes gefunden hat.

2.4. „Gesundheit" i.S.d. ArbZG und ihre Verbesserung

Da von einem einheitlichen betrieblichen Arbeitsschutzrecht auszugehen ist, ist dieser Gesundheitsbegriff auch dem Arbeitszeitgesetz zugrunde zu legen.
Die Dauer der Arbeitszeit als Belastungsfaktor kann bei zu langen täglichen Arbeitszeiten und zu kurzen Ruhepausen zu Überforderungen und Überbeanspruchungen der Gesundheit der Arbeitnehmer führen, was mit einer Erhöhung des Unfallrisikos am Arbeitsplatz verbunden sein kann und langfristig einen Verschleiß der Arbeitskraft zur Folge hat.[105] Die Lage der Arbeitszeit kann - wie

---

[101] *Geyer,* MB beim Arbeits- und Gesundheitsschutz, S. 83.
[102] *Böhm,* Der Normmensch, S. 106.
[103] *Böhm,* Der Normmensch, S. 106.
[104] *Geyer,* MB beim Arbeits- und Gesundheitsschutz, S. 124; *Buchholz,* ZTR 1996, 495, 497; *Pieper/Vorath,* Handbuch Arbeitsschutz, S. 47 weisen daraufhin, dass arbeitsbedingte Erkrankungen in Beziehung gesehen werden zu weit verbreiteten psychosozialen Belastungen. Ebenso *Wolmerath,* AuR 2001, 416, 418.
[105] *Anzinger/Koberski,* § 1 ArbZG, Rn. 7. Vgl. hierzu bspw. *Abeln/Repey,* AuR 2005, 20, 21, die auf eine Studie amerikanischer Wissenschaftler hinweisen, wonach überlange Ar-

dargestellt - auch zu erheblichen Beeinträchtigungen der Gesundheit der Arbeitnehmer führen.[106]

§ 1 Nr. 1, 1. HS ArbZG beschränkt sich auf die Gewährleistung der Sicherheit und des Gesundheitsschutzes der Arbeitnehmer und scheint daher „statisch" zu sein. Zu Recht wird davon ausgegangen, dass eine europarechtskonforme Auslegung im Sinne von Art. 136 EG und der Richtlinie 93/104/EG vorzunehmen ist, die auf eine Verbesserung der Lebens- und Arbeitsbedingungen bzw. Verbesserung von Sicherheit, Arbeitshygiene und Gesundheitsschutz der Arbeitnehmer abzielen, so dass letztlich eine dynamische Verbesserung anzustreben ist.[107]

Eine solche Auslegung ergibt sich darüber hinaus aus dem Zusammenspiel von Arbeitsschutzgesetz und Arbeitszeitgesetz. Bereits nach § 3 Abs. 1 S. 3 ArbSchG hat der Arbeitgeber die allgemeine Grundpflicht, eine Verbesserung von Sicherheit und Gesundheitsschutz der Beschäftigten anzustreben.

3. Weitere Zielsetzungen des ArbZG

3.1. Flexibilität der Arbeitszeit

Als weiteres Ziel des Gesetzes ist in § 1 Nr. 1, 2. HS ArbZG die Verbesserung der Rahmenbedingungen für flexible Arbeitszeiten vorgesehen. Flexibilisierungsmöglichkeiten sind insbesondere in den §§ 3, 5, 7, 12 und 13 ArbZG vorgesehen. Vor allem die ungleichmäßige Verteilung der Arbeitszeit über einen bestimmten Zeitraum fällt unter den Begriff der Flexibilisierung der Arbeitszeit.[108] Dabei liegt eine Flexibilisierung der Arbeitszeit, also die Veränderbarkeit der Arbeitszeitlage und/oder -dauer sowohl im Interesse der Arbeitgeber, da auf diese Weise die Betriebslaufzeiten sowie Öffnungszeiten von der individuellen Arbeitszeit abgekoppelt werden können und die Arbeitszeit der Arbeitnehmer

---

beitszeiten die Patientenversorgung in Kliniken nachweisbar gefährden. Insoweit habe sich im ärztlichen Bereitschaftsdienst eine um 50% höhere Fehlerrate und eine um über 50% höhere Rate von schwerwiegenden Fehlern auf Intensivstation gezeigt.

106 Vgl. S. 4 ff.

107 *Junker*, ZfA 1998, 105, 107; *Buschmann/Ulber*, § 1 ArbZG, Rn. 6; nach *Kraegeloh*, § 1 ArbZG, Rn. 2 decken sich die Zielsetzungen des § 1 Nr. 1 ArbZG mit denjenigen der RL 93/104/EG. ErfK-*Wank*, § 1 ArbZG, Rn. 7 f. geht dagegen von bloßer Sprachkosmetik aus. Hk-ArbZG/*Linnenkohl*, § 1 ArbZG, Rn. 2 hält die sprachliche Fassung von "Gewährleistung" für richtig.

108 *Kreft*, Arbeitszeitdauerregulierungen, S. 50.

z.B. an Schwankungen der Auftragslage angepasst werden kann, als auch im Interesse der Arbeitnehmer, um z.B. auf Grund von Zeitsouveränität eine bessere Vereinbarkeit von Familie und Beruf zu erreichen.[109] Eine flexible Gestaltung der Arbeitszeit soll darüber hinaus die Wettbewerbsfähigkeit deutscher Unternehmen erhöhen[110].

3.2. Sonn- und Feiertagsschutz

Die Sonn- und Feiertagsruhe wird durch das Arbeitszeitgesetz ebenfalls geschützt, § 1 Nr. 2 ArbZG. Dieser Schutzzweck basiert auf Art. 139 WRV i.V.m. Art. 140 GG, die eine sog. institutionelle Garantie des Sonn- und Feiertags beinhalten. Durch die §§ 9 ff. ArbZG soll dieses Schutzziel verwirklicht werden. Gleichzeitig wird durch die Arbeitsruhe an Sonn- und Feiertagen mittelbar die höchstzulässige Arbeitszeit verringert.[111] Eine solche Regelung weist nach dem EuGH[112] dennoch keinen Bezug zum Gesundheitsschutz auf.

3.3. Weitere Zielsetzungen des Arbeitszeitgesetzes

Die Vorschriften des Arbeitszeitgesetzes sollen zugleich dem Arbeitnehmer im Interesse seiner Menschenwürde und der Erhaltung seiner Persönlichkeit ausreichend Freizeit gewährleisten.[113]

---

[109] *Baeck/Deutsch,* § 1 ArbZG, Rn. 12; *Schliemann/*Meyer, Arbeitszeitrecht, S. 15 f., Rn. 37. *Neumann/Biebl,* § 1 ArbZG, Rn. 4 weisen auf die Stellungnahme der Bundesregierung (BT-Drucks. 12/5888, S. 50) hin, in der die bessere Vereinbarkeit von Familie und Beruf als Zweck des Arbeitszeitgesetzes abgelehnt worden ist. Dennoch wird zutreffend angenommen, dass Flexibilisierung nicht allein der betrieblichen Produktion, sondern auch der individuellen Vertragsgestaltung dient. Die Berücksichtigung sozialer und kultureller Belange der Arbeitnehmer wird in der Stellungnahme der Bundesregierung ausdrücklich den Tarif- und Betriebsparteien zugewiesen.

[110] BT-Drucks. 13/2581, S. 1 f.; Nach *Kollmer,* GewArch 1994, 407 f., leistet das Arbeitszeitgesetz einen echten Beitrag zur Stärkung des Wirtschaftsstandortes Deutschland. Ebenso *Erasmy,* NZA 1994, 1105.

[111] *BVerwG 19.09.2000,* AP Nr. 1 zu § 10 ArbZG, MünchArbR-*Anzinger,* § 217, Rn. 5.

[112] *EuGH 12.11.1996,* Rs. C-84/94 (Vereinigtes Königreich/Kommission), NZA 1997, 23, 26, Rn. 37.

[113] *BVerwG 19.09.2000,* AP Nr. 1 zu § 10 ArbZG.

4. Verhältnis der Schutzziele zueinander

Zentrales Anliegen des gesetzlichen Arbeitszeitrechts ist der Schutz der Sicherheit und Gesundheit der Arbeitnehmer.[114] Es ist jedoch umstritten, ob es sich hierbei um das vorrangige Schutzziel gegenüber der Flexibilisierung der Arbeitszeit handelt. Beide Ziele in § 1 Nr. 1 ArbZG werden auch als gleichberechtigt nebeneinander stehend angesehen.[115] Andererseits wird vertreten, dass eine feste Rangfolge dieser beiden Schutzziele nicht angemessen sei, sondern eine Abwägung vorzunehmen sei, welches konkrete Schutzziel im Einzelfall vorrangig sei.[116]

Bereits aus der Stellung der Schutzziele in § 1 Nr. 1 ArbZG wird das vorrangige Schutzziel ersichtlich, nämlich die „Verbesserung" von Sicherheit und Gesundheitsschutz der Arbeitnehmer.[117] In der Gesetzesbegründung wird ebenso zuerst auf den Gesundheitsschutz verwiesen, bevor auf die beabsichtigte Flexibilisierung der Arbeitszeit abgestellt wird. Zudem wird festgehalten, dass „der für die Arbeitnehmer notwendige Gesundheitsschutz [soll] durch bestimmte, im Gesetz festgelegte, gesundheitlich vertretbare Grenzen, die auch die Tarifvertragsparteien und Betriebspartner nicht überschreiten dürfen, sichergestellt werden" soll.[118] Dies bringt insbesondere § 7 ArbZG zum Ausdruck. Somit ist zu schlußfolgern, dass die Reihenfolge vom Gesetzgeber nicht zufällig gewählt wurde, sondern gewollt so festgelegt worden ist.[119] Für eine solche Auffassung spricht auch die Zugrundelegung der RL 93/104/EG, da die Verbesserung von Sicherheit, Arbeitshygiene und Gesundheitsschutz der Arbeitnehmer bei der Arbeit Zielsetzungen dar, die keinen rein wirtschaftlichen Überlegungen untergeordnet werden dürfen.[120] Eine Flexibilisierung der Arbeitszeitgestaltung ist insofern nur zulässig, wenn ein ausreichender Sicherheits- und Gesundheitsschutz der Arbeitnehmer gewährleistet wird, so dass ein Vorrang von Sicherheit und Gesundheitsschutz der Arbeitnehmer vor einer Flexibilisierung in der Arbeitszeitrichtlinie deutlich zum Ausdruck kommt.[121]

---

114 *Junker,* ZfA 1998, 105, 106; *Hartmann,* NZA 1993, 734; a.A. *Berg,* AiB 1994, 578, der anführt, dass Deregulierung des Arbeitnehmerschutzrechts und Flexibilisierung der Arbeitszeit eigentlicher Schutzzweck des Gesetzesvorhabens waren.

115 *Dobberahn,* Das neue ArbZG, Rn. 26; Hk-ArbZG/*Linnenkohl,* § 1 ArbZG, Rn. 2.

116 *Neumann/Biebl,* § 1 ArbZG, Rn. 8; *Junker,* ZfA 1998, 105, 106; *Baeck/Deutsch,* § 1 ArbZG, Rn. 10; ErfK-*Wank,* § 1 ArbZG, Rn. 13.

117 A.A. *Zmarzlik,* AR-Blattei, SD 240 Arbeitszeit, Rn. 37.

118 BT-Drucks. 12/5888, S. 1, 20.

119 So auch MünchArbR-*Anzinger,* § 217, Rn. 10.

120 Vgl. S. 66.

121 Vgl. S. 68 f.

Für einen Vorrang des Gesundheitsschutzes gegenüber einer möglichen Flexibilisierung spricht weiterhin die verfassungsrechtliche Verankerung in Art. 2 GG.[122] Das BVerfG[123] hat die Schutzpflicht des Gesetzgebers in Bezug auf die Gestaltung von Nachtarbeit betont, so dass eine gesetzliche Regelung erforderlich sei. Dieser Schutzpflicht würde eine weitgehende Flexibilisierung der Nachtarbeit widersprechen.
Ebenso führt die Verknüpfung von Arbeitsschutzgesetz als allgemeines Rahmengesetz und Arbeitszeitgesetz als besonderes Gesetz in Arbeitszeitfragen zu einer Vorrangstellung des Gesundheitsschutzes.

IV. Allgemeine und Besondere Schutzvorschriften zugunsten von Nacht- und Schichtarbeitnehmern

Als Umsetzungsnorm von Artt. 12 Nr. 1, 13 RL 93/104/EG kommt vor allem § 6 Abs. 1 ArbZG in Betracht. Diese Vorschrift gewährt Nacht- und Schichtarbeitnehmern einen Schutz dergestalt, dass ihre Arbeitszeit nach den gesicherten arbeitswissenschaftlichen Erkenntnissen über die menschengerechte Gestaltung der Arbeit festzulegen ist. Um sich den Regelungsgehalt dieser Norm zu verdeutlichen, ist es aus systematischen Gründen erforderlich, weitere, im Zusammenhang stehende Schutzvorschriften zugunsten von Nacht- und Schichtarbeitnehmern darzustellen.

1. Die Regelungen im ArbZG

Das Arbeitszeitgesetz enthält in §§ 6, 8 ArbZG spezielle Schutzvorschriften, die an die Lage und Dauer der Arbeitszeit allgemein anknüpfen, und für alle Nacht- und/oder Schichtarbeitnehmer gelten. So darf die tägliche Arbeitszeit von Nachtarbeitnehmern gem. § 6 Abs. 2 ArbZG acht Stunden nicht überschreiten und nur auf zehn Stunden verlängert werden, wenn im Ausgleichszeitraum von einem Kalendermonat oder vier Wochen acht Stunden täglich nicht überschritten werden.[124] Abweichungsmöglichkeiten sind in §§ 7 Abs. 1 Nr. 4, Abs. 2 Nr. 2 - 4, 14 und 15 ArbZG vorgesehen. Weiterhin wird Nachtarbeitnehmern in § 6

---

[122] KH-*Schliemann*, 2.5., Rn. 38; *Zmarzlik*, AR-Blattei, SD 240 Arbeitszeit, Rn. 37; *Buschmann/Ulber*, § 1 ArbZG, Rn. 1, 11.

[123] *BVerf 28.01.1992*, NZA 1992, 270, 273.

[124] Zu den verfassungsrechtlichen Bedenken *Buschmann/Ulber*, § 6 ArbZG, Rn. 11.

Abs. 3 ArbZG vor Beginn der Beschäftigung und danach in regelmäßigen Abständen von nicht weniger als 3 Jahren ein Anspruch auf eine unentgeltliche arbeitsmedizinische Untersuchung ihres Gesundheitszustandes eingeräumt. Bei Nachtarbeitnehmern, die das 50. Lebensjahr vollendet haben, ist der Untersuchungszeitraum auf ein Jahr verkürzt. § 6 Abs. 4 ArbZG gewährt Nachtarbeitnehmern einen Anspruch auf Umsetzung auf einen geeigneten Tagesarbeitsplatz, wenn eine gesundheitliche Gefährdung durch die weitere Verrichtung von Nachtarbeit arbeitsmedizinisch festgestellt wird sowie Nachtarbeitnehmern mit Familienpflichten. Der Arbeitgeber ist nach § 6 Abs. 5 ArbZG verpflichtet, Nachtarbeitnehmern für die während der Nachtzeit geleisteten Arbeitsstunden eine angemessene Zahl freier Arbeitstage oder eine angemessenen Zuschlag auf das ihnen hierfür zustehende Arbeitsentgelt zu gewähren, soweit tarifliche Regelungen nicht bestehen.[125] In § 6 Abs. 6 ArbZG wird normiert, dass Nachtarbeitnehmer den gleichen Zugang zur betrieblichen Weiterbildung und zu aufstiegsfördernden Maßnahmen erhalten sollen wie die übrigen Arbeitnehmer.
Außerdem wird die Bundesregierung durch § 8 ArbZG ermächtigt, durch Rechtsverordnung mit Zustimmung des Bundesrates die Regelungen zum Schutz der Nacht- und Schichtarbeitnehmer in § 6 ArbZG zu erweitern.[126]

2. Allgemeine Schutzvorschriften

Neben dem Arbeitszeitgesetz entfalten auch all diejenigen Arbeitsschutzvorschriften Wirkung, die an die Beschäftigteneigenschaft als solche anknüpfen, wie z.B. die Regelungen im Arbeitssicherheitsgesetz. Daneben finden all die Vorschriften Anwendung, die neben der Beschäftigteneigenschaft spezifische Tätigkeiten an sich oder an Bedingungen in der Arbeitsumgebung anknüpfen, wie z.B. die ArbStättV, die GefStoffV, die BildscharbV, die LasthandhabV.

3. Besondere Schutzvorschriften zugunsten besonders schutzbedürftiger Personengruppen

Zugunsten einiger besonders schutzbedürftiger Personengruppen hat der Gesetzgeber Regelungen aufgestellt, die den betroffenen Arbeitnehmern einen um-

---

[125] Vgl. zu § 6 Abs. 5 ArbZG: S. 196 ff.
[126] Vgl. dazu S. 199 ff.

fangreicheren Schutz bei Nacht- und Schichtarbeit bieten als die allgemeinen Regelungen des Arbeitszeitgesetzes. Solche Vorschriften enthalten das Mutterschutzgesetz, das SGB IX und das Jugendarbeitsschutzgesetz.

3.1. Regelungen im MuSchG

In § 8 Abs. 1 MuSchG ist ein generelles Beschäftigungsverbot normiert. Danach dürfen werdende oder stillende Arbeitnehmerinnen grundsätzlich nicht in der Nacht zwischen 20.00 und 6.00 Uhr beschäftigt werden. Dieses generelle Beschäftigungsverbot findet ohne Einschränkung auch auf sog. mehrschichtige Betriebe und Nachtarbeitsbetriebe Anwendung.[127] Für einzelne Wirtschaftsbereiche sind in § 8 Abs. 3 MuSchG Ausnahmen für stillende Mütter und werdende Mütter in den ersten 4 Monaten ihrer Schwangerschaft vorgesehen.[128] Des Weiteren können die Aufsichtsbehörden in begründeten Einzelfällen von allen Verboten, die in § 8 MuSchG aufgestellt sind, Ausnahmen gewähren.[129] Werdende und stillende Mütter, die auf Grund des Beschäftigungsverbotes nicht an ihrem bisherigen Nacht- oder Schichtarbeitsplatz weiterbeschäftigt werden dürfen, haben in diesem Umfang einen Anspruch auf Mutterschutzlohn gegen den Arbeitgeber gem. § 11 MuSchG.

3.2. Regelungen im SGB IX

In § 124 SGB IX ist explizit geregelt, dass schwerbehinderte Menschen auf ihr Verlangen von Mehrarbeit freizustellen sind. Ausdrückliche Regelungen zur Nacht- und Schichtarbeit sind dagegen im SGB IX nicht vorhanden. Nichtsdestotrotz haben schwerbehinderte Menschen einen besonderen Schutzanspruch, der in § 81 Abs. 4 SGB IX geregelt ist. Sie haben nach § 81 Abs. 4 Nr. 4 SGB IX einen Anspruch gegenüber ihrem Arbeitgeber u.a. auf eine behindertengerechte Gestaltung der Arbeitsplätze, der Arbeitsorganisation und der Arbeitszeit. Das BAG[130] hat in diesem Zusammenhang entschieden, dass sich aus § 81 Abs. 4 Nr. 4 SGB IX die Verpflichtung des Arbeitgebers ergeben kann, einen schwerbehinderten Arbeitnehmer nicht zur Nachtarbeit einzuteilen und dessen Arbeitszeit auf die Fünf-Tage-Woche zu beschränken.

---

[127] ErfK-*Schlachter*, § 8 MuSchG, Rn. 5; *Buchner/Becker*, § 8 MuSchG, Rn. 28.
[128] Vgl hierzu ausführlich *Buchner/Becker*, § 8 MuSchG, Rn. 29 ff.
[129] Hierzu ErfK-*Schlachter*, § 8 MuSchG, Rn. 17; *Buchner/Becker*, § 8 MuSchG, Rn. 69 ff.
[130] *BAG 03.12.2002;* ZTR 2003, 516 ff.

3.3. Regelungen im JArbSchG

Auch Jugendliche, also Personen, die gem. § 1 JArbSchG noch keine 18 Jahre alt sind, dürfen nach § 14 Abs. 1 JArbSchG grundsätzlich nicht in der Zeit von 20.00 bis 6.00 Uhr beschäftigt werden. Sodann sind wiederum für Jugendliche über 16 Jahren für die Beschäftigung in ausgewählten Wirtschaftszweigen Abweichungen in § 14 Abs. 2 JArbSchG normiert. Daneben finden sich in § 14 Abs. 3 bis 7 JArbSchG weitere zulässige Ausnahmen vom grundsätzlichen Beschäftigungsverbot des Abs. 1.[131] § 28 JArbSchG verpflichtet den Arbeitgeber zu einer menschengerechten Gestaltung der Arbeit, so dass er bei der Einrichtung und Unterhaltung der Arbeitsstätte und bei der Regelung der Beschäftigung die Vorkehrungen und Maßnahmen zu treffen hat, die zum Schutz der Jugendlichen gegen Gefahren für Leben und Gesundheit sowie zur Vermeidung einer Beeinträchtigung der körperlichen oder seelisch-geistigen Entwicklung erforderlich sind, wobei auch die mangelnde Erfahrung und der Entwicklungsstand der Jugendlichen zu berücksichtigen und die sonstigen gesicherten arbeitswissenschaftlichen Erkenntnisse zu beachten sind.

V. Sinn und Zweck von § 6 Abs. 1 ArbZG

Da § 6 Abs. 1 ArbZG als Umsetzungsnorm der Artt. 12 Nr. 1, 13 RL 93/104/EG in Betracht kommt, ist nach dem Sinn und Zweck dieser Norm zu fragen.

Mit der Schutzvorschrift des § 6 ArbZG, die sich an die Arbeitnehmer und Arbeitnehmerinnen gleichermaßen wendet und daher geschlechtsneutral formuliert ist, bezweckte der Gesetzgeber die Umsetzung des Auftrags aus dem Urteil des Bundesverfassungsgerichts vom 28. Januar 1992 zum Nachtarbeitsverbot für Arbeiterinnen nach § 19 AZO.[132] Zugleich sollte mit § 6 ArbZG dem objektiven Gehalt der Grundrechte der Arbeitnehmer, insbesondere dem Grundrecht auf körperliche Unversehrtheit aus Art. 2 Abs. 2 S. 1 GG, Rechnung getragen werden.[133] In der Begründung zu § 6 ArbZG geht die Bundesregierung davon aus, dass es außer Frage steht, dass Nachtarbeit zu erheblichen Störungen im Befinden des Nachtarbeitnehmers führt und daher arbeitsmedizinisch sowie sozialpolitisch flankiert werden soll.[134]

---

[131] Vgl. hierzu ausführlich ErfK-*Schlachter*, § 14 JArbSchG, Rn. 3 ff.
[132] BT-Drucks. 12/5888, S. 25; *Anzinger*, BArbBl. 1994, 5, 7.
[133] BT-Drucks. 12/5888, S. 25; *Anzinger*, BArbBl. 1994, 5, 7.
[134] BT-Drucks. 12/5888, S. 12, 25.

Weiterhin führt der Gesetzgeber im Hinblick auf die Regelung des § 6 Abs. 1 ArbZG als Begründung aus, dass nicht nur Lage und Dauer der Arbeitszeit einen Belastungsfaktor darstellen, sondern auch die Verteilung und Rhythmik der Arbeitszeit und sich Befindlichkeitsstörungen nicht nur aus der Nachtarbeit an sich, sondern auch aus unzureichend gestalteten Arbeitszeitsystemen bzw. Schichtplänen ergeben können, so dass auch bei der Gestaltung von Schichtplänen die Berücksichtigung von arbeitswissenschaftlichen Erkenntnisse notwendig ist.[135] Ausdrücklich werden die Zahl der Schichtbelegschaften, die Länge der Arbeitszeit, die Form des Schichtwechsels, die Richtung des Schichtwechsels, die Laufzeit des Schichtsystems und die Anzahl der aufeinanderfolgenden Nachtschichten angeführt.[136] Bereits der Entwurf der SPD-Fraktion enthielt die Bestimmung, dass die Lage und Dauer der Schichtzeiten von ArbeitnehmerInnen nach gesicherten arbeitswissenschaftlichen Erkenntnissen über die menschengerechten Gestaltung der Arbeit festzulegen ist.[137] Insoweit wurde begründet, dass ein ständiger Wechsel von Dauer und Lage der Arbeitszeiten arbeitsphysiologisch ungünstig ist und man mit dieser Bestimmung die Minderung der Zusatzbelastung bei wechselnden Arbeitszeiten erreichen wollte.[138]
§ 6 Abs. 1 ArbZG dient daher dem Sicherheits- und Gesundheitsschutz der Nacht- und Schichtarbeitnehmer. Abweichungsmöglichkeiten von einer menschengerechten Gestaltung der Arbeit sind dabei durch das Gesetz nicht vorgesehen. Insoweit wird deutlich, dass dem Gesundheitsschutz bei der Arbeitszeitgestaltung vorrangig Rechnung zu tragen ist. Eine gemeinschaftsrechts- und verfassungskonforme Auslegung führt gleichermaßen zu einem Vorrang des Gesundheitsschutzes.[139]

VI. Der persönliche Anwendungsbereich des § 6 Abs. 1 ArbZG

Die Norm des § 6 Abs. 1 ArbZG richtet sich ausdrücklich an Nacht- und Schichtarbeitnehmer, so dass bei diesen Personen die arbeitswissenschaftlichen Erkenntnisse zu berücksichtigen sind. Somit ist zu untersuchen, welche Beschäftigten als Nacht- bzw. Schichtarbeitnehmer zu qualifizieren sind.

---

135 BT-Drucks. 12/5888, S. 25.
136 BT-Drucks. 12/5888, S. 25.
137 § 8 Abs. 2 des Entwurfes eines Arbeitszeitgesetzes, BT-Drucks. 12/5282, S. 5.
138 BT-Drucks. 12/5282, S. 12.
139 So bereits *Buschmann/Ulber*, § 6 ArbZG, Rn. 5.

1. Nachtarbeitnehmer

Als Nachtarbeitnehmer i.S.d. ArbZG ist nach dem Wortlaut von § 2 Abs. 5 ArbZG jeder Arbeitnehmer, der auf Grund seiner Arbeitszeitgestaltung normalerweise Nachtarbeit in Wechselschicht zu leisten hat oder Nachtarbeit an mindestens 48 Tagen im Kalenderjahr leistet.

2.1. Nachtarbeit

Für die Nachtarbeit ist bereits nach ihrem Wortlaut Voraussetzung, dass sie zur Nachtzeit verrichtet wird. § 2 Abs. 3 ArbZG bestimmt sogleich die Zeit von 23 bis 6 Uhr als Nachtzeit, so dass von dem Begriff eine siebenstündige Zeitspanne umfasst ist. Diese Zeitspanne wird in Bäckereien und Konditoreien beibehalten, aber auf die Zeit von 22 bis 5 Uhr verlagert. Der Gesetzgeber hat sich bei der Wahl dieser Nachtzeiträume von (gesicherten) arbeitsmedizinischen Erkenntnissen leiten lassen, da die vom arbeitsmedizinischen Gesichtspunkt aus betrachtete bedeutsame Zeitspanne zwischen 1 und 4 Uhr liegt.[140] Es wurde festgestellt, dass bei einem Schlafbeginn bis 2 Uhr noch ausreichend lange Schlafzeiten erwartet werden.[141] Die Tarifvertragsparteien haben nach § 7 Abs. 1 Nr. 5 ArbZG die Möglichkeit, den Beginn des siebenstündigen Nachtzeitraums auf die Zeit zwischen 22 und 24 Uhr festzulegen, so dass gleichwohl den arbeitsmedizinischen Erkenntnissen Rechnung getragen wird. Die geschaffenen Regelungen stehen zudem in Einklang mit Art. 2 Nr. 3 der RL 93/104/EG.[142]
Sobald ein Arbeitnehmer mehr als zwei Stunden seiner Tätigkeit in der festgelegten Nachtzeit gem. § 2 Abs. 3 ArbZG verrichtet, leistet er Nachtarbeit i.S.d. § 2 Abs. 4 ArbZG fest. Diese Grenzziehung führt dazu, dass die von den Arbeitnehmern erbrachten Arbeitsleistungen, die nur zu einem geringfügigen Teil während der Nachtzeit erfolgen, nicht in den Anwendungsbereich des § 2 Abs. 4 ArbZG fallen und sie somit nicht den Schutz des § 6 ArbZG genießen. Von diesem Schutz soll nur die typische Nachtarbeit erfasst werden, nicht dagegen jede geringfügige Ableistung von Nachtarbeit.[143] Als Begründung für diese Grenz-

---

140 BT-Drucks. 12/5888, S. 50; *Oppolzer*, ArbuR 1994, 41, 46.
141 MünchArbR - *Anzinger*, § 220, Rn. 17.
142 *Baeck/Deutsch*, § 2 ArbZG, Rn 100; *Neumann/Biebl*, § 2 ArbZG, Rn. 22.; *Zmarzlik*, AR-Blattei SD 240 Arbeitszeit, Rn. 78.
143 BT-Drucks. 12/5888, S. 24.

ziehung werden die noch ausreichend zu erwartenden Schlafzeiten herangezogen.[144]

2.2. Nachtarbeitnehmer nach § 2 Abs. 5 Nr. 1 ArbZG

Als Nachtarbeitnehmer ist zum einen derjenige Arbeitnehmer anzusehen, der auf Grund seiner Arbeitszeitgestaltung normalerweise Nachtarbeit i.S.d. § 2 Abs. 4 ArbZG in Wechselschicht zu leisten hat (§ 2 Abs. 5 Nr. 1 ArbZG).
Entscheidend ist somit die Ableistung von Nachtarbeit in Wechselschicht und nicht lediglich in einem Schichtsystem.[145] Eine gesetzliche Definition des Begriffes „Wechselschicht" fehlt. Für die Wechselschicht ist insoweit prägend, dass sich Arbeitnehmer einer Schicht regelmäßig oder unregelmäßig in der Schichtenfolge abwechseln.[146] Bereits die Arbeit in einem Zwei-Schicht-System genügt diesen Anforderungen.[147]
Durch das in § 2 Abs. 5 Nr. 1 ArbZG genannte Merkmal der Arbeitszeitgestaltung wird verdeutlicht, dass es sich hierbei um die konkrete Arbeitszeitplanung des einzelnen Arbeitnehmers handelt, die sich aus individual- oder kollektivrechtlicher Vereinbarung ergeben kann.[148] Für die Beschäftigten ist insoweit in der Regel der Schichtplan maßgeblich[149], also die in der Regel schriftliche Weisung des Arbeitgebers über Beginn und Ende der individuellen Arbeitszeit.[150] Dabei kommt es nicht darauf an, ob der Schichtplan rechtmäßig oder rechtswidrig zustande gekommen ist, sondern nur, dass er tatsächlich anerkannt und praktiziert wird[151]; eine andere Auffassung würde dem Gesetzeszweck „Gesundheitsschutz" und letztlich auch dem Betriebsrisiko des Arbeitgebers i.S. der Verantwortlichkeit nach Risikosphären zuwider laufen. Für die Bejahung der Nachtarbeitnehmerschaft reicht es nach § 2 Abs. 5 Nr. 1 ArbZG auch aus, der

---

144 *Baeck/Deutsch*, § 2 ArbZG, Rn. 105; *Neumann/Biebl*, § 2 ArbZG, Rn. 25; *Anzinger/Koberski*, § 2 ArbZG, Rn. 85.

145 MünchArbR-*Anzinger*, § 220, Rn. 20.

146 Vgl. S. 3 f.; Kittner/Zwanziger-*Schoof*, § 41, Rn. 18; *Zmarzlik*, AR-Blattei SD 240 Arbeitszeit, Rn. 83.

147 *Neumann/Biebl*, § 2 ArbZG, Rn. 27; MünchArbR-*Anzinger*, § 220, Rn. 13.

148 *Baeck/Deutsch*, § 2 ArbZG, Rn. 108.

149 *Anzinger/Zmarzlik*, § 2 ArbZG, Rn. 38; *Schliemann*/Meyer, Arbeitszeitrecht, Rn. 166.

150 *BAG 18.7.1990*, NZA 1991, 23.

151 *Baeck/Deutsch*, § 2 ArbZG, Rn. 108.

Beschäftigte in Zukunft auf Grund eines Schichtplanes normalerweise Nachtarbeit in Wechselschicht zu leisten hat.[152]
Von § 2 Abs. 5 Nr. 1 ArbZG sollen dagegen planwidrige Einsätze eines Arbeitnehmers, z.B. krankheitsbedingte Vertretungen in einer Nachtschicht, nicht erfasst werden, da ein solcher Einsatz nicht mehr auf der Arbeitszeitgestaltung des Arbeitnehmers beruhe, sondern ihr grundsätzlich entgegenstehe.[153] Dem kann in diesem Rahmen jedoch nicht gefolgt werden. Dem Arbeitgeber obliegt im Rahmen des Direktionsrechts nach § 106 GewO die Bestimmung von Lage und Dauer der Arbeitszeit, solange und soweit vertragliche Vereinbarungen dem nicht entgegenstehen. Zugleich obliegt dem Arbeitgeber die Verantwortung für die Betriebs- und damit auch Arbeitszeitorganisation, so dass es unter arbeitsschutzrechtlichen Gesichtspunkten irrelevant ist, ob es sich um einen planmäßigen oder planwidrigen Einsatz des Arbeitnehmers handelt.[154]

Die Nachtarbeitnehmereigenschaft nach § 2 Abs. 5 Nr. 1 ArbZG wird jedoch dann begründet, wenn der Arbeitnehmer normalerweise Nachtarbeit in Wechselschicht zu leisten hat. Der Gesetzentwurf der Bundesregierung sah noch vor, dass der Arbeitnehmer „regelmäßig wiederkehrend in Wechselschichtarbeit Nachtarbeit zu leisten habe".[155] Damit sollte klargestellt werden, dass nicht jede auch nur geringfügige Ableistung von Nachtarbeit die Regelung des § 6 ArbZG zur Folge hat.[156] Durch die vorgenommene Änderung soll zum Ausdruck gebracht werden, dass Arbeitnehmer, die nur ausnahmsweise Nachtarbeit in Wechselschicht zu leisten haben, z.B. einmal im Monat, nicht als Nachtarbeitnehmer nach § 2 Abs. 5 Nr. 1 ArbZG anzusehen sind, sondern es im Gegensatz zur regelmäßigen Wiederkehr auf eine gewisse Menge ankommt.[157]
Zu klären ist daher, wie das Merkmal „normalerweise" auszulegen ist. *Anzinger/Koberski* sehen als Faustregel für nur gelegentliche Nachtarbeit in Wechselschicht bis zu 12 Nachtarbeitsperioden im Kalenderjahr, also eine pro Monat, an.[158] Zudem erfordert „normalerweise" nach seinem Sinn und Zweck der Einfügung, dass der Arbeitnehmer des betreffenden Betriebes für den Regelfall durch einen Schichtplan in den Schichtwechsel eingebunden ist und in nicht un-

---

[152] Einhellig: *Baeck/Deutsch,* § 2 ArbZG, Rn. 110; *Tietje,* Arbeitszeitrecht, S. 160; *Zmarzlik,* AR-Blattei SD 240 Arbeitszeit, Rn. 85; *Neumann/Biebl,* § 2 ArbZG, Rn. 28; *Anzinger/Koberski,* § 2 ArbZG, Rn. 93.
[153] *Schliemann*/Meyer, Arbeitszeitrecht, Rn. 166; *Baeck/Deutsch,* § 2 ArbZG, Rn. 108.
[154] Ebenso kritisch *Tietje,* Arbeitszeitrecht, S. 158, Fn. 7.
[155] BT-Drucks. 12/5888, S. 5.
[156] BT-Drucks. 12/5888, S. 24.
[157] BT-Drucks. 12/6990, S. 42; *Tietje,* Arbeitszeitrecht, S. 159.
[158] *Anzinger/Koberski,* § 2 ArbZG, Rn. 92.

erheblichem Umfang Nachtarbeit zu leisten hat.[159] Dies ist insbesondere bei einem Drei-Schicht-System anzunehmen.[160] Andere wiederum vertreten die Auffassung, dass bei § 2 Abs. 5 Nr. 1 ArbZG ein Vergleich mit § 2 Abs. 5 Nr. 2 ArbZG in Betracht zu ziehen ist und kommen so zu dem Ergebnis, dass „normalerweise" Nachtarbeit in Wechselschicht dann vorliegt, wenn 4 bzw. 4,5 Nachtschichten pro Monat im Durchschnitt nicht unterschritten werden.[161] Dem könnte aber gerade entgegenstehen, dass sich der Gesetzgeber nicht für eine zahlenmäßig exakte Festlegung der in Wechselschicht zu erbringenden Nachtschichten entschieden hat.
Für die Auslegung kann auch nicht auf Art. 2 Nr. 5 RL 93/104/EG zurückgegriffen werden, da es den Mitgliedstaaten/Sozialpartnern obliegt, den Umfang der jährlich zu erbringenden Nachtarbeitszeit der Beschäftigten festzulegen.
Der mit dem Merkmal „normalerweise" verbundene Sicherheits- und Gesundheitsschutz der Nachtarbeitnehmer erfordert eine Betrachtung, die im Zusammenhang mit gesicherten arbeitswissenschaftlichen Erkenntnissen nach § 6 Abs. 1 ArbZG steht. Insoweit wird empfohlen, dass in der Regel nicht mehr als 2 bis 4 Nachtschichten in Folge abgeleistet werden, und bei kontinuierlichen Schichtsystemen wird zudem ein Vorwärtswechsel der Schichten (erst Früh-, dann Spät- und dann Nachtschicht) empfohlen.[162] Unabhängig von der Frage, ob es sich hierbei um gesicherte arbeitswissenschaftliche Erkenntnisse handelt[163], erfordert es der Sicherheits- und Gesundheitsschutz dieser Arbeitnehmer, im Rahmen der Voraussetzung „normalerweise" eine Schichtplangestaltung einzubeziehen, bei der im Durchschnitt nicht weniger als 2 Nachtschichten pro Monat in einem Wechselschichtsystem zu erbringen sind.

2.3. Nachtarbeitnehmer nach § 2 Abs. 5 Nr. 2 ArbZG

Nachtarbeitnehmer sind nach § 2 Abs. 5 Nr. 2 ArbZG unabhängig von der jeweiligen Arbeitszeitgestaltung auch solche Arbeitnehmer, die Nachtarbeit an mindestens 48 Tagen im Kalenderjahr leisten. Die Regelung bezieht sich dabei auf 48 Arbeitstage.[164] In diesem Zusammenhang ist umstritten, wann ein Arbeitnehmer im Rahmen der Regelung nach Nr. 2 als Nachtarbeitnehmer anzusehen

---

[159] *Zmarzlik*, AR-Blattei SD 240 Arbeitszeit, Rn. 84; *Baeck/Deutsch*, § 2 ArbZG, Rn. 114.
[160] *Schliemann*/Meyer, Arbeitszeitrecht, Rn. 165; *Junker*, ZfA 1998, 105, 110.
[161] *Erasmy*, NZA 1994, 1105, 1108; *Tietje*, Arbeitszeitrecht, S. 159 f.
[162] Vgl hierzu an späterer Stelle, S. 184 f.
[163] Vgl hierzu an späterer Stelle, S. 153 ff.
[164] *Junker*, ZfA 1998, 105, 110; *Baeck/Deutsch*, § 2 ArbZG, Rn. 114.

ist. Eine Auffassung plädiert auf Grund des Wortlauts der Bestimmung und dem Vergleich zu Nr. 1 („zu leisten hat") für die Begründung der Nachtarbeitnehmereigenschaft erst zu dem Zeitpunkt, an dem der Arbeitnehmer tatsächlich an 48 Tagen im Kalenderjahr Nachtarbeit erbracht hat.[165]

Diese Auffassung ist aber mit dem Zweck des Arbeitszeitgesetzes, wonach die Sicherheit und der Gesundheitsschutz der Arbeitnehmer bei der Arbeitszeitgestaltung gem. § 1 Nr. 1, 1. Alt. ArbZG zu gewährleisten ist und insoweit für Nachtarbeitnehmer durch spezielle Schutzbestimmungen in § 6 ArbZG konkretisiert wurde, nicht vereinbar. Es ist insofern notwendig, dass die Eigenschaft „Nachtarbeitnehmer" bereits dann eintritt und damit die Regelungen des § 6 ArbZG zur Anwendung kommen, wenn mit Sicherheit von der Arbeitsleistung auszugehen ist, die sich aus dem Arbeitsvertrag oder der Arbeit im Vorjahr ergibt.[166] Dieser Auslegung steht auch nicht der Wortlaut von § 2 Abs. 5 Nr. 2 ArbZG entgegen, da hierbei ebenso Präsens und nicht Präteritum („geleistet haben") gewählt wurde.[167] Zudem kann aus § 6 Abs. 2 S. 3 ArbZG entnommen werden, dass der Gesetzgeber davon ausging, die Nachtarbeitnehmer nicht durch eine Rückschau zu bestimmen, da in Zeiten, in denen die Arbeitnehmer keine Nachtarbeit leisten, der normale 6-monatige Ausgleichszeitraum Anwendung findet, und dies setzt voraus, dass auf die voraussichtliche zukünftige Situation des Betriebes, insbesondere auf die Arbeitszeitgestaltung abgestellt wird.[168] Daher ist der Auffassung *Tietje's*[169] zuzustimmen, wonach auch bei § 2 Abs. 5 Nr. 2 ArbZG eine Zukunftsprognose wie im Rahmen des Absatzes 1 vorzunehmen ist. Auf Grund der vorgenommenen Zukunftsprognose ist mithin auch derjenige Nachtarbeitnehmer nach § 2 Abs. 5 Nr. 2 ArbZG, der für beispielsweise 60 Nachtarbeitsperioden im Kalenderjahr vorgesehen ist, tatsächlich aber auf Grund von urlaubs- und krankheitsbedingter Abwesenheit nur 47 Nachtarbeitsperioden im Kalenderjahr geleistet hat.[170]

Weitergehend vertritt *Schoof*, dass auch derjenige als Nachtarbeitnehmer nach § 2 Abs. 5 Nr. 2 ArbZG anzusehen ist und damit unter den Schutz des § 6 ArbZG fällt, der in den Monaten November bis Februar Tag für Tag Nachtarbeit erbringt und folglich weniger als 48 Tage im Kalenderjahr Nachtarbeit leistet, da insoweit die am bloßen Wortlaut des Gesetzes orientierten Ergebnisse nicht mit

---

165 *Baeck/Deutsch*, § 2 ArbZG, Rn. 113; *Junker*, ZfA 1998, 105, 110; *Kreft*, Arbeitszeitdauerregulierung, S. 227 f.; *Anzinger/Koberski*, § 2 ArbZG Rn. 96; *Schliemann*/Meyer, Arbeitszeitrecht, Rn. 170.

166 *Neumann/Biebl*, § 2 ArbZG, Rn. 30; *Buschmann/Ulber*, § 2 ArbZG, Rn. 24.

167 *Tietje*, Arbeitszeitrecht, S. 160.

168 *Tietje*, Arbeitszeitrecht, S. 161.

169 *Tietje*, Arbeitszeitrecht, S. 161.

170 Anders dagegen *Anzinger/Koberski*, § 2 ArbZG Rn. 96.

dem vom BVerfG[171] aufgestellten Anforderungen an einen gesetzlichen Nachtarbeitsschutz vereinbar seien und daher eine verfassungskonforme Auslegung vorzunehmen ist.[172]

2. Schichtarbeitnehmer

Nach § 6 Abs. 1 ArbZG ist nicht nur die Arbeitszeit der Nachtarbeitnehmer nach gesicherten arbeitswissenschaftlichen Erkenntnissen über die menschengerechte Gestaltung der Arbeit festzulegen, sondern ebenso die der Schichtarbeitnehmer. Somit stellt sich die Frage, wer Schichtarbeitnehmer i.S.d. § 6 Abs. 1 ArbZG ist. Wie bereits festgestellt, ist im Arbeitszeitgesetz weder eine Definition des Begriffs „Schichtarbeit" noch des „Schichtarbeitnehmers" zu finden.
Eine Definition enthält allerdings Art. 2 Nr. 5 der Richtlinie 93/104/EG, wonach Schichtarbeit „jede Form der Arbeitszeitgestaltung kontinuierlicher oder nicht kontinuierlicher Art mit Belegschaften ist, bei der Arbeitnehmer nach einem bestimmten Zeitplan, auch im Rotationsturnus, sukzessive an den gleichen Arbeitsstellen eingesetzt werden, so dass sie ihre Arbeit innerhalb eines Tages oder Wochen umfassenden Zeitraums zu unterschiedlichen Zeiten verrichten müssen". Derjenige Arbeitnehmer, der in einem Schichtarbeitsplan eingesetzt wird, ist Schichtarbeiter nach Art. 2 Nr. 6 RL 93/104/EG.
Im nationalen Recht wird Schichtarbeit nach der Rechtsprechung des BAG angenommen, wenn eine bestimmte Arbeitsaufgabe über einen erheblich längeren Zeitraum als die wirkliche Arbeitszeit eines Arbeitnehmers hinaus anfällt und daher von mehreren Arbeitnehmern oder Arbeitnehmergruppen in einer geregelten zeitlichen Reihenfolge erbracht wird, ohne dass der jeweils abgelöste Arbeitsplatz identisch sein muss.[173] Diese geleisteten Arbeitszeiten müssen hierbei teilweise auch außerhalb der üblichen Arbeitszeiten liegen.[174]
Im Rahmen dieser Definition des Schichtarbeitnehmers durch das BAG stellt sich die Frage, ob nur Arbeitnehmer, die in wechselnden Schichten ihre Arbeitsleistung somit zu unterschiedlichen, wechselnden Tageszeiten erbringen, als Schichtarbeitnehmer i.S.d. § 6 Abs. 1 ArbZG zu qualifizieren sind oder ob auch diejenigen Arbeitnehmer, die zwar in einen Schichtplan eingeteilt sind, aber

---

171 *BVerfG* 28.1.1992, NZA 1992, 270 ff.

172 Kittner/Zwanziger-*Schoof*, § 41 Rn. 19.

173 Vgl. *BAG 23.9.1960*, AP Nr. 4 zu § 2 AZO; *BAG* 20.6.1990, NZA 1990, 861; *BAG 18.07.1990*, NZA 1991, 23; *Rauschenberg*, Flexibilsierung, S. 73.

174 *BAG 18.7.1990*, NZA 1991, 23.

dauernd in der gleichen Schicht zur gleichen Zeit arbeiten, unter den Begriff des Schichtarbeitnehmers fallen.
Anhaltspunkte könnten sich u.a. aus der Arbeitszeitrichtlinie ergeben. Doch bereits der Wortlaut von Art. 2 Nr. 5 RL 93/104/EG bereitet einige Auslegungsschwierigkeiten. Aus der ausdrücklichen Erwähnung von rollierenden Schichtsystemen könnte man schließen, dass dies zur Verdeutlichung angeführt wurde und sich somit auf alle Wechselschichtsysteme bezieht und keine Ausweitung auf permanente Schichtsysteme zu bedeuten hat.[175] Insbesondere ist unklar, ob sich die Notwendigkeit der Tätigkeit zu verschiedenen Zeiten auf den einzelnen Arbeitnehmer oder alle Arbeitnehmer des Betriebes bezieht.[176] Dagegen ergibt sich aus den Gesetzesmaterialien zur RL 93/104/EG eine Begrenzung auf Arbeitnehmer, die ihre Arbeit in Wechselschichten verrichten.[177] Der EuGH setzte sich in seinem Urteil vom 3. Oktober 2000[178] mit dem Begriff des Schichtarbeiters nach Art. 2 Nr. 5 und 6 RL 93/104/EG auseinander und seine Ausführungen legen die Begrenzung auf Wechselschichten nahe.
Dennoch würde die Arbeitszeitrichtlinie einer umfassenderen Auslegung in § 6 Abs. 1 ArbZG nicht entgegenstehen, da die Mitgliedstaaten gem. Art. 15 RL 93/104/EG für den Arbeitnehmer günstigere Vorschriften erlassen können.
Der vom BAG entwickelte arbeitsrechtliche Schichtarbeitsbegriff basiert auf einem „betriebsorientierten Verständnis".[179] In der Arbeitswissenschaft dagegen

---

175 So jedenfalls *Tietje,* Arbeitszeitrecht, S. 163; im Ergebnis ebenso *Knauth/Hornberger,* Schicht- und Nachtarbeit, S. 14 f.

176 so bereits *Tietje,* Arbeitszeitrecht, S. 163.

177 Im ursprünglichen Entwurf der Komm. vom 3.August 1990 (ABl. EG Nr. C 254 vom 9.10.1990, S. 4 ff.) finden sich in den Erwägungsgründen Aussagen, wonach wechselnde Schichtpläne die Gesundheit der Arbeitnehmer beeinträchtigen können und daher Vorkehrungen zu treffen sind, um wechselnde Schichtpläne einzuschränken. Im Entwurf zur Arbeitszeitrichtlinie wurde sodann in Art. 2 Abs. 4 Schichtarbeit als Form der Arbeitsgestaltung definiert, bei der sich Arbeitnehmer nach einem bestimmten Zeitplan abwechseln, wozu wechselnde und sukzessive Schichtbelegschaften und kontinuierliche wie auch nichtkontinuierliche Schichtarbeitsplätze gehören können. Weiterhin beinhaltet Art. 10 des Entwurfs, dass die Mitgliedstaaten die erforderlichen Maßnahmen treffen, um sicherzustellen, dass Nacht- und Wechselschichtarbeitern hinsichtlich Gesundheit und Sicherheit in einem Maße Schutz zuteil wird, das der Art ihrer Arbeit Rechnung trägt. Somit wird deutlich, dass die Kommission nur von wechselnden Schichtsystemen ausging. Diese Ansicht wird durch den weiteren Gesetzgebungsgang verstärkt. Auch in den vom Europäischen Parlament vorgenommenen Änderungen (ABl. EG Nr. C 72 vom 18.3.1991, S. 86 ff.) ist beispielsweise in Art. 7 Abs.4 vorgesehen, dass bei der Verteilung und Festlegung der Gesamtdauer der Pausen für Wechselschicht- und Nachtarbeiter den sich aus diesen Arbeitszeitformen ergebenden höheren Anforderungen Rechnung zu tragen ist.

178 *EuGH 3.10.2000,* Rs. C-303/98 (SIMAP), Slg. 2000, I-7997 ff.

179 So *Rauschenberg,* Flexibilisierung, S. 74; *Tietje,* Arbeitszeitrecht, S. 161 ff. m.w.N.

wird eine andere Definition verwendet. Einige Arbeitswissenschaftler verstehen unter Schichtarbeit all jene Formen der Arbeitszeitorganisation, bei denen Arbeit entweder zu wechselnder Zeit (Wechselschicht) oder zu konstanter, aber ungewöhnlicher Zeit (z.B. Dauernachtschicht) ausgeführt wird.[180] Im Rahmen dieser weiten Definition von Schichtarbeit ist im Vergleich zur „normalen" Arbeitszeit die ungewöhnliche Arbeitszeit prägend.[181] Abgrenzungskriterium ist folglich die Regelarbeitszeit, die auch Normalschicht oder Tagschicht genannt wird und bei der Durchschnittsbevölkerung im Allgemeinen in der Zeit zwischen 6.00 und 17.00 Uhr auf der Grundlage der Fünftagewoche und der Fünfunddreißig- bis Vierzigstundenwoche liegt.[182] *Grandjean* dagegen fasst den Begriff der Schichtarbeit enger und definiert ihn als Wechselschichten, bei denen periodisch auch Nachtarbeit vorkommt[183], permanente Systeme sind somit nicht erfasst.
Tietje ist der Meinung, dass die arbeitswissenschaftliche verwandte Definition der Schichtarbeit i.S.d. ersten Auffassung dem Schutzziel von § 6 Abs. 1 ArbZG besser gerecht wird und somit Schichtarbeitnehmer i.S.d. § 6 Abs. 1 ArbZG jeder ist, der zu wechselnder oder zu konstanter aber ungewöhnlicher Zeit arbeitet.[184]
Dem Gesetzeswortlaut und dem Begriff „Schichtarbeit" lassen sich an sich keine Anhaltspunkte entnehmen, die auf eine Ausklammerung der permanenten Schichtarbeit hinweisen.[185] Auch das BAG hat im Rahmen der vergütungsrechtlichen Auslegung des Begriffs der Schichtarbeit bereits vertreten, dass vom Wortlaut permanente Schichtsysteme erfasst sind.[186] Allerdings wurden die Regelungen im Gesetzentwurf der SPD-Fraktion zur Schichtarbeit damit begründet, dass ein ständiger Wechsel der Dauer und Lage von Arbeitszeiten arbeitsphysiologisch ungünstig ist und die Bestimmung des § 8 der Minderung der Zusatzbelastungen bei wechselnden Arbeitszeiten dienen soll.[187] Eine solche Begründung der Bundesregierung ist den Gesetzesmaterialien zu § 6 ArbZG nicht mehr zu entnehmen.
Der Auffassung von *Tietje* ist unter dem Gesichtspunkt des Arbeits- und Gesundheitsschutzes zuzustimmen, den § 6 Abs. 1 ArbZG bezwecken möchte und

---

180 Vgl. *Knauth/Hornberger,* Schicht- und Nachtarbeit, S. 9; *Beermann,* AuA 1997, 37.
181 *Knauth/Hornberger,* Schicht- und Nachtarbeit S. 9.
182 *Knauth/Hornberger,* Schicht- und Nachtarbeit S. 9; *Beermann,* AuA 1997, 37, sieht als Normalarbeitszeit die tägliche Arbeitszeit zwischen 6.00 und 18.00 Uhr an.
183 *Grandjean,* Arbeitsgestaltung, S. 211.
184 *Tietje,* Arbeitszeitrecht, S. 162 ff.; so auch Kittner/Zwanziger-*Schoof,* § 41, Rn. 12.
185 *Buschmann/Ulber,* § 6 ArbZG, Rn. 6; *Rauschenberg,* Flexibilisierung, S. 74.
186 *BAG 20.01.1965,* AP Nr. 1 zu § 1 TVG Tarifverträge Betonsteingewerbe; *BAG 20.06.1990,* NZA 1990, 861f.
187 BT-Drucks. 12/5282.

den auch die Definition der Arbeitswissenschaft verfolgt. Entscheidend für die Aufstellung der gesetzliche Regelung des § 6 ArbZG war die Erkenntnisse, dass nicht nur Lage und Dauer der Arbeitszeit, sondern auch Verteilung und Rhythmik der Arbeitszeit einen Belastungsfaktor darstellen, der zu Befindlichkeitsstörungen führt.[188] Auch wenn in diesem Rahmen die vom BAG aufgestellte Definition von Schichtarbeit direkt in der Gesetzesbegründung herangezogen wurde, so ist *Tietje* zuzustimmen, dass die vom BAG verwendete Definition der Schichtarbeit, die sich eines „betriebsorientierten Verständnisses" bedient, den Schutzgedanken von § 6 Abs. 1 ArbZG nicht gerecht wird. Auf eine Ablösung durch einen Arbeitskollegen und eine übereinstimmende Aufgabe kommt es im Rahmen des § 6 Abs. 1 ArbZG gerade nicht an. Entscheidend für den Sicherheits- und Gesundheitsschutz der Arbeitnehmer ist vielmehr der Faktor „Arbeitszeit" an sich.
Als Schichtarbeitnehmer i.S.d. § 6 Abs. 1 ArbZG ist daher jeder Arbeitnehmer anzusehen, der zu wechselnder oder zu konstanter aber ungewöhnlicher Zeit Arbeit leistet, so dass sowohl Arbeitnehmer in Wechselschicht- als auch in Dauerschicht erfasst sind.[189]

VII. Die menschengerechte Gestaltung der Arbeitszeit i.S.d. § 6 Abs. 1 ArbZG - Umsetzung von Artt. 12 Nr. 1 und 13 der Arbeitszeitrichtlinie?

Im weiteren Verlauf soll der materielle Regelungsinhalt von § 6 Abs. 1 ArbZG einer umfassenden Untersuchung unterzogen werden. So stellt sich die Frage nach dem Adressaten der Regelung und der Statuierung einer Gestaltungspflicht. Im Anschluss ist der Begriff der gesicherten arbeitswissenschaftlichen Erkenntnisse zu diskutieren. Gleichzeitig wird untersucht werden, ob die Artt. 12 Nr. 1, 13 RL 93/104/EG durch § 6 Abs. 1 ArbzG ordnungsgemäß umgesetzt worden und welche rechtlichen Konsequenzen sich bei einer entsprechenden Verneinung ergeben.

---

188 BT-Drucks. 12/5888, S. 25.

189 *Tietje,* Arbeitszeitrecht, S. 164; Kittner/Zwanziger-*Schoof,* § 41, Rn. 12; andere abzulehnende Auffassung *Baeck/Deutsch,* § 6 ArbZG, Rn 15; *Schliemann*/Meyer, Arbeitszeitrecht, Rn. 401.

1. Schichtplangestaltung als Arbeitsschutzmaßnahme des Arbeitgeber

§ 6 Abs. 1 ArbZG verlangt die Berücksichtigung von gesicherten arbeitswissenschaftlichen Erkenntnissen bei der Gestaltung von Arbeitszeitsystemen bzw. Schichtplänen.[190] Da die Schichtplangestaltung dem Arbeitgeber im Rahmen seines Direktionsrechts gem. § 106 GewO obliegt, ist der Arbeitgeber folgerichtig Adressat dieser Regelung.
Da eine entsprechende Gestaltung des Schichtplans letztlich zur Verbesserung von Sicherheit und Gesundheitsschutz der Arbeitnehmer i.S.d. § 1 Nr. 1 ArbZG beitragen soll, handelt es sich um eine Maßnahme des Sicherheits- und Gesundheitsschutzes im Rahmen verschiedener anderer Arbeitsschutzmaßnahmen, die im Zusammenhang mit der Belastung „Nacht- und Schichtarbeit", insbesondere nach Art. 12 RL 93/104/EG erforderlich sind. Die Regelung des § 6 Abs. 1 ArbZG ist darauf gerichtet, physische und psychische Belastungen, die aus Dauer, Lage, Verteilung und Rhythmik der Nacht- und Schichtarbeit resultieren, zu vermeiden bzw. zu verringern, die grundsätzlich zu Fehlbeanspruchungen auf Seiten der Beschäftigten führen können und somit geeignet sind, arbeitsbedingte Erkrankungen hervorzurufen.[191] Um die damit verbundenen Gefährdungen effektiv zu vermeiden bzw. zu verringern, hat der Arbeitgeber die Arbeitszeit der Nacht- und Schichtarbeitnehmer aktiv und präventiv nach gesicherten arbeitswissenschaftlichen Erkenntnissen zu gestalten.

2. Umsetzung von Art. 13 RL 93/104/EG

Dabei muss es sich gem. § 6 Abs. 1 ArbZG um eine menschengerechte Gestaltung der Arbeitszeit handeln, d.h. der Arbeitgeber muss die Arbeitszeit so gestalten, dass sie an den Menschen angepasst ist, also neben der allgemeinen physiologischen Desynchronisation der Körperfunktionen der Nacht- und Schichtarbeitnehmer auch deren individuelle Belastungsfähigkeit und individuelle Bean-

---

[190] Vgl. hierzu S. 140. Wie bereits an dieser Stelle erwähnt spielen nach der Auffassung des Gesetzgebers bei der Schichtplangestaltung die Zahl der Schichtbelegschaften, die Länge der Arbeitszeit, die Form des Schichtwechsels, Anzahl der aufeinanderfolgenden Nachtschichten eine erhebliche Rolle.

[191] Zu den Gefährdungen, die im Zusammenhang mit Nacht- und Schichtarbeit auftreten, vgl. S. 4 ff.

spruchung berücksichtigen.[192] Durch den Arbeitgeber ist somit ein Schichtplan aufzustellen, der hauptsächlich auf die Vermeidung und Verringerung der mit Nacht- und Schichtarbeit zusammenhängenden Gefährdungen, die grundsätzlich alle die in diesem Arbeitszeitsystem arbeitenden Personen betreffen, gerichtet ist und auf Grund individueller Eigenschaften einzelner Arbeitnehmer davon Ausnahmen getroffen werden können. Somit wird in dieser Hinsicht Art. 13 RL 93/104/EG umgesetzt.[193]

3. Umsetzung von Art. 12 Nr. 1 RL 93/104/EG

Gleichzeitig handelt es sich bei der in § 6 Abs. 1 ArbZG zum Ausdruck kommenden Schichtplangestaltung des Arbeitgebers um eine Schutzmaßnahme seitens des nationalen Gesetzgebers, die der Natur der Arbeit der Nacht- und Schichtarbeitnehmer angepasst ist und mithin zur Umsetzung von Art. 12 Nr. 1 RL 93/104/EG beiträgt.[194]

4. Zwingende Gestaltungspflicht des Arbeitgebers oder Programmsatz?

Bei § 6 Abs. 1 ArbZG ist zu fragen, ob es sich bei der Handlungspflicht des Arbeitgebers lediglich um eine Soll-Vorschrift handelt oder ob diese Gestaltungspflicht dem Arbeitgeber durch § 6 Abs. 1 ArbZG zwingend auferlegt ist.
Da § 6 Abs. 1 ArbZG weder bußgeld- noch strafbewehrt ist, schlussfolgert eine Ansicht[195], dass es sich bei § 6 Abs. 1 ArbZG um eine Vorschrift handelt, an die

---

[192] *Erasmy*, NZA 1994, 1105, 1108 kommt daher zu Recht zu dem Ergebnis, dass es sich bei der menschengerechten Gestaltung der Arbeit nach den gesicherten arbeitswissenschaftlichen Erkenntnissen um eine Frage des Einzelfalls handelt. Allerdings ist zu betonen, dass es sich um eine solche Frage handeln kann.

[193] Für eine Umsetzung von Art. 13 RL 93/104/EG auch *Zeppenfeld*, Europ. Arbeitszeitrecht, S. 150 ff., *Anzinger/Koberski*, § 6 ArbZG, Rn. 13. Eine vollständige Umsetzung von Art. 13 RL 93/104/EG erfolgte durch § 6 Abs. 1 ArbZG aber nicht. Hierzu später S. 190 ff.

[194] Nach *Buschmann/Ulber*, § 6 ArbZG, Rn. 4 verstößt § 6 Abs. 1 ArbZG wegen seiner unscharfen und allgemein gehaltenen Fassung gegen Art. 12 Nr. 1 RL 93/104/EG, da der Gesetzgeber verpflichtet sei, die zum Schutz der Nacht- und Schichtarbeitnehmer erforderlichen Maßnahmen selbst zu treffen.

[195] *Diller*, NJW 1994, 2726, 2727; *Sondermann*, DB 1993, 1922; *Erasmy*, NZA 1994, 1105, 1108; *Anzinger*, FS Wlotzke (1996), S. 427, 438; *Dobberahn*, Das neue ArbZG, Rn. 77.

keine Rechtsfolgen geknüpft sind („lex imperfecta") und § 6 Abs. 1 ArbZG aus diesem Grund lediglich als „Soll-Vorschrift" zu qualifizieren sei.
Nach *Schliemann*[196] ordnet § 6 Abs. 1 ArbZG zwingend die Gestaltung der Arbeitszeit nach gesicherten arbeitswissenschaftlichen Erkenntnissen an, wobei es sich hierbei um eine Obliegenheit des Arbeitgebers gegenüber dem Arbeitnehmer handelt, so dass der Arbeitnehmer bei Nichterfüllung seine Arbeitsleistung gem. § 273 BGB zurückbehalten kann.
Andererseits wird die zwingende öffentlich-rechtliche Verpflichtung des Arbeitgebers aus § 6 Abs. 1 ArbZG bejaht[197] und eine Transformation der arbeitsschutzrechtlichen Norm über § 315 BGB angenommen.[198]
Neumann/Biebl[199] sehen die Regelung des § 6 Abs. 1 ArbZG als zwingend an und gewähren dem Arbeitnehmer einen Rechtsanspruch, der allerdings schwer durchzusetzen sei, da es sich schon bei der „menschengerechten Gestaltung der Arbeit" um einen recht verschwommenen Begriff handeln soll.
Dagegen vertritt *Junker*[200] eine völlig andere Meinung. Danach verbiete es die generalklauselartige Fassung von § 6 Abs. 1 ArbZG, in dieser Norm eine Anspruchsgrundlage im einzelnen Arbeitsverhältnis zu sehen. Außerdem könne man über die wichtigsten Tatbestandsmerkmale gesichert, arbeitswissenschaftlich und menschengerecht trefflich streiten. Er kommt zu dem Ergebnis, dass „Rechtspolitisch betrachtet sollten Aussagen wie diejenige des § 6 Abs. 1 ArbZG besser in Programmen zur Hebung der allgemeinen Wohlfahrt stehen als in einem arbeitsrechtlichen Gesetz.". Mithin wird § 6 Abs. 1 ArbZG nicht als Regelung, sondern als ein Programmsatz eingeordnet.
Die o.g. mehrfache Kritik an der inhaltlichen Ausgestaltung des § 6 Abs. 1 ArbZG erfordert es, den Begriff der „gesicherten arbeitswissenschaftlichen Erkenntnisse über die menschengerechte Gestaltung der Arbeit" im Zusammenhang mit Nacht- und Schichtarbeit zu untersuchen, bevor die Frage einer Rechtspflicht des Arbeitgebers im Rahmen von § 6 Abs. 1 ArbZG beantwortet werden kann. Bereits die Qualifizierung des Begriffs der gesicherten arbeitswissenschaftlichen Erkenntnisse über die menschengerechte Gestaltung der Arbeit als einen belastbaren Rechtsbegriff würde der Einordnung des § 6 Abs. 1 ArbZG als Programmsatz deutlich widersprechen.

---

196 *Schliemann*/Meyer, Arbeitszeitrecht, Rn. 409 f; ebenso Hk-ArbTG/*Linnenkohl*, § 6, Rn. 30 f.
197 *Kohte*, DZWir 1996, 396; *Baeck/Deutsch*, § 6 ArbZG, Rn. 26.
198 *Bitterberg*, Die arbeitsschutzrechtliche Regelung des ärztlichen Bereitschaftsdienstes, S. 256 f.
199 *Neumann/Biebl*, § 6 ArbZG, Rn. 8.
200 *Junker*, ZfA 1998, 105, 120 f.

VIII. Gesicherte arbeitswissenschaftliche Erkenntnisse

1. Ein unbestimmter Rechtsbegriff

Mit der Orientierung an gesicherten arbeitswissenschaftlichen Erkenntnissen bei der Arbeitszeitgestaltung der Nacht- und Schichtarbeitnehmer wird eine entsprechende Tradition im Arbeitsschutz fortgesetzt, die 1972 mit der Normierung im BetrVG und 1973 im ASiG begann. Insofern sollte eine innovatorische Öffnung des klassischen Arbeitsschutzsystems erfolgen, das bis zu diesem Zeitpunkt durch Verordnungen der Arbeitsschutzverwaltung und Unfallverhütungsvorschriften der Berufsgenossenschaften im Kontext Sicherheitstechnik und Arbeitsmedizin geprägt war.[201]
Bei der Formel der gesicherten arbeitswissenschaftlichen Erkenntnisse handelt es sich um einen unbestimmten Rechtsbegriff, dessen Auslegung durch die Wechselbeziehung von Recht und Wissenschaft geprägt ist.[202]
Die Verwendung von unbestimmten Rechtsbegriffen erweist sich in der praktischen Anwendung z.T. als problematisch, da solche offenen Tatbestände - wie § 6 Abs. 1 ArbZG zeigt - einer weiteren Konkretisierung bedürfen, so dass für die verschiedenen Rechtsanwender, bspw. Betriebsparteien, Arbeitsschutzverwaltungen und Gerichte, nicht ohne weiteres erkennbar ist, welche Anforderungen an ein normgerechtes Verhalten bestehen und somit Rechtsunsicherheit auftreten kann.[203] Das damit vorhandene normative Regelungsdefizit hat zur Folge, dass die Konkretisierung unbestimmter Rechtsbegriffe, die zugleich normative Standards setzen, erst durch die Behörden und Gerichte erfolgt, also auf der Ebene der Rechtsanwendung.[204] Aus diesem Grund bestehen gegen die Verwendung von unbestimmten Rechtsbegriffen unter demokratischen und rechtsstaatlichen Gesichtspunkten Bedenken, wenn diese Entscheidungen vom Gesetzgeber nicht

---

201 *Fuchs*, Gesicherte arbeitswissenschaftliche Erkenntnisse, S. 85 f.; *Kohte*, Stand der Technik und gesicherte arbeitswissenschaftliche Erkenntnisse, S. 79, 85.

202 *Pulte*, ArbuR 1983, 174; *Wagner*, MB bei Bildschirmtechnologien, S. 136; *Ridder*, ArbuR 1984, 353 f. Unter Berufung auf Preuschen vertritt *Schaefer*, MitGespr. 1974, 89, 94 die Auffassung, dass die Rechtswissenschaft die "Magd der Arbeitswissenschaft" ist und nicht umgekehrt, da die Arbeitswissenschaft für das Arbeitsrecht neue Voraussetzungen bringt und neue Möglichkeiten für bessere gesetzliche Regelungen schafft.

203 MünchArbR-*Wlotzke*, § 210, Rn. 8; *Marburger*, BB Beil 4/1985, 16, 17.; *Nicklisch*, BB 1983, 261, 263; *Spinnarke*, Sicherheitstechnik, Arbeitsmedizin, Arbeitsplatzgestaltung, S. 21.

204 *BVerfG 08.08.1978*, BVerfGE 49, 89, 135; *Sparwasser/Engel/Voßkuhle*, Umweltrecht, S. 57 f.; *Nicklisch*, BB 1981, 505; *Pieper*, BB 1987, 273, 274.

mehr hinreichend vorbestimmt sind.[205] Dennoch hat das BVerfG im sog. Kalkar-Beschluss, der auf breite Zustimmung gestoßen ist, diese verfassungsrechtlichen Bedenken zerstreut.[206]
Durch die Verwendung solcher unbestimmten Rechtsbegriffe im Arbeitsschutzrecht soll gewährleistet werden, dass die gesetzlichen Normen nicht hinter der ständigen technischen Entwicklung und auch nicht hinter der für den Gesundheitsschutz der Beschäftigten erheblichen Erkenntnisgewinnung in der Arbeitswissenschaft zurückbleiben, so dass die Kluft zwischen wissenschaftlicher Forschung und Anwendung in der betrieblichen Praxis verringert wird.[207] Insoweit weisen Rechtsvorschriften eher statischen Charakter auf.[208] Eine bezweckte Dynamisierung wird in aller Regel nicht durch die Fixierung von exakten Regeln und Erkenntnissen erreicht, sondern es werden in gesetzlichen Regelungen, z.B. des Arbeitsschutzes und des Umweltrechts, Schutz- und Sicherheitsziele formuliert, die durch normative Standards konkretisiert werden.[209] Diesen Weg hat der Gesetzgeber auch im Arbeitszeitgesetz durch § 6 Abs. 1 ArbZG i.V.m. § 1 Nr. 1, 1. HS. ArbZG gewählt, d.h. durch die Orientierung an gesicherten arbeitswissenschaftlichen Erkenntnissen über die menschengerechte Gestaltung der Arbeit soll ein Beitrag zur Verbesserung der Sicherheit und des Gesundheitsschutzes von Nacht- und Schichtarbeitnehmern geleistet werden. Zudem wird davon ausgegangen, dass dem Gesetzgeber vielfach die erforderliche Sachkunde fehlt, um entsprechende gesetzliche Regelungen zu erlassen.[210]
Unbestimmte Rechtsbegriffe zur Verknüpfung von Recht und Technik bzw. Wissenschaft sind nicht nur für das Arbeitsschutzrecht typisch, sondern auch für das Umweltrecht[211], so dass es geeignet erscheint, auf die Rechtsprechung und Literatur anderer arbeitsschutzrechtlicher Regelungen und zugleich die des Umweltrechts zurückzugreifen.

---

205 *Sparwasser/Engel/Voßkuhle,* Umweltrecht, S. 57 f.; *Marburger,* BB Beil. 4/1985, 16, 17; *Spinnarke,* Sicherheitstechnik, Arbeitsmedizin, Arbeitsplatzgestaltung, S. 21.

206 *BVerfG 08.08.1978,* BVerfGE 49, 89, 133 ff.; *Kloepfer/Veit,* NZA 1990, 121, 125.

207 MünchArbR-*Wlotzke,* § 210, Rn. 5; *Nicklisch,* BB 1983, 261 f.; *Hofe,* Betriebliche Mitbestimmung, S. 87; vgl. *BVerfG 08.08.1978,* BVerfGE 49, 89, 134 ff.

208 *Kloepfer/Veit,* NZA 1990, 121, 124.

209 *BVerfG 08.08.1978,* BVerfGE 49, 89, 139 f.; *Wlotzke,* FS Herschel (1982), S. 503, 530.

210 *Hoppe/Beckmann/Kauch,* Umweltrecht, § 5, Rn. 2.

211 Z.B. in § 19 g III WHG (allgemein anerkannte Regeln der Technik), § 7 a WHG, § 3 VI BImSchG (Stand der Technik) und in §§ 6 I Nr. 2, 7 II Nr. 3, 9 II Nr. 3 AtG (Stand von Wissenschaft und Technik).

2. Arbeitswissenschaftliche Erkenntnisse

In § 6 Abs. 1 ArbZG wird auf die arbeitswissenschaftlichen Erkenntnisse verwiesen. Die Grundaufgabe der Arbeitswissenschaft besteht in der Sammlung und Anwendung von Erkenntnissen, die sicherstellen, dass Eigenschaften und Bedürfnisse der Menschen bei der Gestaltung der Arbeit berücksichtigt und genutzt werden können.[212] Die Arbeitswissenschaft widmet sich entsprechend der sog. „Kerndefinition“ von *Luczak* und *Volpert* Fragen, die den individuellen Gesundheitsschutz, die soziale Angemessenheit der Arbeit und die Persönlichkeitsentwicklung betreffen.[213] Entsprechend diesen Zielsetzungen sind im Rahmen von arbeitswissenschaftlichen Erkenntnissen sowohl natur- als auch geisteswissenschaftliche Erkenntnisse heranzuziehen, die verschiedenen Einzeldisziplinen bzw. Wissenschaftszweige entstammen können. Als arbeitsbezogene Wissenschaften gelten insoweit die Wirtschaftswissenschaften, die Arbeitssoziologie, Arbeitspädagogik, Arbeits- und Organisationspsychologie, Arbeitsphysiologie, Arbeitsmedizin, Arbeitstechnologie und auch die Rechtswissenschaft, insbesondere das Arbeitsrecht.[214]
In Bezug auf Nacht- und Schichtarbeitnehmer bedeutet dies nun, dass der Arbeitgeber gem. § 6 Abs. 1 ArbZG die gewonnenen Erkenntnisse der verschiedenen Fachdisziplinen, die sich aus der Belastung von Nacht- und Schichtarbeit ergeben, bei der Festlegung der Arbeitszeit, also der Lage, Dauer, Verteilung und Rhythmik, beachten muss, soweit sie in diesem Zusammenhang einerseits einen Beitrag zur menschengerechten Gestaltung der Arbeit leisten und andererseits als „gesichert“ einzustufen sind.

3. „Gesicherte“ arbeitswissenschaftliche Erkenntnisse

Auch bei § 6 Abs. 1 ArbZG stellt sich das allgemeine Problem und die zugleich umstrittene Frage, wann arbeitswissenschaftliche Erkenntnisse als gesichert gelten. Diese Unklarheit wird durch weitere Verfahren[215] verdeutlicht, die gesicher-

---

[212] *Bieneck/Rückert,* ZArbWiss. 1994, 1.
[213] *Bieneck/Rückert,* ZArbWiss. 1994, 1.
[214] *Luczak,* Arbeitswissenschaft, S. 11-17; D/K/K-*Klebe,* § 91 BetrVG, Rn. 8; Hettinger/*Wobbe,* Arbeitswissenschaft, S. 13; *Schweres,* AiB 1995, 634, 637; Koll/Janning/Pinter-*Koll,* § 4 ArbSchG, Rn. 20. Einen kurzen Überblick über die Inhalte der einzelnen Disziplinen geben *Anzinger/Bieneck,* § 3 ASiG, Rn. 33 ff.
[215] BVerwG 31.01.1997, NZA 1997, 482.; OVG NW 15.10.1997, GewArch 1998, 202.

te arbeitswissenschaftliche Erkenntnisse im Zusammenhang mit der Gestaltung von Arbeitsstätten betrafen.
Vorab ist festzuhalten dass Fragen zu Belastungen und Beanspruchungen von Nacht- und Schichtarbeit einer recht intensiven arbeitswissenschaftlichen Untersuchung unterzogen wurden. Ausgehend von diesen Untersuchungen sind auch verschiedene Empfehlungen zur Gestaltung der Arbeitszeit der Nacht- und Schichtarbeitnehmer zu verzeichnen. Aus diesem Grund wurde auch die Regelungstechnik des § 6 Abs. 1 ArbZG kritisiert.[216] Die genannte Problematik soll an einem Beispiel aus der Rechtsprechung verdeutlicht werden.

3.1. BAG, Urt. v. 11.2.1998 - Einteilung zu Nachtschichten kraft Direktionsrechts[217]

Im Jahre 1998 hatte sich das BAG mit der Frage nach gesicherten arbeitsmedizinischen Erkenntnissen über die gesundheitliche Beeinträchtigung kürzerer oder längerer Schichtfolgen auseinanderzusetzen. Eine Pflegerin verlangte von ihrer Arbeitgeberin, der Rheinischen Landesklinik, die Einteilung zu sieben Nachtwachen in Folge. Seit 1996 setzte die Arbeitgeberin dagegen ihre Mitarbeiter nur noch in bis zu höchstens vier Nachtwachen in Folge ein und stützte diese Vorgehensweise auf einen Runderlass des Ministeriums für Arbeit, Gesundheit und Soziales des Landes Nordrhein-Westfalen und entsprechender Rundschreiben des Staatlichen Amtes für Arbeitsschutz, in denen eine Nachtarbeit mit mehr als vier Nachtdiensten in Folge als eine mit dem Arbeitnehmerschutz unvereinbare Dienstplanung bezeichnet wird. Weiterhin bezog sich die Arbeitgeberin auf Ausführungen der Bundesanstalt für Arbeitsschutz und Arbeitsmedizin sowie der Universität Karlsruhe, denen die Empfehlung kurzer Wechsel bei Nacht- und Schichtarbeit zu entnehmen ist.
Die Arbeitnehmerin dagegen machte geltend, dass ihr auf Grund ihrer besonderen Veranlagung und gesundheitlichen Situation ein kurzer Wechsel von Tag- und Nachtschicht nicht zumutbar sei, sondern es zu einer gesundheitlichen Beeinträchtigung kommen könnte und legte zur Bekräftigung ihrer Argumentation eine Bescheinigung eines unabhängigen betriebsärztlichen Dienstes vor, wonach keine arbeitsmedizinischen Bedenken gegen einen Einsatz der Arbeitnehmerin in maximal sieben aufeinander folgenden Nachtwachen

[216] *Oppolzer* , ArbuR 1994, 41, 46 hatte damals bereits die Konzeption des § 6 Abs. 1 E-ArbZRG gerügt, d.h. die unterbliebene Konkretisierung trotz eines seit Jahrzehnten gesammelten Bestandes an arbeitswissenschaftlichen Erkenntnissen, der es erlaubt hätte, bestimmte Aspekte von Nacht- und Schichtarbeit mit gestaltenden Vorschriften zu versehen.
[217] *BAG 11.02.1998,* NZA 1998, 647.

in maximal sieben aufeinander folgenden Nachtwachen bestehen. Zudem verwies sie auf eine Stellungnahme der Krankenhaus-Gesellschaft Nordrhein-Westfalen, aus der hervorgeht, dass die einseitige Umsetzung einer Schichtfolge von zwei bis vier Wachen zu einer Mehrbelastung führe, die gesundheitliche Beeinträchtigungen und zusätzliche psycho-soziale Belastungen zur Folge habe. Im Rahmen der Entscheidung führt das BAG zutreffend aus, dass der Arbeitgeber kraft seines Direktionsrechts berechtigt ist, die Anzahl der in Folge zu leistenden Nachtschichten festzulegen, soweit durch Arbeitsvertrag, Betriebsvereinbarung oder Tarifvertrag keine Regelung getroffen ist. Eine Einschränkung des Direktionsrechts könne sich aber auch aus § 6 Abs. 1 ArbZG ergeben, wenn gesicherte arbeitswissenschaftliche Erkenntnisse vorliegen. Hinsichtlich dieser Problematik gelangt das BAG zu dem Ergebnis, dass sich aus den zu den Akten gereichten Unterlagen unterschiedliche Auffassungen gewinnen lassen, welche Schichtfolge die Gesundheit weniger belastet. Daher könne von gesicherten arbeitswissenschaftlichen Erkenntnissen, die zugunsten des Antrags der Arbeitnehmerin sprächen, nicht ausgegangen werden. Im Leitsatz führt das BAG aus, dass es keine gesicherten arbeitsmedizinischen Erkenntnisse darüber gibt, ob eine kurze oder längere Schichtfolge die Gesundheit der Arbeitnehmer stärker beeinträchtigt.
Zu Recht ist diese Entscheidung des BAG in der Literatur kritisiert worden.[218] Das BAG hat sich im Rahmen dieser Entscheidung der Diskussion um die „Gesichertheit" von Erkenntnissen über die menschengerechte Gestaltung entzogen, sondern ist davon ausgegangen, dass bei sich widersprechenden Aussagen noch keine Gesichertheit vorliegt, ohne die verschiedenen Quellenangaben einer näheren Untersuchung zu unterziehen.

3.2. Arbeitswissenschaftliche Erkenntnisse über die Anzahl aufeinanderfolgender Nachtschichten

Aussagen über längere oder kürzere Schichtfolgen bei Nachtarbeit finden sich bspw. in der von der Bundesanstalt für Arbeitsschutz und Arbeitsmedizin herausgegebenen Veröffentlichung „Bilanzierung arbeitswissenschaftlicher Erkenntnisse zur Nacht- und Schichtarbeit", wonach die Anzahl der aufeinander folgenden Nachtschichten möglichst gering sein sollte.[219] Auch die Europäische Stiftung zur Verbesserung der Lebens- und Arbeitsbedingungen spricht sich gegen die Durchführung von vier oder mehr aufeinander folgenden Nachtschichten

---

218 So z.B. *Buschmann/Ulber*, § 6 ArbZG, Rn. 7; *Hamm*, Flexible Arbeitszeiten, S. 47 ff.
219 *Beermann*, Bilanzierung arbeitswissenschaftlicher Erkenntnisse, S. 35.

aus.[220] Bereits 1991 empfahl diese Stiftung bei Dauermachtschicht eine möglichst kurze Nachtschichtfolge, mit nicht mehr als 2 bis 4 Nachtschichten in Folge.[221]
Daneben kann der Arbeitgeber auch auf Tarifverträge und Betriebsvereinbarungen, die nicht unmittelbar für seinen Betrieb Geltung beanspruchen müssen, zur Informationsbeschaffung zurückgreifen. Im Tarifvertrag zur Regelung der Jahresarbeitszeit für die Arbeitnehmer der DB AG[222] ist beispielsweise in § 6 Abs. 3 Nr. 5 verankert, dass regelmäßige tägliche Arbeitszeiten, die mehr als 30 min in die Zeit von 22.30 bis 4.30 Uhr fallen, nicht mehr als fünfmal hintereinander angesetzt werden sollen. Eine Betriebsvereinbarung eines Betriebes der Chemischen Industrie enthält folgende Regelung[223] „das neue Vollkonti-Arbeitszeit-System nach arbeitswissenschaftlichen und -medizinischen Erkenntnissen muss folgenden Grundsätzen entsprechen: 1. maximal 4 Nachtarbeitstage in Folge, 2. ...".
Darüber hinaus existieren in anderen Mitgliedstaaten der EG detaillierte gesetzliche Vorgaben. Das finnische Arbeitszeitgesetz bestimmt in § 28 Abs. 1, dass im Rahmen von Schichtarbeit die Schichten, also die Schichtenfolge, regelmäßig wechseln müssen und beinhaltet in Abs. 2, dass ein Arbeitnehmer, der in Schichtarbeit tätig ist, gemäß dem Schichtplan angefordert werden kann, nicht mehr als in 7 hintereinander folgenden Nachtschichten zu arbeiten hat. Im spanischen „Estatuto de los Trabajadores" enthält Art. 36 Abs. 3 die Regelung, dass der Arbeitgeber bei der Organisation von Schichtarbeit die Rotation zu beachten hat und dass kein Arbeitnehmer mehr als 2 Wochen hintereinander Nachtarbeit leisten muss.
Die aufgezeigten Beispiele verdeutlichen, dass Gestaltungsempfehlungen für die Arbeitszeit der Nacht- und Schichtarbeitnehmer in verschiedenen Informations- und Rechtsquellen vorkommen. Daher ist auch für § 6 Abs. 1 ArbZG die Frage zu beantworten, was unter „gesicherten arbeitswissenschaftlichen Erkenntnissen über die menschengerechte Gestaltung der Arbeit" zu verstehen ist.

---

220 *Wedderburn*, Schichtarbeit und Gesundheit, S. 17.
221 *Wedderburn*, Leitlinien für Schichtarbeiter, S. 12.
222 http://www.gdl-bayern.de/pdf/tv_jaztv.pdf (Stand: 14. Oktober 2005)
223 Betriebsvereinbarung liegt der Autorin vor.

4. Gesicherte arbeitswissenschaftliche Erkenntnisse als Mittel der menschengerechten Gestaltung der Arbeit i.S.d. § 6 Abs. 1 ArbZG

Bereits das aufgeführte Beispiel über die Anzahl der Nachtschichten in Folge illustriert, dass die Verknüpfung von menschengerechter Gestaltung der Arbeit und arbeitswissenschaftlichen Erkenntnissen im Rahmen des § 6 Abs. 1 ArbZG dazu führt, dass nur solche Erkenntnisse von Bedeutung sind, die einen Bezug zum Sicherheits- und Gesundheitsschutz i.S.d. § 1 Nr. 1 ArbZG einschließlich der gesundheitsnahen Bereiche der menschengerechten Gestaltung der Arbeit aufweisen und sich auf die Arbeitszeitgestaltung der Nacht- und Schichtarbeitnehmer beziehen. Gleichzeitig wird durch die Verbindung zum Ausdruck gebracht, dass Gegenstand gesicherter arbeitswissenschaftlicher Erkenntnisse innerhalb des § 6 Abs. 1 ArbZG (positive) Gestaltungsempfehlungen und -ziele im Hinblick auf Festlegungen der Arbeitszeit der Nacht- und Schichtarbeitnehmer sind. Solche Gestaltungsempfehlungen können dabei auf naturwissenschaftlichen oder geisteswissenschaftlichen Erkenntnissen beruhen.

5. Kriterien der Gesichertheit - einheitlich für das gesamte Arbeitsschutzrecht

Arbeitswissenschaftliche Erkenntnisse werden bisher grundsätzlich dann als gesichert angesehen, wenn sie empirisch, insbesondere methodisch und ggf. statistisch, nachgewiesen sind, sich in der betrieblichen Praxis bewährt haben und auch die Mehrheit der Fachleute von ihrer Zweckmäßigkeit überzeugt ist.[224] Ausgehend von dieser Definition sind mithin verschiedene Kriterien zu erfüllen, bevor eine Erkenntnis als gesichert gilt. Insoweit kann zwischen materiellen und formellen Anforderungen unterschieden werden.[225]

5.1. Materielle Kriterien der Gesichertheit

a) Wissenschaftliche Untersuchungen

Ausgangspunkt der juristischen Diskussion um arbeitswissenschaftliche Erkenntnisse ist die Forderung nach einer empirischen, d.h. methodischer und ggf.

---

224 *Anzinger/Koberski*, § 6 ArbZG, Rn. 29; Hk-ArbZG/*Linnenkohl*, § 6 ArbZG, Rn. 39.

225 *Hofe*, Betriebliche Mitbestimmung, S. 88; *Wagner*, MB bei Bildschirmtechnologien, S. 138.

statistischer, Forschung.[226] Da die einzelnen Fachdisziplinen zwischen Natur- und Geisteswissenschaften divergieren, ist damit zugleich die Anwendung unterschiedlicher Forschungsmethoden verknüpft.
Die langfristigen Auswirkungen von Nacht- und Schichtarbeit auf die Gesundheit werden hierbei mit Hilfe epidemiologischer Methoden untersucht, wobei im Rahmen von Längsschnittstudien zwischen retrospektiven Studien[227] und prospektiven Studien unterschieden wird[228]. Daneben konnten in der Schichtarbeitsforschung aber auch aus Querschnittsuntersuchungen gesicherte Aussagen zur Wirkung von Nacht- und Schichtarbeit abgeleitet werden.[229] Im Rahmen von epidemiologischen Studien nutzen Wissenschaftler verschiedene Methoden, um entsprechende Erkenntnisse zu gewinnen: im Bereich Magen-Darm-Störungen z.B. dienen als Erkenntnisquellen klinische Untersuchungen, Endoskopien, Krankenversicherungsunterlagen, Interviews, Arztberichte, Fragebögen oder Röntgenuntersuchungen.[230] Ebenso setzen Studien zu psychischen Beschwerden bei Nacht- und Schichtarbeitern verschiedene Methoden der Erkenntnisgewinnung ein; es werden Interviews geführt, Fragebogen oder statistische Daten der Krankenversicherungen verwendet oder auch medizinische Untersuchungen mit psychologischen und psychiatrischen Tests durchgeführt.[231] Des Weiteren untersuchten zahlreiche Studien die Auswirkungen der Schichtarbeit auf das soziale Leben von Schichtarbeitern.[232]
Diese Beispiele verdeutlichen, dass Erkenntnisse zu Fragen der Belastung und Beanspruchung bei Nacht- und Schichtarbeit mehreren einzelnen Fachdisziplinen, z.B. der Arbeitsphysiologie, Arbeitsmedizin, Arbeitspsychologie oder Arbeitssoziologie, entstammen und damit unterschiedliche Methoden der Erkenntnisgewinnung zur Anwendung kommen. Die arbeitswissenschaftlichen Forschung geht dabei von der Annahme aus, dass die Arbeit in Nacht- und Schichtarbeit für die betreffenden Arbeitnehmer gesundheitsschädlicher ist. Gleichzeitig wird vermutet, dass die Arbeit im Schichtdienst, insbesondere zur Nachtzeit gegenüber der Tagschicht mit einem höheren Gefährdungsgrad für die Nacht- und Schichtarbeitnehmer verbunden ist. Der empirische Nachweis ist hierbei allerdings problematisch, da sich die Arbeitsbedingungen z.B. in der Tag- und

---

226 Vgl. nur *Anzinger/Koberski*, § 6 ArbZG, Rn. 2.

227 Diese Studien analysieren die Krankenberichte rückschauend.

228 *Wedderburn*, Schichtarbeit und Gesundheit, S. 11.

229 *Beermann*, Bilanzierung arbeitswissenschaftlicher Erkenntnisse, S. 11.

230 Vgl. den Überblick über die wichtigsten epidemiologischen Studien zu Magen-Darm-Störungen unter Schichtarbeitern bei *Wedderburn*, Schichtarbeit und Gesundheit, S. 22.

231 Vgl. *Wedderburn*, Schichtarbeit und Gesundheit, S. 35.

232 Eine Aufzählung dieser Studien findet sich bei *Wedderburn*, Schichtarbeit und Gesundheit, S. 31 ff.

Nachtschicht unterscheiden, so dass ein direkter Vergleich nicht möglich ist.[233] In der Empirie konnte der Zusammenhang zwischen der zu erwartenden verminderten Leistungsfähigkeit in der Nacht, ausgehend von theoretischen Überlegungen, und der Annahme, dass sich nachts mehr Arbeitsunfälle ereignen, nicht nachgewiesen werden, woraus aber noch nicht der Schluss gezogen werden kann, dass die Leistungsfähigkeit während der Nacht nicht nennenswert verringert wäre.[234] Des Weiteren gibt *Beermann*[235] einen Überblick über weitere methodische Probleme bei der Schichtarbeitsforschung, die z.B. durch Effekte der Selbstselektion oder dem Fehlen von Längsschnittuntersuchungen gekennzeichnet sind. Dennoch konnten aus Querschnittsuntersuchungen gesicherte Aussagen zur Wirkung von Nacht- und Schichtarbeit abgeleitet werden.
Im Rahmen unterschiedlicher Disziplinen der Arbeitswissenschaften ist zudem problematisch, dass nicht alle Ergebnisse verifiziert oder falsifiziert werden können. So konnte z.B. bei einem Wechsel von einem alten, langsam wechselnden System (sieben gleiche Schichten) zu einem System mit bis zu 2- bis 3-tägiger Rotation die gemessene Wachsamkeit bei 3-Schicht-Arbeitern verbessert werden.[236] Hier wurden messbare Ergebnisse erzielt, die erneuten Untersuchungen und damit einer statistischen Absicherung zugänglich sind.
Um ein anderes Problem handelt es sich dagegen, wenn die Akzeptanz von Nacht- und Schichtarbeit bei den betreffenden Arbeitnehmern untersucht wird und damit im Ergebnis der Frage nachgegangen wird, ob die Arbeit in derartigen Arbeitszeitformen zumutbar ist und Arbeitnehmer diese akzeptieren. Hierbei handelt es sich um eine gesellschaftliche Fragestellung[237], der sich z.B. Soziologen annehmen. Die Akzeptanz der Arbeit, auch durch die Familienangehörigen, hat einen nicht unwesentlichen Einfluss auf das Wohlbefinden der Arbeitnehmer und kann sich nicht zuletzt auch auf die Gesundheit der Arbeitnehmer auswirken.[238] Fraglich ist allerdings, inwiefern solche geisteswissenschaftlichen Erkenntnisse methodisch erforscht und verifiziert bzw. falsifiziert werden können. Teilweise wird davon ausgegangen, dass geisteswissenschaftliche Erkenntnisse empirisch weder verifiziert noch falsifiziert werden können.[239] Die Beurteilung

---

233 *Beermann*, Bilanzierung arbeitswissenschaftlicher Erkenntnisse, S. 9.
234 *Beermann*, Bilanzierung arbeitswissenschaftlicher Erkenntnisse, S. 9.
235 *Beermann*, Bilanzierung arbeitswissenschaftlicher Erkenntnisse, S. 9 ff.
236 *Wedderburn*, Schichtarbeit und Nachtarbeit, S. 19.
237 Vgl. *Schaefer*, MitGespr. 1974, 89, 90.
238 *Wedderburn*, Schichtarbeit und Nachtarbeit, S. 31 ff. m.w.N. Auch *Beermann*, Bilanzierung arbeitswissenschaftlicher Erkenntnisse, S. 16 weist daraufhin, dass eine Umgestaltung der Arbeitszeit lediglich bei entsprechender Akzeptanz durch die Betroffenen zu den gewünschten positiven Effekten führt.
239 *Ehmann*, Arbeitsschutz und MB, S. 35.

der Zumutbarkeit von Nacht- und Schichtarbeit durch den Einzelnen sei vielmehr von verschiedenen Faktoren wie den persönlichen Verhältnisse, der Arbeitsmarktlage und auch der Lohnhöhe abhängig. Diese Faktoren wirkten auf die Bewusstseinslage des Arbeitnehmers zu einem bestimmten Zeitpunkt ein und führten dazu, dass das anhand einer Befragung gewonnene Ergebnis zu einem späteren Zeitpunkt möglicherweise nicht reproduzierbar sei.
Das Kriterium der empirisch-statistischen Absicherung, das die naturwissenschaftlichen Forschungsmethoden in den Vordergrund rückt[240], erfüllen aber auch z.T. die angewandten Methoden der empirischen Sozialforschung, da innerhalb derer die Verwendung mathematischer und statistischer Verfahren, wie sie für die Naturwissenschaften prägend sind, als ein sehr wesentliches Hilfsmittel angesehen werden, auch wenn durch sie in den Sozialwissenschaften oft „nur" Wahrscheinlichkeitsaussagen getroffen werden können und keine präzisen Kausalzusammenhänge sowie genaue Ergebnisse wie in den Naturwissenschaften.[241]
Daher wird die Auffassung vertreten, eine arbeitswissenschaftliche Erkenntnis sei dann gesichert, wenn sie den Methoden der Erkenntnisgewinnung der jeweiligen Einzeldisziplin entspricht, außer wenn diese Erkenntnisse durch Ergebnisse einer anderen arbeitswissenschaftlichen Disziplin generell oder im Rahmen einer konkreten Anwendung auf die Arbeitsgestaltung im Betrieb widerlegt (falsifiziert) werden oder sich als ergänzungsbedürftig erweisen.[242] Eine Bestätigung der Erkenntnisse im Rahmen verschiedener Einzeldisziplin wird jedoch nicht gefordert, insbesondere nicht im Verhältnis von Geistes- und Naturwissenschaften.[243]
Unter Berücksichtigung der Geisteswissenschaften ist daher im Rahmen von Erkenntnissen, die aus wissenschaftlichen Untersuchungen einschließlich der Naturwissenschaften gewonnen werden, zu fordern, dass sie den Regeln der methodischen Gewinnung von Wissen der jeweiligen Fachdisziplin entsprechen.[244] Insofern ist den Unterschieden zwischen Natur- und Geisteswissenschaften

---

240 *Wagner*, MB bei Bildschirmtechnologien, S. 138; *Gerum*, Arbeitsgestaltungspolitik, S. 120.

241 *Atteslander*, Empirische Sozialforschung, S. 283; *Gerum*, Arbeitsgestaltungspolitik, S. 120.

242 *F/K/H/E*, Vor § 89 BetrVG, Rn. 15 (1996); *Kittner/Pieper*, ArbSchG, § 4, Rn. 19.

243 Hierzu ausführlich *F/K/H/E*, § 90 BetrVG, Rn. 57 ff. (2000).

244 *Baeck/Deutsch*, § 6 ArbZG, Rn. 20; *Merten*, MB bei der Bildschirmarbeit, S. 91; HaKo-BetrVG/*Kohte*, § 89 BetrvG, Rn. 10; *Molitor/Volmer/Germelmann*, § 28 JArbSchG, Rn. 10a; *F/K/H/E*, Vor § 89 BetrVG, Rn. 15 (1996); D/K/K-*Klebe* § 91 BetrVG, Rn. 11 sprechen von anerkannten Methoden, die zu plausiblen, wahrscheinlichen Ergebnissen geführt hat.

Rechnung zu tragen und ihnen ihre spezifische Art der Erkenntnisgewinnung zu belassen.[245] Diese Notwendigkeit ergibt sich nicht zuletzt aus dem umfassenden Verständnis des Gesundheitsbegriffs, der den Schutz vor physischen und psychischen Beeinträchtigungen umfasst.

Die methodischen Probleme bei der Erforschung von Nacht- und Schichtarbeit verdeutlichen gleichzeitig, dass das Kriterium des angewandten Methodenverständnisses der jeweiligen Einzeldisziplin eigentlich keine eigenständige Voraussetzung ist, die zur „Gesichertheit" führt, sondern bereits auf der Ebene der Wissenschaftlichkeit von arbeitswissenschaftlichen Erkenntnissen zu diskutieren ist und somit gesichert mit wissenschaftlich nicht gleichzusetzen ist.[246] Nur die aus wissenschaftlichen Untersuchungen - entsprechend des einzelnen Methodenverständnisses - gewonnenen Erkenntnisse der einzelnen arbeitswissenschaftlichen Fachdisziplinen können arbeitswissenschaftliche Erkenntnisse darstellen, die auf zweiter Ebene zu gesicherten Erkenntnissen werden können.

b) Praktische Erprobung und Bewährung

aa) Die bisherigen Stellungnahmen

Damit arbeitswissenschaftliche Erkenntnisse als gesichert gelten, verlangt die überwiegende Meinung in der juristischen Literatur und Rechtsprechung, dass die Erkenntnisse praktisch erprobt sind und sich in der Praxis bewährt haben.[247] Zur Begründung wird auf den Verhältnismäßigkeitsgrundsatz verwiesen, der eine solche praktische Erprobung bzw. Bewährung erfordere.[248] Nach dieser Auffassung müssen arbeitswissenschaftliche Erkenntnisse in Betrieben mit positiven Ergebnis in Bezug auf eine Verbesserung des Gesundheitsschutzes bei der Arbeit erprobt sein und sich in der betrieblichen Praxis bewährt haben, um als „gesichert" zu gelten.

Diese allgemeine Forderung wird dahingehend kritisiert, dass sie dem unterschiedlichen Charakter von natur- und geisteswissenschaftlichen Erkenntnissen nicht hinreichend Rechnung trage, und daher die praktische Erprobung nur in-

---

245 *F/K/H/E*, Vor § 89 BetrVG, Rn. 16 (1996).

246 *Fuchs*, Gesicherte arbeitswissenschaftliche Erkenntnisse, S. 49 ff.; ihm zustimmend *Tietje*, Arbeitszeitrecht, S. 167.

247 *Anzinger/Koberski*, § 6 ArbZG, Rn. 29; *Baeck/Deutsch*, § 6 ArbZG, Rn. 20, *Wank*, TAS, § 4 ArbSchG, ,Rn. 9; anders; *Hunold*, DB 1976, 1059, 1061; *Natzel*, RdA 1974, 280, 283; *LAG Baden-Württemberg*, DB 1981, 1781, 1782; *Opfermann/Streit*, ArbStättVO, S. 20; *Kollmer*, § 3 ArbStättVO, Rn. 11.

248 *Anzinger/Koberski*, § 6 ArbZG, Rn. 29.

soweit erforderlich sei, als es die Art der Erkenntnis gestattet.[249] Andererseits wird gleichzeitig auf eine allgemeine praktische Erprobung verzichtet. Vielmehr wird verlangt, dass eine praktische Erprobung zumindest in einem oder wenigen Betrieben stattgefunden hat.[250]
Gleichwohl wird betont, dass die Formel „praktisch erprobt und bewährt" zu weitgehend sei, da ökonomische Interessen, die in der „Natur des Betriebes" liegen, hierbei nicht ausreichend Berücksichtigung finden, da ansonsten eine Verbesserung der Arbeitsbedingungen ins „Uferlose" droht.[251] Dem ist zu widersprechen, da Ziel gesicherter arbeitswissenschaftlicher Erkenntnisse schon begrifflich die Schaffung von Mindeststandards zum Schutz der Arbeitnehmer grundsätzlich unabhängig von der konkreten Situation eines einzelnen Betriebes ist. Dies ergibt sich insbesondere auch aus der Aufhebung des § 120a Abs. 1 GewO, mit der Folge, dass eine Unterordnung unter betriebliche Belange nun nicht mehr vorgesehen ist.[252]

bb) Die Anforderungen der RL 89/391/EWG

Die Arbeitsschutz-Rahmenrichtlinie 89/391/EWG verpflichtet den Arbeitgeber in Art. 6 Abs. 2 e) bei der Gefahrenverhütung im Rahmen des Gesundheitsschutzes den „Stand der Technik"[253] zu berücksichtigen. In den Erwägungsgründen wird deutlich hervorgehoben, dass die Arbeitgeber verpflichtet sind, sich unter Berücksichtigung der im Unternehmen bestehenden Risiken über den neuesten Stand der Technik und der wissenschaftlichen Erkenntnisse auf dem Gebiet der Gestaltung von Arbeitsplätzen zu informieren und diese Kenntnisse

---

249 *Merten*, MB bei der Bildschirmarbeit, S. 91.

250 *Merten*, MB bei der Bildschirmarbeit, S. 91; HaKo-BetrVG/*Kohte*, § 89 BetrVG, Rn. 10; *Opfermann/Streit*, § 3 ArbStättV, Rn. 63. *Fischer/Schierbaum*, PersR 1994, 351, 357 lassen zu Recht eine praktische Erprobung in einem Betrieb innerhalb Europas ausreichen.

251 So ausdrücklich *Geyer*, MB beim Arbeits- und Gesundheitsschutz, S. 40.

252 Ähnlich für § 28 JArbSchG: *Molitor/Volmer/Germelmann*, § 28 JArbSchG, Rn. 10 c.

253 Die spanische Fassung von Art. 6 Abs. 2 e) lautet "tener en cuenta la evolución de la técnica" und in den Erwägungsgründen wird von " de los progresos técnicos y de los conocimientos científicos" gesprochen. Art. 6 Abs. 2 e) verlangt in der englischen Fassung "adapting to technical progress" und in den Erwägungsgründen "of the latest advances in technology and scientific findings". Die französische Fassung bringt in Art. 6 Abs. 2 e) "tenir compte de l'état d'évolution de la technique" und in den Erwägungsgründen "des progrés techniques et de connaissances scientifiques" zum Ausdruck. Es zeigt sich, dass die o.g. Sprachfassungen den spezifischen deutschen Begriff "Stand der Technik" nicht gebrauchen.

an die Arbeitnehmervertreter weiterzugeben, um eine bessere Sicherheit und einen besseren Gesundheitsschutz der Arbeitnehmer gewährleisten zu können.
Fraglich ist daher, wie der mit „Stand der Technik" übersetzte Begriff gemeinschaftsrechtlich unter Zuhilfenahme verschiedener Sprachfassungen und der Erwägungsgründe auszulegen ist. In der englischen, französischen und spanischen Sprachfassung zeigt sich, dass sich das von der RL 89/391/EWG gefordertes Schutzniveau im Arbeitsschutzrecht am technischen Fortschritt und an wissenschaftlichen Erkenntnissen zu orientieren hat. Dabei stellen die deutsche und englische Fassung ausdrücklich auf die neuesten Entwicklungen im Bereich Technik und Wissenschaft ab.
Ebenso fordert die Bildschirmrichtlinie 90/270/EWG im Erwägungsgrund Nr. 6 die Berücksichtigung des neuesten Standes der Technik und der wissenschaftlichen Erkenntnisse.
Indem die Erwägungsgründe z.T. auf die neuesten Erkenntnisse abstellen, könnte im Rahmen der RL 89/391/EWG das höchste Schutzniveau anzustreben sein. Dagegen spricht wiederum, dass dies nicht in allen Sprachfassungen zum Ausdruck kommt. Zudem spricht z.B. der Vergleich mit der Richtlinie 96/61/EG über die integrierte Vermeidung und Verringerung der Umweltverschmutzung[254] dagegen, die in Art. 9 Abs. 4 „die besten verfügbaren Techniken" („best available techniques") zum Maßstab der Emissionsbegrenzungen erheben, wobei davon auszugehen ist, dass dieser Standard mit dem im deutschen Umweltrecht bisher gebräuchlichen Anforderungsniveau des „Standes der Technik" nicht kongruent ist, sondern tendenziell geringere Anforderungen stellt.[255]
Daher ist letztlich auf den Sinn und Zweck der Richtlinie abzustellen. Ziel der Richtlinie ist nach Art. 1 Abs. 1 die Durchführung von Maßnahmen zur Verbesserung von Sicherheit und Gesundheitsschutz der Arbeitnehmer am Arbeitsplatz. In diesem Zusammenhang schreibt Art. 6 Abs. 1 eine Anpassungspflicht des Arbeitgebers an veränderte Umstände vor, die betrieblicher Art sein können oder sich auf Grund neuer Erkenntnisse über Gesundheitsgefahren ergeben können.[256] Die mit der Dynamisierung bezweckte Verbesserung des Sicherheits- und Gesundheitsschutzes erfordert daher ein Schutzniveau, das auf die neuesten wissenschaftlichen Erkenntnisse abstellt.[257] Voraussetzung ist, dass ein effektiver Schutz für Sicherheit und Gesundheitsschutz der Beschäftigten durch die Fortschritte in Technik und Wissenschaft erreicht wird und auf der Ebene der Durchführung von einzelnen Schutzmaßnahmen wirtschaftliche Überlegungen

---

254 ABl. EG L 257 vom 10.10.1996, S. 26.
255 *Kloepfer*, Umweltrecht, § 14, Rn. 23.
256 *Kohte*, EAS B 6100, Rn. 39.
257 Für das deutsche Arbeitsschutzrecht insoweit *Merten*, MB bei der Bildschirmarbeit, S. 91; *Fischer/Schierbaum*, PersR 1994, 351, 357.

dennoch eine Rolle spielen. Die Verbesserung von Sicherheit und Gesundheitsschutz soll nach Erwägungsgrund 13 der RL 89/391/EWG rein wirtschaftlichen Überlegungen nicht untergeordnet werden. Daraus kann zugleich der Schluss gezogen werden, dass ein hohes, aber nicht das höchste Anforderungsniveau durch die RL 89/391/EG geschaffen wurde.

cc) Vergleich mit anderen unbestimmten Rechtsbegriffen

Diejenigen, die eine praktische Bewährung als Voraussetzung für die „Gesichertheit" von arbeitswissenschaftlichen Erkenntnissen fordern, suchen die Nähe zu den „allgemein anerkannten Regeln der Technik". Bei den Fachleuten, die die Regeln anzuwenden haben, muss die vorherrschende Meinung sein, dass die Regeln den für erforderlich erachteten sicherheitstechnischen, arbeitsmedizinischen usw. Anforderungen entsprechen und sie sich zudem in der Fachwelt bewährt haben.[258] Dabei wird in Kauf genommen, dass die technischen Normen mit der Entwicklung nicht Schritt halten, sondern nachhinken.[259]

Andere bestimmen den Begriff der gesicherten arbeitswissenschaftlichen Erkenntnisse in Anlehnung an den Begriff von „Stand der Technik"[260] bzw. „Stand der Wissenschaft"[261]. Unter „Stand der Technik" ist nach den gesetzlichen Definitionen in § 3 Abs. 6 S. 1 BImSchG, § 2 Abs. 3 S. 1 StörfallV und § 3 Abs. 9 S. 1 GefStoffV ein Entwicklungsstand fortschrittlicher Verfahren, Einrichtungen und Betriebsweisen zu verstehen, der die praktische Eignung einer Maßnahme zur Erreichung des in der jeweiligen Rechtsvorschrift vorgegebenen Sicherheits- oder Schutzziels als gesichert erscheinen lässt.[262] Für den Begriff des Standes der Technik muss keine allgemeine praktische Erprobung und Bewährung vorliegen, sondern es ist ausreichend, wenn der fortgeschrittene Stand einmal positiv erprobt wurde.[263] Damit wird erreicht, dass der rechtliche Maßstab für das Erlaubte und Gebotene an die „Front der Entwicklung" der jeweiligen Fachdisziplin verlagert wird[264] und daher auch die Zeitspanne zwischen der Entwicklung einer technischen Neuerung und der Umsetzungsverpflichtung des Arbeitgebers im Betrieb verkürzt wird[265].

---

258 MünchArbR-*Wlotzke*, § 210, Rn. 11.
259 *Mertens*, BArbBl. 1982, 36, 40.
260 So *Geyer*, MB beim Arbeits- und Gesundheitsschutz, S. 39.
261 OVG Lüneburg 19.07.1984, GewA 1985, 128, 130.
262 *Kittner/Pieper*, ArbSchG, § 4, Rn. 8; MünchArbR-*Wlotzke*, § 210, Rn. 15.
263 *Kittner/Pieper*, ArbSchG, § 4, Rn. 8; *Mertens*, BArbBl. 1982, 36, 40.
264 *BVerfG 08.08.1978*, BVerfGE 49, 89, 135; MünchArbR-*Wlotzke*, § 210, Rn. 15; *Kollmer*, § 3 ArbStättV, Rn. 21; Koll/Janning/Pinter-*Koll*, § 4 ArbSchG, Rn. 14.
265 *Kollmer/Vogl*, Das neue ArbSchG, Rn. 84.

Kennzeichnend für einen „Stand der Arbeitsmedizin" und „Stand der Arbeitshygiene" i.S.d. § 4 Nr. 3 ArbSchG sind wiederum der Verzicht auf eine allgemeine praktische Erprobung und Bewährung.[266] Da in § 4 Nr. 3 ArbSchG sowohl auf den „Stand der Technik" als auch auf die sonstigen gesicherten arbeitswissenschaftlichen Erkenntnisse verwiesen wird, spricht die systematische Auslegung für eine enge Verknüpfung beider Begriffe.
Ein weiterer unbestimmter Rechtsbegriff, der keinen Eingang in § 4 Nr. 3 ArbSchG gefunden hat, stellt der „Stand von Wissenschaft und Technik" dar. Dieser Begriff wird im technischen Sicherheitsrecht vom Gesetzgeber dann verwendet, wenn er ein Höchstmaß an technischer Sicherheit bezweckt, also ein maximaler Standard anzustreben ist.[267] Die erforderlichen Sicherheitsvorkehrungen müssen dabei mit der jeweiligen technischen und wissenschaftlichen Entwicklung Schritt halten, da das Maß des Erforderlichen sich nach dem neuesten wissenschaftlichen Erkenntnisstand bestimmt.[268] Insofern werden wissenschaftlich-theoretische Überlegungen einbezogen, und eine einmalige Erprobung mit positivem Ergebnis ist nicht erforderlich.[269]

dd) Erfordernis einer praktischen Erprobung und Bewährung?

Da sich die Auslegung des Arbeitsschutzgesetzes und damit auch des Arbeitszeitgesetzes an den europäischen Vorgaben orientiert, könnte das Schutzniveau im Arbeitsschutzrecht nunmehr auf die neuesten arbeitswissenschaftlichen Erkenntnisse bezogen sein.
Die genannten Auffassungen, die eine praktische Bewährung fordern, widersprechen Sinn und Zweck von gesicherten arbeitswissenschaftlichen Erkenntnissen im Arbeitsschutz. Die Verankerung von gesicherten arbeitswissenschaftlichen Erkenntnissen in Arbeitsschutzvorschriften, so auch im § 6 Abs. 1 ArbZG, hat zum Ziel, dass jederzeit neue arbeitswissenschaftliche Erkenntnisse flexibel in den Prozess des Arbeitsschutzes und damit der Arbeitszeitgestaltung transformiert werden und auf diese Weise eine ständige betriebliche Anpassung an Veränderungen der Wissenschaft ermöglicht wird.[270]

---

266 *Kittner/Pieper*, ArbSchG, § 4, Rn. 9, 10.

267 *BVerfG 08.08.1978*, BVerfGE 49, 89, 136; *Nöthlichs*, § 4 ArbSchG, Ziff. 3.3.4, *Kloepfer*, Umweltrecht, § 3, Rn. 75.

268 *BVerfG 08.08.1978*, BVerfGE 49, 89, 136; MünchArbR-*Wlotzke*, § 210, Rn. 16; *Nöthlichs*, § 4 ArbSchG, Ziff. 3.3.4.

269 *Mertens*, BArbBl. 1982, 36, 41.

270 *Fuchs*, Die gesicherten arbeitswissenschaftlichen Erkenntnisse, S. 85; ähnlich *Wagner*, MB bei Bildschirmtechnologien, S. 139; *Hofe*, Betriebliche Mitbestimmung, S. 87.

Daher kommt das OVG Lüneburg zu Recht zu dem Ergebnis, dass das Erfordernis einer Bewährung in der Praxis abzulehnen sei, da es begriffsnotwendig im Gegensatz zu den „allgemein anerkannten Regeln" auf eine solche Erprobung nicht ankomme, sondern vielmehr der „Stand der Wissenschaft" maßgebend sei, ohne dass dieser bereits zu Konsequenzen in der betrieblichen Praxis geführt habe.[271] Zur Begründung führte das OVG Lüneburg Sinn, Funktion und Zweck von „gesicherten arbeitswissenschaftlichen Erkenntnissen" an, der darin bestehe, die unvermeidliche zeitliche Lücke zwischen dem Gewinn solcher Erkenntnisse und deren Nutzbarmachung in der Praxis zu überbrücken. Danach gelten arbeitswissenschaftliche Erkenntnisse bereits dann als gesichert, wenn bei den maßgeblichen Vertretern des jeweiligen wissenschaftlichen Fachs die Überzeugung vorherrscht, dass die Erkenntnisse wissenschaftlich hinreichend abgesichert sind und einer wissenschaftlichen Überprüfung standhalten würden. Auch weitere Autoren sehen im Merkmal der allgemeinen praktischen Erprobung bzw. praktischer Bewährung die Gefahr, dass dabei die Anwendung neuer, aber gesicherter Erkenntnisse verhindert werden kann.[272]

M.E. spielt in diesem Bereich die - bereits sprachlich zum Ausdruck kommende - Verbindung von gesicherten arbeitswissenschaftlichen Erkenntnissen und menschengerechter Gestaltung der Arbeit eine wesentliche Rolle. Der Begriff der menschengerechten Gestaltung der Arbeit im Rahmen des § 6 Abs. 1 ArbZG impliziert, dass sich gesicherte arbeitswissenschaftliche Erkenntnisse in diesem Fall auf Gestaltungsaussagen beziehen und auch begrenzen. Die Anforderungen an die „Gesichertheit" müssen dabei je nach Art der Erkenntnis differenzieren, d.h. je konkreter die mit der Erkenntnis verbundene Gestaltungsaussage ist und desto begrenzter der Handlungsspielraum des Arbeitgebers dadurch wird, desto höhere Anforderungen sind an das Merkmal der „Gesichertheit" in Bezug auf das Erfordernis einer praktischen Erprobung zu stellen. Insoweit stellt es bspw. einen erheblichen Unterschied dar, ob der Arbeitgeber von der Gestaltungsempfehlung „Möglichst kurze Nachtschichtfolge" auszugehen hat oder ob eine weitere Konkretisierung auf „2 bis 4 Nachtschichten in Folge" erfolgt. Eine positive praktische Erprobung ist daher immer dann erforderlich, wenn es sich um eine derart konkrete Gestaltungsvorgabe handelt, wie bei dem zuletzt genannten Beispiel.

Darüber hinaus muss auch die Möglichkeit bestehen, dass bei Gestaltungsempfehlungen, die aus Belastungsuntersuchungen abgeleitet werden können, auf eine praktische Erprobung verzichtet wird, soweit es sich um wissenschaftliche Belastungsuntersuchungen handelt. In einem solchen Fall würde sich das Ab-

---

[271] OVG Lüneburg 19.07.1984, GewA 1985, 128 ff.

[272] *Pulte,* ArbuR 1983, 174, 177; *Wagner,* MB bei Bildschirmtechnologien, S. 139.

warten auf eine praktische Erprobung z.T. als unverhältnismäßig erweisen, wenn die Gestaltungsempfehlung von Fachkundigen aus der objektiven Belastung von sich heraus auf der Basis arbeitswissenschaftlicher Grundlagen abgeleitet werden kann. Ansonsten wäre es erforderlich, dass bei den Auswirkungen der getroffenen Abhilfemaßnahme deren zeitlicher Verlauf berücksichtigt wird. Schichtarbeitstypische Beschwerden und Erkrankungen kommen häufig erst relativ spät zur Geltung, so dass den Beschäftigten einseitig das Risiko der Entstehung neuer ge-sicherter arbeitswissenschaftlicher Erkenntnisse und der damit verbundenen Verbesserung des Sicherheits- und Gesundheitsschutzes auferlegt wird. Auf eine praktische Erprobung muss daher im Einzelfall auch verzichtet werden können. In diesem Kontext wird auch gefordert, dass die Möglichkeit bestehen muss, von Laborergebnissen auf die Praxis zu schließen.[273]
So hängen die mit Nacht- und Schichtarbeit auftretenden Belastungen und Beanspruchungen im Wesentlichen mit der physiologischen Desynchronisation der Körperfunktionen zusammen, wobei die grundlegenden Erkenntnisse zur endogenen Steuerung der Körperfunktionen auf in den 50-er Jahren durchgeführten Isolationsversuchen beruhen.[274] Während der Einfluss des Hell-/Dunkel-Wechsel als Zeitgeber für Tiere eindeutig belegt ist, wird dieser Einfluss auf den Menschen angenommen.[275] Aus der daraus zu folgernden Arbeit gegen die „innere Uhr" als zusätzliche Arbeitsbelastung können verschiedene Gestaltungsempfehlungen abgeleitet werden, ohne dass es notwendig erscheint, eine praktische Erprobung mit positivem Erfolg durchzuführen. Dies betrifft z.B. die Empfehlung, während der Nachtschicht auf „Aufputschmittel" zu verzichten oder eine schichtarbeitsgerechte Speisenversorgung anzubieten.

5.2. *Formelle Kriterien*

Für den Begriff der „Gesichertheit" spielen formelle Voraussetzungen eine wesentliche Rolle. Dabei ist zu beachten, dass es mehrere Möglichkeiten gibt, arbeitswissenschaftliche Erkenntnisse formal zu sichern. Einerseits beschäftigten sich Forscher der jeweiligen Einzeldisziplinen mit arbeitswissenschaftlichen Erkenntnissen und treffen betriebliche Gestaltungsempfehlungen. Andererseits besteht die Möglichkeit, solche Gestaltungsrichtlinien auf einen gesellschaftlichen Konsens zurückzuführen.

---

[273] *Hofe*, Betriebliche Mitbestimmung, S. 88.
[274] *Beermann*, Bilanzierung arbeitswissenschaftlicher Erkenntnisse, S. 17.
[275] *Beermann*, Bilanzierung arbeitswissenschaftlicher Erkenntnisse, S. 18.

a) Gesicherte arbeitswissenschaftliche Erkenntnisse in gesetzlichen Regelungen

aa) Nationale Regelungen

Arbeitswissenschaftliche Erkenntnisse können vom Gesetz- oder Verordnungsgeber direkt übernommen werden und erlangen somit Geltung. Teilweise haben arbeitswissenschaftliche Erkenntnisse, die die Gestaltung der Arbeitszeit aller Arbeitnehmer und auch speziell der Nacht- und Schichtarbeitnehmer betreffen, Eingang in das Arbeitszeitgesetz gefunden und betreffen Fragen der Dauer der täglichen Höchstarbeitszeit sowie der Ruhepausen und Ruhezeit. Der Gesetzesbegründung ist zu entnehmen, dass es sich bei §§ 3 bis 5 ArbZG um am Gesundheitsschutz orientierte Grundnormen handelt[276] und insbesondere auf Grund der bisherigen arbeitswissenschaftlichen und arbeitsmedizinischen Erkenntnisse und Erfahrungen eine gesetzliche Regelung der täglichen Höchstarbeitszeit zum Schutz der Gesundheit der Arbeitnehmer erforderlich ist.[277] Die in gesetzlichen Regelungen übernommenen Erkenntnisse gelten auf diese Art und Weise unmittelbar und zwingend, soweit die entsprechende Norm keine Abweichungen gestattet, ohne dass es darauf ankommt, ob diese Erkenntnisse gesichert sind.[278]
In § 6 ArbZG haben gesicherte arbeitswissenschaftliche Erkenntnisse, die die Arbeitszeitgestaltung betreffen, nur in Form der Begrenzung der täglichen Arbeitszeit in § 6 Abs. 2 ArbZG und teilweise in § 6 Abs. 5 ArbZG durch die Statuierung eines Ausgleichserfordernisses bei geleisteter Nachtarbeit Eingang gefunden. Dennoch ging der Gesetzgeber im Rahmen der Entstehung des Gesetzes und insbesondere bei der Normierung von § 6 Abs. 1 ArbZG von der Existenz weiterer arbeitswissenschaftlicher Erkenntnisse aus, da der Gesetzesbegründung entnommen werden kann, dass aus Untersuchungen arbeitswissenschaftliche Erkenntnisse hinsichtlich Befindlichkeitsstörungen existieren, die sich aus unzureichend gestalteten Arbeitszeitsystemen bzw. Schichtplänen ergeben, u.a. auch aus der Richtung des Schichtwechsels und der Anzahl aufeinander folgender Nachtschichten.[279] Diese Annahme entfaltet dahingehend Wirkung, dass sie hinsichtlich der genannten Beispiele eine Vermutung hinsichtlich der Gesichertheit arbeitswissenschaftlicher Erkenntnisse aufstellt, da diese Erkenntnisse Anlass für eine gesetzliche Regelung waren. Bereits aus diesem Grund ist der Leitsatz des BAG irreführend.

---

[276] BT-Drucks. 12/5888, S. 22.
[277] BT-Drucks. 12/5888, S. 24.
[278] *Geyer*, MB beim Arbeits- und Gesundheitsschutz, S. 168; *S/W/S*, § 90 BetrVG, Rn. 27.
[279] BT-Drucks. 12/5888, S. 25.

bb) Regelungen anderer Mitgliedstaaten

Einzelne arbeitswissenschaftliche Erkenntnisse zu Fragen der Gestaltung der Arbeitszeit der Nacht- und Schichtarbeitnehmer haben indessen Eingang in gesetzliche Regelungen anderer Mitgliedstaaten gefunden. Wie bereits erwähnt, bestimmt das finnische Arbeitszeitgesetz in § 28 Abs. 1, dass im Rahmen von Schichtarbeit die Schichten, also die Schichtenfolge, regelmäßig wechseln müssen und beinhaltet in Abs. 2, dass ein Arbeitnehmer, der in Schichten tätig ist, gemäß dem Schichtplan angefordert werden kann, nicht mehr als in 7 hintereinander folgenden Nachtschichten zu arbeiten. Im spanischen „Estatuto de los Trabajadores" enthält Art. 36 Abs. 3 die Regelung, dass der Arbeitgeber bei der Organisation von Schichtarbeit die Rotation zu beachten hat und dass kein Arbeitnehmer mehr als 2 Wochen hintereinander Nachtarbeit leisten muss. Diese gesetzlichen Regelungen entfalten keine rechtliche Bindungswirkung im Rahmen nationaler Gesetze. Dennoch können auch diesen mitgliedstaatlichen Normen arbeitswissenschaftliche Erwägungen zugrunde liegen, die durch Sachverständige im Gesetzgebungsverfahren zum Ausdruck gebracht worden sind.
Fraglich ist, ob auch Regelungen anderer Mitgliedstaaten zu berücksichtigen sind.
Ein Gesetzgebungsverfahren bietet grundsätzlich die Gewähr, dass möglichst viele Interessen verschiedener Beteiligter Berücksichtigung finden. Insoweit handelt es sich bei den im Gesetz zum Ausdruck kommenden Erkenntnissen nicht nur um rein wissenschaftliche Erkenntnisse, sondern sie stellen zugleich das Ergebnis einer politischen Entscheidungsfindung dar und sind somit einer Wertung unterzogen worden.
Im Umweltrecht hat sich gezeigt, dass bei keinem Umweltstandard eines der beiden Elemente, einer sachverständigen Aussage und politischen Wertung, bedeutungslos ist.[280] Umweltstandards werden hierbei in Gesetzen, Rechtsverordnungen, Satzungen, Verwaltungsvorschriften und privaten Regelwerken statuiert, die unterschiedliche Bindungswirkung entfalten. Da Gesetze anderer Mitgliedstaaten keine unmittelbare innerstaatliche Bindung entfalten, fragt sich, inwieweit die getroffenen inhaltlichen Aussagen o.g. mitgliedstaatlicher Regelung Wirkung im Rahmen des § 6 Abs. 1 ArbZG entfalten können. Werden arbeitswissenschaftliche Erkenntnisse vom Gesetzgeber übernommen, also formal gesichert, so spricht eine Vermutung dafür, dass die übernommenen Erkenntnisse „auf wissenschaftstheoretisch fundierten Ergebnissen" beruhen und deshalb auch materiell gesichert sind.[281]

---

[280] *Jarass*, NJW 1987, 1225, ,1226.
[281] *Hofe*, Betriebliche Mitbestimmung, S. 89.

Insoweit bedarf es m.E. keiner Unterscheidung zwischen nationalen und mitgliedstaatlichen Gesetzen, da hierbei auf die in Gesetzen zum Ausdruck kommenden sachverständigen Aussagen und die Konsensbildung gleichermaßen abgestellt wird. Damit kommen auch Gesetze anderer Mitgliedstaaten zur Konkretisierung des unbestimmten Rechtsbegriffs gesicherter arbeitswissenschaftlicher Erkenntnisse i.S.d. § 6 Abs. 1 ArbZG in Betracht. Ihnen kommt - ähnlich wie anderen, z.T. auch privaten Regelwerken[282] - die widerlegbare Vermutung dahingehend zu, dass diese Erkenntnisse als gesichert gewertet werden können, solange keine Anhaltspunkte für eine Fehlbeurteilung vorliegen. Eine Fehlbeurteilung kann sich auch nach Aufstellung der gesetzlichen Norm ergeben, wenn die Arbeitswissenschaft neue Erkenntnisse hervorbringt. Insoweit ist auf die Gefahr der Starre des Rechts im Vergleich zur Dynamik von Technik und Wissenschaft hinzuweisen.

b) Gesicherte arbeitswissenschaftliche Erkenntnisse in Tarifverträgen und Betriebsvereinbarungen

Daneben wird die Gesichertheit auch dann bejaht, wenn es sich um mehrheitlich vereinbarte arbeitswissenschaftlich begründete Aussagen, z.B. in Tarifverträgen und Betriebsvereinbarungen handelt.[283] Hierbei ist aber zu unterscheiden. Entfaltet der Tarifvertrag nach §§ 4 I, 3 I TVG unmittelbare Geltung, sind die Arbeitsvertragsparteien schon aus diesem Grund verpflichtet, die entsprechenden Gestaltungsleitlinien einzuhalten. Im Rahmen des § 6 Abs. 1 ArbZG kann bei Tarifgebundenheit insoweit von ihrer Gesichertheit ausgegangen werden, wenn und soweit keine Anhaltspunkte für ihre Fehlbeurteilung vorliegen. Zusätzlich können sie ein Indiz für gesicherte arbeitswissenschaftliche Erkenntnisse sein.[284] Des Weiteren wird die Gesichertheit arbeitswissenschaftlicher Erkenntnisse angenommen, wenn die Verwendung entsprechender Gestaltungsleitlinien, in diesem Fall zur Schichtfolge bei Nachtarbeit, in Tarifverträgen üblich geworden ist.[285] Es wäre daher zu untersuchen, inwieweit Regelungen zur Schichtfolge bei Nachtarbeit Eingang in Tarifverträge gefunden haben und insoweit keine Aus-

---

282 Für die Regelwerke, die unter Beteiligung der jeweiligen Fachkreise zustande gekommen sind, wie z.B. DIN-Normen, Arbeitsstättenrichtlinien i.S. des § 3 Abs. 2 ArbStättV: MünchArbR-*Wlotzke*, § 210, Rn. 14; *Geyer*, MB beim Arbeits- und Gesundheitsschutz, S. 45 ff.

283 *Wagner*, MB bei Bildschirmtechnologien, S. 140 f.

284 H/S/W/G-*Worzalla*, § 90 BetrVG, Rn. 19 a.

285 *LAG Baden-Württemberg*, 18.2.1981, DB 1981, 1781; *Wagner*, MB bei Bildschirmtechnologien, S. 147; *Löwisch/Kaiser*, § 91 BetrVG, Rn. 4.

nahmen mehr darstellen.[286] Regelungen in Tarifverträgen, die arbeitswissenschaftliche Gestaltungsempfehlungen zur Nacht- und Schichtarbeit beinhalten, stellen allerdings noch die Ausnahme dar. Daher kann von ihrer Üblichkeit nicht ausgegangen werden.
Anders könnte das Bild dagegen bei Betriebsvereinbarungen aussehen. Bspw. finden sich in der Chemischen Industrie zahlreiche Betriebsvereinbarungen mit Regelungen, die auf Grund von arbeitswissenschaftlichen und -medizinischen Erkenntnissen folgende Grundsätze bei der Gestaltung von Nacht- und Schichtarbeit vorsehen: 1. maximal 4 Nachtarbeitstage in Folge, 2. mindestens 2 freie Tage nach jedem Nachtarbeitsblock oder 3. über die gesamte Schichtzeit von 7 Stunden (23.00 bis 6.00 Uhr) wird in der Nachtschicht eine bezahlte Pause von ½ Stunde gewährt, die in der Zeit von 1.30 und 2.30 Uhr abzuleisten ist.

c) Ermittlung von gesicherten arbeitswissenschaftlichen Erkenntnissen durch Ausschüsse

aa) § 18 Abs. 2 Nr. 5 ArbSchG

§ 18 Abs. 2 Nr. 5 ArbSchG, der durch Gesetz vom 27.12.2000[287] in das Arbeitsschutzgesetz eingefügt wurde, ermächtigt die Bundesregierung, durch Rechtsverordnung Ausschüsse zu bilden, denen die Aufgabe übertragen wird, dem Stand der Technik, Arbeitsmedizin und Hygiene entsprechende Regeln und sonstige gesicherte arbeitswissenschaftliche Erkenntnisse zu ermitteln, wie die in den Rechtsverordnungen gestellten Anforderungen erfüllt werden können. Diese Regeln und Erkenntnisse kann der Bundesminister für Wirtschaft und Arbeit amtlich bekanntmachen.
Aus dieser Ermächtigungsnorm ergibt sich allerdings keine Verpflichtung der Bundesregierung, eine entsprechende Rechtsverordnung zu erlassen[288] und folglich auch keine Pflicht, gesicherte arbeitswissenschaftliche Erkenntnisse durch Ausschüsse zu ermitteln. Die Rechtsverordnungen sollen nach § 18 Abs. 1 ArbSchG Arbeitsschutzmaßnahmen des Arbeitgebers und weiterer verantwortlicher Personen sowie Verhaltenspflichten der Beschäftigten vorschreiben, wie sie ihre jeweiligen Pflichten, die sich aus dem Arbeitsschutzgesetz ergeben, erfüllen. Die grundlegenden Schutzziele des Arbeitsschutzgesetzes, die insoweit allgemein formuliert sind, sind mithin einer Konkretisierung durch Ausschüsse zugänglich.

---

286 *Wagner*, MB bei Bildschirmtechnologien, S. 148.
287 Art. 3 Ziffer 6 des Gesetzes zur Änderung des Gerätesicherheitsgesetzes und des Chemikaliengesetzes vom 27.12.2000, BGBl. I, 2000, S. 2048 f.
288 *Kittner/Pieper*, ArbSchG, § 18, Rn. 2.

Gleichzeitig lässt § 18 ArbSchG erkennen, dass sich diese Norm nicht auch auf Pflichten, die sich aus dem Arbeitszeitgesetz ergeben, bezieht, so dass auf § 18 ArbSchG keine Rechtsverordnungen gestützt werden können, die zur Konkretisierung des Arbeitszeitgesetzes beitragen. § 18 Abs. 2 Nr. 5 ArbSchG entfaltet mithin keine Wirkungen für § 6 Abs. 1 ArbZG.

bb) Ausschüsse nach Rechtsverordnungen

In § 18 Abs. 2 Nr. 5 ArbSchG wird eine seit längerer Zeit auch im Arbeitsschutz erprobte Verfahrensweise fortgesetzt, Ausschüsse unter Beteiligung der betroffenen Kreise[289] zu bilden und auf diese Weise, Stand und Fortschritt der Sicherheitstechnik zu veranschaulichen.[290] Zu den Aufgaben dieser speziellen Ausschüsse gehört u.a. auch die Ermittlung von gesicherten arbeitswissenschaftlichen Erkenntnissen.

Bereits nach § 52 GefStoffV a.F. war ein Ausschuss für Gefahrstoffe einzusetzen, der beim Bundesministerium für Wirtschaft und Arbeit angesiedelt ist. Diese Regelung wurde nunmehr in § 21 GefStoffV übernommen. Der Ausschuss für Gefahrstoffe setzt sich nach Abs. 1 aus verschiedensten sachverständigen Vertretern zusammen; so gehören ihm Vertreter der Gewerkschaften, Vertreter der Arbeitgeberverbände, Vertreter der Länderbehörden und der Träger der gesetzlichen Unfallversicherung sowie weitere fachkundige Vertreter, insbesondere der Wissenschaften an. Aus der Zusammensetzung wird der Schluss gezogen, dass nicht der Erkenntnisvorgang als solcher im Vordergrund steht, sondern es sich um interessenorientierte Entscheidungen unter gegenseitiger Kontrolle handelt.[291]

Nach § 21 Abs. 3 Nr. 1 GefStoffV gehört es u.a. zu den Aufgaben dieses Ausschusses, dem Stand der Technik, Arbeitsmedizin und Arbeitshygiene entsprechende Regeln und sonstige gesicherte wissenschaftliche Erkenntnisse für Tätigkeiten mit Gefahrstoffen einschließlich deren Einstufung und Kennzeichnung zu ermitteln. Gleichfalls sollen nach Nr. 2 Regeln ermittelt werden, wie die in der GefStoffV gestellten Anforderungen erfüllt werden können.

---

[289] § 18 Abs. 2 Nr. 5 ArbSchG enthält weder eine Regelung in Bezug auf die personelle Zusammensetzung der Ausschüsse noch im Hinblick auf deren Verfahrensordnung. Daher bestehen verfassungsrechtliche Bedenken. Vgl. hierzu *Faber*, Grundpflichten des § 3 ArbSchG, S. 454 Fn. 350 m.w.N.

[290] *Faber*, Grundpflichten des § 3 ArbSchG, S. 454 f. Auch das zum 01.05.2004 in Kraft getretene GPSG sieht in § 13 die Bildung eines Ausschusses für technische Arbeitsmittel und Verbraucherprodukte beim Bundesministerium für Wirtschaft und Arbeit vor, so dass die im Arbeitsschutz erprobte Verfahrensweise ihre Fortsetzung erfährt.

[291] *Falke*, in Winter (Hrsg.), Grenzwerte, S. 164, 170; *Böhm*, Der Normmensch, S. 87.

Die sich nach der Ermittlung anschließende öffentliche Bekanntmachung der Ergebnisse als Technische Regeln über gefährliche Arbeitsstoffe im Bundesarbeitsblatt dient der Rechtssicherheit und Rechtsklarheit.[292]
Einen vergleichbaren Ausschuss sieht § 17 BioStoffV vor. Der Ausschuss für biologische Arbeitsstoffe ist auch beim Bundesministerium für Wirtschaft und Arbeit angesiedelt und setzt sich aus sachverständigen Mitgliedern der öffentlichen und privaten Arbeitgeber, der Gewerkschaften, der Länderbehörden, der Träger der gesetzlichen Unfallversicherung, der Hochschulen und der Wissenschaft zusammen, wobei die Gesamtzahl 16 Personen nicht überschreiten soll. Die vom Ausschuss für biologische Arbeitsstoffe ermittelten Technischen Regeln können vom Bundesministerium für Wirtschaft und Arbeit im Bundesarbeitsblatt bekannt gegeben werden. Die Aufgabe dieses Ausschusses umfasst nach § 17 Abs. 3 Nr. 1 BioStoffV auch die Ermittlung von den Grundsätzen des § 4 ArbSchG entsprechenden Regeln und Erkenntnissen für Tätigkeiten mit biologischen Arbeitsstoffen und von Regeln und Erkenntnissen zur Einstufung nach § 4 Abs. 1 und 2 S. 1 BioStoffV.
Die Bildung eines pluralistischen Ausschusses für Arbeitsstätten ist in § 7 ArbStättV n.F. verankert, der wiederum die Aufgabe hat, die Regeln, zu ermitteln, wie die in dieser Verordnung gestellten Anforderungen erfüllt werden können, wobei die genannten Regeln ebenso einer Bekanntmachung zugänglich sind. Dabei wird das Ziel verfolgt, dass die bisher vom Bundesarbeitsministerium erarbeiteten Arbeitsstättenrichtlinien durch diese Technischen Regeln langfristig abgelöst werden sollen. In Bezug auf die Arbeitsstättenrichtlinien hatte das BVerwG[293] ausdrücklich entschieden, dass die in diesen Richtlinien dargestellten Regeln und Erkenntnisse als dokumentierte gesicherte arbeitswissenschaftliche Erkenntnisse angesehen werden können, wenn und soweit kein Anhaltspunkt für eine Fehlbeurteilung vorliegt, was bei ihrer Anwendung stets zu hinterfragen ist.
Ein weiterer Ausschuss, der gesicherte arbeitswissenschaftliche Erkenntnisse ermitteln soll, ist der gem. § 24 BetrSichV beim Bundesministerium für Wirtschaft und Arbeit angesiedelte Ausschuss für Betriebssicherheit, der gem. § 24 Abs. 4 BetrSichV dem Stand der Technik, Arbeitsmedizin und Hygiene entsprechende Regeln und sonstige gesicherte arbeitswissenschaftliche Erkenntnisse hinsichtlich der Bereitstellung und Benutzung von Arbeitsmitteln sowie des Betriebs überwachungsbedürftiger Anlagen ermitteln soll. Das sachverständige Gremium setzt sich aus höchstens 21 Mitgliedern verschiedener öffentlicher und privater Institutionen zusammen. Die Ergebnisse der ermittelten Regeln und Er-

---

[292] *Falke,* in Winter (Hrsg.), Grenzwerte, S. 164, 170; *Böhm,* Der Normmensch, S. 88.
[293] *BVerwG 31.1.1997,* NZA 1997, 482, 484; *OVG NW 15.10.1997,* GewArch 1998, 202.

kenntnisse können vom Bundesministerium für Wirtschaft und Arbeit im Bundesarbeitsblatt bekannt gemacht werden.
Zusammenfassend ist somit festzustellen, dass der Begriff der gesicherten arbeitswissenschaftlichen Erkenntnisse im Arbeitsschutzrecht durch die Regelsetzung in einem zuständigen Gremium, das sich aus sachverständigen Vertretern verschiedener Interessenverbände zusammensetzt, und einer anschließenden Bekanntmachung im Bundesarbeitsblatt, näher konkretisiert wird. Dies ist ein anschaulicher Weg, um die arbeitswissenschaftlichen Erkenntnisse darzustellen und zu dokumentieren, um sie damit für die Arbeitgeber und Arbeitnehmer sowie zuständigen Behörden greifbar zu machen, da sie ansonsten häufig nur schwierig zu ermitteln sind.[294] Entscheidend ist dabei jedoch, dass die aufgestellten Regeln und Erkenntnisse dem Stand des Fachwissens entsprechen und daher ihre Anwendbarkeit nicht schon dann scheitert, wenn die fachlich beteiligten Kreise möglicherweise unvollständig hinzugezogen worden.[295]
Da jedoch die Gesetzeskonkretisierung nicht durch den Gesetzgeber selbst erfolgt, wird dem Verfahren der Entscheidungsfindung und damit auch der Zusammensetzung der regelerstellenden Gremien besondere Bedeutung beigemessen.[296]

cc) *Wirkung solcher Regelwerke*

Da solche Regelwerke keine gesetzlichen Normen verkörpern, stellt sich die Frage nach deren rechtlicher Bedeutung.
In § 24 Abs. 5 S. 2 BetrSichV, § 3 Abs. 1 ArbStättV, § 8 Abs. 1 GefStoffV ist diese Frage nunmehr ausdrücklich geregelt. Danach wird die Vermutung aufgestellt, dass bei Einhaltung der durch den jeweiligen Ausschuss bekannt gemachten Regeln davon auszugehen ist, dass die in der jeweiligen Verordnung gestellten Anforderungen diesbezüglich erfüllt sind. Die dabei in Bezug genommenen Regeln haben folglich normkonkretisierende Funktion.[297]

---

294 Zu Recht für die Arbeitsstättenrichtlinien *BVerwG 31.1.1997,* NZA 1997, 482, 484.

295 *BVerwG 31.1.1997,* NZA 1997, 482, 484 für die Arbeitsstättenrichtlinien.

296 Vgl. hierzu *Jarass,* NJW 1987, 1225, 1226; *Bücker/Feldhoff/Kohte,* Arbeitsumwelt, Rn. 647, *Heilmann,* ZTR 2004, 598, 604.

297 Vgl. *Wank,* TAS, § 17 GefStoffV, Rn. 2; *Theuer,* BB 1994, 208, 216; *Marburger,* Regeln der Technik im Recht, S. 395 ff.; *Nicklisch,* NJW 1983, 841, 843; *BVerwG 19.12.1985,* BVerwGE 72, 300, 320; *BVerwG 21.6.2001,* GewArch 2001, 438 ff., Rn. 9; *Spinnarke,* Sicherheitstechnik, Arbeitsmedizin, Arbeitsplatzgestaltung, S. 21; *Wimmer,* NVwZ 1988, 130, 131, der zugleich darauf hinweist, dass solche Regeln und Erkenntnisse nicht als antizipierte Sachverständigengutachten eingeordnet werden können. Auch *Jarass,* NJW 1987, 1225, 1228 lehnt im Ergebnis die Einordnung als antizipiertes Sachverständigen-

Zwar werden die von den Ausschüssen aufgestellten Regelwerke im Bundesarbeitsblatt bekannt gemacht, doch ist damit keine förmliche Einführung als bindende Verwaltungsvorschrift verbunden.[298] Sie sollen dem Normadressaten vielmehr Möglichkeiten aufzeigen, wie er die in der jeweiligen Arbeitsschutzverordnung genannten Schutzstandards erfüllen kann, so dass eine abschließende Konkretisierungen zu verneinen ist. Insoweit ergibt sich aus Sinn und Zweck der Normkonkretisierung, dass es dem Arbeitgeber überlassen bleibt, von diesen Regelwerken abzuweichen.[299] Im Ergebnis wird daher eine gesetzliche (widerlegbare) Vermutungsregelung aufgestellt, die im Rahmen der prozessualen Geltendmachung von Verstößen gegen § 618 Abs. 1 BGB und der behördlichen Aufsicht von Bedeutung ist.
Im Falle einer Abweichung obliegt es allerdings dem Arbeitgeber gegenüber der Behörde oder in einem gerichtlichen Verfahren nachzuweisen, dass die von ihm getroffenen Maßnahmen ebenso wirksam sind.[300] Bei Einhaltung der in Regelwerken verankerten Gestaltungsrichtlinien durch den Arbeitgeber hat im Rahmen des § 618 Abs. 1 BGB der Arbeitnehmer zu beweisen, dass dadurch die in den Arbeitsschutznormen verankerten Anforderungen nicht erfüllt werden, weil z.B. das entsprechende Regelwerk veraltet ist.[301] Diese allgemeinen Prinzipien sollen nunmehr auch im Rahmen des § 18 Abs. 2 Nr. 5 ArbSchG Anwendung finden, auch wenn diesbezüglich keine ausdrückliche Regelung durch den Gesetzgeber getroffen wurde.[302]
Daneben spricht eine widerlegbare Vermutung dafür, dass es sich bei dem vom jeweiligen Ausschuss bekannt gemachten Regeln und Erkenntnissen, auch tatsächlich um gesicherte arbeitswissenschaftliche Erkenntnisse handelt, da dem Ausschuss auch die Ermittlung solcher Erkenntnisse explizit übertragen wurde. Die durch einen solchen Ausschuss ermittelten gesicherten Erkenntnisse verfü-

---

gutachten ab, da bei dieser Qualifizierung das Element der wertenden Beurteilung unberücksichtigt bleibt.

298 *Böhm*, Der Normmensch, S. 186 für die Technischen Regeln des Ausschusses für Gefahrstoffe; MünchArbR-*Wlotzke*, § 212, Rn. 222 für die Arbeitsstättenrichtlinien. Andere, abzulehnende Auffassung *Wimmer*, NVwZ 1988, 130, 131. *Böhm*, Der Normmensch, S. 88 weist darauf hin, dass die rechtlichen Folgen, die mit einer "amtlichen Einführung" verbunden sind, weitgehend ungeklärt sind.

299 Vgl. nunmehr § 3 Abs. 1 ArbStättV, § 8 Abs. 1 GefStoffV, vgl. auch *Marburger*, Regeln der Technik im Recht, S. 398 ff.

300 MünchArbR-*Wlotzke*, § 210, Rn. 19; *Bücker*, Risikovorsorge und Risikomanagement, S. 130; *Faber*, Grundpflichten des § 3 ArbSchG, S. 455, *Kohte/Faber*, DB 2005, 224, 228; *Heilmann*, AiB 2004, 598, 600. Vgl. z.B. § 3 Abs. 1 ArbStättV.

301 *Faber*, Grundpflichten des § 3 ArbSchG, S. 456.

302 *Faber*, Grundpflichten des § 3 ArbSchG, S. 455.

gen somit im gerichtlichen Verfahren über einen hohen Beweiswert, sind aber einer gerichtlichen Kontrolle nicht entzogen.[303]
Die eigentliche Bedeutung der Verweisung auf gesicherte arbeitswissenschaftliche Erkenntnisse und deren Ermittlung bzw. Konkretisierung durch einen entsprechenden Ausschuss liegt in der Schaffung von Rechtssicherheit, Rechtsklarheit und einer gleichförmigen Verwaltungspraxis.[304] Insbesondere wird durch diese Regelwerke faktisch jedenfalls in weiten Teilen das Niveau des Arbeitsschutzes festgelegt.[305]

dd) Bildung eines Ausschusses in Bezug auf § 6 Abs. 1 ArbZG

An dieser Stelle soll nochmals hervorgehoben werden, dass der Gesetzgeber die im Arbeitsschutz erprobte Verfahrensweise, gesicherte arbeitswissenschaftliche Erkenntnisse durch einen entsprechenden Ausschuss ermitteln zu lassen, nicht im Rahmen des Arbeitszeitgesetzes fortgesetzt hat. Die sich hieraus ergebenden Konsequenzen in Bezug auf eine ordnungsgemäße Umsetzung der Arbeitszeitrichtlinie werden an späterer Stelle erläutert.[306]

Daher ist zu untersuchen, welche anderweitigen Möglichkeiten zur Ermittlung von „gesicherten" arbeitswissenschaftliche Erkenntnisse im Rahmen des § 6 Abs. 1 ArbZG in Betracht kommen.

d) Konsens unter den Fachkundigen

Arbeitswissenschaftliche Empfehlungen zur Gestaltung von Nacht- und Schichtarbeit enthalten sowohl die von der Europäischen Stiftung zur Verbesserung der Lebens- und Arbeitsbedingungen herausgegebenen BEST-Lösungen zur Nacht- und Schichtarbeit als auch die von der Bundesanstalt für Arbeitsschutz und Arbeitsmedizin veröffentlichte „Bilanzierung arbeitswissenschaftlicher Erkenntnisse zur Nacht- und Schichtarbeit". Beide Institutionen setzen sich dabei in einer Gesamtschau mit den vorhandenen wissenschaftlichen Untersuchungen auseinander. Diese veröffentlichten Gestaltungsempfehlungen könnten jedoch bereits auf Grund ihrer fehlenden Verankerung in Regelwerken, die durch einen Ausschuss unter Beteiligung der jeweiligen Fachkreise zustande

---

303 MünchArbR-*Wlotzke*, § 210, Rn. 20; *Geyer*, MB beim Arbeits- und Gesundheitsschutz, S. 47, Fn. 180; *Marburger*, Regeln der Technik im Recht, S. 406; *Klein/Streffer*, DB 1987, 2307, 2311.

304 Vgl. *Marburger*, Regeln der Technik im Recht, S. 404.; *Wimmer*, NVwZ 1988, 130, 131.

305 *Böhm*, Der Normmensch, S. 186.

306 Hierzu in diesem Kapitel S. 192 ff.

gekommen sind, von vornherein als gesicherte arbeitswissenschaftliche Erkenntnisse ausscheiden.
Somit ist die Frage zu stellen, ob lediglich fixierte Regeln, die in einem förmlichen Verfahren unter Beteiligung entsprechender Fachkreise und Interessenverbände vereinbart werden, als gesicherte arbeitswissenschaftliche Erkenntnisse angesehen werden können[307], oder ob diese Eigenschaft auch Erkenntnissen aus arbeitswissenschaftlichen Untersuchungen zugesprochen werden kann, über deren Anerkennung ein Konsens in den jeweiligen Fachkreisen erreicht wird. *Hofe*[308] vertritt in diesem Zusammenhang die Auffassung, dass die eindeutig überwiegende Meinung innerhalb der Fachkreise als alleiniges formelles Kriterium der Gesichertheit nicht ausreiche, da ein solcher Weg nicht mit der Erfordernis der Rechtssicherheit zu vereinbaren sei.
Denjenigen, die eine Beteiligung von Interessenverbänden für erforderlich halten,[309] könnte insoweit zuzustimmen sein, als die Feststellung eines entsprechenden Konsenses innerhalb der Fachkreise mit einigen Schwierigkeiten verbunden sein dürfte. Dennoch könnten sich durch die Anwendung moderner Kommunikationsmittel für die Rechtsanwender Erleichterungen ergeben. Dann besteht das weitere Problem, wie ein entsprechender Konsens der Fachleute beschaffen sein muss.

aa) Wissenschaftliche Untersuchungen contra Regelsetzung durch Gremien

Aus Gründen der Rechtssicherheit und des Verhältnismäßigkeitsgrundsatzes ist es erforderlich, dass nicht jede arbeitswissenschaftliche Erkenntnis, die den Regeln der Gewinnung von Wissen entspricht, als „gesichert" anzusehen ist. Auch gebietet der Gleichbehandlungsgrundsatz, dass Arbeitnehmer unterschiedlicher Betriebe grundsätzlich in Fragen der Arbeitszeitgestaltung in Bezug auf Mindeststandards der Gestaltung der Nacht- und Schichtarbeit gleich behandelt werden[310] und daher eine formale Absicherung geboten ist. Sucht man nach Lösungen für eine formale Absicherung, so ist zu beachten, dass die gesicherten arbeitswissenschaftlichen Erkenntnisse die unvermeidliche zeitliche Lücke zwischen dem Gewinn solcher Erkenntnisse und der Nutzanwendung in der Praxis

---

307 *Pulte*, ArbuR 1983, 174, 177 lehnt für diese Erkenntnisse die Gesichertheit gerade ab, da sie auf Kompromissen beruhen und von jeweiligen gesellschaftlich oder politisch dominierenden Machtgruppen abhängen; anders *Gerum*, Arbeitsgestaltungspolitik, S. 125 ff., der ein Kommissionsmodell vorschlägt.

308 *Hofe*, Betriebliche Mitbestimmung, S. 88.

309 U.a. *Ehmann*, Arbeitsschutz und MB, S. 50 f.; *Geyer*, MB beim Arbeits- und Gesundheitsschutz, S. 50.

310 Ähnlich *Geyer*, MB beim Arbeits- und Gesundheitsschutz, S. 39.

schließen sollen.[311] Dabei ist weiterhin der in der RL 89/391/EWG geforderte hohe Arbeitsschutzstandard zu berücksichtigen, der höher ist als der in Deutschland bisher traditionell zugrunde gelegte der gesicherten arbeitswissenschaftlichen Erkenntnisse.[312]

Daher wird zu Recht vertreten, dass als „gesichert" auch übereinstimmende Aussagen zu Gestaltungszielen anzusehen sind, die auf Grund ernstzunehmender wissenschaftlicher Forschung zustande kommen.[313] Zutreffend wird darauf hingewiesen, dass eine hierarchische Regelsetzung in einem zuständigen Gremium zwar möglich, aber nicht erforderlich ist.[314] In diesem Kontext vertritt *Falke*[315] zu Recht, dass sich gesicherte arbeitswissenschaftliche Erkenntnisse von den anerkannten technischen Regeln dadurch unterscheiden, dass sie nicht in einem institutionell abgesicherten Verfahren, sondern in den Kreisen der Fachleute ihre Anerkennung erfahren. Auch wenn die neuere gesetzliche Entwicklung die Bildung entsprechender Ausschüsse vorsieht, so soll auf diesem Wege keine Begrenzung auf diese Erkenntnisse als „gesichert" erfolgen. Insbesondere aus der Kann-Vorschrift des § 18 Abs. 2 Nr. 5 ArbSchG wird als Umkehrschluss deutlich, dass gesicherte arbeitswissenschaftliche Erkenntnisse auch anders als durch die Regelsetzung in einem Ausschuss zustande kommen können.

Außerdem ist es auch mit Sinn und Zweck von § 6 Abs. 1 i.V.m. § 1 Abs. 1 ArbZG nicht vereinbar, derart strenge Anforderungen an die „Gesichertheit „ von arbeitswissenschaftlichen Erkenntnissen zu stellen, dass das Belastungsrisiko und damit das Risiko drohender Gesundheitsgefährdungen einseitig zu Lasten der Nacht- und Schichtarbeitnehmer verschoben wird, was aber zweifelsohne der Fall ist, wenn allein arbeitswissenschaftliche Erkenntnisse, die in Gesetzen oder sonstigen Regelwerken unter Beteiligung von Interessenverbänden zum Ausdruck kommen, als gesichert heranzuziehen sind, da es unvorhersehbar ist, ob und innerhalb welchen Zeitraums Erkenntnisse in dieser Form fixiert werden. Insbesondere fehlt es auch an einem staatlich geregelten Verfahren, das bei Untätigkeit der Arbeitswissenschaftler die Erzwingung ihres Handelns anordnet.

---

311 *OVG Lüneburg 19.07.1984*, GewArch 1985, 128, 130.

312 Däubler/Kittner/*Lörcher*, Internationale Arbeitsordnung, S. 1193; *Grundmann*, Europ. Schuldvertragsrecht, S. 493 f.

313 *F/E/S/T/L*, § 90 BetrVG, Rn. 46; ähnlich MünchArbR-*Wlotzke*, § 210, Rn. 14.

314 *Kohte*, Stand der Technik und gesicherte arbeitswissenschaftliche Erkenntnisse, S. 79, 85; vgl. auch *OVG Lüneburg 19.07.1984*, GewArch 1985, 128, 130.

315 *Falke*, in: Winter (Hrsg.), Grenzwerte, S. 164, 170.

bb) *Allgemeine Anerkennung contra vorherrschende Meinung*

Um zu „gesicherten“ arbeitswissenschaftlichen Erkenntnissen zu gelangen, wird daher eine Konsensbildung unter den Wissenschaftlern in der Form gefordert, dass die betreffende Erkenntnis Allgemeingeltung bzw. eine allgemeine Anerkennung erlangt hat.[316]

Nach anderer Auffassung reicht dagegen ein Konsens unter den Fachkundigen dergestalt aus, dass die Fachleute vorherrschend der Meinung sind, dass die Zielsetzungen der menschengerechten Gestaltung der Arbeit dienen.[317] Bei Anerkennung von unterschiedlichem methodischem Vorgehen kommt es auf die jeweilige Anerkennung innerhalb der Einzeldisziplin an, wobei eine überwiegende Anerkennung in diesem Fachkreis als ausreichend anzusehen ist.[318]

Zudem vertritt *Mertens*[319], dass es ausreiche, wenn die arbeitswissenschaftliche Erkenntnis in der überwiegenden Meinung der Fachkreise nicht mehr umstritten ist, d.h. aus der überwiegenden Fachwelt keine Einwände gegen die Erkenntnis erhoben werden.

Eine Erkenntnis soll aber auch dann als gesichert gelten, wenn sie nicht widerlegt ist und unter den Arbeitswissenschaftlern der internationalen Fachwelt breite Anerkennung gefunden hat.[320]

Während eine allgemeine Anerkennung, d.h. die Mehrheit der Fachleute, für die Entstehung von allgemein anerkannten Regeln der Technik notwendig ist[321], muss als Vergleich dagegen der Arbeitgeber beim Stand der Technik in den Meinungsstreit der Wissenschaftler eintreten, um zu ermitteln, was technisch notwendig, geeignet, angemessen und vertretbar ist.[322]

Eine dynamische Verbesserung des Sicherheits- und Gesundheitsschutzes einschließlich der Verankerung eines hohen Arbeitsschutzstandards würde verfehlt, wenn man eine allgemeine Anerkennung der wissenschaftlichen Erkenntnisse fordert. Insofern ist das Kriterium einer allgemeinen Anerkennung als zu eng abzulehnen.[323]

---

316 So z.B. *LAG Baden-Württemberg 18.02.1981,* DB 1981, 1781; *LAG Niedersachsen 25.03.1982,* DB 1982, 2039, 2041; *Natzel,* DB 1972, Beil. 24, 1, 8, *ders.,* RdA 1974, 280, 283; *Hunold,* DB 1976, 1059; 1061; *Baeck/Deutsch,* § 6 ArbZG, Rn. 20; *Pulte,* ArbuR 1983, 174, 179; *Tietje,* Arbeitszeitrecht, S. 168, versteht unter "allgemein" eine weit überwiegende Meinung und beziffert dies mit 80 bis 90 % einer Gruppe.

317 *Gerum,* Arbeitsgestaltungspolitik, S. 132 ff.; MünchArbR-*Wlotzke,* § 210, Rn. 14.

318 So m.E. *Kittner/Pieper,* ArbSchG, § 4, Rn. 15.

319 *Mertens,* BArbBl. 1982, 36, 41; *Falke,* in: Winter (Hrsg.), Grenzwerte, S. 164, 170.

320 *D/K/K,* § 91 BetrVG, Rn. 11.

321 *Mertens,* BArbBl. 1982, 36, 40; *Nöthlichs,* § 4 ArbSchG, Ziff. 3.3.2.

322 *Kollmer/Vogl,* Das neue ArbSchG, Rn. 84.

323 *Wagner,* MB bei Bildschirmtechnologien, S. 140

Dieser Zweck und der sich aus den Gestaltungsvorgaben abzuleitende eingeschränkte Handlungsspielraum des Arbeitgebers erfordern es, dass die arbeitswissenschaftlichen Erkenntnisse dann als gesichert anzusehen sind, wenn bei den Wissenschaftlern des jeweiligen Einzelgebietes die Überzeugung vorherrscht, dass die betreffenden Erkenntnisse den Zielen des Arbeitsschutzes einschließlich einer menschengerechten Gestaltung der Arbeit entsprechen. Insoweit kann auf den im juristischen Kontext verwendeten Begriff der „herrschenden Meinung" zurückgegriffen werden. Gestaltungsempfehlungen sind dagegen nicht gesichert, wenn deren Erforderlichkeit und Geeignetheit noch überwiegend umstritten sind.[324]

cc) Gesicherte arbeitswissenschaftliche Erkenntnisse durch Veröffentlichungen arbeitswissenschaftlicher Institutionen

Somit ist nunmehr zu untersuchen, ob die Veröffentlichungen „Leitlinien für Schichtarbeiter" sowie „Schichtarbeit und Gesundheit" der Europäischen Stiftung zur Verbesserung der Lebens- und Arbeitsbedingungen und die von der BAuA veröffentlichte „Bilanzierung arbeitswissenschaftlicher Erkenntnisse zur Nacht- und Schichtarbeit" gesicherte arbeitswissenschaftliche Erkenntnisse enthalten.

Die von der BAuA herausgegebene Sonderausgabe Amtliche Mitteilung „Bilanzierung arbeitswissenschaftlicher Erkenntnisse zur Nacht- und Schichtarbeit" stellt die aus verschiedenen wissenschaftlichen Untersuchungen gewonnenen Erkenntnisse zur Belastung und Beanspruchung durch Nacht- und Schichtarbeit zusammen und gibt somit einen Überblick über die vorherrschenden Meinungen der Wissenschaftler, u.a. der Arbeitsmediziner, zu diesem Thema. Methodische Probleme im Rahmen der Schichtarbeitsforschung werden aufgezeigt; dennoch besteht die Auffassung, dass aus den vorliegenden Ergebnissen aus Querschnittsuntersuchungen gesicherte Aussagen zur Wirkung von Nacht- und Schichtarbeit abgeleitet werden können.[325] Ausgehend von diesen Erkenntnissen werden von der BAuA Gestaltungsempfehlungen formuliert, die durch eine relative Offenheit gekennzeichnet sind. So sollte die Anzahl der aufeinander folgenden Nachtschichten z.B. möglichst gering gehalten werden.

Gleichartige Gestaltungsempfehlungen enthalten auch die von der Europäischen Stiftung zur Verbesserung der Lebens- und Arbeitsbedingungen herausgegebenen „Leitlinien für Schichtarbeiter", BEST-Bulletin Nr. 3/1991[326], die u.a. auch

---

324 MünchArbR-*Wlotzke*, § 210, Rn. 14.

325 *Beermann*, Bilanzierung arbeitswissenschaftlicher Erkenntnisse, S. 11.

326 *Wedderburn*, Leitlinien für Schichtarbeiter, S. 12, die „vierzehn Regeln für ein gutes Schichtsystem" enthalten.

eine kurze Nachtschichtfolge empfehlen, die in der Regel nicht mehr als 2 bis 4 Nachtschichten hintereinander umfassen sollte. Die genannten Leitlinien stützen sich dabei auf Forschungsergebnisse und praktische Erfahrungen von vielen tausend Schichtarbeitern.[327]

Beide arbeitswissenschaftliche Institutionen, deren Aufgabe die interessenunabhängige Erforschung und Verbreitung arbeitswissenschaftlicher Fragestellungen ist, haben eine umfassende Querschnittsanalyse der vorhandenen Untersuchungen in Bezug auf die Belastungen durch Nacht- und Schichtarbeit und deren mögliche Gestaltung vorgelegt. In möglichen strittigen Fragen sind die jeweiligen unterschiedlichen Standpunke dargestellt worden, so dass von der Objektivität der jeweiligen Veröffentlichung ausgegangen werden kann. Die somit getroffenen Aussagen können daher als gesichert auf Grund vorherrschender Überzeugung der Wissenschaftler der Arbeitsmedizin und anderer Gebiete angeshen werden. Sie sind daher zur Konkretisierung des unbestimmten Rechtsbegriffs der gesicherten arbeitswissenschaftlichen Erkenntnisse im Rahmen des § 6 Abs. 1 ArbZG heranzuziehen. Im gerichtlichen Verfahren müssen sie einer Überprüfung durch den Richter standhalten. Dennoch entfalten sie eine gewisse Indizwirkung.

Die genannten Ausführungen treffen auch für die durch die Europäische Stiftung veröffentlichte Schrift „Schichtarbeit und Gesundheit“ zu, die ebenso die Übereinstimmung von wissenschaftlichen Ergebnissen zu Belastungen und Beanspruchungen untersuchten.

Daher wird zu Recht davon ausgegangen, dass die Leitlinien für Schichtarbeiter der Europäischen Stiftung zur Verbesserung der Lebens- und Arbeitsbedingungen sowie die von der BAuA veröffentlichte Bilanzierung arbeitswissenschaftlicher Erkenntnisse zur Nacht- und Schichtarbeit gesicherte arbeitswissenschaftliche Erkenntnisse enthalten.[328] Diese beinhalten Aussagen, wonach eine längere Schichtfolge die Sicherheit und Gesundheit der Arbeitnehmer stärker beeinträchtigt. Aus diesem Grund ist der Leitsatz des BAG, wonach es in dieser Frage keine gesicherten arbeitsmedizinischen Erkenntnisse gibt, verfehlt.[329]

---

327 *Wedderburn,* Leitlinien für Schichtarbeiter, S. 5.

328 Kittner/Zwanziger-*Schoof,* § 41, Rn. 20; *Buschmann/Ulber,* § 6 ArbZG, Rn. 7; vgl auch den Erlass des Ministeriums für Wirtschaft und Arbeit des Landes Nordrhein-Westfalen vom 24.05.2004 zur Durchführung des Arbeitszeitgesetzes (212 – 8435.4.11), S. 5 f., veröffentlicht unter www.arbeitszeiten.nrw.de (Stand: 17. Oktober 2005).

329 Ähnlich *Buschmann/Ulber,* § 6 ArbZG, Rn. 7. MünchArbR-*Anzinger,* § 220, Rn. 28 bezeichnet den Leitsatz als irreführend und durch die o.g. arbeitswissenschaftlichen Forschungen widerlegt.

6. Die gesicherten arbeitswissenschaftlichen Erkenntnisse über die menschengerechte Gestaltung der Arbeit im Rahmen der Arbeitszeitgestaltung

6.1. Arbeitswissenschaftliche Erkenntnisse über Belastungen und Beanspruchungen

Bei Nacht- und Schichtarbeit ist die zusätzliche objektive Belastung in der Verschiebung der Phasenlage von Arbeit und Schlaf zu sehen, da es durch die Arbeit während der Nacht zu einer physiologischen Desynchronisation der Körperfunktionen kommt.[330] Die damit verbundenen auftretenden Beanspruchungen auf Seiten der Beschäftigten wurden bereits ausführlich dargestellt.[331] Diese gesicherten arbeitswissenschaftlichen Erkenntnisse hat der Arbeitgeber im Rahmen einer Schichtplangestaltung über die bisherigen gesicherten Gestaltungsempfehlungen hinaus zu berücksichtigen und angemessene Arbeitsschutzmaßnahmen zu treffen. Da ihnen aber keine genauen Gestaltungsvorgaben zu entnehmen sind, unterfallen sie nicht der Verpflichtung des Arbeitgebers nach § 6 Abs. 1 ArbZG.

6.2. Gestaltungsempfehlungen

Die Europäische Stiftung zur Verbesserung der Lebens- und Arbeitsbedingungen sowie die BAuA sehen zusammenfassend für die Gestaltung von Nacht- und Schichtarbeit folgende Empfehlungen[332] vor. Dabei werden zusätzlich ausgewählte Rechtsquellen eingearbeitet.

- Keine dauerhafte Nachtschicht, nur in besonderen Ausnahmefällen.
- Möglichst kurze Nachtschichtfolge, in der Regel nicht mehr als 2 bis 4 Nachtschichten in Folge.
- Nach einer Nachtschichtphase sollte eine möglichst lange Ruhephase folgen. Sie sollte auf keinen Fall weniger als 24 Stunden betragen. Optimal wäre eine Ruhezeit von 48 Stunden.
- Ausreichende Ruhezeiten zwischen 2 Schichten fordert die Europäische Stiftung. § 6 der ILO-Empfehlung sieht eine garantierte Ruhezeit von mindestens 11 Stunden zwischen zwei Schichten vor.

---

330 *Beermann*, Bilanzierung arbeitswissenschaftlicher Erkenntnisse, S. 13, 17.

331 Vgl. S. 4 ff.

332 Es werden zusätzlich ausgewählte Rechtsquellen eingearbeitet, die die jeweilige Gestaltungsempfehlung untermauern.

- Keine Arbeitsperioden von 8 oder mehr Arbeitstagen in Folge.
- Koppelung der Schichtlänge an die körperliche und geistige Beanspruchung durch die Arbeit. Nach der BAuA sollte die tägliche Arbeitszeit auf Grund der vorliegenden Erkenntnisse zur Belastungswirkung auf 8 Stunden am Tag und 48 Stunden in der Woche begrenzt werden.[333] Eine Verlängerung des Arbeitstages kommt u.a. nur dann in Betracht, wenn durch die Arbeitsaufgabe eine geringe physische und psychische Belastung besteht, keine zusätzlichen Überstunden anfallen, die MAK-Werte angepasst sind und die Arbeitszeit z.T. aus Arbeitsbereitschaft besteht. Auch die ILO-Empfehlung Nr. 178 geht in § 4 Abs. 1 grundsätzlich von einem 8-Stunden-Tag aus, es sei denn, die Arbeit schließt erhebliche Zeiten bloßer Anwesenheit oder Bereitschaft ein.
- Beide Institutionen befürworten, dass Schichtarbeiter möglichst mehr freie Tage im Jahr haben als Tagarbeiter.[334] Nach Art. II des NSchG haben Nachtschwerarbeiter einen Anspruch auf Zusatzurlaub von 2 bis 6 Werktagen. Ebenso sehen § 48 a BAT und MTArb/O einen Anspruch auf Zusatzurlaub bei Wechselschichtarbeit, Schichtarbeit und Nachtarbeit vor.
- Zudem plädiert die Europäische Stiftung für grundsätzlich kürzere Nachtschichten gegenüber der Früh- und Spätschicht. Bei Nachtarbeit mit geringer Belastung kann die Nachtarbeit allerdings auch verlängert werden, so dass insgesamt weniger Nachtschichten anfallen.
- Ein Vorwärtswechsel der Schichten bei kontinuierlichen Schichtsystemen (erst Früh-, dann Spät-, dann Nachtschicht) begünstigt Schlaf und allgemeines Wohlbefinden und ruft daher bei den Beschäftigten weniger Beschwerden hervor.
- Die Frühschicht sollte nicht zu früh beginnen, um Kürzungen des Nachtschlafs zu vermeiden.
- Die Nachtschicht sollte möglichst früh enden. (nur BAuA)
- Regelmäßigkeit in der Schichtenfolge. (nur Europäische Stiftung)
- Rechtzeitige Information der Arbeitnehmer über den Schichtplan.
- Geblockte Wochenendfreizeiten sind besser als einzelne freie Tage am Wochenende.
- Flexibilität bei den Übergabezeiten.
- Spielraum für individuelle Wünsche der Arbeitnehmer.

---

[333] *Beermann*, Bilanzierung arbeitswissenschaftlicher Erkenntnisse, S. 41.

[334] Die Europäische Stiftung zur Verbesserung der Lebens- und Arbeitsbedingungen plädiert in ihrer Veröffentlichung „Kompensation für Schichtarbeit“ für eine solche Regelung (S. 24).

Bei den beiden letztgenannten arbeitswissenschaftlichen Erkenntnissen über die menschengerechte Gestaltung der Arbeit wird darauf verwiesen, dass sich z.B. die Berücksichtigung individueller Wünsche die Zufriedenheit und Motivation der Arbeitnehmer erhöht.[335] In den Begründungen wird allerdings nicht auf Verbindungen zu physischen und psychischen Belastungen verwiesen, die die Gefahr einer arbeitsbedingten Erkrankung hervorrufen. Diese arbeitswissenschaftlichen Erkenntnisse dienen somit zwar dem Wohlbefinden der Arbeitnehmer, unterfallen aber nicht dem gesundheitsnahen Bereich der menschengerechten Gestaltung der Arbeit.

§ 6 Abs. 1 ArbZG stellt aber ebenso wie das Arbeitsschutzgesetz nur auf die gesundheitsnahen Bereiche der menschengerechten Gestaltung der Arbeit ab, so dass diese beiden genannten arbeitswissenschaftlichen Erkenntnisse im Rahmen des § 6 Abs. 1 ArbZG keine Bedeutung erlangen.

Zur Minimierung psycho-sozialer Beeinträchtigungen, die im Ergebnis auch zu gesundheitlichen Beeinträchtigungen auf Grund „sozialer Isolation" führen können, ist eine rechtzeitige Information der Arbeitnehmer über den Schichtplan erforderlich[336], auch um Stress und dessen psychischen Folgen zu vermeiden. Zur Vermeidung „sozialer Isolation" und damit zur Vermeidung psycho-sozialer Belastungen sind auch geblockte Wochenendfreizeiten besser als einzelne freie Tage am Wochenende.

Festzuhalten ist in diesem Zusammenhang noch, dass die Gestaltung von Schichtplänen durch Widersprüchlichkeit einzelner Kriterien erschwert wird und es in dieser Hinsicht bisher auch keine Rangfolge der Bewertung innerhalb der dargestellten Gestaltungsempfehlungen gibt.[337] Dem Arbeitgeber verbleibt folglich bei der Gestaltung der Arbeitszeit der Nacht- und Schichtarbeitnehmer ein Spielraum, den es auszufüllen gilt.

IX. Zwingende Gestaltungspflicht des Arbeitgebers

Die vorhergehenden Ausführungen haben gezeigt, dass es sich bei § 6 Abs. 1 ArbZG nicht um eine generalklauselartige Fassung handelt, die „besser in Programmen zur Hebung der allgemeinen Wohlfahrt stehen als in einem arbeitsrechtlichen Gesetz" sollte[338], sondern es sich bei den „gesicherten arbeitswissen-

---

335 *Beermann*, Bilanzierung arbeitswissenschaftlicher Erkenntnisse, S. 37, 41.

336 *Beermann*, Bilanzierung arbeitswissenschaftlicher Erkenntnisse, S. 26, 30, 36.

337 *Beermann*, Bilanzierung arbeitswissenschaftlicher Erkenntnisse, S. 30; *Wedderburn*, Leitlinien für Schichtarbeiter, S. 11.

338 So aber *Junker*, ZfA 1998, 105, 120 f.

schaftlichen Erkenntnissen über die menschengerechte Gestaltung der Arbeit" um einen bestimmbaren und belastbaren Rechtsbegriff handelt, der einer Konkretisierung, insbesondere durch die Gestaltungsempfehlungen der BAuA und der Europäischen Stiftung zur Verbesserung der Lebens- und Arbeitsbedingungen zugänglich ist.

Auch der weitere Wortlaut der Norm lässt erkennen, dass es sich bei § 6 Abs. 1 ArbZG nicht lediglich um eine Soll-Vorschrift handelt, sondern das Gesetz ordnet zwingend die Gestaltung der Arbeitszeit durch den Arbeitgeber nach gesicherten arbeitswissenschaftlichen Erkenntnissen an.[339] Für die Statuierung einer zwingenden Gestaltungspflicht des Arbeitgebers in § 6 Abs. 1 ArbZG ist deren Einordnung in den Katalog der Ordnungswidrigkeiten oder gar Straftaten völlig irrelevant, da die zivilrechtlichen Rechtsfolgen von der Straf- und Bußgeldbewährung strikt zu trennen sind.[340]

Auch der Vergleich von § 6 Abs. 1 ArbZG und § 4 Nr. 3 ArbSchG spricht für die Auffassung, dass § 6 Abs. 1 ArbZG eine zwingende Gestaltungspflicht des Arbeitgebers aufstellt. Im Vergleich zu § 4 Nr. 3 ArbSchG, wonach der Arbeitgeber bei Arbeitsschutzmaßnahmen den Stand von Technik, Arbeitsmedizin und Hygiene und sonstige gesicherte arbeitswissenschaftliche Erkenntnisse zu berücksichtigen hat, ergibt sich, dass es sich bei § 6 Abs. 1 ArbZG im Zusammenhang mit Nacht- und Schichtarbeit um eine abweichende, speziellere Vorschrift handelt, die ein „mehr" an rechtlicher Verbindlichkeit statuiert, da § 6 Abs. 1 ArbZG die Festlegung entsprechend gesicherter Erkenntnisse verlangt und nicht lediglich die Berücksichtigung wie § 4 Nr. 3 ArbSchG. Insoweit wird bei § 4 Nr. 3 ArbSchG davon ausgegangen, dass der Arbeitgeber zwar nicht verbindlich zur Beachtung der Erkenntnisse verpflichtet ist, sondern durch die „Berücksichtigung" dem Arbeitgeber eine differenzierte Anwendung ermöglicht wird, die sich an Umfang und Intensität der jeweiligen Gefahren zu orientieren hat, d.h. ihm ein gewisser Wertungsspielraum zuerkannt wird, ohne die rechtliche Verbindlichkeit einer solchen Orientierung in Frage zu stellen[341].

Dem Arbeitgeber wird dagegen im Rahmen von Nacht- und Schichtarbeit verbindlich vorgeschrieben, dass die Arbeitszeitgestaltung entsprechend gesicherter arbeitswissenschaftlicher Erkenntnisse vorgenommen werden muss. Insoweit handelt es sich bei den gesicherten arbeitswissenschaftlichen Erkenntnissen in § 6 Abs. 1 ArbZG um zwingende Mindestvorgaben/-standards, die der Arbeitgeber bei der entsprechenden Gestaltung der Arbeitszeit beachten muss. Ein Wer-

---

339 *Tietje,* Arbeitszeitrecht, S. 164; *Buschmann/Ulber,* § 6 ArbZG, Rn. 4, 7; *Schliemann*/Meyer, Arbeitszeitrecht, Rn. 410.

340 *Schliemann*/Meyer, Arbeitszeitrecht, Rn. 410.

341 *Kittner/Pieper,* ArbSchG, § 4, Rn. 7; *Kohte,* Stand der Technik und gesicherte arbeitswissenschaftliche Erkenntnisse, S. 79, 87.

tungsspielraum in den Dimensionen des § 4 Nr. 3 ArbSchG kann dem Arbeitgeber in dieser Hinsicht nicht zuerkannt werden.
Nicht zuletzt folgt die zwingende Gestaltungspflicht aus dem Schutzzweck der Norm unter Einbeziehung der europäischen Vorbilder. Eine Verbesserung von Sicherheit und Gesundheitsschutz der Nacht- und Schichtarbeitnehmer i.S.d. § 1 Nr. 1, HS. 1 ArbZG wird nur dann erreicht, wenn der Arbeitgeber die Schichtplangestaltung zwingend nach solchen Gestaltungsempfehlungen vornimmt, die sich als gesicherte arbeitswissenschaftliche Erkenntnisse qualifizieren lassen. Eine solche Pflichtenstellung des Arbeitgebers ergibt sich insbesondere auch aus dem Zusammenspiel von Art. 12 Nr. 1 RL 93/104/EG und der allgemeinen Organisationspflicht des Arbeitgebers gem. Artt. 5 Abs. 1, 6 Abs. 1 RL 89/391/EWG, die Arbeit der Nacht- und Schichtarbeitnehmer so zu organisieren, dass Gefährdungen, die sich aus der Lage und Dauer der Arbeitszeit sowie im Zusammenhang mit Mehrfachbelastungen ergeben, vermieden oder reduziert werden.[342] Auch Art. 13 RL 93/104/EG beinhaltet eine solche zwingende Gestaltungspflicht des Arbeitgebers.[343]
Zusammenfassend ist daher festzustellen, dass durch § 6 Abs. 1 ArbZG eine zwingende Pflicht des Arbeitgebers aufgestellt wird, die Arbeitszeit der Nacht- und Schichtarbeitnehmer nach gesicherten arbeitswissenschaftlichen Erkenntnissen über die menschengerechte Gestaltung der Arbeit zu gestalten.

X. Umsetzung der Artt. 12 Nr. 1, 13 RL 93/104/EG in nationales Recht

Nunmehr soll der Frage nachgegangen werden, ob durch die Norm des § 6 Abs. 1 ArbZG die Regelungen der Art. 12 Nr. 1, 13 RL 93/104/EG ordnungsgemäß umgesetzt worden sind. Insoweit sind mögliche Umsetzungsdefizite darzustellen. Im Anschluss ist zu untersuchen, welche anderen Arbeitsschutznormen in Betracht kommen, um den europäischen Regelung zur wirksamen Durchsetzung zu verhelfen.

---

342 Vgl. hierzu bereits S. 89 f.
343 Vgl. S. 93.

1. Umsetzung der Artt. 12 Nr. 1, 13 RL 93/104/EG in § 6 Abs. 1 ArbZG

1.1. Partielle Umsetzung von Art. 12 Nr. 1 RL 93/104/EG durch § 6 Abs. 1 ArbZG

Art. 12 Nr. 1 RL 93/104/EG[344] stellt die Verpflichtung der Mitgliedstaaten auf, Maßnahmen zu treffen, die einen umfassenden Schutz von Nacht- und Schichtarbeitnehmern in Bezug auf Sicherheit und Gesundheit gewährleisten, die der Natur ihrer Arbeit angepasst sind. Zugleich ergibt sich aus Art. 12 Nr. 1 RL 93/104/EG i.V.m. Artt. 5 Abs. 1, 6 Abs. 1 RL 89/391/EWG die Pflicht des Arbeitgebers, die Arbeit der Nacht- und Schichtarbeitnehmer so zu organisieren, dass gem. Art. 6 Abs. 2 RL 89/391/EWG die Gefährdungen, die aus Lage und Dauer, Verteilung und Rhythmik der Arbeitszeit resutlieren, vermieden oder reduziert werden. Dies trifft ebenso auf Gefährdungen zu, die beim Zusammentreffen von Nacht- und Schichtarbeit mit weiteren belastenden Arbeitsbedingungen (Mehrfachbelastungen) auftreten.
Um die Kriterien für eine ordnungsgemäße Umsetzung[345] zu erfüllen, muss die Regelung des § 6 Abs. 1 ArbZG geeignet sein, das in Art. 12 Nr. 1 RL 93/104/EG bezweckte Ziel zu erreichen. Zur Erreichung dieses Ziels steht den Mitgliedstaaten durch die offene Formulierung in Art. 12 Nr. 1 RL 93/104/EG grundsätzlich ein weiter Regelungsspielraum zur Verfügung. Dieser Regelunsgspielraum wird jedoch durch den Verweis auf die Grundsätze der ILO im Rahmen der Erwägungsgründe der Arbeitszeitrichtlinie wieder eingeschränkt.[346]
Die in § 6 Abs. 1 ArbZG aufgestellte Gestaltungspflicht des Arbeitgebers dient dem Schutz von Sicherheit und Gesundheit der Nacht- und Schichtarbeitnehmer. Bei der somit zum Ausdruck kommenden Schichtplangestaltung handelt es sich seitens des Gesetzgebers um eine Schutzmaßnahme, die der Natur der Arbeit der Nacht- und Schichtarbeitnehmer angepasst ist und somit zur Umsetzung von Art. 12 Nr. 1 RL 93/104/EG beiträgt.[347]
Allerdings bezieht sich § 6 Abs. 1 ArbZG nur auf die Gestaltung der Arbeitszeit und damit die Schichtplangestaltung im weiten Sinn. Zudem erfolgt eine Begrenzung auf die gesicherten arbeitswissenschaftlichen Erkenntnisse über die menschengerechte Gestaltung der Arbeit, so dass nur ein Teilbereich des Ge-

---

344 Vgl. S. 78 ff.

345 Vgl. S. 112 f.

346 Vgl. hierzu bereits S. 26 f., 83.

347 Nach *Buschmann/Ulber*, § 6 ArbZG, Rn. 4 verstößt § 6 Abs. 1 ArbZG wegen seiner unscharfen und allgemein gehaltenen Fassung gegen Art. 12 Nr. 1 RL 93/104/EG, da der Gesetzgeber verpflichtet ist, die zum Schutz von Nacht- und Schichtarbeitnehmern erforderlichen Maßnahmen selbst zu treffen.

sundheitsbegriffs durch Schutzmaßnahmen abgedeckt ist. § 6 Abs. 1 ArbZG schreibt dagegen keine umfassenden Schutzmaßnahmen vor.
Nicht vom Anwendungsbereich des § 6 Abs. 1 ArbZG erfasst sind zum einen Schutzmaßnahmen, die aus Gefährdungen, die aus der Dauer und Lage, Verteilung und Rhythmik der Arbeitszeit resultieren und keine Verankerung in konkreten Gestaltungsempfehlungen gefunden haben oder Arbeitsschutzmaßnahmen erfordern, die über eine Gestaltung der Arbeitszeit hinausgehen. So konnten aus wissenschaftlichen Belastungsuntersuchungen Erkenntnisse dahingehend gewonnen werden, dass Nacht- und Schichtarbeit z.B. Verdauungsprobleme auch gravierender Art hervorrufen kann.[348] Da diese Beeinträchtigung aus der Lage und Dauer der Arbeitszeit resultiert, ist sie im Rahmen des Art. 12 Nr. 1 RL 93/104/EG von Bedeutung. Im Hinblick auf diese Gefährdung ist festzustellen, dass - soweit entsprechende Gestaltungsempfehlungen (Anbieten nacht- und schichtarbeitsgerechter Verpflegung, Durchführung von Ernährungsberatungen) vorhanden sind - der Anwendungsbereich von § 6 Abs. 1 ArbZG nicht eröffnet ist, da es sich bei diesen Maßnahmen nicht um solche der Arbeitszeitgestaltung handelt.[349] Gleichzeitig können durch Nacht- und Schichtarbeit psychische Beschwerden und Erkrankungen auftreten. Da es sich hierbei um einen bisher weitgehend vernachlässigten Aspekt von Schichtarbeit handelt[350], fehlen explizite Gestaltungsempfehlungen.
Zudem ist die heutige Arbeitswelt in der Regel durch Mehrfachbelastungen am Arbeitsplatz gekennzeichnet. Die Arbeit zur Nachtzeit oder in Schichten wirkt sich verstärkend auf weitere Belastungsfaktoren aus. Diese Tatsache kommt jedoch in § 6 Abs. 1 ArbZG nicht hinreichend zum Ausdruck.
Ein hinreichender Schutz der Nacht- und Schichtarbeitnehmer, wie ihn Art. 12 Nr. 1 RL 93/104/EG bezweckt, wird somit durch die Regelung des § 6 Abs. 1 ArbZG nicht erreicht.

1.2. Partielle Umsetzung von Art. 13 RL 93/104/EG durch § 6 Abs. 1 ArbZG

Zeppenfeld[351] moniert in seiner Arbeit ein Umsetzungsdefizit des Art. 13 RL 93/104/EG im Rahmen des § 6 Abs. 1 ArbZG in zwei Richtungen: Art. 13 RL

---

348 Vgl. hierzu nochmals *Wedderburn*, Schichtarbeit und Gesundheit, S. 21 ff.; *Beermann*, Bilanzierung arbeitswissenschaftlicher Erkenntnisse, S. 22.

349 So sah der Gesetzentwurf der SPD-Fraktion in § 10 Abs. 1 vor, dass nach arbeits- und ernährungswissenschaftlichen Erkenntnissen besonders zusammengestellte Mahlzeiten angeboten werden sollen.

350 Hierzu nur *Wedderburn*, Schichtarbeit und Gesundheit, S. 35 f.

351 *Zeppenfeld*, Europ. Arbeitszeitrecht, S. 150 ff.

93/104/EG verlange eine Berücksichtigung der Anpassung der Arbeitsgestaltung an den Menschen bereits in der Entscheidungsfindungsphase des Arbeitgebers, wobei dies ausreichend durch die Mitbestimmungspflichtigkeit des Betriebsrates bzw. Personalrates bei der Festlegung der Arbeitszeit gewährleistet sei. Ein Umsetzungsdefizit sei aber in betriebsratslosen Betrieben festzustellen. Darüber hinaus erfolgte nur insoweit eine partielle Umsetzung, als nach Art. 13 RL 93/104/EG eine Anpassung der Arbeitsgestaltung an den Menschen bei jedweder rhythmischer Gestaltung der Arbeit vorzunehmen ist und Art. 13 RL 93/104/EG keine Beschränkung auf Nacht- und Schichtarbeitnehmer vorsieht.[352]
Zwar zählen zu Maßnahmen des Arbeitsschutzes nach § 2 Abs. 1 ArbSchG auch solche der menschengerechten Gestaltung der Arbeit, und hierbei sind z.B. gem. § 4 Nr. 3 ArbSchG die gesicherten arbeitswissenschaftlichen Erkenntnisse durch den Arbeitgeber zu berücksichtigen. Allerdings ist diese Verpflichtung weniger verbindlich als § 6 Abs. 1 ArbZG. Eine solche Ungleichbehandlung sieht Art. 13 RL 93/104/EG allerdings nicht vor. Somit ist *Zeppenfeld* dahingehend zuzustimmen, dass Art. 13 RL 93/104/EG lediglich eine teilweise Umsetzung in § 6 Abs. 1 ArbZG gefunden hat.[353]
Folglich ist zu untersuchen, ob Art. 13 RL 93/104/EG durch eine richtlinienkonforme Auslegung des § 6 Abs. 1 ArbZG zur vollständigen Umsetzung verholfen werden kann. Dafür müsste sich aus Art. 13 RL 93/104/EG ein hinreichend deutlich konkretisierbarer Auslegungsmaßstab für das nationale Recht ergeben, wobei aber nicht erforderlich ist, dass die betreffende Richtlinienbestimmung „inhaltlich unbedingt und hinreichend genau“ erscheint.[354] Vom Anwendungsbereich des Art. 13 RL 93/104/EG ist nicht nur Nacht- und Schichtarbeit erfasst, sondern darüber hinaus jegliche Art von rhythmischer Gestaltung der Arbeitsorganisation wie z.B. Akkordarbeit, Fließbandarbeit und sonstige taktgebundene Arbeiten.[355] Art. 13 RL 93/104/EG ist weiterhin die Pflicht des Arbeitgebers zu einer menschengerechten Gestaltung der Arbeit zu entnehmen, die bereits im Planungsstadium besteht.[356] Damit enthält Art. 13 RL 93/104/EG ausreichende Vorgaben, um als Auslegungsmaßstab für das nationale Recht zu dienen.[357]

---

352 Vgl. hierzu bereits S. 93 ff.

353 A.A. *Baeck/Deutsch*, § 6 ArbZG, Rn. 10, die zu dem Ergebnis kommen, dass Art. 12 und 13 RL 93/104/EG in vollem Umfang umgesetzt wurden, insbesondere in § 6 Abs. 1 und § 8 ArbZG.

354 *EuGH 10.04.1984*, Rs. 14/83 (von Colson und Kamann), Slg. 1984, 1891, 1909, Rn. 26 f.; *EuGH 10.04.1984*, Rs. 79/83 (Harz), Slg. 1984, 1921, 1942, Rn. 26 f.; *Zeppenfeld*, Europ. Arbeitszeitrecht, S. 188.

355 Vgl. S. 93 ff.

356 Vgl. S. 101 ff.

357 So auch *Zeppenfeld*, Europ. Arbeitszeitrecht, S. 188.

§ 6 Abs. 1 ArbZG ist nach seinem Wortlaut aber ausdrücklich auf Nacht- und Schichtarbeiter beschränkt und lässt in dieser Hinsicht bei Anwendung nationaler Auslegungsmethoden keine andere, abweichende Auslegung zu. Im Ergebnis setzt sich *Zeppenfeld*[358] mit der Problematik einer richtlinienkonformen Auslegung nicht auseinander, sondern kommt zu der Auffassung, dass eine entsprechende Anwendung des § 6 Abs. 1 ArbZG auf weitere rhythmisch gestaltete Arbeitsmuster möglich scheint, da insoweit gleichgelagerte Interessen zu vermuten sind, die sich insbesondere aus der Vermeidung nachteiliger Auswirkungen der Arbeitszeitgestaltung nach einem bestimmten Arbeitsrhythmus ergeben.
Eine richtlinienkonforme Auslegung des § 6 Abs. 1 ArbZG scheitert dagegen am Wortlaut der Norm[359], da eine ausdrückliche Begrenzung auf Nacht- und Schichtarbeitnehmer erfolgt. Auch lassen die o.g. Arten der rhythmischen Gestaltung der Arbeitszeit nicht dem Begriff der Nacht- und Schichtarbeit zuordnen. Da jedoch das gesamte nationale Recht zur Umsetzung in Betracht zu ziehen sei[360], sind im Anschluss[361] weitere Rechtsnormen zu untersuchen, ob sie zur Umsetzung von Art. 13 RL 93/104/EG geeignet sind.

1.3. Weitere Umsetzungsfehler in Bezug auf Artt. 12 Nr. 1, 13 RL 93/104/EG durch § 6 Abs. 1 ArbZG

a) Fehlende prozedurale Absicherung

Die umfangreiche Auseinandersetzung mit dem Begriff der gesicherten arbeitswissenschaftlichen Erkenntnisse über die menschengerechte Gestaltung der Arbeit hat gezeigt, dass der deutsche Gesetzgeber keine prozedurale Absicherung für die Aufstellung solcher Erkenntnisse im Arbeitszeitgesetz vorgesehen hat. Der Vergleich zu § 18 Abs. 2 Nr. 5 ArbSchG, § 21 GefStoffV, § 17 BioStoffV, § 7 ArbStättV und § 24 BetrSichV zeigt die nicht ordnungsgemäße Umsetzung der Artt. 12 Nr. 1, 13 RL 93/104/EG durch § 6 Abs. 1 ArbZG. Die Mitgliedstaaten sind insoweit gehalten, eine effektive Regelung zu erlassen, wenn sie verpflichtet und berechtigt sind, einen gemeinschaftsrechtlich statuierten Anspruch der Arbeitnehmer auszugestalten.[362] Die aus Art. 10 EG abzuleitende gemeinschaftsrechtliche Loyalität verlangt, dass ein solcher Anspruch nach ähnlichen sachlichen und verfahrensrechtlichen Regeln realisiert wird wie nach Art und

---

358 *Zeppenfeld*, Europ. Arbeitszeitrecht, S. 188.
359 Vgl. S. 115.
360 Vgl. S. 115.
361 Vgl. S. 194 ff.
362 *Kohte*, FS Schwerdtner (2003), S. 99, 109.

Intensität vergleichbare Ansprüche des nationalen Rechts.[363] Weiterhin ist zu beachten, dass der Richtlinieninhalt durch die Umsetzung in nationales Recht so wirksam wie möglich transformiert wird.[364]
Durch den jeweils in § 18 Abs. 2 Nr. 5 ArbSchG, § 21 GefStoffV, § 17 BioStoffV, § 7 ArbStättV und § 24 BetrSichV verankerten Ausschuss werden die gesicherten arbeitswissenschaftlichen Erkenntnisse ermittelt und damit die allgemein gehaltenen Pflichten des Arbeitgebers zum Schutz der Sicherheit und Gesundheit der Arbeitnehmer konkretisiert. Es besteht eine gesetzliche Vermutung, dass der Arbeitgeber bei Einhaltung der ermittelten Regeln und Erkenntnisse die Anforderungen aus dem Arbeitsschutzgesetz und den jeweiligen Verordnungen einhält. Somit besteht die widerlegbare Vermutung, dass diese Regeln und Erkenntnisse gesicherten arbeitswissenschaftlichen Erkenntnissen entsprechen.
Diese Ausgestaltung führt zu einer effektiven Einhaltung der Arbeitsschutzregelungen durch den Arbeitgeber, da ihm ein wirksames Instrument an die Hand gegeben ist, von seinen Pflichten hinreichend Kenntnis zu nehmen. Zudem bieten die durch den jeweiligen Ausschuss ermittelten Regeln und Erkenntnisse die Gewähr, dass die Verwaltungsbehörden die Pflichten des Arbeitgebers auch effektiv durchzusetzen vermögen, indem der Arbeitgeber bei Abweichungen die Beweislast trägt.
Dagegen werden die gesicherten arbeitswissenschaftlichen Erkenntnisse des § 6 Abs. 1 ArbZG nicht durch einen entsprechenden Ausschuss ermittelt, deren Ergebnisse sich in einem Regelwerk niederschlagen. Neben der Verankerung in Tarifverträgen und Betriebsvereinbarungen bzw. den Rückgriff auf mitgliedstaatliche Regelungen bleibt noch die Möglichkeit, dass solche Erkenntnisse durch die Wissenschaft gesichert werden. Deren Feststellung ist für den Arbeitgeber als Schutzpflichtigen jedoch erheblich schwieriger, als die Ermittlung durch einen Ausschuss und anschließender Bekanntmachung im Bundesarbeitsblatt. Auch die Rechtsdurchsetzung durch den Arbeitnehmer und die Verwaltungsbehörden ist dabei problembehaftet, da keine widerlegbare Vermutung besteht, sondern eine behördliche bzw. gerichtliche Feststellung über das Bestehen von gesicherten arbeitswissenschaftlichen Erkenntnissen und damit der ordnungsgemäßen Erfüllung von § 6 Abs. 1 ArbZG notwendig ist.
Eine richtlinienkonforme Umsetzung erfordert dagegen, dass auch die gesicherten arbeitswissenschaftlichen Erkenntnisse des § 6 Abs. 1 ArbZG durch einen entsprechenden Ausschuss ermittelt werden und mit einer gesetzlichen Vermu-

---

[363] *Kohte*, FS Schwerdtner (2003), S. 99, 109 unter Verweis auf *EuGH 12.09.1996*, EuZW 1996, 659, 660; *22.04.1997*, NZA 1997, 645, 646.

[364] *Oppermann*, Europarecht, § 6, Rn. 552 m.w.N.; Vgl. auch *EuGH 09.09.2003*, Rs. C 151/02 (Jaeger), NZA 2003, 1019, 1022, Rn. 58 f.

tung versehen werden. Auf diese Weise hätte sich der Gesetzgeber zumindest der ähnlichen sachlichen und verfahrensrechtlichen Regeln bedient.
Dass dieses Vorgehen grundsätzlich auch praktisch durchführbar ist, zeigt die Modellsammlung „Handlungshilfe für die Arbeitszeitgestaltung in Krankenhäusern - Arbeitszeitproblematik am Beispiel des ärztlichen Dienstes", die im Auftrag der Arbeits- und Sozialministerkonferenz und des Länderausschusses für Arbeitsschutz und Sicherheitstechnik erstellt wurde und 9 Arbeitszeitmodelle vorschlägt, die als Bausteine verstanden, variiert und kombiniert werden können.[365] Auch der von der BAuA herausgegebenen Beispielssammlung humaner Arbeitszeitsysteme[366] könnte sich ein entsprechender Ausschuss annehmen und darüber diskutieren.

b) Explizite Pflichtenstellung des Arbeitgebers

Darüber hinaus hat der deutsche Gesetzgeber Art. 12 Nr. 1 RL 93/104/EG i.V.m. Artt. 5 Abs. 1, 6 Abs. 1 RL 89/391/EWG und 13 RL 93/104/EG nicht ordnungsgemäß durch § 6 Abs. 1 ArbZG umgesetzt, da sich die explizite Pflichtenstellung des Arbeitgebers im Rahmen des § 6 Abs. 1 ArbZG nicht klar und bestimmt aus dem Gesetz ergibt[367], da auch andere Auslegungen möglich sind, wie die dargestellten Meinungsverschiedenheiten verdeutlichen. Die Folge ist, dass sowohl Arbeitgeber als auch Arbeitnehmer nicht ohne weiteres von all ihren Rechten und Pflichten Kenntnis erlangen. Die praktische Wirksamkeit der Arbeitszeitrichtlinie ist auf diese Weise nicht vollständig gewährleistet.

2. Umsetzung der Artt. 12 Nr. 1, 13 RL 93/104/EG durch weitere Vorschriften des Arbeitszeitgesetzes

Da § 6 Abs. 1 ArbZG die Regelungen in Art. 12 Nr. 1, 13 RL 93/104/EG umsetzt, ist zu untersuchen, ob weitere Normen des Arbeitszeitgesetzes geeignet erscheinen, diesen europäischen Richtlinienvorgaben auf nationaler Ebene zur praktischen Wirksamkeit zu verhelfen. Insoweit kommen vor allem § 6 Abs. 5 ArbZG, § 7 Abs. 1 Nr. 2 und § 8 ArbZG in Betracht, da diese Vorschriften an die spezifische Lage der Nacht- und Schichtarbeitnehmer anknüpfen.

---

[365] Veröffentlicht unter http://lasi.osha.de (Stand 12.11.2003); vgl. auch *München,* PflR 2003, 283, 286 ff.
[366] *Weidinger/Hoff/Huth,* Beispielsammlung humaner Arbeitszeitsysteme.
[367] Zu den Anforderungen siehe S. 112 f.

2.1. § 7 Abs. 1 Nr. 2 ArbZG

Gem. § 7 Abs. 1 Nr. 2 ArbZG haben die Tarifvertragsparteien oder die Betriebsparteien, soweit dies in einem Tarifvertrag verankert ist, die Möglichkeit, die in § 4 S. 1 ArbZG normierte Gesamtdauer der Ruhepausen von 30 und 45 Minuten in Schichtbetrieben auf Kurzpausen von angemessener Dauer aufzuteilen, wobei die Dauer einer einzelnen Pause entgegen § 4 S. 2 ArbZG auch weniger als 15 min umfassen kann.[368] Die Dauer der einzelnen Kurzpausen muss dabei so bemessen sein, dass sie der kurzzeitigen Erholung der Arbeitnehmer dienen und die Arbeitsunterbrechungen teilweise zumindest so lang sind, dass Arbeitnehmern die Möglichkeit gegeben wird, Mahlzeiten zu sich zu nehmen.[369]
Aus arbeitswissenschaftlicher Sicht können mehrere Kurzpausen sogar einen höheren Erholungswert erzielen als wenigere, dafür aber längere Pausen, da durch mehrere Kurzpausen sowohl die Maximal- als auch die Durchschnittsermüdung von vornherein reduziert werden können.[370] Folglich dienen auch Kurzpausen von angemessener Dauer dem Gesundheitsschutz der Schichtarbeitnehmer.
Durch § 7 Abs. 1 Nr. 2 ArbZG wird jedoch die Gesamtdauer der Ruhepause aus § 4 S. 1 ArbZG nicht verlängert. § 4 S. 1 ArbZG statuiert Mindestpausenzeiten, die für alle Arbeiten gelten und daher bereits bei leichten Arbeiten in diesem Umfang zu gewähren sind. Auf die Schwere und Art der Arbeit kommt es jedoch bei § 4 S. 1 ArbZG nicht an. Daher wird zu Recht vertreten, dass bei schweren und gefährlichen Arbeiten, bei Arbeiten mit hohen Konzentrationsanforderungen und anderen besonders belastenden Arbeiten zusätzliche angemessene Pausen zu gewähren sind.[371]
Jedoch kann § 4 ArbZG dahingehend richtlinienkonform ausgelegt werden, dass der Arbeitgeber bei der Festlegung der Lage der einzelnen Ruhepausen die spezifischen Besonderheiten, die sich aus der Nacht- und Schichtarbeit und der

---

368 *Anzinger/Koberski*, § 7 ArbZG, Rn. 29.

369 *Anzinger/Koberski*, § 7 ArbZG, Rn. 29 f.; *Hamm*, Flexible Arbeitszeiten, S. 276 f.; *Müller-Seitz*, Erfolgsfaktor Arbeitszeit, S. 157 schlägt grundsätzlich vor, dass Mahlzeitenpausen die Form von Langpausen haben sollten, während Erholungspausen tendenziell als Kurzpausen zu organisieren seien.

370 *Müller-Seitz*, Erfolgsfaktor Arbeitsschutz, S. 159; *Luczak*, Arbeitswissenschaften, S. 286; *Oppolzer*, Handbuch Arbeitsgestaltung, S. 243 ff.; *Tietje*, Arbeitszeitrecht, S. 118.

371 So z.B. *Anzinger/Koberski*, § 4 ArbZG, Rn. 18, die eine solche Verpflichtung aus der Fürsorgepflicht des Arbeitgebers ableiten, so dass es sich nicht um eine öffentlich-rechtliche Pflicht handelt, sondern sie privatrechtlicher Natur ist. Ebenso *Baeck/Deutsch*, § 4 ArbZG, Rn. 18.

rhythmisch gestalteten Arbeitsorganisation ergeben, beachten muss und auf diese Weise Art. 13 RL 93/104/EG Rechnung getragen wird.[372]
Somit wird durch § 7 Abs. 1 Nr. 2 ArbZG dem erhöhten Erholungsbedürfnis der Nacht- und Schichtarbeitnehmer nicht hinreichend Rechnung getragen. Speziell für Nachtarbeiter werden aus arbeitsmedizinischer Sicht grundsätzlich längere Arbeitspausen im Verhältnis zur Tagarbeit verlangt, um in der Nachtzeit die biorhythmisch bedingte höhere Leistungsabgabe durch Pausen abzumildern.[373] Zusätzliche stündliche Kurzpausen von 10 Minuten können beispielsweise einer Anhäufung von Ermüdung in der Nachtschicht entgegenwirken.[374] Dementsprechend sieht die ILO-Empfehlung betreffend Nachtarbeit[375] auch vor, dass tägliche Arbeitszeiträume, die Nachtarbeit einschließen, eine oder mehrere Pausen einschließen sollten, damit die Arbeitnehmer sich ausruhen und verpflegen können. Dabei sollte die Einteilung und die Gesamtdauer der Pausen den Belastungen Rechnung tragen, die den Arbeitnehmern durch die Art der Nachtarbeit auferlegt werden.

2.2. § 6 Abs. 5 ArbZG

a) Sinn und Zweck von § 6 Abs. 5 ArbZG

Eine weitere Ausgleichsmaßnahme i.S.d. Art. 12 Nr. 1 RL 93/104/EG stellt die Norm des § 6 Abs. 5 ArbZG dar, die den Arbeitgeber verpflichtet, Nachtarbeitnehmern für die während der Nachtzeit geleisteten Arbeitsstunden eine angemessene Zahl bezahlter freier Tage oder angemessene Arbeitsentgeltzuschläge zu gewähren, soweit keine tarifvertraglichen Ausgleichsregelungen bestehen.[376]
Der Gesetzgeber wollte mit dieser Regelung ausdrücklich einen Ausgleich für

---

[372] Vgl. insoweit auch *Tietje*, Arbeitszeitrecht, S. 121 ff.

[373] *Hahn*, Nacht- und Schichtarbeit I, S. 35; *Müller-Seitz*, Erfolgsfaktor Arbeitszeit, S. 134 f. Bei *Hahn* (Nacht- und Schichtarbeit I, S. 35) findet sich auch ein entsprechender Vorschlag für eine Pausenregelung für Nachtschichten. Nach dem ersten Drittel der Schicht sollte dem Arbeitnehmer eine Pause von 15 Minuten gewährt werden. Nach dem zweiten Drittel der Schicht sollte die Pause 30 Minuten betragen. Zudem werden stündliche Kurzpausen von 5 bis 7 Minuten vorgeschlagen.

[374] *Oppolzer*, in: Ökologie der Arbeit, S. 153. Dementsprechend schlug *Schiek*, Nachtarbeitsverbot für Arbeiterinnen, S. 396, die Verankerung von zusätzlichen Kurzpausen in regelmäßigen Abständen in der Nachtarbeit in einem Nachtarbeitsgesetz

[375] Abschnitt II Nr. 7 der ILO-Empfehlung Nr. 178.

[376] Vgl. auch Art. 8 des ILO-Übereinkommens Nr. 171 über Nachtarbeit, wonach der Ausgleich der Nachtarbeiter in Form von Arbeitszeit, Entgelt oder ähnlichen Vergünstigungen, der Natur der Nachtarbeit Rechnung zu tragen hat.

die mit der Nachtarbeit verbundenen Beeinträchtigungen schaffen.[377] Auf diese Weise wird ein Belastungsausgleich im Verhältnis zu Arbeitnehmern bezweckt, die keine Nachtarbeit verrichten.[378] Zweck des § 6 Abs. 5 ArbZG ist daher in Übereinstimmung mit § 1 Nr. 1 ArbZG der Schutz von Sicherheit und Gesundheit der Arbeitnehmer.[379]
Aus arbeitsmedizinischer Sicht genießt die Gewährung von freien Tagen grundsätzlich Vorrang vor Entgeltzahlungen, da durch eine solche Arbeitszeitverkürzung in Form bezahlter Freizeit Nachtarbeitnehmern die Möglichkeit zur Erholung gegeben wird und somit die im Zusammenhang mit Nachtarbeit auftretenden Gesundheitsbeeinträchtigungen kompensiert werden können.[380]
Das BAG[381] hat insoweit zutreffend festgestellt, dass sich die Zahlung von zusätzlichem Entgelt nicht auf die Gesundheit des Arbeitnehmers auswirkt. Allerdings soll § 6 Abs. 5 ArbZG wie die übrigen Schutzvorschriften zugunsten der Nachtarbeitnehmer dazu beitragen, dass Nachtarbeit sozialpolitisch flankiert wird.[382] Der Geldzuschlag soll zu einer Verteuerung der Arbeitsleistung des Arbeitnehmers führen und auf diese Weise zur Eindämmung von Nachtarbeit beitragen, so dass § 6 Abs. 5 ArbZG mittelbar dem Gesundheitsschutz dient.[383] In Bezug auf den einzelnen Arbeitnehmer fungiert der zu gewährende Lohnzuschlag zugleich als Ausgleich für die ungünstige Arbeitszeiten und die damit verbundenen sozialen Beeinträchtigungen.[384]

b) Wahlrecht des Arbeitgebers nach § 262 BGB

Es wird allgemein davon ausgegangen, dass § 6 Abs. 5 ArbZG eine Wahlschuld nach § 262 BGB begründet und der Arbeitgeber grundsätzlich das Wahlrecht hat, ob er dem Nachtarbeitnehmer einen Freizeitausgleich, einen finanziellen Ausgleich oder eine Kombination von beiden gewährt, wenn keine tarifliche

---

377 BT-Drucks. 12/5888, S. 26.

378 *BAG 27.1.2000,* NZA 2001, 41, 44; *Buschmann/Ulber,* § 6 ArbZG, Rn. 27; *Neumann/Biebl,* § 6 ArbZG, Rn. 24.

379 *Buschmann/Ulber,* § 6 ArbZG, Rn. 27a.

380 So die Bundesregierung in ihrer Stellungnahme zum Gesetzentwurf, BT-Drucks. 12/5888, S. 52; *Anzinger,* RdA 1994, 11, 17; *Ulber,* ArbuR 1998, 339, 440.

381 *BAG 26.8.1997,* NZA 1998, 441, 444; *BAG 05.09.2002,* NZA 2003, 563, 564.

382 Vgl. BT-Drucks. 12/5888, S. 19.

383 *BAG 26.8.1997,* NZA 1998, 441, 444; *BAG 05.09.2002,* NZA 2003, 563, 564; *BAG 26.04.2005,* AP Nr. 118 zu § 87 BetrVG 1972 Arbeitszeit.

384 *Anzinger,* RdA 1994, 11, 17.

Ausgleichsleistung vorliegt.[385] Dabei ist umstritten, ob sich aus § 6 Abs. 5 ArbZG ein Rangverhältnis in Bezug auf die Art der Ausgleichsleistung ergibt, so dass der Arbeitgeber in seinem Wahlrecht eingeschränkt wäre.

Die h.M. geht von der Gleichrangigkeit der in § 6 Abs. 5 ArbZG genannten Ausgleichsleistungen aus, da sich aus dem Wortlaut des Gesetzestextes und auch der Gesetzesbegründung keine anderen Anhaltspunkte gewinnen lassen.[386] Der Gesetzgeber wollte vielmehr zu Art und Umfang des Ausgleichs keine weiteren Konkretisierungen vornehmen und lehnte ausdrücklich eine Begrenzung des Ausgleichs auf lediglich zusätzliche freie Tage ab.[387] Dennoch wird aus der Reihenfolge der beiden Handlungsalternativen im Gesetzestext ein Vorrang des Belastungsausgleichs in Form freier Tage geschlussfolgert.[388]

Gegen die Gleichrangigkeit von Freizeitausgleich und Entgeltkompensation werden darüber hinaus systematische Gründe angeführt. Ein Vorrang des Freizeitausgleichs ergebe sich zum einen aus der vorrangigen Zwecksetzung in § 1 Nr. 1 ArbZG, der für die Auslegung von § 6 Abs. 5 ArbZG heranzuziehen sei.[389] Zum anderen wird auf § 7 Abs. 2 Nr. 2 bis 4 ArbZG verwiesen, wonach von § 6 Abs. 2 ArbZG abweichende Regelungen nur zulässig sind, sofern der Gesundheitsschutz der Arbeitnehmer durch einen entsprechenden Zeitausgleich gewährleistet wird.[390]

Zudem wird als Auslegungsmaßstab auf den Zusammenhang zu § 6 Abs. 1 ArbZG verwiesen.[391] Insoweit sei auf die gesicherten arbeitswissenschaftlichen Erkenntnisse über die menschengerechte Gestaltung der Arbeit abzustellen, die einen Ausgleich der Mehrbelastung nicht durch Entgeltzuschläge, sondern durch Freizeit vorsehen, um den in Nachtarbeit beschäftigten Arbeitnehmern ein größtmögliches Maß an Erholungsmöglichkeit[392] zu bieten. Das BAG[393] ist da-

---

385 *BAG 26.8.1997,* NZA 441, 444; *BAG 24.02.1999,* NZA 1999, 995, 997; *BAG 05.09.2002,* NZA 2003, 563, 564; *BAG 27.05.2003,* AP Nr. 5 zu § 6 ArbZG, *Baeck/ Deutsch,* § 6 ArbZG, Rn. 83; *Anzinger/Koberski,* § 6 ArbZG, Rn. 83; *Neumann/Biebl,* § 6 ArbZG, Rn. 24; *Schliemann/*Meyer, S. 173, Rn. 476; *Buschmann/Ulber,* § 6 ArbZG, Rn. 28.

386 *BAG 26.08.1997,* NZA 1998, 441, 444; *BAG 5.9.2002,* NZA 2003, 563, 564; *Zmarzlik,* AR-Blattei SD 240, Arbeitszeit, Rn. 222, 224; *Baeck/Deutsch,* § 6 ArbZG, Rn. 83; *Tietje,* Arbeitszeitrecht, S. 194; *Schliemann/Meyer,* Arbeitszeitrecht, S. 173, Rn. 476; Hk-ArbZG/*Rauschenberg,* § 6 ArbZG, Rn. 108.

387 BT-Drucks. 12/5888, S. 26; 52, 41.

388 So *Buschmann/Ulber,* § 6 ArbZG, Rn. 28.

389 *Ulber,* ArbuR 1998, 339, 340; Kittner/Zwanziger-*Schoof,* § 41, Rn. 43.

390 *Buschmann/Ulber,* § 6 ArbZG, Rn. 28.

391 *Ulber,* ArbuR 1998, 339, 340.

392 *Beermann,* Arbeitswissenschaftliche Kriterien zur Nacht- und Schichtarbeit, in Sczesny/Hellert, S. 6 f.; vgl. außerdem *Slaby/Struck,* AiB 1989, 309, 311.

393 *BAG 05.09.2002,* NZA 2003, 563, 564.

gegen der Auffassung, dass entsprechende Erkenntnisse, z.B. der BAuA, keinen Eingang in § 6 Abs. 5 ArbZG gefunden haben.
Gegen eine Vorrangstellung des Freizeitausgleichs gegenüber der Zahlung eines Entgelts spricht vor allem Sinn und Zweck von § 6 Abs. 5 ArbZG. In Übereinstimmung mit § 1 Nr. 1 ArbZG soll der Schutz von Sicherheit und Gesundheit der Arbeitnehmer verbessert werden. Aus arbeitsmedizinischer Sicht genießen daher freie Tage grundsätzlich Vorrang vor Entgeltzahlungen, da durch eine solche Arbeitszeitverkürzung in Form von bezahlter Freizeit Nachtarbeitnehmern die Möglichkeit zur Erholung geboten wird und somit die im Zusammenhang mit Nachtarbeit auftretenden Gesundheitsbeeinträchtigungen kompensiert werden können.[394]
Eine Verbesserung des Gesundheitsschutzes der Arbeitnehmer soll gleichzeitig mittelbar durch eine Eindämmung der Nachtarbeit erreicht werden. Die in § 6 Abs. 5 ArbZG geforderten Nachtarbeitszuschläge erfüllen diese Funktion ebenso wie ein Belastungsausgleich in Form bezahlter Freizeit, wie das BAG[395] zutreffend festgestellt hat.
Da mit § 6 Abs. 5 ArbZG sowohl der unmittelbare Gesundheitsschutz der Beschäftigten verbessert als auch eine Eindämmung von Nachtarbeit erreicht werden soll, stehen beide Gesetzeszwecke gleichrangig nebeneinander.
Da beide Arten des Ausgleichs als gleichrangig anzusehen sind, wird das Wahlrecht des Arbeitgebers im Rahmen des § 6 Abs. 5 ArbZG nicht eingeschränkt.

2.3. *Gefährliche Arbeiten gem. § 8 ArbZG*

Neben den bisherigen Schutzvorschriften der §§ 6 Abs. 1, Abs. 5 und § 7 Abs. 1 Nr. 2 ArbZG scheint auch § 8 ArbZG eine Schutzvorschrift zugunsten der Nacht- und Schichtarbeitnehmer darzustellen.
Dass die bisherigen gesetzlichen Regelungen der §§ 3 bis 6 ArbZG einen angemessenen Schutz der Nacht- und Schichtarbeitnehmer teilweise nicht gewährleisten, hat der Gesetzgeber erkannt und daher in § 8 ArbZG die Bundesregierung ermächtigt, mit Zustimmung des Bundesrates eine Rechtsverordnung für einzelne Beschäftigungsbereiche, für bestimmte Arbeiten oder bestimmten Arbeitnehmergruppen, bei denen besondere Gefahren für die Gesundheit der Arbeitnehmer zu erwarten sind, zu erlassen. Gegenstand dieser Rechtsverordnung kann die Beschränkung der Arbeitszeit über § 3 ArbZG hinaus, eine Ausdeh-

---

394 So die Bundesregierung in ihrer Stellungnahme zum Gesetzentwurf, BT-Drucks. 12/5888, S. 52; *Anzinger*, RdA 1994, 11, 17; *Ulber*, ArbuR 1998, 339, 340.

395 *BAG 26.08.1997*, NZA 1998, 441, 444; *BAG 05.09.2002*, NZA 2003, 563, 564; *BAG 26.04.2005*, AP Nr. 118 zu § 87 BetrVG 1972 Arbeitszeit.

nung der Ruhezeiten sowie Ruhepausen über § 4 und § 5 ArbZG, die Erweiterung der Regelungen zum Schutz der Nacht- und Schichtarbeitnehmer in § 6 ArbZG und die Einschränkung der Abweichungsmöglichkeiten nach § 7 ArbZG sein, soweit dies zum Schutz der Gesundheit der Arbeitnehmer erforderlich ist. Denkbar ist bspw. die Anordnung von zusätzlichen Kurzpausen von bestimmter Dauer und Lage.[396]
Solche zusätzliche Regelungen zum Arbeitszeitgesetz kann die Bundesregierung nach § 8 S. 1 ArbZG dann erlassen, wenn sie zur Abwehr von besonderen Gesundheitsgefahren erforderlich und geeignet sind, d.h. die bestehenden Mindestvorschriften nach § 3 bis § 6 ArbZG keinen ausreichenden Schutz mehr gewährleisten.[397]
Aus diesem Grund wird gefordert, dass die bestehenden Zusammenhänge zwischen arbeitsbedingten Belastungsfaktoren und einer Gesundheitsgefahr für Arbeitnehmer wissenschaftlich weitgehend gesichert sowie die besonderen Gesundheitsgefahren und die damit verbundene Abwehr durch erforderliche und geeignete Arbeitszeit-, Ruhepausen- und Ruhezeitregelungen durch arbeitsmedizinische oder sicherheitstechnische Erkenntnisse ausreichend nachgewiesen sein müssen.[398] *Zmarzlik/Anzinger*[399] verwiesen in diesem Zusammenhang auf wissenschaftlich weitgehend gesicherte Zusammenhänge der Nachtarbeit, die allerdings in § 6 ArbZG Eingang gefunden haben; falls weitere Regelungen erforderlich wären, könnten diese auf § 8 S. 1 ArbZG gestützt werden.
§ 8 S. 1 ArbZG knüpft daher einerseits wie die Vorgängerregelung in § 9 Abs. 2 AZO 1938 an Gefahren an, die nicht aus der Arbeitszeit an sich resultieren, sondern aus dem Zusammenspiel mit weiteren belastenden Arbeitsbedingungen. So sehen § 21 DruckluftV[400] und § 15a Abs. 5 GefStoffV a.F.[401] Sonderregelungen für die Arbeitszeit der Arbeitnehmer vor, ohne allerdings zwischen Tag- und Nacht- sowie Schichtarbeitnehmern zu unterscheiden. Andererseits sollen auch Regelungen für bestimmte Arbeitnehmergruppen aufgestellt werden können, bei

---

396 *Anzinger/Koberski*, § 8 ArbZG, Rn. 5;
397 *Anzinger/Koberski*, § 8 ArbZG, Rn. 4, 7 f.; *Baeck/Deutsch*, § 8 ArbZG, Rn. 8, 12 f.
398 *Anzinger/Koberski*, § 8 ArbZG, Rn. 7.
399 *Zmarzlik/Anzinger*, § 8 ArbZG, Rn. 7 f.
400 Gem. § 21 DruckluftV muss bei Arbeiten in Druckluft zwischen zwei Schichten die arbeitsfreie Zeit mindestens 12 Stunden betragen. Darüber hinaus darf die Arbeitszeit einschließlich der Ein- und Ausschleusungszeiten höchstens 8 Stunden täglich und 40 Stunden wöchentlich betragen. Überschreitet die Einsatzzeit 4 Stunden, sind den Beschäftigten Pausen in der Gesamtdauer von mindestens 30 Minuten zu gewähren.
401 Nach § 15 a Abs. 5 GefStoffV a.F. durften Arbeitnehmer täglich nicht länger als 8 Stunden und wöchentlich nicht länger als 40 Stunden - bei Vierschichtbetrieben 42 Stunden pro Woche im Durchschnitt von vier aufeinanderfolgenden Wochen - beschäftigt werden, wenn die Auslöseschwelle für krebserzeugende Gefahrstoffe überschritten wird.

denen besondere Gefahren für die Gesundheit zu erwarten sind, so dass Nacht- und Schichtarbeitnehmer bereits auf Grund ihrer Belastungen aus der Arbeitszeit in den Anwendungsbereich fallen.
Zu Unrecht wird dagegen ein Bedürfnis für besondere Regelungen durch Rechtsverordnung abgelehnt bzw. müsse sich erst noch erweisen, da in einschlägigen Tarifverträgen sowie Betriebsvereinbarungen verhindert werde, dass die Arbeitszeit unangemessen ausgedehnt und besonderen Erschwernissen bereits Rechnung getragen werde.[402] Im Bereich von Nacht- und Schichtarbeit ist es aber kaum denkbar, dass die Tarifvertrags- bzw. Betriebsparteien dem Schutzbedürfnis der Nacht- und Schichtarbeitnehmer - wie es sich aus Artt. 12 Nr. 1, 13 RL 93/104/EG zu entnehmen ist - umfassend Rechnung tragen und daher gesetzliche Regelungen obsolet seien. Auch der niedrige Organisationsgrad in den neuen Bundesländern und die Vielzahl der betriebsratslosen Betriebe sprechen gegen ausreichend vorhandene Regelungen.[403]
Aus der Norm des § 8 ArbZG kann grundsätzlich keine Verpflichtung der Bundesregierung zum Erlass einer Rechtsverordnung abgeleitet werden, sondern es steht in ihrem Ermessen, ob, in welchem Ausmaß und zu welchem Zeitpunkt sie von der Ermächtigung Gebrauch macht[404]. Allerdings kann sich dieses Ermessen aber zu einer Verpflichtung verdichten, wenn - wie im Fall von Nachtarbeit - eine besondere Schutzpflicht des Staates nach Art. 2 Abs. 2 GG besteht.[405]
In Art. 12 Nr. 1 RL 93/104/EG werden die Mitgliedstaaten gerade verpflichtet, spezifische Schutzmaßnahmen zugunsten von Nacht- und Schichtarbeitnehmern zu erlassen. Da die Mitgliedstaaten bei der Umsetzung die Rechtsform wählen können, würde insoweit auch eine Rechtsverordnung den Anforderungen an eine ordnungsgemäße Umsetzung der RL 93/104/EG genügen. Daher ist zu untersuchen, ob andere Arbeitsschutzgesetze und -verordnungen Regelungen enthalten, die an das spezifische Schutzbedürfnis der Nacht- und Schichtarbeitnehmer anknüpfen und auf diese Weise einen ausreichenden Schutz i.S.v. Artt. 12 Nr. 1, 13 RL 93/104/EG gewährleisten, die möglicherweise spezielle Regelungen auf der Grundlage von § 8 S. 1 ArbZG überflüssig erscheinen lassen.

---

[402] So aber *Neumann/Biebl*, § 8 ArbZG, Rn. 3.

[403] Hk-ArbZG/*Rauschenberg*, § 8 ArbZG, Rn. 9.

[404] *Baeck/Deutsch*, § 8 ArbZG, Rn. 11; MünchArbR-*Anzinger*, § 218, Rn. 127. Aus dieser „Kann-Formulierung“ schlussfolgert *Kreft*, Arbeitszeitdauerregulierungen, S. 238, zu Recht ein Umsetzungsdefizit in Bezug auf Art. 8 Nr. 2 S. 2 RL 93/104/EG. Dieser Gedanke lässt sich auch auf Art. 12 Nr. 1 RL 93/104/EG übertragen.

[405] Buschmann/Ulber, § 8 ArbZG, Rn. 4; BVerfG 28.01.1992, NZA 1992, 270.

3. Umsetzung der Artt. 12 Nr. 1, 13 RL durch spezielle Arbeitsschutzvorschriften

Die Arbeitnehmer sind in der heutigen Arbeitswelt in der Regel Mehrfachbelastungen am Arbeitsplatz ausgesetzt, so auch die Nacht- und Schichtarbeitnehmer. Grundsätzlich gelten für diese Personen die gleichen besonderen Schutzvorschriften des Arbeitsschutzes, bspw. der ArbStättV, der GefStoffV und der LasthandhabV, wie für die übrigen während des Tages beschäftigten Arbeitnehmer.

Indessen ist davon auszugehen, dass eine bestimmte Arbeit in der Spät- und ganz besonders in der Nachtschicht bis zu 1,5 mal so sehr belastet wie die gleiche Arbeit während einer normalen Tageszeit.[406] So wird z.B. verdeutlicht, dass Gefahrstoffe je nach Tageszeit unterschiedlich stark auf den Organismus einwirken und vom Körper auch tageszeitlich verschieden abgebaut werden.[407] In diesem Kontext ist anzunehmen, dass Nachtschichten und Schichtwechsel eine verstärkte Wirkung von Schadstoffen zur Folge haben können.[408] Zur Belastungskombination von Nacht- und Schichtarbeit mit Arbeitsstoffen lassen sich bisher nur begründbare Vermutungen aufstellen, d.h. es gibt noch keine genauen gesicherten arbeitswissenschaftlichen Erkenntnisse, da es an empirischen Arbeiten zur Bewertung der Belastungskombination durch Schichtarbeit und Arbeitsstoffen mangelt und ein sehr großer Untersuchungsaufwand erforderlich wäre, um zu eindeutigen Aussagen für jeden einzelnen toxischen Arbeitsstoff in Abhängigkeit von der Chronobiologie zu gelangen.[409] Darüber hinaus wurde aus Ermüdungsstudien die Erkenntnis gewonnen, dass eine Belastungskombination aus Schichtarbeit und Lösemitteln im Laufe der 8-Stundenschicht zu extremen additiven Effekten führen kann.[410]

Aber nicht nur Gefahrstoffe stellen für Nacht- und Schichtarbeitnehmer eine zusätzliche Belastung dar. Schicht- und insbesondere Nachtarbeitnehmer reagieren auch empfindlicher auf Lärm; jedenfalls liegt die Vermutung nahe, dass für diese Personengruppen verschiedene Lärmstufen (Schädigungsgrade) schon bei

---

406 *Reuhl,* Arbeit & Ökologie Briefe, 2002, 40.

407 *Reuhl,* Arbeit & Ökologie Briefe 2002, 40; *Wriedt,* gegengift 1991, 32, 35; *Maschewsky,* Soziale Sicherung 1995, 185, 187.

408 *Wriedt,* gegengift 1991, 32, 35; *Müller-Seitz,* WSI-Mitt. 1979, 45, 51; *Kiesswetter/van Thiel/Seeber,* in Psychologie der Arbeitssicherheit 2001, S. 223, 226; *Oppolzer,* in Ökologie der Arbeit, S. 136, 149; *Heilmann,* Die Gefahrstoffverordnung, in GefStoffV, S. 150, 152 f., Rn. 233 forderte die Verankerung von Nacht- und Schichtarbeitsverboten.

409 *Müller-Seitz,* WSI-Mitt. 1979, 45, 51; *Wriedt,* gegengift 1991, 32, 35; *Kiesswetter/van Thiel/Seeber,* in Psychologie der Arbeitssicherheit 2001, S. 223, 224.

410 *Kiesswetter/van Thiel/Seeber,* in Psychologie der Arbeitssicherheit 2001, S. 223 ff.

niedrigeren Lärmeinwirkungen erreicht werden als bei Arbeitnehmern, die in Tagschicht arbeiten.[411]
Aber auch auf körperliche Anstrengungen (Schwerarbeit, der auch Heben und Tragen von Lasten zuzuordnen ist) reagieren Nachtarbeitnehmer empfindlicher.[412]
Als arbeitswissenschaftlich bedenkliche Belastungskumulationen können sich - vor allem in Nachtschichtbetrieben - durch Hitze- oder Kälteeinflüsse, Lärm, gefährliche Stoffe, Tragen bestimmter Körperschutzmittel, körperliche Schwerarbeit, Akkordarbeit und Überarbeit ergeben.[413] Dies beruht zum einen auf der herabgesetzten Widerstandskraft des Organismus gegenüber anderen Arbeitsbelastungen in der Nacht und zum anderen wird die durch Nachtarbeit hervorgerufene chronische Ermüdung durch die genannten zusätzlichen Belastungsformen verstärkt, da auch sie besonders ermüdend wirken oder der Ermüdete für sie besonders anfällig ist.[414] Ebenso können die genannten Belastungsfaktoren in besonderem Maße in der Wechselschicht gefährlich werden, da sie weitgehend die gleichen körperlichen Funktionen, die auch durch Schichtarbeit unterminiert und geschädigt werden, betreffen.[415]
Auch aus Rechtsquellen können sich Anhaltspunkte für eine Gesamtbetrachtung von Nacht- und Schichtarbeit mit zusätzlichen Belastungsfaktoren gewinnen lassen. An dieser Stelle sei an den Erwägungsgrund Nr. 11 der Arbeitszeitrichtlinie und an Nr. 11 der ILO-Empfehlung betreffend Nachtarbeit zu erinnern.[416] Insbesondere das österreichische Nachtschwerarbeitsgesetz stellt die Verbindung von Nachtarbeit und zusätzlichen Belastungsfaktoren (erschwerenden Arbeitsbedingungen) her, an die spezifische Schutzmaßnahmen geknüpft sind.[417] Als solche erschwerenden Arbeitsbedingungen gelten nach Art. VII Abs. 2 NSchG z.B. das Einwirken von Hitze nach Nr. 2, die den Organismus besonders belastet, wobei dieser Klimazustand durch 3 Kriterien zu überprüfen ist (einer Temperatur von 30° Celsius, einer Luftfeuchtigkeit von 50 % und einer Luftge-

---

[411] *Müller-Seitz,* WSI-Mitt. 1979, 45, 49 f.; *Oppolzer,* in Ökologie der Arbeit, S. 136, 149; *Wolf,* Der Betriebsrat 1983, 153, 169 ff.

[412] *Müller-Seitz,* WSI-Mitt. 1979, 45, 53 f.; *Wolf,* Der Betriebsrat 1983, 153, 169 ff.; *Oppolzer,* in Ökologie der Arbeit, S. 136, 149.

[413] *Müller-Seitz,* WSI-Mitt. 1979, 45 ff.; *ders.,* Erfolgsfaktor Arbeitszeit, S. 130 ff.; *Oppolzer,* in Ökologie der Arbeit, S. 136, 149; vgl. auch die Forderungen von *Heilmann/Kralle/Ortmann/Trümner,* Der Betriebsrat 1983, 181, 201 und den Gesetzesvorschlag von *Schiek,* Nachtarbeitsverbot für Arbeiterinnen, S. 397.

[414] *Oppolzer,* in Ökologie der Arbeit, S. 136, 149 nennt neben körperlichen Anstrengungen auch psychische Belastungen wie Monotonie und Stress; *ders.* ArbuR 1994, 41, 45.

[415] *Müller-Seitz,* WSI-Mitt. 1979, 45, 54.

[416] Vgl. S. 83 ff.

[417] Vgl. S. 87.

schwindigkeit von 0,1 m/sec). Die Arbeit bei andauernd starkem Lärm bei einem Schallpegel von wenigstens 85 dB (Nr. 4, 1.Alt.) oder die Arbeit am Bildschirm (Nr. 7) gelten ebenso als Schwerarbeitskriterium wie das ständige gesundheitsschädliche Einwirken von inhalativen Schadstoffen, die zu einer Berufskrankheit führen können (Nr. 8) und schwere körperliche Arbeit (bei achtstündigen Arbeitszeit werden mindestens 2000 Arbeitskilokalorien verbraucht) bei gleichzeitiger besonders belastender Hitzeexposition (Nr. 10). Ein weiteres Schwerarbeitskriterium im Zusammenhang mit Nachtarbeit stellt nach Art. VII Abs. 2 Nr. 3 NSchG diejenige Arbeit dar, die bei überwiegenden Aufenthalt in begehbaren Kühlräumen, wenn die Raumtemperatur niedriger als -21 Grad Celsius ist, erbracht wird, oder wenn der Arbeitsablauf einen ständigen Wechsel zwischen solchen Kühlräumen und sonstigen Arbeitsräumen erfordert. Darüber hinaus ist die Berufsgruppe des Krankenpflegepersonals in das NSchG durch Art. V aufgenommen worden.
Im Folgenden ist daher zu untersuchen, ob z.B. die GefStoffV, die LasthandhabV und die ArbStättV Regelungen beinhalten, die sich auf die Kumulation von Nacht- und Schichtarbeit sowie die Einwirkung von Gefahrstoffen, die Handhabung schwerer Lasten sowie die Emission von Lärm beziehen und entsprechende Anforderungen zur Vermeidung und Verringerung aufstellen bzw. Ausgleichsmaßnahmen normieren. Solche Regelungen wären geeignet, sich auf das spezifische Schutzbedürfnis der Nacht- und Schichtarbeitnehmer zu beziehen, so dass eine ordnungsgemäße Umsetzung von Artt. 12 Nr. 1, 13 der RL 93/104/EG erfolgt wäre. Dann wären auch spezielle Regelungen i.S.v. § 8 S. 1 ArbZG entbehrlich.

3.1. Regelungen in der Gefahrstoffverordnung

a) Pflichten des Arbeitgebers

Exemplarisch soll untersucht werden, inwieweit Regelungen der Gefahrstoffverordnung[418] einen solchen Schutz der Nacht- und Schichtarbeitnehmer bieten, indem sie die Art ihrer Arbeit und damit die besondere Gefährdung gem. Art. 12 Nr. 1 RL 93/104/EG berücksichtigen.
Auch die Gefahrstoffverordnung beansprucht für Nacht- und Schichtarbeitnehmer Geltung, sofern sie mit Gefahrstoffen in Berührung kommen. Der Arbeitgeber hat gem. § 7 Abs. 1 GefStoffV in einem ersten Schritt zu ermitteln, ob es am Arbeitsplatz Gefahrstoffe gibt, um dann anschließend alle hiervon ausgehenden

---

[418] Die neue Gefahrstoffverordnung ist am 01.01.2005 in Kraft getreten. BGBl. I 2004, S. 3759 ff.

Gefährdungen für die Sicherheit und Gesundheit der Beschäftigten zu beurteilen. Hierbei handelt es sich im Verhältnis zu § 5 ArbSchG um eine spezielle Gefährdungsbeurteilung[419], die allerdings auf Grund einer ganzheitlichen Betrachtungsweise des Arbeitsschutzes im Zusammenhang durchgeführt werden sollten[420].

Im Rahmen der Gefährdungsbeurteilung hat der Arbeitgeber nach § 7 Abs. 1 GefStoffV verschiedenen Aspekten Rechnung zu tragen, aus denen sich eine Gefährdung für Sicherheit und Gesundheit der Arbeitnehmer durch Gefahrstoffe ergeben kann. Zu diesen Aspekten zählen z.B. Ausmaß, Art und Dauer der Exposition, die Arbeitsbedingungen im Zusammenhang mit Gefahrstoffen, einschließlich ihrer Menge und auch die festgelegten Arbeitsplatzgrenzwerte. Bei der Gefährdungsbeurteilung ist durch den Arbeitgeber nach § 7 Abs. 2 GefStoffV sicherzustellen, dass er alle ohne weiteres zugänglichen Quellen benutzt. Daraus ergibt sich für den Arbeitgeber aber noch keine Beschränkung, dass er lediglich auf vorhandene Informationen zurückzugreifen braucht; vielmehr muss er selbst aktiv Daten sammeln.[421]

Die Gefährdungsbeurteilung bildet die Grundlage für das weitere Vorgehen des Arbeitgebers. Nach § 8 Abs. 1 S. 1 GefStoffV hat der Arbeitgeber im Rahmen seiner Verpflichtung, die Gesundheit und die Sicherheit der Beschäftigten bei allen Tätigkeiten mit Gefahrstoffen sicherzustellen, die Maßnahmen nach dem Arbeitsschutzgesetz und zusätzlich die in dieser Verordnung genannten Maßnahmen zu treffen. Der insoweit umzusetzende Art. 5 Abs. 1 RL 98/24/EG verdeutlicht, dass der Arbeitgeber die erforderlichen Vorbeugungsmaßnahmen nach Art. 6 Abs. 1 und 2 RL 89/391/EWG trifft und darin die Maßnahmen nach der vorliegenden Gefahrstoffrichtlinie miteinschließt. Somit wird auch durch § 8 Abs. 1 S. 1 GefStoffV auf die Notwendigkeit zur Durchführung erforderlicher und geeigneter Schutzmaßnahmen nach § 3 Abs. 1 ArbSchG bei Tätigkeiten mit Gefahrstoffen verwiesen.[422] Gleichzeitig wird klargestellt, dass die Gefahrstoffverordnung als spezielle Regelung die Vorschriften des Arbeitsschutzgesetzes konkretisiert und diese darüber hinausgehend weiterhin auf Grund ihres allgemeinen Rahmens Anwendung finden. Bereits in S. 2 des § 8 Abs. 1 GefStoffV wird hervorgehoben, dass der Arbeitgeber die Regeln und Erkenntnisse des Ausschusses für Gefahrstoffe zu beachten und einzuhalten hat bzw. gleichwertige Arbeitsschutzmaßnahmen treffen muss, falls er von diesen Regeln und Erkenntnissen abweicht.

---

[419] So für § 16 Abs. 4 GefStoffV a.F. MünchArbR-*Wlotzke*, § 214, Rn. 46.
[420] *Kittner/Pieper*, ArbSchR, GefStoffV, Rn. 45 (2002).
[421] So für die RL 98/24/EG *Scheel*, DB 1999, 1654, 1656.
[422] Nöthlichs, § 8 GefStoffV, Rn. 1.

Des Weiteren normiert § 8 Abs. 2 GefStoffV einen Katalog von Arbeitsschutzmaßnahmen, die der Arbeitgeber bei Tätigkeiten mit Gefahrstoffen zu treffen hat, um Gefährdungen auszuschalten oder auf ein Minimum zu reduzieren. Zur Erreichung dieses Ziels enthält der Katalog selbst keine materiellen Vorgaben, sondern offen formulierte Arbeitsschutzmaßnahmen, die im Zusammenhang mit Gefahrstoffen als geeignet und erforderlich erscheinen. Zu diesen möglichen Arbeitsschutzmaßnahmen zählen bspw. eine entsprechende Gestaltung des Arbeitsplatzes und der Arbeitsorganisation oder die Begrenzung der Anzahl der Beschäftigten, die dem Gefahrstoff ausgesetzt sind oder ausgesetzt sein können, auf ein Mindestmaß. Als eine Maßnahme hat der Arbeitgeber z.B. auch die Dauer und Intensität der Exposition auf ein Mindestmaß zu begrenzen. Außerdem ist die Menge der am Arbeitsplatz vorhandenen Gefahrstoffe auf das für die Art der betreffenden Arbeit erforderliche Mindestmaß zu begrenzen.
Neben diesen allgemeinen Arbeitsschutzmaßnahmen ist der Arbeitgeber nach § 8 Abs. 3 GefStoffV verpflichtet, besondere Schutzmaßnahmen nach §§ 9 ff. GefStoffV zu treffen. Diese Verpflichtung entfällt, wenn auf Grund der am Arbeitsplatz vorhandenen Menge nur eine geringfügige Gefährdung der Sicherheit und Gesundheit der Beschäftigten besteht und die nach §§ 8 Abs. 1 und Abs. 2 GefStoffV ergriffenen Maßnahmen zur Verringerung der Gefährdung ausreichen.
Nach § 9 Abs. 1 hat der Arbeitgeber - unabhängig von einer Gefährdungsbeurteilung - eine Substitution des entsprechenden Gefahrstoffes vorzunehmen. Des Weiteren verpflichtet § 9 Abs. 2 GefStoffV den Arbeitgeber weitere Arbeitsschutzmaßnahmen zu ergreifen. Die Verordnung selbst gibt hierzu eine bestimmte Reihenfolge vor, die von der Gestaltung geeigneter Arbeitsverfahren und technischer Steuerungseinrichtungen, über die Durchführung kollektiver Arbeitsschutzmaßnahmen an der Gefahrenquelle und bis zur Durchführung individueller Arbeitsschutzmaßnahmen reicht. Diese Reihenfolge spiegelt insoweit die Grundsätze des § 4 ArbSchG wider.
Die §§ 8 und 9 GefStoffV verdeutlichen dabei die zentrale Rolle des Arbeitgebers im Rahmen des gefahrstoffbezogenen Arbeitsschutzes, die in Einklang mit der Konzeption des allgemeinen Arbeitsschutzes steht.
Die genannten Regelungen der Gefahrstoffverordnung gelten dabei für die Tagarbeitnehmer als auch für die Nacht- und Schichtarbeitnehmer gleichermaßen. Spezielle Schutzvorschriften zugunsten von Nacht- und Schichtarbeitnehmern sind in der Gefahrstoffverordnung nicht enthalten.

b) Auswirkungen des Art. 12 Nr. 1 RL 93/104/EG - richtlinienkonforme Auslegung

Fraglich ist, welche rechtlichen Auswirkungen sich aus Art. 12 Nr. 1 der RL 93/104/EG und den aufgezeigten besonderen Problemen beim Zusammentreffen von Nacht- und Schichtarbeit mit zusätzlichen Belastungsfaktoren in Bezug auf den Sicherheits- und Gesundheitsschutz ergeben. In dieser Hinsicht wurde hinreichend verdeutlicht, dass gegenüber Nacht- und Schichtarbeitnehmern, bei denen neben Nacht- und Schichtarbeit bestimmte zusätzliche Belastungen am Arbeitsplatz auftreten, spezifische Schutzmaßnahmen erforderlich sind, die über Schutzmaßnahmen am Tage hinausgehen.

Da Schutzmaßnahmen, die an die Einwirkung und die Tätigkeit mit Gefahrstoffen anknüpfen, durch den Gesetz- und Verordnungsgeber im Rahmen seiner Schutzpflicht in der Gefahrstoffverordnung und im Arbeitsschutzgesetz verankert worden sind, führt die ordnungsgemäße Umsetzung von Art. 12 Nr. 1 der RL 93/104/EG zur Integration des Arbeitszeitrechts ins Arbeitsschutzrecht. Damit wird erreicht, dass die vom Arbeitgeber zu treffenden Arbeitsschutzmaßnahmen der Art der Arbeit der Nacht- und Schichtarbeitnehmer angepasst sind.

Da sowohl die in § 8 Abs. 1 S. 1 i.V.m. Abs. 2 GefStoffV aufgelisteten allgemeinen Schutzmaßnahmen des Arbeitgebers zur Vermeidung oder Verringerung von Gefährdungen durch Gefahrstoffe als auch diejenigen des § 9 Abs. 2 GefStoffV insoweit offen formuliert sind, als der Arbeitgeber die konkret zu treffenden Arbeitsschutzmaßnahmen eigenverantwortlich festlegen muss, um auf diese Weise der jeweiligen konkreten betrieblichen Situation gerecht zu werden, sind die aufgestellten Grundsätze einer Auslegung zugänglich. Die zu treffenden Arbeitsschutzmaßnahmen sollen hierbei auf die im Betrieb vorhandenen Gefährdungen zugeschnitten sein. Da sich die Gefährdungssituation im Verhältnis von Betrieben mit reiner Tagschicht zu Betrieben mit Nacht- und Schichtarbeit bei gleichzeitiger Tätigkeit mit Gefahrstoffen unterschiedlich darstellt, sind auch jeweils verschiedene Arbeitsschutzmaßnahmen erforderlich.

Allerdings ist nach § 8 Abs. 1 GefStoffV davon auszugehen, dass die in der Gefahrstoffverordnung gestellten Anforderungen in der Regel erfüllt sind, wenn der Arbeitgeber die nach § 21 Abs. 4 GefStoffV bekannt gemachten Regeln und Erkenntnisse des Ausschusses für Gefahrstoffe einhält. Dazu zählen u.a. die dem Stand der Technik, Arbeitsmedizin und Arbeitshygiene entsprechenden Regeln und sonstigen gesicherten arbeitswissenschaftlichen Erkenntnisse für Tätigkeiten mit Gefahrstoffen und die Arbeitsplatzgrenzwerte für Gefahrstoffe.

Bei den Arbeitsplatzgrenzwerten handelt es sich nach § 3 Abs. 6 GefStoffV[423] um den Grenzwert für die zeitlich gewichtete durchschnittliche Konzentration eines Stoffes in der Luft im Atembereich eines Beschäftigten auf einen gegebenen Referenzzeitraum. Die gesicherten arbeitswissenschaftlichen Erkenntnisse und Arbeitsplatzgrenzwerte geben folglich das Schutzniveau vor, das durch die zu treffenden Arbeitsschutzmaßnahmen erreicht werden soll.[424] Etwas anderes gilt aber dann, wenn die Expositionsbedingungen vom Standard abweichen, der der Grenzwertsetzung zugrunde liegt oder Grenzwerte ganz fehlen.[425]
Als nationale Arbeitsplatzwerte kommen daher die Technischen Regeln für Gefahrstoffe 900[426], die die vom Ausschuss für Gefahrstoffe erstellten Grenzwerte in der Luft am Arbeitsplatz enthalten, in Betracht.[427] In die TRGS 900 werden die MAK-Werte[428], die von der „Senatskommission der Deutschen Forschungsgemeinschaft zur Prüfung gesundheitsschädlicher Arbeitsstoffe“[429] erstellt werden, eingebunden, nachdem der Ausschuss für Gefahrstoffe sie einer inhaltlichen Prüfung unterzogen hat. Die in der TRGS 900 enthaltenen Grenzwerte sollen zugleich den Stand der sicherheitstechnischen, arbeitsmedizinischen, hygienischen und arbeitswissenschaftlichen Anforderungen an Gefahrstoffe hinsichtlich Inverkehrbringen und Umgang wiedergeben.[430]
Bei den in der TRGS 900 aufgelisteten Luftgrenzwerten handelt es sich um Schichtmittelwerte bei in der Regel achtstündiger Exposition und bei Einhaltung einer durchschnittlichen Wochenarbeitszeit von 40 Stunden (in Vierschichtbetrieben 42 Stunden je Woche im Durchschnitt von vier aufeinanderfolgenden

---

[423] Nach Art. 3 Abs. 3 RL 98/24/EG legen die Mitgliedstaaten unter Berücksichtigung des gemeinschaftsrechtlichen Arbeitsplatz-Richtgrenzwertes einen nationalen Arbeitsplatzwert fest. Handelt es sich nach Art. 3 Abs. 5 RL 98/24/EG um einen verbindlichen gemeinschaftsrechtlichen Arbeitsplatzwert, so muss ein entsprechender verbindlicher nationaler Arbeitsplatzgrenzwert, der nicht höher als der gemeinschaftsrechtliche Grenzwert sein darf, durch die Mitgliedstaaten festgelegt werden.

[424] *Scheel,* DB 1999, 1654, 1658.

[425] *Scheel,* DB 1999, 1654, 1659.

[426] Die Werte der TRGS 900 sind nunmehr auf ihre Vereinbarkeit mit gemeinschaftsrechtlichen Grenzwerten zu überprüfen.

[427] *Scheel,* DB 1999, 1654, 1658. Dieser geht zugleich näher auf die Frage ein, ob die Verankerung von Arbeitsplatzgrenzwerten den Anforderungen gerecht wird, die der EuGH an eine ordnungsgemäße Umsetzung stellt.

[428] Dabei handelt es sich um die Konzentration eines Stoffes in der Luft am Arbeitsplatz, bei der im Allgemeinen die Gesundheit der Arbeitnehmer nicht beeinträchtigt wird (§ 3 Abs. 5 GefStoffV a.F.).

[429] Sog. "MAK-Kommission".

[430] *Rottmann,* BB 1989, 1115, 1117; *Falke,* in: Winter (Hrsg.), Grenzwerte, S. 164, 170 f.; vgl. auch TRGS 900, BArbBl. 2000, 34.

Wochen).[431] Darüber hinaus sind auch Kurzzeitwerte angegeben, um den am Arbeitsplatz auftretenden Schwankungen der Konzentration eines Stoffes gerecht zu werden.
Die Grenzwertfestlegung durch den Ausschuss für Gefahrstoffe suggeriert somit, dass bei einer Unterschreitung der angegebenen MAK-Werte im genannten Zeitraum keine Gesundheitsschädigungen und -beeinträchtigungen für die Beschäftigten auftreten. Zugleich wird aber zu Recht davon ausgegangen, dass die Einhaltung der geltenden Grenzwerte keine Garantie beinhaltet, dass Gefahrstoffe am Arbeitsplatz keine Schädigungen und Beeinträchtigungen der Gesundheit der Beschäftigten hervorrufen, da diese Grenzwerte in der Vergangenheit auf Grund neuer wissenschaftlicher Erkenntnisse minimiert worden sind.[432]
Damit der Gesundheitsschutz der Beschäftigten auch gewährleistet wird, werden die MAK-Werte erst aufgestellt, wenn ausreichende toxikologische und /oder arbeitsmedizinische bzw. industriehygienische Erfahrungen beim Umgang mit dem Stoff vorliegen.[433] Gegenüber Werten der Technischen Richtkonzentration[434], bei denen Gesundheitsrisiken nicht ausgeschlossen werden können, basieren die MAK-Werte auf gesicherte(re)n arbeitsmedizinischen Erkenntnissen über Belastungsgrenzen beim Menschen.[435]
Dennoch wird die Konzeption der Maximalen Arbeitsplatzkonzentration und damit die in der TRGS 900 angegebenen Werte auch kritisiert, da sich diese Grenzwerte nur auf die Exposition mit reinem Stoff beziehen und somit eine Berücksichtigung verschiedener Schadstoffkombinationen nicht erfolgt.[436] Ebenso wenig bzw. nur bedingt berücksichtigt werden Wechselwirkungen von Schadstoffen mit anderen Belastungsfaktoren.[437] So erhöht z.B. körperliche Schwerarbeit das Atemvolumen, mit der Folge, dass mit erhöhtem Luftumsatz auch mehr Schadstoffe aufgenommen werden.[438] Bei der Festlegung von Grenzwerten erweist sich zudem die unterschiedliche Konstitution der Beschäftigten als problematisch. Daher wird bei der Grenzwertfestsetzung als Mittelwert

---

431 Vgl. TRGS 900, BArbBl. 2000, 34.

432 *Oppolzer*, Ökologie der Arbeit, S. 111; vgl. auch *Kohte*, PersR 1984, 3, 4 in Bezug auf die Grenzwertfestsetzung für die Röntgenstrahlung.

433 *Falke*, in: Winter (Hrsg.), Grenzwerte,, S. 164, 173; *Böhm*, Der Normmensch, S. 90.

434 Dabei handelt es sich um die Konzentration eines Stoffes in der Luft am Arbeitsplatz, die nach dem Stand der Technik erreicht werden kann (§ 3 Abs. 7 GefStoffV a.F.).

435 *Heilmann*, Gefahrstoffe, § 3 GefStoffV, Rn. 56.

436 *Strasser*, in: Hettinger/Wobbe, Arbeitswissenschaft, S. 340; *Falke*, in: Winter (Hrsg.), Grenzwerte, S. 164, 176. Mittlerweile gibt es aber die TRGS 403 zur "Bewertung von Stoffgemischen in der Luft am Arbeitsplatz".

437 *Frieling/Sonntag*, Arbeitspsychologie, S. 377; *Oppolzer*, Ökologie der Arbeit, S. 111; *Strasser*, in: Hettinger/Wobbe, Arbeitswissenschaft, S. 340.

438 *Luczak*, Arbeitswissenschaften, S. 303.

von einem guten gesundheitlichen Zustand des Beschäftigten ausgegangen, indem man sich auf eine fiktive Durchschnittsperson bezieht und daher Besonderheiten von einzelnen und Gruppen nicht immer berücksichtigt werden.[439] Allerdings sind die Aussagen zur Berücksichtigung besonderer Empfindlichkeiten bei der Aufstellung von MAK-Werten widersprüchlich, da z.T. von der möglichen Einbeziehung der unterschiedlichen Empfindlichkeit des arbeitsfähigen Menschen in die MAK-Werte ausgegangen wird, soweit sie durch Alter, Geschlecht, Konstitution und Ernährungszustand sowie Klima und andere Faktoten bedingt ist.[440] Andere wiederum kritisieren die einseitige Betrachtung und weitere Probleme bei der Grenzwertermittlung und schlussfolgern, dass die Grenzwerte als nicht-wissenschaftlich-gesichert anzusehen sind.[441]
Fraglich ist daher, ob die in der TRGS 900 enthaltenen Grenzwerte einen angemessenen Schutz der Nacht- und Schichtarbeitnehmer gewährleisten, der die Natur ihrer Arbeit hinreichend berücksichtigt. Ein ausreichender Schutz von Nacht- und Schichtarbeitnehmern, der die Natur ihrer Arbeit berücksichtigt, ist allenfalls dann gegeben, wenn der Einfluss der Chronobiologie sich in den MAK-Werten niedergeschlagen hat. In dieser Hinsicht ist zu beachten, dass Gefahrstoffe je nach Tageszeit unterschiedlich stark auf den Körper einwirken und vom Körper auch tageszeitlich verschieden abgebaut werden.[442] Bereits 1991 stellt Wriedt[443], basierend auf Smolensky/Paustenbach/Scheving (1985), Hypothesen i.S.v. begründbaren Vermutungen auf, wonach mit circadianen, über den schwankenden toxischen und krebserzeugenden Wirkungen von Chemikalien gerechnet werden muss und Schichtänderungen darüber hinaus eine verstärkte Wirkung von Schadstoffen zur Folge haben. Somit ist ein Einfluss der Chronobiologie auf die unterschiedliche chemische Empfindlichkeit der einzelnen Personen nicht abzusprechen.[444] Dieser Einfluss des Biorhythmus findet jedoch bei der Grenzwertfestlegung nicht hinreichend Berücksichtigung, sondern die

---

439 *Frieling/Sonntag,* Arbeitspsychologie, S. 377; *Oppolzer,* Ökologie der Arbeit, S. 111; *Böhm,* Der Normmensch, S. 90; *Kohte,* PersR 1984, 3, 4. In der TRGS 900 werden einige Stoffe gesondert ausgewiesen, bei denen ein Risiko der Fruchtschädigung bei Einhaltung der MAK-Werte nicht befürchtet zu werden braucht.

440 *Böhm,* Der Normmensch, S. 90; *Luczak,* Arbeitswissenschaften, S. 312; *Strasser,* in: Hettinger/Wobbe, Arbeitswissenschaft, S. 340; *Skiba,* Arbeitssicherheit, S. 249.

441 *Frieling/Sonntag,* Arbeitspsychologie, S. 377 f.

442 *Reuhl,* Arbeit&Ökologie Briefe 2002, 40; vgl. auch *Kiesswetter/van Thiel/Seeber,* in: Psychologie der Arbeitssicherheit, S. 223, 226.

443 *Wriedt,* gegengift 1991, 32, 35.

444 *Maschewsky,* Soziale Sicherheit 1995, 185, 187. *Kiesswetter/van Thiel/Seeber,* in: Psychologie der Arbeitssicherheit, S. 223, 226 sprechen davon, dass eine tageszeitabhängige Wirkung der Arbeitsstoffe nicht ausgeschlossen werden kann und verweisen hierbei auf durchgeführte Untersuchungen.

Grenzwerte für Belastungen durch Gefahrstoffe sind auf eine normale Arbeitszeit am Tage (Mittelwert von 8 Stunden an 5 Wochentagen) berechnet und wären daher in der Phase besonderer Empfindlichkeit nachts entsprechend niedriger anzusetzen.[445]
Da die Belastungskombination von Nacht- und Schichtarbeit mit Gefahrstoffen bei der Festlegung der MAK-Werte der TRGS 900 nicht hinreichend berücksichtigt wird und eine entsprechende (verstärkende) Gesundheitsgefährdung besteht, erfordert die Umsetzung von Art. 12 Nr. 1 RL 93/104/EG, dass allein die Einhaltung dieser Durchschnittsgrenzwerte in der Nacht- und Spätschicht nicht ausreichend ist, um die Gesundheit und Sicherheit der Beschäftigten nicht zu gefährden. Nach dem Wortlaut des § 8 Abs. 1 GefStoffV ist bei Einhaltung der o.g. Regeln und Erkenntnisse des Ausschusses „in der Regel" davon auszugehen, dass die in der Gefahrstoffverordnung gestellten entsprechenden Anforderungen erfüllt sind. Eine richtlinienkonforme Umsetzung von Art. 12 Nr. 1 RL 93/104/EG führt jedoch zu Ausnahmen von der Regel, so dass zusätzliche Arbeitsschutzmaßnahmen nach § 8 Abs. 1 S. 1 i.V.m. Abs. 2 GefStoffV und gegebenenfalls nach § 9 Abs. 2 GefStoffV erforderlich sind.
Die Verpflichtung des Arbeitgebers nach § 8 Abs. 2 Nr. 1 GefStoffV, eine entsprechende Gestaltung des Arbeitsplatzes und der Arbeitsorganisation vorzunehmen, um Gefährdungen auszuschalten oder zu minimieren, korrespondiert mit dem Erfordernis, in die Gefährdungsbeurteilung die Arbeitsbedingungen, die im Zusammenhang mit den Gefahrstoffen stehen, nach § 7 Abs. 1 Nr. 4 GefStoffV einzubeziehen.
Unter Heranziehung von Art. 12 Nr. 1 RL 93/104/EG ergibt sich damit die Pflicht, die Gefährdungen, die aus den Belastungsfaktoren „Nacht- und Schichtarbeit" sowie „Gefahrstoffe" resultieren, im Zusammenhang zu betrachten und eine entsprechende Gestaltung der Arbeit zu wählen, die diesen Mehrfachbelastungen Rechnung trägt. Im Ergebnis sind daher andere, zusätzliche Arbeitsschutzmaßnahmen zu treffen, als dies im Verhältnis zu Tagarbeitnehmern geboten ist. Als arbeitsorganisatorische Maßnahme ist daher auf eine zeitliche Verteilung der Arbeitsbelastung durch Gefahrstoffe zu achten, so dass beispielsweise die Nachtschicht von den Erschwernissen durch Gefahrstoffe entlastet wird.[446] In der Spätschicht ist die entsprechende Belastungsintensität zu verringern.[447]

---

445 *Oppolzer,* Ökologie der Arbeit, S. 153; *Wriedt,* gegengift 1991, 32, 35; *Sendfeld,* Arbeitszeitrecht, Arbeitszeitschutz und deren Bedeutung für die Gestaltung neuer Arbeitszeitmodelle, S. 177, 198. Vgl. in Bezug auf eine Verlängerung der Schichtdauer und Schichtsequenz *Kiesswetter/van Thiel/Seeber,* in: Psychologie der Arbeitssicherheit, S. 223, 227.

446 Eine solche arbeitsorganisatorische Regelung schlägt *Müller-Seitz,* Erfolgsfaktor Arbeitszeit, S. 130 f. vor.

447 *Müller-Seitz,* Erfolgsfaktor Arbeitszeit, S. 131.

Diese Arbeitsschutzmaßnahme kann auch im Rahmen der Nachtschicht ergriffen werden.
Für Nacht- und Schichtarbeitnehmer sind sowohl in der Nacht- als auch in Spätschicht niedrigere Grenzwerte als im Verhältnis zu Tagarbeitnehmern anzusetzen. Zudem sind die eingesetzten Gefahrstoffe in ihrer Menge im Verhältnis zu Tagarbeitnehmern zu verringern. Letztlich kommt auch eine Verringerung der Belastungsdauer gegenüber Tagarbeitnehmer in Betracht, indem die Expositionszeit mit Gefahrstoffen für die Nacht- und Schichtarbeitnehmer verringert wird. Dies kann dadurch gewährleistet werden, dass die Nachtschicht in ihrer gesamten Länge verkürzt wird[448], angemessene, zusätzliche Kurzpausen zur Erholung gewährt werden oder durch eine entsprechende Gestaltung der Arbeitstätigkeit. Zeiten gefahrstoffexponierter Tätigkeiten haben sich daher mit Zeiten gefahrstofffreier Tätigkeiten abzuwechseln.
Solche Verpflichtungen des Arbeitgebers ergeben sich auch durch richtlinienkonforme Auslegung des § 8 Abs. 1 S. 1 i.V.m. Abs. 2, 4. und 6. Spiegelstrich GefStoffV, wonach die Dauer und Intensität der Exposition auf ein Mindestmaß zu begrenzen sind und auch eine Begrenzung der Menge der am Arbeitsplatz vorhandenen Gefahrstoffe auf das für die Art der betreffenden Arbeit erforderliche Mindestmaß zu erfolgen hat. Zudem führt auch die richtlinienkonforme Auslegung von § 9 Abs. 2 Nr. 2 GefStoffV zu dem gewonnenen Auslegungsergebnis, da der Verzicht auf die zusätzliche Arbeitsbelastung „Gefahrstoffe" oder eine entsprechende Verringerung in Bezug auf Dauer und Menge an die Gefahrenquelle anknüpft.
Darüber hinaus ist die zusätzliche Belastung durch Nacht- und Schichtarbeit auch bei der Benutzung persönlicher Schutzausrüstungen nach § 9 Abs. 2 Nr. 3 GefStoffV zu berücksichtigen, vor allem bei der Bestimmung einer angemessenen Tragedauer.

---

[448] Der Gesetzesvorschlag von *Schiek*, Nachtarbeitsverbot für Arbeiterinnen, S. 397 sieht vor, dass die Nachtschicht nicht länger als fünf Stunden dauern soll, wenn während der Nachtarbeit besondere Belastungen auftreten. Auf Grund eines Tarifvertrages soll nach den Besonderheiten der Arbeit eine kürzere oder längere Dauer zulässig sein, die jedoch sechs Stunden, bei Arbeitsbereitschaft in erheblichem Umfang neun Stunden, nicht überschreitet: Die Forderung nach einer Verkürzung der täglichen Nachtarbeitszeit unter 8 Stunden geht über gesicherte arbeitswissenschaftliche Erkenntnisse der BAuA und der Europäischen Stiftung zur Verbesserung der Lebens- und Arbeitsbedingungen hinaus (vgl. S. 185), die im Grundsatz von einem 8-Stunden-Tag ausgehen, wie er in § 6 Abs. 2 ArbZG verankert ist, und wird daher nur schwer durchzusetzen sein.

3.2. Regelungen in der Lastenhandhabungsverordnung

a) Pflichten des Arbeitgebers

Als weiteres Beispiel sind die Regelungen der Lastenhandhabungsverordnung zu untersuchen. § 2 Abs. 1 LasthandhabV statuiert die vorrangige Pflicht des Arbeitgebers zur Vermeidung einer manuellen Handhabung von Lasten, die bei den Beschäftigten eine Gefährdung von Sicherheit und Gesundheit zur Folge hat, dahingehend dass er geeignete organisatorische Maßnahmen zu treffen hat oder den Einsatz geeigneter Arbeitsmittel wählt. Können die Gefährdungen durch manuelle Handhabung von Lasten nicht vermieden werden, so trifft den Arbeitgeber nach § 2 Abs. 2 LasthandhabV die Verpflichtung, die Arbeitsbedingungen nach § 5 ArbSchG unter Zugrundelegung des Anhangs zu beurteilen. Auf Grund dieser Gefährdungsbeurteilung muss er geeignete Arbeitsschutzmaßnahmen zur Verringerung der Gefährdung treffen. Auch für die Lastenhandhabungsverordnung und die Regelungen des Arbeitsschutzgesetzes ist eine wechselseitige Ergänzung kennzeichnend.[449] Bei Arbeitsschutzmaßnahmen sind durch den Arbeitgeber unter Ausnutzung von Gestaltungsspielräumen daher auch die Grundsätze des § 4 ArbSchG zu beachten.[450] Dies ist umso wichtiger, als die Lastenhandhabungsverordnung keine starren Maßnahmen, besonders keine Gewichtsgrenzen[451] vorgibt.

b) Auswirkungen des Art. 12 Nr. 1 RL 93/104/EG - richtlinienkonforme Auslegung

Die durch Nacht- und Schichtarbeit auftretende zusätzliche Belastung beim Heben und Tragen von Lasten muss gem. Art. 12 Nr. 1 RL 93/104/EG hinreichend berücksichtigt werden. Da die im Anhang genannten Merkmale, aus denen sich eine Gefährdung für die Sicherheit und Gesundheit der Beschäftigten ergeben kann, nicht abschließend sind, wie durch die Verwendung des Wortes „insbesondere" deutlich zum Ausdruck kommt, führt die Integration des Arbeitszeitrechts ins Arbeitsschutzrecht zu einer Erweiterung dieser Merkmale um den zusätzlicher Belastungsfaktor von Nacht- und Schichtarbeit, der sodann in der Gefährdungsbeurteilung zu beachten ist. Art. 12 Nr. 1 RL 93/104/EG wird durch diese richtlinienkonforme Auslegung zur Wirksamkeit verholfen.

---

449 *Kittner/Pieper,* ArbSchR, LasthandhabV, Rn. 2 ff. (2002).

450 *Kittner/Pieper,* ArbSchR, LasthandhabV, Rn. 5 f. (2002); *Wlotzke,* NJW 1997, 1469, 1472.

451 *Wlotzke,* NJW 1997, 1469, 1472.

Auf Grund einer sich ergebenden Mehrfachbelastung aus Nacht- und Schichtarbeit sowie der manuellen Handhabung von Lasten muss der Arbeitgeber geeignete Arbeitsschutzmaßnahmen treffen, die dieser Belastungskumulation Rechnung tragen. So sind z.B. die Lastgewichte während der Nachtzeit oder bei der Tätigkeit im Schichtdienst zu verringern oder der Schichtplan ist entsprechend der auftretenden manuellen Handhabung von Lasten zu gestalten. Bspw. kann es erforderlich sein, die Nachtschicht in Krankenhäusern und Pflegeheimen zeitlich so zu beenden, dass in dieser Schicht kein Bewegen von kranken oder pflegebedürftigen Personen notwendig ist.
Die jeweils zu treffenden Arbeitsschutzmaßnahmen hängen in ihrer Art und ihrem Umfang von der jeweiligen Gefährdungssituation im Betrieb und folglich von der Gefährdungsbeurteilung ab.

3.3. Regelungen in der Arbeitsstättenverordnung

a) Pflichten des Arbeitgebers

Auch die Arbeitsstättenverordnung[452] findet Anwendung auf die Arbeitsplätze von Nacht- und Schichtarbeitnehmer. Nach § 3 Abs. 1 ArbStättV ist der Arbeitgeber verpflichtet, Arbeitsstätten entsprechend der Arbeitsstättenverordnung einschließlich ihres Anhanges so einzurichten und zu betreiben, dass von ihnen keine Gefährdungen für die Sicherheit und Gesundheit der Beschäftigten ausgehen.
Diese Rahmenvorschrift wird durch spezielle Bestimmungen im Anhang konkretisiert. Nach Nr. 3.7 des Anhanges, der unmittelbar verbindliches und zwingendes Recht darstellt[453], werden für den Beurteilungspegel am Arbeitsplatz in Arbeitsräume Grenzwerte aufgestellt, wobei eine Differenzierung nach der Art der Arbeitstätigkeit (überwiegend geistige Tätigkeit, einfache oder mechanisierte Bürotätigkeit und vergleichbare Tätigkeit sowie alle sonstigen Tätigkeiten) vorgenommen wird. Eine Differenzierung in Bezug auf Belastungsgrenzen für Tag- sowie Nacht- und Schichtarbeitnehmer erfolgte trotz unterschiedlicher Gefährdungspotentiale nicht. Daher erfolgte keine ordnungsgemäße Umsetzung von Art. 12 Nr. 1 RL 93/104/EG.

---

452 BGBl. I 2004, S. 2179 ff. Die neue ArbStättV ist am 25.08.2004 in Kraft getreten. Vgl. zum Inhalt auch *Heilmann*, AiB 2004, 598 ff., *Schurig*, ZTR 2004, 626 ff.

453 *Kohte/Faber*, DB 2005, 224, 225.

b) *Richtlinienkonforme Auslegung*

Auf Grund dieser vorhandenen Regelungslücke kann § 3 Abs. 1 ArbStättV i.V.m. Nr. 3.7 des Anhangs auf dem gesamten Gebiet des Arbeitsschutzes nicht als abschließende Regelung betrachtet werden. Insoweit ergeben sich keine Unterschiede zur bisherigen Rechtslage, wonach die Generalklausel des § 3 Abs. 1 ArbSchG i.V.m. § 4 ArbSchG die Regelungen der alten Arbeitsstättenverordnung überlagerte.[454]

Da der Katalog von Arbeitsschutzmaßnahmen, die nach § 3 Abs. 1 ArbStättV erforderlich sind, abschließend scheint, scheitert insoweit auch eine richtlinienkonforme Auslegung. Daher ist weiter zu prüfen, ob eine richtlinienkonforme Auslegung von § 3 Abs. 1 ArbSchG i.V.m. § 4 ArbSchG das Treffen weiterer Arbeitsschutzmaßnahmen zu rechtfertigen vermag.

Dagegen ist eine richtlinienkonforme Auslegung des § 3 Abs. 1 ArbStättV i.V.m. Nr. 3.5 Abs. 2 des Anhanges möglich. Danach sind an Arbeitsplätzen, die unter betriebstechnisch bedingter Hitze- oder Kälteeinwirkung stehen, entsprechend der Gefährdungsbeurteilung besondere Schutzmaßnahmen zu treffen. Die Gefährdungsbeurteilung ist hierbei nicht isoliert auf die Gefährdungen durch Hitze oder Kälte zu beschränken, sondern auf auftretende Mehrfachbelastungen auszurichten. Die Regelungen des österreichischen Nachtschwerarbeitsgesetzes in Bezug auf ein Zusammentreffen von Nachtarbeit mit auftretender Hitze oder Kälte am Arbeitsplatz zeigen entsprechende Gefährdungen auf und sind folglich als Erkenntnisquelle bei der Gefährdungsbeurteilung heranzuziehen.

4. Umsetzung der Artt. 12 Nr. 1, 13 RL 93/104/EG – richtlinienkonforme Auslegung von § 3 ArbSchG

Die vorangegangene Untersuchung hat gezeigt, dass zugunsten von Nacht- und Schichtarbeitnehmer keine speziellen Arbeitsschutzvorschriften existieren, die einen über § 6 Abs. 1 ArbZG hinausgehenden Schutz gewährleisten, soweit sich eine Gefährdung aus der Dauer und Lage, Verteilung und Rhythmik der Arbeitszeit ergibt. So könnte es z.B. erforderlich sein, dass der Arbeitgeber Nacht- und Schichtarbeitnehmern arbeitsmedizinische Beratungen anbietet.

Darüber hinaus erfordert § 6 Abs. 1 ArbZG nicht eine Anpassung der Arbeitsgestaltung an den Menschen bei anderen Formen rhythmischer Gestaltung der Arbeitsorganisation, wie z.B. bei Akkordarbeit, Fließbandarbeit und sonstigen

---

[454] So für die Arbeitsstättenverordnung a.F. *Faber*, Grundpflichten des § 3 ArbSchG, S. 117. Nunmehr *Kohte/Faber*, DB 2005, 224, 227.

taktgebundenen Arbeiten. Insoweit fehlen spezifische Arbeitsschutzvorschriften, die eine - § 6 Abs. 1 ArbZG vergleichbare – Pflicht des Arbeitgebers aufstellen, so dass Art. 13 RL 93/104/EG nicht umgesetzt ist.
Eine weitere gesetzliche Regelungslücke verdeutlichen die Vorschriften in der ArbStättV, da die Grenzwertfestsetzung bei Lärm keinen spezifischen Schutz für Nacht- und Schichtarbeitnehmer erkennen lässt, so dass Art. 12 Nr. 1 der RL 93/104/EG nicht hinreichend Rechnung getragen wurde.
Daher ist im Folgenden zu untersuchen, wie die Pflicht zur Gewährleistung der vollständigen Wirksamkeit der Richtlinie und seiner vorgegebenen Ziele erfüllt werden kann. Insofern ist das gesamte nationale Recht so weit wie möglich anhand des Wortlauts und des Zwecks dieser Richtlinie auslegen, um das gemeinschaftsrechtlich verfolgte Ziel zu erreichen. Folglich bietet sich eine richtlinienkonforme Auslegung von § 3 Abs. 1 ArbSchG und der Rückgriff auf die allgemeine Grundsätze des § 4 ArbSchG an, um den Regelungen der Artt. 12 Nr. 1, 13 RL 93/104/EG zur vollständigen Wirksamkeit zu verhelfen.

4.1. Präventionsorientierte Handlungspflicht als zentrale Pflicht des Arbeitgebers (§§ 3 Abs. 1, 4 ArbSchG)

Sowohl die Gestaltung der Arbeitszeit als auch die Gestaltung und die Einrichtung der Arbeitsstätte und des Arbeitsplatzes einschließlich chemischer und biologischer Einwirkungen sowie Auswahl und Einsatz von Arbeitsmitteln, insbesondere von Arbeitsstoffen, Maschinen und Geräten sind explizit als mögliche Gefährdungsquellen in § 5 Abs. 3 ArbSchG aufgeführt. Daher ist nochmals zu betonen, dass auf all diese Gefährdungen grundsätzlich die allgemeinen Regelungen des Arbeitsschutzgesetzes anzuwenden.
Von besonderer Bedeutung im öffentlich-rechtlichen Arbeitsschutzrecht ist hierbei die Grundpflicht des Arbeitgebers nach § 3 Abs. 1 ArbSchG, die ihn verpflichtet, alle erforderlichen Maßnahmen des Arbeitsschutzes i.S.d. § 2 Abs. 1 ArbSchG unter Berücksichtigung der Umstände zu treffen, die die Sicherheit und Gesundheit der Beschäftigten bei der Arbeit beeinflussen. Dem Arbeitgeber wird durch § 3 Abs. 1 S. 1 ArbSchG eine umfassende und präventionsorientierte Handlungspflicht auferlegt[455], die durch eine Überprüfungs- und Anpassungspflicht in § 3 Abs. 1 S. 2 ArbSchG komplementiert wird.
Die Präventionspflicht des Arbeitgebers in Form der Generalklausel nach § 3 Abs. 1 S. 1 ArbSchG wird durch die in § 4 Nr. 1 bis 8 ArbSchG verfassten allgemeinen Grundsätze verdeutlicht und konkretisiert, die bei jeglichen Maßnah-

---

455 *Kittner/Pieper*, ArbSchR, § 3 ArbSchG, Rn. 1 (2002).

men des Arbeitsschutzes kumulativ zur Anwendung kommen.[456] Bereits der Wortlaut der Norm lässt erkennen, dass die durch § 4 ArbSchG vorgegebenen Sicherheits- und Gesundheitsschutzziele für den Arbeitgeber unmittelbar rechtsverbindlich sind.[457]

Fraglich ist jedoch, ob die allgemeine Regelung des § 3 Abs. 1 ArbSchG durch die spezielleren Arbeitsschutzvorschriften des ArbZG, der GefStoffV, der LasthandhabV und der ArbStättV verdrängt wird. An dieser Stelle erlangt § 1 Abs. 3 ArbSchG Bedeutung. Aus dieser Regelung wird zum einen abgeleitet, dass die allgemeinen Vorschriften des Arbeitschutzgesetzes nach dem Grundsatz der Spezialität von speziellen „sonstigen Rechtsvorschriften" verdrängt werden.[458] Zum anderen wird gleichzeitig anerkannt, dass allgemeine arbeitsschutzrechtliche Vorschriften in speziellen Arbeitsschutzbereichen zur Anwendung kommen, soweit diese keine inhaltliche Entsprechung haben.[459] Diese Kollisionslagen bedürfen aber einer Einzelfallprüfung mit der Folge, dass die allgemeinere Regelung nur dann zurücktritt, wie sie inhaltlich eine Konkretisierung durch die speziellere Norm erfährt bzw. diese über sie hinausgeht.[460] Daneben wird das Verhältnis von Arbeitsschutzgesetz und speziellen Arbeitsschutzvorschriften als das einer „gegenseitigen Ergänzung"[461] beschrieben, wobei dies insbesondere für das Verhältnis von § 4 ArbSchG zu den übrigen arbeitschutzrechtlichen Bestimmungen zutrifft, da Fallgestaltungen echter Normenspezialität eher die Ausnahme darstellen[462]. Die Handlungspflicht des Arbeitgebers nach § 3 Abs. 1 S. 1 ArbSchG kommt somit zum Tragen, wenn Gefahren und Gefährdungen auftreten, die bisher nicht durch spezielle Vorschriften des Arbeitsschutzes hinreichend geregelt sind. Die vorangegangene Untersuchung hat gerade gezeigt, dass nicht alle Gefahren und Gefährdungen, an die die Arbeitszeitrichtlinie in ihren Regelungen der Artt. 12 Nr. 1 und 13 anknüpft, durch spezielle Arbeitsschutzvorschriften erfasst werden, so dass grundsätzlich ein Anwendungsbereich für §§ 3 Abs. 1, 4 ArbSchG verbleibt.

---

456 *Wlotzke*, FS Däubler (1999), S. 654, 661; *Kohte*, Jahrbuch des Arbeitsrechts 2000, S. 21, 33; *Kittner/Pieper*, ArbSchG, § 4, Rn. 1, 5.

457 *Kittner/Pieper*, ArbSchG, § 4, Rn. 7; a.A. *Wank*, TAS, § 4 ArbSchG, Rn. 5.

458 MünchArbR-*Wlotzke*, § 211, Rn. 22; *Kollmer/Vogl*, Das neue ArbSchG, Rn. 29.

459 MünchArbR-*Wlotzke*, § 211, Rn. 22; *Kittner/Pieper*, ArbSchG, ArbSchR, § 1 ArbSchG, Rn. 22 (2002).

460 Prax-Komm.-*Kollmer*, § 1 ArbSchG, Rn 13; *Faber*, Grundpflichten des § 3 ArbSchG, S. 75.

461 *Kittner/Pieper*, ArbSchR, § 1 ArbSchG, Rn. 22 (2002); *Kollmer/Vogl*, Das neue ArbSchG, Rn. 31; Kollmer-*Kohte*, § 3 ArbSchG, Rn. 13.

462 *Faber*, Grundpflichten des § 3 ArbSchG, S. 117.

4.2. *Richtlinienkonforme Auslegung zum Schutz der Nacht- und Schichtarbeitnehmer*

a) §§ 3 Abs. 1, 4 ArbSchG

Festzuhalten ist, dass der Arbeitgeber nach § 3 Abs. 1 S. 1 ArbSchG verpflichtet ist, die erforderlichen Maßnahmen des Arbeitsschutzes zu treffen, wenn die Gesundheit und Sicherheit der Nacht- und Schichtarbeitnehmer gefährdet[463] ist. Das Fehlen spezieller Arbeitsschutzvorschriften befreit den Arbeitgeber nicht von seiner Verpflichtung, die notwendigen Arbeitsschutzmaßnahmen im Zusammenhang mit Nacht- und Schichtarbeit zu treffen, da eine richtlinienkonforme Auslegung von § 3 Abs. 1 ArbSchG im Hinblick auf die Regelungen der Artt. 12 Nr. 1 und 13 der RL 93/104/EG möglich ist. Insofern ist der unbestimmte Rechtsbegriff der „Erforderlichkeit" richtlinienkonform auszulegen. Zur Konkretisierung der jeweiligen Arbeitsschutzmaßnahmen ist auf die allgemeinen Schutzgrundsätze des § 4 ArbSchG, die auslegungsfähig und auslegungsbedürftig sind, zurückzugreifen.
Zudem könnte eine richtlinienkonforme Auslegung von §§ 3 Abs. 1, 4 ArbSchG geeignet sein, die bisher gefundenen Auslegungsergebnisse bezüglich der Vorschriften der GefStoffV, der LasthandhabV und der ArbStättV zu stützen.
An erster Stelle wäre §§ 3 Abs. 1 S.1, 4 Nr. 1 ArbSchG anzuführen, wonach der Arbeitgeber verpflichtet ist, die Arbeit so zu gestalten, dass eine Gefährdung für Leben und Gesundheit möglichst vermieden und die verbleibende Gefährdung möglichst gering gehalten wird. Das im Einzelfall hinnehmbare Risiko bestimmt sich dabei nach dem Verhältnismäßigkeitsgrundsatz.[464] Die Belastungsfaktoren Nacht- und Schichtarbeit, Lärm, Gefahrstoffe und körperliche Schwerarbeit stellen für sich betrachtet mögliche Gefährdungen für gesundheitliche Beeinträchtigungen dar, die zu vermeiden sind bzw. bei denen lediglich ein geringes Restrisiko beim Beschäftigten verbleiben darf, das im Einzelfall näher zu konkretisieren wäre. Beim Zusammentreffen verschiedener o.g. Belastungen ist die Arbeit vom Arbeitgeber daher grundsätzlich so zu gestalten, dass jede einzelne Belas-

---

463 Eine Gefährdung liegt vor, wenn die bloße Möglichkeit eines Schadens oder einer gesundheitlichen Beeinträchtigung durch die Arbeit oder bei der Arbeit besteht, ohne dass bestimmte Anforderungen an deren Ausmaß oder Eintrittswahrscheinlichkeit gestellt werden. (*Koll*, PersV 1998, 230, 233; *Wlotzke*, NZA 2000, 19, 20.) Gefahr wird dagegen als jede Sachlage definiert, die bei ungehindertem Ablauf des objektiv zu erwartenden Geschehens zu einem Schaden führt, der mit hinreichender Wahrscheinlichkeit eintreten wird. (*Kittner/Pieper*, ArbSchG, § 4, Rn. 2; *Wlotzke*, FS Däubler (1999), S. 654, 659.)

464 *Wank*, TAS, § 4 ArbSchG, Rn. 2 f.; vertiefend MünchArbR-*Wlotzke*, § 211, Rn. 31 ff.

tung - auch unter dem Blickwinkel der zusätzlichen Belastung durch Auftreten von Mehrfachbelastungen - vermieden bzw. minimiert wird.
Zudem verlangt §§ 3 Abs. 1 S. 1, 4 Nr. 2 ArbSchG vom Arbeitgeber, dass die Gefahren an ihrer Quelle zu bekämpfen sind. Damit muss der Arbeitgeber prüfen, ob die Einführung von Nacht- und Schichtarbeit als Quelle von gesundheitlichen Beeinträchtigungen erforderlich ist bzw. ob bei bestehenden Schichtsystemen eine Abkehr von diesem Arbeitszeitsystem in Betracht kommt. Erst nachrangig sind Maßnahmen zu treffen, die sich auf die Gestaltung von Nacht- und Schichtarbeit beziehen und in diesem Zusammenhang die mit Dauer und Lage der Arbeitszeit verbundenen Belastungen reduzieren sollen. Bei Beachtung des Art. 12 Nr. 1 RL 93/104/EG ist der Arbeitgeber daher gem. §§ 3 Abs. 1 S. 1, 4 Nr. 2 ArbSchG in Bezug auf Nacht- und Schichtarbeitnehmer verpflichtet, die Arbeit in Nacht- und Schichtarbeit zu minimieren. Ergeben sich trotz der Maßnahmen des § 6 Abs. 1 ArbZG noch Gefährdungen der Nacht- und Schichtarbeitnehmer, so kann dieser Gefährdung z.B. durch zusätzliche, angemessene Kurzpausen[465], die zugleich den Anforderungen aus Art. 13 der RL 93/104/EG entsprechen können, begegnet werden. Auch eine Arbeitszeitverkürzung in der Nacht- und Spätschicht kann sich als erforderlich erweisen.
Bei zusätzlichen Arbeitsbelastungen, z.B. bei Lärm, Gefahrstoffen und körperlicher Schwerarbeit, ist der Arbeitgeber im Rahmen von Nacht- und Schichtarbeit verpflichtet, auf diese zusätzlichen Belastungen zu verzichten bzw. sie angemessen zu reduzieren. Ebenso ist der durch die Arbeitstätigkeit hervorgerufene Leistungsdruck der Leistungsfähigkeit der Nacht- und Schichtarbeitnehmer anzupassen, so dass auf Akkordarbeit in Nacht- und Schichtarbeit zu verzichten ist oder zumindest andere Akkordvorgaben im Verhältnis zu denen am Tag Beschäftigten gelten.
Hinsichtlich besonderer Belastungen, wie z.B. bei Unfallgefahren, beim Umgang mit gefährlichen, chemischen oder biologischen Stoffen oder bei erheblicher physikalischer Einwirkungen, schlug der Bundesrat vor, die Gewährung zusätzlicher Arbeitsunterbrechungen von mindestens 5 Minuten je Arbeitsstunde neben der Ruhepause im Arbeitszeitgesetz zu verankern.[466] Diese Arbeitsunterbrechungen sollten als Arbeitszeit gelten und die Kumulation mehrere Arbeitsbelastungen berücksichtigen. Diesen Vorschlag lehnte die Bundesregierung jedoch ab, da er der Konzeption des Gesetzentwurfs zum Arbeitszeitgesetz wider-

---

465 Eine solche Regelung schlägt *Oppolzer,* ArbuR 1994, 41, 47 vor. Ebenso *Colneric,* NZA 1992, 393, 398.

466 BT-Drucks. 12/5888, S. 38 f. Insbesondere *Oppolzer,* ArbuR 1994, 41, 44 weist darauf hin, dass Kurzpausen die Einwirkung schädlicher Belastungen (z.B. Lärm, Hitze und Schadstoffe) unterbrechen und eine raschere Regeneration des beanspruchten Organismus erlauben.

spräche.[467] Im Rahmen der richtlinienkonformen Auslegung des § 3 Abs. 1 ArbSchG sind solche angemessenen Kurzpausen, die sich auf die jeweilige Gefährdung beziehen müssen, wieder bedeutsam und können sich als geeignete Arbeitsschutzmaßnahme erweisen.

§§ 3 Abs. 1 S. 1, 4 Nr. 3 ArbSchG verpflichtet den Arbeitgeber, bei Arbeitsschutzmaßnahmen den Stand von Technik, Arbeitsmedizin und Hygiene sowie sonstige gesicherte arbeitswissenschaftliche Erkenntnisse zu berücksichtigen. In diesem Zusammenhang sind auch Erkenntnisse aus Belastungsuntersuchungen zu berücksichtigen, denen eine Gefährdung durch die Mehrfachbelastung von Nacht- und Schichtarbeit mit weiteren Belastungsfaktoren zu entnehmen ist, obgleich konkrete wissenschaftliche Grenzwerte bisher nicht aufgestellt worden sind. Daher sind Art. 12 Nr. 1 RL 93/104/EG i.V.m. dem Erwägungsgrund Nr. 11 sowie dem Erwägungsgrund Nr. 9 i.V.m. Nr. 11 der ILO-Empfehlung über Nachtarbeit bei der Bewertung der Gefährdung und möglicher Arbeitsschutzmaßnahmen ebenso zu berücksichtigen wie der Regelungsanlass der österreichischen Nachtschwerarbeitsgesetzes. Dieser Schutzgrundsatz erlangt für Nacht- und Schichtarbeitnehmer insoweit Bedeutung, als auch gesicherte arbeitswissenschaftliche Erkenntnisse vorliegen, die sich nicht auf eine Arbeitszeitgestaltung beziehen. So ist die arbeitswissenschaftliche Erkenntnis als gesichert anzusehen, dass Nacht- und Schichtarbeit zu Magen-Darm-Erkrankungen führen kann. Durch eine ungesunde Ernährungsweise in der Nacht- und Spätschicht können diese Erkrankungen hervorgerufen oder begünstigt werden. Daher tragen schichtarbeitsgerechte Verpflegungsangebote in der Nacht- und Spätschicht zur Risikominimierung bei. Auch kann eine Ernährungsberatung durch Sachverständige geboten sein.

In § 4 Nr. 4 ArbSchG wird der Schutzgrundsatz normiert, dass Arbeitsschutzmaßnahmen mit dem Ziel zu planen sind, Technik, Arbeitsorganisation, sonstige Arbeitsbedingungen, soziale Beziehungen und Einfluss der Umwelt auf den Arbeitsplatz sachgerecht zu verknüpfen. Daraus ergibt sich die Pflicht des Arbeitgebers, Maßnahmen des Arbeitsschutzes nicht isoliert zu betrachten, sondern dabei das Arbeitssystem insgesamt zu berücksichtigen, mit dem die einzelnen Arbeitsbedingungen in einer Wechselbeziehung stehen.[468] Insoweit erfolgt eine Konkretisierung von § 3 Abs. 1 S. 1 ArbSchG. Daher hat der Arbeitgeber ein Zusammenwirken sowie Wechselwirkungen zwischen tätigkeitsspezifischen Be-

---

[467] BT-Drucks. 12/5888, S. 51.

[468] *Kollmer/Vogl,* Das neue ArbSchG, Rn. 85; *Wank,* TAS, § 4 ArbSchG, Rn. 10; Koll/Janning/Pinter-*Koll,* § 4 ArbSchG, Rn. 27. *Konstanty,* Soziale Sicherheit 1996, S. 361, 363 betont, dass durch das Arbeitsschutzgesetz auch Maßnahmen gegen die gesundheitliche Gesamtbelastung der Arbeitnehmer durchsetzbar sind.

lastungen, Belastungen durch das Arbeitsumfeld und arbeitsorganisatorischen Belastungen zu beachten.[469]
Bei der Planung von Arbeitsschutzmaßnahmen hat der Arbeitgeber die einzelnen Belastungsfaktoren sachgerecht miteinander zu verknüpfen, wobei sich der Planungsaufwand nach der Erforderlichkeit und Verhältnismäßigkeit und damit nach der Art der konkreten Tätigkeiten sowie der Zahl der Beschäftigten richtet.[470] Somit ergibt sich bereits aus § 4 Nr. 4 ArbSchG die Verpflichtung des Arbeitgebers, Arbeitsschutzmaßnahmen zu ergreifen, die den Anforderungen gerecht werden, die sich aus dem Zusammenwirken von Nacht- und Schichtarbeit mit weiteren am Arbeitsplatz auftretenden Belastungsfaktoren ergeben.
Die aufgezeigten Wechselwirkungen von Nacht- und Schichtarbeit z.B. mit Gefahrstoffen oder Lärm verlangen vom Arbeitgeber, dass er beim Einsatz von Gefahrstoffen bzw. bei Lärmeinwirkungen in Nacht- und Schichtarbeit andere, zusätzliche Maßnahmen ergreift, als dies im Verhältnis zu Tagarbeitnehmern geboten ist. Nur eine solche Auslegung geht konform mit den Anforderungen aus Art. 12 Nr. 1 RL 93/104/EG.
§ 4 Nr. 5 ArbSchG verlangt in Übereinstimmung mit § 4 Nr. 2 ArbSchG, dass kollektive Schutzmaßnahmen, die sich auf die Gestaltung und Organisation des Arbeitsprozesses und der Arbeitsmittel beziehen, Vorrang gegenüber individuellen Schutzmaßnahmen haben, d.h. individuelle personenbezogene Maßnahmen sollen als letztes Mittel vom Arbeitgeber ergriffen werden.[471]
Als weiteren allgemeinen Grundsatz ist in § 4 Nr. 6 ArbSchG festgehalten, dass der Arbeitgeber spezielle Gefahren für besonders schutzbedürftige Beschäftigtengruppen zu berücksichtigen hat. Dadurch soll Art. 15 der RL 89/391/EWG umgesetzt werden[472], wonach besonders gefährdete Risikogruppen gegen die speziell sie bedrohenden Gefahren geschützt werden müssen. Zu den besonders schutzbedürftigen Beschäftigtengruppen gehören z.B. Jugendliche, werdende und stillende Mütter sowie behinderte Beschäftigte, aber auch ältere Beschäftigte sowie diejenigen, die chronisch krank sind.[473]
Die Vorschrift bezieht sich hierbei auf die Tatsache, dass die Schwelle für die Annahme einer Gefährdung je nach der besonderen Eigenart einer Beschäftig-

---

469 *Kollmer/Vogl,* Das neue ArbSchG, Rn. 85; MünchArbR-*Wlotzke,* § 211, Rn. 35; Koll/Janning/Pinter-*Koll,* § 4 ArbSchG, Rn. 27.
470 MünchArbR-*Wlotzke,* § 211, Rn. 35; *Kollmer/Vogl,* Das neue ArbSchG, Rn. 86.
471 *Kittner/Pieper,* ArbSchG, § 4, Rn. 18; MünchArbR-*Wlotzke,* § 211, Rn. 36; *Wank,* TAS, § 4 ArbSchG, Rn. 11.
472 *Wank,* TAS, § 4 ArbSchG, Rn. 12; *Kittner/Pieper,* ArbSchG, § 4, Rn. 19.
473 MünchArbR-*Wlotzke,* § 211, Rn. 37; *Kittner/Pieper,* ArbSchG, § 4, Rn. 19; *Heilmann/Aufhauser,* § 4 ArbSchG, Rn. 15; *Nöthlichs,* § 4 ArbSchG, Nr. 4016, , Ziff. 3.6.; Kollmer-*Wilhelm,* § 4 ArbSchG, Rn. 34.

tengruppe unterschiedlich anzusetzen sein kann.[474] § 4 Nr. 6 ArbSchG trägt dabei insbesondere Art. 2 Abs. 2 S. 1 GG Rechnung. Nach Art. 2 Abs. 2 S. 1 GG sind Typisierungen zwar grundsätzlich zulässig, dennoch ist es unzulässig, in Regelungen allein auf einen Durchschnittsmenschen abzustellen; vielmehr sind auch empfindliche Personen zu berücksichtigen.[475] Im Rahmen des § 4 Nr. 6 ArbSchG wird als Beispiel angeführt, dass sich z.B. bestimmte Stoffe, die sich für den durchschnittlichen Arbeitnehmer als ungefährlich darstellen, für einen anderen Beschäftigten auf Grund seiner persönlichen Indisposition durchaus eine Gefährdung darstellen.[476]

Art. 12 Nr. 1 RL 93/104/EG und damit eine richtlinienkonforme Auslegung von § 4 Nr. 6 ArbSchG führt zur Einbeziehung von Nacht- und Schichtarbeitnehmern in die Gruppe besonders schutzbedürftiger Beschäftigter. Konsequenz ist somit, dass der Arbeitgeber zu prüfen hat, ob für Nacht- und Schichtarbeitnehmer Arbeitsschutzmaßnahmen bereits bei einem geringeren Grenzwert (Gefahrstoffe und Lärm) nach §§ 3 Abs. 1, 4 Nr. 6 ArbSchG erforderlich sind als dies im Verhältnis zu Tagarbeitnehmern der Fall ist. Die bisherigen gesetzlichen Regelungen, die bestimmte Maßnahmen an bestimmte oder näher zu bestimmende Grenzwerte binden, sind daher im Wege einer richtlinienkonforme Auslegung als nicht abschließend im Verhältnis zu Nacht- und Schichtarbeitnehmer zu betrachten.

Der Arbeitgeber ist daher nach §§ 3 Abs. 1, 4 ArbSchG verpflichtet, an die der Art der Arbeit von Nacht- und Schichtarbeitnehmer angepasste Arbeitsschutzmaßnahmen zu treffen, die zu einer Vermeidung oder Verringerung auftretender Gefährdungen erforderlich und geeignet sind. In diesem Zusammenhang kann es erforderlich sein, dass bestimmte Tätigkeiten nicht mehr in Nacht- und Schichtarbeit ausgeübt werden, indem ganz auf die Ausführung solcher belastungsintensiven Tätigkeiten verzichtet wird oder Schichtanfang und Schichtende so zu legen, dass in dieser Zeit keine oder weniger zusätzliche Belastungsfaktoren fallen.

Die Arbeitstätigkeit zur Nachtzeit und im Schichtdienst kann auch so organisiert werden, dass sich Zeiten zusätzlicher, belastungsintensiver Faktoren mit Zeiten abwechseln, in denen der Beschäftigte keinen solchen Faktoren ausgesetzt ist (z.B. sog. Lärmpausen), die durch Nacht- und Schichtarbeit verstärkt werden, so dass die Expositionszeit mit Mehrfachbelastungen verringert wird.

Nacht- und Schichtarbeit allein schon kann sich als besondere Belastung für ältere Arbeitnehmer erweisen, so dass der Arbeitgeber der Gefährdung dieser Per-

---

474 *Kollmer/Vogl,* Das neue ArbSchG, Rn. 88.
475 *Böhm,* Der Normmensch, S. 129 ff.
476 *Kollmer/Vogl,* Das neue ArbSchG, Rn. 88.

sonengruppe hinreichend Rechnung zu tragen hat, indem z.B. eine zusätzliche Verringerung belastungsintensiver Tätigkeiten erfolgt oder älteren Beschäftigten längere Ruhezeiten zwischen den einzelnen Schichten gewährt werden.
Somit ist der Arbeitgeber nach §§ 3 Abs. 1, 4 ArbSchG öffentlich-rechtlich verpflichtet, die erforderlichen Maßnahmen des Arbeitsschutzes zu treffen, soweit Gefährdungen am Arbeitsplatz auftreten, die aus der Nacht- und Schichtarbeit an sich oder aus Mehrfachbelastungen resultieren und keine spezifischen Arbeitsschutzvorschriften mit abschließender Regelung eingreifen. Insoweit sind §§ 3 Abs. 1, 4 ArbSchG im Hinblick auf die Artt. 12 Nr. 1, 13 RL 93/104/EG richtlinienkonform auszulegen.

b) § 618 BGB

Einige Autoren[477] lehnen dagegen eine öffentlich-rechtliche Pflicht des Arbeitsgebers zur Gewährung von zusätzlichen angemessenen Kurzpausen bei schweren und gefährlichen Arbeiten, bei Arbeiten mit hohen Konzentrationsanforderungen und anderen besonders belastenden Arbeiten ab. Vielmehr bejahen sie eine solche Verpflichtung des Arbeitgebers auf Grund der Fürsorgepflicht (§ 618 BGB), so dass es sich um eine privatrechtliche Pflicht handelt.
Einer solchen Auffassung steht bereits Art. 4 Abs. 2 der RL 89/391/EWG entgegen, wonach die Mitgliedstaaten insbesondere für eine angemessene Kontrolle und Überwachung Sorge zu tragen haben. Da die allgemeinen Regelungen der Grundrichtlinie 89/391/EWG auch für den Bereich der betrieblichen Arbeitszeitgestaltung Geltung beanspruchen, sind bei der Umsetzung von Artt. 12 Nr. 1 und 13 RL 93/104/EG die Anforderungen des Art. 4 Abs. 2 RL 89/391/EWG zu beachten.[478] Die Bejahung einer „lediglich" privatrechtlichen Pflicht des Arbeitgebers hätte zur Folge, dass eine Rechtsdurchsetzung der Arbeitsschutzbehörden gem. § 22 ArbSchG nicht erfolgen könnte. Eine solche Auslegung steht nicht im Einklang mit Art. 4 Abs. 2 RL 89/391/EWG. Darüber hinaus spricht auch der Grundsatz der praktischen Wirksamkeit aus genau diesen Gründen gegen eine richtlinienkonforme Auslegung von § 618 BGB, so dass auf § 3 Abs. 1 ArbSchG zurückzugreifen ist.

---

477 So *Anzinger/Koberski*, § 4 ArbZG, Rn. 18; *Baeck/Deutsch*, § 4 ArbZG, Rn. 18.
478 *Kohte*, FS Wißmann (2005), S. 331, 334.

4.3. Richtlinienkonforme Auslegung in Bezug auf rhythmische Gestaltungen der Arbeitsorganisation

§ 3 Abs. 1 ArbSchG ist ebenso heranzuziehen, soweit es die fehlende Umsetzung von Art. 13 RL 93/104/EG betrifft. Eine richtlinienkonforme Auslegung von § 6 Abs. 1 ArbZG in Bezug auf jegliche rhythmische Gestaltungen der Arbeitsorganisation scheitert am entgegenstehenden Wortlaut der Norm.

4.4. Zusammenfassung

Da Art. 12 Nr. 1 RL 93/104/EG Schutzmaßnahmen verlangt, die an die Art der Arbeit der Nacht- und Schichtarbeitnehmer angepasst sind, führt dies zur Integration des Arbeitszeitrechts ins Arbeitsschutzrecht. Dementsprechend ist der Arbeitgeber zu einer Arbeitsgestaltung der Nacht- und Schichtarbeitnehmer verpflichtet, bei der ein Zusammenwirken von Nacht- und Schichtarbeit mit weiteren Belastungsfaktoren hinreichend berücksichtigt wird.

Eine richtlinienkonforme Auslegung von §§ 7 Abs. 2, 8 Abs. 1 und 2 sowie § 9 Abs. 2 GefStoffV führt zur Verpflichtung des Arbeitgebers, die zusätzliche Belastung bei der Kumulation von Nacht- und Schichtarbeit sowie der Tätigkeit mit Gefahrstoffen zu berücksichtigen und entsprechende Arbeitsschutzmaßnahmen vorzunehmen.

Dies gilt gleichermaßen für betriebstechnisch bedingte Hitze- und Kältearbeiten. Außerdem ist im Wege einer richtlinienkonformen Auslegung der Anhang der Lastenhandhabungsverordnung um den zusätzlichen Belastungsfaktor von Nacht- und Schichtarbeit zu erweitern, so dass der Arbeitgeber entsprechende Arbeitsschutzmaßnahmen treffen muss.

Eine richtlinienkonforme Auslegung von §§ 3 Abs. 1, 4 ArbSchG hat zur Folge, dass seitens des Arbeitgebers Arbeitsschutzmaßnahmen getroffen werden, die auf die Vermeidung und Verringerung zusätzlicher Belastungen bei Nacht- und Schichtarbeit gerichtet sind, die Einführung zusätzlicher Kurzpausen umfassen kann oder Arbeitsschutzmaßnahmen bereits bei einem geringerem als dem gesetzlichen festgelegten Grenzwert zu ergreifen sind. Da es sich hierbei um Maßnahmen des Arbeitsschutzes handelt, hat der Arbeitgeber die erforderlichen Kosten nach § 3 Abs. 3 ArbSchG zu tragen, wobei sich aus dem Wortlaut sowie dem Sinn und Zweck der Vorschrift keine Unterscheidung zwischen technischen und arbeitsorganisatorischen Arbeitsschutzmaßnahmen ergibt[479], insbesondere

---

[479] *Siemes,* NZA 1998, 232, 239; Kollmer-*Kohte,* § 3 ArbSchG, Rn. 92; andere abzulehnende Auffassung *Merten,* MB bei der Bildschirmarbeit, S. 108 ff.

da sich aus dem Arbeitsschutzgesetz kein sachlicher Grund für eine solche Differenzierung entnehmen lässt. Die Kostenregelung des § 3 Abs. 3 ArbSchG knüpft zugleich an die Schaffung von Gefahren- und Verantwortungsbereichen an, so dass sich aus diesem Grund eine Vergütungspflicht für zusätzliche Kurzpausen des Arbeitgebers ergibt, die über den Mindeststandard von § 4 ArbZG hinausgehen.
Unabhängig von auftretenden Mehrfachbelastungen sind bei Nacht- und Schichtarbeit zusätzliche Arbeitsschutzmaßnahmen erforderlich, die nicht nur der Umsetzung von Art. 12 Nr. 1 RL 93/104/EG, sondern auch Art. 13 RL 93/104/EG dienen, die sich nicht bereits aus den Regelungen des Arbeitszeitgesetzes ergeben, wie eine schichtarbeitsgerechte Verpflegung oder arbeitsmedizinische Beratungen. Bestehen trotz der Gestaltung des Schichtplans nach gesicherten arbeitswissenschaftlichen Erkenntnissen noch Gefährdungen für die Nacht- und Schichtarbeitnehmer, so kann die Einführung von Arbeitszeitverkürzung der Nacht- und Spätschicht oder von zusätzlichen, angemessenen Kurzpausen erforderlich sein.

4.5. Ordnungsgemäße Umsetzung von Artt. 12 Nr. 1, 13 RL 93/104/EG?

Die richtlinienkonforme Auslegung der Regelungen der Gefahrstoffverordnung und der Arbeitsstättenverordnung, der Lastenhandhabungsverordnung und des Arbeitsschutzgesetzes hat gezeigt, dass eine Auslegung nur unter Kenntnis und Zuhilfenahme insbesondere des Art. 12 Nr. 1, 13 RL 93/104/EG möglich ist. Zugleich zeigt diese Auslegung, dass ein Bedürfnis für spezielle Regelungen in einer Rechtsverordnung nach § 8 ArbZG besteht. Die Grundsätze der Rechtssicherheit und Rechtsklarheit erfordern daher eine Normierung der hier gewonnenen Auslegungsergebnisse, damit die Arbeitgeber und die Arbeitnehmer in die Lage versetzt werden, von ihren Pflichten und Rechten Kenntnis zu erlangen.

XI. Gefährdungsbeurteilung als Instrument zur Gestaltung der Arbeitsbedingungen

Arbeitsschutzgesetz und Arbeitszeitgesetz stehen in einem Verhältnis von Allgemeinem Teil und Besonderem Teil zueinander. Aus diesem Grund ist ein Zusammenwirken beider arbeitsschutzrechtlicher Gesetze hervorzuheben und am Beispiel der Gefährdungsbeurteilung gem. § 5 ArbSchG, der Ergreifung von

Maßnahmen nach §§ 3 Abs. 1, 4 ArbSchG und der Festlegung der Arbeitszeit nach § 6 Abs. 1 ArbZG zu verdeutlichen.

1. Festlegung der erforderlichen Arbeitsschutzmaßnahmen auf Grund einer Gefährdungsbeurteilung

1.1. Ziele und Anwendungsbereich einer Gefährdungsbeurteilung

Damit der Arbeitgeber seine umfassende und präventionsorientierte Handlungspflicht gem. § 3 Abs. 1 S. 1 ArbSchG wirksam erfüllen kann, stellt ihm das Arbeitsschutzgesetz in § 5 Abs. 1 das Instrument der Gefährdungsbeurteilung zur Verfügung, mit deren Hilfe er die erforderlichen Arbeitsschutzmaßnahmen ermitteln soll.[480] Danach ist der Arbeitgeber verpflichtet, eine Gefährdungsbeurteilung über die mit der Arbeit der Beschäftigten zusammenhängenden Gefährdungen durchzuführen. Ziel einer Gefährdungsbeurteilung ist dabei, es dem Arbeitgeber zu ermöglichen, die erforderliche Arbeitsschutzmaßnahmen zu planen, durchzuführen und zu überprüfen, um so seinen Pflichten nach § 3 ff. ArbSchG und sonstigen Rechtsvorschriften wirksam nachzukommen und auf diese Weise Sicherheits- und Gesundheitsgefährdungen der Beschäftigten zu begegnen.[481] Durch das Instrument der Gefährdungsbeurteilung wird das präventive Konzept des Arbeitsschutzgesetzes verstärkt, da bereits im Vorfeld der Gefahrenverhütung die für die Beschäftigten mit ihrer Arbeit verbundenen Gefährdungen beurteilt werden und erforderliche Arbeitsschutzmaßnahmen zu treffen sind.[482]
Die Gefährdungsbeurteilung soll nach § 5 Abs. 1 ArbSchG die mit der Arbeit der Beschäftigten verbundene Gefährdung ermitteln, d.h. sie hat sich an den konkreten Tätigkeiten der Beschäftigten im Zusammenhang mit den ihnen zugewiesenen Aufgaben zu orientieren.[483] Ein bestimmtes Verfahren ist hierbei von Gesetzes wegen nicht vorgeschrieben. Auf diese Weise wird eine Flexibilität im Hinblick auf die konkrete Situation der Betriebe erreicht und es bleibt daher ein Spielraum für praxisnahe und kostengünstige Lösungen.[484]

---

480 *Kittner/Pieper*, ArbSchR, § 3 ArbSchG, Rn. 1 f. (2002); *Wlotzke*, FS Kehrmann (1997), S. 141, 162.

481 *Kittner/Pieper*, ArbSchG, § 5, Rn. 1; *Merten*, MB bei der Bildschirmarbeit; S.75; ausführlich *Faber*, Grundpflichten des § 3 ArbSchG, S. 100 ff.

482 *Wlotzke*, FS Däubler (1999), S. 654, 661; *Kohte*, Jahrbuch des Arbeitsrechts 2000, 21, 32 bezeichnet dies als "Schritt vom Gefahrenschutz zum Gefährdungsschutz".

483 *Faber*, Grundpflichten des § 3 ArbSchG, S. 104.

484 *Bürkert*, AuA 1997, 190; Prax-Komm.-*Sehling*, § 5 ArbSchG, Rn. 21.

1.2. Gefährdungsermittlung (Feststellung der tatsächlichen Gefährdungen)

Die Gefährdungsermittlung steht notwendigerweise am Beginn einer Gefährdungsbeurteilung, d.h. es sind alle Faktoren, die zu Gefährdungen und Belastungen für die Beschäftigten bei der Arbeit führen oder führen können, zu erfassen und zusammenzustellen.[485] Hierzu enthält § 5 Abs. 3 ArbSchG einige beispielhafte, d.h. nicht abschließende Hinweise auf mögliche Gefährdungsquellen, zu denen unter Beachtung des erweiterten Arbeitsschutzansatzes nach Nr. 4 auch die Gestaltung von Arbeits- und Fertigungsverfahren, Arbeitsabläufen, der Arbeitszeit und deren Zusammenwirken zählt. Somit wird letztlich die am Arbeitsplatz bestehende tatsächliche Arbeitsschutzsituation, also der Ist-Zustand, ermittelt.[486] Als weiteres Hilfsmittel zur Feststellung möglicher Gefährdungsquellen für die Beschäftigten können die im Betrieb anzuwendenden Arbeitsschutz- und Unfallverhütungsvorschriften dienen.[487]
Für die Tätigkeit von Arbeitnehmern zur Nachtzeit oder in Schichtsystemen spielt in diesem Zusammenhang § 6 ArbZG eine große Bedeutung, da diese Norm es dem Arbeitgeber ermöglicht, Nacht- und Schichtarbeit als Gefährdungsquelle zu erkennen. In jenem Kontext ist insbesondere die Kenntnis von gesicherten arbeitswissenschaftlichen Erkenntnissen notwendig, da sie dazu dienen können, eine Gefährdung als solche zu erkennen.[488] Arbeitswissenschaftliche Erkenntnisse aus Belastungsuntersuchungen, die bisher keine Verankerung in Gestaltungsempfehlungen gefunden haben, sind ebenso von großer Bedeutung, da sich ihnen entnehmen lässt, ob mit der konkreten Arbeitstätigkeit die Entstehung von Gefährdungen verbunden ist. Daher sind die aus Belastungsuntersuchungen gewonnenen arbeitswissenschaftlichen Erkenntnisse über die auftretenden Gefährdungen bei Nacht- und Schichtarbeit vom Arbeitgeber bei der Ermittlung der Gefährdungen heranzuziehen. Ebenso ist den am Arbeitsplatz vorkommenden Mehrfachbelastungen hinreichend Rechnung zu tragen.
Im Rahmen der Gefährdungsermittlung ist des Weiteren die Einbeziehung der Mitarbeiter unerläßlich, da sie die Gefährdungen und Belastungen, denen sie

---

485 *Faber/Blume*, Recht im Arbeitsschutz, S. 26; *Pieper/Vorath*, Handbuch Arbeitsschutz, S. 57; *Koll*, PersV 1998, 230, 233; *Wlotzke*, FS Hanau (1999), S. 317, 320. Diese Forderung steht im Einklang mit Art. 6 Abs. 3 a) RL 89/391/EWG. Der *EuGH* hat in seinem Urteil vom 15.11.2001, Rs. C-49/00 (Kommission/Italien), Slg. 2001, I-8575 ff. bestätigt, dass der Arbeitgeber zur Beurteilung aller Gefahren verpflichtet ist.

486 *Kollmer/Vogl*, Das neue ArbSchG, S. 32, Abb. 5.

487 *Koll*, PersV 1998, 230, 233; Koll/Janning/Pinter-*Koll*, § 5 ArbSchG, Rn. 18.

488 *Kittner/Pieper*, ArbSchG, § 5, Rn. 7; *Koll*, FS Wlotzke (1996), S. 701, 707; *Faber*, Grundpflichten des § 3 ArbSchG, S. 111.

ausgesetzt sind, am besten kennen.[489] Diese Einbeziehung ist auf Grund von § 5 Abs. 3 Nr. 5 ArbSchG rechtlich geboten und die Beschäftigten sind nach § 16 Abs. 2 ArbSchG zur Unterstützung des Arbeitgebers auch verpflichtet.[490]
Nachdem der Arbeitgeber die vorhandenen Gefährdungen als solche erkannt hat, muss er sie in einem weiteren Schritt hinsichtlich ihrer Schwere bewerten, indem er einschätzt, wie erheblich diese Gefährdungen sind.[491] Kriterien zur Bewertung der Gefährdung sind hierbei der Grad der Eintrittswahrscheinlichkeit einer gesundheitlichen Beeinträchtigung sowie Art und Umfang ihres Ausmaßes, so dass der Arbeitgeber in dieser Hinsicht eine Risikoabschätzung vornehmen muss.[492] Dabei ist es notwendig, dass sowohl die einzelnen Faktoren als auch ihr Zusammenwirken bewertet werden.[493] An dieser Stelle sind wiederum entsprechende sicherheitstechnische, arbeitsmedizinische und arbeitswissenschaftliche Erkenntnisse heranzuziehen, um die Gefährdungen hinsichtlich ihrer Schwere zu bewerten[494], die u.a. aus Belastungsuntersuchungen gewonnen worden. Auch im Rahmen von Nacht- und Schichtarbeit hat der Arbeitgeber alle Gefährdungen zu bewerten, die aus der Tätigkeit der Beschäftigten resultieren. Als besondere Gefährdung hat er hierbei die Belastungen durch Nacht- und Schichtarbeit neben anderen Belastungsfaktoren, z.B. Gefahrstoffen, Lärm und Arbeitsverfahren, zu bewerten. Besondere Beachtung ist dabei der Kumulation vorhandener Mehrfachbelastungen zu schenken, z.B. eine erhöhte Gefährdungsexposition bei Gefahrstoffen beim Zusammentreffen mit Nacht- und Schichtarbeit.

1.3. „Soll-Ist-Vergleich" - rechtliche Bewertung der Gefährdung

Nachdem der Arbeitgeber die konkrete betriebliche Situation im Hinblick auf bestehende Gefährdungen ermittelt hat (sog. „Ist-Zustand"), muss er sie auf die Vereinbarkeit mit den im Arbeitsschutzgesetz, insbesondere in § 4 ArbSchG und sonstigen Rechtsvorschriften i.S.d. § 2 ArbSchG festgelegten Schutzzielen und

---

489 *Bürkert,* AuA 1997, 190, 191; Koll/Janning/Pinter-*Koll,* § 5 ArbSchG, Rn. 21.
490 *Faber,* Grundpflichten des § 3 ArbSchG, S. 69 f.
491 *Wank,* TAS, § 5 ArbSchG, Rn. 3; *Wlotzke,* FS Däubler (1999), S. 654, 661; *Berger-Delhey,* PersV 1996,518, 519.
492 *Wlotzke,* FS Däubler (1999), S. 654, 661; *Koll,* PersV 1998, 230, 233; Prax.-Kommentar-*Sehling,* § 5 ArbSchG, Rn. 33; ausführlich *Faber,* Grundpflichten des § 3 ArbSchG, S. 114 ff.
493 *Pieper/Vorath,* Handbuch Arbeitsschutz, S. 59; *Heilmann/Aufhauser,* § 5 ArbSchG, Rn. 13; *Faber,* Grundpflichten des § 3 ArbSchG, S. 118.
494 *Kittner/Pieper,* ArbSchG, § 5, Rn. 7.

Verpflichtungen, sog. Soll-Zustand, vergleichen.[495] Ein Handlungsbedarf seitens des Arbeitgebers ist festzustellen, sobald sich Defizite hinsichtlich des anzustrebenden Soll-Zustandes ergeben. Daneben sind aber auch Risiken zu bewerten, die sich nicht aus rechtlichen Vorgaben, festen Grenz- oder Belastungswerten u.ä. ergeben und für die daher keine verbindlichen Zielvorgaben vorliegen, mit der Folge, dass Ziele selbst formuliert werden müssen.[496]
Nach Festlegung der Ziele, die sich entweder aus Rechtsvorschriften oder durch eigene Verpflichtung ergeben, sind konkrete und erforderliche Arbeitsschutzmaßnahmen zu treffen. Auch hier ist der Arbeitgeber, wie bei der Beurteilung der Gefährdungen, an die rechtlichen Maßstäbe einschlägiger Rechtsvorschriften gebunden.[497] Zum einen hat er die allgemeinen Grundsätze des § 4 ArbSchG zu beachten und zum anderen sich an Schutzzielen zu orientieren, die sich aus speziellen Arbeitsschutzvorschriften für bestimmte Gefährdungen ergeben.[498]
Bei Nacht- und Schichtarbeit ergibt sich der anzustrebende objektive „Soll-Zustand“ in Bezug auf die Arbeitszeitgestaltung aus § 6 Abs. 1 ArbZG. Die erforderlichen Arbeitsschutzmaßnahmen müssen den in § 6 Abs. 1 ArbZG zum Ausdruck kommenden gesicherten arbeitswissenschaftlichen Erkenntnissen entsprechen, die in Form von Gestaltungsempfehlungen formuliert sind. Erfolgt die bisherige Gestaltung der Arbeitszeit nicht nach diesen Erkenntnissen, ist ein Defizit festzustellen, mit der Folge, dass Arbeitsschutzmaßnahmen erforderlich sind, die gesicherte arbeitswissenschaftliche Erkenntnisse über die menschengerechte Gestaltung der Arbeit umsetzen.
Darüber hinaus sind auch arbeitswissenschaftliche Erkenntnisse zu berücksichtigen, die nicht in Gestaltungsrichtlinien verankert sind, sondern die sich z.B. aus Belastungsuntersuchungen ableiten lassen, so dass verbindliche Zielvorgaben selbst formuliert werden müssen. In diesem Zusammenhang ist bspw. an eine angemessene Kurzpausenregelung zu denken, die keinen Eingang in die Gestaltungsempfehlungen der Europäischen Stiftung zur Verbesserung der Lebens - und Arbeitsbedingungen und der BAuA gefunden hat. Zwar verlangt § 4 Nr. 3 ArbSchG die Berücksichtigung gesicherter arbeitswissenschaftlicher Erkenntnisse, wird jedoch vom spezielleren § 6 Abs. 1 ArbZG verdrängt.
Auch beim Zusammentreffen von Nacht- und Schichtarbeit mit weiteren Belastungsfaktoren und daraus resultierenden Gefährdungen lassen sich arbeitsschutzrechtlichen Normen keine verbindlichen Zielvorgaben, insbesondere keine fes-

---

[495] *Merten*, MB bei der Bildschirmarbeit, S. 76; *Kittner/Pieper*, ArbSchG, § 5, Rn. 8.
[496] *Pieper/Vorath*, Handbuch Arbeitsschutz, S. 59 ff.; *Kohte*, Jahrbuch des Arbeitsrechts 2000, S. 21, 33.
[497] *Faber/Blume*, Recht im Arbeitsschutz, S. 27.
[498] *Pieper/Vorath*, Handbuch Arbeitsschutz, S. 65; *Kollmer/Vogl*, Das neue ArbSchG., Rn. 108.

ten Grenz- oder Belastungsgrenzen entnehmen. Vielmehr muss der Arbeitgeber selbst Ziele formulieren, die der Mehrfachbelastung Rechnung tragen. Anhaltspunkte geben dabei Ziele, die hinsichtlich einzelner Belastungen aufgestellt sind. Bei Mehrfachbelastungen muss der Arbeitgeber daher mindestens über diese Zielvorstellungen hinausgehen und weitergehende Arbeitsschutzmaßnahmen in Betracht ziehen.

2. Treffen der erforderlichen Arbeitsschutzmaßnahmen

Auf der Grundlage der ermittelten Gefährdungen und möglicher Schutzmaßnahmen hat der Arbeitgeber die erforderlichen Arbeitsschutzmaßnahmen nach § 3 Abs. 1 S. 1 ArbSchG zu treffen.
Vorab ist festzuhalten, dass durch § 4 Nr. 4 ArbSchG eine ganzheitliche Planung der erforderlichen Arbeitsschutzmaßnahmen vorgeschrieben ist, indem eine sachgerechte Verknüpfung von Technik, Arbeitsorganisation, sozialen Beziehungen und Einfluss der Umwelt auf den Arbeitsplatz zu erfolgen hat. Die Planungsentscheidung des Arbeitgebers soll in einer umfassenden und übergreifenden betriebsbezogenen Arbeitsschutzpolitik münden, aus der sich kurz-, mittel- und langfristig Ziele des Sicherheits- und Gesundheitsschutzes sowie die erforderlichen Umsetzungsschritte ergeben, wobei es sich bei dieser Planungsentscheidung um eine komplexe Abwägungsentscheidung des Arbeitgebers handelt.[499]
Der dem Arbeitgeber im Rahmen dieser Planungsentscheidung eingeräumte Gestaltungsspielraum wird durch Mindestanforderungen, die in arbeitsschutzrechtlichen Vorschriften normiert sind, begrenzt.[500] Eine solche Rechtsvorschrift stellt auch § 6 Abs. 1 ArbZG dar. Dabei besteht das Problem, dass es kein optimales Schichtsystem gibt und sich einzelne, wenige, gesicherte arbeitswissenschaftlichen Erkenntnisse widersprechen. Darüber hinaus hat der Arbeitgeber Maßnahmen zu treffen, damit Belastungen, die aus Lage und Dauer der Arbeitszeit sowie aus Mehrfachbelastungen resultieren, vermieden oder verringert werden. Aus diesem Grund hat der Arbeitgeber eine Abwägung vorzunehmen, durch welche ganzheitlichen Maßnahmen, eine Anpassung der Arbeitsgestaltung an den Menschen optimal ermöglicht wird. Welche Maßnahmen der Arbeitgeber im Ergebnis der Abwägung für erforderlich hält, unterliegt nur einer einge-

---

[499] Hierzu ausführlich *Faber*, Grundpflichten des § 3 ArbSchG, S. 122 ff., der hierbei hauptsächlich die rechtlichen Bindungen der planerischen Gestaltungsfreiheit untersucht.

[500] *Faber*, Grundpflichten des § 3 ArbSchG, S. 127.

schränkten gerichtlichen Kontrolle, während der unbestimmte Rechtsbegriff der gesicherten arbeitswissenschaftlichen Erkenntnisse der uneingeschränkten richterlichen Nachprüfung zugänglich ist.[501]
Die planerische Abwägung dagegen ist nur auf das Vorliegen von Abwägungsfehlern zu überprüfen, die der Fehlerprüfung bei der Ermessenskontrolle nachgebildet ist[502]. Sowohl der Abwägungsvorgang als auch das Abwägungsergebnis sind auf eine Verletzung des Abwägungsgebotes zu überprüfen. Eine Verletzung des Abwägungsgebotes wird im Verwaltungsrecht dann bejaht, wenn 1. eine (sachgerechte) Abwägung überhaupt nicht stattfindet (Abwägungsausfall), 2. in die Abwägung nicht eingestellt wird, was nach Lage der Dinge in dem konkreten Planungsfall in sie eingestellt werden muss (Abwägungsdefizit). 3. die Bedeutung der betroffenen öffentlichen und privaten Belange verkannt wird (Abwägungsfehleinschätzung) und 4. der Ausgleich zwischen den gewichteten Belangen in einer Weise vorgenommen wird, die zur objektiven Gewichtigkeit außer Verhältnis steht (Abwägungsdisproportionalität).[503]
Im Rahmen der Arbeitsgestaltung für Nacht- und Schichtarbeitnehmer kommt ein Abwägungsausfall dann in Betracht, wenn der Arbeitgeber eine (sachgerechte) Abwägung im Hinblick auf Kriterien der Arbeitsgestaltung überhaupt nicht vornimmt. Ein Abwägungsdefizit ist z.B. dann anzunehmen, wenn die sich aus der Gefährdungsbeurteilung ergebenden Gefährdungen und in Betracht kommenden Maßnahmen nur vereinzelt in den Abwägungsvorgang Eingang finden. Des Weiteren liegt ein Abwägungsdefizit dann vor, wenn entgegen § 5 ArbSchG keine Gefährdungsbeurteilung durchgeführt worden ist, so dass eine Verfahrensrichtigkeit nicht mehr gewährleistet ist, und daher auch, wenn der Gefährdungsbeurteilung ein ungeeignetes Verfahren zugrunde lag, mit dem das Abwägungsmaterial ermittelt wurde[504], z.B. die Anwendung eines standardisierten Verfahrens für die Nacht- und Schichtarbeit, das keine solchen Belastungsaspekte enthält, sondern nur für die Anwendung in der Tagschicht ausgelegt ist. Eine Abwägungsdisproportionalität liegt dann vor, wenn der Arbeitgeber bei der Arbeitsgestaltung Prioritäten setzt, die völlig an den tatsächlichen Risiken für die Sicherheit und Gesundheit der Beschäftigten vorbeigehen.[505]

---

501 Allgemein zu dieser Problematik *Kloepfer*, Umweltrecht, § 8, Rn. 60 ff. Für die gesicherten arbeitswissenschaftlichen Erkenntnisse, *BVerwG 31.01.1997*, NZA 1997, 482, 484; *OVG NW 15.10.1997*, GewArch 1985, 202.

502 *Kloepfer*, Umweltrecht, § 4, Rn. 66 m. w. N.

503 *Kloepfer*, Umweltrecht, § 4, Rn. 66 ff.; zur Übertragung der Grundsätze auf das Arbeitsschutzrecht *Faber*, Grundpflichten des § 3 ArbSchG, S. 122 ff.

504 *Faber*, Grundpflichten des § 3 ArbSchG, S. 127.

505 Allgemein hierzu *Faber*, Grundpflichten des § 3 ArbSchG, S. 129 f. mit weiteren Anwendungsbereichen.

Der Arbeitgeber ist nach § 3 Abs. 1 S. 1 ArbSchG nur verpflichtet, die erforderlichen Arbeitsschutzmaßnahmen zu planen und durchzuführen. Da es sich hierbei um eine Pflicht öffentlich-rechtlicher Natur handelt, findet der Grundsatz der Verhältnismäßigkeit Anwendung. Insoweit ist zu verlangen, dass Arbeitsschutzmaßnahmen zur Erreichung des angestrebten Schutzziels, d.h. zur Gewährleistung und Verbesserung von Sicherheit, Gesundheit einschließlich einer menschengerechten Gestaltung der Arbeit geeignet, erforderlich und angemessen sind. Der Verhältnismäßigkeitsgrundsatz findet im gesamten öffentlich-rechtlichen Arbeitsschutzrecht Anwendung und daher auch hinsichtlich der Arbeitsgestaltung der Nacht- und Schichtarbeitnehmer.
Da es sich bei § 6 Abs. 1 ArbZG um eine zwingende Verpflichtung des Arbeitgebers zur Verbesserung von Sicherheit und Gesundheit handelt, erfüllen gesicherte arbeitswissenschaftliche Erkenntnisse, die in Gestaltungsempfehlungen verankert sind, ohne weiteres die Kriterien von Geeignetheit und Erforderlichkeit.
Schutzmaßnahmen, die vom Arbeitgeber auf Grund von Erkenntnissen aus Belastungsuntersuchungen getroffen werden sollen, müssen nur dann getroffen werden, wenn sie geeignet und erforderlich sind. Keinen Eingang in die Gestaltungsempfehlungen der BAuA und der Europäischen Stiftung zur Verbesserung der Lebens- und Arbeitsbedingungen hinsichtlich der Schichtplangestaltung haben Erkenntnisse über Probleme der Verdauung und daraus resultierende Magen-Darmerkrankungen gefunden. Eine solche Gefährdung wurde aber in Belastungsuntersuchungen hinreichend nachgewiesen und kann als gesicherte Erkenntnis aus Belastungsuntersuchungen angesehen werden.
Im Rahmen des § 3 Abs. 1 ArbSchG steht dem Arbeitgeber ein Beurteilungsspielraum zu, welche Arbeitsschutzmaßnahmen er für geeignet und erforderlich hält, um die o.g. Belastung zu vermeiden und zu verringern. In Betracht kommt eine Gestaltung der betrieblichen Essensversorgung, die bestimmte Essensgrundsätze beinhaltet[506], oder eine Beratung der Arbeitnehmer durch einen Betriebsarzt oder andere arbeitswissenschaftliche Experten. Nachdem sich eine Arbeitsschutzmaßnahme als geeignet und erforderlich herausgestellt hat, muss diese auf Grund des Verhältnismäßigkeitsgrundsatzes auch noch angemessen sein.
In diesem Zusammenhang stellt sich die Frage, ob die Kostenbelastung für den Arbeitgeber zu berücksichtigen ist. § 120a Abs. 1 GewO bestimmte noch, dass die Verpflichtung des Arbeitgebers nur insoweit bestehe „wie es die Natur des Betriebes gestattet“ und daher keine Schutzmaßnahmen vom Arbeitgeber zu ergreifen waren, die technisch der Natur des Betriebes widersprachen oder Kosten

---

506 Vgl. z.B. *Hahn*, Nacht- und Schichtarbeit I, S. 93.

verursachten, die in keinem angemessenen Verhältnis zum Nutzen der Vorkehrungen standen[507]. Nunmehr verlangt § 4 Nr. 1 ArbSchG eine Gestaltung der Arbeit dahingehend, dass eine Gefährdung für Leben und Gesundheit möglichst vermieden und die verbleibende Gefährdung möglichst gering gehalten wird. Nach dem Verhältnismäßigkeitsgrundsatz kann eine Maßnahme vom Arbeitgeber nicht mehr verlangt werden, wenn sie erkennbar außerhalb jedes vernünftigen Verhältnisses zwischen dem angestrebten Ziel und der durch die Maßnahme wirkenden Beeinträchtigung des Arbeitgebers steht.[508] Dies führt in Übereinstimmung mit den Erwägungsgründen der RL 89/391/EWG zu einer Berücksichtigung wirtschaftlicher Gesichtspunkte i.S. einer wirtschaftlichen Unzumutbarkeit für den Arbeitgeber.[509]
Der Verhältnismäßigkeitsgrundsatz ist selbstredend auch bei Maßnahmen zu beachten, die sich auf die aus Mehrfachbelastungen resultieren Gefährdungen beziehen.

3. Gefährdungsbeurteilung und Wirksamkeitskontrolle

Um einen effektiven Arbeitsschutz zu gewährleisten, sind die auf Grund der Gefährdungsbeurteilung getroffenen Arbeitsschutzmaßnahmen nach § 3 Abs. 1 S. 2 ArbSchG auf ihre Wirksamkeit zu überprüfen, in dem Sinne, dass die Durchführung entsprechend der getroffenen Festlegungen erfolgte, die Maßnahmen zudem die beabsichtigte Vermeidung oder Einschränkung des Risikos zur Folge haben und zugleich mögliche neue Gefährdungen analysiert werden, die Gegenmaßnahmen nach sich ziehen, so dass die Gefährdungsbeurteilung als eine Daueraufgabe verstanden werden muss.[510] Dazu gehört es auch, dass der Arbeitgeber die jeweiligen aktuellen gesicherten arbeitswissenschaftlichen Erkenntnisse i.S.d. § 4 Nr. 3 ArbSchG ermittelt, um so neue Gefährdungen beurteilen zu können, die Anpassungsmaßnahmen erfordern. Solche Anpassungsmaßnahmen sind gleichsam erforderlich, wenn neue gesicherte arbeitswissenschaftliche Erkenntnisse in Form von Gestaltungsrichtlinien verankert werden.

---

507 *Wank*, TAS, § 3 ArbSchG, Rn. 4

508 Koll/Janning/Pinter-*Koll*, § 3 ArbSchG, Rn. 6; *Kohte*, Jahrbuch des Arbeitsrechts 2000, S. 21, 31; MünchArbR-*Wlotzke*, § 211, Rn. 24.

509 *Wlotzke*, FS Däubler (1999), S. 654, 660, hierzu ausführlich *Faber*, Grundpflichten des § 3 ArbSchG, S. 131 ff.

510 *Pieper/Vorath*, Handbuch Arbeitsschutz, S. 66; *Heilmann/Aufhauser*, § 5 ArbSchG, Rn. 14.

4. Dokumentation nach § 6 ArbSchG

Im engen Zusammenhang mit der Durchführung einer Gefährdungsbeurteilung steht die Verpflichtung des Arbeitgebers nach § 6 ArbSchG, das Ergebnis der Gefährdungsbeurteilung (§ 5 ArbSchG), die von ihm festgelegten Arbeitsschutzmaßnahmen i.S.d. § 2 Abs. 1 ArbSchG und das Ergebnis ihrer Überprüfung (§ 3 Abs. 1 S. 2) zu dokumentieren. Einerseits soll eine Dokumentation der Entscheidungsgrundlagen zur Gewährleistung und Verbesserung einer kontinuierlichen betrieblichen Arbeitsschutzpolitik beitragen.[511] Andererseits verfolgt § 6 ArbSchG den Zweck, die Arbeitsschutzsituation im Betrieb jederzeit für den Arbeitgeber, für die am Arbeitsschutz im Betrieb Beteiligten sowie für die Aufsichtsstellen transparent zu gestalten.[512]

XII. Zusammenfassung

§ 6 Abs. 1 ArbZG verlangt die Festlegung der Arbeitszeit der Nacht- und Schichtarbeitnehmer nach gesicherten arbeitswissenschaftlichen Erkenntnissen über die menschengerechte Gestaltung der Arbeit. Durch diese Vorschrift werden Artt. 12 Nr. 1 und 13 RL 93/104/EG ins nationale Recht umgesetzt.
Der durch die Artt. 12 Nr. 1 und 13 RL 93/104/EG bezweckte Sicherheits- und Gesundheitsschutz der in Nacht- und Schichtarbeit Beschäftigten lässt sich nur erreichen, wenn neben §§ 6 Abs. 1 und Abs. 5 ArbZG weitere Schutzmaßnahmen getroffen werden, zu denen der Arbeitgeber auf Grund richtlinienkonformer Auslegung spezieller Arbeitsschutzvorschriften und der Generalklausel des § 3 Abs. 1 S. 1 ArbSchG verpflichtet ist. Anknüpfungspunkt ist zum einen die Gefährdung, die aus der Dauer und Lage, Verteilung und Rhythmuk der Arbeitszeit resultiert, und zum anderen die Gefährdung, die auf das Zusammenwirken von zusätzlichen Belastungsfaktoren mit Nacht- und Schichtarbeit zurückzuführen ist.
Damit der Arbeitgeber in die Lage versetzt wird, die in Betracht kommenden, erforderlichen Maßnahmen des Arbeitsschutzes auf dem Gebiet von Nacht- und Schichtarbeit zu treffen, hat er eine Gefährdungsbeurteilung nach § 5 ArbSchG durchzuführen, die somit eine bedeutende Rolle bei der Gestaltung der Arbeitsbedingungen einnimmt.

---

511 *Wlotzke,* FS Däubler (1999), S. 654, 662; *Fischer,* BArbBl. 1996, 21, 23.

512 *Wlotzke,* FS Däubler (1999), S. 654, 662; *Pieper,* ArbuR 1996, 465, 469; Kittner/Zwanziger-*Bantle,* § 112, Rn. 72.

4. Kapitel: *Durchsetzung der Arbeitszeitgestaltung durch die Arbeitsschutzbehörden*

Nachfolgend soll insbesondere untersucht werden, ob es sich bei der Pflicht des Arbeitgebers zur menschengerechten Gestaltung der Nacht- und Schichtarbeit nach § 6 Abs. 1 ArbZG um eine öffentlich-rechtliche Pflicht handelt. Außerdem ist der Fragen nachzugehen, wie die Verwaltungsbehörden die Pflicht des Arbeitgebers zu einer entsprechenden Arbeitszeitgestaltung auch durchsetzen kann. Eine vergleichbare Diskussion soll für die Verpflichtung des Arbeitgebers zur Leistung eines Ausgleichs bei Nachtarbeit nach § 6 Abs. 5 ArbZG geführt werden. Innerhalb dieses Kapitels soll zudem eine knappe Darstellung zur arbeitsschutzbehördlichen Durchsetzung von §§ 3 Abs. 1 S. 1, 4 ArbSchG erfolgen.

I. Pflicht des Arbeitgebers als Voraussetzung für behördliches Handeln

Nach § 17 Abs. 1 ArbZG haben die Arbeitsschutzbehörden, also die örtlich zuständigen Gewerbeaufsichtsämter bzw. Ämter für Arbeitsschutz, die Einhaltung der Vorschriften des Arbeitszeitgesetzes zu überwachen und erforderlichenfalls sind sie nach § 17 Abs. 2 ArbZG auch befugt, Anordnungen zu treffen und diese im Bedarfsfall mit den ihnen zur Verfügung stehenden Zwangsmitteln durchzusetzen.
Voraussetzung für ein Tätigwerden der Verwaltungsbehörde ist allerdings, dass eine Pflicht des Arbeitgebers gegenüber dem Staat besteht, die betreffende arbeitszeitrechtliche Vorschrift einzuhalten, d.h. die Vorschrift muss öffentlich-rechtlichen Charakter haben.[1]

1. § 6 Abs. 1 ArbZG

Während einige Autoren eine privatrechtliche Verpflichtung des Arbeitgebers zur menschengerechten Gestaltung der Arbeitszeit im Rahmen des § 6 Abs. 1 ArbZG ablehnen[2], wird eine öffentlich-rechtliche Verpflichtung des Arbeitgebers bejaht, die auch erforderlichenfalls durch Anordnungen der Aufsichtsbe-

---

[1] MünchArbR-*Anzinger*, § 222, Rn. 1; vgl. auch *Kittner/Pieper*, ArbSchG, § 21, Rn. 14.
[2] Vgl. hierzu S. 151 ff.

hörde nach § 17 Abs. 2 ArbZG durchgesetzt werden kann.[3] Eine andere Auffassung ist mit dem Wortlaut der Norm („...ist...festzulegen.“) nicht vereinbar. Zudem forderte das *BVerfG*[4] eine gesetzliche Neuregelung einschließlich flankierender Maßnahmen zum Schutz der Nachtarbeitnehmer, die insbesondere dem Grundrecht auf körperliche Unversehrtheit nach Art. 2 Abs. 2 S. 1 GG Rechnung tragen muss.
In diesem Rahmen betonte das BVerfG, dass auf Grund eines fehlenden Kräftegleichgewichts mit den Mitteln des Vertragsrechts allein kein sachgerechter Ausgleich der Interessen der Beteiligten zu gewährleisten sei. Soweit bei der Verpflichtung aus § 6 Abs. 1 ArbZG der öffentlich-rechtliche Charakter verneint werden würde, ist diese Norm nicht mehr zur Wahrung eines entsprechenden Grundrechtsschutzes geeignet, da das fehlende Kräftegleichgewicht nicht nur beim Abschluss von Arbeitsverträgen zum Tragen kommt, sondern auch bei der Durchsetzung von § 6 Abs. 1 ArbZG, so dass eine aufsichtsbehördliche Kontrolle erforderlich. Der Gesetzgeber wollte mit der Norm des § 6 ArbZG eine Regelung schaffen, die den Anforderungen von Art. 2 Abs. 2 S. 1 GG entspricht[5], so dass eine öffentlich-rechtliche Pflicht des Arbeitgebers zu bejahen ist.
Auch die systematische Einordnung von § 6 Abs. 1 ArbZG ins öffentlich-rechtliche Arbeitszeitrecht und der Vergleich zu § 28 Abs. 1 JArbSchG sprechen für eine öffentlich-rechtliche Pflicht des Arbeitgebers. § 28 Abs. 1 JArbSchG verpflichtet den Arbeitgeber zu einer menschengerechten Gestaltung der Arbeit der Jugendlichen. In § 28 Abs. 3 JArbSchG ist die aufsichtsbehörliche Durchsetzung explizit festgeschrieben, auch wenn Verstöße gegen § 28 Abs. 1 ArbZG weder als Straftat noch als Ordnungswidrigkeit geahndet werden. Da insoweit § 6 Abs. 1 ArbZG und § 28 Abs. 1 JArbSchG vergleichbar sind, ist die Annahme einer öffentlich-rechtlichen Verpflichtung bereits aus gemeinschaftsrechtlichen Gründen auf Grund des aus Art. 10 EG abzuleitenden gemeinschaftsrechtlichen Loyalitätsgebots[6] erforderlich.
Weiterhin bedingt Art. 4 Abs. 2 RL 89/391/EWG, wonach die Mitgliedstaaten für eine angemessene Kontrolle und Überwachung Sorgen zu tragen haben, die Auslegung i.S. einer öffentlich-rechtlichen Pflicht.

---

3 *Zmarzlik*, AR-Blattei SD 240, Rn. 170; *Baeck/Deutsch*, § 6 ArbZG, Rn. 89; *Anzinger/Koberski*, § 6 ArbZG, Rn. 23; *Anzinger*, FS Wlotzke (1996), S. 427, 438; Hk-ArbZG/*Rauschenberg*, § 6 ArbZG, Rn. 29. *Junker*, ZfA 1998, 105, 120, der § 6 Abs. 1 ArbZG lediglich als Programmsatz betrachtet, nimmt zu dieser Frage keine Stellung. Konsequent wäre es in diesem Fall gewesen, auch eine Verpflichtung des Arbeitgebers gegenüber dem Staat abzulehnen.

4 *BVerfG 28.01.1992*, NZA 1992, 270, 273.

5 BT-Drucks. 12/5888, S. 25.

6 Vgl. hierzu bereits S. ########

Nicht zuletzt widerspricht es dem Sinn und Zweck von § 6 Abs. 1 ArbZG, d.h. dem umfassenden Schutz von Sicherheit und Gesundheit der Beschäftigten und der arbeitsmedizinischen Flankierung von Nachtarbeit, wenn die Norm keine entsprechende Verpflichtung des Arbeitgebers vorsähe, da die Durchsetzung des Sicherheits- und Gesundheitsschutzes allein im Wege des Privatrechts keinen hinreichenden Schutz auf Grund des fehlenden Kräftegleichgewichts gewährleistet.

2. § 6 Abs. 5 ArbZG

Bei § 6 Abs. 5 ArbZG ist unstreitig, dass aus dieser Norm ein privatrechtlicher Anspruch des Arbeitnehmers auf Ausgleichsleistungen in Form von Freizeitausgleich oder eines Entgeltzuschlages folgt und der Arbeitgeber hierbei ein Wahlrecht nach § 262 BGB hat.[7] Zudem soll aus der Formulierung von § 6 Abs. 5 ArbZG ("hat ... zu gewähren") folgen, dass es sich um eine öffentlich-rechtliche Pflicht des Arbeitgebers handelt.[8]
Bereits die Verankerung im Arbeitszeitgesetz als Teil des öffentlich-rechtlichen Arbeitsschutzrechts und die pauschale Verweisung in § 17 Abs. 1 ArbZG auf "die Einhaltung dieses Gesetzes" sprechen dafür, dass es sich bei § 6 Abs. 5 ArbZG auch um eine öffentlich-rechtliche Pflicht des Arbeitgebers handelt.
Insbesondere bedingt der mit § 6 Abs. 5 ArbZG bezweckter Schutz vor den gesundheitlichen Belastungen der Nachtarbeit eine solche Einordnung. Der aus Art. 2 Abs. 2 S. 1 GG folgenden Schutzpflicht, die flankierende Maßnahmen verlangt, ist nur dann hinreichend Rechnung getragen, wenn die Verwaltungsbehörden für die Erfüllung von § 6 Abs. 5 ArbZG zuständig sind, da die Regelung mittelbar auch als Steuerungsinstrument dienen soll, um Nachtarbeit arbeitsmedizinisch und sozialpolitisch zu flankieren. Wiederum ist auf Art. 4 Abs. 2 RL 89/391/EWG zu verweisen, um die Annahme einer öffentlich-rechtlichen Pflicht des Arbeitgebers zu verdeutlichen.

---

[7] Vgl. hierzu #########

[8] *Tietje,* Arbeitszeitrecht, S. 193.

II. Überwachungsaufgabe der Aufsichtsbehörden

Die Aufsichtsbehörden sollen sicherstellen, dass die Arbeitnehmer in Übereinstimmung mit den Vorschriften des Arbeitszeitgesetzes beschäftigt werden. Um dies zu gewährleisten, ist in § 17 Abs. 1 ArbZG eine entsprechende Überwachungspflicht normiert. Die Überwachungspflicht der Aufsichtsbehörden ist als eine umfassende Aufgabe zu verstehen, die dazu beitragen soll, dass Gesetzesverstöße verhindert werden. In Einklang mit den Zielen des betrieblichen Arbeitsschutzes muss der Überwachungspflicht daher eine präventive Wirkung zugeschrieben werden.

1. Überwachungspflicht nach § 17 Abs. 1 ArbZG

Damit die Aufsichtsbehörden überhaupt in die Lage versetzt werden, die Einhaltung der §§ 6 Abs. 1 und Abs. 5 ArbZG im Wege von Vollzugsmaßnahmen durchzusetzen, sind sie in einem ersten Schritt nach § 17 Abs. 1 ArbZG verpflichtet, die Vorschriften des Arbeitszeitgesetzes zu überwachen. Die Überwachung gehört dabei zu den Kernbereichen der klassischen Aufgaben der Aufsichtsbehörden.

Die Aufsichtsbehörden können ihre allgemeinen Kontroll- und Überwachungsaufgaben kontinuierlich und ohne vorherige Ankündigung durchführen; außerdem bedarf es keines besonderen Anlasses oder eines Verdachts, dass die Schichtplangestaltung des Arbeitgebers gegen gesicherte arbeitswissenschaftliche Erkenntnisse über die menschengerechte Gestaltung der Arbeit verstößt oder er - trotz Nichtvorhandensein einer tariflichen Regelung - keine Ausgleichsleistung nach § 6 Abs. 5 ArbZG gewährt.[9] Entsprechend der heutigen präventiven Konzeption des Arbeitsschutzes können sie bereits präventiv tätig werden und so drohende Verstöße verhindern.[10]

In diesem Zusammenhang ist festzuhalten, dass den Aufsichtsbehörden nach § 21 Abs. 1 ArbSchG auch die Überwachung von Arbeitsschutzvorschriften nach dem Arbeitsschutzgesetz und der auf Grund dieses Gesetzes erlassenen Rechtsverordnungen obliegt. Aus der einheitlichen Aufgabenzuweisung ist wiederum die Bedeutung des Arbeitszeitrechts als Teil des Arbeitsschutzrechts zu schlussfolgern. Die Gesamtüberwachung durch die Aufsichtsbehörden - von Ausnah-

---

[9] *Buschmann/Ulber*, § 17 ArbZG, Rn. 3.
[10] *Buschmann/Ulber*, § 17 ArbZG, Rn. 3.

men abgesehen[11] - soll somit eine umfassende Kontrolle des betrieblichen Arbeitsschutzes gewährleisten.

2. Durchführung der Überwachung

Damit Aufsichtsbehörden die ihr von § 17 Abs. 1 ArbZG zugewiesene Überwachung, die im Ergebnis zu einer Einzelfallanordnung nach § 17 Abs. 2 ArbZG führen kann, auch tatsächlich erfüllen können, räumt ihnen das Arbeitszeitgesetz verschiedene Rechte und Befugnisse im Verhältnis zum Arbeitgeber ein.

2.1. Auskunfts- und Vorlagepflicht nach § 17 Abs. 4 ArbZG

a) Auskunftspflicht

Aus § 17 Abs. 4 S. 1 ArbZG ergibt sich die Verpflichtung des Arbeitgebers, der Aufsichtsbehörde die für die Durchführung des Arbeitszeitgesetzes erforderlichen Auskünfte zu erteilen. Diese Verpflichtung des Arbeitgebers zur Auskunftserteilung bezieht sich auf alle Vorgänge und Tatsachen, die die Aufsichtsbehörde zur Erfüllung ihrer Aufgaben benötigt bzw. für erforderlich hält.[12] Der Arbeitgeber ist aber erst dann zur Auskunftserteilung verpflichtet, wenn die Behörde eine bestimmte Auskunft verlangt, wofür aber nicht erforderlich ist, dass sie den Verdacht eines Gesetzesverstoßes hegt.[13] Unzulässig ist es dagegen, wenn die Aufsichtsbehörde allgemeine, ungezielte Ausforschungen des Arbeitgebers betreibt, um die behördliche Aufsicht zu erleichtern.[14]
Umstritten ist in diesem Zusammenhang, ob das Auskunftsverlangen der Aufsichtsbehörde ein Verwaltungsakt i.S.d. § 35 VwVfG ist. Die überwiegende Meinung[15] geht davon aus, dass es sich bei der Aufforderung nicht um einen Verwaltungsakt handelt, sondern diese erst der Prüfung dient, ob ein solcher zu

---

11 Z.B. § 17 Abs. 3 ArbZG, § 15 GSG, § 24 ChemG.

12 *Anzinger/Koberski,* § 17 ArbZG, Rn. 19; *Buschmann/Ulber,* § 17 ArbZG, Rn. 7; *Schliemann*/Meyer, Arbeitszeitrecht, Rn. 903.

13 *Anzinger/Koberski,* § 17 ArbZG, Rn. 19; *Neumann/Biebl,* § 17 ArbZG, Rn. 3; *Kittner/Pieper,* ArbSchG, § 22, Rn. 4; vgl., *BVerwG 5.11.1987,* DVBl. 1988, 440 f., wonach auch Betretungsrechte zum Zwecke einer wirksamen Überwachung nicht an konkrete Verdachtsmomente in Bezug auf eine Pflichtenverletzung geknüpft sind.

14 *Neumann/Biebl,* § 17 ArbZG, Rn. 3; *Baeck/Deutsch,* § 17 ArbZG, Rn. 25; MünchArbR-*Anzinger,* § 222, Rn. 12; *OVG Berlin 18.3.1982,* GewArch 1982, 279.

15 *Neumann/Biebl,* § 17 ArbZG, Rn. 3; MünchArbR-*Anzinger,* § 222, Rn. 12; *OLG Düsseldorf 02.02.1982,* DB 1982, 1616.

erlassen ist. Hingegen bejahen *Baeck/Deutsch*[16] den Charakter eines Verwaltungsaktes. Da die Aufforderung zur Auskunft noch keine abschließende Regelung beinhaltet, sondern nur der Vorbereitung einer abschließenden Entscheidung dient und die Aufforderung zur Auskunftserteilung in diesem Zusammenhang keine selbständige Bedeutung entfaltet[17], ist der überwiegenden Meinung zuzustimmen.

b) Vorlagepflicht

§ 17 Abs. 4 S. 1 ArbZG verpflichtet den Arbeitgeber, auf Verlangen der Aufsichtsbehörde dieser die Arbeitszeitnachweise i.S.v. § 16 Abs. 2 ArbZG sowie Tarifverträge und Betriebsvereinbarungen i.S.d. § 7 Abs. 1 bis 3 und § 12 ArbZG vorzulegen.

Nach § 16 Abs. 2 ArbZG muss der Arbeitgeber die über die werktägliche Arbeitszeit des § 3 S. 1 ArbZG hinausgehende Arbeitszeit der Arbeitnehmer aufzeichnen. Arbeitet somit ein Arbeitnehmer an einem Werktag länger als acht Stunden, wird die Aufzeichnungspflicht des Arbeitgebers - für diese Zeiten an diesem Tag - ausgelöst[18]. Unabhängig davon, ob man auch eine Aufzeichungspflicht über entsprechende Arbeitszeitausgleiche verlangt[19], erlangt § 17 Abs. 4 S. 2 ArbZG für die Überwachung von § 6 Abs. 1 ArbZG nur geringe und von § 6 Abs. 5 ArbZG keine Bedeutung.

Auch andere Unterlagen, in denen Arbeitszeitaufzeichnungen enthalten sind, werden von § 17 Abs. 4 S. 2 ArbZG nicht erfasst[20]. Der Arbeitgeber ist also nach § 17 Abs. 4 S. 2 ArbZG nicht verpflichtet, die im Betrieb geltenden Schichtpläne der Aufsichtsbehörde vorzulegen, um eine Kontrolle von § 6 Abs. 1 ArbZG zu gewährleisten. Dies trifft auch für die im Betrieb abgeschlossenen Arbeitsverträge und Betriebsvereinbarungen in Bezug auf die Verpflichtung einer Ausgleichsleistung nach § 6 Abs. 5 ArbZG zu. Lediglich soweit die Schichtdauer acht Stunden werktäglich übersteigt, besteht eine Aufzeichnungspflicht.

Soweit die Arbeitszeit der Nacht- und Schichtarbeitnehmer mit Vertrauensarbeitszeit gekoppelt ist, hat das BAG[21] zu Recht entschieden, dass dies den Arbeitgeber von seiner gesetzlichen Kontrollpflicht nicht entbindet.

---

16 *Baeck/Deutsch,* § 17 ArbZG, Rn. 25; ebenso *OLG Hamm 7.6.1994,* GewArch 1994, 471.

17 Vgl. *Maurer,* Allgemeines Verwaltungsrecht, § 9, Rn. 9 zu sog. Vorbereitungs- und Teilakten.

18 *Baeck/Deutsch,* § 16 ArbZG, Rn. 21.

19 So z.B. *Schliemann*/Meyer, Arbeitszeitrecht, Rn. 881.

20 *Schliemann*/Meyer, Arbeitszeitrecht, Rn. 905; *Baeck/Deutsch,* § 17 ArbZG, Rn. 26.

21 *BAG 06.05.2003,* AP Nr. 61 zu § 80 BetrVG 1972.

c) *Fazit*

Die Aufsichtsbehörde kann von ihrem Auskunftsrecht nach § 17 Abs. 4 S. 1 ArbZG Gebrauch machen, um vom Arbeitgeber die erforderlichen Informationen über die betriebliche Schichtplangestaltung gem. § 6 Abs. 1 ArbZG und über die Gewährung von Ausgleichsleistungen i.S.v. § 6 Abs. 5 ArbZG zu erhalten. Die Verpflichtung zur Auskunftserteilung betrifft allein den Arbeitgeber oder dessen Vertreter, während Arbeitnehmer, die nicht vom Arbeitgeber beauftragt worden sind, von der Aufsichtsbehörde zwar befragt werden können, aber nicht auskunftspflichtig sind.[22]

2.2. *Zugangs- und Besichtigungsrecht gem. § 17 Abs. 5 ArbZG*

Damit die Aufsichtsbehörde die ihnen gesetzlich zugewiesenen Aufgaben ordnungsgemäß erfüllen kann, ist ihren Beauftragten in § 17 Abs. 5 S. 1 ArbZG das Recht eingeräumt, die Arbeitsstätte zu betreten und zu besichtigen.
Das uneingeschränkte Besichtigungsrecht gilt allerdings nur während der Betriebs- und Arbeitszeit. Dagegen dürfen Arbeitsstätten außerhalb dieser Zeit oder wenn sie sich in einer Wohnung befinden ohne Einverständnis des Inhabers nur zur Verhütung von dringenden Gefahren für die öffentliche Sicherheit und Ordnung betreten und besichtigt werden. Dieser Fall ist dann anzunehmen, wenn eine konkrete Gesundheitsgefahr für die Arbeitnehmer besteht.[23] Für §§ 6 Abs. 1 und Abs. 5 ArbZG erlangt das Recht, die Arbeitsstätte außerhalb der Betriebszeit zu betreten, keine Bedeutung.
Der Arbeitgeber hat in diesem Zusammenhang den Beauftragten der Aufsichtsbehörden gem. § 17 Abs. 5 S. 2 ArbZG den Zutritt zu gestatten. "Gestatten" ist dabei weit auszulegen und umfasst auch Mitwirkung und Unterstützung des Arbeitgebers, z.B. durch entsprechende Begleitung zur Auskunftserteilung, bei allen Maßnahmen, die die Aufsichtsbehörde im Rahmen von § 17 Abs. 1 bis 4 ArbZG für erforderlich hält.[24] In § 22 Abs. 2 ArbSchG ist dieses Recht der Aufsichtsbehörden, eine Begleitung durch den Arbeitgeber oder eines Beauftragten zu verlangen ebenso ausdrücklich normiert wie die Unterstützungsverpflichtung seitens des Arbeitgebers.
Da es sich bei § 17 Abs. 5 S. 2 ArbZG nicht um eine Spezialregelung mit abweichendem Regelungsinhalt handelt, ist § 17 Abs. 5 S. 2 ArbZG dahin auszu-

---

22 MünchArbR-*Anzinger*, § 222, Rn. 14; *Schliemann*/Meyer, Arbeitszeitrecht, Rn. 903.
23 MünchArbR-*Anzinger*, § 222, Rn. 17; *Baeck/Deutsch*, § 17 ArbZG, Rn. 30.
24 *Buschmann/Ulber*, § 17 ArbZG, Rn. 8. Nach MünchArbR-*Anzinger*, § 222, Rn. 19 handelt es sich hierbei um eine Nebenpflicht, die sich nach den Umständen des Einzelfalls ergeben kann.

legen, dass die genannten Mitwirkungshandlungen des Arbeitgebers als eine Pflicht im Rahmen des "Gestattens" von Betreten und Besichtigen aufzufassen sind. Die Durchsetzung des Besichtigungs- und Betretungsrechts ist im Wege einer Duldungsverfügung möglich, wobei auch die Anwendung von unmittelbarem Zwang zulässig ist.[25] Dem Zweck von § 17 Abs. 5 ArbZG würde es widersprechen, wenn sich die Aufsichtsbehörde vor der Besichtigung während der Betriebs- und Arbeitszeit beim Arbeitgeber anzumelden hätte.[26] Eine solche Verpflichtung lässt sich § 17 Abs. 5 ArbZG auch nicht entnehmen.

3. Beratungsfunktion der Aufsichtsbehörden

Zu den Aufgaben der Aufsichtsbehörden nach § 17 Abs. 1 ArbZG gehören auch die Beratung und Unterrichtung der Betriebe über Inhalt und Anforderungen des Arbeitszeitgesetzes, um Gesetzesverstöße zu verhindern [27], da die Überwachung i.S. dieser Vorschrift als eine umfassende und präventiv wirkende Aufgabe zu verstehen ist. Durch die Beratung soll also ein tatsächlicher Erfolg herbeigeführt werden, der sich darauf bezieht, ein entsprechendes Verhalten des Arbeitgebers zu beeinflussen.

Während im Arbeitszeitgesetz die Beratungsaufgabe der Aufsichtsbehörden in § 17 Abs. 1 ArbZG nicht explizit verankert ist, enthält das Arbeitsschutzgesetz in § 21 Abs. 1 S. 2 eine ausdrückliche Klarstellung. Somit ist bereits aus systematischen Gründen eine Beratungsfunktion der Arbeitsschutzbehörden im Rahmen des Arbeitszeitgesetzes zu bejahen.

Da sich die Tätigkeit der Aufsichtsbehörden auf die Erfüllung der dem Arbeitgeber auferlegten Pflichten, sei es durch das Arbeitsschutzgesetz oder des Arbeitszeitgesetzes, richtet, beschränkt sich die Beratung in erster Linie auf die Aufklärung und Interpretation der anzuwendenden Vorschriften und deren Umsetzung in konkrete Arbeitsschutzmaßnahmen.[28]

Bezogen auf eine den Anforderungen des § 6 Abs. 1 ArbZG entsprechende Arbeitszeitgestaltung kann der Arbeitgeber daher von dem Instrument der behördlichen Beratung Gebrauch machen und sich über die zur Ausfüllung des unbestimmten Rechtsbegriffs der gesicherten arbeitswissenschaftlichen Erkenntnisse über die menschengerechte Gestaltung der Arbeit grundsätzlich in Betracht

---

25 MünchArbR-*Anzinger*, § 222, Rn. 19; *Baeck/Deutsch*, § 17 ArbZG, Rn. 32.

26 *Neumann/Biebl*, § 17 ArbZG, Rn. 5; ErfK-*Wank*, § 17 ArbZG, Rn. 8.

27 MünchArbR-*Anzinger*, § 222, Rn. 6; *Baeck/Deutsch*, § 17 ArbZG, Rn. 4; grundlegend zur behördlichen Beratung *Faber*, Grundpflichten des § 3 ArbSchG, S. 390 ff.

28 *Kollmer/Vogl*, Das neue ArbSchG, Rn. 299.

kommenden Gestaltungsrichtlinien beraten lassen.[29] Umgekehrt ist die Behörde auf Grund der offenen Gestaltungspflicht in § 6 Abs. 1 ArbZG verpflichtet, den Arbeitgeber entsprechend zu beraten bzw. geeignete Hinweise zu erteilen, bevor sie Anordnungen nach § 17 Abs. 1 ArbZG trifft, da die Beratung insofern das mildere Mittel darstellt, soweit nicht eine unmittelbare Gefahr für die Gesundheit der Beschäftigten besteht. In diesem Zusammenhang ist auch auf die Möglichkeit des sog. Revisionsschreibens hinzuweisen, wenn z.B. der Arbeitgeber glaubhaft versichert, er werde den Verstoß gegen § 6 Abs. 1 ArbZG von sich aus beseitigen.[30] Für eine vorrangige Beratung des Arbeitgebers im Rahmen des § 6 Abs. 1 ArbZG spricht bereits der Vergleich zu § 51 JArbSchG i.V.m. § 28 JArbSchG. Anordnungen sind in diesem Fall dann zu treffen, wenn die beratende Tätigkeit nicht zum Ziel führt oder von vornherein aussichtslos ist.[31]

4. Anordnung von Maßnahmen nach § 17 Abs. 2 ArbZG

4.1. Voraussetzungen der Anordnungsbefugnis

Nach § 17 Abs. 2 ArbZG kann die Aufsichtsbehörde die erforderlichen Maßnahmen anordnen, die der Arbeitgeber zur Erfüllung der sich aus dem Arbeitszeitgesetz ergebenden Pflichten zu treffen hat.

Eine solche Ermächtigungsgrundlage zur Anordnung erforderlicher Maßnahmen enthält auch § 22 Abs. 3 S. 1 Nr. 1 ArbSchG.[32] Danach kann die zuständige Behörde die Pflichten aus dem Arbeitsschutzgesetz für den Einzelfall verbindlich konkretisieren. Die Generalklausel des § 22 Abs. 3 S. 1 Nr. 1 ArbSchG greift bereits dann ein, wenn ein Gesetzesverstoß gegen eine Arbeitsschutzregelung vorliegt; eine Gefahr für Leben und Gesundheit ist dagegen nicht erforderlich.[33] Daneben ist in § 22 Abs. 3 S. 1 Nr. 2 ArbSchG eine Ermächtigungsgrundlage für Verfügungen enthalten, die nicht an eine Verletzung arbeitsschutzrechtlicher

---

29 Vgl. hierzu den Erlass des Ministeriums für Wirtschaft und Arbeit des Landes Nordrhein-Westfalen vom 24.05.2004 zur Durchführung des Arbeitszeitgesetzes (212 – 8435.4.11), S. 2 und 6, veröffentlicht unter www.arbeitszeiten.nrw.de (Stand: 17. Oktober 2005).

30 Allgemein zum Revisionsschreiben Kollmer/*Kunz*, § 22 ArbSchG, Rn. 84.

31 *Zmarzlik/Anzinger*, § 51 JArbSchG, Rn. 14.

32 Vgl hierzu ausführlich *Faber*, Grundpflichten des § 3 ArbSchG, S. 356 ff.

33 *Kollmer/Vogl*, Das neue ArbSchG, Rn. 287; *Faber*, Grundpflichten des § 3 ArbSchG, S. 359.

Pflichten anknüpft, sondern an eine besondere Gefahrenlage, die der Arbeitgeber nicht oder nicht allein beherrschen kann.[34]
Bei § 17 Abs. 2 ArbZG soll es sich dagegen um eine Generalklausel handeln, um eine im Einzelfall bestehende Gefahr für die öffentliche Sicherheit und Ordnung abzuwehren.[35] Vergleicht man dagegen den Wortlaut von § 17 Abs. 2 ArbZG und den von § 22 Abs. 3 Nr. 1 ArbSchG miteinander, wird ersichtlich, dass es für die Anwendung von § 17 Abs. 2 ArbZG nicht darauf ankommen kann, eine bestehende Gefahr abzuwehren.
Dies wird auch deutlich, wenn man sich die Entstehungsgeschichte von § 17 Abs. 2 ArbZG vergegenwärtigt. Die Vorgängerregelung in § 27 AZO verwies auf § 139 b GewO und daher standen den Gewerbeaufsichtsbehörden alle amtlichen Befugnisse der Ortspolizeibehörden zu, so dass sie die notwendigen Maßnahmen zu treffen hatten, um eine im Einzelfall bestehende Gefahr für die öffentliche Sicherheit oder Ordnung abzuwehren.[36] Der Gesetzgeber des Arbeitszeitgesetzes wollte die Regelungen aus § 27 AZO weitgehend übernehmen und der modernen Rechtsentwicklung im Arbeitsschutzrecht anpassen.[37] § 17 ArbZG knüpft damit zwar an § 27 AZO an, ist aber nicht identisch mit dieser Regelung. Insbesondere verdeutlicht die Gesetzesbegründung zu § 17 Abs. 2 ArbZG, dass die Aufsichtsbehörden Maßnahmen zur Erfüllung der sich aus dem Arbeitszeitgesetz ergebenden Pflichten des Arbeitgebers anordnen kann. Eine Einschränkung auf eine im Einzelfall bestehende Gefahr wird dabei nicht vorgenommen.[38]
Zudem würde es der bezweckten Anpassung an die moderne Rechtsentwicklung im Arbeitsschutzrecht widersprechen, wenn der ausgeweitete Schutz der Beschäftigten vor Gefährdungen, wie im Rahmen des § 6 Abs. 1 ArbZG, sich nicht auch auf der Ebene der Rechtsdurchsetzung widerspiegeln würde.
Für § 17 Abs. 2 ArbZG ist es demnach alleinige Voraussetzung, dass ein Verstoß gegen eine Arbeitszeitvorschrift vorliegt, unabhängig davon, ob eine Gefahr für Leben und Gesundheit der Beschäftigten besteht. Somit wird die Aufsichtstätigkeit der zuständigen Behörden ausgedehnt. Nur eine solche Auslegung und damit auch die Ausdehnung der aufsichtsbehördlichen Tätigkeit stehen in Einklang mit der Konzeption des heutigen Arbeitsschutzrechts, einschließlich des Arbeitszeitrechts.

---

[34] Hierzu ausführlich *Faber*, Grundpflichten des § 3 ArbSchG, S. 360 ff; vgl. auch MünchArbR-*Wlotzke*, § 208, Rn. 66; Kollmer/*Kunz*, § 22 ArbSchG, Rn. 61.
[35] *Baeck/Deutsch*, § 17 ArbZG, Rn. 22.
[36] *Denecke/Neumann/Biebl*, § 27 AZO, Rn. 2; *BVerwG 04.07.1989*, GewArch 1990, 25.
[37] BT-Drucks. 12/5888, S. 32.
[38] Vgl. BT-Drucks. 12/5888, S. 32.

4.2. Anordnungen als Verwaltungsakte

Die Aufsichtsbehörde ist nach § 17 Abs. 2 ArbZG befugt, die erforderlichen Maßnahmen des Arbeitsgebers anzuordnen, die zur Erfüllung seiner Pflichten aus dem Arbeitszeitgesetz notwendig sind. Dabei räumt § 17 Abs. 2 ArbZG der zuständige Behörde ein Entschließungsermessen in der Frage des "ob" des Einschreitens ein, über die sie nach pflichtgemäßen Ermessen zu entscheiden hat.[39] Im Falle einer sog. Ermessensreduzierung auf null, ist die Aufsichtsbehörde zum Handeln verpflichtet.[40]
Darüber hinaus muss die zuständige Behörde bei der Wahl der erforderlichen Maßnahmen und Mittel ermessensfehlerfrei entscheiden, d.h. die aufsichtsbehördliche Maßnahme muss die Zwecke des Arbeitszeitgesetzes und den Verhältnismäßigkeitsgrundsatz beachten.[41]
Die Aufsichtsbehörde kann also im Einzelfall nach § 17 Abs. 2 ArbZG anordnen, welche konkrete Maßnahme zur Einhaltung der Arbeitszeitvorschriften erforderlich ist. Bei der Anordnung der erforderlichen Maßnahmen handelt es sich um einen Verwaltungsakt i.S.d. § 35 VwVfG, bei dem die sofortige Vollziehung durch die Aufsichtsbehörde nach § 80 Abs. 2 bis 4 VwGO angeordnet werden kann und der einer verwaltungsgerichtlichen Überprüfung unterliegt.[42]
Damit die Anordnung als Verwaltungsakt auch rechtmäßig ist, muss der Verwaltungsakt nach § 37 Abs. 1 VwVfG inhaltlich hinreichend bestimmt sein. Er muss in diesem Sinn so klar formuliert sein, dass der Adressat eindeutig erkennen kann, was die Behörde will, d.h. der Arbeitgeber muss erkennen, was er zu tun oder zu lassen hat.[43] Das Bestimmtheitsgebot ergibt sich dabei aus der Funktion des Verwaltungsaktes, der letztlich dazu dienen soll, das festzustellen, was in Konkretisierung genereller Rechtsnormen im Einzelfall gelten soll.[44] Dies setzt voraus, dass der Inhalt der Anordnung hinsichtlich des Ziels und der einzusetzenden Mittel eindeutig ist.[45] Nach anderer Auffassung soll es bereits ausrei-

---

[39] *Baeck/Deutsch,* § 17 ArbZG, Rn. 22; *Kollmer/Vogl,* Das neue ArbSchG, Rn. 288; a.A. *Buschmann/Ulber,* § 17 ArbZG, Rn. 4 ArbZG, die ein Entschließungsermessen der Behörden nur in den Fällen einräumen, in denen die Vorschriften des Arbeitszeitgesetzes ein entsprechendes Ermessen vorsehen.

[40] *Kollmer/Vogl,* Das neue ArbSchG, Rn. 288.

[41] *Buschmann/Ulber,* § 17 ArbZG, Rn. 4; *Schlottfeldt/Hoff,* NZA 2001, 530, 532.

[42] *Neumann/Biebl,* § 17 ArbZG, Rn. 2; *Buschmann/Ulber,* § 17 ArbZG, Rn. 5; *Anzinger/Koberski,* § 17 ArbZG, Rn. 10; Hk-ArbZG/*Linnenkohl,* § 17 ArbZG, Rn. 3.

[43] *Nöthlichs,* Nr. 4052, § 22 ArbSchG, Ziff. 3.3.2; MünchArbR-*Wlotzke,* § 208, Rn. 67; Kollmer/*Kunz,* § 22 ArbSchG, Rn. 62 ff. (2005).

[44] *Maurer,* Allgemeines Verwaltungsrecht, § 10, Rn. 18.

[45] *Faber,* Grundpflichten des § 3 ArbSchG, S. 365 ff.

chend sein, wenn die Anordnung die zu treffende Maßnahme i.e. angibt.[46] Dem widerspricht in vielen Fällen jedoch die Konzeption des betriebsorientierten Arbeitsschutzes, die gerade auf betrieblich angepasste Lösungsmöglichkeiten und die Verantwortlichkeit der betrieblichen Akteure abstellt, so dass in diesen Fällen vor allem der Zweck und der vorhandene Entscheidungsspielraum des Arbeitgebers deutlich umrissen sein müssen.[47]

a) § 6 Abs. 1 ArbZG

aa) Anordnung einer entsprechenden Gestaltung der Arbeitszeit

Da die sich aus der jeweiligen Arbeitsschutznorm ergebende Pflicht den Inhalt der Anordnung bestimmt, darf die Behörde im Rahmen ihrer Anordnung kein Verbot aussprechen, wenn die Arbeitsschutzpflicht als Gebot formuliert ist und keine andere Ermächtigungsnorm vorhanden ist.[48] Die aus § 6 Abs. 1 ArbZG fließende Gestaltungspflicht des Arbeitgebers kann daher grundsätzlich nicht mit einem entsprechenden Verbot durchgesetzt werden. Vielmehr ist der Arbeitgeber positiv zu einer Gestaltung der Arbeitszeit nach gesicherten arbeitswissenschaftlichen Erkenntnissen durch die Anordnung zu verpflichten.

Fraglich ist, wie sich das Bestimmtheitsgebot auf eine Anordnung der Aufsichtsbehörde im Rahmen des § 6 Abs. 1 ArbZG auswirkt, d.h. welche inhaltlichen Anforderungen an eine Verfügung zu stellen sind, die die Verpflichtung des Arbeitgebers zu einer Arbeitszeitgestaltung nach gesicherten arbeitswissenschaftlichen Erkenntnissen im Einzelfall konkretisieren will, um so die Durchsetzung von § 6 Abs. 1 ArbZG zu erreichen.

Grundsätzlich sollen zur Durchsetzung arbeitsschutzrechtlicher Ge- oder Verbotsnormen auch gesetzeswiederholende Anordnungen zulässig sein, die das zukünftige Verhalten des Arbeitgebers bestimmen.[49] Im Fall des § 6 Abs. 1 ArbZG kann das Verhalten des Arbeitgebers aber gerade dann unbestimmt sein, da die Norm den unbestimmten Rechtsbegriff der gesicherten arbeitswissenschaftlichen Erkenntnisse beinhaltet.

---

46 Prax.-Komm.-*Kunz,* § 22 ArbSchG, Rn. 62 f.

47 *Faber,* Grundpflichten des § 3 ArbSchG, S. 370. Stelkens/Bonk/Sachs-*P. und. U. Stelkens,* § 37 VwVfG, Rn. 12 verweisen auf die Abhängigkeit der Bestimmbarkeit des Regelungsinhalts von den Maßstäbe des jeweiligen Fachrechts.

48 *Nöthlichs,* Nr. 4052, § 22 ArbSchG, Ziff. 3.3.1; Prax.-Komm-*Kunz,* § 22 ArbSchG, Rn. 77.

49 *Anzinger/Bieneck,* § 12 ASiG, Rn. 13; *Anzinger/Koberski,* § 17 ArbZG, Rn. 10; ErfK-*Wank,* § 17 ArbZG, Rn. 4; *BayVGH 28.10.1993,* GewArch 1994, 192 für § 3 AZO.

Unbestimmte Rechtsbegriffe dürfen dann nicht im Rahmen eines Verwaltungsaktes verwendet werden, wenn die Feststellung ihrer Bedeutung für den konkret gegebenen Fall auf Schwierigkeiten stößt und auch nicht im Wege der Interpretation möglich ist.[50] So kann eine Anordnung nicht hinreichend bestimmt sein, die einen unbestimmten Rechtsbegriff eines gesetzlichen Verbotes nicht konkretisiert.[51]

In diesem Zusammenhang ist an die verfassungsrechtlichen Bedenken in Bezug auf die Verwendung von unbestimmten Rechtsbegriffen in Gesetzen des technischen Sicherheits-, Umweltschutz- und Arbeitsschutzrechts zu erinnern.[52] Diesen verfassungsrechtlichen Bedenken wird u.a. mit der Schwierigkeit der verbindlichen Konkretisierung und der laufenden Anpassung an die wissenschaftliche und technische Entwicklung begegnet, die im Ergebnis auch einen dynamischen Grundrechtsschutz ermöglicht.[53] Ein damit verbundenes Regelungsdefizit sollen die Behörden und Gerichte auf normative Ebene ausgleichen.[54] Auch wenn der Arbeitgeber mit Hilfe des Betriebsarztes oder der Fachkraft für Arbeitssicherheit grundsätzlich als informiert einzuschätzen ist, ergeben sich bei der Feststellung, ob gesicherte arbeitswissenschaftliche Erkenntnisse vorliegen, Schwierigkeiten. Im Rahmen des § 6 Abs. 1 ArbZG ist somit ein gesetzeswiederholender Verwaltungsakt nicht geeignet, das bestehende Regelungsdefizite auszugleichen, und entspricht somit auch nicht dem Bestimmtheitsgebot des § 37 Abs. 1 VwVfG.

Bei einer behördlichen Anordnung, die den Begriff der gesicherten arbeitswissenschaftlichen Erkenntnisse über die menschengerechte Gestaltung der Arbeit konkretisiert, ist jedoch den Besonderheiten des § 6 Abs. 1 ArbZG Rechnung zu tragen. So muss berücksichtigt werden, dass die Gestaltung der Arbeitszeit auf verschiedene gesicherte arbeitswissenschaftliche Erkenntnisse zurückzuführen ist, wobei sich wenige davon widersprechen, so dass es keinen einzelnen "optimalen Schichtplan" gibt.

Darüber hinaus handelt es sich bei der Arbeitszeit um einen personennahen Teil des Arbeitsschutzes. Die Einbeziehung der Beschäftigten und deren Akzeptanz sind daher bei der Aufstellung des betrieblichen Schichtplanes von besonderer Bedeutung. Mithin spielen bei der Arbeitszeitgestaltung der Nacht- und Schichtarbeitnehmer auf der betrieblichen Ebene die Beteiligungsrechte des Betriebsrats nach §§ 87 Abs. 1 Nr. 2 und Nr. 7, § 89 BetrVG grundsätzlich eine erhebliche

---

50 Knack-*Henneke*, § 37 VwVfG, Rn. 13; Obermayer-*Janßen*, § 37 VwVfG, Rn. 5.

51 *Nöthlichs*, Nr. 4052, § 22 ArbSchG, Ziff. 3.3.2; Knack-*Henneke*, § 37 VwVfG, Rn. 13; Obermayer-*Janßen*, § 37 VwVfG, Rn. 5.

52 Vgl. S. 153 f.

53 *BVerfG 08.08.1978*, BVerfGE 49, 89, 135 ff.

54 *BVerfG 08.08.1978*, BVerfGE 49, 89, 135.

Rolle.[55] Des Weiteren ist auf das Anhörungsrecht der Beschäftigten in betriebsratslosen Betrieben hinzuweisen.[56] Kenntnisse und Erfahrungen der Beschäftigten sind daher auch durch die Verwaltungsbehörden zu berücksichtigen. Gleichzeitig wird auf diese Weise deren Akzeptanz sichergestellt, die notwendige Voraussetzung für einen effektiven Sicherheits- und Gesundheitsschutz ist. Somit wird zu Recht davon ausgegangen, dass vor Erlass einer Anordnung die Sichtweise des Betriebsrats bzw. der Beschäftigten im Rahmen eines Anhörungsverfahrens in Anlehnung an § 12 Abs. 2 ASiG zu ermitteln ist.[57]
Sinn und Zweck von § 6 Abs. 1 ArbZG erfordert es ebenfalls, dass die Verwaltungsbehörde den Gestaltungsspielraum des Arbeitgebers beachtet, der ihm durch diese Norm eingeräumt worden ist. Der Arbeitgeber hat dabei einen Spielraum, wie er die verschiedenen gesicherten arbeitswissenschaftlichen Erkenntnisse bewertet und entsprechend dieser Bewertung in der Reihenfolge für die betriebliche Schichtplangestaltung heranzieht und miteinander in Einklang bringt. Insofern besteht ein betrieblicher Gestaltungsspielraum, der es ermöglicht, geeignete Schichtpläne aufzustellen, die an die betriebliche Situation angepasst sind. Dabei ist durch den Arbeitgeber das in § 6 Abs. 1 ArbZG vorgegebene Ziel einer menschengerechten Arbeitszeitgestaltung zu erreichen.
Zur Erfüllung dieser Pflicht des Arbeitgebers aus § 6 Abs. 1 ArbZG kann die Arbeitsschutzbehörde den Rechtsbegriff der gesicherten arbeitswissenschaftlichen Erkenntnisse konkretisieren und den Arbeitgeber verpflichten, die Arbeitszeit der Nacht- und Schichtarbeitnehmer so zu gestalten, dass sie den in der Anordnung genannten gesicherten arbeitswissenschaftlichen Erkenntnissen entspricht.[58] Diese Vorgehensweise stellt jedenfalls das mildere Mittel gegenüber der Anordnung eines konkreten Schichtplans dar.
Ein Verstoß des Arbeitgebers gegen die verbindliche Anordnung der Behörde, die Arbeitszeit der Nacht- und Schichtarbeitnehmer nach gesicherten arbeitswissenschaftlichen Erkenntnissen über die menschengerechte Gestaltung der Arbeit festzulegen, hat keine Einordnung als Ordnungswidrigkeit i.S.v. § 22 ArbZG zur Folge, da eine entsprechende Regelung fehlt. Die Arbeitsschutzbehörde kann ihre Anordnung jedoch mit einer Zwangsgeldandrohung versehen, um auf diese Weise der Pflicht des Arbeitgebers zur Durchsetzung zu verhelfen.

---

[55] Vgl. an späterer Stelle: S. 277 ff.
[56] Vgl. hierzu an späterer Stelle: S. 252.
[57] *Kohte*, FS Heilmann (2001), S. 73, 82.
[58] Vgl. *BayVGH 28.10.1993*, GewArch 1994, 192 in Bezug auf § 3 AZO.

bb) Anordnung der Unterlassung von Dauernachtarbeit

§ 6 Abs. 1 ArbZG ist grundsätzlich im Wege der Anordnung einer entsprechenden Gestaltung der Arbeitszeit durchsetzbar, da es sich um eine Gebotsnorm handelt. Jedoch besteht die Besonderheit, dass sich in Konkretsierung des unbestimmten Rechtsbegriffs der gesicherten arbeitswissenschaftlichen Erkenntnisse das Verbot von Dauernachtarbeit – von besonderen Ausnahmefällen abgesehen – ergibt. Somit besteht zugleich ein Anknüpfungspunkt für eine Unterlassungsverfügung durch die Arbeitsschutzbehörden.[59]

b) § 6 Abs. 5 ArbZG

Weiterhin ist zu untersuchen, ob § 6 Abs. 5 ArbZG im Wege einer verwaltungsrechtlichen Anordnung durchzusetzen ist. § 6 Abs. 5 ArbZG gewährt dem einzelnen Arbeitnehmer einen individualrechtlichen Anspruch auf eine der im Gesetz genannten Ausgleichsleistungen: Grundsätzlich können zivilrechtliche oder arbeitsrechtliche Ansprüche zwischen Arbeitgebern und Arbeitnehmern nicht Gegenstand einer Anordnung der Arbeitsschutzbehörden sein.[60]

Gleichzeitig handelt es sich bei § 6 Abs. 5 ArbZG aber auch um eine öffentlich-rechtliche Pflicht des Arbeitgebers. Die Norm bezweckt dabei nicht nur den Schutz des einzelnen Arbeitnehmers, sondern soll mittelbar zur Eindämmung von Nachtarbeit beitragen, indem Nachtarbeit verteuert wird. Von diesem Gesichtspunkt aus ist es gerechtfertigt, die Norm des § 6 Abs. 5 ArbZG den Befugnissen der Arbeitsschutzbehörden zu unterstellen. Dabei widerspricht es dem Wortlaut und der Konzeption des § 6 Abs. 5 ArbZG, wenn sich die Behörde an die Stelle des Arbeitgebers setzt und ihm das konkrete Mittel der Ausgleichsleistung vorschreibt.

Es ist daher lediglich ein Verwaltungsakt dergestalt zulässig, dass der Gesetzeswortlaut von § 6 Abs. 5 ArbZG wiederholt wird und dem Arbeitgeber das mit der Regelung verfolgte Ziel verdeutlicht wird. Insbesondere ist ihm eine angemessene Frist zur Ausübung seines Wahlrechts zu setzen. Zur Durchsetzung ihrer Anordnung können die Arbeitsschutzbehörden im Falle des § 6 Abs. 5 ArbZG lediglich auf die Anordnung und Festsetzung von Zwangsgeld zurückgreifen.

---

[59] Hierzu allgemein *Schliemann/Meyer,* Arbeitszeitrecht, Rn. 895; MünchArbR-*Anzinger,* § 222, Rn. 10; *Notz,* AuA 2003, 18, 19.

[60] Prax.-Komm.-*Kunz,* § 22 ArbSchG, Rn. 79; *Kollmer/Vogl,* Das neue ArbSchG, Rn. 287.

5. Anordnungen nach § 22 Abs. 3 S. 1 Nr. 1 ArbSchG

Auch nach § 22 Abs. 3 Nr. 1 ArbSchG wird die Arbeitsschutzbehörde ermächtigt, im Einzelfall Maßnahmen anzuordnen, die dem Arbeitgeber zur Erfüllung seiner Pflichten aus dem Arbeitsschutzgesetz obliegen, so dass eine behördliche Durchsetzung der §§ 3 Abs. 1, 4 ArbSchG grundsätzlich möglich ist, da es insoweit um eine öffentlich-rechtliche Pflicht des Arbeitgebers handelt.
Die Arbeitsschutzbehörde hat im Fall des Gefährdungsschutzes dem Arbeitgeber eine angemessene Frist zur Ausführung der Anordnung zu setzen. Im Gegensatz zu § 17 ArbZG enthält § 22 Abs. 3 S. 3 ArbSchG die Befugnis der Arbeitsschutzbehörde, die von der Anordnung betroffene Arbeit zu untersagen, wenn der Arbeitgeber die Anordnung nicht ausführt.
Im Rahmen der Generalklausel des § 3 Abs. 1 ArbSchG kann der Arbeitgeber jedoch zwischen verschiedenen Maßnahmen wählen, die sich als geeignet und erforderlich darstellen, um die aus Nacht- und Schichtarbeit bzw. aus auftretenden Mehrfachbelastungen resultierenden Gefährdungen zu vermeiden oder zu verringern[61]. Da die Arbeitsschutzbehörden diesen organisatorischen Gestaltungsspielraum des Arbeitgebers berücksichtigen müssen, können sie ihre Anordnung nicht lediglich auf eine einzelne Maßnahme begrenzen.
Auf Grund dieser begrenzten Möglichkeiten erscheint es sinnvoller, dass die Durchsetzung einen Schritt früher anknüpft und sich daher auf die Durchführung der Gefährdungsbeurteilung nach § 5 ArbSchG und einer anschließenden Wirksamkeitskontrolle konzentriert.

IV. Zusammenfassung

Somit ist festzustellen, dass die Arbeitsschutzbehörden zur Durchsetzung von Arbeitsschutzvorschriften neben einer Überwachung auch Anordnungen treffen können, die die jeweiligen Arbeitsschutzpflichten des Arbeitgebers konkretisieren. Im Rahmen des § 6 Abs. 1 ArbZG ist daher der Begriff der gesicherten arbeitswissenschaftlichen Erkenntnisse zu konkretisieren. Dabei ist allerdings ein Entscheidungsspielraum des Arbeitgebers zu beachten, wie er auch bei §§ 3 Abs. 1 S. 1, 4 ArbSchG zum Tragen kommt.

---

61 Vgl. S 218 ff.

5. Kapitel: Individualrechte der Beschäftigten

Neben den Aufsichtsbefugnissen der Arbeitsschutzbehörden haben auch Nacht- und Schichtarbeitnehmer selbst die Möglichkeit, ihren durch § 6 Abs. 1 ArbZG und §§ 3 Abs. 1, 4 ArbSchG statuierten Schutz gegenüber dem Arbeitgeber durchzusetzen. Daher ist diesbezüglich zu untersuchen, welche Möglichkeiten der individualrechtlichen Durchsetzung der Arbeitgeberpflichten bestehen.
Es soll geprüft werden, ob der einzelne Arbeitnehmer einen individualrechtlichen Anspruch auf eine konkrete Schichtplangestaltung im Rahmen des § 6 Abs. 1 ArbZG hat oder ob z.B. der Nachtarbeitnehmer die Einführung von zusätzlichen Lärm- oder Kurzpausen verlangen kann, wenn in der Nachtschicht eine erhebliche Lärmbelastung am Arbeitsplatz auftritt.
Grundsätzlich verdeutlichen die in den letzten Jahren ergangenen gerichtlichen Entscheidungen zum Nichtraucherschutz[1], zur Arbeitsverweigerung wegen Gefahrstoffexposition am Arbeitsplatz[2], zum Anspruch auf eine behindertengerechte Beschäftigung[3] sowie zur Einhaltung der Arbeitszeit und Ruhezeit bei der Einteilung zum Bereitschaftsdienst[4] die wachsende Bedeutung arbeitsvertraglicher Durchsetzungsmöglichkeiten, die zudem mit der europarechtlich intendierten aktiven Rolle der Beschäftigten im Sicherheits- und Gesundheitsschutz korrespondiert[5].
Bevor der Frage nachgegangen werden soll, welche Wirkung § 6 Abs. 1 ArbZG und §§ 3 Abs. 1 S. 1, 4 ArbSchG auf die individualarbeitsvertraglichen Pflichten im Verhältnis Arbeitgeber und Arbeitnehmer entfalten, sollen das von dieser Einordnung unabhängige Anhörungsrecht nach § 81 Abs. 3 BetrVG und das Vorschlagsrecht nach § 17 Abs. 1 ArbSchG erörtert werden.

---

1 Vgl. z.B. *LAG München 02.03.1990,* BB 1990, 1910; *BAG 08.05.1996 und 17.02.1998,* AP Nr. 20 und 26 zu § 618 BGB; *LAG München 27.11.1990,* LAGE Nr. 5 zu § 618 BGB; *LAG Hamm 26.04.1990,* LAGE Nr. 3 zu § 618 BGB; *HessLAG 13.06.1994,* ArbuR 1995, 285.

2 *BAG 02.02.1994,* AP Nr. 4 zu § 273 BGB; *BAG 19.02.1997;* AP Nr. 24 zu § 618 BGB, (jeweils zur Asbestproblematik); *BAG 08.05.1996,* AP Nr. 23 zu § 618 BGB (Gefahrstoffbelastung im Büro).

3 Z.B. *BAG 03.12.2002,* ZTR 2003, 516; *BAG 14.10.2003,* NZA 2004, 614; *LAG Schleswig-Holstein 07.06.2005,* LAGE § 81 SGB IX Nr. 4; *LAG Hamm 09.08.2004* – Az.: 8(17) Sa 1416/02-; *LAG Rheinland-Pfalz 09.02.2004,* LAGE § 81 SGB IX Nr. 2; *LAG Niedersachsen 01.07.2003,*- Az.: 13 Sa 1853/02-.

4 Vgl. *BAG 16.03.2004,* AP Nr. 2 zu § 2 ArbZG; ohne Bezug zum BGB: *LAG Schleswig-Holstein 18.12.2001,* ZTR 2002, 118; *LAG Schleswig-Holstein 12.03.2002,* NZA 2002, 621; *ArbG Kiel 03.06.2002,* NZA 2002, 981.

5 *Faber,* Grundpflichten des § 3 ArbSchG, S. 404 ff.

I. Anhörungs- und Vorschlagsrecht

1. Anhörungsrecht nach § 81 Abs. 3 BetrVG (bzw. § 14 Abs. 2 ArbSchG)

§ 81 Abs. 3 BetrVG verpflichtet den Arbeitgeber in betriebsratslosen Betrieben die Arbeitnehmer zu allen Fragen anzuhören, die Auswirkungen auf die Sicherheit und Gesundheit der Arbeitnehmer haben können. In § 14 Abs. 2 ArbSchG ist eine entsprechende Norm für die Beschäftigten des öffentlichen Dienstes aufgestellt. Die genannten Vorschriften dienen der Umsetzung von Art. 11 Abs. 1 der RL 89/391/EWG, die den Arbeitgeber verpflichtet, die "Arbeitnehmer bzw. deren Vertreter" anzuhören.[6] Den Beschäftigten wird durch das eingeräumte Anhörungsrecht Gelegenheit gegeben, die Berücksichtigung ihrer eigenen Interessen zu erreichen. Danach ist der Arbeitgeber zur Anhörung der Arbeitnehmer z.B. verpflichtet, wenn er in seinem Betrieb Nacht- und Schichtarbeit einführen möchte, da eine solche Einführung der Arbeitszeitgestaltung Auswirkungen auf die Sicherheit und Gesundheit der Beschäftigten haben kann. Dies gilt ebenso bei Ausgestaltungen und Veränderungen des Schichtplans.

2. Vorschlagsrecht nach § 17 Abs. 1 ArbSchG

Nach § 17 Abs. 1 ArbSchG sind die Beschäftigten berechtigt, dem Arbeitgeber Vorschläge zu allen Fragen der Sicherheit und des Gesundheitsschutzes zu machen. Dieses spezielle Vorschlagsrecht, das neben dem allgemeinen Vorschlagsrecht aus § 82 Abs. 1 S. 2 BetrVG steht, ist als reines Anhörungsrecht konzipiert, so dass die einzelnen Beschäftigten keinen Anspruch auf Berücksichtigung ihres Vorschlages haben.[7] Dennoch ergibt sich aus § 17 Abs. 1 ArbSchG die Verpflichtung des Arbeitgebers oder einer anderen zuständigen Stelle, den Vorschlag ordnungsgemäß entgegenzunehmen, ihn summarisch zu prüfen und den Beschäftigten über den Ausgang der Prüfung in Kenntnis zu setzen.[8] Beschäftigte, insbesondere Nacht- und Schichtarbeitnehmer, können somit zu Fragen der Gestaltung der Nacht- und Schichtarbeit Stellung nehmen, soweit sie Sicherheits- und Gesundheitsaspekte betreffen.

---

[6] *Kittner/Pieper*, ArbSchG, § 14, Rn. 2; *Merten*, MB bei der Bildschirmarbeit, S. 257.

[7] *Kollmer/Vogl*, Das neue ArbSchG, Rn. 235; *Kittner/Pieper*, ArbSchG, § 17, Rn. 2.

[8] *Kollmer/Vogl*, Das neue ArbSchG, Rn. 235; *Merten*, MB bei der Bildschirmarbeit, S. 258; Kollmer/*Oppenauer*, § 17 ArbSchG, Rn. 30

II. Anspruch der Arbeitnehmer auf arbeitsschutzkonforme Arbeitsbedingungen

1. § 81 Abs. 4 S. 1 Nr. 4 SGB IX

Schwerbehinderte Menschen haben nach § 81 Abs. 4 Nr. 1 und Nr. 4 SGB XI gegenüber ihrem Arbeitgeber einen Anspruch auf eine behindertengerechte Einrichtung und Unterhaltung der Arbeitsstätten, des Arbeitsplatzes und des Arbeitsumfeldes sowie der Arbeitszeit. Dem einzelnen Beschäftigten wird demnach ein individualrechtlicher Anspruch eingeräumt. Dies hat das BAG in seiner Entscheidung vom 03.12.2002[9] ausdrücklich entschieden.

Gegenstand der Entscheidung war u.a. die Frage, ob eine vollzeitbeschäftigte Assistenzärztin verlangen kann, nicht mehr in Nachtarbeit tätig zu sein, da sie nicht in der Lage sei, zur Nachtzeit Arbeitsleistungen zu erbringen. Sie begründete ihr Begehren mit der Tatsache, dass die von ihr auf Grund eines Unfalls einzunehmenden Medikamente sich nicht mit der Tätigkeit in den Nachtstunden vertragen. Das BAG hat den Anspruch der Arbeitnehmerin grundsätzlich bejaht. Diesem Anspruch kann der Arbeitgeber nach § 81 Abs. 4 S. 3 SGB IX nur entgegenhalten, dass ihm die Erfüllung nicht zumutbar oder mit unverhältnismäßigen Aufwendungen verbunden sei.[10]

Durch die in § 81 Abs. 4 SGB IX genannten Maßnahmen soll der schwerbehinderte Arbeitnehmer in die Lage versetzt werden, seine Leistungspflicht zu erbringen. Er soll im Rahmen der betrieblichen Beschäftigungsmöglichkeiten seine Fähigkeiten und Kenntnisse entsprechend seiner Vorbildung und seines Gesundheitszustandes möglichst voll verwerten und weiterentwickeln können.[11]

Der schwerbehindertenrechtliche Beschäftigungsanspruch des § 81 Abs. 4 SGB IX zeichnet sich durch eine besondere Ausgestaltung aus, da er bereits unmittelbar bei Vorliegen der gesetzlichen Voraussetzungen entsteht und durch den Zugang eines entsprechenden Verlangens des Schwerbehinderten beim Arbeitgeber bewirkt wird.[12]

§ 81 Abs. 4 SGB IX hat insoweit Bedeutung für das Arbeitsschutzrecht, als dem Arbeitnehmer individualvertraglich ermöglicht wird, die öffentlich-rechtliche

---

[9] *BAG 03.12.2002,* ZTR 2003, 516 ff.; bestätigt durch *BAG 14.10.2003,* NZA 2004, 614, 617.

[10] *BAG 03.12.2002,* ZTR 2003, 516, 518; *LAG Rheinland-Pfalz 09.02.2004,* LAGE § 81 SGB IX Nr. 2; *LAG Niedersachsen 01.07.2003,* - Az.: 13 sa 1853/02 -.

[11] *BAG 03.12.2002,* ZTR 2003, 516, 518; *BAG 14.10.2003,* NZA 2004, 614, 617; *LAG Rheinland-Pfalz 09.02.2004,* LAGE § 81 SGB IX Nr. 2; *LAG Niedersachsen 01.07.2003,* - Az.: 13 sa 1853/02 - .

[12] *BAG 14.10.2003,* NZA 2004, 614, 617.

Pflicht des Arbeitgeber nach § 3 Abs. 1 i.V.m. § 4 Nr. 6 ArbSchG, bei Maßnahmen des Arbeitsschutzes auch spezielle Gefahren für besonders schutzbedürftige Beschäftigtengruppen zu berücksichtigen, durchzusetzen.

2. § 618 BGB i.V.m. öffentlich-rechtlichen Arbeitsschutzvorschriften

§ 618 i.V.m. § 619 BGB verpflichtet den Arbeitgeber unabdingbar, die Arbeitsbedingungen unter denen die Arbeitnehmer beschäftigt sind, so zu gestalten, dass ihre Gesundheit nicht gefährdet wird. Die Verpflichtung des Arbeitgebers korrespondiert mit einem individualvertraglichen Anspruch der Arbeitnehmer auf Einhaltung des Arbeitsschutzes und damit auf Herstellung eines arbeitsschutzkonformen Zustandes.[13] Der Erfüllungsanspruch des Arbeitnehmers ist insoweit akzessorischer Bestandteil seines Beschäftigungsanspruches.[14]
Die vertragliche Schutzpflicht des Arbeitgebers aus § 618 BGB wird dabei durch die Vorschriften des Arbeitsschutz- und Arbeitszeitgesetzes konkretisiert. Da es sich bei diesen Regelungen um solche mit öffentlich-rechtlichem Charakter handelt, werden dadurch keine unmittelbaren Rechte und Pflichten der Arbeitsvertragsparteien im Individualarbeitsverhältnis begründet.[15] Dennoch entfaltet das öffentlich-rechtliche Arbeitsschutzrecht seine Rechtswirkung auf das einzelne Arbeitsverhältnis, indem die Gebote und Verbote in den Arbeitsschutzvorschriften über § 618 BGB i.V.m. § 619 BGB in den Arbeitsvertrag transformiert werden und damit zugleich unabdingbare Vertragspflichten des Arbeitgebers begründen.[16] Arbeitsschutznormen besitzen folglich eine Doppelwirkung, die auch in der Rechtsprechung und Literatur anerkannt ist.[17]

---

13 *BAG 24.03.1998*, NZA 1999, 107, 109; *ArbG Siegen 08.05.2001*, NZA-RR 2001, 629, 630; *Herschel*, RdA 1978, 70, 73; MünchKomm-*Lorenz*, § 618 BGB, Rn. 73; *Waltermann*, RdA 1998, 330, 331; Staudinger-*Oetker*, § 618 BGB, Rn. 248; *Wlotzke*, FS Herschel (1982), S. 503, 524; *Börgmann*, RdA 1993, 275, 282 f.; *Nöthlichs*, § 3 ArbSchG, Ziff. 7.1.

14 MünchArbR-*Wlotzke*, § 209, Rn. 21; Staudinger-*Oetker*, § 618 BGB, Rn. 251; *Fabricius*, Einstellung d. Arbeitsleistung, S. 128.

15 So für das ArbSchG *Faber*, Grundpflichten des § 3 ArbSchG, S. 410; vgl. auch *Baeck/Deutsch*, ArbZG, Einf., Rn. 55; *Anzinger/Koberski*, § 1 ArbZG, Rn. 25.

16 Staudinger-*Oetker*, § 618 BGB, Rn. 15; MünchArbR-*Wlotzke*, § 209, Rn. 15; *ders.*, FS Hilger/Stumpf (1983), S. 723, 738; *Müller-Petzer*, Fürsorgepflichten des AG, S. 49; *Kohte*, DB 1982, 1617; 1629; grundlegend *Nipperdey*, Festgabe Reichsgericht, S. 203, 216 f.

17 *BAG 10.03.1976*, AP Nr. 17 zu § 618 BGB; *21.08.1985*, AP Nr. 19 zu § 618 BGB; *Wlotzke*, FS Hilger/Stumpf (1983), S. 723, 739; *Lorenz*, DB 2003, 721, 723; Kollmer/*Oppenauer*, § 17 ArbSchG, Rn. 4.

Die dogmatische Grundlage von § 618 BGB ist jedoch umstritten. Die noch h.M. betrachtet § 618 Abs. 1 BGB als Ausdruck der dem Dienstverpflichteten gegenüber dem Dienstberechtigten obliegenden Fürsorgepflicht.[18] Dagegen sehen andere Autoren § 618 Abs. 1 BGB als Ausdruck einer gesteigerten Interessenwahrungspflicht des Dienstberechtigten, die darauf beruht, dass der Dienstverpflichtete seine Dienstleistung im Herrschafts- und Einflussbereich des Dienstberechtigten zu erbringen hat und sich somit besonderen Gefahren aussetzt, die seiner Einflussnahme entzogen sind.[19] Dies führe zu einer gesteigerten Pflicht des Dienstberechtigten, die Interessen des Dienstverpflichteten im Hinblick auf diese Gefahrenlage zu wahren.
Beide Ansichten kommen zu dem Ergebnis, dass eine vertragliche Pflicht des Arbeitgebers besteht. Diese vertragliche Pflicht wird durch die öffentlich-rechtlichen Arbeitsschutzvorschriften konkretisiert, die somit das Mindest- und Obermaß an Schutz festlegen, dass der Arbeitgeber schuldet, wenn die Arbeitsschutzvorschrift auf das konkrete Arbeitsverhältnis Anwendung findet.[20]
Umstände in der Person eines Arbeitnehmers, die keine Berücksichtigung in der jeweiligen öffentlich-rechtlichen Arbeitschutzvorschrift erfahren haben, begrenzen die aus § 618 Abs. 1 BGB fließende vertragliche Schutzpflicht des Arbeitgebers jedoch nicht, so dass der Anspruch aus § 618 Abs. 1 BGB auch für individualisierbare Fallgestaltungen heranzuziehen ist.[21]
Es sind jedoch nur solche Vorschriften dienlich, den Pflichtenkreis des Arbeitgebers aus § 618 BGB zu konkretisieren, die geeignet sind, den Gegenstand einer arbeitsvertraglichen Vereinbarung zu bilden.[22] Somit scheiden öffentlich-rechtliche Arbeitsschutzvorschriften aus, die organisatorischer oder ordnungs-

---

[18] *BAG 10.03.1976,* AP Nr. 17 zu § 618 BGB; *BAG 17.02.1998,* NZA 1999, 33, 34; *Nipperdey,* Festgabe Reichsgericht, S. 203, 217; *Kort,* NZA 1996, 854; *Kollmer,* AR-Blattei SD 220.11, Rn. 2; *Degen,* AiB 1991, 309; *Waltermann,* RdA 1998, 330; *Börgmann,* RdA 1993, 275, 282; *Merten,* MB bei der Bildschirmarbeit, S. 259; *Berger-Delhey,* ZTR 2003, 126; MünchKomm-*Lorenz,* § 618 BGB, Rn 53.

[19] Staudinger-*Oetker,* § 618 BGB, Rn. 11; MünchArbR-*Wlotzke,* § 209, Rn. 15 [anders noch in FS Hilger/Stumpf (1982), S. 723, 739]; *Faber,* Grundpflichten des § 3 ArbSchG, S. 410 f.

[20] Staudinger-*Oetker,* § 618 BGB, Rn. 14; *Faber,* Grundpflichten des § 3 ArbSchG, S. 410 f.; MünchArbR-*Wlotzke,* § 209, Rn. 17; *Kort,* NZA 1996, 854.

[21] *BAG 17.02.1998,* AP Nr. 26 zu § 618 BGB mit Anm. *Börgmann; Wlotzke,* Anm. AP Nr. 23 zu § 618 BGB; *Kreft,* Arbeitszeitdauerregulierungen, S. 59.

[22] *BAG 10.03.1976;* AP Nr. 17 zu § 618 BGB; *ArbG Siegen 08.05.2001,* NZA-RR 2001, 629, 630; MünchArbR-*Wlotzke,* § 209, Rn. 19; *Bücker/Feldhoff/Kohte,* Arbeitsumwelt, Rn. 27; *Börgmann,* RdA 1993, 275, 283. Gegen eine solche Limitierung spricht sich *Kollmer,* AR Blattei SD 220.11, Rn. 4 aus, der lediglich verlangt, dass der Beschäftigte von einem Verstoß gegen das Arbeitsschutzrecht betroffen ist.

rechtlicher Natur sind, wie z.B. Auszeichnungs- und Aushangpflichten, da sie nicht den unmittelbaren Schutz der Arbeitnehmer bezwecken.[23]

2.1. § 618 BGB i.V.m. § 6 Abs. 1 ArbZG

a) Transformation des öffentlich-rechtlichen Arbeitszeitschutzes

Die Vorschriften des betrieblichen Arbeitsschutzrechts, die bisher dem technischen Arbeitsschutz zugeordnet worden sind, übernehmen für die Regelung des § 618 Abs. 1 BGB anerkanntermaßen eine wichtige Konkretisierungsfunktion.[24] Dagegen spricht sich *Lorenz*[25] für eine Ausklammerung des gesetzlichen Arbeitszeitschutzes aus dem Anwendungsbereich des § 618 Abs. 1 BGB aus, da sich solche Vorschriften im Regelfall nicht mit dem Schutz des Arbeitnehmers vor Gefahren befassen, die von den technischen Einrichtungen des Betriebs drohen und daher nicht zur Konkretisierung von § 618 BGB herangezogen werden können, der gerade diesem Zweck diene. Für seine Auffassung soll sprechen, dass das Arbeitszeitrecht die Einschränkung des § 618 Abs. 1 BGB - "als es die Natur der Dienstleistung gestattet" - nicht kennt. Mit der Anwendung von § 618 Abs. 1 BGB wäre verbunden, dass der vertragliche Arbeitszeitschutz geringer sei als der öffentlich-rechtliche. Dennoch komme Regelungen des Arbeitszeitschutzes ebenso eine Doppelwirkung zu, da sie die arbeitsvertraglichen Pflichten des Arbeitgebers nach § 611 BGB konkretisieren.

Dagegen bezieht die überwiegende Auffassung[26] auch die Vorschriften des Arbeitszeitgesetzes, soweit sie den Schutz von Gesundheit und Sicherheit der Arbeitnehmer bezwecken, in den Anwendungsbereich des § 618 Abs. 1 BGB ein. Bereits der Wortlaut von § 618 BGB spricht für diese Auffassung. Die durch das Arbeitszeitgesetz geregelten Sachverhalte konkretisieren die Schutzpflicht des Arbeitgebers, die sich nach § 618 Abs. 1 BGB auch auf Regelungen zur Durchführung der Dienstleistungen erstreckt.[27] Die hinter § 618 BGB stehende Inte-

---

23 ArbG Siegen 08.05.2001, NZA-RR 2001, 629, 630.

24 *BAG 10.03.1976,* AP Nr. 17 zu § 618 BGB; *Wlotzke,* FS Hilger/Stumpf (1982), S. 723, 738 ff.; *Waltermann,* RdA 1998, 330, 331; *Börgmann,* RdA 1993, 275, 282.

25 MünchKomm-*Lorenz,* § 618 BGB, Rn. 21 f; wohl ähnlich *ArbG Siegen 08.05.2001,* NZA-RR 2001; 629, 630.

26 So z.B. Staudinger-*Oetker,* § 618 BGB, Rn. 25 f., 126, 170; *Anzinger/Koberski,* § 1 ArbZG, Rn.40; *Buschmann/Ulber,* § 6 ArbZG, Rn. 8; MünchArbR-*Wlotzke,* § 209, Rn. 16; *Kreft,* Arbeitszeitdauerregulierungen, S. 58 ff; *Kohte,* ArbuR 1984, 263, 267; *ders.,* FS Wißmann (2005), S. 331, 334.

27 Staudinger-*Oetker,* § 618 BGB, Rn. 123 ff.

ressenwahrungspflicht knüpft an die Leistungs- und Einflusssphäre des Arbeitgebers an, durch die er eine Gefahr schafft, die sich der Einflussnahme durch die Arbeitnehmer entzieht.
Eine solche Gefahrenlage kann aber nicht nur von technischen Einrichtungen der Betriebsstätte ausgehen, sondern kann auch auf eine arbeitsschutzwidrige Organisation seitens des Arbeitgebers zurückzuführt werden.[28] Dabei gehören Arbeitszeitregelungen zu den Grundbestandteilen der Arbeitsorganisation und betreffen mithin die Durchführung der Dienstleistung. Zu den Schutzpflichten des § 618 Abs. 1 BGB gehört es auch, dass der Arbeitgeber, die unter seiner Anordnung oder seiner Leitung vorzunehmenden Dienstleistungen so regelt, dass der Arbeitnehmer vor Gefahren geschützt ist.[29] Dazu sind auch Anordnungen zu zählen, die die Arbeits- und Ruhezeit der Tätigkeit betreffen[30], also auch die Anordnung von Nacht- und Schichtarbeit sowie deren konkrete Ausgestaltung im Einzelfall.
Bereits 1967 und 1970 hat das BAG[31] entschieden, dass der Arbeitgeber weder dulden noch verlangen kann, dass sich der Arbeitnehmer in einer seiner Gesundheit ernstlich gefährdenden Weise überarbeitet und sich diese Schutzpflicht aus der Fürsorgepflicht des Arbeitgebers gem. § 618 BGB ableitet, da diese Norm auch die Regelungen von Dienstleistungen erfasst. Der Arbeitgeber habe z.B. im konkreten Fall darauf hinzuwirken, dass der Arbeitnehmer den ihm zustehenden Urlaub auch tatsächlich in Anspruch nimmt. Somit geht auch das BAG davon aus, dass Regelungen der Dienstleistungen i.S.v. § 618 BGB auch arbeitszeitbezogene Organisationspflichten beinhalten.
Eine solche Auslegung ergibt sich auch aus § 618 Abs. 2 BGB, wonach die Anordnungen des Dienstberechtigten unter Berücksichtigung von Arbeits- und Erholzeiten zu treffen sind, wenn der Dienstverpflichtete in die häusliche Gemeinschaft eingegliedert ist. Arbeitszeitgestaltungen unterfallen unstreitig dem Leitungs- und Einflussbereich des Arbeitgebers. Zudem kann auf § 106 GewO verwiesen werden, wonach der Arbeitgeber sein Weisungsrecht bei der Festlegung der Arbeitszeit nicht in Widerspruch zu den gesetzlichen Bestimmungen ausüben darf.[32]
Auch aus der heutigen Systematik des öffentlich-rechtlichen Arbeitsschutzes, die durch einen Allgemeinen und einen Besonderen Teil gekennzeichnet ist, lässt sich eine Trennung auf individualrechtlicher Ebene nicht rechtfertigen. Ins-

---

28 *Degen,* AiB 1991, 309.
29 ErfK-*Wank,* § 618 BGB, Rn. 15; Soergel-*Kraft,* § 618 BGB, Rn. 14.
30 *BAG 16.03.2004,* AP Nr. 2 zu § 2 ArbZG; vgl. auch *BAG 24.03.1998,* AP Nr. 4 zu § 21e GVG.
31 *BAG 13.03.1967 und 27.02.1970,* AP Nr. 15 und 16 zu § 618 BGB.
32 *BAG 16.03.2004,* AP Nr. 2 zu § 2 ArbZG.

besondere die aufgezeigte Integration des Arbeitszeitrechts ins Arbeitsschutzrecht begründet eine einheitliche Betrachtungsweise des Arbeitsschutzes, die sich auf individualvertraglicher Ebene fortsetzen muss. Eine solche einheitliche Betrachtungsweise kommt auch in § 4 Nr. 4 ArbSchG zum Ausdruck. Ein Zweck des § 618 BGB ist es gerade, dass durch die Transformation des öffentlich-rechtlichen Arbeitsschutzrechts ein Gleichklang zwischen den öffentlich-rechtlichen und arbeitsvertraglichen Schutzpflichten des Arbeitgebers erreicht werden soll. Der Arbeitgeber soll auf diese Weise gehindert werden, seinen Beschäftigten auf arbeitsvertraglicher Ebene den Schutz zu entziehen, zu dessen Gewährleistung er auf Grund öffentlich-rechtlicher Normen verpflichtet ist.[33]

In diesem Zusammenhang ist auch darauf hinzuweisen, dass das Merkmal "Natur der Dienstleistung" durch das jeweils geltende Arbeitsschutzrecht konkretisiert wird.[34] Diese Konkretisierungsfunktion können aber nicht nur Vorschriften des technischen Arbeitsschutzes, sondern auch solche des Arbeitszeitgesetzes übernehmen. Damit wird gewährleistet, dass die arbeitsvertragliche Schutzpflicht des Arbeitgebers gem. § 618 BGB in Bezug auf die Arbeitszeit nicht hinter den Vorschriften des öffentlich-rechtlichen Arbeitszeitgesetzes zurückbleibt. Daher fallen auch Vorschriften des Arbeitszeitgesetzes in den Anwendungsbereich der Vorschrift des § 618 BGB.

b) Transformation von § 6 Abs. 1 ArbZG

Die zwingende Verpflichtung des Arbeitgebers aus § 6 Abs. 1 ArbZG zu einer menschengerechten Gestaltung der Arbeitszeit nach gesicherten arbeitswissenschaftlichen Erkenntnissen ist grundsätzlich geeignet, den Gegenstand einer arbeitsvertraglichen Vereinbarung zu bilden, so dass § 6 Abs. 1 ArbZG über § 618 Abs. 1 BGB in das individualvertragliche Pflichtengefüge des Arbeitgebers transformiert wird.

Zudem dient § 6 Abs. 1 ArbZG unmittelbar dem Schutz von Sicherheit und Gesundheit des einzelnen Arbeitnehmers, auch wenn gleichzeitig die Organisation der Arbeit betroffen ist. Der Einordnung von § 6 Abs. 1 ArbZG i.V.m. § 618 Abs. 1 BGB als arbeitsvertragliche Pflicht des Arbeitgebers steht auch nicht entgegen, dass in § 6 Abs. 1 ArbZG nicht die einzelne konkrete Maßnahme vorgeschrieben ist, sondern der Arbeitgeber den unbestimmten Rechtsbegriff der gesicherten arbeitswissenschaftlichen Erkenntnisse über die menschengerechte Ges-

---

33 Soergel-*Kraft*, § 618 BGB, Rn. 10; MünchArbR-*Wlotzke*, § 209, Rn. 17.

34 *Wlotzke*, Anm. zu BAG, AP Nr. 23 zu § 618 BGB; MünchKomm-*Lorenz*, § 618 BGB, Rn. 55, der insbesondere explizit erklärt, dass bei konkreten Normen des technischen Arbeitsschutzrechts die Beschränkung der Schutzpflicht auf die Natur der Dienstleistung ohne Bedeutung ist.

taltung der Arbeit auszufüllen hat und damit lediglich ein Schutzziel, das er nicht unterschreiten darf, durch die öffentlich-rechtliche Norm vorgegeben ist. Für die Doppelwirkung einer arbeitsschutzrechtlichen Norm ist dabei nicht bedeutsam, ob sie eine konkrete Maßnahme vorschreibt oder nur ein zu erreichendes Schutzziel angibt, dass der Arbeitgeber nach pflichtgemäßem Ermessen auszufüllen hat.[35]

2.2. § 618 BGB i.V.m. §§ 3 Abs. 1 S. 1, 4 ArbSchG

Auch die sich aus §§ 3 Abs. 1 S. 1, 4 ArbSchG ergebende allgemeine Verpflichtung des Arbeitgebers, die erforderlichen Maßnahmen des Arbeitsschutzes zu treffen, ist zur Transformation über § 618 BGB ins vertragliche Pflichtengefüge des Arbeitgebers geeignet. Abzulehnen ist dagegen die Ansicht, die eine Konkretisierung der arbeitsvertraglichen Schutzpflicht durch §§ 3 Abs. 1, 4 ArbSchG ablehnt, da es sich um Ordnungs- und Organisationsvorschriften handelt, die selbst einer weiteren Konkretisierung bedürfen.[36]
Nach zutreffend anderer Auffassung verlangt § 3 Abs. 1 S. 1 ArbSchG, dass die erforderlichen Maßnahmen des Arbeitsschutzes getroffen werden, wobei diese unmittelbar den Schutz von Sicherheit und Gesundheit der Beschäftigten nach § 2 Abs. 1 ArbSchG zum Ziel haben müssen, so dass eine Konkretisierung der Schutzpflichten des Arbeitsgebers möglich ist.[37] Die Generalklausel des § 3 Abs. 1 ArbSchG enthält zwar keine eigenen Schutzziele, wird aber durch die allgemeinen Schutzziele in § 4 ArbZG, die einer Ausfüllung durch den Arbeitgeber zugänglich sind, konkretisiert und damit letztlich auch das Merkmal der „Erforderlichkeit" i.S.v. § 3 Abs. 1 ArbSchG.[38]
Zudem ist zu beachten, dass im vorliegenden Fall §§ 3 Abs. 1, 4 ArbSchG auf Grund einer richtlinienkonformen Auslegung näher ausgefüllt werden können, so dass die Schutzverpflichtungen des Arbeitgebers im Hinblick auf Gefährdungen aus Nacht- und Schichtarbeit bereits konkretisiert sind, wie beispielsweise die Pflicht des Arbeitgebers, zusätzliche Lärmpausen oder Kurzpausen beim Zu-

---

35 *Wlotzke*, FS Hilger/Stumpf (1983), S. 723, 741, insbesondere unter Hinweis auf die Standardrechtsnormen des technischen Arbeitsschutzrechts.

36 MüchKomm-*Lorenz*, § 618 BGB, Rn. 37; *Cosack*, DB 1999, 1450, 1454.

37 Grundlegend *Faber*, Grundpflichten des § 3 ArbSchG, S. 422 ff.; Staudinger-*Oetker*, § 618 BGB, Rn. 69; *Kollmer*, AR-Blattei SD 220.11; Rn. 13; *Merten*, MB bei der Bildschirmarbeit, S. 260.

38 So zu Recht *Faber*, Grundpflichten des § 3 ArbSchG, S. 423 f.

sammentreffen von Nacht- und Schichtarbeit und Lärmbelastungen einzuführen, soweit entsprechende Gefährdungen auftreten.[39]

2.3. Inhalt des Erfüllungsanspruchs

Entscheidend für den Erfüllungsanspruch ist allein der Inhalt der durch § 618 Abs. 1 BGB transformierten Vorschrift.[40] Folglich kann der Arbeitnehmer Erfüllung, also die Umsetzung der konkreten Arbeitsschutzmaßnahme vom Arbeitgeber verlangen, wenn die in Rede stehende Arbeitsschutznorm die Durchführung der bestimmten Maßnahme verlangt.[41]
Legt die betreffende Arbeitsschutznorm dagegen nur ein Schutzziel fest, so richtet sich der Erfüllungsanspruch auf fehlerfreie Ausübung des Ermessens, während der Arbeitnehmer nicht verlangen kann, dass eine konkrete Arbeitsschutzmaßnahme auf eine bestimmte Art und Weise erfüllt wird.[42]
Bestehen in diesem Zusammenhang Mitbestimmungsrechte des Betriebsrats, so modifiziert sich der Erfüllungsanspruch dahingehend, dass der Arbeitgeber verpflichtet ist, die Initiative zur Einleitung des Mitbestimmungsverfahrens zu ergreifen.[43] Eine ordnungsgemäße Beteiligung des Betriebsrats ist insoweit Wirksamkeitsvoraussetzung für die getroffenen Arbeitsschutzmaßnahmen, es sei denn, es besteht eine unmittelbare Gefahr für Leben und Gesundheit der Beschäftigten.[44]

a) § 6 Abs. 1 ArbZG

§ 6 Abs. 1 ArbZG statuiert eine zwingende öffentlich-rechtliche Gestaltungspflicht des Arbeitgebers.[45] Fraglich ist somit, ob diese Gestaltungspflicht das Pflichtengefüge von Arbeitgeber und Arbeitnehmer konkretisiert, mit der Folge, dass die Arbeitnehmer einen Erfüllungsanspruch haben. Insoweit lehnt die h.M. in der Literatur einen Anspruch des einzelnen Arbeitnehmers auf Erfüllung ab.[46]

---

39 Vgl. S. 218 ff.
40 *Merten,* MB bei der Bildschirmarbeit, S. 260 f.
41 MünchArbR-*Wlotzke,* § 209, Rn. 22; *Kollmer,* AR-Blattei SD 220.11, Rn. 13.
42 *Kollmer,* AR-Blattei SD 220.11, Rn. 13; Staudinger-*Oetker,* § 618 BGB, Rn. 255.
43 MünchArbR-*Wlotzke,* § 209, Rn. 22; *Merten,* MB bei der Bildschirmarbeit, S. 262.
44 *Merten,* MB bei der Bildschirmarbeit, S. 262; MünchArbR-*Wlotzke,* § 209, Rn. 22.
45 Siehe S. 235 f.
46 *Diller,* NJW 1994, 2726, 2727; *Sondermann,* DB 1993, 1922; *Erasmy,* NZA 1994, 1105, 1108; *Anzinger,* FS Wlotzke (1996), S. 427, 428; *Dobberahn,* Das neue ArbZG, Rn. 77; *Junker,* ZfA 1998, 105, 120; Hk-ArbZG/*Rauschenberg,* § 6 ArbZG, Rn. 30 f.; *Baeck/Deutsch,* § 6 ArbZG, Rn. 28.

Schliemann/Meyer[47] lehnen ebenfalls einen Erfüllungsanspruch ab, bejahen jedoch eine Obliegenheit seitens des Arbeitgebers.
Diese Auffassungen sind jedoch abzulehnen. Zwar folgt der Erfüllungsanspruch der Nacht- und Schichtarbeitnehmer richtigerweise nicht direkt aus der Norm des § 6 Abs. 1 ArbZG selbst. Vielmehr konkretisiert § 6 Abs. 1 ArbZG die Verpflichtung des Arbeitgebers aus § 618 Abs. 1 BGB. Für diesen Erfüllungsanspruch aus § 618 Abs. 1 BGB ist es unerheblich, ob ein Verstoß gegen die betreffende öffentlich-rechtliche Arbeitsschutzvorschrift als Ordnungswidrigkeit oder eine Straftat geahndet wird. Die Qualifizierung von § 6 Abs. 1 ArbZG als arbeitsschutzrechtliche Norm, die dem Schutz von Sicherheit und Gesundheit der einzelnen Beschäftigten dient und somit über § 618 Abs. 1 BGB in das Individualarbeitsverhältnis transformiert wird, erfordert es, dass Nacht- und Schichtarbeitnehmer eine Arbeitszeitgestaltung nach gesicherten arbeitswissenschaftlichen Erkenntnissen über die menschengerechte Gestaltung der Arbeit verlangen können, d.h. die Arbeitgeber sind dem Arbeitnehmer unmittelbar auf eine solche Arbeitszeitgestaltung verpflichtet.[48]
Eine andere Auffassung ließe sich zudem schwer mit der Zielsetzung des § 618 Abs. 1 BGB und der damit verbundenen vertraglichen Schutzpflicht des Arbeitgebers in Einklang bringen. Außerdem handelt es sich bei dem Begriff der gesicherten arbeitswissenschaftlichen Erkenntnisse um einen bestimmbaren und belastbaren Rechtsbegriff, der einer Konkretisierung durch Gestaltungsempfehlungen u.a. der Europäischen Stiftung zur Verbesserung der Lebens- und Arbeitsbedingungen sowie der BAuA zugänglich ist.[49]
Aus der Verwendung des unbestimmten Rechtsbegriffs der gesicherten arbeitswissenschaftlichen Erkenntnisse in § 6 Abs. 1 ArbZG folgt dabei, dass der Arbeitnehmer keinen Anspruch auf eine konkrete Schichtplangestaltung in ihrer Gesamtheit hat, da sich einzelne Erkenntnisse widersprechen und eine entsprechende Bewertung der Reihenfolge nicht vorhanden ist.[50] Folglich hat der Arbeitgeber eine Bewertung der einzelnen gesicherten arbeitswissenschaftlichen

---

47 *Schliemann*/Meyer, Arbeitszeitrecht, Rn. 409 f.
48 So auch *Buschmann/Ulber,* § 6 ArbZG, Rn. 8; vgl *Kreft,* Arbeitszeitdauerregulierungen, S. 233.
49 Siehe S. 186 f.
50 Die Frühschicht sollte nicht zu früh beginnen, während die Nachtschicht möglichst früh enden sollte. Zusätzlich wird empfohlen, dass die Nachtschichten grundsätzlich kürzer sein sollten als Früh- und Spätschichten, so dass die genannten Gestaltungsempfehlungen im Zusammenhang zu sehen sind. Auch die Empfehlung, dass nach einer Nachtschichtphase eine möglichst lange Ruhezeit folgen sollte, die auf keinen Fall weniger als 24 Stunden betragen sollte, wobei 48 Stunden optimal wären, führt dazu, dass bei kurzen Nachtschichtblocks nur noch begrenzte Möglichkeiten für die zusammenhängende Freizeit am Wochenende verbleiben. Vgl. S. 184 f.

Erkenntnisse vorzunehmen, sie gegeneinander abzuwägen und entsprechend seiner Abwägung in die Schichtplangestaltung einfließen zu lassen, so dass ihm in dieser Hinsicht eine Art Auswahlermessen zukommt.
Daneben gibt es aber auch elementare Empfehlungen für die Schichtplangestaltung, deren Einbeziehung unbedingt erforderlich ist. So soll es keine dauerhafte Nachtschicht geben bzw. nur in besonderen Ausnahmefällen, die Schichten sollen bei kontinuierlichen Schichtsystemen vorwärts rotieren und die Nachtschichtfolge muss möglichst kurz sein, d.h. Arbeitnehmer sollten in der Regel nicht mehr als 2 bis 4 Nachtschichten in Folge tätig werden. Auf die Einhaltung dieser einzelnen Gestaltungsempfehlungen, die in keinen Widerspruch zu anderen Kriterien stehen, hat der Arbeitnehmer im Ergebnis auch einen Anspruch. Soweit die einzelnen Gestaltungsempfehlungen offen formuliert sind, hat der Arbeitgeber eine Konkretisierung vorzunehmen.
Aus der Verwendung des unbestimmten Rechtsbegriffs der gesicherten arbeitswissenschaftlichen Erkenntnisse folgt, dass der Erfüllungsanspruch des Arbeitnehmers auf fehlerfreie Ausfüllung dieses unbestimmten Rechtsbegriffs gerichtet ist und in Bezug auf die konkrete Schichtplangestaltung in ihrer Gesamtheit auf eine fehlerfreie Ausübung seines Ermessens. Dies verkennt *Tietje*[51], wenn er schlussfolgert, dass sich aus § 6 Abs. 1 ArbZG keine konkreten Handlungsanweisungen ableiten lassen, aus denen sich eine konkrete Gestaltungspflicht nicht ergebe und in diesem Zusammenhang ein Zurückbehaltungsrecht ablehnen sei.
Im Rahmen des § 6 Abs. 1 ArbZG ist zu beachten, dass zur menschengerechten Gestaltung der Arbeitszeit auch die Prüfung und Berücksichtigung der individuellen Eignung des Arbeitnehmers zur Nacht- und Schichtarbeit sowie dessen individuelle Anpassungsfähigkeit gehört.[52]
Die Auseinandersetzung des Arbeitgebers mit gesicherten arbeitswissenschaftlichen Erkenntnissen hat zur Folge, dass mit dieser Verpflichtung des Arbeitgebers ein Recht seitens des Arbeitnehmers auf Information und Erörterung korrespondiert, das der Verpflichtung aus § 81 Abs. 3 BetrVG ähnlich ist.[53] Den Arbeitgeber trifft somit die Pflicht, die Schichtplangestaltung mit dem Arbeitnehmer zu erörtern.
Bei einem Verstoß gegen Arbeitsschutzvorschriften kann der Arbeitnehmer Leistungsklage auf Einhaltung der Arbeitsbedingungen erheben.[54] Hierbei besteht allerdings die Schwierigkeit, dass der Anspruch auf Erfüllung nach § 253 ZPO hinreichend bestimmt sein muss.[55] Dem Arbeitnehmer verbleibt aber als

---

51 *Tietje*, Arbeitszeitrecht, S. 171 ff.
52 Vgl. S. 129 ff.; *Zmarzlik*, AR-Blattei SD 240, Rn. 165.
53 *Tietje*, Arbeitszeitrecht, S. 174.
54 *Kollmer*, AR-Blattei SD 220.11, Rn. 16.
55 *Faber*, Grundpflichten des § 3 ArbSchG, S. 441; Kollmer-*Kohte*, § 3 ArbSchG, Rn. 88.

weitere Möglichkeit die Erhebung einer Feststellungsklage, die darauf gerichtet ist, festzustellen, dass der Arbeitgeber verpflichtet ist, die erforderlichen Maßnahmen zu treffen.[56]

Soweit der Erfüllungsanspruch auf ein Unterlassen des Arbeitgebers abzielt, kommt ein Unterlassungsanspruch des Arbeitnehmers in Betracht. Das BAG[57] hat in dieser Hinsicht betont, dass ein Unterlassungsanspruch nur dann gegeben ist, wenn dem Arbeitgeber ein bestimmtes Verhalten untersagt sei und ein solcher Fall dann nicht vorliege, wenn dem Arbeitgeber durch ein Gebot eine Handlungspflicht, z.B. die Gewährung von Ruhezeiten, auferlegt werde, da dann ein Anspruch auf Erfüllung zu prüfen sei. Dagegen hat das BAG[58] zutreffend einen Unterlassungsanspruch des Arbeitnehmers im Hinblick auf § 618 Abs. 1 BGB i.V.m. § 3 ArbZG bejaht, da § 3 S. 1 ArbZG insoweit ein grundsätzliches Verbot der Überschreitung der werktäglichen Höchstarbeitszeit von 8 Stunden aufstellt.

Dieser Vergleich verdeutlicht, dass § 6 Abs. 1 ArbZG grundsätzlich als eine Gebotsnorm anzusehen ist. Jedoch müssen die Besonderheiten, die sich aus der Verwendung des unbestimmten Rechtsbegriffs der gesicherten arbeitswissenschaftlichen Erkenntnisse ergeben, berücksichtigt werden. Zwar sind die § 6 Abs. 1 ArbZG konkretisierenden Gestaltungsempfehlungen überwiegend als Gebote formuliert, so darf jedoch das grundsätzliche Verbot der Dauernachtarbeit – von besonderen Ausnahmen abgesehen – nicht außer Betracht bleiben. In diesem speziellen Fall ist im Rahmen des §§ 618 Abs. 1 BGB, 6 Abs. 1 ArbZG ein Unterlassungsanspruch des Arbeitnehmers zu befürworten.

b) §§ 3 Abs. 1 S. 1, 4 ArbSchG

Da auch die richtlinienkonforme Auslegung von §§ 3 Abs. 1 S. 1, 4 ArbSchG nicht dazu führt, dass sich nur eine einzige Maßnahme als "erforderlich" erweist, sondern verschiedene Maßnahmen zur Verringerung der aus Nacht- und Schichtarbeit resultieren Gefährdung grundsätzlich in Betracht kommen, richtet sich der Erfüllungsanspruch des Arbeitnehmers auf die ermessensfehlerfreie Festlegung der zu treffenden Arbeitsschutzmaßnahmen.

So ist der Arbeitgeber auch individualvertraglich verpflichtet, dem Arbeitnehmer u.a. zusätzliche Lärmpausen oder Kurzpausen zu gewähren, wenn z.B. die

---

56 *Kollmer*, AR-Blattei SD 220.11, Rn. 16; vgl. auch *BAG 24.3.1998*, NZA 1999, 107, 109. In dieser Entscheidung bejaht das *BAG* ein Feststellungsinteresse nach § 256 ZPO dann, "wenn ein Teil eines bestehenden Rechtsverhältnisses zwischen den Parteien streitig ist und die gerichtliche Klärung geeignet ist, diesen Streit zu klären".

57 *BAG 24.03.1998*, NZA 1999, 107, 108.

58 *BAG 16.03.2004*, AP Nr. 2 zu § 2 ArbZG.

Nachtschicht durch eine erhebliche Lärmbelastung gekennzeichnet ist. Die jeweilige Maßnahme hat der Arbeitgeber ermessensfehlerfrei festzulegen und hierauf ist der Erfüllungsanspruch gerichtet. In der Frage des "ob" ist dem Arbeitgeber dagegen kein Entschließungsermessen eingeräumt, soweit eine Gefährung des Arbeitnehmers besteht.
Als ermessensfehlerhaft stellen sich z.B. demnach Arbeitsschutzmaßnahmen dar, bei denen in keiner Weise Nacht- und Schichtarbeit als "Verstärkerfaktor" bei weiteren Belastungsfaktoren am Arbeitsplatz berücksichtigt wurde.

3. Rechtshindernde Einwendung nach § 134 BGB durch eine arbeitsschutzwidrige Arbeitgeberweisung

Soweit die konkrete Lage der Arbeitszeit der Arbeitnehmer im Arbeitsvertrag nicht geregelt ist oder sich nicht aus einer entsprechenden Betriebsvereinbarung ergibt, ist der Arbeitgeber berechtigt, die Lage der Arbeitszeit der Arbeitnehmer kraft seines Weisungsrechts gem. § 106 GewO festzulegen. Die Anordnung von Nacht- und Schichtarbeit durch den Arbeitgeber setzt allerdings voraus, dass eine entsprechende arbeitsvertragliche Vereinbarung zwischen Arbeitnehmer und Arbeitgeber besteht.[59]
Bei der Ausübung seines Weisungsrechts hat der Arbeitgeber § 134 BGB zu beachten. § 134 BGB ist auf Weisungen des Arbeitgebers zumindest analog anwendbar, da sie verbindlich die Leistungspflicht des Arbeitnehmers und die organisatorische Einbindung in den Betrieb konkretisieren[60], z.B. zu welcher Zeit der Arbeitnehmer seine Leistung zu erbringen hat. Jedenfalls scheidet damit die Einordnung einer Weisung als Realakt aus. Da zwingende Arbeitsschutzvorschriften zugleich Verbotsgesetze i.S.d. § 134 BGB verkörpern, unabhängig davon, ob sie als Verbot oder als Gebot formuliert sind bzw. ob sie bußgeld- oder strafbewehrt sind[61], kommt die Nichtigkeit einer Weisung nach § 134 BGB in Betracht, wenn der Arbeitgeber durch die Weisung gegen zwingende Arbeitsschutzvorschriften verstößt.
Allerdings ist es nicht gerechtfertigt, dass jeder Verstoß gegen Arbeitsschutzvorschriften zur Nichtigkeit nach § 134 BGB führt. Entscheidend für die Annahme der Nichtigkeit erweist sich vielmehr der Grund des jeweiligen Verbotsgesetzes

---

59 *Heilmann/Kralle/Ortmann/Trümner*, Der Betriebsrat 1983, 181, 263.

60 *N. Fabricius*, Einstellung d. Arbeitsleistung, S. 100 ff.; MünchArbR-*Wlotzke*, § 209, Rn. 10; Staudinger-*Oetker*, § 618 BGB, Rn. 261; *Wlotzke*, FS Hilger/Stumpf (1983), S. 723, 727 f..

61 MünchArbR-*Wlotzke*, § 209, Rn. 5.

und damit der Schutzzweck der Norm.[62] Die Nichtigkeit der Weisung nach § 134 BGB ist zu bejahen, wenn die daraus folgende Tätigkeit des Arbeitnehmers an sich verboten ist, weil ein ausdrückliches Beschäftigungsverbot besteht.[63] Dazu zählen z.B. die Beschäftigungsverbote des Jugendarbeitsschutzgesetzes und des Mutterschutzgesetzes. Die genannten Beschäftigungsverbote beziehen sich auf die Tätigkeit an sich, die unter den jeweiligen Umständen verboten ist. Gleichzeitig wird somit durch den Gesetzgeber zum Ausdruck gebracht, dass es sich hierbei um elementare Schutzpflichten des Arbeitgebers handelt, die er auf keinen Fall verletzen darf. Als Verbotsgesetze i.S.d. § 134 BGB, die eine Nichtigkeit zur Folge haben, sind daher diejenigen Arbeitsschutzvorschriften anzusehen, die ein Beschäftigungsverbot beinhalten, so dass elementare Schutzpflichten des Arbeitgebers konkretisiert werden.

Daraus ist zu schlussfolgern, dass die Grenzen der Nichtigkeit nach § 134 BGB eng zu ziehen sind. Dem gleichzustellen sind Arbeitsschutzvorschriften, die kein konkretes Beschäftigungsverbot aufstellen, dem Arbeitgeber aber ein bestimmtes Verhalten untersagen, so dass die Tätigkeit an sich im Ergebnis verboten ist und daher nur ein Verstoß gegen elementare Schutzpflichten die Nichtigkeit nach § 134 BGB zur Folge hat. Dazu ist die jeweilige Arbeitsschutznorm auszulegen, da in jedem Gebot zugleich ein Verbot enthalten ist. Insoweit ist auf den Schutzzweck der Norm abzustellen.

Aus arbeitszeitrechtlicher Sicht sind somit Weisungen nach § 134 BGB nichtig, die darauf gerichtet sind, die höchstzulässigen Grenzen der Arbeitszeit nach § 3 bzw. § 6 Abs. 2 ArbZG zu überschreiten.[64] Dem Arbeitgeber ist es nach den genannten Normen untersagt, Arbeitnehmer jenseits der in § 3, 6 Abs. 2 ArbZG festgelegten Grenzen zu beschäftigten, und die Einhaltung der Höchstdauer der Arbeitszeit gehört dabei zu den wesentlichen Schutzpflichten des Arbeitgebers.

Darüber hinaus soll § 134 BGB dann zur Anwendung kommen, wenn der Arbeitnehmer durch die arbeitsschutzwidrige Weisung einer konkreten Gefahr ausgesetzt wird und dadurch der Schutzzweck der Norm in ihrem Kern in Frage gestellt ist.[65] Die bestimmte Tätigkeit muss sich also als verboten darstellen.

Tietje[66] bejaht einen Wegfall der Pflicht des Arbeitnehmers zur Arbeitsleistung bei extremen Gestaltungen der Nacht- und Schichtarbeit entgegen den Grenzen von § 6 Abs. 1 ArbZG und bedient sich dabei der Indizwirkung des Gesundheitszustandes der Arbeitnehmer zur Bestimmung der betreffenden Grenze. Ein Überschreiten sei dann anzunehmen, wenn in einer durchschnittlichen Gruppe

---

62 *N. Fabricius*, Einstellung d. Arbeitsleistung, S. 105; MünchArbR-*Wlotzke*, § 209, Rn. 10.

63 Prax.-Komm.-*Oppenauer*, § 17 ArbSchG, Rn. 102.

64 Vgl. *N. Fabricius*, Einstellung d. Arbeitsleistung, S. 94.

65 *N. Fabricius*, Einstellung d. Arbeitsleistung, S. 106; MünchArbR-*Wlotzke*, § 209, Rn. 10.

66 *Tietje*, Arbeitszeitrecht, S. 174 f.

von Arbeitnehmern überdurchschnittlich häufig medizinische Beeinträchtigungen auftreten und soziale Nachteile überdurchschnittlich häufig erfahren werden.

M.E. kommt die Anwendung von § 134 BGB bei Arbeitszeitgestaltungen des Arbeitgebers, bei denen gegen § 6 Abs. 1 ArbZG verstoßen wird und der Arbeitgeber die Lage der Arbeitszeit der Nacht- und Schichtarbeitnehmer entsprechend des arbeitsschutzwidrigen Schichtplans konkretisiert, nicht in Betracht. Dies folgt grundsätzlich aus dem Schutzzweck der Norm. § 6 Abs. 1 ArbZG bezweckt einen Schutz der Sicherheit und Gesundheit der Beschäftigten durch die Gestaltung der Arbeitszeit. Dem Arbeitgeber wird eine (positive) Handlungspflicht auferlegt. Weiterhin wird ihm bei der Gestaltung der Arbeitszeit auch ein Ermessensspielraum eingeräumt, den es auszufüllen gilt. Insbesondere kann der Arbeitgeber seiner Pflicht des § 6 Abs. 1 ArbZG durch mehrere Schichtplangestaltungen genügen. Da ein konkreter Schichtplan durch den Gesetzgeber nicht vorgeschrieben ist und zahlreiche Gestaltungsmöglichkeiten bestehen, ist eine bestimmte Tätigkeit durch § 6 Abs. 1 ArbZG nicht vorgeschrieben und somit auch nicht verboten.

Hinter § 6 Abs. 1 ArbZG steht nicht der gesetzgeberische Gedanke, dass die Tätigkeit zur Nachtzeit und in Schichtarbeit an sich verboten ist, sondern einer besonderen Ausgestaltung bedarf. Dies trifft auch auf die gesicherte Erkenntnis zu, dass Nachtarbeit grundsätzlich nicht in Dauernachtschichtarbeit verrichtet werden soll, da in besonderen Ausnahmefällen hiervon abgewichen werden kann, die jedoch nicht gesetzlich festgelegt sind.

Schwerpunkt der Regelung des § 6 Abs. 1 ArbZG liegt in der Statuierung einer Handlungspflicht des Arbeitgebers. Insbesondere der Vergleich mit Beschäftigungsverboten oder Begrenzungen der Höchstarbeitszeiten und deren strikten Reglementierungen sprechen gegen die Rechtsfolge der Nichtigkeit.

Aus diesen Gründen ist auch bei einem Verstoß gegen §§ 3 Abs. 1, 4 ArbSchG die Nichtigkeit der Arbeitgeberweisung nach § 134 BGB abzulehnen. Daher ist der Arbeitnehmer bei Verstößen des Arbeitgebers gegen des § 6 Abs. 1 ArbZG und §§ 3 Abs. 1, 4 ArbSchG auf weitere Durchsetzungsinstrumente angewiesen.

4. Weitere Rechtsfolgen bei Verletzung der Schutzpflichten aus § 618 Abs. 1 BGB

4.1. Rechtshemmende Einrede nach § 273 BGB

Als ein wirksames Mittel zur Durchsetzung der Arbeitgeberpflichten aus § 618 Abs. 1 BGB wird das Recht des Arbeitnehmers auf Leistungsverweigerung bzw. Arbeitseinstellung angesehen.[67]

a) Dogmatische Begründung

Im Ergebnis ist in Literatur und Rechtsprechung das Recht des Arbeitsnehmers auf Verweigerung der Arbeitsleistung anerkannt, wenn der Arbeitgeber seine Schutzpflichten aus § 618 Abs. 1 BGB verletzt. Umstritten ist dabei aber die Rechtsgrundlage des Leistungsverweigerungsrechts. Die überwiegende Auffassung stützt das Leistungsverweigerungsrecht auf § 273 BGB, da es sich bei den Schutzpflichten aus § 618 Abs. 1 BGB um vertragliche Nebenpflichten handelt.[68]

Die Gegenmeinung nimmt andererseits an, dass es sich bei der Pflicht des Arbeitgebers aus § 618 Abs. 1 BGB um eine im Synallagma stehende Hauptpflicht handelt und daher § 320 BGB als Rechtsgrundlage heranzuziehen sei.[69] Diese Meinung ist ebenso abzulehnen wie die Auffassung, dass mit der Pflichtverletzung des Arbeitgebers von § 618 Abs. 1 BGB die Leistungspflicht des Beschäftigten ohne Rückgriff aus § 273 Abs. 1 BGB automatisch entfalle.[70]

Eine neuere Auffassung differenziert zwischen verschiedenen Fallgruppen, die entweder § 273 BGB oder § 320 BGB zuzuordnen seien. Die Anwendung von § 320 BGB wird dann bejaht, wenn die Erfüllung von Arbeitsschutzpflichten

---

67 MünchArbR-*Wlotzke*, § 209, Rn. 24; *Anzinger/Koberski*, § 1 ArbZG, Rn. 43 f.; *Kollmer*, AR-Blattei SD 220.11, Rn. 19. Grundlegend zur Abgrenzung von § 273 BGB und § 320 BGB: *N. Fabricius*, Einstellung d. Arbeitsleistung, S. 127 ff. und nunmehr auch *Zipprich*, Prävention arbeitsbedingter Erkrankungen durch manuelles Handhaben von Lasten, S. 141 ff.

68 *BAG 8.5.1996*, AP Nr. 23 zu § 618 BGB; *BAG 19.2.1997*, AP Nr. 24 zu § 618 BGB; Staudinger-*Oetker*, § 618 BGB, Rn. 258 ff., insbes. Rn. 263; *Kollmer*, AR-Blattei SD 220.11, Rn. 18; *Merten*, MB bei der Bildschirmarbeit, S. 265; MünchKomm-*Lorenz*, § 618 BGB, Rn. 79; *Anzinger/Koberski*, § 1 ArbZG, Rn. 43 f.; *Kort*, NZA 1996, 854, 855; *Wank*, FS Wlotzke (1996), S. 617, 624; *Molkentin*, NZA 1997, 849, 852; Soergel-*Kraft*, § 618 BGB, Rn. 22; Kollmer/*Oppenauer*, § 17 ArbSchG, Rn. 100.

69 MünchKomm-*Emmerich*, § 320 BGB, Rn. 13; Soergel-*Wiedemann*, § 320 BGB, Rn. 27.

70 So *Herschel*, RdA 1964, 44, 45; *ders.* RdA 1978, 69, 72 f.

nach dem Willen der Arbeitsvertragsparteien zur Abwicklung des Arbeitsvertrages wesentlich sei.[71]
Eine hinreichende Auseinandersetzung mit den genannten Auffassungen würde jedoch den Rahmen der vorliegenden Arbeit sprengen. Vielmehr erscheint überzeugend, dass die Einhaltung der Arbeitsschutzpflichten durch den Arbeitgeber nicht im Gegenseitigkeitsverhältnis mit der Pflicht des Arbeitnehmers zur Erbringung der Arbeitsleistung steht, sondern es sich um Interessenwahrungspflichten i.S.v. vertraglichen (eigenständigen) Pflichten handelt. Daher ist § 273 Abs. 1 BGB anzuwenden.

b) Voraussetzungen und Grenzen des Anspruchs aus § 273 BGB

Da das Zurückbehaltungsrecht nach § 273 Abs. 1 BGB der Durchsetzung der Schutzpflichten des Arbeitgebers gegen den Arbeitnehmer, die sich aus § 618 Abs. 1 BGB ergeben, ist es vom Bestand des Erfüllungsanspruchs abhängig und unterliegt den gleichen Grenzen wie der Erfüllungsanspruch.[72]
§ 273 Abs. 1 BGB setzt einen fälligen Gegenanspruch des Schuldners voraus, der aus dem gleichen rechtlichen Verhältnis entspringen muss, so dass die objektive Verletzung der in Rede stehenden Arbeitsschutzvorschrift erforderlich ist.[73]
Damit der Arbeitnehmer sein Zurückbehaltungsrecht nach § 273 Abs. 1 BGB ausüben kann, muss die Leistungspflicht des Arbeitnehmers entstanden und darf nicht wieder untergegangen sein.[74] Einschränkend kann für § 273 Abs. 1 BGB dagegen nicht verlangt werden, dass eine unmittelbare oder erhebliche Gefahr für Leben und Gesundheit vorliegt, soweit die verletzte Arbeitsschutzvorschrift diese Voraussetzung nicht selbst aufstellt.[75]
Die Grenzen des Zurückbehaltungsrechts ergeben sich - wie erwähnt - auch aus dem Erfüllungsanspruch. Hat der Betriebsrat im Rahmen der fraglichen Arbeits-

---

71 *N. Fabricius*, Einstellung d. Arbeitsleistung, S. 127 ff.; MünchArbR-*Wlotzke*, § 209, Rn. 25. Vgl. auch die Differenzierung von *Zipprich*, Prävention arbeitsbedingter Erkrankungen, S. 141 ff.

72 MünchArbR-*Wlotzke*, § 209, Rn. 26; Staudinger-*Oetker*, § 618 BGB, Rn. 264; ErfK-*Wank*, § 618 BGB, Rn. 32.

73 *Merten*, MB bei der Bildschirmarbeit, S. 266.

74 *N. Fabricius*, Einstellung d. Arbeitsleistung, S. 139; MünchArbR-*Wlotzke*, § 209, Rn. 11; a.A. Staudinger-*Oetker*, § 618 BGB, Rn. 261, wonach mit der Feststellung, dass die konkretisierende Weisung nach § 134 BGB nichtig ist, noch keine Aussage über die generelle Pflicht zur Dienstleistung verbunden ist.

75 Hierzu ausführlich *Merten*, MB bei der Bildschirmarbeit, S. 266 ff. m.w.N.; ebenso *N. Fabricius*, Einstellung d. Arbeitsleistung, S. 142; *Bücker/Feldhoff/Kohte*, Arbeitsumwelt, Rn. 32; *Wank*, FS Wlotzke (1996), S. 617, 624.

schutznorm Mitbestimmungsrechte, so kann der Arbeitnehmer von seinem Zurückbehaltungsrecht aus § 273 Abs. 1 BGB nur so lange Gebrauch machen, bis der Arbeitgeber die Initiative zur Aufstellung einer entsprechenden Regelung mit dem Betriebsrat ergreift.[76] Verletzt der Arbeitgeber eine Arbeitsschutzvorschrift, die ihm ein Ermessen einräumt, so besteht das Zurückbehaltungsrecht des Arbeitnehmers, bis der Arbeitgeber geeignete Maßnahmen trifft und hierbei das ihm eingeräumte Ermessen fehlerfrei ausübt.[77] Die genannten Grenzen kommen in sog. Eilfällen nicht zur Anwendung, d.h. wenn unmittelbare Gefahren für Leben und Gesundheit der Beschäftigten bestehen, ist der Arbeitgeber zum sofortigen Handeln gezwungen.[78]
Eine weitere Grenze für die Ausübung des Zurückbehaltungsrechts nach § 273 Abs. 1 BGB stellt der Verhältnismäßigkeitsgrundsatz dar, so dass die Arbeitseinstellung durch den Arbeitnehmer geeignet, erforderlich und verhältnismäßig i.e.S. sein muss, um das Ziel - Einhaltung der vertraglichen Pflichten seitens des Arbeitgebers - zu erreichen.[79] Auf geringfügige und kurzfristige Pflichtverstöße, die keinen nachhaltigen Schaden zur Folge haben können, darf der Arbeitnehmer nicht mit der Ausübung des Leistungsverweigerungsrechts reagieren.[80]

c) § 6 Abs. 1 ArbZG

Somit ist der Frage nachzugehen, ob der Arbeitnehmer ein Zurückbehaltungsrecht aus § 273 Abs. 1 BGB geltend machen kann, wenn der Arbeitgeber seine vertragliche Pflicht aus § 618 Abs. 1 BGB verletzt, indem er die Arbeitszeit der Nacht- und Schichtarbeitnehmer nicht entsprechend von § 6 Abs. 1 ArbZG gestaltet.
Diejenigen Autoren, die in § 6 Abs. 1 ArbZG lediglich eine „lex imperfecta" sehen, lehnen auch ein Zurückbehaltungsrecht des Arbeitnehmers ab.[81] Eine vermittelnde Auffassung verneint zwar einen Erfüllungsanspruch des Arbeitnehmers, spricht ihm aber ein Zurückbehaltungsrecht zu.[82]

---

[76] *Kittner/Pieper,* ArbSchG, § 9 ArbSchG, Rn. 17; *Merten,* MB bei der Bildschirmarbeit, S. 271.
[77] *Kittner/Pieper,* ArbSchG, § 9, Rn. 17.
[78] *Merten,* MB bei der Bildschirmarbeit, S. 271.
[79] Hierzu ausführlich *N. Fabricius,* Einstellung d. Arbeitsleistung, S. 139 ff.
[80] MünchKomm.-*Lorenz,* § 618 BGB, Rn. 67; *Bücker/Feldhoff/Kohte,* Arbeitsumwelt, Rn. 79.
[81] Vgl. nur *Baeck/Deutsch,* § 6 ArbZG, Rn. 28 m.w.N., *Tietje,* Arbeitszeitrecht, S. 173 f.
[82] *Schliemann*/Meyer, Arbeitszeitrecht, S. 150, Rn. 410 f.

Die Einordnung von § 6 Abs. 1 ArbZG als arbeitsschutzrechtliche Norm erfordert es, dass der Arbeitnehmer bei Verletzung dieser Arbeitgeberpflicht neben dem Erfüllungsanspruch ein Zurückbehaltungsrecht nach § 273 Abs. 1 BGB geltend macht. Der Arbeitnehmer hat folglich dann ein Zurückbehaltungsrecht, wenn der Arbeitgeber die Arbeitszeit der Nacht- und Schichtarbeitnehmer nicht nach gesicherten arbeitswissenschaftlichen Erkenntnissen gestaltet, weil er den unbestimmten Rechtsbegriff nicht oder nicht fehlerfrei ausfüllt, elementare Gestaltungsempfehlungen nicht berücksichtigt oder die verschiedenen Erkenntnisse ermessensfehlerhaft abwägt.
Ordnet der Arbeitgeber beispielsweise Dauernachtarbeit an und liegt hierfür kein besonderer Ausnahmefall vor, so kann der Arbeitnehmer von seinem Zurückbehaltungsrecht aus § 273 Abs. 1 BGB Gebrauch machen. Dies trifft ebenfalls zu, wenn der Arbeitnehmer mehr als 2 bis 4 Nachtschichten in Folge arbeiten muss oder das Schichtsystem rückwärts rolliert. Insoweit ist in den beiden letztgenannten Fällen insbesondere der Verhältnismäßigkeitsgrundsatz als Grenze zu beachten, so dass einmalige und kurzfristige Pflichtverstöße des Arbeitgebers nicht ausreichen, um ein Zurückbehaltungsrecht zu begründen.
Ein Zurückbehaltungsrecht nach § 273 Abs. 1 BGB muss auch dann angenommen werden, wenn der Arbeitgeber die individuelle Anpassungsfähigkeit und Empfindlichkeit des einzelnen Arbeitnehmers nicht hinreichend berücksichtigt.

d) § 3 Abs. 1 S. 1 ArbSchG i.V.m. § 4 ArbSchG

Bei der Verpflichtung des Arbeitgebers aus § 618 Abs. 1 BGB sind Schutzmaßnahmen zu treffen, die auf Grund der richtlinienkonformen Auslegung von § 3 Abs. 1 S. 1 i.V.m. § 4 ArbSchG erforderlich sind. Da letztlich eine Ausfüllung des Begriffs der „erforderlichen Arbeitsschutzmaßnahmen“ vorzunehmen ist und hierfür grundsätzlich verschiedene Arbeitsschutzmaßnahmen in Betracht kommen, gelten die gleichen Grundsätze wie bei § 6 Abs. 1 ArbZG.
So ist der Arbeitgeber bei Vorliegen einer Gefährdung, die aus dem Zusammentreffen von Nacht- und Schichtarbeit mit Lärmbelastungen resultiert verpflichtet, entsprechende Arbeitsschutzmaßnahmen zu ergreifen, wie die richtlinienkonforme Auslegung von § 3 Abs. 1, S. 1 und § 4 ArbSchG ergeben hat. Insoweit ist es möglich, dass er den Lärmpegel insgesamt senkt, die Schichtzeit reduziert, Lärmpausen oder zusätzliche Lärmpausen einführt. Ein Zurückbehaltungsrecht nach § 273 Abs. 1 BGB ist in dieser Hinsicht jedenfalls dann anzunehmen, wenn sich bei der Gefährdungsbeurteilung die Notwendigkeit entsprechender Maßnahmen offenbart hat und der Arbeitgeber die Durchführung jeglicher erforderlicher Arbeitsschutzmaßnahmen unterlässt. Weiterhin ist ein Zurückbehaltungsrecht zu bejahen, wenn der Arbeitgeber zusätzliche Lärmpausen einführt, den

Arbeitnehmern in dieser Zeit aber solche Tätigkeiten zuweist, bei denen Nacht- und Schichtarbeit wieder als verstärkender Belastungsfaktor fungiert, wie z.B. bei der Verrichtung von Akkordarbeit, so dass sich die Arbeitsschutzmaßnahme im Ergebnis als ungeeignet erweist.

4.2. Schadensersatzanspruch

Verletzt der Arbeitgeber seine Pflichten aus § 618 Abs. 1 BGB schuldhaft, so kommt ein Schadensersatzanspruch des Arbeitnehmers aus § 280 Abs. 1 BGB in Betracht.[83] Daneben ist ein Anspruch aus § 823 Abs. 2 BGB zu prüfen, da es sich bei Arbeitsschutzvorschriften, die zumindest auch Leben und Gesundheit der Beschäftigten schützen, um Schutzgesetze handelt.[84]
Im Rahmen der genannten Schadensersatzansprüche spielt der Haftungsausschluss des Arbeitgebers nach § 104 SGB VII grundsätzlich eine beachtliche Rolle. Dieser greift allerdings nur dann ein, wenn es sich um einen Arbeitsunfall oder eine Berufskrankheit handelt. Nicht erfasst sind dagegen arbeitsbedingte Erkrankungen.[85] Die durch Nacht- und Schichtarbeit verursachten Krankheiten sind bisher nicht als Berufskrankheiten i.S.d. BKVO anerkannt. Die auf diese Art und Weise eintretenden Gesundheitsschäden können aber als arbeitsbedingte Erkrankungen eingestuft werden.

III. Anspruch des Nachtarbeitnehmers nach § 6 Abs. 5 ArbZG

Bei der Verpflichtung des Arbeitsgebers zur Gewährung eines angemessenen Freizeitausgleichs oder eines Nachtarbeitszuschlags gem. § 6 Abs. 5 ArbZG handelt es sich um eine öffentlich-rechtliche Pflicht, wobei davon auszugehen ist, dass der Gesetzgeber zugleich auch einen privatrechtlichen Anspruch des Arbeitnehmers normieren wollte.[86] Dabei hat der Arbeitgeber ein Wahlrecht

---

83 Ausführlich Staudinger-*Oetker*, § 618 BGB, Rn. 284 ff.; vgl. *BAG 13.03.1967 und 27.02.1970,* AP Nr. 15 und 16 zu § 618 BGB.

84 Wiederum Staudinger-*Oetker*, § 618 BGB, Rn. 317 ff.; bereits *Nipperdey,* Festgabe Reichsgericht (1929), S. 203, 213, 218; *Wlotzke,* FS Herschel (1982), S. 503, 523.

85 MünchArbR-*Wlotzke*, § 209, Rn. 38; *Bücker/Feldhoff/Kohte,* Arbeitsumwelt, Rn. 29.

86 Zu Recht *BAG 05.09.2002,* NZA 2003, 563, 564 und *BAG 31.08.2005,* - 5 AZR 545/04-; *Tietje,* Arbeitszeitrecht, S. 193; *Anzinger,* RdA 1994, 11, 17; *Kraegeloh,* § 6 ArbZG, Rn. 10 und *Roggendorff,* § 6 ArbZG, Rn. 39. bejahen ebenso einen Anspruch der Arbeitnehmer.

i.S.v. § 262 BGB, welche Ausgleichsleistungen er dem einzelnen Arbeitnehmer gewährt.[87] In diesem Kontext sind die Frage zu beantworten, ob die aus § 6 Abs. 5 ArbZG folgende Verpflichtung des Arbeitgebers abbedungen werden kann und ob das ihm eingeräumte Wahlrecht auf den Arbeitnehmer übergehen kann. Zuletzt ist den Umfang der Ausgleichsleistung einzugehen.

1. Der Ausschluss der Leistung in Formulararbeitsverträgen

Da im Rahmen von Arbeitsvertragsbeziehungen wesentliche Vertragsbedingungen oftmals in Formulararbeitsverträgen verankert sind, ist die Wirksamkeit von Arbeitsvertragsklauseln zu untersuchen, in denen die Nachtarbeitnehmer auf Ausgleichsleistungen bei Verrichtung von Nachtarbeit verzichten.
Soweit solche Klauseln daher für eine Vielzahl von Verträgen vorformuliert sind, z.B. wenn der Arbeitgeber ein Vertragsmuster seines Arbeitgeberverbandes verwendet, handelt es sich bei ihnen um allgemeine Geschäftsbedingungen i.S.v. § 305 Abs. 1 BGB, die einer gerichtlichen Kontrolle gem. §§ 305 c ff. BGB unterliegen.
§ 310 Abs. 4 BGB sieht insoweit vor, dass bei der Anwendung auf Arbeitsverträge die im Arbeitsrecht geltenden Besonderheiten zu berücksichtigen sind. Daher ist zu prüfen, ob Klauseln, die Ausgleichsleistungen für Nachtarbeit ausschließen, wirksamer Bestandteil des Arbeitsvertrages werden. Nach § 305 C Abs. 1 BGB werden überraschende Klauseln, die also nach den Umständen, insbesondere nach dem äußeren Erscheinungsbild des Vertrages so ungewöhnlich sind, dass der Vertragspartner des Verwenders mit ihnen nicht zu rechnen braucht, jedoch nicht Vertragsbestandteil.
Allerdings fehlt Klauseln, in denen der Verzicht auf Ausgleichsleistungen bei Nachtarbeit zum Ausdruck kommt, grundsätzlich ein solches Überraschungsmoment. Insbesondere in Zeiten hoher Arbeitslosigkeit ist es nicht fernliegend, dass nichttarifgebundene Arbeitnehmer auf die Zahlung zusätzlichen Arbeitsentgelts verzichten, insbesondere wenn die Leistung von Nachtarbeit typisch ist.[88]

---

87 Vgl. S. 198 f.

88 Vgl. *LAG Düsseldorf 6.10.2000*, NZA-RR 2001, 151. Nach dem Bezirks-MTV für die gewerbl. AN im privaten Güterverkehrsgewerbe Nordrhein-Westfalen entfallen Nachtzuschläge für die Fahrer/Beifahrer im Güter- und Möbelverkehr. Eine vergleichbare Regelung sieht § 4 des MTV für die Markengastronomie (Bereich Westdeutschland) vor. Insoweit stellt das *BAG (26.4.2005*, AP Nr. 118 zu § 87 BetrVG 1972 Arbeitszeit) zutreffend fest, dass es sich hierbei nicht um eine tarifliche Ausgleichsleistung handelt, die den

Der in einem Formulararbeitsvertrag verankerte Verzicht auf Ausgleichsleistungen für geleistete Nachtarbeit könnte gegen § 307 BGB verstoßen. Ein möglicher Verstoß gegen spezielle Klauselverbote gem. §§ 309, 308 BGB ist nicht ersichtlich. Soweit ein Verstoß gegen § 307 BGB bejaht wird, sind entsprechende Klauseln gem. § 307 Abs. 1 S. 1 BGB unwirksam. Nach § 306 Abs. 1 BGB bleibt der Arbeitsvertrag im Übrigen wirksam und an die Stelle der unwirksamen Klausel tritt gem. § 306 Abs. 2 BGB die gesetzliche Vorschrift.
Bestimmungen in vorformulierten Arbeitsverträgen sind gem. § 307 Abs. 1 BGB dann unwirksam, wenn sie den Vertragspartner entgegen den Geboten von Treu und Glauben unangemessen benachteiligen.[89] Eine unangemessene Benachteiligung kann sich nach § 307 Abs. 1 S. 2 BGB aus einem Verstoß gegen das Transparenzgebot ergeben, wenn die Vertragsbestimmung nicht klar und verständlich ist.[90]
Nach § 307 Abs. 2 Nr. 1 BGB ist eine unangemessene Benachteiligung auch dann anzunehmen, wenn eine vertragliche Bestimmung mit wesentlichen Grundgedanken der gesetzlichen Regelung, von der abgewichen wird, nicht zu vereinbaren ist. Grundsätzlich unterliegen auch formularmäßige Verzichtserklärungen einer Angemessenheitskontrolle nach § 307 BGB, unabhängig davon, ob der Arbeitnehmer auf zwingende oder einfache Rechte verzichtet.[91]
Bei § 6 Abs. 5 ArbZG handelt es sich um eine zwingende Verpflichtung des Arbeitgebers zur Zahlung einer Ausgleichsleistung oder Gewährung von Freizeitausgleich.[92] Bereits der unentgeltliche Verzicht ohne kompensatorische Gegenleistung des Arbeitgebers indiziert bei formularmäßigen Verzichtserklärungen die unangemessene Benachteiligung.[93] Dies gilt insoweit auch für den Anspruch aus § 6 Abs. 5 ArbZG.
Zulässig ist es dagegen, wenn die Arbeitsvertragsparteien auf eine gesonderte Zuschlagsregelung verzichten und statt dessen den Grundlohn wegen der vereinbarten Nachtarbeit mit einer Erhöhung versehen, wobei im Arbeitsvertrag zwischen der Grundvergütung und dem (zusätzlichen) Nachtarbeitszuschlag unterschieden werden muss, da auf diese Weise den Anforderungen des § 6 Abs. 5 ArbZG hinreichend Rechnung getragen wird.[94] Die Gewährung von zusätzlichen

---

Anspruch aus § 6 Abs. 5 ArbZG ausschließt. Vielmehr ist der Ausgleich für die Nachtarbeit dann in Form von Freizeit zu gewähren.

89 *Gotthardt*, Arbeitsrecht nach der Schuldrechtsreform, S. 143.

90 *Gotthardt*, Arbeitsrecht nach der Schuldrechtsreform, S. 146.

91 ErfK-*Preis*, §§ 305 – 310 BGB, Rn. 96.

92 *Schliemann*/Meyer, Arbeitszeitrecht, Rn. 473; *Buschmann/Ulber*, § 6 ArbZG, Rn. 27.

93 ErfK-*Preis*, §§ 305 -310 BGB, Rn. 96.

94 *BAG 05.09.2002*, NZA 2003, 563, 565; *BAG 31.08.2005*, - 5 AZR 545/04-; Hk-ArbZG/*Rauschenberg*, § 6 ArbZG, Rn. 113; vgl. auch BT-Drucks. 12/6990, S. 43.

Urlaubstagen auf Grund der Verrichtung von Nachtarbeit ist ebenso möglich, so dass der entsprechende Verzicht in einem Formulararbeitsvertrag zulässig ist, soweit die zusätzliche Gewährung im Arbeitsvertrag zur Kenntnis der Parteien gelangt.

2. Übergang des Wahlrechts des Arbeitnehmers durch angemessene Fristsetzung?

In seiner Entscheidung vom 5. September 2002 hat das BAG kurz erwähnt, dass der Arbeitnehmer ohne weiteres die Möglichkeit hat, den Arbeitgeber zur Vornahme seiner Wahl aufzufordern, mit der Folge, dass bei nicht rechtzeitig vorgenommener Wahl das Wahlrecht des Arbeitgebers nach § 264 Abs. 2 BGB auf den Arbeitnehmer übergeht. Diese Ausführungen sind jedoch nicht nachvollziehbar. § 264 Abs. 2 BGB gilt für den Fall, dass sich der wahlberechtigte Gläubiger in Verzug befindet. Dem Schuldner ist es dann unter angemessener Fristsetzung möglich, das Wahlrecht auf sich übergehen zu lassen. Damit beschreibt § 264 Abs. 2 BGB aber gerade nicht die Situation des § 6 Abs. 5 ArbZG, da der Arbeitnehmer als Gläubiger der Ausgleichsleistung gerade nicht wahlberechtigt ist. Die Wahl obliegt vielmehr dem Arbeitgeber als Schuldner der Ausgleichsleistung, so dass § 264 Abs. 1 BGB zur Anwendung kommt.
Danach hat der Gläubiger nur die Möglichkeit, Leistungsklage mit alternativem Klageantrag zu erheben, wenn der Schuldner die Wahl nicht vornimmt. Einen Übergang des Wahlrechts auf den Gläubiger sieht das Gesetz dagegen nicht vor.[95] Der Klageantrag nach § 6 Abs. 5 ArbZG richtet sich daher auf wahlweise Leistung einer angemessenen Zahl bezahlter freier Tage und einen angemessenen Entgeltzuschlag.[96] Geschuldet ist somit die Vornahme der Wahl durch den Arbeitgeber. Daher richtet sich die Vollstreckung nach § 888 ZPO.

3. Umfang der Ausgleichsleistung

§ 6 Abs. 5 ArbZG verlangt außerdem, dass die Ausgleichsleistungen "angemessen" sein müssen. Die Entscheidung über den Umfang der "angemessenen" Ausgleichsleistung obliegt dem Arbeitgeber, die gerichtlich überprüfbar ist. In

---

95 Staudinger-*Bittner,* § 264 BGB, Rn. 7.

96 Kittner/Zwanziger-*Schoof,* § 41, Rn. 43 a (2003); Vgl. auch *BAG 27.01.2000,* NZA 2001, 41, 44.

diesem Zusammenhang stellt sich die Frage, ob es sich hierbei um eine spezielle oder eigenständige Regelung handelt[97] oder ob die "Angemessenheit" nach § 315 Abs. 1 BGB direkt oder analog[98] zu beurteilen ist. Einer Streitentscheidung bedarf es insoweit nicht, da die Wertungen des § 315 BGB auch dann herangezogen werden, wenn § 6 Abs. 5 ArbZG als eigenständige Regelung betrachtet wird.[99]

Zur Bestimmung der Grundsätze billigen Ermessens nach § 315 BGB sind objektive Anhaltspunkte heranzuziehen, die sich aus gesicherten arbeitswissenschaftlichen Erkenntnissen, Tarifverträgen oder der ursprünglichen Fassung des § 4 Abs. 6 des Referentenentwurfs zum Arbeitszeitgesetz ergeben können.[100] In die Abwägungsentscheidung des Arbeitgebers sollen einerseits die betroffenen Belange der Arbeitnehmer, insbesondere Umfang und Intensität ihrer Belastung durch Nachtarbeit, und andererseits die betrieblichen Notwendigkeiten und seine wirtschaftlichen Interessen einfließen, so dass die Frage der Angemessenheit nicht generell zu beantworten ist, wie bereits in der Offenheit dieses Begriffs zum Ausdruck kommt.[101] Auch das Alter der Beschäftigten sowie ihre Beschäftigungsdauer in Nachtarbeit können zur Bestimmung von Umfang und Dauer der Belastung durch Nachtarbeit herangezogen werden.[102]

Da sich der genaue Umfang der Ausgleichsleistungen des § 6 Abs. 5 ArbZG nicht explizit aus gesetzlichen Vorschriften ableiten lässt, sondern deren Angemessenheit nach den Grundsätzen billigen Ermessens nach § 315 BGB zu beurteilen ist, ergibt sich für den Arbeitgeber bei der Ausfüllung dieser Verpflichtung ein Spielraum.[103] In diesem Zusammenhang kann der Arbeitnehmer nach § 315 BGB (analog) die Angemessenheit der Ausgleichsleistung im Rahmen einer Leistungsklage indizent überprüfen lassen.[104]

---

97 So *Tietje,* Arbeitszeitrecht, S. 194 f. Das *BAG 26.8.1997,* NZA 1998, 441, 445 räumt diese Möglichkeit ein.

98 *BAG 24.02.1999,* NZA 1999, 995, 997; *BAG 5.9.2002,* NZA 2003, 563, 565; *Buschmann/Ulber,* § 6 ArbZG, Rn. 29; *Schliemann*/Meyer, Arbeitszeitrecht, S. 173, Rn. 476; *Roggendorff,* § 6 ArbZG, Rn. 41; a.A. *Baeck/Deutsch,* § 6 ArbZG, Rn. 83, die bei einem finanziellen Ausgleich § 612 Abs. 2 BGB entsprechend befürworten.

99 Vgl. *Tietje,* Arbeitszeitrecht, S. 195.

100 *Buschmann/Ulber,* § 6 ArbZG, Rn. 29; auch *Tietje,* Arbeitszeitrecht, S. 195, der § 6 Abs. 5 ArbZG als eigenständige Regelung ansieht, bestimmt die Angemessenheit objektiv, so dass sich i.E. keine großen Unterscheidungen ergeben. Nach *BAG 24.2.1999,* NZA 1999, 995, 997 ist der Ausgleich nicht erst dann angemessen, wenn er Tarifniveau erreicht.

101 *BAG 24.2.1999,* NZA 1999, 995, 997; *Buschmann/Ulber,* § 6 ArbZG, Rn. 29.

102 *Buschmann/Ulber,* § 6 ArbZG, Rn. 29.

103 *BAG 26.08.1997,* NZA 1998, 441, 445; *Hess-Grunewald,* AiB 1999, 164 f.

104 *Tietje,* Arbeitszeitrecht, S. 195.

IV. Zusammenfassung

Der Arbeitnehmer hat zur Durchsetzung seiner Rechte aus § 6 Abs. 1 ArbZG und §§ 3 Abs. 1 S. 1, 4 ArbSchG sowohl einen Erfüllungsanspruch, der sich aus § 618 BGB ergibt, als auch ein Recht zur Verweigerung der Arbeitsleistung gem. § 273 BGB sowie ein Schadensersatzanspruch aus §§ 280 Abs. 1, 823 Abs. 2 BGB.

Jedoch darf nicht außer Betracht bleiben, dass in Zeiten hoher Arbeitslosigkeit nicht jeder Arbeitnehmer seine individualrechtlichen Durchsetzungsmöglichkeiten auch tatsächlich vor Gericht geltend machen würde, so dass nach weiteren Wegen zur Durchsetzung des Arbeitsschutzrechts zu suchen ist.

Insoweit ist das Recht der Arbeitnehmer auf Unterricht der Aufsichtsbehörden in Betracht zu ziehen. Eine eigenständige Regelung hierfür enthält das Arbeitszeitgesetz nicht, so dass wiederum auf die Normen des ArbSchG als Allgemeinen Teil des betrieblichen Arbeitsschutzes zurückzugreifen ist.[105] § 17 Abs. 2 ArbSchG räumt dem Arbeitnehmer zwar ein außerbetriebliches Beschwerderecht ein, knüpft dieses jedoch an eine vorherige erfolglose Beschwerde beim Arbeitgeber bzw. einer dafür zuständigen Person. Zu Recht sind diese Einschränkungen des außerbetrieblichen Beschwerderechts in der Literatur teilweise heftig kritisiert worden.[106]

Somit ist nach weiteren effektiven Durchsetzungsmöglichkeiten des Arbeitsschutzes zu suchen. Dabei ist der Blick auf die kollektivrechtliche Ebene zu richten.

---

105 Eine andere Auffassung vertritt *Kreft*, Arbeitszeitdauerregulierungen, S. 62.

106 So z.B. *Bücker/Feldhoff/Kohte*, Arbeitsumwelt, Rn. 615; Kollmer/*Oppenauer*, § 17 ArbSchG, Rn. 13 ff.

6. Kapitel: Die Beteiligung des Betriebsrats beim Arbeits- und Gesundheitsschutz im Rahmen von Nacht- und Schichtarbeit

Im Folgenden sollen die Mitwirkungsmöglichkeiten des Betriebsrats bei der Gestaltung von Nacht- und Schichtarbeit, vor allem im Hinblick auf eine Verbesserung von Sicherheit und Gesundheit der Arbeitnehmer, näher untersucht werden. Den Schwerpunkt bildet hierbei das Mitbestimmungsrecht des Betriebsrats in Fragen des Sicherheits- und Gesundheitsschutzes gem. § 87 Abs. 1 Nr. 7 BetrVG, um den sicherheits- und gesundheitsschutzbezogenen Aspekten von Nacht- und Schichtarbeit gerecht zu werden.
Da in Arbeitszeitfragen zugleich das Mitbestimmungsrecht des Betriebsrats nach § 87 Abs. 1 Nr. 2 BetrVG eingreift, ist es notwendig, die Voraussetzungen dieses Mitbestimmungstatbestandes und das Verhältnis zu § 87 Abs. 1 Nr. 7 BetrVG darzustellen.

I. Die Mitbestimmung des Betriebsrats nach § 87 Abs. 1 Nr. 2 BetrVG

Ein für die Arbeitszeitgestaltung der Nacht- und Schichtarbeitnehmer wichtiges Beteiligungsrecht des Betriebsrats ist in § 87 Abs. 1 Nr. 2 BetrVG verankert. § 87 Abs. 1 Nr. 2 BetrVG normiert dabei, dass der Betriebsrat bei Beginn und Ende der täglichen Arbeitszeit einschließlich der Pausen und der Verteilung der Arbeitszeit auf die Wochentage mitzubestimmen hat.

1. Sinn und Zweck von § 87 Abs. 1 Nr. 2 BetrVG

Alle Mitbestimmungstatbestände des § 87 Abs. 1 BetrVG basieren dabei auf dem Grundgedanken, den Schutz der Arbeitnehmer durch gleichberechtigte Teilhabe an den grundlegenden Entscheidungen des Arbeitgebers in generellen sozialen Angelegenheiten des Betriebes zu verwirklichen.[1] Dieser Schutz bezieht sich bei § 87 Abs. 1 Nr. 2 BetrVG auf die Berücksichtigung der Interessen

---

[1] *BAG 6.11.1990*, AP Nr. 8 zu § 3 AZO kr; HaKo-BetrVG/*Kohte*, § 87 BetrVG, Rn. 1.

der Arbeitnehmer an der Lage ihrer Arbeitszeit und damit zugleich auch auf den Zeitraum zur freien Gestaltung ihres Privatlebens.[2]
Der Unternehmer dagegen verbindet mit der Arbeitszeit seine wirtschaftliche Betätigungsmöglichkeit und damit das Verhältnis von Betriebszeit und wirtschaftlich nicht nutzbarer Stillzeit. Darüber hinaus wird Arbeitszeit als ein regulierendes, beschäftigungspolitisches Element in Zeiten hoher Arbeitslosigkeit angesehen. Die Mitbestimmung des Betriebsrats nach § 87 Abs. 1 Nr. 2 BetrVG soll daher die effektive Berücksichtigung der Arbeitnehmerinteressen bei der Abstimmung von Betriebszeit, Arbeitszeit und Freizeit gewährleisten.
Fraglich ist, ob die Schutzzwecke des Arbeitszeitgesetzes, also der Schutz der Sicherheit und Gesundheit der Arbeitnehmer sowie die Flexibilisierung der Arbeitszeit, auch im Rahmen des § 87 Abs. 1 Nr. 2 BetrVG Berücksichtigung finden. Sprick3 bejaht zu Recht, dass die genannten Schutzzwecke auch im Rahmen des § 87 Abs. 1 Nr. 2 BetrVG zu beachten sind, da durch die Mitbestimmung alle sozialen Belange der Arbeitnehmer gewahrt werden sollen.
Die Regelungen des Arbeitszeitgesetzes finden bereits über § 87 Abs. 1, ES. BetrVG Eingang in die betriebliche Mitbestimmung nach § 87 Abs. 1 Nr. 2 BetrVG. Zutreffend kommt er zu dem Ergebnis, dass § 87 Abs. 1 Nr. 2 BetrVG eine über die Zielsetzungen des Arbeitszeitgesetzes hinausgehende Schutzrichtung hat, also Regelungen über die Arbeitszeit denkbar sind, die über die im Arbeitszeitgesetz geregelten Bereiche hinausgehen. Sprick schlussfolgert daher zu Recht, dass "die betriebliche Mitbestimmung die Fortsetzung und Erweiterung des durch die Arbeitszeitgesetze gewährten Arbeitszeitschutzes" darstellt.
Die Mitbestimmung des Betriebsrates soll somit dazu beitragen, dass die arbeitsschutzrechtlichen Mindeststandards des Arbeitszeitgesetzes durch den Arbeitgeber eingehalten werden.[4] Diese arbeitsschutzrechtliche Betrachtungsweise, die dem Schutz der Arbeitnehmer dient, ist untrennbar mit ihren Interessen an der Lage der Arbeitszeit und ihrer Freizeit verbunden, so dass sich aus diesem Grund eine Einbeziehung in § 87 Abs. 1 Nr. 2 BetrVG rechtfertigt.
Als weiterer Zweck des Mitbestimmungstatbestands von § 87 Abs. 1 Nr. 2 BetrVG wird zudem der Schutz vor einer Verlagerung des Betriebs- und Wirtschaftsrisiko auf die Arbeitnehmer durch eine einseitige Bestimmung der Leis-

---

[2] *BAG 21.12.1982,* AP Nr. 9 zu § 87 BetrVG 1972 Arbeitszeit, *23.1.2001,* BB 2001, 1477, 1478; *28.05.2002,* NZA 2003, 1352, 1354; *01.07.2003,* AP Nr. 103 zu § 87 BetrVG 1972 Arbeitszeit; HaKo-BetrVG/*Kohte,* § 87 BetrVG, Rn. 36; DKK-*Klebe,* § 87, Rn. 68; *Baeck/Deutsch,* ArbZG, Einf., Rn. 56.

[3] *Sprick,* Arbeitszeitbegriff und § 87 Abs. 1 Nr. 2, 3 BetrVG, S. 49; ebenso *Tuchbreiter,* Beteiligung des BR bei flexiblen ArbZ-modellen, S. 11.

[4] *v. Roetteken,* PersR 1998, 54, 59.

tungszeit angesehen.[5] In diesem Zusammenhang dient die Mitbestimmung des Betriebsrats insbesondere bei flexibler Ge-staltung der Arbeitszeit auch der Sicherung der Gefahrtragungsregel, wie sie sich aus § 615 BGB zugunsten der Arbeitnehmer ergibt.[6] Gleichzeitig führt die Mitbestimmung des Betriebsrats in Arbeitszeitfragen zu einem Eingriff in die Arbeitsorganisation, die grundsätzlich dem Arbeitgeber vorbehalten ist. Zu Recht betont das BAG[7] jedoch, dass die Mitbestimmungsrechte des Betriebsrats nicht zurücktreten müssen, sobald sie die Organisation des Arbeitsablaufs berühren.

2. Voraussetzungen des Mitbestimmungsrechts aus § 87 Abs. 1 Nr. 2 BetrVG

2.1. Kollektive Tatbestände

Für die Mitbestimmung des Betriebsrats nach § 87 Abs. 1 Nr. 2 BetrVG ist Voraussetzung, dass ein kollektiver Tatbestand vorliegt.[8] Es muss sich daher eine Regelungsfrage stellen, die kollektive Interessen der Arbeitnehmer berührt.[9] Ein kollektiver Tatbestand ist dann ausgeschlossen, wenn es um die Gestaltung konkreter Arbeitsverhältnisse geht und besondere, nur den einzelnen Arbeitnehmer betreffende Umstände die Maßnahme veranlassen oder inhaltlich bestimmen, so dass kein innerer Zusammenhang zur Arbeitszeitgestaltung anderer Arbeitnehmer besteht.[10]

---

5 *Richardi,* § 87 BetrVG, Rn. 255; *Tuchbreiter,* Beteiligung des BR bei flexiblen ArbZ-modellen, S. 13; vgl. *BAG 15.12. 1992,* NZA 1993, 513; 515.

6 *Richardi,* NZA 1994, 593, 597; *Tuchbreiter,* Beteiligung des BR bei flexiblen ArbZ-modellen, S. 59.

7 *BAG 24.11.1987,* AP Nr. 6 zu § 87 BetrVG 1972 Akkord; *BAG 01.07.2003,* AP Nr. 107 zu § 87 BetrVG 1972 Arbeitszeit.

8 *BAG 21.12.1982,* AP Nr. 9 zu § 87 BetrVG 1972 Arbeitszeit; *Gutzeit,* BB 1996, 106, 108; *Otto,* NZA 1992, 97, 98.

9 *BAG 27.11.1990,* AP Nr. 41 zu § 87 BetrVG 1972 Arbeitszeit.

10 *BAG 27.11.1990,* AP Nr. 41 zu § 87 BetrVG 1972 Arbeitszeit; *BAG 29.02.2000,* NZA 2000, 1066, 1067; *Otto,* NZA 1992, 97, 98; *F/E/S/T/L,* § 87 BetrVG, Rn. 16; HaKo-BetrVG/*Kohte,* § 87 BetrVG, Rn. 7; *Richard,* ArbZ und Betriebsverfassung, S. 73.

2.2. *Gegenstand des Mitbestimmungsrechts*

a) Begriff der Arbeitszeit

Das Mitbestimmungsrecht aus § 87 Abs. 1 Nr. 2 BetrVG knüpft an Beginn und Ende der täglichen Arbeitszeit einschließlich der Pausen sowie an die Verteilung der Arbeitszeit auf die einzelnen Wochentage an.
Während eine Auffassung davon ausgeht, dass der Begriff der Arbeitszeit des § 2 Abs. 1 ArbZG mit dem des § 87 Abs. 1 Nr. 2 BetrVG deckungsgleich ist[11], wird andererseits zu Recht vertreten, dass der weitergehende Schutzzweck von § 87 Abs. 1 Nr. 2 BetrVG einen eigenständigen Arbeitszeitbegriff erfordert, der sich sowohl vom vergütungsrechtlichen als auch vom arbeitszeitrechtlichen Begriff nach § 2 Abs. 1 ArbZG unterscheidet.[12]

b) Nacht- und Schichtarbeit im betriebsverfassungsrechtlichen Sinn

Die weitergehende Schutzrichtung von § 87 Abs. 1 Nr. 2 BetrVG ermöglicht es auch, dass der Begriff der „Nachtarbeit" im betriebsverfassungsrechtlichen Sinn über den Begriff des Arbeitszeitgesetzes in § 2 Abs. 4 ArbZG hinausgeht und somit bereits Arbeitsleistungen von weniger als 2 Stunden zur Nachtzeit als Nachtarbeit angesehen werden können.
Ebenso ist der Begriff „Schichtarbeit" i.S.d. vorliegenden Mitbestimmungstatbestands weit zu verstehen ist. Schichtarbeit zeichnet sich dadurch, dass die Arbeit der Arbeitnehmer in einem mehrschichtigen Betrieb geleistet wird und daher ein regelmäßiger Wechsel der Schichtbelegschaften stattfindet, so dass ein Teil der Beschäftigten arbeitet, während der andere Teil frei hat und sich beide Teile abwechseln.[13] Dagegen ist es nicht notwendig, dass sich die Arbeitnehmer an demselben Arbeitsplatz ablösen; vielmehr ist ein gewisses Maß an Arbeitsteilung erforderlich, wonach die verschiedenen Arbeitsergebnisse aufeinander aufbauen.[14] Dies ist insoweit bei Identität der Arbeitsplätze gegeben, d.h. die sich gegenseitig ablösenden Arbeitnehmer verrichten insgesamt die gleiche Arbeit. Indiz ist dabei die Austauschbarkeit einzelner Arbeitsgänge, wobei dieser Aus-

---

11 *Baeck/Deutsch*, ArbZG, Einf., Rn. 57; H/S/W/G-*Worzalla*, § 87 BetrVG, Rn. 141; *S/W/S*, § 87 BetrVG, Rn. 64; *Heisig*, Arbeitsentgelt- und Arbeitszeitregelungen, S. 234.

12 *BAG 21.12.1982*, AP Nr. 9 zu § 87 BetrVG 1972 Arbeitszeit; *23.7.1996*, DB 1997, 380, 381; HaKo-BetrVG/*Kohte*, § 87 BetrVG, Rn. 36; *Richardi*, § 87 BetrVG, Rn. 256; *Tuchbreiter*, Beteiligung des BR bei flexiblen ArbZ-modellen, S. 11; *Buschmann*, FS Wißmann (2005), S. 251, 258.

13 *Zipke*, DB 1981, 1039, 1040; *Sprick*, Arbeitszeitbegriff und § 87 Abs. 1 Nr. 2, 3 BetrVG, S. 83; *BAG 18.07.1990*, DB 1991, 551.

14 *Sprick*, Arbeitszeitbegriff und § 87 Abs. 1 Nr. 2, 3 BetrVG, S. 83.

tausch regelmäßig erfolgt.[15] Unter den Begriff der Schichtarbeit im betriebsverfassungsrechtlichen Sinn fallen daher sowohl die Arbeit in einem Wechselschichtsystem als auch die Arbeit der einzelnen Arbeitnehmer in ständiger Schicht.[16] Eine solche Zuordnung ist auf Grund des weiten Schutzzwecks von § 87 Abs. 1 Nr. 2 BetrVG auch gerechtfertigt.

c) Lage der Arbeitszeit

§ 87 Abs. 1 Nr. 2 BetrVG gibt dem Betriebsrat ein umfassendes Mitbestimmungsrecht bei der Verteilung der arbeitsvertraglich geschuldeten Arbeitszeit durch die Arbeitnehmer auf die einzelnen Wochentage und die Festlegung von Beginn und Ende der täglichen Arbeitszeit. Ein Mitbestimmungsrecht scheidet aber dann aus, wenn die Arbeitszeit eines oder mehrerer einzelner Arbeitnehmer durch eine entsprechende Vereinbarung oder im Rahmen des Direktionsrechts festgelegt bzw. verändert wird und ein kollektiver Bezug nicht vorliegt.[17]

Das Mitbestimmungsrecht in § 87 Abs. 1 Nr. 2 BetrVG setzt voraus, dass die Arbeitszeitdauer, also der Umfang der vertraglich geschuldeten Leistungspflicht des Arbeitnehmers, feststeht.[18] Im Rahmen dieser vorgegebenen wöchentlichen Arbeitszeit ist die Arbeitszeit der Arbeitnehmer unter Mitbestimmung des Betriebsrats auf die einzelnen Wochentage zu verteilen.

Die Dauer der (regelmäßigen) wöchentlichen Arbeitszeit ist somit grundsätzlich dem Mitbestimmungsrecht nach § 87 Abs. 1 Nr. 2 BetrVG entzogen.[19] Diese zentrale Frage ist grundsätzlich durch die Tarifvertragsparteien zu regeln, da auf dieser Ebene eine solche Verhandlungsparität herrscht, die gegebenenfalls durch mögliche Streikaktivitäten unterstrichen werden kann, die die Gewähr für Regelungen bieten, die sowohl den Arbeitgeber- als auch Arbeitnehmerinteressen gerecht werden und dabei nicht Ausdruck einer strukturellen Unterlegenheit sind.[20] Dies folgt nicht zuletzt aus der verfassungsrechtlichen Wertordnung, wie

---

15 *BAG 20.06.1990*, NZA 1990, 861; *BAG 18.07.1990*, DB 1991, 551; *Zipke*, DB 1981, 1039, 1040; *Sprick*, Arbeitszeitbegriff und § 87 Abs. 1 Nr. 2, 3 BetrVG, S. 83.

16 *Sprick*, Arbeitszeitbegriff und § 87 Abs. 1 Nr. 2, 3 BetrVG, S. 84.

17 GK-*Wiese*, § 87 BetrVG, Rn. 289;

18 *Richardi*, § 87 BetrVG, Rn. 261; MünchArbR-*Matthes*, § 334, Rn. 4.

19 *BAG 13.10.1987*, AP Nr. 24 zu § 87 BetrVG 1972 Arbeitszeit, *BAG 25.07.1989*, DB 1990, 791; *Hinrichs*, AiB 1995, 98, 99; *Ruge*, ZTR 2001, 151; *Knauber-Bergs*, AiB 1988, 151, 156; Kittner/Zwanziger-*Schoof*, § 37, Rn. 53; *Tuchbreiter*, Beteiligung des BR bei flexiblen ArbZ-modellen, S 61; *F/E/S/T/L*, § 87 BetrVG, Rn. 103 f.; *Gutzeit*, BB 1996, 106, 108; *v. Roetteken*, PersR 1998, 54, 57; andere Auffassung DKK-*Klebe*,§ 87 BetrVG, Rn. 73; *Farthmann*, RdA 1974, 65, 66 f; *Richard*, ArbZ und BetrVG, S 73.

20 *Buschmann/Ulber*, § 7 ArbZG, Rn. 5.

sie in Art. 9 Abs. 3 GG, Art. 12 GG, § 4 Abs. 3 TVG und § 77 Abs. 3 BetrVG verankert ist.[21]

Neben der Verteilung der vertraglich geschuldeten Arbeitszeit auf die einzelnen Wochentage hat der Betriebsrat auch über Beginn und Ende der täglichen Arbeitszeit mitzubestimmen. Er hat daher mitzubestimmen, wann die tägliche Arbeitszeit beginnt, wann und wie lange sie durch Pausen unterbrochen wird und wann sie endet.[22] Zwangsläufig wird durch die Festlegung von Beginn und Ende der täglichen Arbeitszeit zugleich auch deren Dauer pro Arbeitstag festgelegt.[23]

Aus den genannten Grundsätzen ergibt sich daher für die Mitbestimmung des Betriebsrats nach § 87 Abs. 1 Nr. 2 BetrVG bezogen auf Nacht- und Schichtarbeit folgendes Bild:

Im Rahmen von Schichtarbeit ist zwischen der Betriebsnutzungs-/Öffnungszeit und der Einführung sowie Verteilung von Schichtarbeit zu differenzieren. Die Betriebsnutzungszeit betrifft den Umfang der Produktion bzw. den zeitlichen Umfang der angebotenen Dienstleistungen und ist als unternehmerische Entscheidung des Arbeitgebers als solche mitbestimmungsfrei.[24] Hat der Arbeitgeber seine Entscheidung über die Betriebsnutzungs-/ Öffnungszeit getroffen, dann ist die Frage nach der Einführung von Schichtarbeit mitbestimmungspflichtig, da die Belegschaft in diese Schichten eingeteilt werden muss und dabei die Lage ihrer Arbeitszeit betroffen ist.[25] An dieser Stelle soll nochmals auf den Sinn und Zweck von § 87 Abs. 1 Nr. 2 BetrVG verwiesen werden, der darin besteht, die persönlichen Belange der Arbeitnehmer zu schützen. Neben der Einführung von Schichtarbeit unterliegt auch die Entscheidung über Beginn und

---

21 *Buschmann/Ulber*, § 7 ArbZG, Rn. 5.

22 *Richardi*, § 87 BetrVG, Rn. 273.

23 *BAG 13.10.1987*, AP Nr. 24 zu § 87 BetrVG 1972 Arbeitszeit, *BAG 28.09.1988*, AP Nr. 29 zu § 87 BetrVG 1972 Arbeitszeit; Kittner/Zwanziger-*Schoof*, § 38, Rn. 34.

24 GK-*Wiese*, § 87 BetrVG, Rn. 322; *Sprick*, Arbeitszeitbegriff und § 87 Abs. 1 Nr. 2, 3 BetrVG, S. 85.

25 *BAG 28.10.1986*, AP Nr. 20 zu § 87 BetrVG 1972 Arbeitszeit, *BAG 08.08.1989*, DB 1990, 1191, 1192; *LAG Baden-Württemberg 27.10.1994*, AiB 1995, 291; *LAG Hamm 26.05.2003*, NZA-RR 2004, 24, 25; *Farthmann*, RdA 1974, 65, 66; *Richardi*, § 87 BetrVG, Rn. 288; GK-*Wiese*, § 87 BetrVG, Rn. 322; MünchArbR-*Matthes*, § 334, Rn. 55; *Ruge*, ZTR 2001, 151, 152; *Colneric*, NZA 1992, 393, 397; *Richard*, ArbZ und Betriebsverfassung, S. 83; *Joussen*, DB 2004, 1314; andere abzulehnende Auffassung *Rath-Glawatz*, Anm. zu AP Nr. 20 zu § 87 BetrVG 1972 Arbeitszeit m.w.N.

Ende der einzelnen Schichten der Mitbestimmung des Betriebsrats.[26] Ebenso ist die Anzahl der Schichten gemeinsam mit dem Betriebsrat festzulegen.[27]
Der Betriebsrat hat nach § 87 Abs. 1 Nr. 2 BetrVG ebenfalls bei Ausweitung, Änderung[28], Einschränkung[29] und Abschaffung[30] von Nacht- und Schichtarbeit mitzubestimmen. Bereits die einmalige Veränderung einer Schicht, z.B. deren Ausfall oder Verlegung unterfällt § 87 Abs. 1 Nr. 2 BetrVG.[31] Ebenso wird in diesem Rahmen auch die Umstellung von drei auf zwei Schichten erfasst.[32]
Weiterhin hat der 1. Senat des BAG[33] entschieden, dass der gesamte Komplex der Schichtarbeit mit dem Betriebsrat gemeinsam zu regeln ist, also auch die Aufstellung der einzelnen Schichtpläne, die entweder in allen Einzelheiten zwischen den Betriebsparteien vereinbart werden können oder sich auf die Aufstellung von bestimmten Grundsätzen und Kriterien beschränken, wobei dann die Aufstellung der einzelnen Schichtpläne dem Arbeitgeber überlassen bleibt.[34] So besteht z.B. ein Mitbestimmungsrecht des Betriebsrats bei der Verteilung der (regelmäßigen) wöchentlichen Arbeitszeit auf sechs Arbeitstage in der Woche, bei der Entscheidung, ob in einem Rolliersystem oder einem Schichtdienst anderer Art gearbeitet werden soll; ob es sich um ein vorwärts rollierendes System handeln soll, über die Anzahl der Rolliergruppen und auch bei der Frage, ob freie Tage auf einen Feiertag fallen können und ob für die Rolliergruppen ein

---

26 *BAG 28.10.1986,* AP Nr. 20 zu § 87 BetrVG 1972 Arbeitszeit; *26.3.1991,* AP Nr. 43 zu § 87 BetrVG 1972 Arbeitszeit; *BAG 01.07.2003,* AP Nr. 103 zu § 87 BetrVG 1972 Arbeitszeit.

27 GK-*Wiese,* § 87 BetrVG, Rn. 324; *BAG 27.06.1989,* AP Nr. 35 zu § 87 BetrVG 1972 Arbeitszeit; andere abzulehnende Auffassung *Hanau,* ZfA 1974, 89, 98, ebenso für BetrVG 1954 *Güntner,* ArbuR 1958, 129, 139.

28 *BAG 13.7.1977,* AP Nr. 2 zu § 87 BetrVG 1972 Kurzarbeit; *Ruge,* ZTR 2001, 151, 152.

29 GK-*Wiese,* § 87 BetrVG, Rn. 323; *Farthmann,* RdA 1974, 65, 66.

30 *Ruge,* ZTR 2001, 151, 152; *Colneric,* NZA 1992, 393, 397; *Farthmann,* RdA 1974, 65, 66.

31 *BAG 13.7.1977,* AP Nr. 2 zu § 87 BetrVG 1972 Kurzarbeit; *BAG 01.07.2003,* AP Nr. 103 zu § 87 BetrVG 1972 Arbeitszeit; DKK-*Klebe,* § 87 BetrVG, Rn. 84; andere abzulehnende Auffassung *Joussen,* DB 2004, 1314, 1317.

32 DKK-*Klebe,* § 87 BetrVG, Rn. 84; *Farthmann,* RdA 1974, 65, 66.

33 *BAG 28.10.1986,* AP Nr. 20 zu § 87 BetrVG 1972 Arbeitszeit; *BAG 27.06.1989,* AP Nr. 35 zu § 87 BetrVG 1972 Arbeitszeit; *BAG 28.05.2002,* NZA 2003, 1352, 1354; *BAG 01.07.2003,* AP Nr. 103 zu § 87 BetrVG 1972 Arbeitszeit; *LAG Hamm 26.05.2003,* NZA-RR 2004, 24, 25; vgl. auch MünchArbR-*Matthes,* § 334, Rn. 56; *Otto,* NZA 1992, 97, 98; *Richardi,* NZA 1994, 593; 595; *Anzinger/Koberski,* § 6 ArbZG, Rn. 91.

34 Der Betriebsrat hat dann nach § 80 Abs. 1 Nr. 1 BetrVG zu überwachen, ob die einzelnen Schichtpläne den aufgestellten Grundsätzen und Kriterien entsprechen, *BAG 28.10.1986,* AP Nr. 20 zu § 87 BetrVG 1972 Arbeitszeit.

Freizeitkalender zu führen ist.[35] Des Weiteren umfasst die Mitbestimmung bei der Ausgestaltung des Schichtplans bspw. die Festlegung der Schichtwechselzeitpunkte, der Schichtüberlappungszeiten, des Schichtwechselrhythmus, der Schichtwechselrichtung, des Schichtzyklus und die Regelung der Springereinsatzzeiten.[36]
Die Zuteilung der Arbeitnehmer zu den einzelnen (Wechsel-)Schichten ist ebenso nach § 87 Abs. 1 Nr. 2 BetrVG mitbestimmungspflichtig[37], wie die Frage, ob und unter welchen Voraussetzungen Arbeitnehmer von der einen in die andere Schicht auf eigenen Wunsch oder Anordnung des Arbeitgebers wechseln können.[38] Dies gilt z.B. auch für einen Übergang des Arbeitnehmers von der Normal- zur Wechselschicht und umgekehrt.[39]

d) Pausen

Darüber hinaus unterliegt auch die Festlegung der Dauer und der zeitlichen Lage der Pausen der Mitbestimmung des Betriebsrats nach § 87 Abs. 1 Nr. 2 BetrVG.[40] Bei Pausen i.S.d. § 87 Abs. 1 Nr. 2 BetrVG handelt es sich um im voraus festgelegte Unterbrechungen der Arbeitszeit, in denen der Arbeitnehmer weder Arbeit zu leisten noch sich dafür bereit zu halten hat, sondern frei darüber

---

35 *BAG 31.01.1989,* ArbuR 1990, 133, 134 mit Anm. *Buschmann; 25.07.1989,* DB 1990, 791; DKK-*Klebe,* § 87 BetrVG, Rn. 84; GK-*Wiese,* § 87 BetrVG, Rn. 329 f; *Richardi,* NZA 1994, 593, 595.

36 Vgl. *Schoof,* AiB 1995, 265, 271.

37 *BAG 31.01.1989,* ArbuR 1990, 133, 134; *BAG 27.6.1989,* AP Nr. 35 zu § 87 BetrVG 1972 Arbeitszeit; *BAG 28.05.2002,* NZA 2003, 1352, 1354; *BAG 01.07.2003,* AP Nr. 103 zu § 87 BetrVG 1972 Arbeitszeit; *BAG 24.09.2004,* AP Nr. 111 zu § 87 BetrVG 1972 Arbeitszeit; MünchArbR-*Matthes,* § 334, Rn. 56; *Otto,* NZA 1992, 97, 99; *Richard,* ArbZ und Betriebsverfassung, S. 83; GK-*Wiese,* § 87 BetrVG, Rn. 326.

38 *BAG 27.6.1989,* AP Nr. 35 zu § 87 BetrVG 1972 Arbeitszeit, *19.02.1991,* NZA 1991, 601, 603; *23.11.1993,* NZA 1994, 718, 719 f.; DKK-*Klebe,* § 87 BetrVG, Rn. 84; MünchArbR-*Matthes,* § 334, Rn. 56. *Otto,* NZA 1992, 97, 99 mit der Einschränkung auf betriebliche Gründe.

39 *BAG 19.02.1991,* NZA 1991, 601; *LAG Baden-Württemberg 27.10.1994,* AiB 1995, 291; *Otto,* NZA 1992, 97, 99. Nach *BAG 23.11.1993,* AiB 1994, 316 f. = NZA 1994, 718 handelt es sich bei einer Umsetzung von der Tagschicht in die Nachtschicht nicht um eine zustimmungspflichtige Versetzung nach § 99 BetrVG, wenn sich lediglich die Lage der Arbeitszeit des betroffenen Arbeitnehmers ändert. Hierzu weist *Hamm,* AiB 1994, 317 zutreffend darauf hin, dass eine zustimmungspflichtige Versetzung nach § 99 BetrVG dann vorliegt, wenn sich weitere Arbeitsbedingungen ändern.

40 Kittner/Zwanziger-*Schoof,* § 39, Rn. 24; DKK-*Klebe,* § 87 BetrVG, Rn. 79; GK-*Wiese,* § 87 BetrVG, Rn. 345.

entscheiden kann, wo und wie er diese Zeit verbringen will.[41] Durch die Freistellung von der Arbeitsleistung soll erreicht werden, dass der Arbeitnehmer diese Zeit zur Erholung nutzt, insbesondere um Ermüdungen vorzubeugen. Dieser Begriff soll mit dem arbeitszeitrechtlichen Begriff der Ruhepause in § 4 ArbZG übereinstimmen.[42] Dem kann jedoch nicht gefolgt. Die Entscheidung des BAG vom 01.07.2003[43] verdeutlicht, dass der Begriff der Pause i.S.d. § 87 Abs. 1 Nr. 2 BetrVG über den des § 4 ArbZG hinausgeht, da eine gewisse Mindestlänge zwar arbeitszeitrechtlich bedeutsam ist, betriebsverfassungsrechtlich aber keine Rolle spielt.

Nach h.M. werden von diesem Mitbestimmungstatbestand nur (unbezahlte) Pausen erfasst, wohingegen (bezahlte) Unterbrechungen aus produktionstechnischen Gründen oder zum Zwecke des Gesundheitsschutzes, z.B. Lärmpausen oder Unterbrechungen der Arbeit an Bildschirmgeräten nach § 5 BildscharbV, nicht unter § 87 Abs. 1 Nr. 2 BetrVG fallen.[44] Entscheidend für die Ablehnung der Mitbestimmungspflichtigkeit von Lärmpausen oder Unterbrechungen der Arbeit an Bildschirmgeräten nach § 87 Abs. 1 Nr. 2 BetrVG ist jedoch nicht deren Vergütungspflichtigkeit, sondern ihre fehlende Qualifikation als Pause i.S.v. Freistellung zur Verpflichtung der Arbeitsleistung, da dem Arbeitnehmer während dieser Unterbrechung eine andere Arbeitstätigkeit zugewiesen wird.[45] Damit greifen auch die Zielsetzungen des § 87 Abs. 1 Nr. 2 BetrVG nicht ein. Dieser grundlegenden Unterscheidung wird das BAG[46] auch in seiner Entscheidung vom 01.07.2003 nicht gerecht.

---

41 DKK-*Klebe*, § 87 BetrVG, Rn. 79; HaKo-BetrVG/*Kohte*, § 87 BetrVG, Rn. 38; allgemein *BAG 23.09.1992*, NZA 1993, 752, 753.

42 *Bauer/Krets*, Anm. zu *BAG 01.07.2003*, AP Nr. 107 zu § 87 BetrVG 1972 Arbeitszeit, *Sprick*, Arbeitszeitbegriff und § 87 Abs. 1 Nr. 2, 3 BetrVG, S. 73 ff. m.w.N.

43 *BAG 01.07.2003*, AP Nr. 107 zu § 87 BetrVG 1972 Arbeitszeit.

44 *BAG 28.07.1981*, AP Nr. 3 zu § 87 BetrVG 1972 Arbeitssicherheit; *BAG 06.12.1983*, AP Nr. 7 zu § 87 BetrVG Überwachung; Kittner/Zwanziger-*Schoof*, § 39, Rn. 24; GK-*Wiese*, § 87 BetrVG, Rn. 344 ff.; *Merten*, MB bei der Bildschirmarbeit, S. 226 ff., *Sprick*, Arbeitszeitbegriff und § 87 Abs. 1 Nr. 2, 3 BetrVG, S. 78 f. Andere abzulehnende Auffassung *Denck*, RdA 1982, 279, 289, der Arbeitsunterbrechungen zum Zwecke der Überwindung oder Verringerung der Übermüdung, die eine inhaltliche Abwechslung der Tätigkeit meinen, als wesensgleiches minus, dem Mitbestimmungstatbestand des § 87 Abs. 1 Nr. 2 BetrVG zuordnet. Dies basiert auf der nicht zutreffenden Annahme, dass es sich bei § 87 Abs. 1 Nr. 2 BetrVG im Verhältnis zu § 87 Abs. 1 Nr. 7 BetrVG um eine Spezialregelung handelt. Vgl. hierzu in diesem Kapitel S. 322 f.

45 GK-*Wiese*, § 87 BetrVG, Rn. 346; *Gutzeit*, BB 1996, 106, 107; *Kohte*, AiB 1983, 51; *ders.*, FS Gnade (1992), S. 675, 679.

46 *BAG 01.07.2003*, AP Nr. 107 zu § 87 BetrVG 1972 Arbeitszeit.

Soweit z.B. Kurzpausen auf Grund tariflicher Regelung[47] zu gewähren sind, scheitert die Mitbestimmung des Betriebsrats nicht bereits an der bestehenden Vergütungspflicht, da der Betriebsrat insoweit bei der zeitlichen Verteilung der Lage der Pausen mitzubestimmen hat, wie insbesondere die Funktionsähnlichkeit von Kurzpausen und gesetzlichen Ruhepausen zum Ausdruck bringen soll.[48]

2.3. Grenzen der Regelungsbefugnis

Das Mitbestimmungsrecht des Betriebsrats aus § 87 Abs. 1 Nr. 2 BetrVG besteht jedoch nicht schrankenlos. Es entfällt, wenn nach § 87 Abs. 1, ES BetrVG eine gesetzliche oder tarifliche Regelung vorliegt, die die betreffende Angelegenheit inhaltlich und abschließend regelt, so dass der Arbeitgeber das betreffende Gesetz oder den Tarifvertrag ohne Entscheidungsspielraum anwenden muss.[49] Die Vorschriften des Arbeitszeitgesetzes beinhalten – von Ausnahmen abgesehen - keine abschließende Regelung i.S.v. § 87 Abs. 1, ES BetrVG, sondern normieren zwingende Höchstgrenzen bzw. Mindeststandards. Innerhalb dieser Grenzen besitzt der Arbeitgeber einen Entscheidungsspielraum, den die Betriebsparteien entsprechend ausfüllen können.[50]
Auf Grund dieser Systematik ist in einem ersten Schritt zu prüfen, ob die in Betracht kommende Norm eine abschließende Regelung i.S.d. § 87 Abs. 1, ES BetrVG beinhaltet. Anschließend ist in einem zweiten Schritt die zustandegekommene Betriebsvereinbarung auf ihre Vereinbarkeit mit den jeweiligen gesetzlichen Vorschriften zu untersuchen.

a) § 6 Abs. 1 ArbZG - keine abschließende Regelung

Die Konkretisierung des Begriffs der gesicherten arbeitswissenschaftlichen Erkenntnisse in § 6 Abs. 1 ArbZG hat gezeigt, dass es sich bei § 6 Abs. 1 ArbZG nicht um eine abschließende Vorschrift i.S.d. § 87 Abs. 1, ES BetrVG handelt. § 6 Abs. 1 ArbZG stellt derzeit - in Abhängigkeit von den gesicherten arbeitswissenschaftlichen Erkenntnissen - lediglich Grundsätze für die Schichtplangestaltung auf, die selbst einer näheren Ausfüllung zugänglich sind. So soll die Anzahl der Nachtschichten in Folge möglichst kurz sein, wobei nicht mehr als 2 bis 4 Nachtschichten hintereinander gearbeitet werden darf. Zugleich widersprechen

---

47 Vgl. die genannten Beispiele bei Kittner/Zwanziger-*Schoof*, § 39 Rn. 23; *BAG 24.11.1999*, NZA 2000, 599; *BAG 27.04.2000*, NZA 2001, 274.

48 Klarstellend *BAG 01.07.2003;* AP Nr. 107 zu § 87 BetrVG 1972 Arbeitszeit.

49 *BAG 06.11.1990*, AP Nr. 8 zu § 3 AZO Kr, *Buschmann*, FS Wißmann (2005), S. 251.

50 *Buschmann*, FS Wißmann (2005), S. 251, 259.

sich einige Erkenntnisse, so dass eine Abwägung erforderlich ist, welche der sich widersprechenden Erkenntnisse einbezogen werden.
Einzelne Bereiche der Schichtplangestaltung werden zudem von § 6 Abs. 1 ArbZG nicht erfasst, so die Anzahl der Schichtbelegschaften, wieviel und welche Arbeitnehmer diesen Schichten zugeordnet werden, welche einzelnen Arbeitnehmer von Nacht- und Schichtarbeit ausgenommen werden, welche vielfältigen Situationen einen Schichtwechsel einzelner Arbeitnehmer bedingen und auch nicht die Frage, welche Schichten bei Bedarf abgesagt bzw. nachgeholt werden.
Im Rahmen der Mitbestimmung nach § 87 Abs. 1 Nr. 2 BetrVG ist es jedoch zwingend, dass die gesicherten arbeitswissenschaftlichen Erkenntnisse bei der Gestaltung der Schichtpläne für Nacht- und Schichtarbeitnehmer beachtet werden.[51] Eine abweichende Regelung ist durch das Gesetz nicht vorgesehen. Somit bildet § 6 Abs. 1 ArbZG die Grenze der Regelungsbefugnis der Betriebsparteien.[52] Da diese Norm eine Mindestvorschrift darstellt, die nicht unterschritten werden darf, ist es den Betriebsparteien durch § 6 Abs. 1 ArbZG dagegen nicht verwehrt, bei der Arbeitszeitgestaltung auch andere arbeitswissenschaftliche Erkenntnisse zu berücksichtigen, die entweder noch nicht gesichert sind - soweit sich kein Widerspruch zu bestehenden gesicherten arbeitswissenschaftlichen Erkenntnissen ergibt - oder die sich nicht nur auf die gesundheitsnahen Bereiche der menschengerechten Gestaltung der Arbeit beziehen.

b) Inzidente Verständigung (Mitbeurteilung) der Betriebsparteien über den Begriff der gesicherten arbeitswissenschaftlichen Erkenntnisse

Im Rahmen des § 6 Abs. 1 ArbZG ist es erforderlich, den Begriff der gesicherten arbeitswissenschaftlichen Erkenntnisse zu konkretisieren. Bei der Auslegung dieses Begriffes handelt es sich jedoch nicht um eine Regelungsfrage, die der Mitbestimmung nach § 87 Abs. 1 Nr. 2 BetrVG unterliegt, sondern um eine Rechtsfrage, die der gerichtlichen Prüfung unterzogen ist. Dies hat das BAG bereits 1981 in Bezug auf die Auslegung des Merkmals der „regelmäßigen Arbeitszeit“ i.S.v. § 6 AZO[53] verdeutlicht und im Hinblick auf die arbeitszeitrechtliche Einordnung von Bereitschaftsdienst[54] im Jahre 2003 bestätigt.
Damit Betriebsrat und Arbeitgeber bzw. die Einigungsstelle die Arbeitszeit der Nacht- und Schichtarbeitnehmer gestalten können, die im Einklang mit der zwingenden Regelung des § 6 Abs. 1 ArbZG steht, müssen sie den Begriff der

---

51 Kittner/Zwanziger-*Schoof*, § 41, Rn. 69.
52 *Anzinger/Koberski*, § 6 ArbZG, Rn. 92.
53 *BAG 28.07.1981*, ArbuR 1983, 188.
54 *BAG 22.07.2003*, AP Nr. 108 zu § 87 BetrVG 1972 Arbeitszeit.

gesicherten arbeitswissenschaftlichen Erkenntnisse konkretisiert haben. Diese Auslegung stellt sich somit als Vorfrage auf dem Weg zur Schaffung einer Regelung. Eine solche wirksame Regelung durch die Betriebsparteien bzw. die Einigungsstelle setzt folglich die indizente Verständigung über die gesicherten arbeitswissenschaftlichen Erkenntnisse voraus. Die gemeinsame Verständigung über Rechtsfragen in gesetzlichen Regelungen ist somit notwendige Voraussetzung der Mitbestimmung. Nochmals zu betonen ist, dass die gemeinsame Beurteilung der Betriebsparteien über einen Rechtsbegriff wie den der gesicherten arbeitswissenschaftlichen Erkenntnisse nicht selbst in einer Regelung mündet, sondern diese nur vorbereitet.

Da § 6 Abs. 1 ArbZG außerdem die Grenze der Regelungsbefugnis der Betriebsparteien bildet, hat die indizente Auslegung des unbestimmten Rechtsbegriffs der gesicherten arbeitswissenschaftliche Erkenntnisse zugleich einen Einfluss auf die Reichweite des Mitbestimmungsrechts des Betriebsrates.

Für die Annahme einer gemeinsamen Verständigung der Betriebsparteien bzw. der Einigungsstelle über Rechtsfragen spricht auch die vergleichbare Situation hinsichtlich der "Vorfragenkompetenz" der Einigungsstelle. Der Spruch der Einigungsstelle ersetzt bei Meinungsverschiedenheiten zwischen Arbeitgeber und Betriebsrat die Einigung dieser Beteiligten.[55] Der Einigungsstelle wird nach allgemeiner Meinung eine "Vorfragenkompetenz" dergestalt eingeräumt, dass sie über ihre eigene Zuständigkeit als Vorfrage selbst entscheiden kann.[56] Dabei handelt es sich um eine Rechtsfrage, die der vollen Nachprüfung im arbeitsgerichtlichen Beschlussverfahren zugänglich ist.[57] Die Zuständigkeit der Einigungsstelle ist indes an das Bestehen oder Nichtbestehen eines Mitbestimmungsrechts gekoppelt, so dass sich die Zuständigkeit aus dem Umfang der Mitbestimmungsrechte nach § 87 Abs. 1 BetrVG selbst ergibt.[58]

Ebenso wie die Einigungsstelle selbst über die eigene Zuständigkeit als Vorfrage des eingeleiteten Einigungsstellenverfahrens entscheidet, hat der Betriebsrat bei der Mitbestimmung nach § 87 Abs. 1 Nr. 2 BetrVG über die Vorfrage einer mitbestimmten Regelung und somit über die Grenzen der Regelungsbefugnis durch die Auslegung unbestimmter Rechtsbegriffe mitzubefinden. Sinn und Zweck einer effektiven Mitbestimmung ist es indes nicht, dass die Vorfragen einer mitbestimmten Regelung und damit die Grenzen der Regelungsbefugnis erst im Einigungsstellenverfahren einer Klärung durch die Betriebsparteien zugänglich sind.

---

55 Vgl. hierzu später in diesem Kapitel, S. 328 ff.

56 GK-*Kreutz*, § 76 BetrVG, Rn. 122 m.w.N., DKK-*Berg*, § 76 BetrVG, Rn. 14, 71.

57 GK-*Kreutz*, § 76 BetrVG, Rn. 123, 14; DKK-*Berg*, § 76 BetrVG, Rn. 73.

58 DKK-*Klebe*, § 87 BetrVG, Rn. 312.

Darüber hinaus kommt auch in anderen Fällen der Mitbestimmung oder Beteiligung, den Betriebsparteien bzw. der Einigungsstelle das Recht zu, Rechtsfragen gemeinsam zu beurteilen, so z.B. bei §§ 37 Abs. 6 und 7, 38 Abs. 2 S. 4 und 5, 87 Abs. 1 Nr. 5, 6, 11, 94 Abs. 1, 95 und 99 BetrVG.[59]
Die gemeinsame Verständigung von Betriebsrat und Arbeitgeber über die Konkretisierung des unbestimmten Rechtsbegriffs der gesicherten arbeitswissenschaftlichen Erkenntnisse bei § 6 Abs. 1 ArbZG ist somit als Vorfrage Voraussetzung für ein Mitbestimmungsrecht des Betriebsrats nach § 87 Abs. 1 Nr. 2 BetrVG. Gleichzeitig fließen auf diesem Weg die Erfahrungen und Kenntnisse der Beschäftigten in die Schichtplangestaltung ein. Infolge der gemeinsamen Beurteilung der gesicherten arbeitswissenschaftlichen Erkenntnisse und der daran anschließenden Aufstellung eines Schichtplans unter Einbeziehung dieser Erkenntnisse kann der Betriebsrat effektiv zur Verbesserung von Sicherheit und Gesundheitsschutz der Arbeitnehmer beitragen.

c) § 4 ArbZG - keine abschließende Regelung

Auch die Einführung unbezahlter zusätzlicher Pausen kann der Betriebsrat über § 87 Abs. 1 Nr. 2 BetrVG verlangen und hinsichtlich deren Dauer sowie Lage mitbestimmen, da § 4 ArbZG lediglich Mindestvorschriften enthält.[60] Dies folgt als Umkehrschluss auch aus der fehlenden Mitbestimmung des Betriebsrats über die Dauer der Arbeitszeit nach § 87 Abs. 1 Nr. 2 BetrVG.[61] Die Einführung bezahlter Erholzeiten soll der Betriebsrat dagegen über § 87 Abs. 1 Nr. 2 BetrVG nicht erreichen können.[62]

---

59 *Wagner*, MB bei Bildschirmtechnologien, S. 185; DKK-*Klebe*, § 87 BetrVG, Rn. 184; *Kohte*, ArbuR 1984, 263, 269 f.; vgl. auch *Wiesemann*, Einigungsstelle, S. 172 ff.; *Merten*, MB bei der Bildschirmarbeit, S. 164.

60 Kittner/Zwanziger-*Schoof*, § 39, Rn. 25; vgl. ähnlich zu § 5 BildscharbV i.V.m § 4 Nr. 3 ArbSchG: *Merten*, MB bei der Bildschirmarbeit, S. 228 f.; *Anzinger/Koberski*; § 4 ArbZG, Rn. 19; *Buschmann/Ulber*, § 4 ArbZG, Rn. 13.

61 *Bähringer*, RdA 1981, 364, 367; Kittner/Zwanziger-*Schoof*, § 39, Rn. 25.

62 *BAG 06.12.1983*, AP Nr. 7 zu § 87 BetrVG 1972 Überwachung; *BAG 01.07.2003*, AP Nr. 107 zu § 87 BetrVG 1972 Arbeitszeit; *Merten*, MB bei der Bildschirmarbeit, S. 227; *Colneric*, NZA 1992, 393, 397; *LAG Baden-Württemberg 18.02.1981*, BB 1981,1577, 1579.

3. Zusammenfassung

Der Betriebsrat hat nach § 87 Abs. 1 Nr. 2 BetrVG umfangreiche Mitbestimmungsrechte bei der Arbeitszeitgestaltung der Nacht- und Schichtarbeit. Die Grenzen der jeweiligen Mitbestimmung ergeben sich dabei aus zwingenden gesetzlichen Vorschriften. § 6 Abs. 1 und § 4 ArbZG enthalten dabei Mindestvorschriften, die durch die Betriebsparteien zwingend zu beachten sind, so dass der Betriebsrat auf diese Weise auch zur Verbesserung von Sicherheit und Gesundheitsschutz der Arbeitnehmer beitragen kann.
Die Konkretisierung des unbestimmten Rechtsbegriffs der gesicherten arbeitswissenschaftlichen Erkenntnisse bei § 6 Abs. 1 ArbZG stellt eine Rechtsfrage dar, die die Betriebsparteien als Vorfrage einer Arbeitszeitgestaltung gemeinsam klären. Indem der Betriebsrat nur Schichtplänen seine Zustimmung erteilt, die gesicherten arbeitswissenschaftlichen Erkenntnissen gem. § 6 Abs. 1 ArbZG entsprechen und somit zu deren Umsetzung beiträgt, wird der Sicherheits- und Gesundheitsschutz der Arbeitnehmer verbessert.

II. Die Mitbestimmung des Betriebsrats nach § 87 Abs. 1 Nr. 7 BetrVG

Zur Verbesserung von Sicherheits- und Gesundheitsschutz der Beschäftigten bei der Arbeit kann der Betriebsrat einen effektiven Beitrag leisten, wenn er von seinem Mitbestimmungsrecht nach § 87 Abs. 1 Nr. 7 BetrVG Gebrauch macht, da ihm dieses Recht eine starke Durchsetzungskraft neben weiteren Beteiligungsrechten verleiht. Infolge dessen nimmt der Betriebsrat auch eine Schlüsselrolle im betrieblichen Arbeitsschutz ein, und dieser Bereich zählt zu den klassischen Aufgaben des Betriebsrats.[63] Arbeitsschutz ist gerade als eine gemeinsame Aufgabe von Arbeitgeber und Betriebsrat anzusehen.[64] Daher ist anhand von ausgewählten gesetzlichen Normen, insofern § 8 Abs. 1 S. 1 i.V.m. Abs. 2 GefStoffV, § 3 Abs. 1 i.V.m. § 4 ArbSchG, § 5 ArbSchG und § 6 Abs. 5 ArbZG, zu untersuchen, welche betrieblichen Regelungen in diesem Rahmen möglich sind, um die Sicherheit und den Gesundheitsschutz der beschäftigten Nacht- und Schichtarbeitnehmer bei der Arbeit zu verbessern. Insbesondere soll die Frage näher beleuchtet werden, welche betrieblichen Regelungen erforderlich sind, um die Mehrfachbelastungen, die aus dem Zusammenspiel von Nacht-

---

63 *Kittner/Pieper*, ArbSchR, BetrVG, Rn. 1 (2002); *Faber*, AiB 1995, 443.
64 *Klinkhammer*, ArbuR 1983, 321, 324 f.

und Schichtarbeit sowie Gefahrstoffen resultieren, zu vermeiden bzw. zu verringern.

1. Sinn und Zweck von § 87 Abs. 1 Nr. 7 BetrVG

Nach § 87 Abs. 1 Nr. 7 BetrVG hat der Betriebsrat ein Mitbestimmungsrecht bei Regelungen über die Verhütung von Arbeitsunfällen und Berufskrankheiten sowie über den Gesundheitsschutz im Rahmen der gesetzlichen Vorschriften oder der Unfallverhütungsvorschriften unter der Voraussetzung, dass eine gesetzliche oder tarifliche Regelung nicht besteht.
Der Schutz der Arbeitnehmer durch gleichberechtigte Teilhabe des Betriebsrats an den grundlegenden Entscheidungen des Arbeitgebers in sozialen Angelegenheiten bezieht sich bei § 87 Abs. 1 Nr. 7 BetrVG auch auf die Möglichkeit, Sachkenntnisse und Erfahrungen der Arbeitnehmer im Wege gleichberechtigter Beteiligung zum Schutz ihrer eigenen Gesundheit einzubringen, um auf diese Weise gleichzeitig zu einer effektiven Umsetzung der gesetzlichen Vorgaben beizutragen und eine Intensivierung des Arbeitsschutzes zu erreichen.[65] Normzweck des § 87 Abs. 1 Nr. 7 BetrVG ist somit auch die Beseitigung oder Verringerung des Vollzugsdefizits von Arbeitsschutznormen.[66] Der betriebliche Arbeitsschutz tritt im Ergebnis als dritte Säule neben die öffentlich-rechtlichen Arbeitsschutznormen und die durch die Berufsgenossenschaften erlassenen UVV.[67] Kennzeichend für das aus § 87 Abs. 1 Nr. 7 BetrVG folgende Mitbestimmungsrecht ist überdies, dass der Betriebsrat zum Sachwalter der einzelnen Beschäftigten wird, die von den ihnen zustehenden individualrechtlichen Durchsetzungsmöglichkeiten verhältnismäßig wenig Gebrauch machen.[68]

---

65 *BAG 08.06.2004*, AP Nr. 13 zu § 87 BetrVG 1972 Gesundheitsschutz; *BAG 15.1.2002*, AP Nr. 12 zu § 87 BetrVG 1972 Gesundheitsschutz, *LAG Niedersachsen 20.03.2003*, NZA-RR 2003, 538, 540; *LAG Hamburg 21.9.2000*, AP Nr. 11 zu § 87 BetrVG 1972 Gesundheitsschutz; *Merten*, MB bei der Bildschirmarbeit, S. 128; *Röhl*, Verhältnis von § 87 Abs. 1 Nr. 7 BetrVG zu § 88 BetrVG, S. 22; *N. Fabricius*, BB 1997, 1254; *Kohte*, ArbuR 1984, 263, 272; *ders.*, Anm. zu LAGE § 87 BetrVG 1972 Gesundheitsschutz Nr. 1, S. 23, 27; *Kittner/Pieper*, AiB 1997, 324, 326; *Klinkhammer*, ArbuR 1983, 321, 324; *Wlotzke*, FS Wißmann (2005), S. 426 f.

66 *N. Fabricius*, BB 1997, 1254; *Kohte*, ArbuR 1984, 263, 272; DKK-*Klebe*, § 87 BetrVG, Rn. 167; *Faber*, Grundpflichten des § 3 ArbSchG, S. 468; andere abzulehnende Auffassung *Merten*, MB bei der Bildschirmarbeit, S. 129.

67 DKK-*Klebe*, § 87 BetrVG, Rn. 167; MünchArbR-*Matthes*, § 343, Rn. 2.

68 *Kohte*, ArbuR 1984, 263, 272; vgl. insoweit auch *Faber*, Grundpflichten des § 3 ArbSchG, S. 468; *Zipprich*, Prävention arbeitsbedingter Erkrankungen, S. 103.

2. Voraussetzungen des Mitbestimmungsrechts des § 87 Abs. 1 Nr. 7 BetrVG

2.1. Rahmenvorschrift i.S.v. § 87 Abs. 1 Nr. 7 BetrVG

Das Mitbestimmungsrecht des § 87 Abs. 1 Nr. 7 BetrVG, das sich auf Regelungen über die Verhütung von Arbeitsunfällen und Berufskrankheiten sowie über den Gesundheitsschutz bezieht, ist an sog. Rahmenvorschriften geknüpft.

a) Gesetzliche Vorschriften oder Unfallverhütungsvorschriften

Als Rahmenvorschriften i.S.d. § 87 Abs. 1 Nr. 7 BetrVG kommen nach dem Wortlaut der Norm sowohl gesetzliche Normen als auch Unfallverhütungsvorschriften in Betracht. Gesetzliche Vorschriften stellen dabei nicht nur (formelle) Gesetze, sondern auch die im Arbeitsschutzrecht oft anzutreffenden Rechtsverordnungen dar.[69] Die Rahmenvorschrift muss zudem das Ziel verfolgen, der "Verhütung von Arbeitsunfällen und Berufskrankheiten" oder "dem Gesundheitsschutz" zu dienen, da die sie ausfüllende Regelung ebenfalls diesen Zweck verfolgt.[70]

b) Anwendungsbereich des Mitbestimmungsrechts

Auf Grund dieser Verknüpfung ergibt sich die erneute Notwendigkeit, sich mit den Begriffen "Arbeitsunfall", "Berufskrankheiten" und "Gesundheitsschutz" auseinanderzusetzen.

aa) Arbeitsunfälle und Berufskrankheiten

Die Begriffe "Arbeitsunfall" und "Berufskrankheiten" werden in Übereinstimmung mit dem Unfallversicherungsrecht definiert.[71] Dabei ist festzuhalten, dass bisher keine anerkannte Berufskrankheit i.S.d. § 9 SGB VII im Zusammenhang mit Nacht- und Schichtarbeit zu verzeichnen ist. Dagegen können Arbeitsunfälle i.S.d. § 8 SGB VII auf die durch Nacht- und Schichtarbeit hervorgerufenen Überbeanspruchungen auf Seiten der Beschäftigten zurückzuführen sein.[72]

---

69 Statt vieler DKK-*Klebe*, § 87 BetrVG, Rn. 174.

70 *BAG 26.8.97*, ArbuR 1998, 338, 339; *LAG Niedersachsen 20.03.2003*, NZA-RR 2003, 538, 540; *Merten*, MB bei der Bildschirmarbeit, S. 146.

71 Vgl. *F/E/S/T/L*, § 87 BetrVG, Rn. 260 f.; GK-*Wiese*, § 87 BetrVG, Rn. 589 f.

72 Vgl. S. 10 ff.

bb) Gesundheitsschutz und erweiterter Arbeitsschutzansatz

Hinsichtlich Nacht- und Schichtarbeit bezieht sich das Mitbestimmungsrecht nach § 87 Abs. 1 Nr. 7 BetrVG im Allgemeinen auf Regelungen über den Gesundheitsschutz. Als entsprechende Rahmenvorschriften kommen z.B. § 6 Abs. 5 ArbZG und § 3 Abs. 1 i.V.m § 4 ArbSchG in Betracht. Da diese Normen nunmehr auch den "gesundheitsnahen Bereich" der menschengerechten Gestaltung umfassen, wie insbesondere § 2 Abs. 1 ArbSchG verdeutlicht, ist zu untersuchen, ob der Begriff des "Gesundheitsschutzes" i.S.d. § 87 Abs. 1 Nr. 7 BetrVG ebenso weit auszulegen ist.

Diese Problematik wird deutlich, wenn man sich das betriebsverfassungsrechtliche Konzept der Beteiligungsrechte des Betriebsrats vor Augen führt. Danach hat der Betriebsrat zum einen ein Mitbestimmungsrecht in Fragen des gesetzlichen Arbeitsschutzes und zum anderen Beteiligungsrechte gem. § 90 und § 91 BetrVG, die auf die menschengerechte Gestaltung der Arbeit abstellen. In diesem Zusammenhang stellt sich daher die Frage nach einer gegenständlichen Abgrenzung der Anwendungsbereiche von §§ 87 Abs. 1 Nr. 7, 90, 91 BetrVG. Ausgangspunkt ist dabei der Begriff des "Gesundheitsschutzes" i.S.d. § 87 Abs. 1 Nr. 7 BetrVG.

Eine Auffassung legt den Begriff des "Gesundheitsschutzes" im Rahmen des § 87 Abs. 1 Nr. 7 BetrVG eng aus und begrenzt ihn auf die Verhütung konkret nachgewiesener und unmittelbarer Gesundheitsgefahren für die Arbeitnehmer.[73] Andere verlangen in vergleichbare Weise eine objektive Gefahr[74] oder objektiv konkrete Gefahren[75]. Davon seien bloße Beeinträchtigungen oder Belastungen der Gesundheit zu unterscheiden, die nicht unmittelbar zu einem Gesundheitsschaden führen und die nicht dem Gesundheitsschutz i.S.d. § 87 Abs. 1 Nr. 7 BetrVG zuzuordnen seien, sondern dem korrigierenden Mitbestimmungsrecht nach § 91 BetrVG unterfallen können.[76] Infolgedessen wären die in Betracht kommenden Rahmenvorschriften auf das Vorliegen der genannten Tatbestandsvoraussetzungen zu prüfen. Letztlich wird nach dieser Auffassung das Schutzniveau der Rahmenvorschriften, die der Mitbestimmung des Betriebsrats nach §

---

73 *Geyer*, MB beim Arbeits- und Gesundheitsschutz, S. 110; *Ehmann*, FS Arbeitsgerichtsbarkeit Rheinland-Pfalz (1999), S. 19, 21.

74 *BAG 16.06.1998*, AP Nr. 7 zu § 87 BetrVG Gesundheitsschutz; ebenso *BAG 08.06.2004*, AP Nr. 13 zu § 87 BetrVG Gesundheitsschutz, soweit es sich um sehr weit gefasste, dem Gesundheitsschutz dienende Generalklauseln handelt.

75 GK-*Wiese*, § 87 BetrVG, Rn. 584; *P. Merten/Klein*, DB 1998, 673.

76 *Geyer*, MB beim Arbeits- und Gesundheitsschutz, S. 110; GK-*Wiese*, § 87 BetrVG, Rn. 604; *Ehmann*, Arbeitsschutz und MB, S. 75; *Denck*, RdA 1982, 279, 289 f.

87 Abs. 1 Nr. 7 BetrVG unterliegen, unmittelbar dem Mitbestimmungstatbestand entnommen.[77]
Dagegen wird von anderer Seite zu Recht eine weite Auslegung des Begriffs "Gesundheitsschutz" im Rahmen des § 87 Abs. 1 Nr. 7 BetrVG vertreten. Danach ist der Gesundheitsschutz auf die Vermeidung solcher arbeitsbedingter Beeinträchtigungen und Belastungen gerichtet, die - und sei es erst bei dauerhafter Exposition - zu medizinisch objektiv feststellbaren physischen und psychischen Gesundheitsschäden (Verletzungen/Erkrankungen) führen können.[78] Im Ergebnis wird von § 87 Abs. 1 Nr. 7 BetrVG somit auch der gesundheitsnahe Bereich der menschengerechten Gestaltung der Arbeit i.S.d. § 2 Abs. 1 ArbSchG erfasst.[79]
Gegen eine enge Auslegung des "Gesundheitsschutzes" lässt sich bereits anführen, dass die einschränkend genannten Tatbestandsvoraussetzungen des unmittelbaren Gesundheitsschutzes und einer objektiv konkreten Gefahr nicht dem Wortlaut des § 87 Abs. 1 Nr. 7 BetrVG zu entnehmen sind. Daher geht das *BAG*[80] zutreffend davon aus, dass es für die Anwendung von § 87 Abs. 1 Nr. 7 BetrVG unerheblich sei, ob die Rahmenvorschrift unmittelbar oder mittelbar dem Gesundheitsschutz dient. Vielmehr wird aus dem Wortlaut der Norm ein anderes entscheidendes Kriterium für die Qualifizierung einer Norm als Rahmenvorschrift gewonnen. Bestimmend für die Einordnung als Rahmenvorschrift ist die finale Ausrichtung der jeweiligen Arbeitsschutzvorschrift; sie muß also der Verhütung von Arbeitsunfällen und Berufskrankheiten sowie dem Gesundheitsschutz dienen.[81] Diese Zweckbestimmung ergibt sich aus § 1 Abs. 1

---

77 Diese zutreffende Schlussfolgerung zieht *Faber*, Grundpflichten des § 3 ArbSchG, S. 469 mit Verweis auf *Ehmann*, FS Arbeitsgerichtsbarkeit Rheinland-Pfalz (1999), S. 19, 20 ff; hierzu außerdem *Geyer*, MB beim Arbeits- und Gesundheitsschutz, S. 111; *P. Merten/Klein*, DB 1998, 673.

78 *Merten*, MB bei der Bildschirmarbeit, S. 144; *Röhl*, Verhältnis von § 87 Abs. 1 Nr. 7 BetrVG zu § 88 Nr. 1 BetrVG, S. 23; *Wagner*, MB bei Bildschirmtechnologien, S. 171; *F/E/S/T/L*, § 87 BetrVG, Rn. 262; *LAG Niedersachsen 20.03.2003*, NZA-RR 2003, 538, 542; *Wlotzke*, FS Wißmann (2005), S. 426, 429.

79 MünchArbR-*Wlotzke*, § 208, Rn. 33; HaKo-BetrVG/*Kohte*, § 87 BetrVG, Rn. 67; *Faber*, Grundpflichten des § 3 ArbSchG, S. 471 ff; *Kittner/Pieper*, ArbSchR, BetrVG, Rn. 24 (2002); *Siemes*, NZA 1998, 232, 233; *Kittner*, FS Däubler (1999), S. 690, 696; *LAG Niedersachen 20.03.2003*, NZA-RR 2003, 538, 542. Davon geht grundsätzlich auch das *BAG* in seiner Entscheidung vom 08.06.2004, AP Nr. 13 zu § 87 BetrVG Gesundheitsschutz, mit der o.g. Einschränkung bezüglich weit gefasster Generalklauseln aus.

80 *BAG 26.08.1997*, NZA 1998, 441, 444.

81 *BAG*, AP Nr. 74 zu § 87 BetrVG 1972 Arbeitszeit; AP Nr. 5 zu § 87 BetrVG 1972 Gesundheitsschutz, *BAG 26.08.1997*, NZA 1998, 441, 444; *Kohte*, Jahrbuch des Arbeitsrecht 2000, S. 21, 38; *Faber*, Grundpflichten des § 3 ArbSchG, S. 473.

ArbSchG und beinhaltet nach § 2 Abs. 1 ArbSchG auch Maßnahmen des gesundheitsnahen Bereiches der menschengerechten Gestaltung der Arbeit. Auch die gesetzlichen Vorschriften des Arbeitszeitgesetzes haben gem. § 1 Nr. 1 ArbZG die Sicherheit und den Gesundheitsschutz der Beschäftigten zum Ziel. Somit kann festgehalten werden, dass das Mitbestimmungsrecht des Betriebsrats akzessorisch dem (materiellen) Arbeitsschutzrecht zuzuordnen ist.[82]

Diese Auffassung entspricht vor allem Sinn und Zweck des Mitbestimmungsrechts nach § 87 Abs. 1 Nr. 7 BetrVG, das eine Intensivierung des betrieblichen Arbeitsschutzes zum Inhalt hat. Dieser Zweck wäre dann nicht mehr erfüllt, wenn die Mitbestimmung des Betriebsrats lediglich ausgewählte Bereiche umfasst, in denen auf das Vorliegen einer konkreten Gefahr abgestellt würde. Eine solche Eingrenzung des Mitbestimmungstatbestandes ergab sich vor Inkrafttreten des Arbeitsschutzgesetzes aus § 120 a GewO a.F., da dieser ein Schutz gegen „Gefahren für Leben und Gesundheit" gewährleistete. Aus rechtssystematischen Gesichtspunkten ist seit dem Inkrafttreten des Arbeitsschutzgesetzes an das Merkmal der "konkreten Gefahr" nicht mehr anzuknüpfen.

Einer weiten Auslegung des Merkmals „Gesundheitsschutz" i.S.d. § 87 Abs. 1 Nr. 7 BetrVG steht auch die Norm des § 91 BetrVG nicht entgegen. Diejenigen, die für eine enge Auslegung des Anwendungsbereichs von § 87 Abs. 1 Nr. 7 BetrVG plädieren und eine Erweiterung des Schutzzwecks um die menschengerechte Gestaltung der Arbeit ablehnen, verweisen auf die Tatbestände von §§ 90, 91 BetrVG, die bei weiter Auslegung letztlich überflüssig sein sollen.[83]

Dem ist entgegenzuhalten, dass auch bei zutreffend weiter Auslegung von § 87 Abs. 1 Nr. 7 BetrVG ein hinreichender Anwendungsbereich für § 91 BetrVG verbleibt. § 91 BetrVG stellt auf den weiten Begriff der menschengerechten Gestaltung der Arbeit ab, der auch die Förderung der Persönlichkeit der Beschäftigten im Arbeitsverhältnis und eine möglichst selbst bestimmte Arbeitssituation zum Ziel hat.[84] Da dieser Bereich jedoch nicht von § 2 Abs. 1 ArbSchG erfasst wird, greift auch ein Mitbestimmungsrecht nach § 87 Abs. 1 Nr. 7 BetrVG nicht ein. § 91 BetrVG findet daher Anwendung, soweit keine arbeitsschutzrelevanten Sachverhalte vorliegen bzw. wenn der einzelne Arbeitnehmer wegen bei ihm vorliegender persönlicher Verhältnisse besonders belastet wird.

---

82 So ausdrücklich *Faber*, Grundpflichten des § 3 ArbSchG, S. 474; im Ergebnis ebenso *Kohte*, Anm. zu LAGE § 87 BetrVG 1972, Nr. 1 Gesundheitsschutz, S. 21 ff.; *Wlotzke*, FS Wißmann (2005), S. 426, 427.

83 *Geyer*, MB beim Arbeits- und Gesundheitsschutz, S. 111.

84 DKK-*Klebe*, § 90 BetrVG; Rn. 32; HaKo-BetrVG/*Kohte*, § 90 BetrVG, Rn. 21 ff.

cc) Geeignete Rahmenvorschriften

§ 87 Abs. 1 Nr. 7 BetrVG setzt voraus, dass eine gesetzliche Rahmenvorschrift vorliegt. Danach muss eine gesetzliche Handlungspflicht objektiv bestehen, und es müssen noch betriebliche Regelungen erforderlich sein, die festlegen, auf welchem Weg das von der jeweiligen Rahmenvorschrift vorgegebene Ziel zu erreichen ist.[85]

Eine gesetzliche Rahmenvorschrift zeichnet sich also dadurch aus, dass ihr keine zwingenden Maßnahmen des Arbeitsschutzes zu entnehmen sind. Die gesetzliche Regelung in § 87 Abs. 1 Nr. 7 BetrVG legt damit die Reichweite des Mitbestimmungsrechts fest. Dies führt dazu, dass es sich bei § 87 Abs. 1 ES. BetrVG um einen Gesetzesvorrang handelt, während bei § 87 Abs. 1 Nr. 7 BetrVG in Bezug auf das Merkmal "im Rahmen" ein Gesetzesvorbehalt anzunehmen ist und beide sich gegeneinander ausschließen.[86]

Entscheidend für die Mitbestimmung des Betriebsrats nach § 87 Abs. 1 Nr. 7 BetrVG ist somit, dass eine Vorschrift vorliegt, die Maßnahmen zur Verhütung von Arbeitsunfällen und Berufskrankheiten und des Gesundheitsschutzes fordert, und dabei einen ausfüllungsfähigen und ausfüllungsbedürftigen Rahmen bereithält, innerhalb dessen dem Arbeitgeber und damit den Betriebspartnern ein Regelungsspielraum verbleibt.[87]

2.2. Regelungen des Arbeits- und Gesundheitsschutzes

Das Mitbestimmungsrecht des Betriebsrats nach § 87 Abs. 1 Nr. 7 BetrVG besteht bei Regelungen über die Verhütung von Arbeitsunfällen und Berufskrankheiten sowie über den Gesundheitsschutz. Die Mitbestimmung setzt folglich einen kollektiven Bezug voraus und greift damit nicht ein, wenn es sich lediglich um eine Einzelmaßnahme handelt.[88]

---

85 LAG Niedersachsen 20.03.2003, NZA-RR 2003, 538, 541 f.

86 Vgl. hierzu ausführlich *Röhl*, Verhältnis von § 87 Abs. 1 Nr. 7 BetrVG zu § 88 Nr. 1 BetrVG, S. 38 ff., 76 f.

87 Insoweit unbestritten, vgl. nur *BAG 28.7.1981*, AP Nr. 3 zu § 87 BetrVG 1972 Arbeitssicherheit mit Anm. *Richardi*, *BAG 06.12.1983*, AP Nr. 7 zu § 87 BetrVG 1972 Überwachung, *BAG 02.04.1996*, AP Nr. 5 zu § 87 BetrVG 1972 Gesundheitsschutz, *BAG 16.06.1998*, AP Nr. 7 zu § 87 BetrVG 1972 Gesundheitsschutz; *LAG Hamburg 21.09.2000*, AP Nr. 11 zu § 87 BetrVG 1972 Gesundheitsschutz, *LAG Niedersachsen 20.03.2003*, NZA-RR 2003, 538, 541; *BAG 08.06.2004*, AP Nr. 13 zu § 87 BetrVG Gesundheitsschutz; ebenso die Literatur DKK-*Klebe*, § 87 BetrVG, Rn. 176; GK-*Wiese*, § 87 BetrVG, Rn. 596; *Röhl*, Verhältnis von § 87 Abs. 1 Nr. 7 BetrVG zu § 88 Nr. 1 BetrVG, S. 41; *S/W/S*, § 87 BetrVG, Rn. 121 ff.

88 Vgl. S. 279.

3. Mitbestimmung des Betriebsrats nach § 87 Abs. 1 Nr. 7 BetrVG anhand einzelner gesetzlicher Rahmenvorschriften

Nachdem die Anwendungsvoraussetzungen des Mitbestimmungsrechts aus § 87 Abs. 1 Nr. 7 BetrVG herausgearbeitet worden sind, soll im Folgenden untersucht werden, ob es sich bei den Vorschriften der § 8 GefStoffV, § 6 Abs. 5 ArbZG, § 5 ArbSchG und § 3 Abs. 1 i.V.m. § 4 ArbSchG um Rahmenvorschriften i.S. dieses Mitbestimmungstatbestandes handelt und welche betriebliche Regelungen in Umsetzung der genannten Arbeitsschutzvorschriften in Betracht kommen. Es soll z.B. der Frage nachgegangen werden, ob durch betriebliche Regelungen eine zusätzliche Verringerung der Belastungsintensität auf Grund von Gefahrstoffen für diejenigen Nacht- und Schichtarbeitnehmer ermöglicht werden, die mit solchen Stoffen während ihrer Tätigkeit umgehen.

3.1. *Allgemeine Grundsätze für die Verhütung von Gefährdungen nach § 8 Abs. 1 S. 1 i.V.m. Abs. 2 GefStoffV*

a) § 8 Abs. 1 S. 1 i.V.m. Abs. 2 GefStoffV als Norm des Gesundheitsschutzes

Umfassende Regelungsspielräume zur betrieblichen Mitbestimmung nach § 87 Abs. 1 Nr. 7 BetrVG enthält auch § 8 Abs. 1 S. 1 i.V.m Abs. 2 GefStoffV. Soweit eine Gefährdung für Gesundheit und Sicherheit der Beschäftigten bei Tätigkeiten mit Gefahrstoffen besteht, ist diese durch in Abs. 2 Nr. 1 bis 7 aufgezählten Maßnahmen auszuschalten oder zu verringern, so dass § 8 Abs. 1 S. 2 i.V.m. Abs. 2 GefStoffV auf Grund seiner Zielsetzung, die Sicherheit und Gesundheit der Beschäftigten bei der Arbeit zu verbessern, grundsätzlich als gesetzliche Vorschrift i.S.d. § 87 Abs. 1 Nr. 7 BetrVG in Betracht kommt.

b) Organisatorische Maßnahmen des Arbeitsschutzes als Regelungen i.S.d. § 87 Abs. 1 Nr. 7 BetrVG

Die in § 8 Abs. 2 GefStoffV aufgeführten Arbeitsschutzmaßnahmen enthalten jedoch keine konkreten Vorgaben, sondern sind offen formuliert. So ist der Arbeitgeber verpflichtet, den Arbeitsplatz und die Arbeitsorganisation zu gestalten (1. Spiegelstrich), die Anzahl der Beschäftigten, die dem Gefahrstoff ausgesetzt sind oder ausgesetzt sein können (3. Spiegelstrich) sowie die Dauer und Intensität der Exposition auf ein Mindestmaß zu begrenzen (4. Spiegelstrich). So kann z.B. die Einführung von angemessenen, zusätzlichen Kurzpausen erforderlich sein. Folglich sind betriebliche Regelungen notwendig, die sich auf die Organi-

sation der Arbeit beziehen und daher organisatorische Maßnahmen des Arbeitsschutzes darstellen.
Außerdem hat der Arbeitgeber auch geeignete Arbeitsmittel für die Tätigkeit mit Gefahrstoffen und entsprechende Wartungsverfahren zur Gewährleistung der Gesundheit und Sicherheit der Beschäftigten bei der Arbeit bereitzustellen (2. Spiegelstrich), so dass auch technische Arbeitsschutzmaßnahmen erforderlich sind.
Umstritten ist, ob sowohl organisatorische Maßnahmen des Arbeitsschutzes als auch solche des technischen Arbeitsschutzes noch unter den Begriff der "Regelung" i.S.v. § 87 Abs. 1 Nr. 7 BetrVG fallen.
Eine Auffassung legt den Begriff der Regelung eng aus und fasst darunter die "Festlegung einer allgemeinen Ordnung für eine unbestimmte Anzahl von Fällen", so dass die Mitbestimmung des Betriebsrats nur dann in Betracht kommt, wenn Bestimmungen erlassen werden sollen, die das Verhalten der Arbeitnehmer zum Gegenstand haben, z.B. Anordnung eines betrieblichen Rauchverbots, und nicht dagegen bei technischen und organisatorischen Maßnahmen des Arbeitsschutzes.[89] Zur Begründung wird u.a. angeführt, dass durch die Beteiligung des Betriebsrats die Entwicklung des Arbeitsschutzes "ungemein schwerfällig" werden und möglicherweise vereinzelt sogar zum Stillstand kommen würde.
Andere schlussfolgern aus dem Begriff der "Regelung", dass nur "Sachvorschriften" des Gesundheitsschutzes, d.h. Maßnahmen, die die Arbeit selbst im Sinne der Verhütung von Gesundheitsschädigungen gestalten, dem Mitbestimmungstatbestand des § 87 Abs. 1 Nr. 7 BetrVG unterliegen.[90]
In Übereinstimmung mit der h.M.[91] ist der genannten Auffassungen zu widersprechen und das Mitbestimmungsrecht des Betriebsrats nach § 87 Abs. 1 Nr. 7 BetrVG weit auszulegen, so dass letztendlich sowohl Verhaltensregeln als auch technische und arbeitsorganisatorische Arbeitsschutzmaßnahmen erfasst sind.

---

89 *Glaubitz,* BB 1977, 1403, 1405; *Ehmann,* Arbeitsschutz und MB, S. 80 f.; vgl. auch *Kollmer/Vogl,* Das neue ArbSchG, Rn. 186 sowie *P. Merten/Klein,* DB 1998, 673, 674; *Geyer,* MB beim Arbeits- und Gesundheitsschutz, S. 107.

90 *Löwisch/Neumann,* SAE 1997, 85, 87; *P. Merten/Klein,* DB 1998, 673.

91 *Hinrichs,* Mitbestimmung des BR nach § 87 I Nr. 7 BetrVG, S. 29; MünchArbR-*Matthes,* § 343, Rn. 23; *F/E/S/T/L,* § 87 BetrVG, Rn. 279; *Merten,* MB bei der Bildschirmarbeit, S. 132 ff.; MünchArbR-*Wlotzke,* § 208, Rn. 33; *N. Fabricius,* BB 1997, 1254, 1255; *Siemes,* NZA 1998, 232; *Kittner,* FS Däubler, S. 690, 695 f. (1999); *Kohte,* Anm. zu LAGE § 87 BetrVG 1972 Gesundheitsschutz Nr. 1, S. 23, 26 ff.; *Bücker/Feldhoff/Kohte,* Arbeitsumwelt, Rn. 75; *Wagner,* MB bei Bildschirmtechnologien, S. 195; DKK-*Klebe,* § 87 BetrVG, Rn. 185; GK-*Wiese,* § 87 BetrVG, Rn. 588, 608; *Röhl,* Verhältnis von § 87 Abs. 1 Nr. 7 BetrVG zu § 88 Nr. 1 BetrVG; 631; *LAG Hamburg 21.9.2000,* LAGE § 87 BetrVG 1972 Gesundheitsschutz Nr. 1, S. 1, 9 ff; *LAG Niedersachsen 20.03.2003,* NZA-RR 2003, 538, 541; *Wlotzke,* FS Wißmann (2005), S. 426, 431.

Eine solche Restriktion des Mitbestimmungsrechts lässt sich nicht aus dem Wortlaut der Norm ableiten.[92]. Keine Anhaltspunkte für eine solche Auslegung des § 87 Abs. 1 Nr. 7 BetrVG bieten zudem die Gesetzesmaterialien zum Entwurf des BetrVG durch die Bundesregierung.[93]
Die enge Auslegung des Mitbestimmungstatbestandes von § 87 Abs. 1 Nr. 7 BetrVG kann darüber hinaus nicht aus systematischen Gründen gerechtfertigt werden. Insbesondere *Röhl*[94] verdeutlicht, dass auch bei einer weiten Auslegung des § 87 Abs. 1 Nr. 7 BetrVG noch Anwendungsbereiche für § 88 Nr. 1 BetrVG verbleiben. § 88 Nr. 1 BetrVG, der auf zusätzliche Maßnahmen im Arbeitsschutz abstellt, greift dann ein, wenn es sich um (Arbeitsschutz)Maßnahmen handelt, die die in den Arbeitsschutzvorschriften (Gesetze, VO, UVV) verankerten Mindestvorgaben überschreiten.
Weiterhin lässt sich weder aus den unterschiedlich verwendeten Begrifflichkeiten in § 87 Abs. 1 Nr. 7 BetrVG (Gesundheitsschutz) und § 89 Abs. 1 BetrVG (Arbeitsschutz) noch aus der Zwecksetzung in § 89 BetrVG ein restriktiver Begriff der "Regelung" ableiten.[95]. Ebenso führt § 80 Abs. 1 Nr. 1, Abs. 2 BetrVG zu keiner Eingrenzung der "Regelung" i.S.d. § 87 Abs. 1 Nr. 7 BetrVG, sondern es sind §§ 87 Abs. 1 Nr.7, 80 Abs. 1 Nr. 1, Abs. 2 BetrVG und auch § 89 BetrVG nebeneinander anwendbar, wenn die jeweiligen Voraussetzungen gegeben sind.[96]
Maßgebend für eine weite Auslegung des § 87 Abs. 1 Nr. 7 BetrVG sind jedoch Sinn und Zweck dieser Norm. Die angestrebte Intensivierung des betrieblichen Gesundheitsschutzes durch betriebsnahe Arbeitsschutzmaßnahmen wird nur durch die Einbeziehung des Erfahrungswissens der Beschäftigten und insbesondere der Arbeitnehmervertretung erreicht. Dieser angestrebte Normzweck wird nur dann erfüllt, wenn sich das Mitbestimmungsrecht nicht nur auf Verhaltensregeln und Sachvorschriften, sondern auf jegliche Bereiche des gesamten Arbeitsschutzes bezieht.[97] Zu Recht wird betont, dass das Mitbestimmungsrecht

---

92 *Merten*, MB bei der Bildschirmarbeit, S. 133; *Kittner*, FS Däubler (1999), S. 690, 695; *Wagner*, MB bei Bildschirmtechnologien, S. 193; *Kohte*, Anm. zu LAGE § 87 BetrVG Gesundheitsschutz Nr.1, S. 23, 27.

93 So *Merten*, MB bei der Bildschirmarbeit, S. 133.

94 *Röhl*, Verhältnis von § 87 Abs. 1 Nr. 7 BetrVG zu § 88 Nr. 1 BetrVG, S. 237 ff.

95 Vgl. hierzu *Merten*, MB bei der Bildschirmarbeit, S. 133 ff.; *Kittner*, FS Däubler (1999), S. 690, 695 f.; *Kohte*, Anm. zu LAGE § 87 BetrVG 1972 Gesundheitsschutz Nr.1, S. 23, 29.

96 *Merten*, MB bei der Bildschirmarbeit, S. 134 f.

97 Vgl. auch *LAG Niedersachsen 20.03.2003*, NZA-RR 2003, 538, 541; *Faber*, Grundpflichten des § 3 ArbSchG, S. 481 f.; *Kohte*, Anm. zu LAGE § 87 BetrVG 1972 Gesundheitsschutz Nr. 1, S. 21, 27; *Merten*, MB bei der Bildschirmarbeit, S. 135 ff; *Siemes*, NZA 1998, 232.

des Betriebsrats nach § 87 Abs. 1 Nr. 7 BetrVG ansonsten ausgehöhlt werden würde, wenn nicht auch Regelungen technischer und organisatorischer Art einbezogen wären.[98]

Für eine weite Auslegung des § 87 Abs. 1 Nr. 7 BetrVG spricht weiterhin die Entwicklung des geltenden Arbeitsschutzrechts, wonach die jeweiligen Vorschriften bewusst offen formuliert werden, um so eine betriebliche Konkretisierung zu ermöglichen.[99]

Eine umfassende Beteiligung des Betriebsrats bei der betrieblichen Konkretisierung steht zudem in Einklang mit den Anforderungen der Rahmenrichtlinie 89/391/EWG, die in Art. 11 Abs. 1 eine Anhörung der Arbeitnehmer bzw. deren Vertreter sowie eine ausgewogene Beteiligung ("balanced participation") nach nationalen Rechtsvorschriften bzw. Praktiken vorsieht. Dies bezieht sich ausdrücklich auf alle Fragen, die die Sicherheit und Gesundheit am Arbeitsplatz betreffen, so dass eine gegenständliche Beschränkung nicht ersichtlich ist. Da § 89 BetrVG den Voraussetzungen einer "ausgewogenen Beteiligung" nicht gerecht wird, verbleibt als entsprechende Umsetzung - mangels anderer gesetzlichen Vorschriften - nur noch der Weg über § 87 Abs. 1 Nr. 7 BetrVG, so dass dessen weite Auslegung in Übereinstimmung zu Art. 11 RL 89/391/EWG zu werten ist.[100]

Mithin kann festgehalten werden, dass der Begriff der Regelung i.S.d. § 87 Abs. 1 Nr. 7 BetrVG einer weiten Auslegung bedarf und somit neben Verhaltensvorschriften auch technische und organisatorische Schutzmaßnahmen umfasst, wobei sich die Mitbestimmung des Betriebsrats nicht auf Einzelmaßnahmen bezieht, sondern auf kollektive Tatbestände. Somit fallen auch die sich aus § 8 Abs. 2 GefStoffV ergebenden organisatorischen und technischen Maßnahmen unter den Begriff der "Regelung" i.S.d. § 87 Abs. 1 Nr. 7 BetrVG.

c) Rahmenvorschrift und Form der Mitbestimmung

aa) Ermessensspielraum

Bei § 8 Abs. 2 GefStoffV handelt es sich dann um eine ausfüllungsfähige und ausfüllungsbedürftige Rahmenvorschrift, wenn sie dem Arbeitgeber und somit den Betriebsparteien einen Regelungsspielraum belässt, mit welchen Mitteln

---

98 *Wagner*, MB bei Bildschirmtechnologien, S. 194; *Merten*, MB bei der Bildschirmarbeit, S. 135.

99 *Kohte*, Anm. zu LAGE § 87 BetrVG 1972 Gesundheitsschutz Nr.1, S. 21, 27.

100 *Kohte*, Anm. zu LAGE § 87 BetrVG 1972 Gesundheitsschutz Nr.1, S. 21, 29; *Faber*, Grundpflichten des § 3 ArbSchG, S. 483; a.A. *Merten*, MB bei der Bildschirmarbeit, S. 132 f.

und auf welche Weise das in der Arbeitsschutznorm angegebene Ziel zu erreichen ist.
Ein solcher Regelungsspielraum ist regelmäßig dann vorhanden, wenn die gesetzliche Arbeitsschutzvorschrift dem Arbeitgeber die Wahl zwischen zwei oder mehreren konkreten Arbeitsschutzmaßnahmen zur Erreichung des vorgegebenen Zieles belässt.[101] Der Arbeitgeber hat in diesem Fall einen "echten" Ermessensspielraum, auf welche Art und Weise er seiner gesetzlichen Schutzverpflichtung nachkommt. Damit bezieht sich dieser Ermessensspielraum auf die Rechtsfolgenseite der jeweiligen Arbeitsschutznorm.
Insbesondere nach Umsetzung der EG-Richtlinien zum Arbeitsschutz zeichnen sich viele Arbeitsschutzvorschriften durch die Verwendung von unbestimmten Rechtsbegriffen aus, so auch § 8 Abs. 2 GefStoffV. Unbestimmte Rechtsbegriffe werden dabei sowohl bei den Voraussetzungen als auch bei der Durchführung einer Arbeitsschutzmaßnahme verwendet und bedürfen zu ihrer Konkretisierung der Beurteilung durch den Arbeitgeber.[102] § 8 Abs. 2 S. 1 GefStoffV knüpft insoweit an das Vorliegen einer Gefährdung für die Sicherheit und Gesundheit der Beschäftigten bei Tätigkeiten mit Gefahrstoffen an, die durch Maßnahmen des Arbeitsschutzes, die insoweit offen formuliert sind, auszuschalten oder auf ein Minimum zu reduzieren ist. Z.B. ist eine Gestaltung des Arbeitsplatzes oder der Arbeitsorganisation vorzunehmen. Es werden gesetzlich weitere Maßnahmen normiert, die zur Vermeidung oder Verringerung der Gefährdung vom Arbeitgeber ergriffen werden können.
Somit hat der Arbeitgeber in § 8 Abs. 2 S. 1, 1. bis 7. Spiegelstrich GefStoffV grundsätzlich die Wahl zwischen mehreren Arbeitsschutzmaßnahmen, die zur Erreichung des vorgegebenen Zieles in Betracht kommen. Dadurch eröffnet § 8 Abs. 2 GefStoffV einen klassischen Ermessensspielraum. Dieser Regelungsspielraum ist Ausgangspunkt für das Mitbestimmungsrecht des Betriebsrats nach § 87 Abs. 1 Nr. 7 BetrVG. Mithin kann der Betriebsrat nach § 87 Abs. 1 Nr. 7 BetrVG im Ergebnis mitbestimmen, welche der einzelnen Maßnahmen nach § 8 Abs. 2 S. 1, 1. bis 7. Spiegelstrich GefStoffV zur Vermeidung und Verringerung der Gefährdung in Betracht kommen.
Ein Mitbestimmungsrecht des Betriebsrats nach § 87 Abs. 1 Nr. 7 BetrVG entfällt aber dann, wenn durch die Gewerbeaufsichtsämter/Landesämter für Arbeitsschutz bestimmte Maßnahmen des Arbeitsschutzes zwingend angeordnet werden.[103] Einschränkend ist jedoch auch hier ein Mitbestimmungsrecht des Be-

---

[101] *S/W/S,* § 87 BetrVG, Rn. 123; *F/E/S/T/L,* § 87 BetrVG, Rn. 272; GK-*Wiese,* § 87 BetrVG, Rn. 596; *Siemes,* NZA 1998, 232, 233.
[102] *Siemes,* NZA 1998, 232, 233.
[103] So allgemein *F/E/S/T/L,* § 87 BetrVG, Rn. 276.

triebsrats nur dann ausgeschlossen, wenn die Anordnung aus sich heraus ohne jeglichen Spielraum vollziehbar ist.[104]

bb) Mitbeurteilungsrecht als notwendiger Bestandteil des Mitregelungsrechts

Die in § 8 Abs. 1 S. 1 i.V.m. Abs. 2 GefStoffV angeordneten Arbeitsschutzmaßnahmen sind offen formuliert und bedürfen daher einer Konkretisierung. Sie zeichnen sich durch die Verwendung zahlreicher unbestimmter Rechtsbegriffe aus. So ist die Menge der am Arbeitsplatz vorhandenen Gefahrstoffe auf das für die Art der betreffenden Arbeit erforderliche Mindestmaß zu begrenzen (6. Spiegelstrich) oder der Arbeitgeber hat geeignete Arbeitsmittel bereitzustellen (2. Spiegelstrich). Ebenso ist die Dauer und Intensität der Exposition auf ein Mindestmaß zu begrenzen (4. Spiegelstrich).

Zudem sind die nach § 8 Abs. 1 S. 1 i.V.m. Abs. 2 GefStoffV zu treffenden Arbeitsschutzmaßnahmen nur dann erforderlich, soweit eine Gefährdung der Gesundheit und Sicherheit der Arbeitnehmer besteht. Somit ist auch auf der Tatbestandsseite ein unbestimmter Rechtsbegriff vorhanden.

In diesem Zusammenhang ist umstritten, ob unbestimmte Rechtsbegriffe dem Arbeitgeber einen Handlungsspielraum eröffnen und der Betriebsrat bei der Auslegung von unbestimmten Rechtsbegriffen auf Grund von § 87 Abs. 1 Nr. 7 BetrVG zu beteiligen ist.

Eine Auffassung lehnt ein solches Mitbestimmungsrecht des Betriebsrats ab.[105] Zur Begründung wird angeführt, dass unbestimmte Rechtsbegriffe dem Arbeitgeber einen Beurteilungsspielraum eröffnen und es sich bei der Auslegung unbestimmter Rechtsbegriffe um eine Rechtsfrage handelt, die im Ergebnis nur eine richtige Entscheidung zur Folge habe, so dass kein Entscheidungsspielraum bestehe.[106]

Da der Arbeitgeber die Verantwortung für den Arbeitsschutz im Betrieb innehabe, sei es sachgerecht, wenn er die Auslegung allein vornehme.[107] Schließlich könne ihm vom Gewerbeaufsichtsamt/Landesamt für Arbeitsschutz oder der Be-

---

[104] *Kohte*, FS Heilmann (2001), S. 73, 82.

[105] *P. Merten/Klein*, DB 1998, 673; *Geyer*, MB beim Arbeits- und Gesundheitsschutz, S. 108 ff.; *Ehmann*, Arbeitsschutz und MB, S. 78; *Ehmann*, FS Hilger/Stumpf (1983), S. 125, 151 ff.; MünchArbR-*Matthes*, § 343, Rn. 18; *S/W/S*, § 87 BetrVG, Rn. 123; *Merten*, MB bei der Bildschirmarbeit, S. 161 ff.; *Glaubitz*, BB 1977, 1403, 1404 f.; *Diezemann/Mühlhausen*, AuA 1999, 15, 16; *LAG Baden-Württemberg 08.12.1987*, NZA 1988, 515; *BAG 26.8.1997*, NZA 1998, 441, 445.

[106] *Geyer*, MB beim Arbeits- und Gesundheitsschutz, S. 108; *Glaubitz*, BB 1977, 1403, 1405; *LAG Baden-Württemberg 08.12.1987*, NZA 1988, 515, 516.

[107] *Ehmann*, FS Hilger / Stumpf (1983), S. 125, 152;

rufsgenossenschaft durch Anordnung aufgegeben werden, die vom Gesetz oder UVV geforderte Lösung zu verwirklichen.[108] Beim Vollzug von Arbeitsschutzvorschriften bleibe dem Betriebsrat die Möglichkeit von seinem Überwachungsrecht nach § 80 Abs. 1 BetrVG Gebrauch zu machen oder sich über § 89 Abs. 1 BetrVG an die zuständige Aufsichtsbehörde zu wenden[109]. Die Einschaltung der Aufsichtsbehörde soll zudem dazu führen, dass alsbald von fachkundiger Seite über die Auslegung der Arbeitsschutzvorschrift eine Entscheidung herbeigeführt werde.[110] Diese Lösung soll den Bedürfnissen der Praxis am nächsten kommen.[111]
Da Arbeitsschutznormen dem Schutz von Sicherheit und Gesundheit der Beschäftigten dienen, sei eine auf den Einzelfall bezogene richtige Auslegung im Bedarfsfall durch die Arbeitsgerichte festzustellen und dieses Rechtsgut kann nicht zur Disposition des Arbeitgebers allein oder gemeinsam mit dem Betriebsrat bzw. der Einigungsstelle gestellt werden.[112]
Eine andere Auffassung bejaht hingegen ein Mitbestimmungsrecht des Betriebsrats nach § 87 Abs. 1 Nr. 7 BetrVG hinsichtlich der Auslegung unbestimmter Rechtsbegriffe, die in den Arbeitsschutzvorschriften verankert sind.[113] Insoweit wird dann von einem "Mitbeurteilungsrecht" des Betriebsrats gesprochen.[114]

Vorab ist festzuhalten, dass sowohl diejenigen, die ein Mitbeurteilungsrecht verneinen, als auch diejenigen, die ein solches befürworten, die Übertragung der im Verwaltungsrecht gebräuchlichen Abgrenzung zwischen Beurteilungs- und Ermessensspielraum auf das Mitbestimmungsrecht ablehnen.[115]

---

108 *Glaubitz*, BB 1977, 1403, 1405; *S/W/S*, § 87 BetrVG, Rn. 125.

109 MünchArbR-*Matthes*, § 343, Rn. 18; *Merten*, MB bei der Bildschirmarbeit, S. 167 f.

110 *Merten*, MB bei der Bildschirmarbeit, S. 168.

111 Diezemann/Mühlhausen, AuA 1999, 15, 16.

112 *BAG 06.12.1983*, AP Nr. 7 zu § 87 BetrVG Überwachung; *Merten*, MB bei der Bildschirmarbeit, S. 169; *Ehmann*, FS Hilger/Stumpf (1983), S. 125, 151.

113 *Kohte*, ArbuR 1984, 263, 269 ff.; *N. Fabricius*, BB 1997, 1254, 1257; DKK-*Klebe*, § 87 BetrVG, Rn. 183 f.; *Feldhoff*, AuA 1997, 72, 75; *F/K/HE/S*, § 87 BetrVG, Rn. 275; *Faber*, Grundpflichten des § 3 ArbSchG, S. 483 ff.; *Bücker/Feldhoff/Kohte*, Arbeitsumwelt, Rn. 74; *Hinrichs*, MB des Betriebsrats nach § 87 Abs. 1 Nr. 7 BetrVG, S. 21 ff., 53 f.; *Wagner*, MB bei Bildschirmtechnologien, S. 185; *Wiesemann*, Einigungsstelle, S. 204 ff.; *Zipprich*, Prävention arbeitsbedingter Erkrankungen, S. 106 ff.

114 Z.B. *Wagner*, MB bei Bildschirmtechnologien, S. 185.

115 *Bücker/Feldhoff/Kohte*, Arbeitsumwelt, Rn. 74; *Wagner*, MB bei Bildschirmtechnologien, S. 185; *Merten*, MB bei der Bildschirmarbeit, S. 162 f; *Kittner*, FS Däubler (1999), S. 690, 697; *Diezemann/Mühlhausen*, AuA 1999, 15; *Röhl*, Das Verhältnis von § 87 I Nr. 7 BetrVG zu § 88 Nr. 1 BetrVG, S. 83; vor allem *Kohte*, ArbuR 1984, 263, 270 f. und GK-*Wiese*, § 87 BetrVG, Rn. 599; anders jedoch *Rottmann*, BB 1989, 1117 f.

Die Einräumung eines Beurteilungsspielraums hat im Bereich des Verwaltungsrechts zur Folge, dass nach der Rechtsprechung des BVerwG nur eine eingeschränkte gerichtliche Kontrolle bei der Auslegung unbestimmter Rechtsbegriffe durch die Verwaltungsbehörden erfolgt und diesen Fall nur auf wenige Ausnahmen (z.B. bei Prüfungsentscheidungen, Entscheidungen wertender Art durch weisungsfreie, mit Sachverständigen und/oder Interessenvertretern besetzte Ausschüsse und bei Prognoseentscheidungen und Risikobewertungen vor allem im Bereich des Umweltrechts und Wirtschaftsrecht) anwendet, so dass grundsätzlich eine verwaltungsgerichtliche Überprüfung unbestimmter Rechtsbegriffe erfolgt.[116] Von der vollen gerichtlichen Nachprüfbarkeit unbestimmter Rechtsbegriffe im Bereich des Umweltrechts ging das BVerwG im sog. *Voerde-Urteil*[117] aus, während es im *Wyhl-Urteil*[118] im Hinblick auf das Kriterium "nach dem Stand von Wissenschaft und Technik erforderliche Vorsorge gegen Schäden" bei § 7 Abs. 2 Nr. 3 AtG eine Wertungs- und Entscheidungskompetenz der Exekutive bejaht hat, da sie die Verantwortung für Risikoermittlung und -bewertung trage.[119] Dies resultiert letztlich aus der Abgrenzung der Handlungsbereiche von Gesetzgeber und Verwaltung.[120]

Bereits diese Ausführungen zeigen, dass die mit dem Begriff des "Beurteilungsspielraums" verbundenen rechtlichen Folgen nicht auf die Situation der Mitbestimmung des Betriebsrats bei der Auslegung von unbestimmten Rechtsbegriffen im Rahmen von Arbeitsschutzgesetzen durch den Arbeitgeber übertragbar sind. Ein solcher Beurteilungsspielraum des Arbeitgebers bei der Auslegung unbestimmter Rechtsbegriffe, der i.E. eine eingeschränkte gerichtliche Kontrolle nach sich zieht, ist insbesondere aus verfassungsrechtlichen Gesichtspunkten abzulehnen, da ansonsten das Grundrecht der Arbeitnehmer aus Art. 2 Abs. 2 GG nicht mehr hinreichend gewährleistet ist und die sich gegenüber stehenden Interessen von Arbeitnehmer und Arbeitgeber ohne gerichtliche Kontrolle (und ohne Beteiligung einer Interessenvertretung) nicht in einen angemessenen Ausgleich zu bringen sind.
Zudem wird zu Recht geltend gemacht, dass die Verwaltung im Rahmen ihrer administrativen Tätigkeit allein handelt und die Mitbestimmung nach § 87 Abs. 1 Nr. 7 BetrVG gerade dazu dient, dem Betriebsrat ein Beteiligungsrecht bei

---

116 Hierzu ausführlich *Maurer*, Allgemeines Verwaltungsrecht, § 7, Rn. 35 ff..
117 *BVerwG 17.02.1978*, BVerwGE 55, 250, 253 f.
118 *BVerwG 19.12.1985*, BVerwGE 72, 300, 316.
119 *Kloepfer*, Umweltrecht, § 8, Rn. 61.
120 *Kloepfer*, Umweltrecht, § 8, Rn. 61 m.w.N.

Maßnahmen des Arbeitsschutzes zu geben, so dass erst danach zu klären ist, inwieweit den Betriebsparteien ein Beurteilungsspielraum zuzuerkennen ist.[121]
Für das Mitbestimmungsrecht nach § 87 Abs. 1 Nr. 7 BetrVG ist vielmehr Voraussetzung, dass ein - wie auch immer gearteter - Entscheidungsspielraum des Arbeitgebers für betriebliche Regelungen besteht, unabhängig, ob es sich um Rechts- oder Ermessensfragen handelt.[122]
Fraglich ist, ob der Arbeitgeber durch die Auslegung von unbestimmten Rechtsbegriffen einen Entscheidungsspielraum hat. Da die Auslegung von unbestimmten Rechtsbegriffen stets nur eine "richtige" Lösung zu Folge haben soll, wäre ein Entscheidungsspielraum des Arbeitgebers an sich abzulehnen.[123] Bereits das BVerwG hat in einer Entscheidung zum Spielraum der Bundesprüfung bei der Beurteilung der Jugendgefährdung einer Schrift die Idee einer richtigen Entscheidung als Fiktion bezeichnet.[124]
Faber[125] verdeutlicht auch, dass die Konstruktion einer „einzigen richtigen" Lösung nicht der Regelungstechnik des Arbeitsschutzgesetzes entspricht, das von offen formulierten Gestaltungszielen und Vorgaben geprägt ist, um Gestaltungsspielräume für betriebsnahe Lösungen zu schaffen. Somit würde sich das Mitbeurteilungsrecht "im Rahmen" der Arbeitsschutzvorschriften bewegen, so dass der Wortlaut von § 87 Abs. 1 Nr. 7 BetrVG einer Mitbestimmung des Betriebsrats durch die gemeinsame Verständigung über unbestimmte Rechtsbegriffe nicht entgegensteht.[126]
Insbesondere unbestimmte Rechtsbegriffe auf der Rechtsfolgenseite beinhalten verschiedene Handlungsmöglichkeiten des Arbeitgebers, d.h. es kommen mehrere Arbeitsschutzmaßnahmen in Betracht, um einen unbestimmten Rechtsbegriff, z.B. den der Geeignetheit, auszufüllen und sie überlassen somit dem Arbeitgeber einen Entscheidungsspielraum in Form eines Auswahlermessens.[127] Das Mitbestimmungsrecht ist richtigerweise nur dann ausgeschlossen, wenn die betreffende Norm nur eine mögliche Entscheidung offen lässt, die aus sich selbst heraus exekutierbar ist.[128]

---

121 GK-*Wiese*, § 87 BetrVG, Rn. 599; hierzu ausführlich *Wiesemann*, Einigungsstelle.
122 *Bücker/Feldhoff/Kohte*, Arbeitsumwelt, Rn. 74; MünchArbR-*Wlotzke*, § 208, Rn. 34; *Weiss*, ArbuR 1982, 256, 257.
123 So *Merten*, MB bei der Bildschirmarbeit, S. 163.
124 *BVerwG 16.12.1971*, BVerwGE 39, 197, 203; zustimmend *Rieble*, BB 1991, 471, 472; *ders.*, Kontrolle des Ermessens der betriebsverfassungsrechtlichen Einigungsstelle, S. 174; vgl. auch *Wiesemann*, Einigungsstelle, S. 63.
125 *Faber*, Grundpflichten des § 3 ArbSchG, S. 484 f.; vgl. auch *Wlotzke*, FS Wißmann (2005), S. 426, 434.
126 A.A. *Merten*, MB bei der Bildschirmarbeit, S. 163 f.
127 *Merten*, MB bei der Bildschirmarbeit, S. 170.
128 *Weiss*, ArbuR 1982, 256, 257.

Schwieriger gestaltet sich die Frage nach einem Mitbestimmungsrecht des Betriebsrats vor allem, wenn sich die auszulegenden unbestimmten Rechtsbegriffe auf der Tatbestandsseite befinden[129] oder keine genaue Trennung zwischen Tatbestand und Rechtsfolge möglich ist.
In diesem Zusammenhang spricht für ein Mitbeurteilungsrecht nach § 87 Abs. 1 Nr. 7 BetrVG, dass den Betriebsparteien bzw. der Einigungsstelle in anderen Fällen der Mitbestimmung oder Beteiligung das Recht zukommt, Rechtsfragen gemeinsam zu beurteilen, so z.B. bei §§ 37 Abs. 6 und 7, 38 Abs. 2 S. 4 und 5, 87 Abs. 1 Nr. 5, 6, 11, 94 Abs. 1, 95 und 99 BetrVG.[130]
Über sehr weitreichende Kompetenzen verfügt der Betriebsrat bspw. in § 87 Abs. 1 Nr. 5 BetrVG. Dies betrifft insbesondere die Festsetzung der zeitlichen Lage von Urlaub für den einzelnen Arbeitnehmer. Kann eine Übereinstimmung zwischen Arbeitgeber und Arbeitnehmer über die zeitliche Lage des Urlaubs nicht erzielt werden, so haben Arbeitgeber und Betriebsrat unter Berücksichtigung der Grundsätze von § 7 Abs. 1 BUrlG den Urlaub festzulegen.[131] Dabei müssen die Urlaubswünsche des einzelnen Arbeitnehmers gegenüber den berechtigten Interessen anderer Arbeitnehmer bzw. des Betriebs nach billigem Ermessen abgewogen werden.[132] In diesem Fall umfasst das Mitbestimmungsrecht des Betriebsrats daher auch die Mitbeurteilung über Rechtsfragen. Die Mitbestimmung des Betriebsrats bietet jedoch die Gewähr, dass - auf Grund der Sachnähe - die Interessen innerhalb der Belegschaft und des Arbeitgeber umfassender berücksichtigt und ausgeglichen werden.

Ein Mitbeurteilungsrecht des Betriebsrats ergibt sich auch bei § 9 Abs. 3 ASiG, so dass der systematische Zusammenhang ein solches auch im Rahmen des § 87 Abs. 1 Nr. 7 BetrVG erfordert. Der Betriebsrat hat nach § 9 Abs. 3 ASiG ein Mitbeurteilungsrecht bei der Frage, inwieweit die Übertragung von Aufgaben auf den angestellten Betriebsarzt im Hinblick auf die im Gesetz genannten Zwecke je nach den betrieblichen Gegebenheiten erforderlich ist.[133] Der Betriebsrat hat daher bei der konkreten Festlegung der Aufgaben des angestellten Betriebs-

---

129 *Wlotzke*, FS Wißmann (2005), S. 426, 434 lehnt ausdrücklich in diesem Fall ein Mitbestimmungsrecht des Betriebsrats aus § 87 Abs. 1 Nr. 7 BetrVG ab. Ihm folgend *Wank*, SAE 2005, 226, 228.

130 *Wagner*, MB bei Bildschirmtechnologien, S. 185; *Kohte*, ArbuR 1984, 263, 269 f; DKK-*Klebe*, § 87 BetrVG, Rn. 184; vgl. auch *Wiesemann*, Einigungsstelle, S. 172 ff. *Merten*, MB bei der Bildschirmarbeit, S. 164 sieht, dass ein Mitbeurteilungsrecht auf Grund o.g. §§ nicht systemwidrig wäre, leitet aber kein positives Ergebnis hieraus ab.

131 DKK-*Klebe*, § 87 BetrVG, Rn. 118.

132 DKK-*Klebe*, § 87 BetrVG, Rn. 118.

133 *Richardi*, § 87 BetrVG, Rn. 589; MünchArbR-*Matthes*, § 344, Rn. 46.

arztes, der Rangordnung der einzelnen Aufgaben und der Durchführung mitzubestimmen.[134]
Nach einer Auffassung ist dem Betriebsrat in dieser Sache nur ausnahmsweise ein Mitbeurteilungsrecht zuerkannt, das letztlich keine Auswirkungen auf § 87 Abs. 1 Nr. 7 BetrVG entfaltet.[135] Dem ist allerdings zu widersprechen. § 9 Abs. 3 ASiG verdeutlicht, dass dem Betriebsrat im Bereich des Arbeitsschutzes ein Mitbeurteilungsrecht nicht fremd ist. Das Recht des Betriebsrats zur konkreten Festlegung der Aufgaben des Betriebsarztes und deren Rangordnung sowie der Durchführung nach § 9 Abs. 3 ASiG lässt sich nur dann effektiv verwirklichen, wenn der Betriebsrat zuvor die Gefährdungssituation im Betrieb und die sich daraus ergebenden erforderlichen Maßnahmen der jeweiligen Arbeitsschutzvorschriften im Rahmen des § 87 Abs. 1 Nr. 7 BetrVG mitbeurteilt hat.

Entscheidend für die Bejahung eines Mitbeurteilungsrechts des Betriebsrats nach § 87 Abs. 1 Nr. 7 BetrVG ist aber schließlich Sinn und Zweck der Norm. Danach soll durch die Mitbestimmung des Betriebsrats eine Intensivierung und Effektivierung des betrieblichen Arbeitsschutzes erreicht werden. Eine wirksame Ausübung des Mitbestimmungsrechtes durch den Betriebsrat nach § 87 Abs. 1 Nr. 7 BetrVG ist somit Voraussetzung für die angestrebte Durchsetzung des betrieblichen Arbeitsschutzes.
Zu Recht wird vertreten, dass sich die Mitbestimmung in zwei Schritten vollzieht, insbesondere wenn die jeweilige Arbeitsschutznorm unbestimmte Rechtsbegriffe aufweist.[136] Solche Rechtsbegriffe können entweder den Tatbestand oder/und die normierte Rechtsfolge der Vorschrift prägen, wie § 8 Abs. 2 GefStoffV anschaulich verdeutlicht. Tatbestand und Rechtsfolge stehen dabei in Wechselwirkungen zueinander.[137] Ein solches Erfordernis ergibt sich zudem aus der engen Verknüpfung von Tatbestand und Rechtsfolge, d.h. der Ermessensausübung im Rahmen der Aufstellung erforderlicher Arbeitsschutzmaßnahmen.[138] Folglich umfasst die Mitbestimmung zuerst die Mitbeurteilung des Tatbestandes und in einem zweiten Schritt die Mitregelung der Rechtsfolgen. Eine Mitregelung des Betriebsrats im Rahmen des § 8 Abs. 2 GefStoffV über die Art der jeweiligen Arbeitsschutzmaßnahme ist nur dann sinnvoll, wenn sich Arbeitgeber und Betriebsrat im Vorfeld über die im Betrieb bestehende Gefährdung

---

134 *Kittner/Pieper*, ArbSchR, ASiG, Rn. 125 (2002); *Wunderlich*, Rechtsstellung des Betriebsarztes, S. 196.
135 MünchArbR-*Matthes*, § 344, Rn. 46.
136 *Kohte*, ArbuR 1984, 263, 273.
137 Allgemein DKK-*Klebe*, § 87 BetrVG, Rn. 184; *Röhl*, Das Verhältnis von § 87 I Nr. 7 BetrVG zu § 88 Nr. 1 BetrVG, S. 85.
138 *Kohte*, ArbuR 1984, 263, 273.

verständigt haben und diesen unbestimmten Rechtsbegriff somit gemeinsam beurteilt haben, da die zu treffenden Arbeitsschutzmaßnahmen auf die Vermeidung und Verringerung der Gefährdung abzielen, so dass ein Sachzusammenhang besteht.
Das eingeräumte Mitbeurteilungsrecht des Betriebsrat führt gleichzeitig dazu, dass durch den Betriebsrat bei der Auslegung unbestimmter Rechtsbegriffe, z.B. im Hinblick auf das Vorliegen einer Gefährdung, die Erfahrungen der Arbeitnehmer einfließen können und somit eine auf den Betrieb bezogene Konkretisierung erfolgen kann, die im Ergebnis eine präventive Richtigkeitskontrolle zur Folge hat, so dass letztendlich die wirksame Durchsetzung von Arbeitsschutzvorschriften erzielt wird.[139]

Dennoch wird vertreten, dass ein effektiver Arbeitsschutz, bei dem die Erfahrungen der Beschäftigten einbezogen werden, auch auf andere Weise als durch die Zuerkennung eines Mitbeurteilungsrechtes nach § 87 Abs. 1 Nr. 7 BetrVG erreicht werden kann, indem der Arbeitgeber die Arbeitnehmer direkt befragt oder die Betriebsärzte und Fachkräfte für Arbeitssicherheit als Informationsquelle nutzt und der Betriebsrat die Durchsetzung eines effektiven Arbeitsschutzes auch über die Mitberatungsrechte nach § 89 Abs. 2 S. 1 sowie § 90 BetrVG und die Überwachungsrechte gem. §§ 80 Abs. 1 Nr. 1, 89 Abs. 1 HS. 2 BetrVG erreicht wird.[140] Hiergegen ist zu Recht eingewendet wurden, dass die Einschaltung der Aufsichtsbehörden für eine vertrauensvolle Zusammenarbeit der Betriebsparteien nicht förderlich ist und zudem für die Durchsetzung der Arbeitsschutzvorschriften nicht unbedingt hilfreich erscheint, da ein Einschreiten der Aufsichtsbehörden nach § 22 Abs. 3 ArbSchG lediglich bei grober und offensichtlicher Überschreitung des betrieblichen Gestaltungsspielraums möglich ist.[141] Dieser Grundsatz ist auch auf die Anordnungen der Aufsichtsbehörden nach § 21 Abs. 4 Nr. 2 GefStoffV zu übertragen, da sich diesbezüglich keine sachlichen Unterschiede festzustellen sind.
Bei alleiniger Beurteilung durch den Arbeitgeber hätte es dieser in der Hand, über das Mitbestimmungsrecht des Betriebsrats zu entscheiden.[142] Eine wirksame Ausübung des Mitbestimmungsrechts erfordert daher, dass mit der Mitrege-

---

139 *Kohte*, FS Gnade (1992), S. 675, 684; *Kohte*, ArbuR 1984, 263, 270; DKK-*Klebe*, § 87 BetrVG, Rn. 184; *Merten*, MB bei der Bildschirmarbeit, S. 165, der im Ergebnis allerdings ein Mitbestimmungsrecht des Betriebsrats bei der Auslegung unbestimmter Rechtsbegriffe ablehnt.

140 *Merten*, Gesundheitsschutz und Mitbestimmung, S. 165 ff.

141 *Faber*, Grundpflichten des § 3 ArbSchG, S. 486.

142 Vgl. insoweit auch *Faber*, Grundpflichten des § 3 ArbSchG, S. 486 f.

lungsbefugnis des Betriebsrats zugleich ein Mitbeurteilungsrecht anerkannt wird, soweit dies Voraussetzung für eine Mitregelung ist.

Ebenso sind auf der Rechtsfolgenseite im Rahmen des § 8 Abs. 2 GefStoffV mehrere Maßnahmen denkbar, um der Belastungskumulation aus Nacht- und Schichtarbeit mit der Tätigkeit bei Gefahrstoffen Rechnung zu tragen.[143] Dabei haben sich Betriebsrat und Arbeitgeber gemeinsam über das in § 8 Abs. 2 GefStoffV geforderte Mindestmaß inzident zu verständigen, da nur auf diese Weise ersichtlich wird, ob weitere Arbeitsschutzmaßnahmen getroffen werden müssen. So ist die Anzahl der eingesetzten Gefahrstoffe auf ein Mindestmaß zu begrenzen. Diese Arbeitsschutzmaßnahme kann dabei Folge einer Regelung sein, auf die sich Arbeitgeber und Betriebsrat unter den in Betracht kommenden Arbeitsschutzmaßnahmen geeinigt haben. Da jedoch selbst bei dieser Maßnahme Arbeitnehmer weiterhin Tätigkeiten mit Gefahrstoffen ausüben, ist eine gemeinsame Verständigung notwendig, ob weitere Regelungen getroffen müssen werden, wie die Dauer und Intensität dieser verbleibenden Exposition noch reduziert werden kann. Hier sind Regelungen über die Einführung von "Gefahrstoffpausen" und deren nähere Ausgestaltung, z.B. über Beginn und Ende, denkbar.

Die Mitbeurteilung des Betriebsrats bei der Ausfüllung unbestimmter Rechtsbegriffe durch den Arbeitgeber ist somit unerlässliche Voraussetzung für ein ausdrücklich zugewiesenes Mitregelungsrecht des Betriebsrats. Es dient insoweit dazu, den „Rahmen“ abzustecken, den die jeweilige Arbeitsschutznorm zur Mitbestimmung bereithält. Die gemeinsame Beurteilung durch die Betriebsparteien ist letztlich wiederum als Vorfrage für den vorhandenen „Rahmen“ anzusehen, ähnlich der „Vorfragenkompetenz“ der Einigungsstelle[144].
Die Beteiligung des Betriebsrats kann im vorliegenden Fall dazu dienen, dass an dem Prozess der Entscheidungsfindung mehrere Personen zusammenwirken und sich somit zumindest die Chance erhöht, dass die vom Gesetz gewollte Entscheidung getroffen wird.[145]
Die Auffassung, die dem Betriebsrat ein Mitbeurteilungsrecht gem. § 87 Abs. 1 Nr. 7 BetrVG einräumt, entspricht zudem den Vorgaben von Art. 11 Abs. 1 der RL 89/391/EWG.
Grundsätzlich zielen die dem Betriebsrat eingeräumten Mitberatungsrechte nach §§ 89 Abs. 2, 90 BetrVG darauf ab, dass dem Betriebsrat frühzeitig die Mög-

---

143 Vgl. S. 207 ff.
144 Vgl. S. 287.
145 Vgl. *Wiesemann*, Einigungsstelle, S. 63.

lichkeit gegeben wird, auf die Willensbildung des Arbeitgebers Einfluss zu nehmen und dabei die angemessene Berücksichtigung der Erfahrungen und Interessen der Arbeitnehmer zu erreichen[146]. Aus §§ 89 Abs. 2, 90 BetrVG lässt sich aber keine entsprechende Verpflichtung des Arbeitgebers zur Berücksichtigung der durch die Beschäftigten gesammelten Erfahrungen und ihrer Interessen ableiten.[147] Diese Mitberatungsrechte genügen allerdings nicht den durch Art. 11 Abs. 1 RL 89/391/EWG gestellten Anforderungen an eine „ausgewogene Beteiligung".[148] Art. 11 Abs. 1 RL 89/391/EWG bringt verschiedene Rechte der Arbeitnehmer bzw. ihrer Vertreter zum Ausdruck. Danach haben sie bei allen Fragen, die die Sicherheit und Gesundheit betreffen, ein Recht auf Anhörung, auf Unterbreitung entsprechender Vorschläge und auf eine „ausgewogene Beteiligung".
Bezogen auf nationale Rechtsvorschriften wird lediglich § 87 Abs. 1 Nr. 7 BetrVG den Anforderungen an eine ausgewogene Beteiligung gerecht.[149] Aus dem Erwägungsgrund Nr. 11 der RL 89/391/EWG ist zu entnehmen, dass die Arbeitnehmer bzw. ihre Vertreter durch eine angemessene Mitwirkung gewährleisten sollen, dass die erforderlichen Schutzmaßnahmen getroffen werden. Im Ergebnis ist der Begriff der "ausgewogenen Beteiligung" daher weit auszulegen. Festzuhalten ist somit, dass das Mitbestimmungsrecht nach § 87 Abs. 1 Nr. 7 BetrVG nur dann wirksam ausgeübt werden kann, wenn dem Betriebsrat ein Mitbeurteilungsrecht bei der Auslegung von unbestimmten Rechtsbegriffen zuerkannt wird. Jede andere Auslegung würde im Zusammenhang mit der heutigen Konzeption des Arbeitsschutzrechts, die durch offene Vorschriften zugunsten betrieblicher Lösungen gekennzeichnet ist, zu einer Verkümmerung der Mitbestimmung des Betriebsrats führen und die betriebliche Umsetzung gesetzlicher Arbeitsschutzvorschriften größtenteils der alleinigen Verantwortung des Arbeitgebers hinsichtlich der Gestaltung übertragen, was Sinn und Zweck des Arbeitsschutzgesetzes und insbesondere Art. 11 RL 89/391/EWG entgegensteht.[150]

d) Zusammenfassung

§ 8 Abs. 2 S. 1 i.V.m. Abs: 2 GefStoffV stellt eine Rahmenvorschrift i.S.d. § 87 Abs. 1 Nr. 7 BetrVG dar. Bevor die Betriebsparteien eine Regelung in Bezug auf die zu treffenden Arbeitsschutzmaßnahmen treffen, haben sie sich gemeinsam über die Auslegung des unbestimmten Rechtsbegriffs der „Gefährdung"

---

[146] Vgl. hierzu in diesem Kapitel, S. 350 ff.
[147] Vgl. in diesem Kapitel, S. 350 ff.
[148] Ausführlich *Hinrichs,* MB des Betriebsrats nach § 87 Abs. 1 Nr. 7 BetrVG, S. 32 ff.
[149] *Hinrichs,* MB des Betriebsrats nach § 87 Abs. 1 Nr. 7 BetrVG, S. 41.
[150] Ähnlich *Faber,* Grundpflichten des § 3 ArbSchG, S. 483.

i.S.v. § 8 Abs. 2 S. 1 GefStoffV zu verständigen. Sobald das Vorliegen einer Gefährdung bejaht wurde, hat der Arbeitgeber § 8 Abs. 2 S. 1, 1. bis 7. Spiegelstrich GefStoffV grundsätzlich die Wahl zwischen mehreren Arbeitsschutzmaßnahmen.

Beim Einsatz von Gefahrstoffen in der Nacht- und Schichtarbeit ist es z.B. möglich, eine entsprechende Gefährdung durch die Einführung von zusätzlichen Kurzpausen, die Verkürzung der Nachtschicht, durch die Begrenzung der eingesetzten Gefahrstoffe sowie der exponierten Personen und durch die Einführung von „Gefahrstoffpausen", in denen die Beschäftigten andere Tätigkeiten verrichten, zu verringern. Bei der Wahl der jeweiligen Arbeitsschutzmaßnahme hat der Arbeitgeber einen klassischen Entscheidungsspielraum, so dass der Betriebsrat ein Mitbestimmungsrecht bei der Auswahl der in Betracht kommenden Arbeitsschutzmaßnahmen hat.

Darüber hinaus hat der Betriebsrat auch bei der näheren Ausgestaltung der gewählten Arbeitsschutzmaßnahmen mitzubestimmen, da der Arbeitgeber z.B. bei Dauer und Häufigkeit der Kurzpausen[151] oder beim Umfang der Gefahrstoffpausen einen Handlungsspielraum hat, den es auszufüllen gilt. Insoweit scheidet eine einzige richtige Lösung aus, da keine genauen wissenschaftlichen Gestaltungsempfehlungen vorliegen, bei denen die Belastungskumulation durch Nacht- und Schichtarbeit mit Gefahrstoffen und insbesondere in Abhängigkeit der betrieblichen Tätigkeiten hinreichend beachtet wurde. Gerade die bewusst offene Formulierung der in § 8 Abs. 2 GefStoffV bezeichneten Arbeitsschutzmaßnahmen verdeutlicht einen weiten Handlungsspielraum des Arbeitgebers bei der Suche nach betrieblich angepassten Lösungsmöglichkeiten.

---

151 Vgl. hierzu die Rspr. und die Diskussion in der Lit. zu Bildschirmpausen *BAG 6.12.1983,* DB 1984, 775 ff.; *BAG 02.04.1996,* AP Nr. 5 zu § 87 BetrVG Gesundheitsschutz und u.a. *Schierbaum/Franz,* ArbuR 1999, 82 ff.; *Kohte,* CR 1996, 609 ff.; *Siemes,* NZA 1998, 232 ff.; *Merten,* MB bei der Bildschirmarbeit, S. 202 ff.; *Kohte,* FS Wißmann (2005), S. 331, 340; *BVerwG 08.01.2001,* AP Nr. 78 zu § 75 BPersVG. Hiervon zu unterscheiden ist jedoch der Sachverhalt in der Entscheidung des *BAG* vom *01.07.2003,* AP Nr. 107 zu § 87 BetrVG 1972 Arbeitszeit, da diese tariflich gewährten Kurzpausen eher nicht als Maßnahme des Arbeitsschutzes im Tarifvertrag verankert worden, sondern um auf den Personalbedarf der Arbeitgeberin Einfluss zu nehmen. Insoweit ergibt sich aber zutreffend ein Mitbestimmungsrecht nach § 87 Abs. 1 Nr. 2 BetrVG. Zustimmend *Kohte,* FS Wißmann (2005), S. 331, 339; *Kraft,* SAE 2004, 192, 193. Sofern diese Kurzpausen aber auch als Maßnahme des Arbeitsschutzes gem. § 3 Abs. 1 S. 1 ArbSchG in Betracht kämen, hätte das BAG ein Mitbestimmungsrecht nach § 87 Abs. 1 Nr. 7 BetrVG prüfen und Aussagen treffen müssen. So auch *Kraft,* SAE 2004, 192, 193.

3.2. *Angemessene Ausgleichsleistungen nach § 6 Abs. 5 ArbZG*

Das BAG hat in seinem Beschluss vom 26.8.1997[152] die Regelung des § 6 Abs. 5 ArbZG als Rahmenvorschrift i.S.v. § 87 Abs. 1 Nr. 7 BetrVG anerkannt, da die Norm dem Gesundheitsschutz i.S.d. § 1 Nr. 1 ArbZG dient.

a) Mitregelung über die Art der Ausgleichsleistungen

§ 6 Abs. 5 ArbZG eröffnet dabei Regelungsspielräume, in denen die Betriebsparteien festlegen können, ob das im Gesetz vorgegebene Ziel des Belastungsausgleiches für Nachtarbeit durch bezahlte Freizeit, durch einen Lohnzuschlag oder durch eine Kombination aus beiden erreicht werden kann.[153] Soweit abschließende tarifvertragliche Regelungen bestehen, entfällt die Regelungsfrage des § 6 Abs. 5 ArbZG und in Übereinstimmung damit auch ein Mitbestimmungsrecht des Betriebsrats auf Grund von § 87 Abs. 1 ES BetrVG.[154]

b) Regelungsbefugnis bzgl. der Angemessenheit der Maßnahme?

Das BAG[155] hat in seiner Entscheidung vom 26.8.1997 das Mitbestimmungsrecht des Betriebsrats nach § 87 Abs. 1 Nr. 7 BetrVG bei der Entscheidung über die Anzahl der angemessenen Tage bzw. über die Höhe der Entgeltzuschläge auf Grund von § 87 Abs. 1 ES BetrVG abgelehnt, da es sich bei der Ermittlung des angemessenen Umfangs um eine Rechtsfrage der Billigkeit handele.
Dem ist nach der o.g. Konzeption entgegenzuhalten, dass Mitbestimmungsrechte im Rahmen des § 87 Abs. 1 Nr. 7 BetrVG auch bei der Auslegung von unbestimmten Rechtsbegriffen bestehen, soweit ein – wie auch immer gearteter – Entscheidungsspielraum des Arbeitgebers vorhanden ist. Im vorliegenden Fall hat das BAG selbst herausgearbeitet, dass die Auslegung des unbestimmten Rechtsbegriffs der Angemessenheit nicht nur eine „richtige" Lösung zur Folge hat, sondern der Begriff eine gewisse Offenheit zum Ausdruck bringt, indem „nach dem Gesetzeszweck...einerseits zwischen den Belangen der betroffenen

---

152 *BAG 26.08.1997*, NZA 1998, 441 ff., bestätigt durch *BAG 26.04.2005*, AP Nr. 118 zu § 87 BetrVG 1972 Arbeitszeit.

153 *BAG 26.08.1997*, NZA 1998, 441, 444.

154 *BAG 26.04.2005*, AP Nr. 118 zu § 87 BetrVG 1972 Arbeitszeit; *Ulber*, ArbuR 1998, 339, 341. An dieser Stelle soll noch auf die Mitbestimmungsmöglichkeit nach § 87 Abs. 1 Nr. 2 BetrVG verwiesen werden. Vgl. hierzu *BAG 26.04.2005*, AP Nr. 118 zu § 87 BetrVG 1972 Arbeitszeit

155 *BAG 26.08.1997*, NZA 1998, 441, 444 f.; bestätigt in *BAG 26.04.2005*, AP Nr. 118 zu § 87 BetrVG 1972 Arbeitszeit.

Arbeitnehmer, insbesondere nach dem Umfang und der Intensität ihrer Belastung durch Nachtarbeit, und andererseits den betrieblichen Notwendigkeiten und den wirtschaftlichen Interessen des Arbeitgebers abgewogen werden" soll[156]. Diese Abwägung, die auch immer mit Bewertungen verbunden ist, zeichnet sich gerade dadurch aus, dass mehrere betriebliche Lösungen denkbar sind, so dass das BAG zutreffend einen Entscheidungsspielraum bejaht hat, aber ein Mitbestimmungsrecht des Betriebsrats gem. § 87 Abs. 1 Nr. 7 BetrVG in letzter Konsequenz fälschlicherweise verneint hat.

Die Entscheidung des BAG ist daher zu Recht in diesem Punkt als nicht überzeugend bezeichnet worden.[157] Gerade die vorhandene Sachnähe legitimiert den Betriebsrat, bei der Entscheidung über die Angemessenheit der jeweiligen Ausgleichsleistung mitzuwirken, da er einerseits die auftretenden arbeitsbedingten Belastungen der Nachtarbeitnehmer kennt und andererseits um die betrieblichen Notwendigkeiten und wirtschaftlichen Interessen des Arbeitgebers weiß. Auch wenn es sich bei der Ermittlung des angemessenen Umfangs der Kompensation um eine Rechtsfrage handelt[158], steht dies einem Mitbestimmungsrecht nicht entgegen, wie der Vergleich zu § 87 Abs. 1 Nr. 5 BetrVG zeigt. Auch bei der Festlegung des Urlaubs für den einzelnen Arbeitnehmer handelt es sich um eine Rechtsfrage, die sowohl im arbeitsgerichtlichen Beschlussverfahren oder im Urteilsverfahren überprüft werden kann.

Zudem geht das BAG zutreffend davon aus, dass eine angemessene Ausgleichsleistung auch in einer Kombination aus Freizeitausgleich und Nachtarbeitszuschlag bestehen kann. Gerade dieses Beispiel verdeutlicht, dass mehrere betriebliche Lösungen denkbar sind, da innerhalb einer solchen Kombination unterschiedliche Schwerpunktsetzungen im Hinblick auf die Gewährung von Freizeitausgleich und Nachtarbeitszuschlag möglich sind. Auf Grund dieser vielfältigen Handlungsmöglichkeiten des Arbeitgebers im Rahmen des § 6 Abs. 5 ArbZG ist die sachgerechte Ausgestaltung betriebliche Regelungen über angemessene Ausgleichsleistungen zwingend mit einer Regelung über den Umfang des Freizeitausgleichs und/oder Höhe des Nachtarbeitszuschlags untrennbar verbunden.

Insbesondere werden sich die Betriebsparteien auf eine Kombinationslösung aus Freizeitausgleich und Nachtarbeitszuschlag nur dann einigen, wenn sie zugleich gemeinsam eine Entscheidung über die Höhe der Geldleistung und den Umfang des Freistellungsanspruchs getroffen haben. Das Mitbestimmungsrecht aus § 87

---

156 *BAG 26.08.1997*, NZA 1998, 441, 445.

157 *Hess-Grunewald*, AiB 1999, 164, 165; *Tietje*, Grundfragen des Arbeitszeitrechts, S. 196 (Fn. 247).

158 Dies betont das BAG in seinem Beschluss vom 26.04.2005 (AP Nr. 118 zu § 87 BetrVG 1972 Arbeitszeit) nochmals ausdrücklich.

Abs. 1 Nr. 7 BetrVG erstreckt sich damit als Annex auch auf die Höhe des Anspruchs. Eine solche Annexkompetenz im Rahmen der einzelnen Mitbestimmungstatbestände des § 87 Abs. 1 BetrVG hat das BAG bereits insbesondere anhand von § 87 Abs. 1 Nr. 4 BetrVG anerkannt.[159] Die Einigungsstelle kann ihre Beschlüsse unter angemessener Berücksichtigung der Belange des Betriebs und der betroffenen Arbeitnehmer nach billigem Ermessen nach § 76 Abs. 5 BetrVG in Bezug auf § 6 Abs. 5 ArbZG nur dann treffen, wenn alle relevanten Umständen herangezogen werden.

3.3. Gefährdungsbeurteilung nach § 5 ArbSchG

Als eine wichtige Norm des allgemeinen Arbeitsschutzes hat sich auch für Nacht- und Schichtarbeit § 5 ArbSchG erwiesen, die den Arbeitgeber zur Durchführung einer Gefährdungsbeurteilung verpflichtet, um in Anschluss die erforderlichen und geeigneten Maßnahmen des Arbeitsschutzes zu treffen. Daher stellt sich die Frage, inwieweit der Betriebsrat in Bezug auf § 5 ArbSchG ein Mitbestimmungsrecht nach § 87 Abs. 1 Nr. 7 BetrVG hat.
Eine Auffassung lehnt ein solches Mitbestimmungsrecht mit dem Argument ab, dass sich der Begriff der Regelungen auf Sachvorschriften des Gesundheitsschutzes beziehe, also solche, die die Arbeit selbst i.S. der Verhütung von Arbeitsunfällen und Gesundheitsschädigungen gestalten.[160] Eine betriebliche Regelung über die Durchführung der Gefährdungsbeurteilung sei dem Gesundheitsschutz vorgelagert und keine Vorschrift zur Bekämpfung der Gesundheitsgefahren selbst.[161] Daher komme § 87 Abs. 1 Nr. 7 BetrVG im Rahmen der Bestandsaufnahme und Analyse des Arbeits- und Gesundheitsschutzes nicht in Betracht.[162]
Die Eingrenzung des Begriffs der Regelung ist schon aus den o.g. Gründen abzulehnen. Vielmehr wird zu Recht auch bei der Gefährdungsbeurteilung ein

---

159 *BAG 08.03.1977,* AP Nr. 1 zu § 87 BetrVG 1972 Auszahlung; *BAG 31.08.1982,* AP Nr. 2 zu § 87 BetrVG 1972 Auszahlung; *BAG 10.08.1993,* AP Nr. 11 zu § 87 BetrVG 1972 Auszahlung. Vgl. zur Annexkompetenz des Betriebsrates außerdem *BAG 01.12.1992,* NZA 1993, 711 ff.; *Huber,* DB 1980, 1643 ff.; MünchArbR-*Matthes,* § 332, Rn. 4 ff.

160 *Löwisch/Neumann,* SAE 1997, 85, 87; *P. Merten/Klein,* DB 1998, 673, 675.

161 *Geyer,* MB beim Arbeits- und Gesundheitsschutz, S. 176; *P. Merten/Klein,* DB 1998, 673, 675; vgl. auch *Ehmann,* FS Arbeitsgerichtsbarkeit Rheinland-Pfalz (1999), S. 19, 34.

162 *Löwisch/Neumann,* SAE 1997, 85, 87; *P. Merten/Klein,* DB 1998, 673, 675; *Löwisch/Kaiser,* § 87 BetrVG, Rn. 120; *Diezemann/Mühlhausen,* AuA 1999, 15, 16.

Mitbestimmungsrecht des Betriebsrats bejaht.[163] Auch die Gefährdungsbeurteilung dient zumindest mittelbar dem Gesundheitsschutz, da sie die Grundlage für die weiteren Arbeitsschutzmaßnahmen des Arbeitgebers bildet.

Daher kommt der Auswahl des Verfahrens für die zu treffenden Arbeitsschutzmaßnahmen eine erhebliche Bedeutung zu, wie gerade das Beispiel des Arbeitsgerichts Braunschweig[164] verdeutlicht. Das zur Anwendung kommende Analyseverfahren muss zum einen die Arbeitsbedingung Nacht- und Schichtarbeit selbst erfassen und zum anderen auch auf das Zusammenwirken von Nacht- und Schichtarbeit mit weiteren Arbeitsbelastungen ausgerichtet sein. Ist das entsprechende Analyseverfahren dagegen nur auf die Beurteilung von Belastungen zur normalen Tageszeit angelegt, werden von vornherein Belastungen durch Nacht- und Schichtarbeit ausgeklammert. Da entsprechende Belastungen dann nicht analysiert worden, werden auf der Basis der Gefährdungsbeurteilung auch keine Arbeitsschutzmaßnahmen getroffen werden, so dass eine Trennung von „Ermittlungen" der Belastungen und „Regelungen" des Arbeitsschutz kaum durchzuführen ist, wie das Arbeitsgericht Braunschweig richtig erkennt, aber dann doch zu Unrecht ein Mitbestimmungsrecht ablehnt.[165]

Der betriebliche Sicherheits- und Gesundheitsschutz wird somit durch die Auswahl und Mittel der Gefährdungsbeurteilung erheblich beeinflusst, da auf diese Weise zugleich in einem ersten Schritt das im Betrieb vorhandene Gefährdungspotential bewertet und gewichtet wird.

Die Gefährdungsbeurteilung selbst unterliegt nicht dem Mitbestimmungsrecht des Betriebsrats. Dagegen sind generelle Festlegungen, die im Zusammenhang mit der Durchführung der Gefährdungsbeurteilung auftreten, der Mitbestimmung unterworfen. Insoweit sind generelle Regelungen über die Auswahl zwischen verschiedenen geeigneten Verfahren der Gefährdungsbeurteilung, über die Person, die die Gefährdungsbeurteilung durchführt, welche Beschäftigtengruppen analysiert werden, wann die Gefährdungsbeurteilung wiederholt und wie

---

[163] *BAG 08.06.2004,* AP Nr. 13 zu § 87 BetrVG Gesundheitsschutz; *BAG 08.06.2004;* AP Nr. 20 zu § 76 BetrVG 1972 Einigungsstelle; *LAG Hamburg 21.09.2000,* LAGE Nr. 1 zu § 87 BetrVG 1972 Gesundheitsschutz; *LAG Niedersachsen 20.03.2003,* NZA-RR 2003, 538, 540 ff.; *Kittner/Pieper,* AiB 1997, 325, 327; *Fabricius,* BB 1997, 1254, 1257; *Feldhoff,* AuA 1997, 73, 75; *Faber/Richengagen,* AiB 1998, 317; 320 ff.; *Siemes,* NZA 1998, 232, 235; *Schierbaum/Franz,* ArbuR 1999, 82, 86; *Kittner,* FS Däubler (1999), S. 690, 698 f.; *Merten,* MB bei der Bildschirmarbeit, S. 190; *Kohte,* LAGE Nr. 1 zu § 87 BetrVG 1972 Gesundheitsschutz, S. 23, 26 ff.

[164] ArbG Braunschweig 15.10.1997, NZA-RR 1998, 214.

[165] Vgl. auch *LAG Hamburg 21.09.2000,* LAGE Nr. 1 zu § 87 BetrVG 1972 Gesundheitsschutz.

das Erfahrungswissen der Beschäftigten durch ihre Beteiligung für die Gefährdungsbeurteilung nutzbar gemacht wird, denkbar.[166]

3.4. Generalklauseln als geeignete Rahmenvorschriften

Die Schutzverpflichtung des Arbeitgebers in bezug auf Nacht- und Schichtarbeitnehmer vor Belastungen und Beeinträchtigungen, die aus der Lage und Dauer der Arbeitszeit sowie aus auftretenden Mehrfachbelastungen resultieren und letztlich zu einem Gesundheitsschaden führen können, ergibt sich auf Grund richtlinienkonformer Auslegung aus § 3 Abs. 1 S. 1 ArbSchG i.V.m. § 4 ArbSchG, da insbesondere die Vorschrift des § 6 Abs. 1 ArbZG nicht abschließend ist und mithin auch nicht alle Gefährdungen erfasst.
Spezielle (i.S.v. konkreten) Schutzmaßnahmen werden im Falle der genannten arbeitsbedingten Belastungen und Beeinträchtigungen durch die gesetzlichen Vorschriften nicht vorgegeben. Vorschriften des Arbeitsschutzes sind vielfach dadurch gekennzeichnet, das sie den Arbeitgeber zur Erfüllung eines bestimmten Schutzziels verpflichten, ohne ihn – bezogen auf Art und Weise – konkrete Handlungspflichten aufzulegen, so dass der Arbeitgeber einen gewissen Handlungsspielraum innehat[167]. Damit stellt sich die Frage, ob dieser Handlungsspielraum im Wege der betrieblichen Mitbestimmung der Ausfüllung durch Regelungen zugänglich ist.
Da es sich bei § 3 Abs. 1 ArbSchG um eine arbeitsschutzrechtliche Generalklausel handelt[168], ist auf die streitige Problematik einzugehen, ob arbeitsschutzrechtliche Generalklauseln als geeignete Rahmenvorschriften i.S.d. § 87 Abs. 1 Nr. 7 BetrVG anzusehen sind.
Während eine Auffassung Generalklauseln den Charakter von Rahmenvorschriften abspricht[169], bejaht die herrschende Meinung eine solche Eigenschaft der

---

166 *BAG 08.06.2004,* AP Nr. 13 zu § 87 BetrVG Gesundheitsschutz; *LAG Hamburg 21.09.2000,* LAGE Nr. 1 zu § 87 BetrVG 1972 Gesundheitsschutz; *LAG Niedersachsen 20.03.2003,* NZA-RR 2003, 538, 542; *Feldhoff,* AuA 1997, 72, 75; *Fabricius,* BB 1997, 1254, 1257; *Faber/Richenhagen,* AiB 1998, 317, 321; *Siemes,* NZA 1998, 232, 235; *Merten,* MB bei der Bildschirmarbeit, S. 190 ff.

167 *F/E/S/T/L,* § 87 BetrVG, Rn. 270.

168 *Kollmer/Vogl,* Arbeitsschutzgesetz, S. 24; GK-*Wiese,* § 87 BetrVG, Rn. 602.

169 H/S/W/G-*Worzalla,* § 87 BetrVG, Rn. 348; *S/W/S,* § 87 BetrVG, Rn. 121e; vgl. aus der Literatur vor Inkrafttreten des Arbeitsschutzgesetzes *Heß,* DB 1982, 2241 f.; *Richardi,* AP Nr. 7 zu § 87 BetrVG 1972 Überwachung. *P. Merten,* Anm. zu *BAG 16.6.1998,* AP Nr. 7 zu § 87 BetrVG 1972 Gesundheitsschutz geht davon aus, dass der zweifelhafte Rückgriff auf vermeintliche „Generalklauseln" nicht nötig ist.

arbeitsschutzrechtlichen Generalklauseln[170]. Nachdem das BAG in seiner "ersten Bildschirmentscheidung"[171] diese Problematik noch offengelassen hatte, hat es in einer weiteren Entscheidung § 120 a GewO ausdrücklich als Rahmenvorschrift anerkannt[172].

Gegen die Geeignetheit von Generalklauseln als Rahmenvorschriften wird vor allem vorgebracht, dass Arbeitsschutz hauptsächlich Sache des Gesetzgebers bzw. der Berufsgenossenschaften sei und die Ausfüllung einer Rahmenvorschrift durch Betriebsvereinbarung ein unzulässiges Tätigwerden der beteiligten Betriebspartner darstelle.[173] Dem kann jedoch entgegengehalten werden, dass sich die Bundesregierung bei der Entstehung des Arbeitszeitgesetzes sogar verweigert hat, zusätzliche Arbeitsunterbrechungen bei bestimmten belastenden Arbeiten gesetzlich zu verankern, da die Tarifvertrags- und auch Betriebsparteien auf Grund ihrer größeren Sachnähe besser in der Lage seien, die Belastungen und die damit verbundenen Gefährdungen zu beurteilen.[174]

Dem Wortlaut von § 87 Abs. 1 Nr. 7 BetrVG ist keine Unterscheidung zwischen Generalklauseln und konkreten Arbeitsschutznormen zu entnehmen, d.h. § 87 Abs. 1 Nr. 7 BetrVG schließt die Einbeziehung von Generalklauseln nicht aus[175]. Des Weiteren handelt es sich bei § 3 Abs. 1 ArbSchG nicht bloß um einen Programmsatz, sondern die Vorschrift begründet unmittelbare Pflichten für den Arbeitgeber[176], so dass aus diesem Grund die Geeignetheit als Rahmenvorschrift nicht ausgeschlossen ist.

Schließlich sollen Generalklauseln auch auf Grund der Abgrenzung zu § 88 BetrVG nicht als Rahmenvorschriften in Betracht zu ziehen sein, da ansonsten

---

170 *LAG Nürnberg*, 04.02.2003, NZA-RR 2003, 588 f.; *Faber*, Grundpflichten des § 3 ArbSchG, S. 478 ff.; *Merten*, MB bei Bildschirmarbeit, S. 149 ff.; DKK-*Klebe*, § 87 BetrVG, Rn. 178; MünchArbR-*Wlotzke*, § 208, Rn. 34; *Kohte*, Jahrbuch des Arbeitsrechts 2000, S. 21, 38; *N. Fabricius*, BB 1997, 1254, 1256; *F/E/S/T/L*, § 87 BetrVG, Rn. 274; *Börgmann*, Anm. zu *BAG 2.4.1996*, AP Nr. 5 zu § 87 BetrVG 1972 Gesundheitsschutz; *Colneric*, NZA 1992, 393, 398.

171 *BAG 06.12.1983*, AP Nr. 7 zu § 87 BetrVG 1972 Überwachung.

172 *BAG 02.04.1996*, AP Nr. 5 zu § 87 BetrVG 1972 Gesundheitsschutz; vgl ebenfalls für § 2 Abs. 1 VBG 1; *BAG 16.06.1998*, AP Nr. 7 zu § 87 BetrVG 1972 Gesundheitsschutz.

173 *LAG Düsseldorf 27.5.1980*, DB 1981, 1780, 1781; *LAG Berlin 31.3.1981*, ArbuR 1982, 324, 325.; H/S/W/G-*Worzalla*, § 87 BetrVG, Rn. 348; *Heß*, DB 1982, 2241, 2242.

174 BT-Drucks. 12/5888, S. 51.

175 *BAG 02.04.1996*, AP Nr. 5 zu § 87 BetrVG 1972 Gesundheitsschutz; *Merten*, MB bei Bildschirmarbeit, S. 150.

176 Hierzu ausführlich *Faber*, Grundpflichten des § 3 ArbSchG, S. 478 ff.; a.A. *P. Merten*, Anm. zu *BAG 16.6.1998*, AP Nr. 7 zu § 87 BetrVG 1972 Gesundheitsschutz 1972; vgl. S. 216 ff.

die Abgrenzung bedeutungslos wäre[177]. Eine Grenzziehung zwischen § 87 Abs. 1 Nr. 7 BetrVG und § 88 Nr. 1 BetrVG wird durch § 3 Abs. 1 S. 1 ArbSchG allerdings selbst vorgenommen. Die Grenze zwischen verpflichtender und freiwilliger Mitbestimmung markieren dabei die "erforderlichen Maßnahmen des Arbeitsschutzes". Insoweit wird die Generalklausel durch die Schutzgrundsätze des § 4 ArbSchG näher konkretisiert, so dass bspw. für die Anwendung von § 3 Abs. 1 S. 1 ArbSchG mindestens eine Gefährdung vorliegen muss und der Arbeitgeber zudem verpflichtet ist, den Stand der Technik usw. zu berücksichtigen, so dass darüber hinausgehende Maßnahmen der freiwilligen Mitbestimmung nach § 88 Nr. 1 BetrVG unterfallen.[178]. In diesem Zusammenhang ist zu betonen, dass die Mitbestimmung nach § 87 Abs. 1 Nr. 7 BetrVG keine Ergebnisgarantie beinhaltet, sondern "lediglich" eine Verfahrensgarantie.[179]

Für die Einstufung von Generalklauseln als Rahmenvorschriften i.S.v. § 87 Abs. 1 Nr. 7 BetrVG spricht hauptsächlich der Normzweck des Mitbestimmungsrechts sowie der Sinn von § 3 Abs. 1 S. 1 ArbSchG. Generalklauseln bedürfen in jedem Fall der betrieblichen Konkretisierung durch Regelungen.[180] Dem liegt der Grundgedanke zugrunde, dass dem staatlichen Arbeits- und Gesundheitsschutz der Vorrang gebührt, den Betriebsparteien insoweit aber eine Auffangkompetenz zukommt, die gerade gesetzestechnisch durch die Verwendung von Generalklauseln zum Ausdruck kommt.[181] Der Gesetzgeber verwendet Generalklauseln im Arbeitsschutz um insbesondere betriebsnahe Lösungen zu ermöglichen, so dass ein großer Handlungsspielraum auf Seiten des Arbeitgebers notwendig ist. Gleichzeitig ermöglicht dieser Handlungsspielraum eine Konkretisierung durch betriebliche Regelungen, die betriebsnah ausgestaltet sind und die Beteiligung des Betriebsrats an der Konkretisierung trägt zugleich zur Effektivierung des Arbeitsschutzes bei.

Der Gesetzgeber und auch die Berufsgenossenschaften wären zudem überfordert, wenn sie für jeden einzelnen Betrieb entsprechende Konkretisierungen vorzunehmen hätten.[182] Im Fall von zusätzlichen Arbeitsunterbrechungen hat die Bundesregierung sogar explizit darauf hingewiesen, dass neben den Tarifvertragsparteien auch die Betriebsparteien auf Grund größerer Sachnähe besser als

---

[177] *Heß*, DB 1982, 2241, 2242; H/S/W/G-*Worzalla*, § 87 BetrVG, Rn. 348; *S/W/S*, § 87 BetrVG, Rn. 121 e; *LAG Berlin 31.3.1981*, ArbuR 1982, 324, 325.

[178] *Merten*, MB bei Bildschirmarbeit, S. 151 f.; vgl insoweit auch *Faber*, Grundpflichten des § 3 ArbSchG, S. 476.

[179] DKK-*Klebe*, § 87 BetrVG, Rn. 180; *Heilmann*, ArbuR 1982, 327 f.

[180] HaKo-BetrVG/*Kohte*, § 87 BetrVG, Rn. 65; *BAG 16.6.1998*, AP Nr. 7 zu § 87 BetrVG 1972 Gesundheitsschutz.

[181] *Klinkhammer*, ArbuR 1983, 321, 325.

[182] DKK-*Klebe*, § 87 BetrVG, Rn. 179; *Engel*, ArbuR 1982, 79, 81.

der Gesetzgeber in der Lage sind, diese Materie zu regeln, da sie besser die in den Betrieben zu leistende Arbeit und die damit verbundenen Belastungen der Arbeitnehmer beurteilen können.[183]
Darüber hinaus entspricht die Mitbestimmung bei Generalklauseln auch dahingehend dem Sinn und Zweck von § 87 Abs. 1 Nr. 7 BetrVG, da diese zur Gewährleistung der körperlichen Unversehrtheit nach Art. 2 Abs. 2 GG beitragen soll.[184] In diesem Zusammenhang ist wiederum auf den Zweck der Intensivierung des Arbeitsschutzes abzustellen, der eine Mitbestimmung nicht erst bei bereits konkretisierten Arbeitsschutznormen rechtfertigt, sondern Generalklauseln gerade die Möglichkeit geben, auf Risiken und Gefahren einzugehen, die typischerweise im Betrieb zuerst erkannt werden, die aber erst mit einiger zeitlicher Verzögerung in gesetzliche Regelungen umgesetzt werden.[185] Die Mitbestimmung des Betriebsrats rechtfertigt sich nicht zuletzt aus der Leitlinie der Arbeitsschutz-Rahmenrichtlinie 89/391/EWG, die eine aktive und umfassende Einbindung der Arbeitnehmer und deren Vertreter zum Ziel hat, welches ebenfalls im Arbeitsschutz seinen Ausdruck gefunden hat.[186]
Folglich sprechen die besseren Gründe für die Auffassung, wonach Generalklauseln auch Rahmenvorschriften i.S.v. § 87 Abs. 1 Nr. 7 BetrVG sind, insbesondere bei der Betriebsorientiertheit des heutigen Arbeitsschutzes.
Abzulehnen ist in diesem Zusammenhang die Auffassung, dass für die Mitbestimmung bei Generalklauseln nach § 87 Abs. 1 Nr. 7 BetrVG Voraussetzung ist, dass von Arbeitsräumen, Arbeitsmitteln und Arbeitsstoffen objektiv eine Gefahr für die Gesundheit oder das Leben der Arbeitnehmer ausgeht, da ansonsten der Sicherheitsstandard selbst der Mitbestimmung zugänglich sei.[187] Ein solches Mitbestimmungsrecht scheide aus, weil der Betriebsrat nur zur Erreichung eines vorbestimmten Sicherheitsstandards mitzubestimmen habe.[188] Dem ist im Hinblick auf die Konzeption des Arbeitsschutzgesetzes zu widersprechen. Insbe-

---

183 BT-Drucks., 12/5888, S. 51.

184 *Röhl,* Verhältnis von § 87 I Nr. 7 BetrVG zu § 88 Nr. 1 BetrVG, S. 49.

185 *Merten,* MB bei Bildschirmarbeit, S. 154 mit Hinweis auf die durch Bildschirmarbeit auftretenden Gesundheitsgefahren und deren langer Weg bis zur Verankerung in der Bildschirmarbeitsverordnung. *Börgmann,* Anm. zu *BAG 2.4.1996,* AP Nr. 5 zu § 87 BetrVG 1972 Gesundheitsschutz weist insbesondere auf die gesetzliche Notwendigkeit von Generalklauseln hin, wobei dies allerdings nicht zu einer Verkürzung der Mitbestimmungsrechte führen darf.

186 *Merten,* MB bei der Bildschirmarbeit, S. 154 f.

187 MünchArbR-*Matthes,* § 343, Rn. 16; *BAG 16.6.1998,* AP Nr. 7 zu § 87 BetrVG 1972 Gesundheitsschutz; GK-*Wiese,* § 87 BetrVG, Rn. 604 verlangt ebenfalls eine konkrete, objektiv feststellbare Gefahr, damit § 87 Abs. 1 Nr. 7 BetrVG nicht als Einfallstor für die Rechtspolitik des Betriebsrats wird.

188 So ausdrücklich MünchArbR-*Matthes,* § 343, Rn. 16.

sondere in § 4 Nr. 1 ArbSchG kommt zum Ausdruck, dass bereits Gefährdungen zu vermeiden sind und sich somit das gesetzliche Schutzniveau darauf bezieht. Daher hat der Betriebsrat auch dann ein Mitbestimmungsrecht nach § 87 Abs. 1 Nr. 7 BetrVG, soweit die Generalklausel bereits Gefährdungen erfasst.
Auch die inhaltliche Eingrenzung auf Arbeitsräume, Arbeitsmittel und Arbeitsstoffe lässt sich mit dem geltenden gesetzlichen Arbeitsschutzrecht nicht vereinbaren. Vielmehr ist zu Recht davon auszugehen, dass das Mitbestimmungsrecht durch die jeweilige Rechtsvorschrift begrenzt ist und zwar in bezug sowohl auf den Inhalt als auch auf das Niveau der zu treffenden Maßnahme.[189]
Nach §§ 3 Abs. 1, S. 1, 4 ArbSchG kommen mehrere Maßnahmen in Betracht, um z.B. die aus Mehrfachbelastungen resultierenden Gefährdungen im Zusammenhang mit Nacht- und Schichtarbeit zu vermeiden oder zu verringern.[190]
So kann es erforderlich sein, dass auf zusätzliche Belastungsfaktoren in der Nachtschicht ganz und in der Spätschicht in geringerem Umfang verzichtet wird. Ist dagegen ein Verzicht aus produktionstechnischen Gründen unverhältnismäßig, so kann es erforderlich sein, dass die Dauer der Nachtschicht oder Spätschicht verkürzt wird, oder die Arbeitstätigkeit zur Nachtzeit und im Schichtdienst dergestalt organisiert wird, dass sich Zeiten zusätzlicher, belastungsintensiver Faktoren mit Zeiten abwechseln, in denen der Beschäftigte keinen solchen Faktoren ausgesetzt ist (z.B. sog. Lärmpausen), die durch Nacht- und Schichtarbeit verstärkt werden, so dass die Expositionszeit mit Mehrfachbelastungen verringert wird.
Zur Verringerung der Auswirkungen von Mehrfachbelastungen auf Nacht- und Schichtarbeitnehmer kommt zudem die Einführung zusätzlicher angemessener Kurzpausen in Betracht. Treten zusätzliche Arbeitsbelastungen verstärkt zum Ende einer Nachtschicht auf, weil z.B. zusätzliche Maschinen in Betrieb genommen werden, die zu einem erhöhtem Lärmpegel führen, so ist die Schicht der Nachtarbeitnehmer so zu beenden, dass sie von dieser zusätzlichen Belastung nicht betroffen sind. Weiterhin können zusätzliche Arbeitsschutzmaßnahmen bereits bei einem geringeren Grenzwert im Verhältnis zu Tagarbeitnehmern in Betracht kommen.
Diese Maßnahmen sind grundsätzlich geeignet, die durch § 3 Abs. 1 S. 1 ArbSchG begründete Handlungspflicht des Arbeitgebers zu erfüllen. Hierzu ist Voraussetzung, dass die jeweiligen spezifischen betrieblichen Bedingungen beachtet werden. Seitens des Arbeitgebers bedarf es daher entsprechender Gestaltungen der Arbeitsbedingungen. Da jedoch mehrere Arbeitsschutzmaßnahmen zur Erfüllung von § 3 Abs. 1 S. 1 ArbSchG in Betracht kommen, hat der

---

189 *F/E/S/T/L,* § 87 BetrVG, Rn. 280; *Wlotzke,* FS Wißmann (2005), S. 426, 437.
190 Vgl. S. 216 ff.

Betriebsrat bei der Auswahl und der Konkretisierung der geeigneten Arbeitsschutzmaßnahmen, die zuvor im Rahmen der Gefährdungsanalyse nach § 5 ArbSchG ermittelt worden sind, mitzubestimmen. So hat der Betriebsrat bspw. mitzubestimmen, ob andere belastende Faktoren, wie Lärm, in der Nachtschicht bzw. Spätschicht verringert werden, die Arbeit durch angemessene zusätzliche Kurzpausen zu unterbrechen ist, die Dauer der Nachtschicht zu verringern ist oder sog. "Lärmpausen" eingeführt werden.
Auf Grund fehlender exakter Vorgaben ergeben sich weitere Regelungsspielräume für Arbeitgeber und Betriebsrat. Sie haben gemeinsam festzulegen, in welchem Umfang und Zeitrahmen zusätzliche Arbeitsbelastungen zu verringern sind, in welchem Umfang die Dauer der Nachtschicht zu reduzieren ist, wann die Nachtschicht bei welchen zusätzlichen Arbeitsbelastungen zu beenden ist, wie Belastungsunterbrechungen durchgeführt werden, welche anderen Tätigkeiten hierfür in Betracht kommen oder wie viele Kurzpausen erforderlich sind.
Treffen gleichzeitig nicht wenige Arbeitsbelastungen am Arbeitsplatz des Nacht- und Schichtarbeitnehmers aufeinander und können die einzelnen Belastungen nur schrittweise verringert werden, so ist ein entsprechender Zeitplan über den Abbau der jeweiligen Belastung zu erstellen. In diesem Zusammenhang müssen die Betriebsparteien Schwerpunkte setzen, welche Gefährdungen in welchem Rahmen reduziert werden sollen.
Auch soweit sich keine zusätzliche Gefährdung im Zusammenwirken mit weiteren Belastungsfaktoren ergibt, hat der Betriebsrat nach § 3 Abs. 1 S. 1 und § 4 ArbSchG bei Ausgleichsmaßnahmen mitzubestimmen, die aus der Gefährdung von Lage und Dauer der Arbeitszeit resultieren. Dem Arbeitgeber verbleibt hier z.B. ein Entscheidungsspielraum, ob er Arbeitnehmern schichtarbeitsgerechte Verpflegung anbietet oder Unterstützung in Form ernährungswissenschaftlicher Beratung. An dieser Stelle ergeben sich zahlreiche Regelungsmöglichkeiten. Neben der Auswahl der jeweiligen Maßnahme hat der Betriebsrat bspw. auch über die nähere Ausgestaltung der schichtarbeitsgerechten Verpflegung[191] bzw. der ernährungswissenschaftlichen Beratung mitzubestimmen. Hierzu gehört die Frage, welche Person diese Beratung durchführt, ob Einzel- oder Gruppenberatungen stattfinden, der Umfang der Beratung in Bezug auf die einzelnen Arbeitnehmer und in welchen Abständen möglicherweise eine Wiederholung erfolgt.

---

[191] Vgl. hierzu auch S. 324.

3.5. Zusammenfassung

Zur Erfüllung der Arbeitgeberpflichten aus dem Arbeitsschutzgesetz sowie § 8 Abs. 2 GefStoffV kommen im Zusammenhang mit Nacht- und Schichtarbeit mehrere Arbeitsschutzmaßnahmen in Betracht. Diese Vorschriften enthalten dabei jeweils einen Regelungsspielraum in Form klassischer Ermessensspielräume und der Verwendung unbestimmter Rechtsbegriffe, so dass der Betriebsrat nach § 87 Abs. 1 Nr. 7 BetrVG umfassend mitzubestimmen hat. Die Mitbestimmung des Betriebsrats bietet dabei die Gewähr, dass die Arbeitsschutzvorschriften effektiv umgesetzt werden und die Kenntnisse der Beschäftigten wirksam einbezogen werden.

4. Verhältnis von § 87 Abs. 1 Nr. 2 BetrVG zu § 87 Abs. 1 Nr. 7 BetrVG

Hinsichtlich der Gestaltung von Nacht- und Schichtarbeit kann der Betriebsrat grundsätzlich sowohl auf das Mitbestimmungsrecht aus § 87 Abs. 1 Nr. 2 BetrVG als auch auf das aus § 87 Abs. 1 Nr. 7 BetrVG zurückgreifen. Regelungen über Arbeitsschutzmaßnahmen können zugleich einen Einfluss auf die Schichtplangestaltung, die nach § 87 Abs. 1 Nr. 2 BetrVG mitbestimmungspflichtig ist, haben.

Die Betriebsparteien können im Rahmen des § 87 Abs. 1 Nr. 7 BetrVG bspw. die Regelung aufstellen, dass die Nachtschicht so zu beenden ist, dass in der letzten Stunde Arbeitszeit keine neuen zusätzlichen Belastungen mehr hinzukommen und damit eine frühzeitige Beendigung der Nachtschicht verbunden ist, falls sich zusätzlichen Belastungen nicht vermeiden lassen, so dass dadurch gleichzeitig gesicherten arbeitswissenschaftlichen Erkenntnissen entsprochen wird.

Dagegen besteht die Möglichkeit der Betriebsparteien nach § 87 Abs. 1 Nr. 2 BetrVG einen Dienstplan aufzustellen, dass die Frühschicht entsprechend der gesicherten arbeitswissenschaftlichen Erkenntnis möglichst spät beginnt. Bei der Arbeitszeitgestaltung und der Arbeitszeitverkürzung im Besonderen überschneiden sich daher beide Mitbestimmungstatbestände.

Fraglich ist, wie das Verhältnis von § 87 Abs. 1 Nr. 2 BetrVG zu § 87 Abs. 1 Nr. 7 BetrVG zu beurteilen ist.

§ 87 Abs. 1 Nr. 2 und 3 BetrVG sollen als Spezialregelung ein Mitbestimmungsrecht nach § 87 Abs. 1 Nr. 7 BetrVG ausschließen.[192] Dies wird damit begrün-

---

[192] *Denck*, RdA 1982, 279, 289.

det, dass der arbeitszeitrechtliche Gesundheitsschutz dem Mitbestimmungstatbestand des § 87 Abs. 1 Nr. 7 BetrVG völlig entzogen sei. Andernfalls solle die Gefahr bestehen, dass die restriktiven Tatbestände der Nr. 2 und 3 über Nr. 7 des § 87 BetrVG aufgeweicht werden.

Andererseits wird angenommen, dass dem Mitbestimmungstatbestand des § 87 Abs. 1 Nr. 2 BetrVG nicht nur die zeitlichen Aspekte der Nachtarbeit, sondern auch solche Regelungen unterfallen, die in einem engen und unlösbaren Sachzusammenhang mit dem mitbestimmungspflichtigen Gegenstand stehen, so dass auch die erforderlichen Maßnahmen zur Abwendung, Milderung und Ausgleich der schädlichen Wirkung der Nachtarbeit nach dieser Norm mitbestimmungspflichtig sind.[193] Als weiterer Mitbestimmungstatbestand, auf den sich der Betriebsrat bei Regelungen mit gesundheitsschützender Wirkung stützen kann, sei § 87 Abs. 1 Nr. 7 BetrVG heranzuziehen.[194]

§ 87 Abs. 1 BetrVG enthält einen abschließenden Katalog mitbestimmter Regelungsbereiche. Sie beziehen sich auf inhaltlich abgegrenzte Regelungsbereiche in den Arbeitgeber-Arbeitnehmer-Beziehungen, so dass auch der jeweilige Zweck der Mitbestimmung verschieden sein kann.[195] Inhalt und Reichweite der Mitbestimmung ergeben sich aus dem jeweiligen Mitbestimmungstatbestand.[196] Folglich ergeben sich die Grenzen des Mitbestimmungsrechts aus dem Mitbestimmungstatbestand selbst, wobei der Zusammenhang mit anderen gesetzlichen Vorschriften sowie mit der Systematik und dem Sinnzusammenhang des BetrVG zu beachten ist.[197]

§ 87 Abs. 1 Nr. 2 BetrVG schließt ein Mitbestimmungsrecht des Betriebsrats nach § 87 Abs. 1 Nr. 7 BetrVG nicht aus.[198] Beide Mitbestimmungstatbestände sind vielmehr nebeneinander anwendbar, wenn die jeweiligen Voraussetzungen vorliegen.[199] Da es jedoch hinsichtlich des Regelungsgegenstandes "Arbeitszeitgestaltung bei Nacht- und Schichtarbeit" zu Überschneidungen zwischen § 87 Abs. 1 Nr. 2 und § 87 Abs. 1 Nr. 7 BetrVG kommen kann, führt § 87 Abs. 1 Nr. 7 BetrVG zu einer Überlagerung von § 87 Abs. 1 Nr. 2 BetrVG, soweit im Rahmen der Verpflichtung des Arbeitgebers nach § 87 Abs. 1 Nr. 7 ArbZG nur noch der enge Bereich der Arbeitszeitgestaltung zur Erfüllung von § 3 Abs. 1 S. 1 ArbSchG in Betracht kommt. Da der Anwendungsbereich von § 87 Abs. 1 Nr.

---

193 *Schoof,* AiB 1995, 265, 271 f.

194 Vgl. *Schoof,* AiB 1995, 265, 272 f.

195 *Richardi,* § 87 BetrVG, Rn. 13.

196 *Richardi,* § 87 BetrVG, Rn. 13.

197 *BAG 31.08.1982,* AP Nr. 8 zu § 87 BetrVG Arbeitszeit; *Richardi,* § 87 BetrVG, Rn. 13.

198 *Merten,* MB bei der Bildschirmarbeit, S. 226.

199 *Merten,* MB bei der Bildschirmarbeit, S. 226 f.; *Wagner,* MB bei Bildschirmtechnologien, S. 224.

2 BetrVG grundsätzlich alle Interessen der Arbeitnehmer an der Freizeitgestaltung berücksichtigt und nicht nur die arbeitsschutzbezogenen Interessen, führt § 87 Abs. 1 Nr. 7 BetrVG teilweise im Ergebnis zu einer Einschränkung von § 87 Abs. 1 Nr. 2 BetrVG. In der Vielzahl der Fälle ergänzen sich beide Mitbestimmungstatbestände jedoch, so dass eine umfassende Mitbestimmung des Betriebsrats bei der Gestaltung von Nacht- und Schichtarbeit erreicht wird.

III. Die Mitbestimmung des Betriebsrats nach § 87 Abs. 1 Nr. 8 BetrVG

Nachdem die Mitbestimmungstatbestände der §§ 87 Abs. 1 Nr. 2 und 7 BetrVG in Bezug auf die Gestaltung der Nacht- und Schichtarbeit dargestellt worden sind, sollen weitere Mitbestimungsrechte des Betriebsrates untersucht werden, die für diesen Bereich in Betracht zu ziehen sind. Bedeutung erlangt hier vor allem § 87 Abs. 1 Nr. 8 BetrVG. Danach hat der Betriebsrat ein Mitbestimmungsrecht bei der Form, Ausgestaltung und Verwaltung von Sozialeinrichtungen, deren Wirkungsbereich auf den Betrieb, das Unternehmen oder den Konzern beschränkt ist.

Sozialeinrichtungen i.S. dieses Mitbestimmungstatbestandes sind sowohl Betriebskantinen, die dem Zweck dienen, die Belegschaft mit Mahlzeiten, Lebens- und Genußmitteln zu versorgen als auch Verkaufsstände bzw. Verkaufsautomaten, bei denen es lediglich um die Versorgung der Belegschaft mit Getränken und Genussmitteln geht.[200]

Bereits aus dem Wortlaut der Norm und aus § 88 Nr. 2 BetrVG ergibt sich, dass die Errichtung der Kantine selbst nicht dem Mitbestimmungstatbestand des § 87 Abs. 1 Nr. 8 BetrVG unterliegt, sondern die Mitbestimmung des Betriebsrats erst einsetzt, wenn die Sozialeinrichtung vom Arbeitgeber errichtet ist.[201] Ebenso mitbestimmungsfrei kann der Arbeitgeber den Zweck der Sozialeinrichtung, den begünstigten Personenkreis, die finanzielle Ausstattung und auch die Schließung der Sozialeinrichtung bestimmen.[202]

---

200 *BAG 24.04.1986*, AP Nr. 7 zu § 87 BetrVG 1972 Sozialeinrichtung; *BAG 15.09.1987*, AP Nr. 9 zu § 87 BetrVG 1972 Sozialeinrichtung; *BAG 11.07.2000*, AP Nr. 16 zu § 87 BetrVG 1972 Sozialeinrichtung mit Anm. *v. Hoyningen-Huene; Löwisch/Kaiser*, § 87 BetrVG, Rn. 128; *Bösche/Grimberg*, AiB 1995, 395; DDK-*Klebe*, § 87 BetrVG, Rn. 226.

201 *BAG 15,01.1987*, AP Nr. 9 zu § 87 BetrVG 1972 Sozialeinrichtung; *BAG 26.04.1988*, AP Nr. 16 zu § 87 BetrVG 1972 Altersversorgung; GK-*Wiese*, § 87 BetrVG, Rn. 678.

202 *BAG 15.09.1987*, AP Nr. 9 zu § 87 BetrVG 1972 Sozialeinrichtung; *BAG 26.04.1988*, AP Nr. 16 zu § 87 BetrVG 1972 Altersversorgung; *F/E/S/T/L*, § 87 BetrVG, Rn. 352 bis 354.

Dagegen hat der Betriebsrat bei der Ausgestaltung der Kantine mitzubestimmen. Darunter ist die Festlegung allgemeiner Benutzungsgrundsätze, die Aufstellung der Ordnung, nach der die Vorteile der Sozialeinrichtung genutzt werden können, also die Konkretisierung der allgemeinen Zweckbestimmung der Sozialeinrichtung zu verstehen.[203] Daneben unterliegt auch noch die Verwaltung der Kantine der Mitbestimmung des Betriebsrats, wobei die Grenze zwischen Ausgestaltung und Verwaltung oftmals fließend ist.[204] Da in beiden Fällen die Mitbestimmung bejaht wird, ist die konkrete Zuordnung im Ergebnis jedoch bedeutungslos.
Aus § 87 Abs. 1 Nr. 8 BetrVG ergibt sich somit ein Mitbestimmungsrecht des Betriebsrats über die Öffnungszeiten der Kantine, deren konkrete Nutzungszwecke und das Kantinenessen. Die Öffnungszeiten der Kantine bzw. der Verkaufsstände erlangen besonders in Schichtbetrieben Bedeutung, da sie darüber entscheiden, ob die in Nacht- und Schichtarbeit beschäftigten Arbeitnehmer einen Zugang zur betrieblichen Verpflegung erhalten. Insoweit sollten sich die Öffnungs- bzw. Ausgabezeiten an arbeitswissenschaftlichen Erkenntnissen orientieren und mit der Pausengestaltung der Beschäftigten abgestimmt sein. Neben der Entscheidung über das "ob" der betrieblichen Verpflegung ist auch das "wie" und damit der Speiseplan für die Nacht- und Schichtarbeitnehmer von besonderer Tragweite. Es sind arbeitsmedizinische Empfehlungen z.B. für das Nacht-Essen vorhanden[205], deren Berücksichtigung erforderlich ist, um Appetitstörungen oder Erkrankungen des Verdauungssystems zu vermeiden.

IV. Die Mitbestimmung des Betriebsrats nach § 87 Abs. 1 Nr. 10, 11 BetrVG

Für § 6 Abs. 5 ArbZG erlangt das Mitbestimmungsrecht des Betriebsrats nach § 87 Abs. 1 Nr. 10 BetrVG Bedeutung. Da § 87 Abs. 1 Nr. 10 BetrVG sich auf alle Fragen der betrieblichen Lohngestaltung bezieht, soweit es sich um die Festlegung allgemeiner Regelungen handelt, werden von dieser Norm auch die Zahlungen des Arbeitgebers im Rahmen des § 6 Abs. 5 ArbZG erfasst, wie das

---

203 *BAG 15.09.1987*, AP Nr. 9 zu § 87 BetrVG 1972 Sozialeinrichtung; DKK-*Klebe*, § 87 BetrVG, Rn. 216; *Löwisch/Kaiser*, § 87 BetrVG, Rn. 134; HaKo-BetrVG/*Kohte*, § 87 BetrVG, Rn. 79.

204 DKK-*Klebe*, § 87 BetrVG, Rn. 217; *Bösche/Grimberg*, AiB 1995, 395.

205 Vgl. *Cox/Rundnagel*, AiB 2003, 279; *Bundesverband der Betriebskrankenkassen*, Besser leben mit Schichtarbeit, S. 23 ff.

BAG[206] zu Recht entschieden hat. Folglich kann der Betriebsrat mitbestimmen, ob die Schichtzulagen in Form von Festsätzen (Pauschalsätze oder Barzahlungen pro Stunde, pro Schicht, pro Woche oder Jahr) oder Prozentzuschlägen (Prozentsatz des Entgeltsatzes für jeden Arbeitsplatz) gezahlt werden bzw. als Teil des normalen Entgeltes konzipiert sind. Voraussetzung ist jedoch das Fehlen einer abschließenden tariflichen Regelung.
Darüber hinaus kann der Betriebsrat bei der Umwandlung eines stark die Leistungskraft des Nachtschichtarbeitnehmers (über-)forderndes Akkordsystems in ein Zeitlohnsystem oder wenigstens in ein weniger leistungsintensives Prämiensystem nach § 87 Abs. 1 Nr. 10 BetrVG mitbestimmen.[207] § 87 Abs. 1 Nr. 11 BetrVG gibt dem Betriebsrat ein Mitbestimmungsrecht in Bezug auf die Ermittlung und Festsetzung der Vorgabezeiten bei einem leistungsbezogenen Entlohnungssystem, wobei im Rahmen der Akkordansätze die Erschwernisse durch Nacht- und Schichtarbeit zu berücksichtigen sind.[208]

V. Ausübung, Form und Durchsetzung der Mitbestimmung anhand von § 87 Abs. 1 Nr. 7 und Nr. 2 BetrVG

Bevor weitere, neben § 87 Abs. 1 BetrVG in Betracht kommende Mitbestimmungs- und Beteiligungsrechte des Betriebsrats im Rahmen der Gestaltung von Nacht- und Schichtarbeit untersucht werden, soll eine Auseinandersetzung mit der Ausübung, Form und Durchsetzung der Mitbestimmungsrechte des Betriebsrats nach § 87 Abs. 1 BetrVG erfolgen. Hauptaugenmerk der Betrachtungsweise liegt dabei auf § 87 Abs. 1 Nr. 7 BetrVG, um der Bedeutung dieses Mitbestimmungstatbestandes innerhalb der vorliegenden Arbeit gerecht zu werden.[209]

---

206 *BAG 26.8.1997*, NZA 1998, 441 ff.

207 *Schoof*, AiB 1995, 265, 275; *Heilmann/Kralle/Ortmann/Trümner*, Der Betriebsrat 1983, 181, 204.

208 *Schoof*, AiB 1995, 265, 275; *Heilmann/Kralle/Ortmann/Trümner*, Der Betriebsrat 1983, 181, 204.

209 Die nachfolgenden Ausführungen beanspruchen grundsätzlich auch für die untersuchten Mitbestimmungstatbestände der §§ 87 Abs. 1 Nr. 2, 8, 10, 11 BetrVG Geltung.

1. Ausübung und Form der Mitbestimmung

1.1. *Initiativrecht*

Die Mitbestimmungsrechte nach § 87 Abs. 1 BetrVG schließen grundsätzlich ein Initiativrecht des Betriebsrats ein[210]. Dies ist als Recht des Arbeitgebers oder des Betriebsrats zu verstehen, in einer regelungsbedürftigen Angelegenheit eine verbindliche Entscheidung – u.U. einseitig durch einen verbindlichen Spruch der Einigungsstelle – herbeizuführen.[211] Bezogen auf § 87 Abs. 1 Nr. 2 und Nr. 7 BetrVG bedeutet dies, dass der Betriebsrat einen anderen Schichtplan initiieren oder betriebliche Regelungen, die sich dem Thema Nacht- und Schichtarbeit widmen, veranlassen kann und ihre Durchsetzung notfalls im Einigungsstellenverfahren erzwingen kann.

1.2. *Betriebsvereinbarung oder Regelungsabrede*

In § 87 Abs. 1 BetrVG sind keine Vorgaben enthalten, in welcher Form das Mitbestimmungsrecht auszuüben ist. Generell soll sich der Abschluss einer förmlichen Betriebsvereinbarung für die praktische Durchführung als zweckmäßiger erweisen als der Abschluss einer formlosen Regelungsabrede.[212] Besondere Bedeutung erlangt die Betriebsvereinbarung durch die unmittelbare und zwingende Geltung ihrer normativen Vorschriften gem. § 77 Abs. 4 S. 1 BetrVG, so dass diese Normen auf die Arbeitsverhältnisse einwirken ohne selbst Bestandteil des Arbeitsvertrages zu werden.[213] Im Ergebnis besteht Einigkeit, dass durch die Betriebsvereinbarung alle Arbeitsbedingungen geregelt werden können und daher die Unterscheidung zwischen sog. materiellen und formellen Arbeitsbedingungen unbeachtlich ist.[214]
Im Rahmen des Sicherheits- und Gesundheitsschutzes ist der Arbeitgeber den Beschäftigten gegenüber grundsätzlich zur Einhaltung der jeweiligen Normen bereits arbeitsvertraglich verpflichtet, so dass es nicht in jedem Einzelfall einer normativen Wirkung der Betriebsvereinbarung bedarf, sondern der Arbeitgeber

---

210 *BAG,* AP Nr. 1 und 2 zu § 87 BetrVG 1972 Initiativrecht; speziell für § 87 Abs. 1 Nr. 7 BetrVG schon *ArbG Hamburg 20.02.1981,* ArbuR 1982, 37.

211 GK-*Wiese,* § 87 BetrVG, Rn. 135; DKK-*Klebe,* § 87 BetrVG, Rn. 18; vgl. auch *BAG 31.8.82,* AP Nr. 8 zu § 87 BetrVG 1972 Arbeitszeit.

212 *F/E/S/T/L,* § 87 BetrVG, Rn. 579 ff.; DKK-*Klebe,* § 87 BetrVG, Rn. 10

213 *F/E/S/T/L,* § 77 BetrVG, Rn. 124 ff.

214 GK-*Wiese,* § 77 BetrVG, Rn. 83 ff. m.w.N., auch zu Auseinandersetzungen in Bezug auf Begründungen dieses Ergebnisses.

zur Durchsetzung der in der Regelungsabrede getroffenen Absprachen mit dem Betriebsrat von seinem Direktionsrecht gegenüber seinen Arbeitnehmern Gebrauch machen kann.[215]

2. Durchsetzung der Mitbestimmung im Wege eines Einigungsstellenspruchs

2.1. Die Einigungsstelle als Schlichtungs- und Entscheidungsorgan

a) Errichtung einer Einigungstelle

§ 87 Abs. 2 BetrVG bestimmt, dass bei Streitigkeiten zwischen Arbeitgeber und Betriebsrat in den Fällen des § 87 Abs. 1 BetrVG die Einigungsstelle anzurufen ist und sie durch einen Spruch die Einigung zwischen Arbeitgeber und Betriebsrat ersetzt. Die Einigungsstelle ist dabei Schlichtungs- und Entscheidungsorgan zugleich.[216] Da der Spruch der Einigungsstelle die Einigung zwischen Arbeitgeber und Betriebsrat ersetzt, ist in diesen Fällen nach § 76 Abs. 5 S. 1 BetrVG der Antrag einer Betriebspartei notwendig, damit die Einigungsstelle tätig wird, so dass ihre Errichtung von jedem Betriebspartner allein betrieben werden kann.[217] Soweit keine Einigung zwischen den Betriebspartner zustande kommt, entscheidet das Arbeitsgericht gem. § 76 Abs. 2 S. 2 und 3 BetrVG im Bestellungsverfahren (§ 98 ArbGG) über die Person des Einigungsstellenvorsitzenden und die Anzahl der Beisitzer[218].
Das Arbeitsgericht kann einen solchen Bestellungsantrag nur wegen offensichtlicher Unzuständigkeit der Einigungsstelle zurückweisen.[219] Nach h.M. ist eine offensichtliche Unzuständigkeit der Einigungsstelle dann anzunehmen, wenn sich die beizulegende Streitigkeit bei fachkundiger Beratung durch das Gericht sofort erkennbar nicht unter einen mitbestimmungspflichtigen Tatbestand des BetrVG subsumieren lässt, das in Anspruch genommene Mitbestimmungsrecht also offensichtlich unter keinem rechtlichen Gesichtspunkt in Betracht

---

215 *Merten,* MB bei der Bildschirmarbeit, S. 171; GK-*Wiese,* § 87 BetrVG, Rn. 640.
216 *BAG 6.4.1973,* ArbuR 1974, 59, 62; *Weber/Ehrich,* Einigungsstelle, S. 1, Rn. 2; MünchArbR-*Joost,* § 320, Rn. 2.
217 So allgemein *Weber/Ehrich,* Einigungsstelle, S. 4, Rn. 2.
218 Vgl. hierzu ausführlich *Pünnel/Isenhardt,* Einigungsstelle, Rn. 20 ff.
219 *Weber/Ehrich,* Einigungsstelle, S. 5 f., Rn. 8 f.; *Pünnel/Isenhardt,* Einigungsstelle, Rn. 29.

kommt.[220] Das Bestellungsverfahren ist auf die schnelle Bildung der Einigungsstelle gerichtet und dieser Zweck rechtfertigt insoweit auch die eingeschränkte Prüfungskompetenz des Gerichts.[221]
Den Betriebsparteien ist es unbenommen, neben einem Bestellungsverfahren nach § 98 Abs. 1 ArbGG oder einem laufenden Einigungsstellenverfahren ein arbeitsgerichtliches Beschlussverfahren zu führen, das sich mit der Frage des Bestehens oder Nichtbestehens eines Mitbestimmungsrechts auseinandersetzt (sog. Vorabentscheidungsverfahren).[222]

b) *Gegenstand des Einigungsstellenverfahrens*

aa) *Regelungsfragen*

Die Einigungsstelle übt insoweit eine Schlichtungsfunktion aus, als sie bestehende Meinungsverschiedenheiten um Regelungsstreitigkeiten zwischen Arbeitgeber und Betriebsrat beilegen soll.[223] Aufgabe der Einigungsstelle ist es dabei, den Betriebspartnern im Hinblick auf die jeweilige mitbestimmungspflichtige Angelegenheit einen Regelungsvorschlag zu unterbreiten oder an ihrer Stelle eine eigene Regelung zu treffen.

bb) *Rechtsfragen, insbes. die Vorfragenkompetenz der Einigungsstelle*

Der Einigungsstelle obliegt zudem eine Entscheidungskompetenz, wenn sie über Rechtsfragen entscheiden kann, wie es z.B. im Rahmen der §§ 37 Abs. 6 und

---

[220] *Hennige,* Verfahrensrecht der Einigungsstelle, S. 95; *Pünnel/Isenhardt,* Einigungsstelle, Rn. 31; *Merten,* MB bei der Bildschirmarbeit, S. 173; *LAG Düsseldorf 04.11.1988,* NZA 1989, 146, *LAG München 30.10.1985,* NZA 1986, 577; *LAG Schleswig-Holstein 17.12.1999,* AiB 2000, 630; GK-*Kreutz,* § 76 BetrVG, Rn. 70 m.w.N.; *F/E/S/T/L,* § 76 BetrVG, Rn. 21; DKK-*Berg,* § 76 BetrVG, Rn. 51.

[221] *Weber/Ehrich,* Einigungsstelle, S. 6, Rn. 9; *BAG 24.11.1981,* BAGE 37, 102, 108 f.; zum Zweck des Bestellungsverfahren und weiteren Auswirkungen *F/E/S/T/L,* § 76 BetrVG, Rn. 21.

[222] *Merten,* MB bei der Bildschirmarbeit, S. 173; GK-*Kreutz,* § 76 BetrVG, Rn. 124; *BAG 24.11.1981,* BAGE 37, 102, 108 f.; *BAG 06.12.1983,* AP Nr. 7 zu § 87 BetrVG 1972 Überwachung, *BAG 13.10.1987,* AP Nr. 24 zu § 87 BetrVG 1972 Arbeitszeit; einschränkend: *Hennige,* Verfahrensrecht der Einigungsstelle, S. 54 f. geht von einer umfassenden Primärzuständigkeit der Einigungsstelle aus.

[223] Vgl. GK-*Kreutz,* § 76 BetrVG, Rn. 5, 9; *Weber/Ehrich,* Einigungsstelle, S. 1, Rn. 2; DKK-*Berg,* § 87 BetrVG, Rn. 14.

Abs. 7 BetrVG der Fall ist. Grundsätzlich ist davon auszugehen, dass regelmäßig das Arbeitsgericht gem. § 2 a Abs. 1 Nr. 1 ArbGG anzurufen ist, soweit zwischen den Betriebspartnern Streit über Rechtsfragen besteht.[224]
Über die gesetzlich geregelten Fälle hinaus hat die Einigungsstelle jedenfalls stets bei jeder zum Gegenstand des Einigungsstellenverfahrens erhobenen Regelungsstreitigkeit selbst die Vorfrage zu klären, ob die Zuständigkeit der Einigungsstelle für die jeweilige Streitigkeit gegeben ist.[225] Der Einigungsstelle obliegt mithin eine "Vorfragenkompetenz" über die Rechtsfrage ihrer eigenen Zuständigkeit, wobei diese Frage einer umfassenden Prüfung zu unterziehen ist.[226]

2.2. *Spruch der Einigungsstelle gem. § 76 Abs. 5 S. 3 BetrVG*

Die Einigungsstelle hat ihre Entscheidungen in Rechts- und Regelungsfragen grundsätzlich unter Beachtung zwingenden vorrangigen Rechts zu treffen.[227]
Darüber hinaus hat die Einigungsstelle in Regelungsstreitigkeiten gem. § 76 Abs. 5 S. 3 BetrVG ihre Beschlüsse unter angemessener Berücksichtigung der Belange des Betriebs und der betroffenen Arbeitnehmer – in diesem Fall der Nacht- und Schichtarbeitnehmer - nach billigem Ermessen zu fassen. Ihr wird also ein Entscheidungs-/Ermessensspielraum zuerkannt, der durch den unbestimmten Rechtsbegriff der Billigkeit eine Einschränkung erfährt.[228] Die Einigungsstelle hat aber nur solche Interessen zu berücksichtigen, die einen sachlichen Bezug zur konkreten Meinungsverschiedenheit aufweisen.[229] Ein solcher gibt sich vor allem aus dem jeweiligen Mitbestimmungstatbestand, wobei der Schutzzweck der Norm, grundlegende Wertungen des BetrVG und andere einschlägige gesetzliche Vorgaben inklusiv grundrechtliche Entfaltungen einzubeziehen sind.[230] Im Rahmen des Mitbestimmungstatbestandes des § 87 Abs. 1 Nr.

---

224 GK-*Kreutz*, § 76 BetrVG, Rn. 12.

225 *BAG 8.3.1983*, AP Nr. 14 zu § 87 BetrVG 1972 Lohngestaltung; *Heinze*, RdA 1990, 262, 268; HaKo-BetrVG/*Lorenz*, § 76 BetrVG, Rn. 18; *Dütz*, ArbuR 1973, 353, 360; DKK-*Berg*, § 76 BetrVG, Rn. 14 und 71; GK-*Kreutz*, § 76 BetrVG, Rn. 122.

226 HaKo-BetrVG/*Lorenz*, § 76 BetrVG, Rn. 18.

227 DKK-*Berg*, § 76 BetrVG, Rn. 86; GK-*Kreutz*, § 76 BetrVG, Rn. 126.

228 *BAG 31.8.1982*, AP Nr. 8 zu § 87 BetrVG 1972 Arbeitszeit; DKK-*Berg*, § 76 BetrVG, Rn. 87; GK-*Kreutz*, § 76 BetrVG, Rn. 130; *Dütz*, ArbuR 1973, 353, 366 f.; *Fiebig*, Ermessensspielraum der Einigungsstelle, S. 87 ff., 127; *Heinze*, RdA 1990, 262, 276 f.

229 *Fiebig*, Ermessensspielraum der Einigungsstelle, S. 92 ff; *Merten*, MB bei der Bildschirmarbeit, S. 175; *BAG 08.06.2004*, AP Nr. 20 zu § 76 BetrVG 1972 Einigungsstelle.

230 *Fiebig*, Ermessensspielraum der Einigungsstelle, S. 93 ff.; *Merten*, MB bei der Bildschirmarbeit, S. 175; vgl. *BAG 08.06.2004*, AP Nr. 20 zu § 76 BetrVG 1972 Einigungsstelle.

7 BetrVG sind daher hauptsächlich diejenigen Interessen von Arbeitgeber und Betriebsrat zu berücksichtigen, die in einem sachlichen Bezug zur Effektivierung und Intensivierung des Arbeitsschutzes stehen.[231] Damit verbunden sind vor allem diejenigen Interessen einzubeziehen, die dazu bestimmt sind, Kenntnisse und Erfahrungen der Beschäftigten einfließen zu lassen und zudem sind solche Belange heranzuziehen, die dazu beitragen, dass Vollzugsdefizit im Arbeitsschutz zu beseitigen oder zu verringern. Sachfremde Interessen dürfen bei der Entscheidung der Einigungsstelle keine Berücksichtigung finden. Somit müssen im Rahmen des § 87 Abs. 1 Nr. 7 BetrVG ausschließlich wirtschaftliche Interessen des Arbeitgebers außer Betracht bleiben.[232] Die Abwägung der sich gegenüberstehenden Interessen wird dann oftmals dazu führen, dass die Interessen der einen Betriebspartei hinter denen der anderen Seite zurücktreten müssen.[233] Im Rahmen des § 87 Abs. 1 Nr. 7 BetrVG ist die Abwägung auch vor dem Hintergrund von Art. 2 Abs. 2 GG vorzunehmen.

2.3. Arbeitsgerichtliche Überprüfung des Einigungsstellenspruchs

Der Spruch der Einigungsstelle unterliegt zum einen im arbeitsgerichtlichen Beschlussverfahren gem. §§ 2 a Abs. 2, 80 ff. ArbGG und zum anderen als Vorfrage im Urteilsverfahren nach §§ 2 Abs. 1 Nr. 3, Abs. 5, 46 ff. ArbGG in vollem Umfang einer arbeitsgerichtlichen Rechtskontrolle[234].
Gegenstand des arbeitsgerichtlichen Beschlussverfahrens sind dabei Streitigkeiten über Zuständigkeit, Besetzung oder Verfahren der Einigungsstelle und Anfechtungen der getroffenen Entscheidungen wegen Verstoßes gegen zwingendes Recht sowie bei Regelungsstreitigkeiten die Überschreitung des der Einigungsstelle eingeräumten Ermessensspielraums.[235] Der Spruch der Einigungsstelle unterliegt im letztgenannten Punkt keiner gerichtlichen Vollkontrolle, sondern das Gericht prüft, ob die Einigungsstelle die Grenzen ihres Ermessens überschritten hat.[236]

---

[231] *Merten*, MB bei der Bildschirmarbeit, S. 175.

[232] So auch *Merten*, MB bei der Bildschirmarbeit, S. 175. Eine andere Auslegung würde auch den Anforderungen der Arbeitsschutz-Rahmenrichtlinie und Arbeitszeitrichtlinie zuwiderlaufen.

[233] GK-*Kreutz*, § 76 BetrVG, Rn. 131; *Merten*, MB bei der Bildschirmarbeit, S. 175 f.

[234] So jedenfalls GK-*Kreutz*, § 76 BetrVG, Rn. 141 ff.; *Richardi*, § 76 BetrVG, Rn. 114; *F/E/S/T/L*, § 76 BetrVG, Rn. 96 f.; *Pünnel/Isenhardt*, Einigungsstelle, S. 59, Rn. 140.

[235] DKK-*Berg*, § 76 BetrVG, Rn. 102; *Weber/Ehrich*, Einigungsstelle, S. 73, Rn. 32.

[236] *Richardi*, § 76 BetrVG, Rn. 121; *Pünnel/Isenhardt*, Einigungsstelle, S. 60, Rn. 143; *Weber/Ehrich*, Einigungsstelle, S. 76, Rn. 43.

In dieser Hinsicht ist der Spruch der Einigungsstelle auf eine Überschreitung der Ermessensgrenzen i.S. eines überschießenden Ermessensgebrauchs als auch auf Ermessensfehlgebrauch oder Ermessensmissbrauch i.S. einer Entscheidung auf Grund sachwidriger oder willkürlicher Erwägungen zu untersuchen.[237]
Nach anderer Auffassung unterliegen die von der Einigungsstelle selbst angestellten Überlegungen dagegen keiner Überprüfung, so dass ein Ermessensfehlgebrauch unerheblich sei.[238]
Die Unterscheidung des Spruchs der Einigungsstelle von den zugrunde liegenden Überlegungen erscheint einerseits künstlich, da durch diese Trennung ein einheitlicher Entscheidungsvorgang auseinander gerissen wird. Die Anbindung an die Mitbestimmungstatbestände des § 87 Abs. 1 BetrVG erfordert grundsätzlich die Verknüpfung von Entscheidungsvorgang und dem daraus resultierenden Spruch der Einigungsstelle, da den jeweiligen Mitbestimmungsrechten unterschiedliche Schutzzwecke zugrunde liegen, denen bereits im Rahmen des Entscheidungsvorgangs Rechnung zu tragen ist. Andererseits darf nicht verkannt werden, dass die Einigungsstelle eine schnelle betriebliche Lösung herbeiführen soll und sie dadurch auch an keine Formvorschriften gebunden ist, aus der sich ein Zwang zur Begründung ihrer Erwägungen ergibt. Soweit sich jedoch sachwidrige oder willkürliche Erwägungen in der Betriebsvereinbarung niedergeschlagen haben und als solche erkennbar sind, wie z. B. in einer vorangestellten Präambel oder aus dem systematischen Zusammenhang zu anderen Regelungen in der Betriebsvereinbarung, sind sie bei der Überprüfung des Spruchs der Einigungsstelle zu berücksichtigen.
Neben den bereits genannten Ermessensfehlern ist auch die Ermessensunterschreitung Untersuchungsgegenstand gerichtlicher Kontrolle.[239]
In Rechtsfragen soll dagegen über Entscheidungen der Einigungsstelle eine umfassende und zeitlich unbefristete Rechtskontrolle stattfinden.[240] Es ist umstritten, ob der Spruch der Einigungsstelle in Rechtsfragen der vollen Rechtskontrolle unterliegt[241] oder vielmehr nur eine eingeschränkte Prüfungskompetenz der

---

237 *Heinze,* RdA 1990, 262, 277; *Richardi,* § 76 BetrVG, Rn. 127; *Rieble,* Kontrolle des Ermessens der betriebsverfassungsrechtlichen Einigungsstelle, S. 163 ff.

238 *BAG 31.08.1982,* AP Nr. 8 zu § 87 BetrVG 1972 Arbeitszeit; *F/E/S/T/L,* § 76 BetrVG, Rn. 105; vgl. auch *BAG 30.08.1995,* AP Nr. 29 zu § 87 BetrVG Überwachung.

239 *Rieble,* Kontrolle des Ermessens der betriebsverfassungsrechtlichen Einigungsstelle, S. 169 f.

240 *Weber/Ehrich,* Einigungsstelle, S. 73, Rn. 30; *F/E/S/T/L,* § 76 BetrVG, Rn. 102.

241 So ausdrücklich GK-*Kreutz,* § 76 BetrvG, Rn. 151; *BAG 11.7.2000,* AP Nr. 2 zu 109 BetrVG 1972.

Arbeitsgerichte gegeben ist, wenn die Einigungsstelle über einen Beurteilungsspielraum verfügt[242].

Diejenigen die eine Einschränkung der Prüfungskompetenz bei Einigungsstellensprüchen bejahen, beziehen dies auf die Fälle, in denen durch die Einigungsstelle unbestimmte Rechtsbegriffe auszulegen bzw. anzuwenden sind. Übereinstimmend wird dagegen eine volle gerichtliche Überprüfung des Einigungsstellenspruchs angenommen, soweit es sich um „reine Rechtsentscheidungen" handelt, wie z.B. bei der Frage der Zuständigkeit der Einigungsstelle im Rahmen ihrer „Vorfragenkompetenz"[243].

Da die Einigungsstelle im Rahmen von § 87 Abs. 1 Nr. 7 BetrVG i.V.m. den Vorschriften des Arbeitsschutzes über die Auslegung zahlreicher unbestimmter Rechtsbegriffe inzident mitzuentscheiden hat, ist eine Streitentscheidung über den Umfang arbeitsgerichtlicher Kontrolle erforderlich. Diese Problematik wird vor allem bei § 109 BetrVG und §§ 37 Abs. 6 und 7 BetrVG, § 38 Abs. 2 BetrVG und § 95 BetrVG diskutiert.[244] Diese Vorschriften enthalten insoweit unbestimmte Rechtsbegriffe, die der Ausfüllung bedürfen. Daher ist zunächst festzustellen, dass bei der gerichtlichen Überprüfung des Einigungsstellenspruchs eine Differenzierung nicht danach zu erfolgen hat, ob sich unbestimmte Rechtsbegriffe aus der betriebsverfassungsrechtlichen Norm selbst ergeben oder mittelbar durch gesetzliche Vorschriften, wie im Fall des § 87 Abs. 1 Nr. 7 BetrVG.

Ein Beurteilungsspielraum der Einigungsstelle bei der Konkretisierung von unbestimmten Rechtsbegriffen wird bereits aus ihrer Stellung als sachnahes und betriebsinternes und damit den Gerichten überlegenes Entscheidungsorgan abgeleitet, wenn richtigerweise die Annahme zugrunde gelegt wird, dass es eine richtige Antwort nicht gibt.[245] Eine solche Lösung überzeugt für die gerichtliche Kontrolle ergangener Einigungsstellensprüche im Rahmen des § 87 Abs. 1 Nr. 7 BetrVG im Fall der Auslegung und Anwendung unbestimmter Rechtsbegriffe. Der Schutzzweck von § 87 Abs. 1 Nr. 7 BetrVG erfasst gerade die Konkretisie-

---

242 So ausdrücklich *Rieble,* BB 1991, 471 ff.; *Henssler,* RdA 1991, 268, 271; *Richardi,* § 76 BetrVG, Rn. 124; vgl. auch *F/E/S/T/L,* § 76 BetrVG, Rn. 102; DKK-*Berg,* § 76 BetrVG, Rn. 87.

243 *Richardi,* § 76 BetrVG, Rn. 123, *Henssler,* RdA 1991, 268, 269; z.B. auch MünchArbR-*Joost,* § 320, Rn. 90.

244 *Henssler,* RdA 1991, 268, 271; *Rieble,* BB 1991, 471 f.; *Waitz,* Überprüfung Einigungsstellenspruchs gem. § 109 BetrVG, S. 1 ff.

245 *Rieble,* Kontrolle des Ermessens der betriebsverfassungsrechtlichen Einigungsstelle, S. 173 ff, der davon ausgeht, dass es zwischen Rechts- und Regelungsstreit keinen Unterschied außer dem der verschiedenen Entscheidungszuständigkeiten gibt. Vgl. auch *Wiesemann,* Einigungsstelle, S. 207.

rung des betrieblichen Arbeitsschutzes, wobei die offen formulierten Normen des Arbeitsschutzes auf die Sachkenntnis der Betriebsparteien und die Suche nach Lösungen für den jeweiligen Betrieb abstellen, so dass es sachwidrig erscheint, wenn der dabei den Betriebsparteien zustehende Entscheidungsspielraum im Rahmen einer gerichtlichen Kontrolle nicht berücksichtigt werden würde. Eine volle gerichtliche Nachprüfung der rechtlichen Beurteilung eines Sachverhalts sei dagegen dann anzunehmen, wenn sich z.B. die Gesundheitsgefahr objektiv ermitteln lasse, bspw. durch einen Sachverständigen.[246]

2.4. Spruch der Einigungsstelle in Bezug auf § 8 Abs. 1 S. 1 i.V.m. Abs. 2 GefStoffV und §§ 3 Abs. 1 S. 1, 4 ArbSchG

Soweit sich die Betriebsparteien nicht über die o.g. Regelungen einigen können, entscheidet die Einigungsstelle gem. § 87 Abs. 2 BetrVG verbindlich. Bereits im Rahmen ihrer Vorfragenkompentenz prüft sie, ob § 8 Abs. 1 S. 1 I.V.m. Abs. 2 GefStoffV und §§ 3 Abs. 1 S. 1, 4 ArbSchG dem Arbeitgeber einen Entscheidungsspielraum eröffnen, um so ihre Zuständigkeit und damit das Bestehen oder Nichtbestehen eines Mitbestimmungsrechts nach § 87 Abs. 1 Nr. 7 BetrVG festzustellen.

Dabei ist zu beachten, dass der Einigungsstelle bei der Auslegung unbestimmter Rechtsbegriffe ein Beurteilungsspielraum zuerkannt wird, sofern dabei ein Entscheidungsspielraum besteht. Soweit es allerdings um die Frage ihrer Zuständigkeit geht, ist dagegen eine volle gerichtliche Überprüfung des Einigungsstellenspruchs anzunehmen.

Sodann ist die Einigungsstelle berechtigt, zu entscheiden, welche betrieblichen Regelungen im Hinblick auf die Vermeidung und Verringerung der sich aus Belastungskumulation von Nacht- und Schichtarbeit mit zusätzlichen Belastungsfaktoren, wie Gefahrstoffe und Lärm, im Rahmen der §§ 8 Abs. 1 S. 1 i.V.m. Abs. 2 GefStoffV, 3 Abs. 1 S. 1, 4 ArbSchG getroffen werden.

Dabei hat die Einigungsstelle die ihr nach § 76 Abs. 5 S. 3 BetrVG eingeräumten Ermessensgrenzen zu beachten, also die Belange des Betriebs und der betroffenen Arbeitnehmer nach billigem Ermessen angemessen zu berücksichtigen. Im Rahmen des § 87 Abs. 1 Nr. 7 BetrVG hat dabei die Einigungsstelle die Interessen der Arbeitnehmer an einem effektiven Gesundheitsschutz mit den zumeist wirtschaftlichen Interessen des Arbeitgebers angemessen in Einklang zu bringen. Insbesondere die RL 89/391/EWG bringt zum Ausdruck, dass die Ver-

---

246 *Wiesemann*, Einigungsstelle, S. 207.

besserung des Gesundheitsschutzes der Arbeitnehmer nicht rein wirtschaftlichen Überlegungen untergeordnet werden soll.[247]
Eine sachgerechte Interessenabwägung liegt z.B. dann nicht vor, wenn die aus Nacht- und Schichtarbeit resultieren zusätzlichen Belastungen keine Berücksichtigung im Rahmen des Einigungsstellenspruchs erfahren, da auf diese Weise die Interessen der Arbeitnehmer an einem wirksamen Gesundheitsschutz nicht angemessen berücksichtigt werden. Betriebliche Belange sind dann nicht hinreichend berücksichtigt, wenn die Durchführung der durch den Spruch der Einigungsstelle zu treffenden Arbeitsschutzmaßnahmen für den Arbeitgeber wirtschaftlich unzumutbar, indem jegliche Nachtschichten abgeschafft werden sollen, obwohl dies dem Arbeitgeber auf Grund des verwendeten Produkionsverfahrens wirtschaftlich nicht zuzumuten ist. Darüber hinaus ist ein Spruch der Einigungsstelle auch dann rechtsfehlerhaft, wenn sie dem Arbeitgeber das alleinige Gestaltungsrecht über den mitbestimmungspflichtigen Tatbestand eröffnet.[248]

3. Folgen einer Verletzung des Mitbestimmungsrechts

Im Rahmen der Untersuchung einer effektiven Durchsetzung von Mitbestimmungsrechten ist der Frage nachzugehen, welche Rechtsfolgen an die Verletzung des Mitbestimmungsrechts aus § 87 Abs. 1 Nr. 7 BetrVG geknüpft werden. Dabei entfaltet die Nichtbeteiligung des Betriebsrats an mitbestimmungspflichtigen arbeitgeberseitigen Arbeitsschutzmaßnahmen sowohl auf der kollektivrechtlichen als auch auf der individualrechtlichen Ebene Wirkungen.

3.1. Kollektivrechtliche Folgen der Verletzung des Mitbestimmungsrechts

a) Allgemeiner Unterlassungsanspruch

Die neuere Rechtsprechung des BAG räumt dem Betriebsrat einen allgemeinen Unterlassungsanspruch ein, wenn der Arbeitgeber gegen die Mitbestimmungsrechte des Betriebsrats aus § 87 BetrVG verstößt.[249] Insoweit betont das BAG,

---

247 Vgl. S. 60.

248 *BAG 08.06.2004,* AP Nr. 20 zu § 76 BetrVG 1972 Einigungsstelle.

249 *BAG 03.05.1994,* NZA 1995, 40 ff.; *BAG 06.12.1994,* NZA 1995, 488; *23.07.1996,* AP Nr. 68 zu § 87 BetrVG 1972 Arbeitszeit, *BAG 16.06.1998,* AP Nr. 7 zu § 87 BetrVG 1972 Gesundheitsschutz, *29.02.2000,* NZA 2000, 1066, 1068; zustimmend DKK-*Klebe,* § 87 BetrVG, Rn. 316; *Ruge,* ZTR 2001, 151, 153; *F/E/S/T/L,* § 87 BetrVG, Rn. 596, §

dass Maßnahmen des Arbeitgebers, die unter den Mitbestimmungstatbestand des § 87 Abs. 1 BetrVG fallen, nach dem eindeutigen Willen des Gesetzgebers nur mit Zustimmung des Betriebsrats durchgeführt werden sollen. Es entstehe eine betriebsverfassungswidrige Lage, wenn der Arbeitgeber gegen die Mitbestimmungsrechte aus § 87 Abs. 1 BetrVG verstoße. Die auch nur zeitweise Duldung dieser Lage durch den Gesetzgeber und der Ausschluss eines Unterlassungsanspruchs seien nicht ersichtlich. Vielmehr will § 87 BetrVG sicherstellen, dass der Arbeitgeber keine vollendeten Tatsachen schafft.[250] Der Arbeitgeber ist daher verpflichtet, alles zu unterlassen, um die Mitbestimmungsrechte aus § 87 Abs. 1 BetrVG nicht zu beeinträchtigen. Voraussetzung für den allgemeinen Unterlassungsanspruch ist jedoch eine Wiederholungsgefahr.[251]
Führt der Arbeitgeber somit einseitig Arbeitsschutzmaßnahmen durch und verletzt er hierdurch das Mitbestimmungsrecht des Betriebsrats aus § 87 Abs. 1 Nr. 7 BetrVG, so hat dieser einen Anspruch auf Unterlassung der mitbestimmungswidrigen Arbeitsschutzmaßnahme.
Hat der Arbeitgeber dagegen die mitbestimmungswidrige Maßnahme bereits durchgeführt und besteht der betriebsverfassungswidrige Zustand fort, so kann der Betriebsrat zusätzlich einen Beseitigungsanspruch geltend machen.[252]

b) Unterlassungsanspruch nach § 23 Abs. 3 S. 1 BetrVG

Daneben hat der Betriebsrat auch den Anspruch auf Unterlassung aus § 23 Abs. 3 BetrVG, der auf grobe Pflichtverletzungen des Arbeitgebers beschränkt ist. Einen groben Verstoß des Arbeitgebers gegen seine Verpflichtung aus dem Betriebsverfassungsgesetz kann auch die Missachtung der Mitbestimmungsrechte des Betriebsrats darstellen.[253]

---

23 BetrVG, Rn. 100 f.; HaKo-BetrVG/*Kohte*, § 87 BetrVG, Rn. 120; MünchArbR-*Matthes*, § 329, Rn. 18 ff.; *Raab*, ZfA 1997, 183 ff.; *Derleder*, ArbuR 1995, 13 ff.; andere Auffassung *Konzen*, NZA 1995, 865 ff.

250 *F/E/S/T/L*, § 23 BetrVG, Rn. 100.

251 Ausführlich *BAG 29.02.2000*, NZA 2000, 1066, 1068.

252 *BAG 16.06.1998*, AP Nr. 7 zu § 87 BetrVG 1972 Gesundheitsschutz, HaKo-BetrVG/*Kohte*, § 87 BetrVG, Rn. 120; DKK-*Klebe*, § 87 BetrVG, Rn. 316.

253 Vgl. *BAG 18.04.1985*, BAGE 48, 246, 253; *BAG 08.08.1989*, DB 1990, 1191 f.; *BAG 27.11.1990*, AP Nr. 41 zu § 87 BetrVG 1972 Arbeitszeit.

3.2. *Individualrechtliche Folgen der Verletzung des Mitbestimmungsrechts*

Anders als in § 102 Abs. 1 BetrVG und § 113 BetrVG ist in § 87 BetrVG nicht geregelt, ob und welche Folgen sich durch eine Nichtbeteiligung des Betriebsrats nach § 87 Abs. 1 Nr. 7 BetrVG für das Rechtsverhältnis von Arbeitgeber und Arbeitnehmer ergeben. Da auch eine anderweitige gesetzliche Regelung fehlt, sind die individualrechtlichen Folgen einer Nichtbeteiligung des Betriebsrats umstritten.

a) Theorie der Wirksamkeitsvoraussetzung

Nach dem BAG und die h.M. sind rechtsgeschäftliche Vereinbarungen zwischen Arbeitgeber und Arbeitnehmer, einseitige Anordnungen durch den Arbeitgeber und rein tatsächliche Maßnahmen in mitbestimmungspflichtigen Angelegenheiten des § 87 Abs. 1 BetrVG unwirksam bzw. rechtswidrig, wenn nicht die notwendige Beteiligung des Betriebsrats erfolgt ist (Theorie der Wirksamkeitsvoraussetzung).[254] Die individualrechtliche Unwirksamkeit der durch den Arbeitgeber angeordneten Maßnahme ist vor dem Hintergrund einer betriebsverfassungswidrigen Lage konsequent. Denn nach der h.M. darf der Arbeitgeber im Rahmen des § 87 BetrVG ohne vorherige Zustimmung des Betriebsrats keine Regelungen treffen oder tatsächliche Maßnahmen durchführen (Theorie der notwendigen Mitbestimmung).[255] Die Beachtung der Beteiligungsrechte des Betriebsrats durch den Arbeitgeber ist individualrechtlich Wirksamkeitsvoraussetzung für alle mitbestimmungspflichtigen Maßnahmen. Zur Begründung wird der durch § 87 Abs. 1 BetrVG bezweckte Schutz der Arbeitnehmer angeführt, der zutreffend dann verfehlt ist, wenn der Arbeitgeber die Maßnahme bei einem Verstoß gegen das Mitbestimmungsrecht individualrechtlich durchführen könnte.

Teilweise wird die Ansicht vertreten, dass die Mitbestimmung der jeweiligen Vereinbarung, Anordnung oder Maßnahme vorausgegangen sein muss und daher eine Heilungsmöglichkeit durch ein nachträglich erteiltes Einverständnis ausgeschlossen sei.[256] Es besteht aber die Möglichkeit in dieser nachträglichen

---

[254] *BAG 03.05.1994*, NZA 1995, 40, 43; *BAG 10.03.1998*, NZA 1998, 1242, 1243 f.; GK-*Wiese*, § 87 BetrVG, Rn. 98; DKK-*Klebe*, § 87 BetrVG, Rn. 4; *BAG 24.03.1981*, AP Nr. 2 zu § 87 BetrVG 1972 Arbeitssicherheit, *BAG 05.07.1976*, DB 1975, 1868 f.; *von Hoyningen-Huene*, RdA 1992, 355, 359; *Raab*, ZfA 1997, 183, 213; *Konzen*, NZA 1995, 865, 868 f.

[255] Vgl. nur *Raab*, ZfA 1997, 183, 211 m.w.N.

[256] GK-*Wiese*, § 87 BetrVG, Rn. 100; *F/E/S/T/L*, § 87 BetrVG, Rn. 602; *Raab*, ZfA 1997, 183, 212; *v. Hoyningen-Huene*, DB 1987, 1426, 1432.

Zustimmung ein Angebot zum Abschluss einer Betriebsabsprache zu sehen, die für die Zukunft wirkt.[257] Die Grundsätze der Theorie der notwendigen Mitbestimmung werden bei Unzumutbarkeit, z.B. in Notfällen, und vor allem bei Rechtsmissbrauch eingeschränkt.[258]
Bezogen auf die tatsächlich vorgenommene Arbeitsschutzmaßnahmen oder erteilte Anweisungen des Arbeitgebers führt die Anwendung der Theorie der Wirksamkeitsvoraussetzung dazu, dass - soweit eine Beteiligung des Betriebsrats gem. § 87 Abs. 1 Nr. 7 BetrVG unterblieben ist - Arbeitsschutzmaßnahmen rechtswidrig sind und Arbeitnehmer nicht verpflichtet sind, Anweisungen des Arbeitgebers zu befolgen, da sie unwirksam sind.[259] Die Arbeitnehmer haben ein Leistungsverweigerungsrecht, wenn sie die Arbeitspflicht nicht ohne Ausführung der (unwirksamen) Anweisung erfüllen können.[260] Soweit konkrete Gefahren für Leben und Gesundheit der Arbeitnehmer bestehen, soll eine Einschränkung erfolgen, da es sich um einen Eilfall handelt.[261] Nach anderer Auffassung sind einseitige Maßnahmen des Arbeitgebers ohne Beteiligung des Betriebsrats nur dann wirksam, wenn ein echter Notfall vorliegt, bei dem sofort gehandelt werden muss, um einen Schaden abzuwenden und ein Zustimmungsbeschluss des Betriebsrats vorher nicht erreichbar ist.[262]

b) Theorie der erzwingbaren Mitbestimmung

Eine andere Auffassung lehnt die Zustimmung des Betriebsrats als Wirksamkeitsvoraussetzung für alle Regelungen des Arbeitgebers im Bereich der mitbestimmungspflichtigen Angelegenheiten ab.[263] Die Vertreter der Theorie der erzwingbaren Mitbestimmung gehen davon aus, dass einseitige Maßnahmen seitens des Arbeitgebers, die ohne Beteiligung des Betriebsrats erfolgen, wirksam sind und der Betriebsrat eine Regelung in mitbestimmungspflichtigen Angelegenheiten durch die Anrufung der Einigungsstelle erzwingen kann.[264] Dieser Ansicht wird aber mangelnde Praktikabilität entgegengehalten.[265] Zudem entstehen im betriebsverfassungswidrigen Zustand, der mit der Entscheidung der Einigungsstelle endet, durch die Nichtbeteiligung Nachteile, die nicht alle durch

---

257 GK-*Wiese*, § 87 BetrVG, Rn. 100.
258 GK-*Wiese*, § 87 BetrVG, Rn. 101.
259 *Merten*, MB bei der Bildschirmarbeit, S. 182; allg. GK-*Wiese*, § 87 BetrVG, Rn. 122 f.
260 GK-*Wiese*, § 87 BetrVG, Rn. 122.
261 *Wlotzke*, FS Hilger/Stumpf, S. 723, 746; a.A. GK-*Wiese*, § 87 BetrVG, Rn. 641.
262 GK-*Wiese*, § 87 BetrVG, Rn. 641 i.V.m. 162 ff.
263 *Richardi*, § 87 BetrVG, Rn. 101, 104 ff.; H/S/W/G-*Worzalla*, § 87 BetrVG, Rn. 91.
264 Vgl. *Tuchbreiter*, Beteiligungsrechte des BR bei flexiblen ArbZ-modellen, S. 72.
265 GK-*Wiese*, § 87 BetrVG, Rn. 105; *BAG 03.05.1994*, NZA 1995, 40, 43.

den Einigungsstellenspruch abgewendet werden können bzw. durch einen Vollzug werden häufig Fakten geschaffen, die nicht oder nur schwer wieder beseitigt werden können.[266]

c) Einschränkungen der Theorie der Wirksamkeitsvoraussetzung

Eine weitere Ansicht[267] nimmt Differenzierungen im Rahmen der Theorie der Wirksamkeitsvoraussetzungen nach der Art der vorzunehmenden Maßnahme vor. Bei der Bestimmung individualrechtlicher Folgen durch die Nichtbeteiligung des Betriebsrats ist der Schutzzweck der Mitbestimmung in sozialen Angelegenheiten zu beachten. Arbeitnehmern wird über die Institution Betriebsrat die Möglichkeit einer gleichberechtigten Teilnahme an Arbeitgeberentscheidungen eingeräumt, durch die sie betroffen sind.[268] Gleichzeitig ist zu beachten, dass das BetrVG Arbeitnehmerschutzrecht ist und die Mitbestimmungsrechte auch dem Schutz des einzelnen Arbeitnehmers dienen.[269]
Weiterhin wird zu Recht geltend gemacht, dass der Arbeitgeber aus der Verletzung von Beteiligungsrechten des Betriebsrats keinen Rechtsvorteil im Verhältnis zu den Arbeitnehmern ziehen soll.[270]
Der Schutzzweck der Mitbestimmung erfordert es daher, dass den einzelnen Arbeitnehmer belastende Maßnahmen, die also seine Rechtsposition verschlechtern oder vereiteln, individualrechtlich regelmäßig unwirksam sind und daher für den Arbeitnehmer keine Verpflichtung abzuleiten ist.[271] Dagegen entspricht es nicht dem Schutzzweck der Mitbestimmung, wenn bei begünstigenden Maßnahmen, die an sich mitbestimmungspflichtig sind, ebenso explizit die Unwirksamkeit als Folge der Verletzung von Mitbestimmungsrechten angenommen werden wür-

---

266 Vgl. *Tuchbreiter*, Beteiligungsrechte des BR bei flexiblen ArbZ-modellen, S. 72 f.

267 *F/E/S/T/L*, § 87 BetrVG, Rn. 599, 606; HaKo-BetrVG/*Kohte*, § 87 BetrVG, Rn. 26 f.; MünchArbR-*Matthes*, § 330, Rn. 7; *Tuchbreiter*, Beteiligungsrechte des BR bei flexiblen ArbZ-modellen, S. 73; *v. Hoyningen-Huene*, DB 1987, 1426, 1430; *ders.* RdA 1992, 355, 359

268 Vgl. in diesem Kapitel bereits S. 277 f., 291 f.

269 *F/E/S/T/L*, § 87 BetrVG, Rn. 599; *Tuchbreiter*, Beteiligungsrechte des BR bei flexiblen ArbZ-modellen, S. 70; MünchArbR-*Matthes*, § 330, Rn. 7.

270 MünchArbR-*Matthes*, § 330, Rn. 7; *Tuchbreiter*, Beteiligungsrechte des BR bei flexiblen ArbZ-modellen, S. 74; *BAG 20.8.1991*, NZA 1992, 225 ff., *BAG GS 03.12.1991*, NZA 1992, 749, 759; *v. Hoyningen-Huene*, DB 1987, 1426; 1430.

271 MünchArbR-*Matthes*, § 330, Rn. 7; HaKo-BetrVG/*Kohte*, § 87 BetrVG, Rn. 26; *F/E/S/T/L*, § 87 BetrVG, Rn. 599; *Tuchbreiter*, Beteiligungsrechte des BR bei flexiblen ArbZ-modellen, S. 74; *BAG 13.7.1977*, AP Nr. 2 zu § 87 BetrVG 1972 Kurzarbeit; im Ergebnis auch *BAG 10.3.1998*, NZA 1998, 1242.

de.[272] Zugunsten einzelner Arbeitnehmer wird auf den Grundsatz des Vertrauensschutzes bzw. das Verbot widersprüchlichen Verhaltens abgestellt.[273] Voraussetzung für die Annahme eines Vertrauenstatbestandes soll sein, dass der Arbeitnehmer auf der Grundlage der einseitigen Arbeitgeberregelung finanzielle oder sonstige Vorkehrungen getroffen hat, die nicht ohne weiteres rückgängig gemacht werden können.[274]
So ist die Verpflichtung des Arbeitgebers zur Zahlung einer Nacht- oder Schichtzulage wirksam, wenn die Arbeitnehmer Nacht- und Schichtarbeit erbracht haben, obwohl die Anordnung von Nacht- oder Schichtarbeit auf Grund fehlender Beteiligung des Betriebsrats unwirksam war.[275] Ebenso behält der Arbeitnehmer seinen Anspruch auf Lohnzahlung, insbesondere des Zuschlags, wenn der Arbeitgeber einseitig unter Verletzung des Mitbestimmungsrechts den Arbeitnehmer von der Wechsel- in die Normalschicht abordnet.[276]

Des Weiteren müssen auch die Besonderheiten der einzelnen Mitbestimmungstatbestände berücksichtigt werden.[277] Daher sind bei Verletzung von Mitbestimmungsrechten nach § 87 Abs. 1 Nr. 7 BetrVG die Besonderheiten des Arbeitsschutzrechts in Bezug auf die Bestimmung der individualrechtlichen Folgen zu beachten.[278]
Eine Auffassung lehnt die Mitbestimmung des Betriebsrats nach § 87 Abs. 1 Nr. 7 BetrVG als Wirksamkeitsvoraussetzung ab.[279] Zur Begründung wird auf die öffentlich-rechtliche Verpflichtung des Arbeitgebers zur Einhaltung der Arbeitsschutznormen verwiesen. Außerdem haben die Arbeitnehmer ein Leistungsverweigerungsrecht wegen Verletzung der Fürsorgepflicht, wenn der Arbeitgeber die Arbeitsschutzvorschriften nicht beachte. Die Verletzung der Mitbestimmung soll insoweit keine Auswirkungen haben. Die Anwendung der Theorie der Wirksamkeitsvoraussetzung soll zu dem widersprüchlichen Ergebnis kommen, dass der Arbeitgeber eine Maßnahme ohne Zustimmung des Betriebsrats nicht durchführen darf und sich deswegen Ansprüchen des einzelnen Arbeitnehmers

---

272 *Tuchbreiter,* Beteiligungsrechte des BR bei flexiblen ArbZ-modellen, S. 74; HaKo-BetrVG/*Kohte,* § 87 BetrVG, Rn. 27; *F/E/S/T/L,* § 87 BetrVG, Rn. 606.

273 *v. Hoyningen-Huene,* RdA 1992, 355, 359; vgl. auch *BAG 22.11.1963,* ArbuR 1964, 24.

274 *v. Hoyningen-Huene,* DB 1987, 1426, 1430.

275 Vgl. in Bezug auf Anordnung von Mehrarbeit und Zahlung der entsprechenden Vergütung *BAG 5.7.1976,* DB 1976, 1868 f.; DKK-*Klebe,* § 87 BetrVG, Rn. 4.

276 *LAG Baden Württemberg 27.10.1994,* AiB 1995, 291 f.; DKK-*Klebe,* § 87 BetrVG, Rn. 4

277 Allgemein *Tuchbreiter,* Beteiligungsrechte des BR bei flexiblen ArbZ-modellen, S. 73.

278 So zutreffend *Merten,* MB bei der Bildschirmarbeit, S. 183.

279 *Richardi,* § 87 BetrVG, Rn. 566; MünchArbR-*Matthes,* § 343, Rn. 38; H/S/W/G-*Worzalla,* § 87 BetrVG, Rn. 369.

wegen Verletzung seiner arbeitsvertraglichen Pflichten aus § 618 Abs. 1 BGB ausgesetzt sehe. Dagegen ist nach anderer Auffassung die Mitbestimmung des Betriebsrats nach § 87 Abs. 1 Nr. 7 BetrVG Wirksamkeitsvoraussetzung.[280] Die Normen des Arbeitsschutzes seien bereits vor ihrem Inkrafftreten bekannt und der Arbeitgeber könne so die erforderlichen Regelungen rechtzeitig treffen. Etwas anderes könne jedoch in Notfällen gelten, wenn der Sachverhalt nicht vorhersehbar war.[281]

Zu Recht wird vertreten, dass die Theorie der notwendigen Mitbestimmung in sog. Eilfällen, in denen eine unmittelbare Gefahr für Leben oder Gesundheit besteht, bereits auf Grund der Grundrechts aus Art. 2 Abs. 2 GG einzuschränken sei und vom Arbeitgeber getroffene Arbeitsschutzmaßnahmen auch ohne vorherige Einigung mit dem Betriebsrat wirksam sind.[282] Die Mitbestimmung des Betriebsrats hat insofern hinter der Verpflichtung des Arbeitgebers aus der Arbeitsschutzvorschrift ausnahmsweise vorläufig zurückzutreten.[283] In diesen Fällen ist es ausreichend, wenn der Arbeitgeber die Initiative zur Regelung mit dem Betriebsrat ergreift.[284]

Da die Arbeit zur Nachtzeit und in Schichten, auch bei einer vorhandenen Kumulation mit weiteren Belastungsfaktoren, mit solchen Gesundheitsbelastungen verbunden ist, die erst bei dauerhafter Ausübung zu Gesundheitsschäden führen, wird ein solcher Eilfall in der Regel zu verneinen sein, so dass der Arbeitgeber zu einer Einigung mit dem Betriebsrat, sei es auch in Form eines Einigungsstellenspruchs, verpflichtet ist. Auch ist z.B. die Regelung des § 3 Abs. 1 S. 1 ArbSchG seit 1996 in Kraft, so dass ihr Inhalt seit langem bekannt ist und die Beteiligung des Betriebsrats an der Gestaltung der Arbeitsbedingungen grundsätzlich zwingende Voraussetzung für ihre individualrechtliche Durchführung ist. Der Entwurf der Gefahrstoffverordnung datierte beispielsweise vom Mai 2003, so dass der Arbeitgeber ausreichend Zeit hatte, sich auf die geplanten Neuregelungen einzustellen.

Der Auffassung, die die Theorie der Wirksamkeitsvoraussetzung ablehnt, kann zudem entgegengehalten werden, dass der einzelne Arbeitnehmer gerade keinen individualrechtlichen Anspruch auf eine konkrete Arbeitsgestaltung hat, sondern nur auf die Ausübung des Ermessens bei der Gestaltung der Arbeitsbedingungen beim Zusammentreffen von Nacht- und Schichtarbeit mit weiteren Belastungs-

---

280 GK-*Wiese*, § 87 BetrVG, Rn. 641; *F/E/S/T/L*, § 87 BetrVG, Rn. 289.

281 GK-*Wiese*, § 87 BetrVG, Rn. 641.

282 *Merten*, MB bei der Bildschirmarbeit, S. 184; *F/E/S/T/L*, § 87 BetrVG, Rn. 289, ablehnend GK-*Wiese*, § 87 BetrVG, Rn. 641.

283 So ausdrücklich *Wlotzke*, FS Hilger/ Stumpf (1983), S. 723, 746.

284 *Merten*, MB bei der Bildschirmarbeit, S. 184.

faktoren durch den Arbeitgeber.[285] Diese Ermessensausübung als Prozess der Bewertung der einzelnen Gefährdungen und Aufstellung entsprechender Arbeitsschutzmaßnahmen bietet einen ausreichenden (auch zeitlichen) Ansatz für eine Mitbestimmung des Betriebsrats.
Außerdem reicht es zur Vermeidung individualrechtlicher Ansprüche der Arbeitnehmer, dass Arbeitgeber und Betriebsrat in das Mitbestimmungsverfahren eintreten, sofern keine unmittelbare Gefahr für Gesundheit und Sicherheit der Beschäftigten besteht.[286] Somit ergibt sich kein Wertungswiderspruch zwischen Betriebsverfassungsrecht und Individualrecht.
Von der konkreten Ausgestaltung der Arbeitsbedingungen ist jedoch die Einführung von Nacht- und Schichtarbeit zu trennen. Die einseitige Anordnung des Arbeitgebers zur Ableistung von Nacht- und Schichtarbeit, wodurch erstmalig im Betrieb diese Arbeitszeitsystem eingeführt wird oder der Arbeitnehmer erstmalig zu dieser Arbeit herangezogen wird, ist als belastende Maßnahme ohne Zustimmung des Betriebsrats unwirksam. Der Arbeitnehmer kann in diesem Fall von seinem Leistungsverweigerungsrecht Gebrauch machen, da die Anordnung des Arbeitgebers unwirksam ist.
Fraglich ist, ob die darüber hinaus genannten Einschränkungen der Theorie der notwendigen Mitbestimmung im Hinblick auf die vorgenommene Differenzierung zwischen belastenden und begünstigenden Maßnahmen auch bei § 87 Abs. 1 Nr. 7 BetrVG Anwendung erfährt. Einseitig vom Arbeitgeber getroffene Arbeitsschutzmaßnahmen können sich bei einem bestehenden Vollzugsdefizit des Arbeitsschutzes bereits als begünstigend für die Arbeitnehmer erweisen, da die insoweit getroffenen Anordnungen oder Vereinbarungen zur Verbesserung des Arbeits- und Gesundheitsschutzes beitragen.
Würde man die individualrechtliche Wirksamkeit entsprechender Arbeitsschutzmaßnahmen bejahen, besteht die Gefahr, dass das Mitbestimmungsrecht nach § 87 Abs. 1 Nr. 7 BetrVG unterlaufen wird, die Gestaltungsmaßnahmen des Arbeitgebers sich auf das "absolute Minimum" begrenzen und auch die Erfahrungen und Kenntnisse der Beschäftigten nicht hinreichend berücksichtigt werden, so dass letztlich der Schutzzweck von § 87 Abs. 1 Nr. 7 BetrVG, der in einer Intensivierung und Effektivierung des Arbeitsschutzes besteht, nicht umfassend erreicht wird. Die Theorie der Wirksamkeitsvoraussetzung ist daher auch in solchen Fallkonstellationen anzuwenden.

---

285 Vgl. S. 260 ff., 269.
286 Vgl. S. 268 f.

VI. Menschengerechte Gestaltung der Arbeit gem. § 91 BetrVG

Nachdem die Mitbestimmung des Betriebsrats in sozialen Angelegenheiten gem. § 87 BetrVG untersucht wurde, soll auf weitere Mitbestimmungs- und Beteiligungsrechte eingegangen werden.

1. Sinn und Zweck von § 91 BetrVG

§ 91 BetrVG normiert ein weiteres erzwingbares, wenn auch korrigierendes Mitbestimmungsrecht des Betriebsrats in den Fällen, in denen Arbeitnehmer durch Änderungen der Arbeitsplätze, des Arbeitsablaufs oder der Arbeitsumgebung, die den gesicherten arbeitswissenschaftlichen Erkenntnissen offensichtlich widersprechen, in besonderer Weise belastet werden. Bei Vorliegen dieser Tatbestandsvoraussetzungen kann der Betriebsrat angemessene Maßnahmen zur Abwendung, Milderung oder zum Ausgleich der Belastungen verlangen.
§ 91 BetrVG soll dazu beitragen, dass präventiv Gesundheitsschäden und - gefahren vermieden werden, so dass bereits im Vorfeld entsprechende Belastungen vermieden werden.[287] Der Verweis auf gesicherte arbeitswissenschaftliche Erkenntnisse beinhaltet eine Dynamisierung sowohl der arbeitswissenschaftlichen Forschung als auch der Umsetzung ihrer neuesten Erkenntnisse in die Praxis.[288] Der Begriff der menschengerechten Gestaltung der Arbeit bezieht sich aber nicht nur auf die Vermeidung von gesundheitlichen Belastungen, sondern umfasst auch das Streben nach einer Arbeitsgestaltung, die der Würde des Menschen entspricht und eine freie Entfaltung der Persönlichkeit des Arbeitnehmers dient.[289]

2. Voraussetzungen des korrigierenden Mitbestimmungstatbestandes

§ 91 BetrVG setzt eine Änderung des Arbeitsablaufs bzw. der Arbeitsumgebung voraus, d.h. bestehende Anlagen bzw. gleichbleibende Verhältnisse erfüllen die-

---

[287] HaKo-BetrVG/*Kohte,* § 91 BetrVG, Rn. 1; *Engel,* ArbuR 1979, 79, 82 stellt klar, dass § 91 BetrVG auch solche Verhältnisse am Arbeitsplatz erfasst, die keine Gesundheitsgefährdung darstellen.

[288] *Hofe,* ArbuR 1979, S. 79, 83; vgl hierzu bereits ausführlich S. 153 ff.

[289] *F/E/S/T/L,* § 90 BetrVG, Rn. 39, *Engel,* ArbuR 1982, 79, 81; vgl. bereits S. 128 ff.

se Anforderungen nicht.[290] Als Änderung i.S.d. § 91 BetrVG kann jede Neuerrichtung oder Neugestaltung bzw. jede Veränderung des technischen oder organisatorischen Zustands angesehen werden, soweit es sich nicht um Renovierungen, Reparaturen oder Ersatzbeschaffungen handelt.[291] Daher fallen sowohl die Einführung von Nacht- und Schichtarbeit als auch Veränderungen bestehender Schichtarbeit unter den Begriff der Änderung des Arbeitsablaufs, so dass diese Voraussetzung von § 91 BetrVG erfüllt ist. Gleiches gilt, wenn Veränderungen bei der Arbeitsgestaltung im Rahmen von Nacht- und Schichtarbeit vorgenommen werden.

Das korrigierende Mitbestimmungsrecht des Betriebsrats nach § 91 BetrVG greift außerdem nur dann ein, wenn die Änderungen den gesicherten arbeitswissenschaftlichen Erkenntnissen[292] offensichtlich widersprechen. Ein solcher offensichtlicher Widerspruch liegt dann vor, wenn er für den Fachmann, also für einen arbeitswissenschaftlichen Sachverständigen, der mit dem konkreten Lebenssachverhalt vertraut ist, ohne weiteres, d.h. eindeutig und ohne ausführliche Untersuchungen erkennbar ist.[293] Abzulehnen ist dagegen die Ansicht, die auf die sofortige Erkennbarkeit für jeden betrieblichen Praktiker abstellt[294], da eine solche Auslegung die Anbindung an die gesicherten arbeitswissenschaftlichen Erkenntnisse nicht hinreichend berücksichtigt[295].

Der Betriebsrat kann nur dann Abhilfemaßnahmen verlangen, wenn die Maßnahmen des Arbeitgebers eine besondere Belastung für die Arbeitnehmer darstellen. Der Betriebsrat braucht einen offensichtlichen Verstoß des Arbeitgebers gegen gesicherte arbeitswissenschaftliche Erkenntnisse und eine besondere Belastung der Arbeitnehmer nicht erst abzuwarten, sondern kann bereits im Planungsstadium – soweit erkennbar – Abhilfemaßnahmen verlangen.[296] Fraglich ist, ob das Tatbestandsmerkmal der besonderen Belastung der Arbeitnehmer ei-

---

290 *BAG 28.07.1981,* AP Nr. 3 zu § 87 BetrVG 1972 Arbeitssicherheit; DKK-*Klebe,* § 91 BetrVG, Rn. 4, der zu Recht feststellt, dass auf Grund der Verbesserungsverpflichtung des Arbeitgebers in § 3 Abs. 1 ArbSchG die "gleichbleibenden Verhältnisse" seltener werden.

291 *Heither,* AR-Blattei SD 530.14.7, Rn. 43.

292 Zum Begriff der gesicherten arbeitswissenschaftlichen Erkenntnisse, S. 153 ff.

293 DKK-*Klebe,* § 91 BetrVG, Rn. 14; *Löwisch/Kaiser,* § 91 BetrVG, Rn. 5; GK-*Wiese,* § 91 BetrVG, Rn. 14; HaKo-BetrVG/*Kohte,* § 91 BetrVG, Rn. 8; *Klinkhammer,* ArbuR 1983, 321, 328 versteht „offensichtlich" nur i.S.v. schwerwiegend.

294 So z.B. *LAG Baden-Württemberg,* BB 1981, 1577, 1578; *LAG Niedersachsen,* BB 1982, 1609, 1612; MünchArbR-*Matthes,* § 345, Rn. 36.

295 *Wagner,* MB bei Bildschirmtechnologien, S. 155; HaKo-BetrVG/*Kohte,* § 91 BetrVG, Rn. 8.

296 *BAG 6.12.1983,* AP Nr. 7 zu § 87 BetrVG Überwachung mit Anm. *Richardi; F/E/S/T/L,* § 91 BetrVG, Rn. 15; *Faber,* AiB 1995, 443, 445.

genständige Bedeutung hat. In der Regel wird bei einem offensichtlichen Widerspruch gegen gesicherte arbeitswissenschaftliche Erkenntnisse vom Vorliegen einer besonderen Belastung der Beschäftigten auszugehen sein.[297] Dennoch soll nicht jede geringfügige Abweichung von gesicherten arbeitswissenschaftlichen Erkenntnissen das korrigierende Mitbestimmungsrecht des Betriebsrats auslösen.[298]
Nach anderer Auffassung ist dagegen allein entscheidend, dass ein offensichtlicher Widerspruch zu gesicherten arbeitswissenschaftlichen Erkenntnissen vorliegt, so dass dem Merkmal der besonderen Belastung keine eigenständige Bedeutung beizumessen sei.[299] Diese Ansicht widerspricht zum einem dem Wortlaut des Gesetzes und auch Sinn und Zweck der Regelung. Dem Wortlaut ist zu entnehmen, dass beide Tatbestandsvoraussetzungen „aufeinander bezogen“ sind.[300] Praktisch widerlegen dies bereits die gesicherten arbeitswissenschaftlichen Erkenntnisse zur Gestaltung von Nacht- und Schichtarbeitszeit.
Nicht jeder einzelne Verstoß gegen eine solche gesicherte arbeitswissenschaftliche Erkenntnis stellt zugleich eine besondere Belastung für die Arbeitnehmer dar. Dem Arbeitgeber ist es im Rahmen von § 6 Abs. 1 ArbZG nicht möglich, alle arbeitswissenschaftlichen Erkenntnisse in die Gestaltung des Dienstplans einfließen zu lassen. Dem Zweck des Mitbestimmungsrechts entspricht es daher, wenn eine besondere Belastung der Arbeitnehmer bei einem Widerspruch gegen gesicherte arbeitswissenschaftliche Erkenntnisse widerleglich vermutet wird und dem Arbeitgeber die Möglichkeit des Gegenbeweises eingeräumt wird. Im Zusammenhang mit der besonderen Belastung der Arbeitnehmer ist darauf hinzuweisen, dass es sich hierbei nicht um eine Belastung auf Dauer handeln muss, sondern auch zeitlich beschränkte Belastungen ausreichend sind.[301]
Die besondere Bedeutung von § 91 BetrVG ist schließlich darin zu sehen, dass das Mitbestimmungsrecht bereits dann ausgelöst wird, sobald ein einzelner Arbeitnehmer durch die Arbeitgebermaßnahme besonders belastet wird[302] und zwar auch dann, wenn die Belastung auf in der Person der Arbeitnehmers liegende Gründe zurückzuführen ist, da Inhalt einer menschengerechten Gestaltung

---

297 Ebenso *Wagner*, MB bei Bildschirmtechnologien, S. 156; *Klinkhammer*, ArbuR 1983, 321, 327. Ähnlich *Engel*, ArbuR 1982, 79, 83 f., die in dem Merkmal der "besonderen Belastung" lediglich eine zusätzliche Umschreibung sieht.

298 HaKo-BetrVG/*Kohte*, § 91 BetrVG, Rn. 10; MünchArbR-*Matthes*, § 345, Rn. 38.

299 DKK-*Klebe*, § 91 BetrVG, Rn. 16;

300 *Klinkhammer*, ArbuR 1983, 321, 327.

301 DKK-*Klebe*, § 91 BetrVG, Rn. 17; GK-*Wiese*, § 91 BetrVG, Rn. 17; HaKo-BetrVG/*Kohte*, § 91 BetrVG, Rn. 9; *Richardi/Annuß*, § 91 BetrVG, Rn. 12; andere abzulehnende Auffassung *Heither*, AR-Blattei SD 530.14.7, Rn. 46.

302 *Heilmann/Kralle/Ortmann/Trümer*, Der Betriebsrat 1983, 181, 195.

der Arbeit auch die Berücksichtigung der individuellen Belastungsfähigkeit des Beschäftigten und individuellen Beeinträchtigung auf Grund körperlicher Behinderung oder besonderer Lebenssituationen ist.[303] Soweit angemessene Abhilfemaßnahmen zur Verringerung der Belastungen erforderlich sind, hat der Betriebsrat daher mitzubestimmen, welche konkreten Korrekturmaßnahmen im Einzelfall ergriffen werden.[304] An dieser Stelle wird u.a. die Bedeutung von § 91 BetrVG im Verhältnis zu § 87 Abs. 1 Nr. 7 BetrVG sichtbar. § 87 Abs. 1 Nr. 7 BetrVG, der sich nur auf kollektive Regelungen bezieht, wird durch § 91 BetrVG ergänzt, soweit es sich um Maßnahmen im Einzelfall handelt.[305]
Fraglich ist, ob bei kollektiven Regelungen, für die das Mitbestimmungsrecht nach § 87 Abs. 1 Nr. 7 BetrVG in Betracht kommt, der Betriebsrat sich auch auf den Mitbestimmungstatbestand des § 91 BetrVG berufen könnte. Zu Recht wird vertreten, dass keiner der beiden Mitbestimmungstatbestände als spezieller einzustufen ist, sondern beide in ihrem jeweiligen Anwendungsbereich mit den je unterschiedlichen tatbestandlichen Voraussetzungen gelten.[306] In der praktischen Anwendung wird auf Grund seiner tatbestandlichen Voraussetzungen in der Regel § 87 Abs. 1 Nr. 7 BetrVG der Vorzug gegenüber § 91 BetrVG zu gegeben sein, so dass § 91 BetrVG in dieser Hinsicht nur eine untergeordnete Rolle spielt. Bedeutung erlangt § 91 BetrVG in den Fällen, in denen Maßnahmen der menschengerechten Gestaltung der Arbeit nicht mehr die gesundheitsnahen Aspekte betreffen und daher über § 2 Abs. 1 ArbSchG und damit auch über § 87 Abs. 1 Nr. 7 BetrVG hinausgehen.
Insofern ist § 91 BetrVG ein zentrales Mitbestimmungsrecht, soweit es die Gestaltung persönlichkeitsrelevanter Bereiche der Arbeitsumgebung betrifft.
Wenn konkrete Ausgleichsmaßnahmen getroffen werden sollen, ist im Wege systematischer Interpretation § 87 Abs. 1 ES. BetrVG anzuwenden, so dass darauf zu achten ist, ob abschließende gesetzliche oder tarifliche Regelungen vorliegen, in denen Ausgleichsmaßnahmen für konkrete arbeitswissenschaftliche Belastungen festgelegt sind.[307] Bereits § 6 Abs. 1 ArbZG erfordert zwingend, dass die Gestaltung der Arbeitszeit nach gesicherten arbeitswissenschaftlichen Erkenntnissen zu erfolgen hat, so dass Ausgleichsmaßnahmen in Bezug auf den

---

303 MünchArbR-*Wlotzke*, § 206 Rn. 14; *Kittner/Pieper*, ArbSchG, § 2, Rn. 9; *Anzinger/Bieneck*, § 1 ASiG, Rn. 20; DKK-*Klebe*, § 91 BetrVG, Rn. 18; andere abzulehnende Auffassung *F/E/S/T/L*, § 91 BetrVG, Rn. 6; GK-*Wiese*, § 91 BetrVG, Rn. 20.

304 *Hofe*, ArbuR 1979, 79, 82; HaKo-BetrVG/*Kohte*, § 91 BetrVG, Rn. 4.

305 *Hofe*, ArbuR 1979, 79, 82.

306 *BAG 2.4.1996*, NZA 1996, 998, 1001; MünchArbR-*Matthes*, § 345, Rn. 30; GK-*Wiese*, § 91 BetrVG, Rn. 23; *Kittner*, FS Däubler (1999), S. 690, 692 f.; *Merten*, MB bei der Bildschirmarbeit, S. 231.

307 *Hofe*, ArbuR 1979, 79, 81; HaKo-BetrVG/*Kohte*, § 91 BetrVG, Rn. 17.

gesundheitsnahen Bereich der menschengerechten Gestaltung festgelegt sind, auch wenn diese offen formuliert sind. Da § 6 Abs. 1 ArbZG jedoch nur Mindeststandards setzt, ist diese Norm nicht abschließend. Nicht von § 6 Abs. 1 ArbZG erfasst werden zudem gesicherte arbeitswissenschaftliche Erkenntnisse, die sich auf die soziale Angemessenheit der Arbeitszeitgestaltung beziehen.[308] Überdies ist § 6 Abs. 1 ArbZG auf den engen Bereich der Schichtplangestaltung begrenzt, so dass nicht für den gesamten Bereich der gesicherten arbeitswissenschaftlichen Erkenntnisse bezüglich Nacht- und Schichtarbeit konkrete Ausgleichsmaßnahmen abschließend gesetzlich vorgegeben sind.
Es kommen daher weitere angemessene Maßnahmen zur Abwendung, Milderung oder zum Ausgleich der Belastungen in Betracht. Zwischen den genannten Arten von Maßnahmen besteht eine Rangfolge.[309] Als Abwendungsmaßnahmen kommt daher vor allem der Abbau von Nacht-, Dauerspät- bzw. Dauerfrüh- und Wechselschichten in Betracht. Soweit diese Maßnahmen technisch nicht möglich oder wirtschaftlich unvertretbar sind, sollen auf nächster Stufe Maßnahmen zur Milderung der Belastung geprüft werden.[310] In Betracht kommen hier z.B. verlängerte Pausen oder zusätzliche Kurzpausen und Maßnahmen zur Vermeidung sozialer Isolierung.[311]
Zuletzt kommen Maßnahmen in Betracht, die dem Ausgleich der mit Nacht- und Schichtarbeit verbundenen Belastungen dienen. Dazu zählt auch die Gewährung von Zusatzurlaub, insbesondere dann, wenn der Arbeitgeber nach § 6 Abs. 5 ArbZG Entgeltzahlungen zum Ausgleich der Nachtarbeit leistet, da § 6 Abs. 5 ArbZG nicht als abschließend zu betrachten ist. Weiterhin ist an eine schichtarbeitsgerechte Verpflegung für die betroffenen Arbeitnehmer zu denken. Besondere Aufmerksamkeit verdienen ältere Beschäftigte, so dass auch für langjährig in Nacht- und Schichtarbeit Beschäftigte Regelungen über einen vorzeitigen Eintritt in den Ruhestand bei entsprechender Einkommenssicherung in Betracht kommen.

---

308 Vgl. S. 186.

309 *Heilmann/Kralle/Ortmann/Trümner*, Der Betriebsrat 1983, 181, 194; HaKo-BetrVG/*Kohte*, § 91 BetrVG, Rn. 13; *F/E/S/T/L*, § 91 BetrVG, Rn. 18.

310 DKK-*Klebe*, § 91 BetrVG, Rn. 20.

311 *Heilmann/Kralle/Ortmann/Trümner*, Der Betriebsrat 1983, 181, 195; *Schoof*, AiB 1995, 265, 275.

VII. Freiwillige Mitbestimmung nach § 88 BetrVG

Nachdem die erzwingbaren Mitbestimmungsrechte des Betriebsrates im Rahmen des Arbeits- und Gesundheitsschutzes dargestellt worden sind, soll nunmehr auf die Möglichkeit der freiwilligen Mitbestimmung gem. § 88 Nr. 1 BetrVG verwiesen werden.

1. Allgemeine Voraussetzungen

In § 88 Nr. 1 BetrVG ist bestimmt, dass zusätzliche Maßnahmen zur Verhütung von Arbeitsunfällen und Gesundheitsschädigungen durch Betriebsvereinbarung geregelt werden können. Diese Norm ergänzt § 87 BetrVG, so dass dem Betriebsrat die Möglichkeit eröffnet wird, Betriebsvereinbarungen u.a. auch über soziale Angelegenheiten abzuschließen, die nicht nach § 87 BetrVG mitbestimmungspflichtig sind.[312] Im Rahmen des § 88 BetrVG verfügt der Arbeitgeber im Gegensatz zur erzwingbaren Mitbestimmung nach § 87 BetrVG nicht über ein Initiativrecht, sondern kann den Abschluss einer freiwilligen Betriebsvereinbarung über § 80 Abs. 1 Nr. 2 BetrVG nur anregen.[313] Der Abschluss einer Betriebsvereinbarung ist auch nicht durch einen Spruch der Einigungsstelle erzwingbar, wobei aber die Möglichkeit besteht, die Einigungsstelle auf freiwilliger Basis gem. § 76 Abs. 6 BetrVG einzuschalten.[314]
§ 88 Nr. 1 BetrVG sieht dabei ausdrücklich die Möglichkeit vor, freiwillige Betriebsvereinbarungen zur Verhütung von Arbeitsunfällen und Gesundheitsschädigungen abzuschließen, die über die gesetzlich vorgeschriebenen Maßnahmen hinausgehen, zu deren Durchführung der Arbeitgeber auf Grund fehlender rechtlicher Vorgaben nicht verpflichtet ist. Dies trifft auch für Maßnahmen zu die über den Regelungsgehalt bestehender Unfallverhütungsvorschriften reichen[315].

---

312 *F/E/S/T/L,* § 88 BetrVG, Rn. 1 ff.; HaKo-BetrVG/*Kohte,* § 88 BetrVG, Rn. 4 f.; a.A. *Richardi,* § 80 BetrVG, Rn. 2; GK-*Wiese,* § 88 BetrVG, Rn. 10, die § 88 BetrVG nur auf soziale Angelegenheiten beziehen.

313 *Merten,* MB bei der Bildschirmarbeit, S. 238.

314 DKK-*Däubler,* § 88 BetrVG, Rn. 14; *Richardi,* § 88 BetrVG, Rn. 2.

315 DKK-*Däubler,* § 88 BetrVG, Rn. 10.

2. Zusätzliche Maßnahmen zu Nacht- und Schichtarbeit gem. § 88 BetrVG

Im Bereich von Nacht- und Schichtarbeit sind zahlreiche zusätzliche Maßnahmen denkbar, die über den verpflichtenden Arbeitsschutz i.S.d. öffentlich-rechtlichen Vorschriften und autonomen Unfallverhütungsvorschriften hinausgehen und daher in einer freiwilligen Betriebsvereinbarung nach § 88 BetrVG verankert werden können. In dieser Hinsicht sind zusätzliche Maßnahmen möglich, die an die Belastung durch Dauer und Lage der Arbeitszeit anknüpfen und solche, die auf eine Vermeidung und Verringerung von Mehrfachbelastungen gerichtet sind.
In einer freiwilligen Betriebsvereinbarung gem. § 88 BetrVG können Arbeitgeber und Betriebsrat über die Regelung des § 6 Abs. 1 ArbZG hinaus vereinbaren, dass neue arbeitswissenschaftliche Erkenntnisse, die bisher noch nicht gesichert sind, in die Schichtplangestaltung einfließen. Zudem können im Rahmen des § 88 BetrVG Vereinbarungen zur betrieblichen Gesundheitsförderung nach § 20 SGB V getroffen werden.[316] Des Weiteren sind Vereinbarungen über die Gewährung von Vorsorgekuren denkbar.
U.a. kann vereinbart werden, dass workshops durchgeführt werden, an denen Nacht- und Schichtarbeitnehmer sowie deren Familienangehörige teilnehmen, um Themen rund um die "Nacht- und Schichtarbeit" unter fachkundiger Beratung zu diskutieren.

VIII. Sonstige Beteiligungsrechte

Nachdem die effektiven Durchsetzungsmöglichkeiten des Betriebsrats durch ihm zukommende Mitbestimmungsrechte diskutiert worden sind, ist auf die sonstigen Beteiligungsrechte des Betriebsrats einzugehen, die im Rahmen der Verwirklichung von Sicherheit und Gesundheitsschutz der Beschäftigten Bedeutung erlangen.

[316] HaKo-BetrVG/*Kohte*, § 88 BetrVG, Rn. 10.

1. Überwachungsrechte nach § 80 Abs. 1 Nr. 1 und § 89 Abs. 1 BetrVG

1.1. Allgemeines Überwachungsrecht nach § 80 Abs. 1 Nr. 1 BetrVG

Nach § 80 Abs. 1 Nr. 1 BetrVG obliegt es dem Betriebsrat, über die Durchführung der zugunsten von Arbeitnehmern geltenden Gesetze, Verordnungen, Unfallverhütungsvorschriften, Tarifverträge und Betriebsvereinbarungen zu wachen. Dieses eigenständige Überwachungsrecht des Betriebsrats ist dabei vom Eingreifen bestimmter konkreter Mitwirkungs- und Mitbestimmungsrechte unabhängig.[317] Dem Überwachungsrecht unterliegen auch die gesetzlichen Regelungen zum Sicherheits- und Gesundheitsschutz, so dass der Betriebsrat verpflichtet ist, die Einhaltung der Vorschriften des Arbeitsschutz - und des Arbeitszeitgesetzes zu überwachen. Zur Durchführung der Überwachung wird dem Betriebsrat ein - von der Zustimmung des Arbeitgebers unabhängiges - Zugangsrecht zu den Arbeitsplätzen der Beschäftigten eingeräumt[318], das auch im Zusammenhang mit der Gestaltung der Arbeitsbedingungen von Nacht- und Schichtarbeitnehmern bedeutsam ist. Im Einzelfall kann es der Grundsatz der vertrauensvollen Zusammenarbeit nach § 2 Abs. 1 BetrVG gebieten, dass u.U. eine Anmeldung der Betriebsbegehung und der Gesprächsführung mit den Beschäftigten beim Arbeitgeber erforderlich ist.[319]

Der Betriebsrat soll durch Betriebsbegehungen und Gespräche mit den Beschäftigten in die Lage versetzt werden, sich selbst ein Bild von den am Arbeitsplatz vorkommenden Arbeitsbedingungen zu machen. Die Ausübung des Zugangsrechtes ist - wie das Überwachungsrecht insgesamt - nicht von einem konkreten Verdacht eines Verstoßes abhängig, sondern kann ebenso präventiv in Anspruch genommen werden.[320] Mithin ist der Betriebsrat aus § 80 BetrVG berechtigt, Arbeitsplatzbegehungen und Gespräche mit den Beschäftigten durchzuführen, um die Einhaltung von § 6 Abs. 1 ArbZG und die auf Grund von § 3 Abs. 1 S. 1 i.V.m. § 4 ArbSchG getroffenen Arbeitsschutzmaßnahmen im Zusammenhang mit den Arbeitsbedingungen der Nacht- und Schichtarbeitnehmer zu überwachen.

Um die Einhaltung der Vorschriften des Arbeitszeitgesetzes zu überwachen, hat der Betriebsrat auch Arbeitsverträge auf ihre Vereinbarkeit mit dem Arbeitszeit-

---

317 *BAG 19.10.1999,* NZA 2000, 837; ErfK-*Kania,* § 80 BetrVG, Rn. 1.

318 *ArbG Stuttgart 19.02.2002,* NZA-RR 2002, 365; DKK-*Buschmann,* § 80 BetrVG, Rn. 14; ErfK-*Kania,* § 80 BetrVG, Rn. 6.

319 Vgl. hierzu ausführlich *ArbG Stuttgart 19.02.2002,* NZA-RR 2002, 365 ff.

320 *BAG 21.1.1982,* BAGE 37, 348, 350; *ArbG Stuttgart 19.02.2002,* NZA-RR 2002, 365 f.; HaKo-BetrVG/*Kohte,* § 80 BetrVG, Rn. 20

gesetz zu überprüfen.[321] Daher besteht z.B. eine Vorlagepflicht des Arbeitgebers hinsichtlich der im Betrieb verwandten Formulararbeitsverträge, die dann ausgeschlossen sein soll, wenn der Inhalt der Formulararbeitsverträge mit dem Betriebsrat abgestimmt ist und diese z.B. den Anforderungen des Nachweisgesetzes gerecht werden.[322] Der sich aus § 80 Abs. 2 i.V.m. Abs. 1 BetrVG ergebende Informationsanspruch des Betriebsrats stößt dort an seine Grenzen, wo eine Aufgabe des Betriebsrats offensichtlich nicht in Betracht kommt.[323] Somit können Formulararbeitsverträge von Nachtarbeitnehmern durch den Betriebsrat auf ihre Vereinbarkeit mit § 6 Abs. 5 ArbZG überprüft werden, da sich hieraus ein Regelungsbedürfnis für § 87 Abs. 1 Nr. 7 BetrVG ergeben kann, sofern der Betriebsrat nicht vorher von seinem Mitbestimmungsrecht Gebrauch gemacht hat. Eine individualrechtliche Durchsetzung des Anspruchs ist damit jedoch nicht verbunden.

Stellt der Betriebsrat einen Verstoß gegen die genannten Arbeitsschutzvorschriften fest, so lässt sich § 80 BetrVG nicht entnehmen, welche rechtlichen Konsequenzen abzuleiten sind. Die gewonnenen Ergebnisse aus der Überwachung können vor allem Anhaltspunkte für die Ausübung des Initiativrechts im Rahmen der Mitbestimmung nach § 87 Abs. 1 Nr. 7 BetrVG liefern und als Anregung entsprechender Kontrollen durch die zuständigen Behörden und Unfallversicherungsträger dienen.[324].

1.2. Überwachungs- und Unterstützungspflicht nach § 89 Abs. 1 BetrVG

§ 89 Abs. 1 BetrVG verstärkt für den Bereich des Arbeitsschutzes das in § 80 Abs. 1 Nr. 1 BetrVG zum Ausdruck kommende allgemeine Überwachungsrecht des Betriebsrats, indem ihm ausdrücklich die Pflicht auferlegt wird, sich für die Einhaltung der Arbeitsschutzvorschriften im Betrieb einzusetzen. Zur Durchführung dieser Pflicht kann der Betriebsrat alle erforderlichen Maßnahmen ergreifen; so hat er wiederum das Recht auf Betriebsbegehungen und kann von sich aus Kontrollen durchführen, zu denen auch unangemeldete Stichproben gehö-

---

321 Allgemein hierzu DKK-*Buschmann*, § 80 BetrVG, Rn. 13. Davon zu unterscheiden sind individuell ausgehandelte Vertragsansprüche, die vom Arbeitnehmer selbst überwacht und im gegebenen Fall durchgesetzt werden sollen (DKK-*Buschmann*, a.a.O.).

322 DKK-*Buschmann*, § 80 BetrVG, Rn. 13; *BAG 19.10.1999*, ArbuR 2000, 268 m. Anm. *Buschmann*.

323 *BAG 19.10.1999*, ArbuR 2000, 2001.

324 HaKo-BetrVG/*Kohte*, § 80 BetrVG, Rn. 26; *Merten*, MB bei der Bildschirmarbeit, S. 245; MünchArbR-*Matthes*, § 344, Rn. 10.

ren.[325] Weiterhin ergibt sich aus § 89 Abs. 1 S. 1 BetrVG die Verpflichtung des Betriebsrats, den Arbeitgeber auf Gefahren und Mißstände hinzuweisen und ihn auf Abhilfe zu drängen.[326]

Aus § 89 Abs. 1 S. 2 BetrVG lässt sich nicht nur ein Recht des Betriebsrats zur Unterstützung in Form von Anregung, Beratung und Auskunft der Arbeitsschutzbehörden und Trägern der Unfallversicherung ableiten, sondern dem Betriebsrat obliegt zugleich eine entsprechende Verpflichtung zur Einschaltung dieser außerbetrieblichen Stellen, soweit Arbeitsschutzvorschriften nicht eingehalten werden.[327] Dabei ist fraglich, ob der Betriebsrat sich vor Einschaltung der für den Arbeitsschutz zuständigen Stellen und Unfallversicherungsträgern an den Arbeitgeber wenden muss, um die Beseitigung der festgestellten Mängel zu erreichen.

Eine Auffassung bejaht auf Grund des Gebotes zur vertrauensvollen Zusammenarbeit nach §§ 2 Abs. 1, 74 Abs. 1 S. 2 BetrVG die vorherige innerbetriebliche Klärung[328], während eine andere Meinung dies in Übereinstimmung mit Art. 11 Abs. 6 RL 89/391/EWG nicht als strikte Anforderung ansieht[329]. Art. 11 Abs. 6 RL 89/391/EWG statuiert ein solches Recht der Arbeitnehmervertretungen, das gemäß den nationalen Rechtsvorschriften bzw. Praktiken ausgestaltet werden kann. M.E. erfordert es das Gebot der vertrauensvollen Zusammenarbeit im Regelfall, dass der Betriebsrat den Arbeitgeber vor Einschaltung der für den Arbeitsschutz zuständigen Behörden in Kenntnis setzt und ihm eine angemessene Frist zur Abhilfe setzt. Diese Pflicht obliegt dem Betriebsrat in allgemeiner Form bereits nach § 89 Abs. 1 S. 1 BetrVG. Ein solches Vorgehen ist dann entbehrlich, wenn der Arbeitgeber - auch bereits im Vorfeld - erkennbar die Erfüllung der Arbeitsschutzpflichten, z.B. aus § 6 Abs. 1 ArbZG, verweigert hat oder bei Vorliegen einer unmittelbaren Gefahr für Leben und Gesundheit der Beschäftigten. Insoweit kann der mit dem innerbetrieblichen Vorschaltverfahren verbundene Zweck nicht erreicht werden.

---

325 *Heilmann/Kralle/Ortmann/Trümner*, BetrR 1983, 181, 199; *Egger*, BB 1992, 629, 631; *ArbG Stuttgart 19.02.2002*, NZA 2002, 365, 366.

326 *Merten*, MB bei der Bildschirmarbeit, S. 245; *Egger*, BB 1992, 629, 631; GK-*Wiese*, § 89 BetrVG, Rn. 57.

327 DKK-*Buschmann*, § 89 BetrVG, Rn. 23; HaKo-BetrVG/*Kohte*, § 89 BetrVG, Rn. 25; *BAG 03.06.2003*, AP Nr. 1 zu § 89 BetrVG 1972.

328 *Egger*, BB 1992, 629, 631; MünchArbR-*Matthes*, § 344, Rn. 10; GK-*Wiese*, § 89 BetrVG, Rn. 58. So nun auch *BAG 03.06.2003*, AP Nr. 1 zu § 89 BetrVG 1972.

329 HaKo-BetrVG/*Kohte*, § 89 BetrVG, Rn. 25. Das *BAG* hat zu den Auswirkungen von Art. 11 RL 89/391/EWG Meinungsstreit in der Entscheidung vom 03.06.2003, AP Nr. 1 zu § 89 BetrVG 1972, nicht abschließend Stellung genommen.

Da die durch Nacht- und Schichtarbeit auftretenden Belastungen in der Regel erst Beeinträchtigungen auf Seiten der Beschäftigten hervorrufen, wenn sie ihnen über einen längeren Zeitraum ausgesetzt sind, hat der Betriebsrat somit regelmäßig den Arbeitgeber über die vorhandenen Bedenken in Kenntnis zu setzen, bevor er die für den Arbeitsschutz zuständigen Behörden nach § 89 Abs. 1 S. 2 BetrVG informiert, es sei denn der Arbeitgeber hat bereits im Vorfeld seine Verweigerung zur Erfüllung hinreichend bekundet.

2. Informations- und Beratungsrechte des Betriebsrats als Teilhaberechte

2.1. Antragsrecht nach § 80 Abs. 1 Nr. 2 BetrVG und Förderungspflicht gem. § 80 Abs. 1 Nr. 9 BetrVG

§ 80 Abs. 1 Nr. 2 BetrVG gewährt dem Betriebsrat das Recht, alle Maßnahmen die dem Betrieb und der Belegschaft dienen, beim Arbeitgeber zu beantragen, unabhängig, ob für die Maßnahme ein Mitwirkungs- oder Mitbestimmungsrecht des Betriebsrats besteht.[330] Der Betriebsrat kann daher im Bereich von Nacht- und Schichtarbeit vor allem Maßnahmen beantragen, die jenseits der gesetzlichen Arbeitsschutzvorschriften liegen. So kann der Betriebsrat z.B. den Antrag stellen, dass ein Shuttledienst für Nacht- und Schichtarbeitnehmer eingerichtet wird. Mit dem Antragsrecht des Betriebsrats korrespondiert die Pflicht des Arbeitgebers, zu den Anträgen Stellung zu nehmen, soweit die Angelegenheit in den Zuständigkeitsbereich des Betriebsrats fällt.[331]

Mit der Reform des Betriebsverfassungsgesetzes wurde in § 80 Abs. 1 Nr. 9 BetrVG eine allgemeine Förderungspflicht des Betriebsrats hinsichtlich des Arbeitsschutzes und des betrieblichen Umweltschutzes statuiert. Eine solche Förderungspflicht ergibt sich bereits aus §§ 87 Abs. 1 Nr. 7, 89 BetrVG[332], so dass durch die Neuregelung die besondere Bedeutung des Sicherheits- und Gesundheitsschutzes als Aufgabe des Betriebsrats hervorgehoben wird. Die Förderpflicht bezieht sich dabei auf alle Maßnahmen des Arbeitsschutzes, die auch über die gesetzlichen Maßnahmen hinausgehen können. So bietet sich auch die Durchführung von gemeinsamen Veranstaltungen mit Krankenkassen an, in denen Nacht- und Schichtarbeitnehmern z.B. Hilfen für eine gesundheitsbewusste Lebensführung und für Freizeitgestaltung gegeben werden, um auch die sozialen

---

[330] GK-*Wiese,* § 80 BetrVG, Rn. 21.
[331] GK-*Wiese,* § 80 BetrVG, Rn. 24.
[332] *F/E/S/T/L,* § 80 BetrVG, Rn. 45.

Bedürfnisse der Beschäftigten mit Nacht- und Schichtarbeit in Einklang zu bringen.

2.2. *Zusammenarbeit der am Arbeitsschutz beteiligten Personen*

a) Betriebliche Kooperation gem. § 89 Abs. 2 BetrVG

Der Betriebsrat kann die ihm übertragene gesetzliche Überwachungsaufgabe nach § 89 Abs. 1 BetrVG nur dann effektiv erfüllen, wenn ihm entsprechende Instrumente zur Verfügung stehen. Als solche Instrumente können dabei die in § 89 Abs. 2 BetrVG verankerten "Teilhaberechte der Information und Kommunikation"[333] verstanden werden.

Insoweit verpflichtet das durch § 89 Ab. 2 BetrVG statuierte Kooperationsgebot Arbeitgeber und die für den Arbeitsschutz zuständigen Behörden, Unfallversicherungsträger sowie weitere externe Stellen mit dem Betriebsrat in Fragen des Arbeitsschutzes zusammenzuarbeiten, indem sie ihn z.B. bei betrieblichen Ermittlungen jeglicher Art und bei Besichtigungen hinzuziehen. Somit ist wiederum gewährleistet, dass Erfahrungen der Beschäftigten bereits in (vorbereitende) Arbeitsschutzmaßnahmen einbezogen werden, da dem Betriebsrat im Rahmen des § 89 BetrVG ein umfassendes Mitberatungsrecht in jenen Arbeitsschutzangelegenheiten zugestanden wird.[334] Zwar muss es sich um konkrete Fragen des Arbeitsschutzes handeln, doch diese können bereits im Stadium der Vorprüfung auftreten, so dass der Betriebsrat in dieser Phase einzubeziehen ist.[335]

Sinn und Zweck von § 89 BetrVG erfordert es, dass der Betriebsrat so rechtzeitig zu beteiligen ist, um ihm die Möglichkeit einzuräumen, auf die Entscheidung des Arbeitsgebers einzuwirken. Daher ist der Betriebsrat rechtzeitig und umfassend bei der Einführung und Prüfung von Arbeitsschutzeinrichtungen gem. § 89 BetrVG zu beteiligen, wobei hier vor allem Schutzvorrichtungen an Maschinen und Einrichtungen in Betracht kommen[336].

Hier bedarf es der Klarstellung, dass § 89 Abs. 2 BetrVG sich nicht nur auf den Bereich des technischen Arbeitsschutzes bezieht. Der Sinn und Zweck von § 89 Abs. 2 BetrVG erfordert ein weite Auslegung des Merkmals „bei allen im Zusammenhang mit dem Arbeitsschutz und Unfallverhütung stehenden Fragen“, so dass in den Anwendungsbereich auch Fragen des sozialen Arbeitsschutzes ein-

---

333 HaKo-BetrVG/*Kohte,* § 89 BetrVG, Rn. 35.

334 In Bezug auf ein umfassendes Mitberatungsrecht *Merten,* MB bei der Bildschirmarbeit, S. 240; DKK-*Buschmann,* § 89 BetrVG, Rn. 34; MünchArbR-*Matthes,* § 344, Rn. 12; GK-*Wiese*, § 89 BetrVG, Rn. 69.

335 *Richardi,* § 89 BetrVG, Rn. 21; GK-*Wiese,* § 89 BetrVG, Rn. 66.

336 H/S/W/G-*Worzalla,* § 89 BetrVG, Rn. 16.

zubeziehen sind. Dies rechtfertigt sich vor allem vor dem Hintergrund der engen Verknüpfung von technischem und sozialem Arbeitsschutz.
Bei der Einführung von Nacht- und Schichtarbeit sowie der Umgestaltung von Dienstplänen steht dem Betriebsrat daher ein Mitberatungsrecht nach § 89 Abs. 2 BetrVG ebenso zu wie in weiteren Fragen der Änderungen von Arbeitsbedingungen, die insbesondere im Zusammenhang mit Nacht- und Schichtarbeit arbeitsschutzrechtlich zusätzliche Aufmerksamkeit verdienen.
Damit der Betriebsrat seine Teilhabe- und Kommunikationsrechte auch wirksam ausüben kann, ist es erforderlich, dass ihm entsprechende Unterlagen vorgelegt werden.[337] Als ein besonderes Informationsrecht ist § 89 Abs. 2 S. 2 BetrVG hervorzuheben, wonach dem Betriebsrat unverzüglich die den Arbeitsschutz und die Unfallverhütung betreffenden Auflagen und Anordnungen der zuständigen Stellen vom Arbeitgeber mitzuteilen sind. Soweit diese Instrumente dem Arbeitgeber einen Regelungsspielraum belassen, können sie als Ausgangspunkt für bestehende Mitbestimmungsrechte des Betriebsrats in Betracht kommen.

b) Kooperationsgebot gem. § 9 Abs. 1 und 2 ASiG

In Ergänzung zu § 89 BetrVG ist in § 9 Abs. 1 ASiG die Verpflichtung von Betriebsarzt und Fachkraft für Arbeitssicherheit zur Zusammenarbeit mit dem Betriebsrat bei der Erfüllung ihrer Aufgaben verankert.[338] Abs. 2 sieht insoweit vor, dass sie ihn von sich aus über wichtige Angelegenheiten des Arbeitsschutzes und der Unfallverhütung zu unterrichten haben und auch auf Verlangen des Betriebsrats hin.
Insgesamt geht der Gesetzgeber über § 89 Abs. 2 BetrVG hinaus von einer umfassenden Zusammenarbeit zwischen Betriebsrat und Betriebsarzt aus, um durch ein weitreichendes Zusammenwirken zwischen den Beteiligten das Ziel eines effektiven Arbeitsschutzes möglichst zu verwirklichen.[339] Insbesondere wird der regelmäßige Informationsaustausch in allen anstehenden Fragen des Arbeitsschutzes bezweckt, denn nur der "gebotene Gleichstand" an Informationen ermöglicht eine partnerschaftliche Zusammenarbeit der Beteiligten im Betrieb.[340] Folglich hat der Betriebsarzt den Betriebsrat gem. § 9 Abs. 1 ASiG zwingend mit Fachliteratur u.ä. zu versorgen.[341] Somit hat der Betriebsrat im Bereich von Nacht- und Schichtarbeit die Möglichkeit, regelmäßige Informationen über gesundheitliche Belastungen und Beeinträchtigungen, die durch Nacht- und

---

337 MünchArbR-*Matthes*, § 344, Rn. 12.
338 *Kittner/Pieper*, ArbSchR, ASiG, Rn. 115; *Anzinger/Bieneck*, § 9 ASiG, Rn. 47.
339 Aufhauser/Brunhöber/Igl, § 9 ASiG, Rn. 2.
340 Aufhauser/Brunhöber/Igl, § 9 ASiG, Rn. 2; Anzinger/Bieneck, § 9 ASiG, Rn. 3.
341 Aufhauser/Brunhöber/Igl, § 9 ASiG, Rn. 2.

Schichtarbeit sowie durch deren Zusammenwirken mit weiteren belastenden Arbeitsbedingungen hervorgerufen werden, sowie neue Erkenntnisse über deren Vermeidung und Verringerung zu erhalten, um auf diese Weise seine Mitbestimmungs- und Beteiligungsrechte auf dem Gebiet des Arbeitsschutzes und der Arbeitszeitgestaltung nach §§ 87 Abs. 1 Nr. 2, 7 BetrVG auch effektiv auszuüben.

Ein entsprechendes Informationsrecht in Gestalt eines Beratungsrechts ergibt sich gleichzeitig aus § 9 Abs. 2 S. 2 ASiG. Hierbei wird der Betriebsarzt in seiner Funktion als sachverständiger Berater unterstützend tätig. Der Betriebsrat erhält somit Auskunft über bestehende (gesicherte) arbeitswissenschaftliche Erkenntnisse der Arbeitszeitgestaltung und über geeignete und wirksame Maßnahmen zur Vermeidung und Verringerung von Mehrfachbelastungen bei Zusammentreffen von Nacht- und Schichtarbeit mit weiteren gesundheitlich belastenden Arbeitsbedingungen. Zusammenfassend ist somit festzuhalten, dass sich der Betriebsrat bei der Ausarbeitung konkreter Vorstellungen in Bezug auf die Veränderung bestehender betrieblicher Bedingungen der Nacht- und Schichtarbeit von Betriebsärzten gem. § 9 Abs. 2 ASiG beraten lassen kann.

Zu den wichtigen Angelegenheiten des Arbeitsschutzes i.S.v. § 9 Abs. 2 ASiG über die der Betriebsrat vom Betriebsarzt zu unterrichten ist, zählen z.B. Unfalluntersuchungen, Untersuchungen über Berufskrankheiten, Ergebnisse von durchgeführten Schadstoffmessungen, Sicherheitsmängel im Betrieb usw.[342] Bei Nacht- und Schichtarbeit ist hier vor allem an Ergebnisse zu denken, die aus den nach § 6 Abs. 3 ArbZG durchzuführenden arbeitsmedizinischen Untersuchungen abgeleitet werden können, soweit diese durch einen vom Arbeitgeber bestellten Betriebsarzt vorgenommen werden.

Von besonderer Bedeutung ist überdies § 9 Abs. 2 S. 2 2.HS ASiG, wonach der Betriebsrat einen Anspruch gegen den Betriebsarzt hat, über den Inhalt solcher Vorschläge unterrichtet zu werden, die er nach § 8 Abs. 3 ASiG dem Arbeitgeber vorlegt.[343] Schlägt der Betriebsarzt daher z.B. auf Grund arbeitsmedizinischer Untersuchungen der Beschäftigten eine Umgestaltung des Dienstplanes vor, so ist der Betriebsrat hiervon zu unterrichten.

c) Beteiligung am Arbeitsschutzausschuss gem. § 11 ASiG

In Betrieben mit mehr als 20 Beschäftigten hat der Arbeitgeber nach § 11 S. 1 ASiG einen Arbeitsschutzausschuss zu bilden, soweit in anderen Rechtsvorschriften nichts anderes bestimmt ist. Dem Arbeitsschutzausschuss ist gem. § 11

---

342 Aufhauser/Brunhöber/Igl, § 9 ASiG, Rn. 3.

343 Vgl. hierzu ausführlicher *Aufhauser/Brunhöber/Igl,* § 9 ASiG, Rn. 3.

S. 3 ASiG die Aufgabe übertragen wurden, über Anliegen des Arbeitsschutzes und der Unfallverhütung zu beraten. Die Einrichtung eines Arbeitsschutzausschusses soll dabei die Zusammenarbeit aller am betrieblichen Arbeitsschutz Beteiligten gewährleisten, indem ihnen ein organisatorischer Rahmen zur Verfügung gestellt wird und dient insoweit als Koordinierungs- und Informationsdrehscheibe des betrieblichen Arbeitsschutzes.[344] Dementsprechend setzt sich dieser Ausschuss aus dem Arbeitgeber bzw. einem von ihm Beauftragten, Betriebsärzten, Fachkräften für Arbeitssicherheit, Sicherheitsbeauftragten und auch zwei Betriebsratsmitgliedern zusammen (§ 11 S. 2 ASiG). Die im Arbeitsschutzausschuss von den Beteiligten zu beratenden Gegenstände lassen sich vor allem dem Aufgabenkatalog von §§ 3, 6 ASiG entnehmen.[345]
Fragen der Arbeitszeitgestaltung sowie Vermeidung und Verringerung von gesundheitsbeeinträchtigenden Mehrfachbelastungen können somit im Arbeitsschutzausschuss beraten werden; z.B. kann ein Aufklärungsprogramm über nacht- und schichtarbeitsgerechte Ernährung oder über weitere persönliche Verhaltensweisen beschlossen werden. Nacht- und Schichtarbeit kann darüber hinaus für einen bestimmten Zeitraum zu einem Arbeitsschwerpunkt aller Beteiligten erklärt werden. Zudem können im Arbeitsschutzausschuss auch Betriebsvereinbarungen, die sich dem Thema Nacht- und Schichtarbeit einschließlich auftretender Mehrfachbelastungen widmen, sinnvollerweise vorbereitet werden.

2.3 *Informations- und Beratungsrecht nach § 90 BetrVG*

Ein weiteres Beteiligungsrecht des Betriebsrats im Rahmen von Nacht- und Schichtarbeit ergibt sich aus § 90 BetrVG. Nach Abs. 1 hat der Arbeitgeber den Betriebsrat über die Planung z.B. von Arbeitsverfahren und Arbeitsabläufen oder der Arbeitsplätze unter Vorlage erforderlicher Unterlagen zu unterrichten und mit ihm gem. § 90 Abs. 2 BetrVG über Auswirkungen der vorgesehenen Maßnahmen auf die Arbeitnehmer unter Berücksichtigung gesicherter arbeitswissenschaftlicher Erkenntnisse über die menschengerechte Gestaltung der Arbeit zu beraten.
Ziel des § 90 BetrVG ist somit eine menschengerechte Gestaltung der Arbeit. Eine menschengerechte Gestaltung der Arbeit i.S.d. § 90 BetrVG ist umfassend zu verstehen und beinhaltet – wie bereits dargestellt[346] - zum einen den Schutz der Beschäftigten vor Gesundheitsgefahren und –gefährdungen, Arbeitsunfällen

---

[344] *Kittner/Pieper*, ArbSchR, BetrVG, Rn. 8; *Aufhauser/Brunhöber/Igl*, § 9 ASiG, Rn. 1.
[345] Aufhauser/Brunhöber/Igl, § 11 ASiG, Rn. 6.
[346] Vgl. hierzu bereits S. 128 ff.

und Berufskrankheiten und zum anderen den Bereich der Humanisierung der Arbeit einschließlich Förderung der Selbstbestimmung, Erhöhung der Qualifikation und verbesserte Aufstiegs- und Entfaltungschancen.
Da unter Arbeitsabläufen i.S.v. § 90 Abs. 1 Nr. 3 BetrVG die zeitliche und räumliche Anordnung der Arbeitsvorhaben im Betrieb zu verstehen ist, ist die Lage der Arbeitszeit, d.h. auch Nacht- und Schichtarbeit, diesem Merkmal zuzuordnen.[347] Handelt es sich dagegen um weitere zusätzliche Arbeitsbelastungen wie z.B. Gefahrstoffe und Lärm, die nicht den Abs. 1 Nr. 1 bis 3 zugeordnet werden können, greift in diesen Fällen der Auffangtatbestand der Nr. 4[348]., da als Arbeitsplatz der räumlich-funktionale Bereich zu verstehen ist, in dem der Arbeitnehmer im Rahmen seiner Arbeitsaufgabe mit Arbeitsmitteln und Arbeitsgegenständen in einem bestimmten Arbeitssystem tätig wird.[349]
Sinn und Zweck von § 90 BetrVG ist die Anordnung einer einheitlichen Unterrichtungs- und Beratungspflicht bei der Planung der Arbeitsgestaltung, so dass dem Betriebsrat die Möglichkeit der Einflussnahme auf die Willensbildung des Arbeitgebers und somit auf die Gestaltung der Arbeit eingeräumt wird.[350]
Voraussetzung für das Eingreifen des Beteiligungsrechtes des Betriebsrats nach § 90 BetrVG ist die Planung der in Abs. 1 genannten Maßnahmen durch den Arbeitgeber. Ein solches Stadium ist bereits dann erreicht, wenn systematisch (prozesshaft) nach Zielen gesucht wird und diese festgelegt werden sowie Aufgaben vorbereitet werden, die zum Erreichen der Ziele erforderlich sind; im Zeitpunkt des Beginns des Planungsstadiums ist der Betriebsrat sodann zu unterrichten.[351] Damit einhergehende Voraussetzung für § 90 BetrVG ist somit, dass (zielgerichtete) Änderungen an Arbeitsabläufen und Arbeitsplätzen vorgesehen sind.[352]
Sobald der Arbeitgeber z.B. zur Steigerung der Produktivität seines Betriebes die Einführung von Nacht- und Schichtarbeit als eine Lösungsmöglichkeit näher und ernsthaft in Betracht zieht und noch bevor dieser Entscheidungsprozess ab-

---

347 Richardi/*Annuß*, § 90 BetrVG, Rn. 13; GK-*Wiese*, § 90 BetrVG, Rn. 17; DKK-*Klebe*, § 90 BetrVG, Rn. 13; *Heither*, AR-Blattei SD 530.14.7; Rn. 22 f.

348 HaKo-BetrVG/*Kohte*, § 90 BetrVG, Rn. 4. Andere bezeichnen § 90 Abs. 1 Nr. 4 BetrVG als eine Art „Generalklausel“. So z.B. DKK-*Klebe*, § 90 BetrVG, Rn. 15; Richardi/*Annuß*, § 90 BetrVG, Rn. 16.

349 DKK-*Klebe*, § 90 BetrVG, Rn. 15; GK-*Wiese*, § 90 BetrVG, Rn. 21.

350 *BAG 11.12.1991*, AP Nr. 2 zu § 90 BetrVG 1972; GK-*Wiese*, § 90 BetrVG, Rn. 23; HaKo-BetrVG/*Kohte*, § 90 BetrVG, Rn. 2, 14.

351 *F/E/S/T/L*, § 90 BetrVG, Rn. 8; HaKo-BetrVG/*Kohte*, § 90 BetrVG, Rn. 14; MünchArbR-*Matthes*, § 345, Rn. 13.

352 MünchArbR-*Matthes*, § 345, Rn. 11; HaKo-BetrVG/*Kohte*, § 90 BetrVG, Rn. 3.

geschlossen ist, hat er die Betriebsräte hiervon zu unterrichten und mit ihnen entsprechende Beratungen zu führen.
Zudem kommt § 90 BetrVG zum Tragen, wenn der Arbeitgeber eine Umgestaltung der bisherigen Dienstplanung bei Nacht- und Schichtarbeit z.B. auf Grund der Veränderungen der tariflichen Wochenarbeitszeit anstrebt. Ebenso greift § 90 BetrVG dann ein, wenn der Arbeitgeber plant, in Nacht- und Schichtarbeit, die Arbeitsaufgaben so zu ändern, dass nunmehr z.B. generell ein Umgang mit Gefahrstoffen gegeben ist. Strebt der Arbeitgeber dagegen keine Veränderungen der Arbeitszeit oder sonstiger Arbeitsbedingungen an und verstoßen die bestehenden Arbeitsbedingungen dennoch gegen gesicherte arbeitswissenschaftliche Erkenntnisse, so findet § 90 BetrVG trotzdem keine Anwendung.[353]
Bei den Beratungen von Arbeitgeber und Betriebsrat sollen diese die gesicherten arbeitswissenschaftlichen Erkenntnisse über die menschengerechte Gestaltung der Arbeit berücksichtigen. Für die Arbeitszeitgestaltung ergibt sich gem. § 6 Abs. 1 ArbZG bereits eine zwingende gesetzliche Verpflichtung des Arbeitgebers, so dass § 90 BetrVG in Bezug auf den gesundheitsnahen Bereich der menschengerechte Gestaltung der Arbeit dahingehend eigenständige Wirkung entfaltet, als der Zeitpunkt der Beratungen gegenüber § 87 Abs. 1 Nr. 2 BetrVG vorgezogen ist.
Im Rahmen von § 90 BetrVG können auch gesicherte arbeitswissenschaftliche Erkenntnisse berücksichtigt werden, die nicht dem gesundheitsnahen Bereich menschengerechter Arbeitsgestaltung zuzuordnen sind, insbesondere solche sozialer Art. Dies ist aber nur dann möglich, wenn nicht bereits eine andere Gestaltung auf Grund vorrangiger gesetzlicher Verpflichtung durch gesicherte arbeitswissenschaftliche Erkenntnisse im Rahmen des § 6 Abs. 1 ArbZG ausgeschlossen ist. Jedenfalls verdeutlicht § 90 BetrVG, dass in seinem Rahmen eine menschengerechte Gestaltung der Arbeit angestrebt wird, die sowohl den gesundheitsnahen Bereich als auch die persönlichkeitsrechtliche Dimension erfasst und eine Differenzierung insoweit auch nicht notwendig ist, da die von Arbeitgeber und Betriebsrat vorgenommenen Beratungen gem. § 90 BetrVG den Mitbestimmungsrechten aus § 87 Abs. 1 Nr. 2, 7 BetrVG oder § 91 BetrVG vorangehen.[354]
§ 90 BetrVG ermöglicht es dem Betriebsrat bereits in einer frühen Phase der Planung auf die unternehmerische Entscheidung des Arbeitgebers Einfluss zu nehmen und die Interessen der Beschäftigten angemessen zu vertreten. Um den unterschiedlichen Interessen der betroffenen Beschäftigten bei der Gestaltung

---

353 MünchArbR-*Matthes*, § 345, Rn. 26; GK-*Wiese*, § 89 BetrVG, Rn. 23.
354 *F/E/S/T/L*, § 90 BetrVG, Rn. 4; HaKo-BetrVG/*Kohte*, § 90 BetrVG, Rn. 2; *Kittner/Pieper*, ArbSchR, BetrVG, Rn. 7 (2002).

von Nacht- und Schichtarbeit gerecht zu werden, kann die nach § 90 BetrVG erfolgte Unterrichtung des Betriebsrat zum Anlass genommen werden, dass dieser gezielte Befragungen und Anhörungen durchführt.[355] Dennoch ist zu betonen, dass der Arbeitgeber – abgesehen von gesetzlichen Verpflichtungen – nach § 90 BetrVG nicht verpflichtet ist, die Vorschläge des Betriebsrats in der betrieblichen Praxis auch umzusetzen.[356]

3. Allgemeines Informationsrecht gem. § 80 Abs. 2 BetrVG

§ 80 Abs. 2 S. 1 BetrVG verpflichtet den Arbeitgeber, den Betriebsrat zur Durchführung seiner Aufgaben rechtzeitig und umfassend zu unterrichten. Der allgemeine Informationsanspruch des Betriebsrats gegenüber dem Arbeitgeber wird durch in Betracht kommende spezielle Informationsrechte der §§ 90 Abs. 1, 89 Abs. 2 BetrVG nicht verdrängt[357].
Der Informationsanspruch des Betriebsrats aus § 80 Abs. 2 S. 1 BetrVG ist dadurch gekennzeichnet, dass sich dessen Reichweite aus dem Umfang der dem Betriebsrat zugewiesenen Aufgaben ergibt[358]. Durch die Informationen soll der Betriebsrat in die Lage versetzt werden, in eigener Verantwortung zu prüfen, ob sich Aufgaben i.S.d. BetrVG ableiten lassen und er zur Wahrnehmung dieser Aufgaben tätig werden kann[359]. Zu den Aufgaben des Betriebsrats i.S.v. § 80 Abs. 2 S. 1 BetrVG gehören u.a. die in § 80 Abs. 1 BetrVG genannten Überwachungspflichten und auch alle Beteiligungsrechte nach dem BetrVG, also auch die Wahrung der Mitbestimmungsrechte nach § 87 Abs. 1 BetrVG[360]. Der Betriebsrat kann nach § 80 Abs. 2 S. 1 BetrVG verlangen, dass er rechtzeitig und umfassend vom Arbeitgeber unterrichtet wird.
Grundsätzlich ist festzustellen, dass die Mitbestimmung des Betriebsrats nach § 87 Abs. 1 Nr. 2, 7 und 10 BetrVG zu den Aufgaben des Betriebsrats gehört. In Bezug auf die Gestaltung der Arbeitszeit der Nacht- und Schichtarbeitnehmer hat der Betriebsrat damit das Recht, vom Arbeitgeber spezielle Datensammlungen abzufordern, die mit diesem Themenkomplex zusammenhängen, so dass

---

355 *Heilmann/Kralle/Ortmann/Trümner*, Der Betriebsrat 1983, 181, 195.
356 *Merten*, MB bei der Bildschirmarbeit, S. 241.
357 MünchArbR-*Matthes*, § 326, Rn. 4.; a.A. *Merten*, MB bei der Bildschirmarbeit, S. 242.
358 *Heilmann/Kralle/Ortmann/Trümner*, Der Betriebsrat 1983, 181, 184.
359 *BAG 8.6.1999*, AP Nr. 57 zu § 80 BetrVG 1972; DKK-*Buschmann*, § 80 BetrVG, Rn. 66 m.w.N.; *Faber*, AiB 1995, 19, 20.
360 *BAG 15.12.1998*, AP Nr. 56 zu § 80 BetrVG 1972; *BAG 8.6.1999*, AP Nr. 57 zu § 80 BetrVG 1972.

z.B. Statistiken zu erstellen sind, aus denen sich Alter, soziale Lage, Dauer der bisherigen Schichtarbeit, Qualifikationen und Krankenstand der Beschäftigten usw. ergeben, damit der Betriebsrat überprüfen kann, ob er von seinem bestehenden Initiativrecht nach §§ 87 Abs. 1 Nr. 2 und 7 BetrVG Gebrauch macht, indem er z.B. den Abbau von Schichtarbeit oder die Einführung zusätzlicher Entlastungsmaßnahmen anstrebt.[361]
Führt der Arbeitgeber z.B. eine Fragebogenaktion[362] durch, anhand derer er das Meinungsbild der Beschäftigten zu einer möglicherweise in Betracht kommenden Einführung von Schichtarbeit ermittelt, so hat der Betriebsrat einen Anspruch auf Mitteilung dieser Umfrageergebnisse. Dies lässt sich zum einen damit begründen, dass diese Ergebnisse einen erheblichen Einfluss auf die Willensbildung des Arbeitgebers haben und folglich das Planungsstadium erreicht ist. Dem Betriebsrat muss insoweit die Möglichkeit gegeben werden, durch entsprechende Alternativvorschläge Einfluss auf die Meinungsbildung des Arbeitgebers zu nehmen. Zum anderen kann der Betriebsrat aus dieser Umfrage Erkenntnisse ableiten, die dazu beitragen können, dass er sein Initiativrecht im Hinblick auf die weitere Gestaltung der Arbeitszeit nach §§ 87 Abs. 1 Nr. 2 und Nr. 7 BetrVG ausübt.
Weiterhin gewährt § 80 Abs. 2 S. 2 BetrVG dem Betriebsausschuss oder einen nach § 28 BetrVG gebildeten Ausschuss das Recht, einen Einblick in die Lohn- und Gehaltslisten der Beschäftigten zu nehmen. Im Hinblick auf Nacht- und Schichtarbeit ist § 80 Abs. 2 S. 2 BetrVG in Bezug auf den nach § 6 Abs. 5 ArbZG alternativ zu zahlenden Nachtarbeitszuschlag und somit für §§ 87 Abs. 1 Nr. 7, 10 BetrVG von Bedeutung.

4. Unterstützung durch Auskunftspersonen gem. § 80 Abs. 2 S. 3 BetrVG

In § 80 Abs. 2 S. 3 BetrVG[363] ist nunmehr die Verpflichtung des Arbeitgebers vorgesehen, dem Betriebsrat sachkundige Arbeitnehmer als Auskunftspersonen zur Verfügung zu stellen. Damit soll gewährleistet werden, dass der interne Sachverstand der Arbeitnehmer genutzt wird und sie zudem bei der Suche nach betrieblichen Problemlösungen - sei es bei Einzelfalllösungen, sei es im Rahmen

[361] *Heilmann/Kralle/Ortmann/Trümner*, Der Betriebsrat 1983, 181, 186.
[362] Vgl. hierzu *BAG 8.6.1999*, AP Nr. 57 zu § 80 BetrVG 1972.
[363] Kritisch vor allem GK-*Kraft*, § 80 BetrVG, Rn. 105, der einen Verstoß der Vorschrift gegen das Übermaßverbot annimmt.

von Arbeitskreisen - einbezogen werden.[364] Sachkundige Arbeitnehmer unterstützen den Betriebsrat in Angelegenheiten, z.B. auch des Gesundheitsschutzes, in denen sie über besondere Kenntnisse und Fähigkeiten verfügen, indem sie dem Betriebsrat diese Kenntnisse und Fähigkeiten vermitteln.[365] Die sachkundigen Arbeitnehmer sollen dem Betriebsrat auch die vom Arbeitgeber geschuldeten Informationen vermitteln.[366]
In Bezug auf Nacht- und Schichtarbeit kommen vor allem Personen mit (arbeits)medizinischen, arbeitswissenschaftlichen und psychologischen Kenntnissen in Betracht, aber auch solche, die sich vor allem ernährungstypischen Fragestellungen widmen. Sachkundige Arbeitnehmer in Fragen Nacht- und Schichtarbeit werden daher in Betrieben verschiedenster Branchen vorhanden sein. Ansonsten kommt auch wieder der angestellte Betriebsarzt als sachkundiger Arbeitnehmer in Betracht. Damit auch tatsächlich eine von dem Einflussbereich des Arbeitgebers losgelöste effektive Unterstützung des Betriebsrats durch sachkundige Personen stattfindet, ist dem Betriebsrat ein Vorschlagsrecht hinsichtlich der jeweiligen Person eingeräumt worden, von dem nur aus betrieblichen Gründen abgewichen werden kann.[367] Dennoch ist es dem Arbeitgeber bei der Zuordnung des Arbeitnehmers verwehrt, von seinem Direktionsrecht Gebrauch zu machen, sondern es ist das Einverständnis des sachkundigen Arbeitnehmers mit der Übertragung dieser Aufgabe erforderlich.[368]

5. Hinzuziehung von Sachverständigen nach § 80 Abs. 3 BetrVG

Nach § 80 Abs. 3 BetrVG hat der Betriebsrat das Recht, nach Vereinbarung mit dem Arbeitgeber Sachverständige hinzuziehen, wenn dies zur Durchführung seiner Aufgaben erforderlich ist. Somit ist dem Betriebsrat ein Instrument an die Hand gegeben, eine effektive Wahrnehmung seiner Beteiligungsrechte zu errei-

---

[364] DKK-*Buschmann*, § 80 BetrVG, Rn. 117; *Richardi, § 80* BetrVG, Rn. 86, 90; HaKo-BetrVG/*Kohte*, § 80 BetrVG, Rn. 59.

[365] DKK-*Buschmann*, § 80 BetrVG, Rn. 118; *Däubler*, ArbuR 2001, 285, 286; kritisch *Hanau*, RdA 2001, 67, 71 f.

[366] *Hanau*, RdA 2001, 65, 72, der betont, dass die Arbeitnehmer zugleich in Loyalitätskonflikte geraten könnten. Diese Bedenken äußert auch *Däubler*, ArbuR 2001, 285, 286.

[367] DKK-*Buschmann*, § 80 BetrVG, Rn. 122; HaKo-BetrVG/*Kohte*, § 80 BetrVG, Rn. 60.

[368] HaKo-BetrVG/*Kohte*, § 80 BetrVG, Rn. 60; *Löwisch*, BB 2001, 1790, 1791; a.A. *Natzel*, NZA 2001, 872, 873; *F/E/S/T/L*, § 80 BetrVG, Rn. 85 sieht die Auskunftstätigkeit als Teil der arbeitsvertraglichen Verpflichtung an und bejaht diesbezüglich ein Direktionsrecht des Arbeitgebers.

chen[369], indem ihm Sachverständige ihre besonderen Kenntnisse vermitteln sollen und dem Betriebsrat damit eine gleichberechtigte Verhandlungsposition verschaffen[370]. In diesem Zusammenhang ist zu betonen, dass der Sachverständige nicht als "neutrale" Person fungiert.[371] Im Mittelpunkt steht vielmehr die Aufgabe des Sachverständigen, sein eigenes Fachwissen in einer an den Interessen des Betriebsrats ausgerichteten Weise zu vermitteln.[372]
Da empirische Erhebungen gezeigt haben, dass sich Betriebsärzte auf die klassischen Felder des technischen Arbeitsschutzes konzentrieren[373], besteht nach § 80 Abs. 3 BetrVG die Möglichkeit, dass sich Betriebsräte z.B. bei der Normierung von innerbetrieblichen Regelungen zur Nacht- und Schichtarbeit von Arbeitspsychologen als Sachverständige unterstützen lassen.[374] Arbeitspsychologen können bspw. bei der Ausarbeitung verbesserter Schichtmodelle oder der Arbeitsgestaltung von Nacht- und Schichtarbeit hinsichtlich auftretender Mehrfachbelastungen beratend tätig werden.[375] Als Sachverständige kommen daneben auch andere Personen in Betracht, die sich mit arbeitswissenschaftlichen Fragen von Nacht- und Schichtarbeit beschäftigen.
Voraussetzung für § 80 Abs. 3 BetrVG ist, dass die Hinzuziehung von Sachverständigen für die Erfüllung der Aufgaben des Betriebsrats erforderlich sein muss. Die Hinzuziehung ist dann erforderlich, wenn der Betriebsrat einzelne seiner gesetzlichen Aufgaben ohne sachverständige Hilfe nicht ordnungsgemäß würde erfüllen können.[376] Zur ordnungsgemäßen Erfüllung seiner Mitbestimmungsrechte und damit verbunden die Schaffung von Vereinbarungen mit dem Arbeitgeber im Rahmen des § 6 Abs. 1 ArbZG und auch von § 3 Abs. 1 i.V.m. § 4 ArbSchG bedarf der Betriebsrat der Beratung in arbeitswissenschaftlichen Fragestellungen verschiedenster Art durch die jeweiligen Sachverständigen, um Regelungen aufzustellen, die den o.g. gesetzlichen Anforderungen gerecht zu werden. Als eine wichtige Aufgabe der Betriebsärzte oder eines Sachverständiges ist in diesem Zusammenhang die Beratung in Fragen der Arbeitsgestaltung, die bei auftretenden Mehrfachbelastungen zu treffen sind, anzusehen.
Rechtlich umstritten ist in diesem Zusammenhang, ob z.B. Arbeitspsychologen als Sachverständige nach § 80 Abs. 3 BetrVG erst hinzugezogen werden können, wenn das innerbetriebliche Informationsverfahren nach § 80 Abs. 2 BetrVG

---

369 *Merten*, MB bei der Bildschirmarbeit, S. 243.
370 *Pflüger*, NZA 1988, 45.
371 *Pflüger*, NZA 1988, 45, 48; HaKo-BetrVG*Kohte*, § 87 BetrVG, Rn. 63.
372 *BAG 26.2.1992*, NZA 1993, 86, 87; HaKo-BetrVG/*Kohte*, § 87 BetrVG, Rn. 63.
373 Vgl. *Basten/Habich*, in Psychologie der Arbeitssicherheit, S. 339 ff.
374 *Basten/Habich*, in Psychologie der Arbeitssicherheit, S. 339, 343.
375 *Basten/Habich*, in Psychologie der Arbeitssicherheit, S. 339, 343.
376 *Pflüger*, NZA 1988, 45, 46; *Faber*, AiB 1995, 19, 25 f..

abgeschlossen ist, d.h. innerbetriebliche Personen mit entsprechender Fachkunde gehört worden und zudem der Betriebsrat vollständig und umfassend unterrichtet wurde. Das BAG[377] verlangt bereits auf Grund des in § 2 BetrVG normierten Gebots der vertrauensvollen Zusammenarbeit eine solche Vorgehensweise. Aus dem Verhältnismäßigkeitsgrundsatz wird außerdem abgeleitet, dass der Betriebsrat vor Einschaltung externer Sachverständiger ggf. andere, kostengünstigere Möglichkeiten ausschöpft, um sich das erforderliche Wissen anzueignen, so z.B. durch Unterrichtung durch betriebliche Fachkräfte, den Besuch von Schulungsveranstaltungen gem. § 37 Abs. 6, 7 BetrVG und auch durch das Studium einschlägiger Fachliteratur.[378]

Für den Bereich von Nacht- und Schichtarbeit ist daher das Zusammenspiel von Betriebsarzt und externen Sachverständigen für § 80 Abs. 3 BetrVG von Bedeutung. Insoweit wird betont, dass es für den Bereich des gesetzlichen Gesundheitsschutzes der gesetzlichen Wertung von § 9 Abs. 1 und Abs. 2 ASiG sowie § 89 Abs. 1 HS. 1 BetrVG entspricht, vorrangig betriebliche Experten zur Unterrichtung und Beratung des Betriebsrats hinzuziehen.[379]

Dem Neutralitätsgebot wird insofern durch § 8 Abs. 1 ASiG Rechnung getragen, indem sie bei der Anwendung ihrer arbeitsmedizinischen Fachkunde weisungsfrei sind und wegen der Erfüllung der ihnen übertragenen Aufgaben nicht benachteiligt werden dürfen, so dass eine sachwidrige Einflussnahme unterbunden wird.[380] Die Beratung durch den Betriebsarzt gem. § 9 Abs. 2 ASiG bietet dabei den Vorteil, dass es keiner Einschaltung des Arbeitgebers bedarf.[381]

Dennoch darf nicht verkannt werden, dass sich der Betriebsarzt als betrieblicher Experte auch in einer Abhängigkeit zum Unternehmer befindet, wobei aber auch wieder die Zustimmungsrechte des Betriebsrats nach § 9 Abs. 3 ASiG einen Schutz entfalten, so dass der Betriebsrat einen Beitrag zum Neutralitätsgebot nach § 8 Abs. 1 ASiG leisten kann. Soweit das Fachwissen der Betriebsärzte allerdings begrenzt ist, darf dem Betriebsrat die Beratung durch einen externen Sachverständigen nicht versagt werden. Wenn der Betriebsrat einen externen Sachverständigen zur Unterstützung heranziehen möchte, bedarf es auf Grund

---

377 *BAG 04.06.1987,* NZA 1988, 208, 209; *26.02.1992,* NZA 1993, 86; 88 f.; zustimmend *Venema,* NZA 1993, 252, 254; *Merten,* MB bei der Bildschirmarbeit, S. 243 f.; GK-*Kraft,* § 80 BetrVG, Rn. 107 (2002); kritisch zur vorrangigen Hinzuziehung eines betriebsinternen Sachverständigen in Fällen komplexer Beurteilungen mit großem Bewertungsspielraum *Pflüger,* NZA 1988, 45, 47.

378 *BAG 4.6.1987,* NZA 1988, 208, 209; *BAG 26.02.1992,* NZA 1993, 86, 89; GK-*Kraft,* § 80 BetrVG, Rn. 108 (2002); *Venema,* NZA 1993, 252, 254.

379 *Merten,* MB bei der Bildschirmarbeit, S. 244.

380 *Merten,* MB bei der Bildschirmarbeit, S. 244; MünchArbR-*Wlotzke,* § 210, Rn. 66.

381 *Anzinger/Bieneck,* § 9 ASiG, Rn. 52.

der Kostentragungspflicht des Arbeitgebers einer Vereinbarung mit ihm über die Person des Sachverständigen, dessen Aufgaben und sein Honorar.[382]

IX. Zusammenfassung

Der Betriebsrat kann auf Grund seiner Mitbestimmungsrechte nach §§ 87 Abs. 1 Nr. 2, 8, 10, 11 BetrVG und vor allem auf Grund von § 87 Abs. 1 Nr. 7 BetrVG einen wesentlichen Beitrag zur Verbesserung des Sicherheits- und Gesundheitsschutzes der Nacht- und Schichtarbeitnehmer leisten. Im Rahmen des § 87 Abs. 1 Nr. 2 BetrVG hat der Betriebsrat mitzuwirken, dass ein Schichtplan aufgestellt wird, der den gesicherten arbeitswissenschaftlichen Erkenntnissen entspricht, wobei sich Arbeitgeber und Betriebsrat gemeinsam über die Frage zu verständigen haben, welche arbeitswissenschaftlichen Erkenntnisse als gesichert anzusehen sind. Auf diese Weise werden zugleich die Grenzen der Regelungsbefugnis festgelegt.
Ein umfangreiches Mitbestimmungsrecht des Betriebsrats ergibt sich darüber hinaus aus § 87 Abs. 1 Nr. 7 BetrVG für Maßnahmen des Arbeits- und Gesundheitsschutzes. Der Betriebsrat kann im Rahmen des § 87 Abs. 1 Nr. 7 BetrVG dazu beitragen, dass die offen formulierten Schutzverpflichtungen des Arbeitgebers in den jeweiligen Arbeitsschutzvorschriften durch betriebliche Regelungen konkretisiert werden und auf diese Weise Regelungen getroffen werden, in deren Folge Arbeitsschutzmaßnahmen umgesetzt werden, die effektiv zur Verringerung bestehender Defizite im Sicherheits- und Gesundheitsschutz beitragen. Durch die Mitbestimmung des Betriebsrats wird zugleich gewährleistet, dass die Interessen der Beschäftigten hinreichend berücksichtigt werden und ihre Erfahrungen sich in betrieblichen Regelungen niederschlagen.
In Bezug auf die Gestaltung von Nacht- und Schichtarbeit stehen die Mitbestimmungstatbestände grundsätzlich nebeneinander und sind daher auch parallel anwendbar. Soweit sich jedoch bei der Arbeitszeitgestaltung im Speziellen Überschneidungen ergeben, überlagert das Mitbestimmungsrecht aus § 87 Abs. 1 Nr. 7 BetrVG das Mitbestimmungsrecht nach § 87 Abs. 1 Nr. 2 BetrVG.
Zur Durchsetzung der erzwingbaren Mitbestimmungsrechte aus § 87 Abs. 1 BetrVG stehen dem Betriebsrat auf kollektivvertraglicher Ebene neben der Einrichtung der Einigungsstelle als Schlichtungs- und Entscheidungsorgan auch

---

382 GK-*Kraft*, § 80 BetrVG, Rn. 111; HaKo-BetrVG/*Kohte*, § 80 BetrVG; Rn. 67. Zur Frage, ob eine vorherige Zustimmung des Arbeitgebers notwendig ist, vgl. DKK-*Buschmann*, § 80 BetrVG, Rn. 129 und andere Auffassung GK-*Kraft*, § 80 BetrVG, Rn. 112 m.w.N.

Unterlassungsansprüche zu, die durch die Unwirksamkeitsfolge auf individualrechtlicher Ebene komplimentiert werden.
Die erzwingbaren Mitbestimmungsrechte des § 87 Abs. 1 BetrVG werden ergänzt durch das korrigierende Mitbestimmungsrecht des Betriebsrats aus § 91 BetrVG sowie ein freiwilliges Mitbestimmungsrecht nach § 88 BetrVG, die beide in ihrer jeweiligen Ausgestaltung auch Bedeutung für den Sicherheits- und Gesundheitsschutz der Beschäftigten erlangen.
Im Rahmen des Sicherheits- und Gesundheitsschutzes hat der Betriebsrat jedoch nicht nur die Möglichkeit, gemeinsam mit dem Arbeitgeber betriebliche Regelungen aufzustellen. Vielmehr ist dem Betriebsrat nach §§ 80 Abs. 1 Nr. 1 und 89 Abs. 1 BetrVG die Aufgabe zugewiesen worden, die Einhaltung der Arbeitsschutzgesetze zu überwachen und Arbeitgeber als auch Arbeitsschutzbehörden bei ihrer Aufgabenerfüllung zu unterstützen. Zudem werden die am Arbeitsschutz beteiligten Personen zur betrieblichen Kooperation verpflichtet, um Arbeitsschutzvorschriften effektiv durchzusetzen. Damit der Betriebsrat seine Aufgaben im Rahmen des Arbeitsschutzes tatsächlich wahrnehmen kann, hat er die Möglichkeit, sich von internen bzw. externen Sachverständigen beraten zu lassen.

Da dem Betriebsrat von Gesetzes wegen umfangreiche Mitbestimmungs- und Beteiligungsrechte auf dem Gebiet des Arbeitsschutzes zugewiesen sind, die er auf Grund seiner Sachnähe effektiv wahrnehmen kann und hierbei die im Betrieb auftretenden Gefahren und Gefährdungen im Vordergrund stehen, spielt der Betriebsrat bei der Durchsetzung der jeweiligen Arbeitsschutznormen eine bedeutende Rolle, die über die behördliche und individualrechtliche Rechtsdurchsetzung hinausgeht.

Zusammenfassung

- Die Arbeit zur Nachtzeit und in Schichten stellt eine Gefährdung für die Sicherheit und Gesundheit der Beschäftigten dar. Die Gefährdung resultiert einerseits aus der Dauer und Lage, Verteilung und Rhythmik der Arbeitszeit und andererseits fungiert Nacht- und Schichtarbeit als verstärkender Faktor im Zusammenhang mit weiteren Belastungsfaktoren, die am Arbeitsplatz auftreten.

- Zur Verbesserung von Sicherheit und Gesundheitsschutz der Beschäftigten bei der Arbeitszeitgestaltung ist die Richtlinie 93/104/EG erlassen worden, die spezifische Vorschriften für die Gestaltung der Arbeitszeit beinhaltet, die durch die Mitgliedstaaten umzusetzen war. Die Arbeitszeitrichtlinie ergänzt und konkretisiert die Rahmenrichtlinie 89/391/EWG, die allgemeine Pflichten des Arbeitgebers und der Arbeitnehmer beinhaltet und daher auch als „Grundgesetz des betrieblichen Arbeitsschutzes" bezeichnet wird. Die Grundrichtlinie 89/391/EWG und die Arbeitszeitrichtlinie 93/104/EG stehen auf Grund von Art. 1 Abs. 4 RL 93/104/EG in einem Verhältnis von Allgemeinem und Besonderem Teil des betrieblichen Arbeitsschutzes. Dies führt dazu, dass die Arbeitszeitrichtlinie im Lichte der Rahmenrichtlinie auszulegen ist.

- Beiden Richtlinien liegt ein weiter Gesundheitsbegriff zugrunde, der in Anlehnung an das ILO-Übereinkommen Nr. 155 zu definieren ist. Damit wird ein Schutz der Beschäftigten vor physischen und psychischen Erkrankungen bezweckt. Darüber hinaus sollen die Beschäftigten vor physischen und psychischen, einschließlich psycho-sozialen Belastungen und Beschwerden geschützt werden, die nicht unmittelbar krankmachend wirken, sondern möglicherweise erst nach längerer Zeit zu Gesundheitsschäden führen. Folgerichtig zielen sowohl die Rahmenrichtlinie als auch die Arbeitszeitrichtlinie bereits auf die Vermeidung von Risiken im Vorfeld ab, so dass die jeweiligen Regelungen Teil eines präventiven sowie kollektiven Sicherheits- und Gesundheitsschutzes sind.

- Die RL 89/391/EWG statuiert in Art. 5 Abs. 1 eine allgemeine Organisationspflicht des Arbeitgebers, die die vorrangige Verantwortlichkeit des Arbeitgebers für den Sicherheits- und Gesundheitsschutz zum Ausdruck bringt. Diese Organisationspflicht ist Anknüpfungspunkt für die Regelungen der RL 93/104/EG und wird somit in Bezug auf die Arbeitszeitgestaltung konkretisiert. Zentrale Pflicht des Arbeitgebers ist gem. Art. 6 Abs. 3 RL 89/391/EWG außerdem die Durchführung einer Gefährdungsbeurteilung.

- Des Weiteren ist die Partizipation der Arbeitnehmer bzw. deren Vertreter gem. Art. 11 Abs. 1 RL 89/391/EWG bei allen Fragen, die die Sicherheit und den Gesundheitsschutz betreffen, von besonderer Bedeutung. Da es sich um eine allgemeine Vorschrift handelt, entfaltet sie diese Wirkung auch für die RL 93/104/EG.

- Die RL 93/104/EG enthält spezifische Vorschriften zum Schutz der Nacht- und Schichtarbeitnehmer. Nach Art. 12 Nr. 1 RL 93/104/EG sind die Mitgliedstaaten verpflichtet, die erforderlichen Maßnahmen zu treffen, damit Nacht- und Schichtarbeitnehmern hinsichtlich Sicherheit und Gesundheit in einem Maße Schutz zuteil wird, das der Art ihrer Arbeit Rechnung trägt. Somit wird ein umfassender Schutzanspruch der Nacht- und Schichtarbeitnehmer statuiert. Die zu treffenden Schutzmaßnahmen müssen sich zum einen auf Gefährdungen beziehen, die aus der Lage und Dauer, Verteilung und Rhythmik der Arbeitszeit resultieren und zum anderen an Gefährdungen anknüpfen, die sich aus auftretenden Mehrfachbelastungen ergeben. Zur Auslegung von Art. 12 der RL 93/104/EG ist u.a. auch das ILO-Übereinkommen über Nachtarbeit und die dazu gehörige Empfehlung heranzuziehen. Die Verknüpfung von Art. 12 Nr. 1 RL 93/104/EG und Artt. 5 Abs. 1, 6 Abs. 1, 9 Abs. 1a der RL 89/391/EWG führt zu einer entsprechenden Pflichtenstellung des Arbeitgebers.

- Art. 13 RL 93/104/EG fordert vom Arbeitgeber eine Anpassung der Arbeitsgestaltung an den Menschen bei rhythmisch gestalteter Arbeit und bezieht sich daher auch auf Schichtarbeit. Durch Art. 13 RL 93/104/EG wird somit eine Gestaltungspflicht des Arbeitgebers statuiert. Daneben umfasst der Anwendungsbereich von Art. 13 RL 93/104/EG die Arbeitszeitsysteme, die von der klassischen Arbeitszeitverteilung der Fünf- bzw. Sechs-Tage-Woche abweichen. Zudem erfasst Art. 13 RL 93/104/EG alle Formen der Arbeitsorganisation, die durch eine rhythmische Gestaltung der Arbeitstätigkeit gekennzeichnet sind. Art. 13 RL 93/104/EG fordert eine Arbeitsgestaltung, die an den Menschen angepasst ist. Auf diese Weise werden die weite Auslegung des Gesundheitsbegriffs und der im Vorfeld beginnende Gefährdungsschutz bekräftigt. Zugleich verdeutlicht Art. 13 RL 93/104/EG, dass sich Maßnahmen des Gesundheitsschutzes nicht nur auf den „Durchschnittsbeschäftigten“ zu beziehen haben, sondern einerseits eine tätigkeitsspezifische Betrachtungsweise durch den Arbeitgeber vorzunehmen ist und andererseits Gestaltungsmaßnahmen zu treffen sind, die auf den einzelnen Beschäftigten bezogen sind.

- Die Arbeitszeitrichtlinie wird durch das bereits 1994 in Kraft getretene Arbeitszeitgesetz in nationales Recht umgesetzt. Der Umsetzung der Rahmenrichtlinie 93/104/EG dient das Arbeitsschutzgesetz. Auf nationaler Ebene setzt sich das Verhältnis von Allgemeiner und Besonderer Teil des betrieblichen Arbeitsschutzes fort. Hervorzuheben ist, dass es sich auch bei den Regelungen des Arbeitszeitgesetzes um Arbeitsschutzvorschriften handelt.

- Sowohl das Arbeitsschutz- als auch das Arbeitszeitgesetz dienen der Verbesserung von Sicherheit und Gesundheit der Beschäftigten am Arbeitsplatz. Entsprechend der europäischen Vorgaben ist der Gesundheitsbegriff weit auszulegen. Arbeitsschutzmaßnahmen beziehen sich nunmehr auch auf die gesundheitsnahen Bereiche der menschengerechten Gestaltung der Arbeit. Mithin ist entscheidend, ob physische, psychische einschließlich psycho-soziale Faktoren die physische oder psychische Integrität der Beschäftigten beeinträchtigen können.

- Das Arbeitszeitgesetz dient auf Grund seiner Zielsetzung, Konzeption, seiner europäischen und verfassungsrechtlichen Vorgaben vorrangig dem Sicherheits- und Gesundheitsschutz. Die Schutzziele der Flexibilisierung der Arbeitszeit sowie des Sonn- und Feiertagsschutzes treten dahinter zurück.

- § 6 Abs. 1 ArbZG verpflichtet den Arbeitgeber, die Arbeitszeit der Nacht- und Schichtarbeitnehmer nach gesicherten arbeitswissenschaftlichen Erkenntnissen über die menschengerechte Gestaltung der Arbeit festzulegen. Mit dieser Regelung werden Artt. 12 Nr. 1, 13 RL 93/104/EG teilweise umgesetzt.

- Der Begriff der Schichtarbeitnehmer ist auf Grund der Zielsetzung von § 6 Abs. 1 ArbZG weit auszulegen und bezieht sich sowohl auf Arbeitnehmer, die Wechselschicht verrichten, als auch auf Arbeitnehmer, die zu konstanter, aber ungewöhnlicher Zeit arbeiten.

- § 6 Abs. 1 ArbZG statuiert eine zwingende Gestaltungspflicht des Arbeitgebers. Es handelt sich dagegen nicht um eine „lex imperfecta“ oder gar einen Programmsatz.

- Bei den gesicherten arbeitswissenschaftlichen Erkenntnissen über die menschengerechte Gestaltung der Arbeit handelt es sich um einen unbestimmten Rechtsbegriff, der die Anbindung an die neuesten arbeitswissenschaftlichen Erkenntnisse ermöglicht, soweit sie sich in Gestaltungsempfehlungen niedergeschlagen haben. Für die Anerkennung von gesicherten arbeitswissenschaftlichen Erkenntnissen ist weder Voraussetzung, dass durch ein Gremium eine Regelsetzung stattgefunden hat, noch, dass die betreffende Erkenntnis allgemeine Anerkennung erfahren hat oder sich in der Praxis bewährt hat, soweit die Erkenntnis auf wissenschaftlichen Untersuchungen beruht und keinen Eingang in Gesetze, Tarifverträge oder Betriebsvereinbarungen gefunden hat. Ausreichend ist vielmehr, dass eine positive praktische Erprobung stattgefunden hat, wobei auch von diesem grundsätzlichen Erfordernis Ausnahmen zuzulassen sind. Abzustellen ist weiterhin auf die vorherrschende Meinung der Wissenschaftler des jeweiligen Einzelgebietes.

• Die von der Europäischen Stiftung zur Verbesserung der Lebens- und Arbeitsbedingungen veröffentlichten „Leitlinien für Schichtarbeiter" und „Schichtarbeit und Gesundheit" sind ebenso gesicherte arbeitswissenschaftliche Erkenntnisse wie die von der BAuA herausgegebene „Bilanzierung arbeitswissenschaftlicher Erkenntnisse zur Nacht- und Schichtarbeit", die jeweils Gestaltungsvorgaben enthalten, die in die Schichtplangestaltung des Arbeitgebers einzufließen haben. Da sich jedoch einzelne Gestaltungsempfehlungen widersprechen und es diesbezüglich auch keine Rangfolge in Bezug auf die Bewertung gibt, hat der Arbeitgeber einen Spielraum.

• Da jedoch das Arbeitsschutzgesetz und weitere arbeitsschutzrechtliche Rechtsverordnungen die Errichtung eines Ausschusses zur Ermittlung von gesicherten arbeitswissenschaftlichen Erkenntnisse statuieren, die anschließend im Bundesarbeitsblatt durch den Bundesminister für Wirtschaft und Arbeit bekannt gemacht werden können und dabei mit einer gesetzlichen Vermutung versehen werden, liegt insoweit ein Umsetzungsdefizit vor, als diese Möglichkeit für die gesicherten arbeitswissenschaftlichen Erkenntnisse des § 6 Abs. 1 ArbZG nicht vorgesehen ist.

• Der nationale Gesetzgeber hat Artt. 12, 13 RL 93/104/EG nicht ordnungsgemäß durch § 6 Abs. 1 ArbZG umgesetzt, da sich die Pflichtenstellung des Arbeitgebers nicht explizit aus der Norm selbst ergibt, wie die unterschiedlichen rechtlichen Qualifizierungen von § 6 Abs. 1 ArbZG verdeutlichen.

• Art. 12 Nr. 1 RL 93/104/EG wurde durch § 6 Abs. 1 ArbZG nicht ordnungsgemäß umgesetzt, da zum einen nur gesicherte arbeitswissenschaftliche Erkenntnisse erfasst werden, die in konkreten Gestaltungsempfehlungen verankert sind, und zum anderen keine Schutzmaßnahmen vorgeschrieben werden, die an vorhandene Mehrfachbelastungen anknüpfen. Die Regelungen der §§ 7 Abs. 1 Nr. 2, 6 Abs. 5, 8 ArbZG sind nicht geeignet, das Umsetzungsdefizit zu beseitigen. Den Artt. 12, 13 RL 93/104/EG ist durch eine richtlinienkonforme Auslegung zur Umsetzung zu verhelfen. Regelungen, die an andere gesundheitsgefährdende Belastungen anknüpfen, sind, soweit dies möglich ist, richtlinienkonform auszulegen. Die speziellen Verpflichtungen des Arbeitgebers aus §§ 8 Abs. 1 S. 1 i.V.m. Abs. 2 GefStoffV, 2 Abs. 1 LasthandhabV i.V.m. dem Anhang sowie 3 Abs. 1 ArbStättV i.V.m. dem Anhang sind dahingehend richtlinienkonform auszulegen, dass der verstärkende Faktor "Nacht- und Schichtarbeit" berücksichtigt wird. Dabei ist zu beachten, dass in die Grenzwertsetzung der Gefahrstoffverordnung „Nacht- und Schichtarbeit" als zusätzlicher Faktor nicht eingeflossen ist. Auch bei der Festsetzung des Lärmpegels gibt es keine unterschiedlichen Grenzwerte. Soweit keine speziellen Regelungen vorhanden oder diese abschließend sind, ergibt sich aus §§ 3 Abs. 1 S. 1, 4 ArbSchG auf Grund richtlinienkonformer Auslegung die Verpflichtung des Arbeitgebers, Arbeitsschutzmaßnahmen zu treffen, die wegen der verbleibenden Gefährdung durch die Lage und Dauer der Arbeitszeit sowie durch auftretende Mehrfachbelastungen erforderlich sind. Im Ergebnis sind daher im Verhältnis zu Tagarbeitnehmern andere bzw. zusätzliche Arbeitsschutzmaßnahmen zu treffen.

- Art. 13 RL 93/104/EG wird zur vollständigen Durchsetzung verholfen, wenn §§ 3 Abs. 1 S. 1, 4 ArbSchG richtlinienkonform dahingehend ausgelegt wird, dass der Arbeitgeber verpflichtet ist, die erforderlichen Maßnahmen des Arbeitsschutzes bei jeglichen belastenden rhythmischen Gestaltungen der Arbeitsorganisation zu treffen.

- Ein wichtiges Instrument zur Gestaltung der Arbeitsbedingungen gem. § 6 Abs. 1 ArbZG und §§ 3 Abs. 1 S. 1, 4 ArbSchG stellt die Gefährdungsbeurteilung gem. § 5 ArbSchG dar.

- Der Arbeitgeber ist nach § 6 Abs. 5 ArbZG verpflichtet, den Nachtarbeitnehmern einen Ausgleich für die Belastungen der Nachtarbeit in Form von zusätzlicher Freizeit oder Entgeltzahlungen zu gewähren. Dabei handelt es sich um eine Wahlschuld nach § 262 BGB, so dass der Arbeitgeber das Wahlrecht hat. Das Wahlrecht des Arbeitgebers wird nicht eingeschränkt. Der unentgeltliche Verzicht des Arbeitnehmers ohne kompensatorische Gegenleistung des Arbeitgebers stellt bei formularmäßigen Verzichtserklärungen eine unangemessene Benachteiligung i.S.v. § 307 Abs. 2 Nr. 1 BGB dar. Da es sich um eine Wahlschuld des Arbeitgebers handelt, ist ein Übergang des Wahlrechts auf den Arbeitnehmer gem. § 264 Abs. 1 BGB nicht möglich.

- Die Arbeitsschutzbehörden können zur Durchsetzung von §§ 6 Abs. 1 und Abs. 5 ArbZG Anordnungen gem. § 17 Abs. 2 ArbZG treffen. Damit die Anordnung als Verwaltungsakt dem Bestimmtheitsgebot des § 37 VwVfG

Rechnung trägt, ist erforderlich, dass die Arbeitsschutzbehörden den unbestimmten Rechtsbegriff der gesicherten arbeitswissenschaftlichen Erkenntnisse konkretisieren. Dabei sind die aus § 6 Abs. 1 ArbZG folgenden Besonderheiten zu berücksichtigen. In Bezug auf das grundsätzliche Verbot der Dauernachtarbeit in Konkretisierung des § 6 Abs. 1 ArbZG kommt auch das Mittel der Unterlassungsverfügung in Betracht. § 6 Abs. 5 ArbZG ist in Form eines gesetzeswiederholenden Verwaltungsaktes durchzusetzen. Auch in Bezug auf § 3 Abs. 1 S. 1, § 4 ArbSchG können die Arbeitsschutzbehörden nach § 22 Abs. 3 ArbSchG Anordnungen treffen, wobei der organisatorische Gestaltungsspielraum des Arbeitgebers zu beachten ist.

- § 6 Abs. 1 ArbZG und § 3 Abs. 1 S. 1 i.V.m. § 4 ArbSchG werden durch § 618 Abs. 1 BGB in das Arbeitsvertragsverhältnis zwischen Arbeitnehmer und Arbeitgeber transformiert und entfalten mithin eine Doppelwirkung. § 618 Abs. 1 BGB ist dabei Ausdruck einer gesteigerten Interessenwahrungspflicht des Arbeitgebers. Mithin haben die Arbeitnehmer einen Anspruch auf Erfüllung der arbeitsvertraglichen Pflichten des Arbeitgebers. In mitbestimmungspflichtigen Angelegenheiten ist der Erfüllungsanspruch der Arbeitnehmer auf die Einleitung des Mitbestimmungsverfahrens durch den Arbeitgeber begrenzt. Ansonsten richtet sich der Erfüllungsanspruch in Bezug auf §§ 6 Abs. 1 ArbZG, 3 Abs. 1 S. 1 i.V.m. § 4 ArbSchG grundsätzlich auf die fehlerfreie Ausübung des Ermessens des Arbeitgebers. Sie haben jedoch einen Erfüllungsanspruch auf die Einhaltung elementarer Empfehlungen für die Gestaltung der Nacht- und Schichtarbeit. Soweit sich das Begehren der Arbeitnehmer gegen den Einsatz in Dauernachtarbeit richtet, können sie einen Unterlassungsanspruch geltend machen.

- Auf die rechtshindernde Einwendung aus § 134 BGB können sich die Arbeitnehmer bei einer Verletzung von § 6 Abs. 1 ArbZG und § 3 Abs. 1 S. 1 i.V.m. § 4 ArbSchG in Bezug auf eine arbeitgeberseitige Weisung nicht berufen.

- Die Arbeitnehmer haben nach § 273 Abs. 1 BGB bei einer Verletzung von § 6 Abs. 1 ArbZG, § 3 Abs. 1 S. 1 BGB ein Zurückbehaltungsrecht, dessen Grenzen sich aus dem Umfang des Erfüllungsanspruchs und dem Verhältnismäßigkeitsgrundsatz ergeben. Für die Geltendmachung von § 273 Abs. 1 BGB ist dagegen nicht Voraussetzung, dass eine unmittelbare Gefahr für Leben oder Gesundheit der Beschäftigten vorliegt.

- Hinsichtlich der Gestaltung der Arbeitszeit der Nacht- und Schichtarbeitnehmer hat der Betriebsrat ein umfangreiches Mitbestimmungsrecht aus § 87

Abs. 1 Nr. 2 BetrVG. Der Mitbestimmung des Betriebsrats unterliegt dabei der gesamte Komplex der Schichtarbeit, so dass der Betriebsrat auch bei der Ausgestaltung des Schichtplans mitzubestimmen hat. Die Grenze der Regelungsbefugnis der Betriebsparteien bildet dabei § 6 Abs. 1 ArbZG, d.h. die gesicherten arbeitswissenschaftlichen Erkenntnisse über die menschengerechte Gestaltung der Arbeit. Die Betriebsparteien haben als Vorfrage der näheren Ausgestaltung des Schichtplans und damit im Rahmen der Mitbestimmung, den Rechtsbegriff der gesicherten arbeitswissenschaftlichen Erkenntnisse gemeinsam zu konkretisieren. Indem der Betriebsrat bei der Aufstellung des Schichtplans auch die Kenntnisse und Erfahrungen der Beschäftigten einfließen lassen kann, hat er die Möglichkeit effektiv zur Verbesserung von Sicherheit und Gesundheit der Arbeitnehmer beizutragen. Soweit sich Mitbestimmung auf Vorschriften des Arbeitszeitgesetzes, dessen Regelungen Mindeststandards enthalten, bezieht, bezweckt § 87 Abs. 1 Nr. 2 BetrVG auch die Einhaltung von Sicherheit und Gesundheitsschutz als Schutzzweck des Arbeitszeitgesetzes.

- Der Betriebsrat kann nach § 87 Abs. 1 Nr. 2 BetrVG die Einführung unbezahlter Pausen verlangen, da es sich bei § 4 ArbZG nicht um eine abschließende Norm handelt. „Lärmpausen“ sind dagegen nicht nach § 87 Abs. 1 Nr. 2 BetrVG mitbestimmungspflichtig, da es sich hierbei nicht um eine Pause handelt, sondern um Zeiten, in denen dem Arbeitnehmer andere Tätigkeiten zugewiesen werden.

- Zur Verwirklichung von Sicherheit und Gesundheitsschutz der Nacht- und Schichtarbeitnehmer steht dem Betriebsrat das umfangreiche Mitbestimmungsrecht nach § 87 Abs. 1 Nr. 7 BetrVG zur Verfügung.

- Der Begriff des Gesundheitsschutzes i.S.v. § 87 Abs. 1 Nr. 7 BetrVG ist weit auszulegen und umfasst nach der Konzeption des Arbeitsschutzes auch die gesundheitsnahen Bereiche der menschengerechten Gestaltung der Arbeit. Das Mitbestimmungsrecht aus § 87 Abs. 1 Nr. 7 ArbSchG ist akzessorisch an die jeweiligen Arbeitsschutzvorschriften gekoppelt.

- Ebenso ist der Begriff der „Regelung“ i.S.v. § 87 Abs. 1 Nr. 7 BetrVG weit zu verstehen und bezieht sich nicht nur auf Vorschriften, die das Verhalten der Arbeitnehmer betreffen, sondern auch auf organisatorische und technische Arbeitsschutzmaßnahmen.

- Voraussetzung für ein Mitbestimmungsrecht des Betriebsrats nach § 87 Abs. 1 Nr. 7 BetrVG ist das Bestehen einer arbeitsschutzrechtlichen Rahmenvorschrift, die dem Arbeitgeber einen Entscheidungsspielraum belässt. Ein solcher Entscheidungsspielraum ist vorhanden, soweit der Arbeitgeber die Wahl zwischen verschiedenen Arbeitsschutzmaßnahmen hat. Darüber hinaus besteht ein Entscheidungsspielraum des Arbeitgebers auch, wenn die Arbeitsschutzvorschrift unbestimmte Rechtsbegriffe verwendet. Die Annahme, dass die Auslegung eines unbestimmten Rechtsbegriffs lediglich eine richtige Lösung zur Folge hat, stellt sich bei Arbeitsschutzvorschriften als „Fiktion“ dar. Unbestimmte Rechtsbegriffe werden auf der Rechtsfolgenseite insbesondere verwendet, um verschiedene betriebliche Lösungen zu ermöglichen, so dass sich mehrere Handlungsmöglichkeiten für den Arbeitgeber ergeben und damit ein Entscheidungsspielraum besteht. Soweit unbestimmte Rechtsbegriffe auf der Tatbestandsseite der Arbeitsschutzvorschrift vorhanden sind, ist die gemeinsame Mitbeurteilung notwendige Voraussetzung für die anschließende Mitregelung.

- Als Rahmenvorschriften i.S.v. § 87 Abs. 1 Nr. 7 BetrVG sind daher exemplarisch §§ 8 Abs. 1 S. 1 i.V.m. Abs. 2 GefStoffV, § 6 Abs. 5 ArbZG, die Generalklausel des § 3 Abs. 1 S. 1 i.V.m. § 4 ArbSchG sowie § 5 ArbSchG anzusehen. Insoweit bestehen umfangreiche Mitbestimmungsrechte des Betriebsrats, die ihm eine Verbesserung von Sicherheit und Gesundheitsschutz der Beschäftigten ermöglichen.

- Die Mitbestimmungsrechte aus § 87 Abs. 1 Nr. 2 BetrVG und § 87 Abs. 1 Nr. 7 BetrVG sind grundsätzlich nebeneinander anwendbar. Dennoch kann es zu Überschneidungen beider Mitbestimmungstatbestände kommen, mit der Folge, dass § 87 Abs. 1 Nr. 7 BetrVG den Mitbestimmungstatbestand des § 87 Abs. 1 Nr. 2 BetrVG überlagert.

- Mitbestimmungsrechte, die der Betriebsrat im Ergebnis zum Schutz der Nacht- und Schichtarbeitnehmer nutzen kann, ergeben sich auch aus §§ 87 Abs. 1 Nr. 8, 10 und 11 BetrVG.

- Soweit sich die Betriebsparteien über einen mitbestimmungspflichtigen Regelungsgegen-stand nicht einigen können, entscheidet die Einigungsstelle. Der Spruch der Einigungsstelle ist in den Grenzen des § 76 Abs. 5 S. 4 BetrVG gerichtlich überprüfbar. Außerdem ist ein Beurteilungsspielraum der Einigungsstelle im Fall der Auslegung und Anwendung unbestimmter Rechtsbegriffe im Rahmen von Arbeitsschutznormen in Betracht zu ziehen.

- Bei Verletzung des Mitbestimmungsrechts des Betriebsrats durch den Arbeitgeber hat der Betriebsrat sowohl den Unterlassungsanspruch aus § 23 Abs. 3 BetrVG als auch einen sog. allgemeinen Unterlassungsanspruch.

- Auf individualrechtlicher Ebene findet auch bei der Verletzung des Mitbestimmungsrechts aus § 87 Abs. 1 Nr. 7 BetrVG grundsätzlich die Theorie der Wirksamkeitsvoraussetzung Anwendung.

- Weitere Mitbestimmungsrechte des Betriebsrats ergeben sich aus §§ 91, 88 Nr. 1 BetrVG. Der Anwendungsbereich von § 91 BetrVG erfasst auch den persönlichkeitsrechtlichen Bereich der menschengerechten Gestaltung der Arbeit und Einzelfallgestaltungen, so dass Raum für dieses korrigierende Mitbestimmungsrecht neben § 87 Abs. 1 Nr. 7 BetrVG verbleibt.

- Zudem verfügt der Betriebsrat über zahlreiche weitere Beteiligungsrechte in Form von Informations-, Antrags-, Beratungs- und Überwachungsrechten, die zur Vervollständigung der Durchsetzung eines verbesserten Sicherheits- und Gesundheitsschutzes der Arbeitnehmer beitragen. Hervorzuheben ist das Recht des Betriebsrats, sich durch externe Sachverständige gem. § 80 Abs. 3 BetrVG beraten zu lassen, so dass sich der Betriebsrat insoweit die notwenige Sachkundige auf dem Gebiet der Gestaltung der Nacht- und Schichtarbeit bspw. durch einen Arbeitspsychologen oder anderen Arbeitswissenschaftler vermitteln lassen kann.

Literaturverzeichnis:

Abeln, Christoph; Repey, Marc, Die Revision der EU-Arbeitszeitrichtlinie und der Bereitschaftsdienst der Ärzte, ArbuR 2005, 20 – 22

Anweiler, Jochen, Die Auslegungsmethoden des Gerichtshofs der Europäischen Gemeinschaft, Frankfurt am Main, 1997

Anzinger, Rudolf; Koberski, Wolfgang, Kommentar zum Arbeitszeitgesetz, 2. Aufl., Frankfurt a.M., 2005

Anzinger, Rudolf; Bieneck, Hans-Jürgen, Kommentar zum Arbeitssicherheitsgesetz, Heidelberg 1998

Anzinger, Rudolf, Das Arbeitszeitgesetz, in: Anzinger, Rudolf; Wank, Rolf (Hrsg.), Entwicklungen im Arbeitsrecht und Arbeitsschutzrecht, Festschrift für Otfried Wlotzke, S. 427 – 444, München, 1996

Anzinger, Rudolf, Neues Arbeitszeitgesetz in Kraft getreten, BB 1994, 1492 - 1498

Anzinger, Rudolf, Erfolgreich zum Abschluss gebracht, BArbBl. 1994, 5 – 9

Anzinger, Rudolf, Das neue Arbeitszeitgesetz, AuA 1994, 5 – 7

Anzinger, Rudolf, Zur Neuregelung des Frauenarbeitsschutzes im Entwurf eines Arbeitszeitgesetzes, DB 1985, 2352 – 2354

Atteslander, Peter, Methoden der empirische Sozialforschung, 8. Aufl., Berlin, 1995

Aufhauser, Rudolf; Brunhöber, Hannelore; Igl, Peter, Arbeitssicherheitsgesetz: Kommentar, 3. Aufl., Baden-Baden, 2004

Badura, Bernhard, Psychische Belastungen am Arbeitsplatz (Fehlzeiten-Report 1999), Berlin, Heidelberg, 2000

Baeck, Ulrich; Deutsch, Markus, Kommentar zum Arbeitszeitgesetz, 2. Aufl., München, 2004

Bähringer, M. Hartmut, Die Rechte des Betriebsrates bei der Einführung von Bildschirmarbeitsplätzen, RdA 1981, 364 - 371

Balze, Wolfgang, Arbeitszeit, Urlaub und Teilzeitarbeit, in: Oetker, Hartmut; Preis Ulrich (Hrsg.), EAS 2002, B 3100

Balze, Wolfgang, Arbeitszeit und Urlaub, in: Oetker, Hartmut; Preis, Ulrich (Hrsg.), EAS 1995, B 3100

Balze, Wolfgang, Die Richtlinie über die Arbeitszeitgestaltung, EuZW 1994, 205 – 208

Basten, Astrid; Habich, Anke, Kooperation von Funktionsträgern im Arbeits-, Gesundheits- und Umweltschutz unter besonderer Berücksichtigung des Arbeitszeitrechts, in: Rüdiger Trimpop, Bernhard Zimolong, Andreas Kalveram (Hrsg.), Psychologie der Arbeitssicherheit und Gesundheit, Neue Welten - Alte Welten, 11. Workshop 2001, Heidelberg, Kröning, 2002

Bauer, Jobst-Hubertus; Krets, Jérôme, Anmerkung zu BAG vom 01.07.2003 (Mitbestimmung bei der zeitlichen Lage bezahlter tariflicher Kurzpausen), AP Nr. 107 zu § 87 BetrVG 1972 Arbeitszeit

Beermann, Beate, Bilanzierung arbeitswissenschaftlicher Erkenntnisse zur Nacht- und Schichtarbeit - Amtliche Mitteilungen der Bundesanstalt für Arbeitsschutz und Arbeitsmedizin -, 6. Aufl., Dortmund, 2000

Beermann, Beate, Nacht- und Schichtarbeit – alltägliche Normalität, AuA 1997, 37 – 40

Beermann, Beate, Frauen und Männer im Wechselschichtdienst - Belastung, Beanspruchung und Beanspruchungsfolgen bei Nacht- und Schichtarbeit, Frankfurt a. M., 1993

Behörde für Arbeit, Gesundheit und Soziales der Freien und Hansestadt Hamburg (Hrsg.), Arbeits- und Gesundheitsschutz im Krankenhaus, (Schriftenreihe des Amtes für Arbeitsschutz), Bremen, 1994

Bercusson, Brian, European Labour Law, London, 1996

Berg, Peter, Das Arbeitszeitrechtsgesetz, AiB 1994, 578 - 581

Berg, Werner, Gesundheitsschutz als Aufgabe der EU - Entwicklung, Kompetenzen, Perspektiven – , Baden-Baden, 1997

Berger-Delhey, Ulf , "Wo man raucht, da kannst Du ruhig harren; böse Menschen haben nie Zigarren"?, ZTR 2003, 126 - 127

Berger-Delhey, Ulf, Das neue Arbeitsschutzrecht, PersV 1996, 518 - 521

Berger-Delhey, Ulf, Nochmals: Der Entwurf eines Arbeitszeitrechtsgesetzes, ZTR 1994, 105 - 110

Bermig, Klaus, Die Änderung des Arbeitszeitgesetzes durch das Gesetz zu Reformen am Arbeitsmarkt, BB 2004, 101 – 105

Bieback, Klaus; Oppolzer, Alfred (Hrsg.), Strukturwandel des Arbeitsschutzes Opladen, 1999

Bieneck, Hans-Jürgen; Rückert, Anette, Neue Herausforderungen für die Arbeitswissenschaft - Konsequenzen aus den EG-Richtlinien, ZArbWiss. 1994, 1 -4

Birk, Rolf, Die Rahmenrichtlinie über die Sicherheit und den Gesundheitsschutz am Arbeitsplatz - Umorientierung des Arbeitsschutzes und bisherige Umsetzung in den Mitgliedstaaten der Europäischen Union, in: Anzinger, Rudolf; Wank, Rolf (Hrsg.), Entwicklungen im Arbeitsrecht und Arbeitsschutzrecht, Festschrift für Otfried Wlotzke, S. 645 – 667, München,1996

Birk, Rolf, Arbeitnehmerschutz - Vom internationalen zum supranationalen Recht – , ZfA 1991, 355 - 368

Bitterberg, Stefan, Die arbeitsschutzrechtliche Regelung des ärztlichen Bereitschaftsdienstes nach dem Arbeitszeitgesetz, Freiburg im Breisgau, 2002

Blanke, Thomas; Diederich, Helga, Das Ende des Nachtarbeitsverbots?, ArbuR 1992, 165 – 172

Bleckmann, Albert, Europarecht: Das Recht der Europäischen Union und der Europäischen Gemeinschaften, 6. Aufl., Köln, 1997

Bleckmann, Albert, Zu den Auslegungsmethoden des Europäischen Gerichtshofs NJW 1982, 1177 - 1182

Böhm, Monika, Der Normmensch - Materielle und prozeduale Aspekte des Schutzes der menschlichen Gesundheit vor Umweltschadstoffen, Tübingen, 1996

Börgmann, Udo, Anmerkung zu BAG 2.4.1996, AP Nr. 5 zu § 87 BetrVG 1972 Gesundheitsschutz

Börgmann, Udo, Arbeitsrechtliche Aspekte des Rauchens im Betrieb, RdA 1993, 275 - 286

Boerner; Corinna; Boerner, Dietmar, Bereitschaftsdienst – auch in Deutschland Arbeitszeit, NZA 2003, 883 - 890

Bosch, Aida u.a., Lebenssituation und Alltagsorganisation von Frauen in Nachtarbeit, WSI Mitt. 1994, 51 - 57

Bösche, Burchard; Grimberg, Herbert, Mitbestimmung des Betriebsrats bei der Betriebsverpflegung, AiB 1995, 395 - 398

Brandes, Heike, System des europäischen Arbeitsschutzes, Frankfurt/M., 1999

Brüggemann, Marion, Das neue Arbeitsschutzgesetz, in: Bieback, Klaus; Oppolzer, Alfred (Hrsg), Strukturwandel des Arbeitsschutzes, S. 43 – 75, Opladen, 1999

Buchholz, Dietmar, Gesetz zur Umsetzung der EG-Rahmenrichtlinie Arbeitsschutz und weiterer Arbeitsschutz-Richtlinien, ZTR 1996, 495 - 500

Buchner, Herbert; Becker, Ulrich, Mutterschutzgesetz und Bundeserziehungsgeldgesetz, 7. Aufl., München, 2003

Buck, Carsten, Über die Auslegungsmethoden des Gerichtshofs der Europäischen Gemeinschaft, Frankfurt, 1998

Bücker, Andreas, Von der Gefahrenabwehr zu Risikovorsorge und Risikomanagement im Arbeitsschutzrecht: eine Untersuchung am Beispiel der rechtlichen Regulierung der Sicherheit von Maschinen unter dem Einfluss der europäischen Rechtsangleichung, Berlin, 1997

Bücker, Andreas; Feldhoff, Kerstin; Kohte, Wolfhard, Vom Arbeitsschutz zur Arbeitsumwelt – Europäische Herausforderungen für das deutsche Arbeitsrecht, Neuwied, 1994

Bundesministerium für Arbeit und Sozialordnung, Sicherheit und Gesundheit bei der Arbeit 2000 - Unfallverhütungs-bericht Arbeit, Bonn, 2001

Bundesverband der Betriebskrankenkassen, Besser leben mit Schichtarbeit, Hilfen für Schichtarbeiterinnen und Schichtarbeiter, 5. Aufl., Essen, 2002

Bürkert, Ulrich, Beurteilung von Gefährdungen und Belastungen, AuA 1997, 190 - 192

Buschmann, Rudolf, Zum Gesetzesvorrang bei der betrieblichen Arbeitszeitgestaltung, in: Kohte, Wolfhard; Dörner, Hans-Jürgen; Anzinger, Rudolf (Hrsg.), Arbeitsrecht im sozialen Dialog, FS für Hellmut Wißmann, S. 251 – 274, München, 2005

Buschmann, Rudolf; Ulber, Jürgen, Arbeitszeitgesetz – Kommentar, 4. Aufl., Frankfurt a.M., 2004

Buschmann, Rudolf, Anmerkung zu BAG, Beschluss vom 31.01.1989, ArbuR 1990, 135 - 136

Büssing, André; Seifert, Hartmut, Sozialverträgliche Arbeitszeitgestaltung, München, 1995

Callies, Christian; Ruffert, Matthias, Kommentar zu EU-Vertrag und EG-Vertrag, 2. Aufl., Neuwied und Kriftel, 2002

Callies, Christian, Anmerkung zu EuGH 12.11.1996, Rs. C-84/94 (Großbritannien/Rat), EuZW 1996, 757 - 759

Cerney, Josef; Klein, Christoph; Schwarz, Berhard, Arbeitszeitgesetz, Wien, 2001

Colneric, Ninon, Konsequenzen der Nachtarbeitsurteile des EuGH und des BVerfG, NZA 1992, 393 - 399

Corlett, E.N.; Queinnec, Y.; Paoli, P., Die Gestaltung der Schichtarbeit, Europäische Stiftung zur Ver-besserung der Lebens- und Arbeitsbedingungen, Luxemburg, 1989

Cosack, Tilmann, Verpflichtung des Arbeitgebers bzw. Dienstherrn zum Erlass eines generellen Rauchverbots am Arbeitsplatz?, DB 1999, 1450-1455

Cox, Peter; Rundnagel, Regine, Nacht-Essen: Wohl bekommt's?, AiB 2003, 279 - 281

Däubler, Wolfgang; Kittner, Michael; Klebe, Thomas (Hrsg.), Betriebsverfassungsgesetz, Kommentar für die Praxis, 8. Aufl., Frankfurt a.M., 2002

Däubler, Wolfgang; Kittner, Michael; Lörcher, Klaus, Internationale Arbeits- und Sozialordnung, 2. Aufl., Köln, 1994

Däubler, Wolfgang, Die veränderte Betriebsverfassung, ArbuR 2001, 285 – 291

Degen, Barbara, Arbeitsschutz, Individualrechte, AiB 1991, 309 - 320

Denck, Johannes, Bildschirmarbeitsplätze und Mitbestimmung des Betriebsrats, RdA 1982, 279

Denecke, J.; Neumann, Dirk; Biebl, Josef, Arbeitszeitordnung, 11. Aufl., München, 1991

Derleder, Peter, Die Wiederkehr des Unterlassungsanspruchs, ArbuR 1995, 13 - 19

Di Fabio, Udo, Richtlinienkonformität als ranghöchstes Normauslegungsprinzip?, NJW 1990, 947 – 954

Dieterich, Thomas; Müller-Glöge, Rudi; Preis, Ulrich; Schaub, Günter, Erfurter Kommentar zum Arbeitsrecht, 6. Aufl., München, 2006

Diezemann, Klaus; Mühlhausen, Peter; Wenig Raum für Mitbestimmung in puncto Bildschirmarbeit, AuA 1999, 15 - 18

Diller, Martin, Fortschritt oder Rückschritt? – Das neue Arbeitszeitrecht, NJW 1994, 2726 - 278

Dobberahn, Peter, Das neue Arbeitszeitgesetz in der Praxis, 2. Aufl., München, 1996

Dötsch, Jochen, Die europäische Rahmenrichtlinie Arbeitsschutz und ihre Umsetzung in deutsches Recht, AuA 1996, 329 - 332

Dürckheim, Philipp Graf v., Gesundheitsschutz im europäischen Gemeinschaftsrecht - Kompetenzverteilung, individualrechtliche Aspekte – , Hamburg, 2000

Dütz, Wilhelm, Verfahrensrecht der Betriebsverfassung, ArbuR 1973, 353 – 372

Düwell, Franz Josef (Hrsg.), Betriebsverfassungsgesetz – Handkommentar, 1. Aufl., Baden-Baden, 2003

Egger, Hartmut, Die Rechte der Arbeitnehmer und des Betriebsrats auf dem Gebiet des Arbeitsschutzes, BB 1992, 629 - 636

Ehmann, Horst, Europäischer Gesundheitsschutz kraft deutscher Mitbestimmung?, in: Schmidt, Klaus, (Hrsg.) Festschrift zum 50jährigen Bestehen der Arbeitsgerichtsbarkeit in Rheinland-Pfalz, S. 19 – 36, Neuwied, Kriftel, 1999

Ehmann, Horst, Technische Arbeitnehmer-Überwachung und Datensicherung - Zum Mitbestimmungs- und Mitbeurteilungsrecht des Betriebsrates bei der Eingabe- und Benutzerkontrolle gem. § 6 BDSG – in: Dieterich, Thomas; Gamillscheg, Franz; Wiedemann, Herbert (Hrsg.), Festschrift für Marie Luise Hilger und Hermann Stumpf, S. 125 – 153, München 1983

Ehmann, Horst, Arbeitsschutz und Mitbestimmung bei neuen Technologien, Berlin, 1981

Elsner, Gesine; Bammann, Karin; Helmert, Uwe, Herz- und Kreislauferkrankungen bei berenteten Nachtschichtarbeitern, AiB 1995, 642 – 644

Elsner, Gesine, Zukünftige Gestaltung von Nachtschichtarbeit, AiB 1995, 84 f.

Elsner, Gesine, Nachtschichtarbeit ist grundsätzlich schädlich, AiB 1992, 194 und 217 - 219

Elsner, Gesine; Nachtschichtarbeit und gesundheitliche Beeinträchtigungen, AiB 1988, 300 – 304

Elsner, Gine u.a., Wenn andere schlafen – Nachtschichtarbeit in Druckereien, Hamburg, 1994

Elsner, Gine, Schichtarbeit und gesundheitliche Vorsorge: Überbetriebliche und betriebliche Regelungen, AiB 1990, 53 – 57

Engel, Hiltrud, Die Mitbestimmung des Betriebsrats bei Bildschirmarbeitsplätzen, ArbuR 1982, 79 - 85

Engelen-Kefer, Ursula, Die Gesundheit droht auf der Strecke zu bleiben, SozSich 1991, 333 - 336

Erasmy, Walter, Ausgewählte Rechtsfragen zum neuen Arbeitszeitrecht (I) und (II), NZA 1994, 1105 – 1111 und NZA 1995, 97 - 103

Faber, Ulrich, Die arbeitsschutzrechtlichen Grundpflichten des § 3 ArbSchG – Organisations- und Verfahrenspflichten, materiellrechtliche Maßstäbe und die rechtlichen Instrumente ihrer Durchsetzung, Berlin, 2004

Faber, Ulrich; Richenhagen, Gottfried, Recht im Arbeitsschutz, BIT, Bochum 2001

Faber, Ulrich, Die Mitbestimmung des Betriebsrats bei Gefährdungsanalysen, AiB 1998, 317 - 322

Faber, Ulrich, Das betriebliche Arbeits- und Gesundheitsschutzrecht der Bundesrepublik nach der Umsetzung der europäischen Arbeitsumweltrichtlinien, Arbeit 1998, 203 - 218

Faber, Ulrich, Gestaltungsmöglichkeiten des Betriebsrates beim betrieblichen Arbeits- und Gesundheitsschutz, AiB 1995, 19 – 31

Faber, Ulrich, Arbeits- und Gesundheitsschutz im Betriebsverfassungsrecht, AiB 1995, 443 -460

Fabricius, Fritz; Kraft, Alfons; Wiese, Günther; Kreutz, Peter; Oetker, Hartmut; Raab, Thomas; Weber, Christoph; Gemeinschaftskommentar zum Betriebsverfassung, Neuwied, Kriftel, 7. Aufl., 2002

Fabricius, Nicolai, Die Mitbestimmung des Betriebsrats bei der Umsetzung des neuen Arbeitsschutzgesetzes, BB 1997, 1254 - 1258

Fabricius, Nicolai, Einstellung der Arbeitsleistung bei gefährlichen und normwidrigen Tätigkeiten, Heidelberg, 1996

Falke, Josef, Rechtliche Kriterien für und Folgerungen aus Grenzwerten im Arbeitsschutz, in: Winter, Gerd (Hrsg.), Grenzwerte - Interdisziplinäre Untersuchungen zu einer Rechtsfigur des Umwelt-, Arbeits- und Lebensmittelschutzes -, S. 164 – 198, Düsseldorf, 1986

Farthmann, Friedhelm, Die Mitbestimmung des Betriebsrates bei der Regelung der Arbeitszeit, RdA 1974, 65 – 72

Feldhoff, Karin, Mitbestimmung des Betriebsrats - Anm. zu Beschluss der BAG vom 2.4.1996 - 1 ABR 47/95, AuA 1997, 72 -76

Fiebig, Andreas, Der Ermessensspielraum der Einigungsstelle, Berlin, 1992

Fischer, Cornelia, Starke Präventionsimpulse, BArbBl. 1/1996, 21 - 24

Fischer, Ulrich; Schierbaum, Bruno, Das Arbeitsschutzgesetz - ein Überblick PersR 1996, 423 – 429

Fischer, Ulrich; Schierbaum, Bruno, Bildschirmarbeit und Gesundheit - Bringt die EG-Richtlinie zur Bildschirmarbeit Fortschritte?, PersR 1994, 351 - 358

Fitting, Karl; Engels, Gerd; Schmidt, Ingrid; Trebinger, Yvonne; Linsenmeier Wolfgang, Betriebsverfassungsgesetz – Handkommentar, 22. Aufl., München, 2004

Fitting, Karl; Kaiser, Heinrich; Heither, Friedrich; Engels, Gerd, Betriebsverfassungsgesetz – Handkommentar, 20. Aufl., München, 2000 und 18. Aufl., München, 1996

Frese, Michael, Psychische Gesundheit, Arbeitsbedingungen und neue Technologien, WSI-Mitt. 1985, 226 - 233

Frieling, Ekkehart; Sonntag, Karlheinz, Arbeitspsychologie, 2. Aufl., Göttingen, 1999

Fuchs, Karl-Detlef, Die gesicherten arbeitswissenschaftlichen Erkenntnisse: ein umstrittener Begriff im Arbeitsschutz, Frankfurt/M., 1984

Galperin, Hans; Löwisch, Manfred, Kommentar zum Betriebsverfassungsgesetz, Bd. II, §§ 74 – 132, 6. Aufl., Heidelberg, 1982

Gaul, Dieter, Das Nachtarbeitsverbot für gewerbliche Arbeiterinnen, BB 87, 1662 - 1668

Gerum, Elmar, Grundfragen der Arbeitsgestaltungspolitik: ein integrativer Ansatz zur Problematik der gesicherten arbeitswissenschaftlichen Erkenntnisse über die menschengerechte Gestaltung der Arbeit, Stuttgart, 1981

Geyer, Fabian, Die Mitbestimmung des Betriebsrates beim Arbeits- und Gesundheitsschutz - Dargestellt am Beispiel der Einführung und Gestaltung von Bildschirmarbeitsplätzen, Hamburg, 2001

Glaubitz, Werner, Mitbestimmung des Betriebsrats gem. § 87 Abs. 1 Nr. 7 BetrVG bei Regelungen über den Arbeitsschutz, BB 1977, 1403 - 1406

Gotthardt, Michael, Arbeitsrecht nach der Schuldrechtsreform, München, 2. Aufl., 2003

Grandjean, Etienne, Physiologische Arbeitsgestaltung, 4.Aufl, 1991

Grillberger, Konrad, Arbeitszeitgesetz, 2. Aufl., Wien, 2001

Groeben, Hans. v.d.; Thiesing, Jochen; Ehlermann, Klaus, Kommentar zum EU-/EG-Vertrag, Band 3, Art. 102a – 136a EGV, 5. Aufl., Baden-Baden, 1999

Grundmann, Stefan, Europäisches Schuldvertragsrecht - Das europäische Recht der Unternehmensgeschäfte, Berlin, 1999

Grundmann, Stefan, Richtlinienkonforme Auslegung im Bereich des Privatrechts - insbesondere: der Kanon der nationalen Auslegungsmethoden als Grenze?, ZEuP 1996, 399 - 424

Günther, Horst, Gemeinsamer Standpunkt verabschiedet, BArbbl. 1993, Heft 10, S. 17 - 21

Güntner, Hans, Wesen und Probleme der Schichtarbeit, ArbuR 1958, 129 - 141

Gutzeit, Martin, Die Mitbestimmung des Betriebsrats bei Fragen der Arbeitszeit, BB 1996, 106 - 112

Hage, Marion; Heilmann, Joachim, Mobbing – ein modernes betriebliches Konfliktfeld, BB 1998, 742 – 748

Hahn, Hans, Nacht- und Schichtarbeit 1, Gesundheitliche Auswirkungen, Soziale Auswirkungen, Berufsverlauf, Dortmund 1992

Hamm, Ingo, Flexible Arbeitszeiten in der Praxis, 2. Aufl., Frankfurt am Main, 2001

Hamm, Ingo, Anmerkung zu BAG, Beschluss vom 23.11.1993, AiB 1994, 317

Hanau, Peter, Denkschrift zum Regierungsentwurf eines Gesetzes zur Reform des Betriebsverfassungsgesetzes, RdA 2001, 65 – 76

Hanau, Peter; Steinmeyer, Heinz-Dietrich; Wank, Rolf, Handbuch des europäischen Arbeits- und Sozialrechts, München, 2002

Hanau, Peter, Probleme der Mitbestimmung des Betriebsrats über den Sozialplan, ZfA 1974, 89 – 121

Hartmann, Angelika, Überlegungen zur geplanten Neufassung von Regelungen zur Arbeitszeit in Form eines Arbeitszeitgesetzes, NZA 1993, 734 - 740

Hauptverband der gewerblichen Berufsgenossenschaften (Hrsg.), Lage und Dauer der Arbeitszeit aus Sicht des Arbeitsschutzes (BGAG-Report 1/2001), - Literaturstudie -, veröffentlicht unter www.hvbg.de, - Februar 2002 –

Heilmann, Joachim; Aufhauser, Rudolf, Arbeitsschutzgesetz – Kommentar, 2. Aufl., Baden - Baden, 2005

Heilmann, Joachim, Die neue Arbeitsstättenverordnung, AiB 2004, 598 – 603

Heilmann, Joachim, Die Gefahrstoffverordnung - eine Zwischenbilanz in: Heilmann (Hrsg). Gefahrstoffe am Arbeitsplatz, S. 150 – 156, 2. Aufl, Köln, 1995

Heilmann, Joachim (Hrsg.), Gefahrstoffe am Arbeitsplatz, 2. Aufl., Köln, 1995

Heilmann, Joachim; Kralle, Heidemarie; Ortmann, Heinrich; Trümner, Ralf; Schichtarbeit aus rechtlicher Sicht, Der Betriebsrat 1983, 181 – 284

Heilmann, Joachim, Anmerkung zu LAG Berlin, Beschluss vom 31.03.1981, ArbuR 1982, 326 – 328

Heinze, Meinhard, Verfahren und Entscheidung der Einigungsstelle, RdA 1990, 262 – 281

Heinze, Meinhard, Die Gemeinschaftscharta der sozialen Grundrechte der Arbeitnehmer und die Vertragsrevision des Unionsvertrages 1996, in: Anzinger, Rudolf; Wank, Rolf (Hrsg.), Entwicklungen im Arbeitsrecht und Arbeitsschutzrecht, Festschrift für Otfried Wlotzke, S. 669 - 682, München 1996

Heinze, Meinhard, Ärztlicher Bereitschaftsdienst als Arbeitszeit im Sinne des Arbeitszeitgesetzes?, ZTR 2002, 102 - 106

Heisig, Beate, Arbeitsentgelt- und Arbeitszeitregelungen im Spannungsfeld zwischen tariflicher und betriebsvereinbarungsrechtlicher Normsetzungsbefugnis, Frankfurt a.M., 1991

Heither, Friedrich, Gestaltung von Arbeitsplatz, Arbeitsablauf und Arbeitsumgebung (§§ 90, 91 BetrVG), AR-Blattei SD 530.14.7

Hennige, Susanne, Das Verfahrensrecht der Einigungsstelle, Köln, 1996

Henssler, Martin, Die Entscheidungskompetenz der betriebsverfassungsrechtlichen Einigungsstelle in Rechtsfragen, RdA 1991, 268 – 275

Hergenröder, Curt Wolfgang, Europäische Aspekte des Arbeitskampfrechts, EAS B 8400, S. 1 – 60

Herschel, Wilhelm, Anmerkung zu BAG, Beschluss vom 28.07.1981, ArbuR 1983, 190 - 192

Herschel, Wilhelm, Die rechtliche Bedeutung schutzgesetzlicher Vorschriften im Arbeitsrecht, RdA 1964, 7- 12 und 44 - 50

Herschel, Wilhelm, Zur Dogmatik des Arbeitsschutzrechts, RdA 1978, 69 - 74

Hess, Harald; Schlochauer, Ursula; Worzalla, Michael; Glock, Dirk, Kommentar zum Betriebsverfassungsgesetz, 6. Aufl., München/Unterschleißheim, 2003

Heß, Hubert, Mitbestimmung nach § 87 Abs. 1 Nr. 7 BetrVG (Gesundheitsschutz) bei der Einrichtung von Bildschirmarbeitsplätzen?, DB 1982, 2241 – 2245

Heß, Stefan, Die Umsetzung von EG-Richtlinien im Privatrecht, Frankfurt a.M., 1999

Hess-Grunewald, Hubertus, Anmerkung zu BAG, Beschluss vom 26.08.1997, AiB 1999, 164 f.

Hettinger, Theodor; Wobbe, G. (Hrsg.), Kompendium der Arbeitswissenschaft - Optimierungsmöglichkeiten zur Arbeitsgestaltung und Arbeitsorganisation – , Ludwigshafen (Rhein): Kiehl, 1993

Hinrichs, Oda, Die Mitbestimmung des Betriebsrates nach § 87 Abs. 1 Nr. 7 BetrVG und die Entwicklung des europäischen Arbeitsumweltrechts, Bochum, 1994

Hinrichs, Werner, Die Mitbestimmung des Betriebsrats bei Arbeitszeitfragen, AiB 1995, 98 - 115

Hofe, Gerhard, Die Mitbestimmung nach § 91 BetrVG im Verhältnis zum Arbeitsschutz, ArbuR 1979, 79 - 83

Hofe, Gerhard, Betriebliche Mitbestimmung und Humanisierung der Arbeitswelt: Die Mitwirkung und Mitbestimmung des Betriebsrates bei der menschengerechten Gestaltung der Arbeit, Königstein, 1978

Hoppe, Werner; Beckmann, Martin; Kauch, Petra, Umweltrecht, 2. Aufl., München, 2000

Hoyningen-Huene, G. v., Anmerkung zu BAG 11.07.2000, AP Nr. 16 zu § 87 BetrVG 1972 Sozialeinrichtung

Hoyningen-Huene, Gerrick v., Die fehlerhafte Beteiligung des Betriebsrats in sozialen Angelegenheiten – Rechtsfolgen und Handlungsmöglichkeiten des Betriebsrats, DB 1987, 1426 – 1434

Hoyningen-Huene, Gerrick v., Drittbeziehungen in der Betriebsverfassung, RdA 1992, 355 – 367

Huber, Emil, Die Grenzen der erzwingbaren Mitbestimmung des Betriebsrats bei sog. Annexregelungen in sozialen Angelegenheiten, DB 1980, 1643 – 1645

Hunold, Wolf, Zum Einfluss der ArbStättV auf die Mitwirkungs- und Mitbestimmungsrechte des Betriebsrates bei der menschengerechten Gestaltung der Arbeit, DB 1976, 1059 - 1062

Jarass, Hans D., Richtlinienkonforme bzw. EG-rechtskonforme Auslegung nationalen Rechts, EuR 1991, 211 - 223

Jarass, Hans D., Der rechtliche Stellenwert technischer und wissenschaftlicher Standards, NJW 1987, 1225 - 1231

Joussen, Jacob, Die Rechte des Betriebsrats bei unvorhergesehenem Schichtausfall, DB 2004, 1314 – 1318

Junker, Abbo, Brennpunkte des Arbeitszeitgesetzes, ZfA 1998, 105 – 130

Kehrmann, Karl, Nachtarbeit ist für jedermann schädlich, Soziale Sicherheit 1992, 97 - 100

Kiesswetter, Ernst; Thiel, Christoph van; Seeber, Andreas, Arbeitszeitflexibilisierung: Gesundheitsrisiken im Rahmen von Schichtarbeit mit toxischen Belastungen, in: Rüdiger Trimpop, Bernhard Zimolong, Andreas Kalveram (Hrsg.), Psychologie der Arbeitssicherheit und Gesundheit, Neue Welten – Alte Welten, 11. Workshop 2001, S. 223 – 228; Heidelberg und Kröning, 2002

Kittner, Michael; Pieper, Ralf; Arbeitsschutzgesetz, 3. Aufl., Frankfurt a. M., 2003

Kittner, Michael; Pieper, Ralf, Arbeitsschutzrecht, 2. Aufl., Frankfurt a. M., 2002

Kittner, Michael; Zwanziger, Bertram, Arbeitsrecht: Handbuch für die Praxis, 2. Aufl., Frankfurt/M., 2003

Kittner, Michael; Pieper, Ralf, Beteiligungsrechte des Betriebsrats im betrieblichen Arbeitsschutz nach dem neuen Arbeitsschutzgesetz, AiB 1997, 324 – 331

Kittner, Michael, Die Mitbestimmung des Betriebsrats beim Arbeitsschutz - zur Reichweite des § 87 Abs. 1 Nr. 7 BetrVG, in: Klebe, Thomas; Wedde, Peter; Wolmerath, Martin (Hrsg.), Recht und soziale Arbeitswelt, Festschrift für Wolfgang Däubler, S. 690 - 699, Frankfurt a. M., 1999

Klein, Christoph, Die Neuerungen im Arbeitszeitrecht, Wien, 1994

Klein, Christoph, Die Arbeitszeitrichtlinie der EU, DRdA 1994, 190 - 192

Klein, Christoph; Schwarz, Bernhard, Bestimmungen über Nachtarbeit, Schichtarbeit und Arbeitsrhythmus, DRdA 1994, 293 - 295

Klein, H.; Streffer, C., Die Vorschriften der neuen Gefahrstoffverordnung über krebserzeugende Gefahrstoffe, DB 1987, 2307 - 2311

Klenner, Christina; Ochs, Christiane; Seifert, Hartmut, Arbeitszeit und Strukturwandel; Schriftenreihe des Ministerium für Arbeit, Soziales und Stadtentwicklung, Kultur und Sport des Landes Nordrhein-Westfalen (Hrsg.), Düsseldorf, 1998

Klinkhammer, Heinz, Zur Mitbestimmung des Betriebsrats bei Bildschirmarbeitsplätzen, ArbuR 1983, 321 – 329

Kloepfer, Michael; Veit, Günther, Grundstrukturen des technischen Arbeitsschutzrechts, NZA 1990, 121 – 130

Kloepfer, Michael, Umweltrecht, 3. Aufl., München, 2004

Knack, Hans Joachim, Kommentar zum Verwaltungsverfahrensgesetz, 8. Aufl., Köln, Berlin, Bonn, München, 2004

Knauber-Bergs, Bernd, Mitbestimmung des Betriebsrats bei der Festsetzung der Arbeitszeit, AiB 1988, 151 - 159

Knauth, Peter; Hornberger, Sonia, Schichtarbeit und Nachtarbeit, Probleme – Formen – Empfehlungen, 4. Aufl., München, 1997

Ködel, Werner, Arbeitszeiten im Gesundheitswesen, in: Landesanstalt für Arbeitsschutz NRW (Hrsg.), Düsseldorf, 1998 (veröffentlicht unter: www.arbeitszeiten.nrw.de, Stand 27.03.2004)

Kohte, Wolfhard, Der Beitrag der Betriebsverfassung zur Realisierung des Arbeitszeitrechts, in: Kohte, Wolfhard; Dörner, Hans-Jürgen; Anzinger, Rudolf (Hrsg.), Arbeitsrecht im sozialen Dialog, FS für Hellmut Wißmann, S. 331 – 346; München, 2005

Kohte, Wolfhard; Faber, Ulrich, Novellierung des Arbeitsstättenrechts – Risiken und Nebenwirkungen einer legislativen Schlankheitskur, DB 2005, 224 – 231

Kohte, Wolfhard, Urlaubsrechtliche Reminiszenzen und organisationsvertragliche Perspektiven, in: Bauer, Jobst-Hubertus; Boewer, Dietrich (Hrsg.) Festschrift für Peter Schwerdtner, S. 99 - 115, München/Unterschleißheim, 2003

Kohte, Wolfhard, Arbeitsschutz und betriebliche Gesundheitsförderung, in: Holger Pfaff / Wolfgang Slesina (Hrsg.), Effektive betriebliche Gesundheitsförderung - Konzepte und methodische Ansätze zur Evaluation und Qualitätssicherung - , S. 53 - 62, Weinheim und München, 2001

Kohte, Wolfhard, Betrieblicher Umweltschutz am Beispiel des Störfallrechts, in: Ahrens, Martin; Donner, Hartwig; Simon, Hartwig (Hrsg.), Arbeit und Umwelt, Festschrift für Joachim Heilmann, S. 73 – 85, Baden-Baden, 2001

Kohte, Wolfhard, Anmerkung zu LAG Hamburg vom 21. September 2000, LAGE Nr. 1 zu § 87 BetrVG 1972 Gesundheitsschutz

Kohte, Wolfhard, Arbeitsschutzrecht im Wandel - Strukturen und Erfahrungen, in: Thomas Dieterich (Hrsg.), Jahrbuch der Arbeitsrechts 2000, Bd. 37, S. 21 – 40, Berlin, 2000

Kohte, Wolfhard, Die Umsetzung der Richtlinie 89/391 in den Mitgliedstaaten der EU, ZIAS 1999, 85 - 118

Kohte, Wolfhard, Stand der Technik und gesicherte arbeitswissenschaftliche Erkenntnisse - Bedeutung für Maschinensicherheit und betrieblichen Arbeitsschutz, in: Europäisches Recht, Arbeitsgestaltung, Arbeits- und Gesundheitsschutz - betriebliche Erfahrungen bei der Anwendung von Europäischen Richtlinien und Normen, S. 79 – 90, Dortmund/Berlin, 1997

Kohte, Wolfhard, Buchbesprechung: Zmarzlik/Anzinger, Kommentar zum Arbeitszeitgesetz; Neumann/Biebl, Arbeitszeitgesetz, DZWir 1996, 396

Kohte, Wolfhard, Arbeitsschutzrahmenrichtlinie, in: Oetker, Hartmut; Preis, Ulrich (Hrsg.), EAS B 6100

Kohte, Wolfhard, Neue Impulse aus Brüssel zur Mitbestimmung im betrieblichen Gesundheitsschutz, in Däubler, Wolfgang; Bobke, Manfred; Kehrmann, Karl (Hrsg.), Arbeit und Recht, Festschrift für Albert Gnade, S. 675 – 688, Köln, 1992

Kohte, Wolfhard, Ein Rahmen ohne Regelungsinhalt? – Kritische Anmerkungen zur Auslegung des § 87 Abs. 1 Ziff. 7 BetrVG, ArbuR 1984, 263 - 275

Kohte, Wolfhard, Personalräte und Gesundheitsschutz - Beschäftigungsverbote für schwangere Frauen an Datensichtgeräten durch Dienstvereinbarung –, PersR 1984, 3 - 8

Kohte, Wolfhard, Arbeitnehmerhaftung bei arbeitsbedingter Übermüdung, DB 1982, 1617 - 1621

Kohte, Hans-Wolfhard, Arbeitnehmerhaftung und Arbeitgeberrisiko, Königstein, 1981

Kohte, Wolfhard, Mitbestimmung und Gesundheitsschutz, Anmerkung zu BAG, Beschluss vom 28.07.1981, AiB 1983, 51 - 55

Koll, Michael; Janning, Rita; Pinter, Harald, Arbeitsschutzgesetz, Stuttgart, 2002

Koll, Michael, Das neue Arbeitsschutzgesetz, PersV 1998, 230 - 238

Koll, Michael, Die Beurteilung von Gefährdungen am Arbeitsplatz und ihre Dokumentation nach der EG-Rahmenrichtlinie Arbeitsschutz, in: Anzinger, Rudolf; Wank, Rolf (Hrsg.), Entwicklungen im Arbeitsrecht und Arbeitsschutzrecht, Festschrift für Otfried Wlotzke, S. 701 – 711, München, 1996,

Kollmer, Norbert, Arbeitsschutzgesetz, München, 2005

Kollmer, Norbert, Arbeitsstättenverordnung: Kommentar und Handbuch für Sicherheitsfachkräfte, Betriebsärzte, Personalvertretungen und Arbeitsschutzjuristen, München, 2001

Kollmer, Norbert, Arbeitsschutz als arbeitsvertragliche Nebenpflicht, AR-Blattei SD 220.11

Kollmer, Norbert, Praxiskommentar Arbeitsschutzgesetz, München, 1999 - 2001

Kollmer, Norbert; Vogl, Markus, Das neue Arbeitsschutzgesetz: Darstellung der neuen Rechtslage für Arbeitgeber, Beschäftigte und Fachkräfte für Arbeitssicherheit, München, 1997

Kollmer, Norbert, Das neue Arbeitszeitrecht, GewArch 1994, 406 - 408

König, Alexandra, Produktsicherheitsgesetz und Produkthaftung, Köln 2002

Konstanty, Reinhold, Das neue Arbeitsschutzrecht - Zukunftschance für die Gewerkschaften, SozSich 1996, 361 - 366

Konstanty, Reinhold, Gesundheitliche Zerstörung durch Gefahrstoffe - Bewertung des Gefahrstoffrechts aus gewerkschaftlicher Sicht, SozSich 1987, 175 - 179

Konzen, Horst, Rechtsfragen bei der Sicherung der betrieblichen Mitbestimmung, NZA 1995, 865 – 873

Kort, Michael, Inhalt und Grenzen der arbeitsrechtlichen Personenfürsorgepflicht, NZA 1996, 854 - 858

Kraegeloh, Wolfgang, Arbeitszeitgesetz, Köln, 1995

Kraft, Alfons, Anmerkung zu dem Beschluss des BAG vom 01.07.2003, SAE 2004, 192 – 193

Kreft, Matthias, Grundfragen der Arbeitszeitdauerregulierung, Aachen, 2001

Kreikebaum, Hartmut; Herbert, Klaus-Jürgen, Humanisierung der Arbeit: Arbeitsgestaltung im Spannungsfeld ökonomischer, technologischer und humanitärer Ziele, Wiesbaden, 1988

Krimphove, Dieter, Europäisches Arbeitsrecht, 2. Aufl., München, 2001

Leinemann, Wolfgang (Hrsg.), Kasseler Handbuch zum Arbeitsrecht, Bd. 1, 2. Aufl., Kriftel, 2000

Leinemann, Wolfgang; Schütz, Friedrich, Die Bedeutung internationaler und europäischer Arbeitsrechtsnormen für die Arbeitsgerichtsbarkeit, BB 1993, 2519-2523

Linnenkohl, Karl, Arbeitszeitgesetz, Baden-Baden, 1996

Linnenkohl, Karl; Rauschenberg, Hans-Jürgen, Arbeitszeitgesetz - Handkommentar, 2. Aufl., Baden-Baden, 2004

Litschen, Kai, Die horizontale Wirkung von Richtlinien – Auflösung des nationalen Rechts durch den EuGH?, ZTR 2004, 619 – 622

Lohbeck, Alfred, Arbeitszeitrechtliche Rahmenbedingungen bei der Gestaltung bei der Gestaltung betrieblicher Arbeitszeitmodelle, ZTR 2001, 342 - 349

Lörcher, Klaus, Arbeitszeit für selbständige Kraftfahrer, Anm. zu *EuGH vom 09.09.2004,* Rs. C-184/02 und 223/02, ArbuR 2004, 466 – 468

Lörcher, Klaus, 16 Jahre auf der Bremse – Die Regierung Kohl und die internationalen sozialen Rechte, ArbuR 1999, 11 - 18

Lörcher, Klaus, Die Normen der Internationalen Arbeitsorganisation (IAO) und das Arbeitsrecht der Bundesrepublik, RdA 1994, 284-293

Lörcher, Klaus, Die Arbeitszeitrichtlinie der EU, ArbuR 1994, 49 – 51

Lörcher, Klaus, Die Normen der Internationalen Arbeitsorganisation und des Europarats – Ihre Bedeutung für das Arbeitsrecht der Bundesrepublik, ArbuR 1991, 97-104

Lorenz, Martin, Nichtraucherschutz am Arbeitsplatz, DB 2003, 721 - 723

Lorenz, Martin, Kommentar zum Jugendarbeitsschutzgesetz, Heidelberg, 1997

Loritz, Karl-Georg, Nachtarbeitsverbot (für Arbeiterinnen) und Verfassung, ZfA 1991, 607 - 651

Löwisch, Manfred; Kaiser, Dagmar, Betriebsverfassungsgesetz, 5. Aufl., Heidelberg, 2002

Löwisch, Manfred, Änderung der Betriebsverfassung durch das Betriebsverfassungs-Reformgesetz, BB 2001, 1790 – 1798

Löwisch, Manfred; Neumann, Daniela, Mitbestimmung bei Bildschirmarbeit, SAE 1997, 85 -87

Löwisch, Manfred; Schwerdle, Jutta, Anmerkung zu BVerfG Urt. v. 28.01.1992, JZ 1992, 916 - 918

Luczak, Holger, Arbeitswissenschaft, 2. Aufl., Berlin, 1998

Lutter, Marcus, Die Auslegung angeglichenen Rechts, JZ 1992, 593 - 607

Luttermann, Claus, Rechtssprachenvergleich in der Europäischen Union, EuZW 1999, 401 -404

Maneke, Rolf, Entwurf eines Gesetzes zur Vereinheitlichung und Flexibilisierung des Arbeitszeitrechts, ZTR 1993, 499 - 506

Mansel, Heinz-Peter, Rechtsvergleichung und europäische Rechtseinheit, JZ 1991, 529 - 534

Marburger, Peter, Technische Normen im Recht der technischen Sicherheit, BB 1985, Beil. 4, S. 16 - 22

Marburger, Peter, Die Regeln der Technik im Recht, Köln, Berlin, Bonn, München, 1979

Martin, Hans, Grundlagen der menschengerechten Gestaltung der Arbeit - Handbuch für die betriebliche Praxis, Neuaufl., Köln, 1994

Martiny, Dieter, Babylon in Brüssel? - Das Recht und die europäische Sprachenvielfalt, ZEuP 1998, 227 - 252

Maschewsky, Werner, Sehr empfindlich oder überempfindlich? - Der Streit um die chemische Mehrfachbelastung, SozSich 1995, 143 - 148 und 185 - 190

Matthiesen, Michael; Shea Dennis, Europarechtswidrige tarifliche Arbeitszeitregelungen, DB 2005, 106 – 109

Maurer, Hartmut, Allgemeines Verwaltungsrecht, 14. Aufl., München, 2002

*Maydell, Bernd v.; Schnapp, Friedrich E. (Hrsg.),*Die Auswirkungen des EG-Rechts auf das Arbeits- und Sozialrecht der Bundesrepublik, Berlin, 1992

Mayer-Maly, Theo, Anm. zu Urteil des BVerfG v. 28.1 1992 (Nachtarbeitsverbot für Arbeiterinnen), EzA Nr. 5 zu § 19 AZO, S. 19 - 21

McMullen, John; Brewer, Martin, Working Time: The Law and Practice, London, 2001

Merten, Frank, Gesundheitsschutz und Mitbestimmung bei der Bildschirmarbeit, Köln, 2000

Merten, Philip W., Anmerkung zu BAG 16.6.1998, AP Nr. 7 zu § 87 BetrVG 1972 Gesundheitsschutz

Merten, Philip W.; Klein, Stefanie, Die Auswirkungen des Arbeitsschutzgesetzes auf die Mitbestimmungsrechte des Betriebsrats nach § 87 Abs. 1 Nr. 7 BetrVG, DB 1998, 673 - 678

Mertens, Alfred, Technik und Recht, BArbBl. 1982, 36 - 41

Molitor, Erich; Volmer, Bernhard; Germelmann, Claas-Hinrich, Jugendarbeitsschutzgesetz, 3. Aufl., München, 1986

Molkentin, Thomas, Das Recht der Arbeitsverweigerung bei Gesundheitsgefährdung des Arbeitnehmers, NZA 1997, 849 – 856

Müller-Graff, Peter-Christian, Europäisches Gemeinschaftsrecht und Privatrecht, NJW 1993, 13 – 23

Müller-Petzer, Sabine, Fürsorgepflichten des Arbeitgebers nach europäischem und nationalem Arbeitsschutzrecht, Frankfurt a. M., 2003

Müller-Seitz, Peter, Erfolgsfaktor Arbeitszeit, München, 1996

Müller-Seitz, Peter, Mehrfachbelastungen im industriellen Nachtschichtbetrieb aus arbeitswissenschaftlicher Sicht, WSI-Mitt. 1979, 45 - 55

München, Friedrich, Europarechtskonforme Dienstplangestaltung - Modelle und wirtschaftliche Konsequenzen - , Pflegerecht, 2003, 283 - 291

Nachreiner, Friedhelm, Arbeitszeit und Unfallrisiko, in: Rüdiger Trimpop, Bernhard Zimolong, Andreas Kalveram (Hrsg.), Psychologie der Arbeitssicherheit und Gesundheit, Neue Welten - Alte Welten, 11. Workshop 2001, Heidelberg und Kröning, 2002

Natzel, Benno, Zur Mitbestimmung bei der menschengerechten Gestaltung der Arbeit, RdA 1974, 280 - 284

Natzel, Benno, Mitwirkung und Mitbestimmung des Betriebsrates bei der menschengerechten Gestaltung der Arbeit, DB 1972, Beil. 24, 1 - 12

Natzel, Ivo, Hinzuziehung internen wie externen Sachverstands nach dem neuen Betriebsverfassungsgesetz, NZA 2001, 872 – 874

Neumann, Dirk; Biebl, Josef, Arbeitszeitgesetz, 14. Aufl., München, 2004

Nicklisch, Fritz, Funktion und Bedeutung technischer Standards in der Rechtsordnung, BB 1983, 261 - 269

Nicklisch, Fritz, Technische Regelwerke - Sachverständigengutachten im Rechtssinne?, NJW 1983, 841 – 850

Nicklisch, Fritz, Konkretisierung wissenschaftlich-technischer Standards bei der Genehmigung komplexer Anlagen, BB 1981, 505 - 512

Nipperdey, Hans Carl, Die privatrechtliche Bedeutung des Arbeiterschutzrechts, in: Otto Schreiber (Hrsg.), Die Reichsgerichtspraxis im deutschen Rechtsleben. Festgabe der juristischen Fakultäten zum 50jährigen Bestehen des Reichsgerichts, Bd. IV, Handels- und Wirtschaftsrecht, S. 203 – 230, Berlin und Leipzig, 1929

Nöthlichs, Matthias, Gefahrstoffe: ergänzbarer Kommentar zu Chemikaliengesetz und Gefahrstoffverordnung, Berlin, 1981 (Stand: April 2005)

Nöthlichs, Matthias, Arbeitsschutz und Arbeitssicherheit - ergänzbarer Kommentar zum Arbeitsschutzgesetz und zum Arbeitssicherheitsgesetz, Berlin, 1996, Stand: Juni 1999

Notz, Andreas, Überschreiten der höchstzulässigen Arbeitszeit, AuA 2003, Heft 2, 18 – 20

Oberhoff, Eugen, Menschengerechte Gestaltung im Sinne des Betriebsverfassungsgesetzes, BB 1973, 1641 – 1647

Obermayer, Klaus, Kommentar zum Verwaltungsverfahrensgesetz, 3. Aufl., Neuwied, Kriftel, 1999

Opfermann, Rainer; Streit, Wilhelm, Arbeitsstätten, Heidelberg, 1996

Oppermann, Thomas, Europarecht, 2. Aufl., München, 1999

Oppolzer, Alfred, Psychische Belastungen in der Arbeitswelt als Herausforderung für den Arbeits- und Gesundheitsschutz; Hrsg.: Norddeutsche Metall-Berufsgenossenschaft, Hannover, 1999

Oppolzer, Alfred, Rückbau oder Ausbau des Arbeits- und Gesundheitsschutzes?, ArbuR 1994, 41 – 49

*Oppolzer, Alfred,*Ökologie der Arbeit – Mensch und Arbeitsumwelt: Belastungen und Gestaltungserfordernisse, Hamburg, 1993

Oppolzer, Alfred, Handbuch Arbeitsgestaltung - Leitfaden für eine menschengerechte Arbeitsorganisation, Hamburg, 1989

Otto, Hansjörg, Mitbestimmung des Betriebsrats bei der Regelung von Dauer und Lage der Arbeitszeit, NZA 1992, 97-112

Peren, Klaus, Tendenzumkehr und Strukturwandel, Arbeitgeber 1992, 990 - 992

Pfarr, Heide, Nachtarbeitsverbot für Arbeiterinnen aufgehoben, PersR 1992, 177 - 180

Pflüger, Norbert, Die Hinzuziehung eines Sachverständigen gem. § 80 Abs. 3 BetrVG, NZA 1988, 45 – 49

Piekenbrock, Andreas; Schulze, Götz, Die Grenzen richtlinienkonformer Auslegung – autonomes Richter-recht oder horizontale Drittwirkung, WM 2002, 521 – 529

Pieper, Helmut, Die Regeln der Technik im Zivilprozess, BB 1987, 273 – 282

Pieper, Ralf; Vorath, Bernd-Jürgen (Hrsg.), Handbuch Arbeitsschutz - Sicherheit und Gesundheitsschutz am Arbeitsplatz, Frankfurt a. M., 2001

Pieper, Ralf, Das Arbeitsschutzrecht in der deutschen und europäischen Arbeits- und Sozialordnung - Grundlagen, Bestandsaufnahme und Bewertung der Reform -, Dortmund, Berlin, 1998

Pieper, Ralf, Arbeitsschutz im Umbruch? Verzögerungen bei der Umsetzung des EG-Arbeitsumweltrechts, ArbuR 1993, 355 - 363

Preis, Ulrich; Gotthardt, Michael, Arbeitsrecht als Gegenstand des Gemeinschaftsrechts – das Europäische Arbeitsrecht, EAS B 1100

Priester, Klaus, Arbeitswissenschaftliche und präventiv-gesundheitspolitische Anforderungen an die Arbeitszeitgestaltung in der stationären Krankenpflege, in: Behörde für Arbeit, Gesundheit und Soziales der Freien und Hansestadt Hamburg (Hrsg.), Arbeits- und Gesundheitsschutz im Krankenhaus (Schriftenreihe des Amtes für Arbeitsschutz), Bremen, 1994

Pulte, Peter, „Gesicherte" arbeitswissenschaftliche Erkenntnisse, ArbuR 1983, 174 - 179

Pünnel, Leo; Isenhardt, Udo, Die Einigungsstelle des BetrVG 1972, 4. Aufl., Neuwied und Frankfurt, 1997

Raab, Thomas, Der Unterlassungsanspruch des Betriebsrats, ZfA 1997, 183 - 250

Rath-Glawatz, Michael, Anmerkung zu BAG, Beschluss vom 28.10.1986, AP Nr. 20 zu § 87 BetrVG 1972 Arbeitszeit

Rauschenberg, Hans-Jürgen, Flexibilisierung und Neugestaltung der Arbeitszeit, Baden-Baden, 1993

Rebmann, Kurt; Säcker, Franz Jürgen; Rixecker, Roland (Hrsg.), Münchener Kommentar zum Bürgerlichen Gesetzbuch, Band 2, Schuldrecht Allgemeiner Teil, §§ 241 – 432, 4. Aufl., München, 2001 und
Band 4, Schuldrecht Besonderer Teil, §§ 611 – 704, 4. Aufl., München, 2005

Reim, Uwe, Die Neuregelungen im Arbeitszeitgesetz zum 1.1.2004, DB 2004, 186 – 190

Reuhl, Barbara, Nacht- und Schichtarbeit: Herausforderung für den Gesundheitsschutz, Arbeit & Ökologie Briefe 2002, 40

Richard, Dagmar, Arbeitszeit und Betriebsverfassung, Münster, 1998

Richardi, Reinhard; Wlotzke, Otfried (Hrsg.), Münchener Handbuch zum Arbeitsrecht, 2. Aufl., München, 2000

Richardi, Reinhard, Die Mitbestimmung des Betriebsrats bei flexibler Arbeitszeitgestaltung, NZA 1994, 593 - 597

Richardi, Reinhard, Anmerkung zu BAG 28.7.1981, AP Nr. 3 zu § 87 BetrVG 1972 Arbeitssicherheit

Richardi, Reinhard, Betriebsverfassungsgesetz, 8. Aufl., München, 2002

Ridder, Hans-Gerhard, Zur Empirie und Theorie der gesicherten arbeitswissenschaftlichen Erkenntnisse, ArbuR 1984, 353 - 364

Rieble, Volker, Die Kontrolle der Einigungsstelle in Rechtsstreitigkeiten, BB 1991, 471 – 475

Rieble, Volker, Die Kontrolle des Ermessens der betriebsverfassungsrechtlichen Einigungsstelle, Heidelberg, 1991

Riesenhuber, Karl; Domröse, Ronny, Richtlinienkonforme Rechtsfindung und nationale Methodenlehre, RIW 2005, 47 – 54

Rixen, Stephan, Europarechtliche Grenzen des deutschen Arbeitszeitrechts - Zu den Folgen des EuGH-Urteils vom 3.10.2000 (SIMAP) - EuZW 2001, 421 - 426

Roetteken, Torsten v., Arbeitszeitgestaltung und Arbeitsschutz, PersR 1998, 54 - 62

Roggendorff, Peter, Arbeitszeitgesetz – Kommentar, München, 1994

Röhl, Julia, Das Verhältnis von § 87 I Nr. 7 BetrVG zu § 88 Nr. 1 BetrVG, Berlin, 2002

Rottmann, Martina, Zur Mitbestimmung des Betriebsrats beim Umgang mit Gefahrstoffen, BB 1989, 1115 - 1120

Ruge, Jan, Beteiligungsrechte des Betriebs- und Personalrats bei der Arbeitszeit- und Dienstplangestaltung und deren Durchsetzung, ZTR 2001, 151 - 154

Rutenfranz, Joseph; Beermann, Beate; Löwenthal, Ingeborg, Nachtarbeit für Frauen, Überlegungen aus chronophysiologischer und arbeitsmedizinischer Sicht, Stuttgart, 1987

Schaefer, Winfried, Arbeitswissenschaftliche Aspekte der §§ 90 und 91, Mit-Gespr. 1974, 89 - 94

Scheel, Kurt-Christian, Die Richtlinie zum Schutz von Gesundheit und Sicherheit der Arbeitnehmer vor Gefährdung durch chemische Arbeitsstoffe bei der Arbeit, DB 1999, 1654 - 1659

Schiek, Dagmar, Europäisches Arbeitsrecht, Baden-Baden, 1997

Schiek, Dagmar, Nachtarbeitsverbot für Arbeiterinnen, Baden-Baden, 1992

Schierbaum, Bruno; Franz, Regine, Bildschirmarbeitsverordnung – Mitbestimmung des Betriebsrates nach § 87 Abs. 1 Nr. 7 BetrVG, ArbuR 1999, 82 – 88

Schlachter, Monika, Richtlinienkonforme Rechtsfindung – ein neues Stadium im Kooperationsverhältnis zwischen EuGH und den nationalen Gerichten, RdA 2005, 116 – 120

Schliemann, Harald; Meyer, Jürgen, Arbeitszeitrecht – gesetzliche, tarifliche und betriebliche Regelungen, 2. Aufl., Neuwied und Kriftel, 2002

Schlottfeldt, Christian; Hoff, Andreas, „Vertrauensarbeitszeit" und arbeitszeitrechtliche Aufzeichnungs-pflicht nach § 16 Abs. 2 ArbZG, NZA 2001, 530 – 533

Schmidt, Marek, Privatrechtsangleichende EU-Richtlinien und nationale Auslegungsmethoden, RabelsZ 59 (1995), 569 - 597

Schoof, Christian, Nachtarbeit stoppen, AiB 1992, 265 - 276

Schoof, Christian, Anm. zu LAG Düsseldorf v. 22.5.1991, AiB 1991, 434

Schramhauser, Hans; Heider, Alexander, ArbeitnehmerInnenschutzgesetz, 4. Aufl., Wien, 2002

Schulz, Detlef, Gesundheitliche Auswirkungen von Schichtarbeit, gegengift 15/16, 1991, 11 - 12

Schurig, Hans-Ulrich, Novellierte Arbeitsstättenverordnung in Kraft – zuviel Spielraum?, ZTR 2004, 626 – 628

Schweres, Manfred, Menschengerechte Gestaltung der Arbeit, AiB 1995, 634 - 641

Sczesny, Cordula, Arbeitszeitgestaltung zwischen arbeitswissenschaftlichen Erkenntnissen und individuellen Arbeitszeitpräferenzen – Am Beispiel der Dauernachtarbeit im Krankenhaus, Münster, 2003

Sczesny, Cordula, Gestaltung der Arbeitszeit im Krankenhaus – Zur Umsetzung neuer Nachtarbeitszeitregelungen unter Berücksichtigung arbeitswissenschaftlicher Erkenntnisse, in: Bundesanstalt für Arbeitsschutz und Arbeitsmedizin (Hrsg.), 3. Aufl., Dortmund, 2002

Sczesny, Cordula; Hellert, Ulrike; Empirische Untersuchungen zur Nacht- und Schichtarbeit, Fachtagung: Umsetzungsmodelle aus Industrie und Gesundheits-wesen am 28. Oktober 1998 in Dortmund, in: Bundesanstalt für Arbeitsschutz und Arbeitsmedizin (Hrsg.), Dortmund/Berlin, 1998

Sehmsdorf, Christian, Europäischer Arbeitsschutz und seine Umsetzung in das deutsche Arbeitsschutzsystem unter besonderer Berücksichtigung des öffentlichen Dienstes, Frankfurt a. M., 1995

Seifert, Hartmut, Kriterien für eine sozialverträgliche Arbeitszeitgestaltung in: Büssing/Seifert (Hrsg.), Sozialverträgliche Arbeitszeitgestaltung, S. 15 – 30, München, 1995

Seifert, Hartmut, Kein Anstieg bei der Nacht- und Wochenendarbeit, WSI-Mitt. 1993, 52 - 56

Seifert, Hartmut; Stolz-Willig, Brigitte, Nachtarbeit sozialverträglich gestalten, WSI-Mitt. 1992, 158 - 163

Seifert, Hartmut, Betriebsnutzungszeiten, Schichtarbeit und Kostenaspekte, WSI-Mitt. 1991, 613 - 619

Sendfeld, Renate, Arbeitszeitrecht, Arbeitszeitschutz und deren Bedeutung für die Gestaltung neuer Arbeitszeitmodelle im Krankenhaus, in: Bieback, Klaus / Oppolzer, Alfred; Strukturwandel des Arbeitsschutzes, Opladen, 1999

Siemes, Christiane, Die Neuregelung der Mitbestimmung des Betriebsrates nach § 87 Abs. 1 Nr. 7 BetrVG bei Bildschirmarbeit, NZA 1998, 232 - 239

Skiba, Reinald, Taschenbuch Arbeitssicherheit, 10. Aufl., Bielefeld, 2000

Slaby, Renate; Struck, Gerhard, Reduzierung von Nachtarbeit durch Tarifvertrag, AiB 1989, 309 - 312

Soergel, Hs. Th. (Hrsg.), Kommentar zum Bürgerlichen Gesetzbuch, Band 2, Schuldrecht I, §§ 241 – 432, 12. Aufl., Stuttgart, Berlin, Köln, 1990 und Band 4/1, Schuldrecht III/1, §§ 516 – 651, 12. Aufl., Stuttgart, Berlin, Köln, 1998

Sondermann, Markus, Die geplante Neuregelung des Arbeitszeitrechts, DB 1993, 1922 - 1927

Sparwasser, Reinhard; Engel, Rüdiger; Vosskuhle, Andreas, Umweltrecht, Grundzüge des öffentlichen Umweltschutzrechts, Heidelberg, 2003

Spinnarke, Jürgen, Sicherheitstechnik, Arbeitsmedizin, Arbeitsplatzgestaltung, 2. Aufl, München, 1990

Sprick, Bernhard, Arbeitszeitbegriff und mitbestimmungspflichtige Tatbestände i. S. d. § 87 Abs. 1 Nr. 2, 3 BetrVG, Bielefeld, 1997

Staudinger, J. von (Hrsg.) Kommentar zum Bürgerlichen Gesetzbuch mit Einführungsgesetzen und Nebengesetzen, Zweites Buch, Recht der Schuldverhältnisse, §§ 255 – 304, Neubearb., Berlin, 2004 und Buch 2, Recht der Schuldverhältnisse, §§ 616 – 630, Neubearb., Berlin, 2002

Stege, Dieter; Weinspach, F. K.; Schiefer, Bernd, Betriebsverfassungsgesetz, Handkommentar für die betriebliche Praxis, 9. Aufl., Köln, 2002

Stelkens, Paul; Bonk, Heinz-Joachim; Sachs, Michael, Verwaltungsverfahrensgesetz, 6. Aufl., München, 2001

Streich, Waldemar; Bielenski, Harald, Nacht- und Schichtarbeit - Probleme und Beispiele für ihre Bewältigung - , WSI Mitt. 1981, 100 - 105

Theuer, Andreas, Die 4. Novelle der Gefahrstoffverordnung, BB 1994, 208 - 218

Thüsing, Gregor, Zu den Grenzen richtlinienkonformer Auslegung, ZIP 2004, 2301 – 2305

Tietje, Teemu, Grundfragen des Arbeitszeitrechts, Berlin, 2001

Trägner, Ulrike, Bereitschaftsdienst angestellter Krankenhausärzte als Arbeitszeit, NZA 2002, 126 - 130

Tuchbreiter, Melanie, Beteiligungsrechte des Betriebsrats bei der Einführung und Durchführung flexibler Arbeitszeitmodelle, Frankfurt a. M., 2001

Ulber, Jürgen, Anmerkung zu BAG, Urt. Vom 26.08.97 – Mitbestimmung bei Ausgleich für Nachtarbeit, ArbuR 1998, 339 - 342

Ulich, Eberhard, Arbeitspsychologie, 4. Aufl., Zürich, Stuttgart, 1998

Veigel, Bernd, Das niederländische Arbeitsschutzrecht und die Umsetzung der Rahmenrichtlinie in den Niederlanden, Baden-Baden, 2002

Venema, Charlotte, Der Anspruch des Betriebsrats auf Hinzuziehung eines Sachverständigen gem. § 80 III BetrVG beim Einsatz von EDV-Anlagen, NZA 1993, 252 – 256

Vogel, Laurent, Gefahrenverhütung am Arbeitsplatz: Erste Bilanz über die Umsetzung der Gemeinschafts-Rahmenrichtlinie von 1989, Bd. 1 und Bd. 2, Brüssel, 1994

Wagner, Ulrike, Mitbestimmung bei Bildschirmtechnologien, Frankfurt a. M., 1985

Wahlers, Wilhelm, Europarechtliche "Aspekte der Arbeitszeitgestaltung" in Krankenhäusern öffentlich-rechtlicher Träger, PersV 2001, 251 - 265

Waitz, Johannes, Gerichtliche Überprüfbarkeit des Einigungsstellenspruchs gem. § 109 BetrVG 1972, Frankfurt am Main, 2002

Waltermann, Raimund, Der Arbeitsunfall im Bürgerlichen Recht, Arbeits- und Sozialrecht, RdA 1998, 330 - 339

Wank, Rolf, Anmerkung zu BAG, Beschluss vom 08.06.2004, SAE 2005, 226 – 228

Wank, Rolf, Kommentar zum technischen Arbeitsschutz, München, 1999

Wank, Rolf, Der Entwurf eines Arbeitsschutzrahmengesetzes im Spannungsfeld von Verfassungs- und Gemeinschaftsrecht, in: Anzinger, Rudolf; Wank, Rolf (Hrsg.), Entwicklungen im Arbeitsrecht und Arbeitsschutzrecht, Festschrift für Otfried Wlotzke, S. 617 – 641, München, 1996

Wank, Rolf; Börgmann, Udo, Deutsches und europäisches Arbeitsschutzrecht, München, 1992

Weber, Ulrich; Ehrich, Christian, Einigungsstelle – Eine systematische Darstellung zur Lösung betriebsverfassungsrechtlicher Konflikte, München, 1999

Wedderburn, Alexander, Schichtarbeit und Gesundheit - BEST Europäische Zeitstudien 1/2000 - Europäische Stiftung zur Verbesserung der Lebens- und Arbeitsbedingungen (Hrsg.), Dublin, 2000, veröffentlicht unter: www.eurofound.ie

Wedderburn, Alexander, Kompensation für Schichtarbeit - Bulletin für europäische Schichtarbeitsfragen - Europäische Stiftung zur Verbesserung der Lebens- und Arbeitsbedingungen (Hrsg.), Dublin, 1991

Wedderburn, Alexander, Leitlinien für Schichtarbeiter - Bulletin für europäische Schichtarbeitsfragen - Europäische Stiftung zur Verbesserung der Lebens- und Arbeitsbedingungen (Hrsg.), Dublin, 1991

Weidinger, Michael; Hoff, Andreas; Huth, Bertil, Beispielssammlung humaner Arbeitszeitsysteme, 3. Aufl., Dortmund, 1992

Weiss, Manfred, Rez. zu "Arbeitsschutz und Mitbestimmung bei neuen Technologien" von Ehmann, Horst, ArbuR 82, 256 - 258

Weyand, Joachim; Kröll, Michael, Halbherziger EG-Richtlinienvorschlag zur Arbeitszeitgestaltung, AiB 1991, 357 - 362 und 375 f.

Wiesemann, Dana, Die Einigungsstelle als Einrichtung zur Beilegung von Rechtsstreitigkeiten im Betriebsverfassungsrecht, Frankfurt a. M., 2003

Wimmer, Raimund, Die gefährliche Gefahrstoffverordnung – rechtliche Anmerkungen zum Ausschuss für Gefahrstoffe und zur MAK-Werte-Kommission, NVwZ 1988, 130 - 132

Winter, Gerd (Hrsg.), Grenzwerte - Interdisziplinäre Untersuchungen zu einer Rechtsfigur des Umwelt-, Arbeits- und Lebensmittelschutzes -, Düsseldorf, 1986

Wlotzke, Otfried, Das Mitbestimmungsrecht nach § 87 Abs. 1 Nr. 7 BetrVG und das erneuerte Arbeitsschutzrecht, in: Kohte, Wolfhard; Dörner, Hans-Jürgen; Anzinger, Rudolf (Hrsg.), Arbeitsrecht im sozialen Dialog, FS für Hellmut Wißmann, S. 426 – 439; München, 2005

Wlotzke, Otfried, Das betriebliche Arbeitsschutzrecht - Ist-Zustand und künftige Aufgaben, NZA 2000, 19 -23

Wlotzke, Otfried, Das Arbeitsschutzgesetz und die Arbeitsschutzpflichten der Beschäftigten, in: Isenhardt, Udo; Preis, Ulrich (Hrsg.) Arbeitsrecht und Sozialpartnerschaft, Festschrift für Peter Hanau, S. 317 – 328, Köln, 1999

Wlotzke, Otfried, Ausgewählte Leitlinien des Arbeitsschutzgesetzes, in: Thomas Klebe/Peter Wedde/Martin Wolmerath (Hrsg.), Recht und soziale Arbeitswelt, Festschrift für Wolfgang Däubler, S. 654 - 665, Frankfurt/M., 1999

Wlotzke, Otfried, Zur stufenweisen Neuordnung des Arbeitsschutzrechts, in: Engelen-Kefer, Ursula; Schoden, Michael; Zachert, Ulrich (Hrsg.), Arbeitsrecht in der Bewährung, Festschrift für Karl Kehrmann, S. 141 – 170, Köln, 1997

Wlotzke, Otfried, Fünf Verordnungen zum Arbeitsschutzgesetz von 1996, NJW 1997, 1469 – 1476

Wlotzke, Otfried, Das neue Arbeitsschutzgesetz – zeitgemäßes Grundlagengesetz für den betrieblichen Arbeitsschutz, NZA 1996, 1017 - 1024

Wlotzke, Otfried, Technischer Arbeitsschutz im Spannungsverhältnis von Arbeits- und Wirtschaftsrecht, RdA 1992, 85 - 96

Wlotzke, Otfried; Lorenz, Martin, Arbeitsrecht und Arbeitsschutzrecht im deutsch-deutschen Einigungsprozess, BB 1990, Beil. 35, 1 - 13

Wlotzke, Otfried, EG-Binnenmarkt und Arbeitsrechtsordnung – Eine Orientierung, NZA 1990, 417 – 423

Wlotzke, Otfried, Öffentlich-rechtliche Arbeitsschutznormen und privatrechtliche Rechte und Pflichten des einzelnen Arbeitnehmers, in: Thomas Dieterich/Franz Gamillscheg/Herbert Wiedemann (Hrsg.), Festschrift für Marie Luise Hilger und Hermann Stumpf, S. 723 - 769, München, 1983

Wlotzke, Otfried, Zur Aufgabe einer Neuordnung des Arbeitsschutzrechts, in: Hanau, Peter; Müller, Gerhard; Wiedemann, Herbert; Wlotzke, Otfried (Hrsg.) Festschrift für Wilhelm Herschel, S. 503 – 534, München, 1982

Wolf, Ernst, Betriebsrat und Schichtarbeit, Der Betriebsrat 1983, 153 - 180

Wolmerath, Martin, Die Mitbestimmung des Betriebs- und Personalsrats bei psycho-sozialen Belastungen am Arbeitsplatz, AuR 2001, 416 - 419

Wriedt, Henning, Biorhythmen und Schadstoffe: Wenn die Entgiftung aus dem Takt gerät, gegengift 15/16, 1991, 32- 35

Wunderlich, Jörg, Die Rechtsstellung des Betriebsarztes, - Der angestellte Betriebsarzt im Spannungsverhältnis zwischen Arbeitgeber und Betriebsrat -, Berlin, 1995

Wüthrich, Peter, Studie über die gesundheitlichen, sozialen und psychischen Auswirkungen der Nacht- und Schichtarbeit (Literaturanalyse, Vergleich verschiedener Schichtsysteme, Beurteilung der Corso-Studie und Handlungsempfehlungen), - Erarbeitet im Auftrag des Schweizerischen Gewerkschaftsbundes, Mai 2003 -, veröffentlicht unter www.sgb.ch (Stand: 23. Januar 2004)

Zachert, Ulrich, Auf dem Weg zu europäischen Arbeitnehmergrundrechten, NZA 2000, 621 – 626

Zeppenfeld, Guido, Das europäische Arbeitszeitrecht und seine Umsetzung ins deutsche Recht (unter besonderer Berücksichtigung der EU –Arbeitszeitrichtlinie 93/104/EG), Frankfurt a. M., 1999

Zipke, Jürgen, Schichtarbeit – Begriffe und Abgrenzungen, DB 1981, 1039 – 1042

Zipprich, Jana, Prävention arbeitsbedingter Erkrankungen durch manuelles Handhaben von Lasten, Baden-Baden, 2006

Zmarzlik, Johannes, Arbeitszeit, AR-Blattei SD 240

Zmarzlik, Johannes; Anzinger, Rudolf, Kommentar zum Arbeitszeitgesetz, Heidelberg, 1995

Zmarzlik, Johannes; Anzinger, Rudolf, Jugendarbeitsschutzgesetz, 5. Aufl., München, 1998

Zöllner; Wolfgang; Loritz, Karl-Georg, Arbeitsrecht, 5. Aufl., München, 1998

Zöllner, Wolfgang, Arbeitsrecht und menschengerechte Arbeitsgestaltung, RdA 1973, 212 - 218

Kolibri 360 GmbH
Ferdinand-Jühlke-Straße 7
99095 Erfurt, Deutschland
produktsicherheit@kolibri360.de

Druck:
CPI Druckdienstleistungen GmbH
im Auftrag der
Kolibri 360 GmbH
Ferdinand-Jühlke-Str. 7
99095 Erfurt